历史人物传奇系列

巾帼传奇
自流芳❀ 中国历代

■ 李 楠
■ 张 蕊
—— 编著

女杰
撷英

中国文史出版社
CHINA CULTURAL AND HISTORICAL PRESS

图书在版编目（CIP）数据

巾帼传奇自流芳：中国历代女杰撷英：全 2 册 / 李楠，张蕊编著 . -- 北京：中国文史出版社，2018. 10
ISBN 978-7-5205-0606-9

Ⅰ . ①巾… Ⅱ . ①李… ②张… Ⅲ . ①女性—名人—生平事迹—中国 Ⅳ . ① K828.5

中国版本图书馆 CIP 数据核字（2018）第 230912 号

责任编辑：殷旭

出版发行：中国文史出版社
网　　址：www. wenshipress. com
社　　址：北京市西城区太平桥大街 23 号　邮编：100811
电　　话：010-66173572　66168268　66192736（发行部）
传　　真：010-66192703
录　　排：沁雨心录排部
印　　装：廊坊市海涛印刷有限公司
经　　销：全国新华书店
开　　本：16 开
印　　张：40　　字数：480 千字
版　　次：2019 年 2 月北京第 1 版
印　　次：2019 年 2 月第 1 次印刷
定　　价：98.00 元（全 2 册）

千百年来，女子作为男子的附属品，在封建社会饱受压迫。主要原因是因为中国古代因为长期处于农业社会，中国古代妇女在社会生产中处于从属地位，因此她们的地位就不如男性。而且后世的理学家们提出的三纲五常，三从四德更是成为禁锢妇女思想的枷锁。封建父权家长制度和封建道德规范使男女关系成为主从与尊卑关系，古代男性可以纳妾，却要求妇女们从一而终。因而这些女人们的婚姻都毫无保障，所以说她们都是很可怜的。中国古代的妇女们从出生时就被教育要有女德，要为夫生儿育女，为夫家传宗接代。这一观点直到民国时期，才在大城市中有所改观。

中国古代是一个性别歧视相当严重的时代，一贯强调"女子无才便是德"，这让大多数传统女子作为男性的附庸和陪衬而出现在历史中，不要说建功立业，有所作为，甚至连抛头露面也被视为异端。

所幸的是，漫漫青史中总有一些优秀的女子，她们敢于冲破世俗的樊篱，勇敢地追寻自己的理想，有的还能独领风骚，建立具有开拓性的历史功业。

比如巾帼英雄。华夏男儿多豪杰，但也有不少巾帼英雄在历史的烽烟中，留下自己浓墨重彩的一笔。她们是中国历史上的一座丰碑，从代父从军的花木兰、击鼓退金兵的梁红玉、农民起义领袖唐赛儿……中国古代女英雄的故事代代流传，激励着一代代的中华儿女。铮铮铁骨，寸寸柔肠，在她们身上合而为一。

中国几千年的封建社会男尊女卑，歧视妇女的现象相当严重，很长时期，妇女文学被冷落被遗忘，我们发掘它、研究它，拓宽了一大片文学研究领域，填补了文学史的空白。

《巾帼传奇自流芳　中国历代女杰撷英》本书选取了中国从先秦到清末的杰出女性，介绍了她们的成就和事迹。她们当中有政治家、军事家、文学家等，几乎各个朝代各个行业都有人入选。

比如风尘女子。她们的传奇人生及她们绝世的才情，南齐苏小小、唐代关盼盼、明代柳如是，晚明“秦淮八艳”……这些风尘中的女子，人文并美，她们璀璨的才情如划破夜空的流星。她们如普通的怀春少女一样，也曾有情有爱有梦想。美貌和才华为她们的爱情增添了瑰丽的色彩，使她们的命运与众不同。她们如一颗颗璀璨的流星划破夜空，给冰冷的历史带来了一抹温暖的亮色，令人唏嘘不已。

比如千秋才女。她们是中国赫赫有名的女子，才华横溢、德才兼备，令多少后人无比向往、敬仰这些红颜，真正揭示了一句话——谁说女子不如男！

比如科技女英。由于数千年封建社会的特定历史背景，古代中国泱泱数千年间，与科技有关的女性仅有数十人左右，到了今天人们或许记得历史上男科学家们留下的研究成果，对女科学家及其成就往往不甚了解。本书就为大家介绍古代中国历史上那些巾帼不让须眉的女科学家。

提到中国女性，当然少不了中国，古代妇女中的一批特殊人物，她们是附着于历代帝王宫廷而生的——皇后、嫔妃、公主、宫女。研究中国妇女史、中国政治史，都不能对这一人群置之不顾。比如皇后，她们既和一般妇女有着共同的遭遇和命运，又有着许多不同之处。因为她们是拥有至高无上权力的封建帝王嫡妻，这样的特殊地位，就决定她们在历史上具有一般女子甚至包括皇帝以外的所有人所无法比拟的作用。她们或佐夫开创帝王霸业，或辅君治国安邦，或大举改革中兴，或妖媚惑主乱政，或残暴祸国殃民，在历史上或多或少都留下了独特的一页。

在中国数年的封建（包括奴隶社会末期）社会中，后妃是一个特殊的阶层和群体，一方面，她们是封建统治集团的一部分，是统治者的同盟和帮凶。地位和环境决定了她们的素质和作为，从而，在表现出统治阶级的骄奢淫逸恶习的同时，也会放射出睿智和艳丽的光彩；另一方面，她们又是整个妇女群体中的一员，虽然贵为群妇之首，却仍然难逃封建制度与礼教的重重压迫和欺凌，其命运有时比普通妇女更为悲惨。正是这种双重的因素，使我们能够从有限的文字记载中，窥见历史的本源和真谛。

这些青史留名的女性，她们为什么会在历史长河中熠熠生辉、大放异彩？她们有着怎样不让须眉的豪情壮举、精彩人生？她们，又给我们现代女性留下了怎样的感悟和启迪呢？

前 言

　　本书选取了中国从先秦到清末的众多杰出女性，她们当中有政治家、军事家、文学家、科学家等，几乎各个朝代各个行业都有人入选，力求通过她们的简略传记，介绍了她们的成就和事迹，科学地评价其功过是非。

　　限于编者水平有限，书中的不足之处还恳请专家与读者批评指正。

第一章　巾帼英雄

第二章　绝世红颜

第三章　千秋才女

第四章　笑傲风尘

第五章　科技女英

第六章　女中豪杰

第七章　母仪天下

第八章　无冕女皇

第九章 红颜祸水

第十章 后宫争霸

第十一章　祸乱宫闱

第十二章　乱世浮萍

第十三章　金枝玉叶

第十四章　宫廷秘闻

第一章

巾帼英雄

妇好：中国历史上第一位女英雄

妇好（生卒不详），好姓（同子姓），我国有历史记录（甲骨文）的最早的女政治家和军事家，中国历史上第一位有据可查的女英雄。

在那荒荒漫漫的河南安阳侯家庄西北冈，1930 年代中，发掘了一些崇天祀神的时代留下来的、湮灭在岁月中的贵重信史坐标，这里有商代中兴之主，第二十三代商王武丁的王陵墓穴。四十年后的 1976 年，一座完封的甲骨坑在殷墟小屯宫殿基址区

妇好雕像

内出土，墓葬坑的主人拥有大量的青铜器玉器、甲骨、大钺和发笄，还有来自海外的货贝等等，表示墓葬坑主人是个很富有的王、祭司、大将军，而且是一位女子。这就是妇好墓。

妇好墓位于丙组基址西南，是 1928 年以来殷墟宫殿宗庙区最重要的考古发现之一，也是殷墟科学发掘以来发现的、唯一保存完整的商代王室成员墓葬，该墓南北长 5.6 米，东西宽 4 米，深 7.5 米。墓上建

武丁像

有被甲骨卜辞称为"母辛宗"的享堂。

该墓共出土随葬物品 1928 件，其中青铜器 440 多件，玉器 590 多件，骨器 560 多件。此外还有石器、象牙制品、陶器以及 6000 多枚贝壳。妇好墓出土的器物异常精美，如工艺精湛的小玉人、镶嵌绿松石的象牙杯等。在出土的大量的青铜器中，有多件上面铸有"妇好"的铭文。特别是一件带有"妇好"铭文的武器"钺"，学界普遍认为是妇好可以领兵打仗的权力标志。

"妇好"在商代的甲骨文里出现过 200 次之多，她是武丁的第一任王后、国家的重臣，也是一方诸侯国之王。

出土的大量甲骨卜辞表明，在武丁对周边方国、部族的一系列战争中，妇好多次受命代商王征集兵员，屡任军将征战沙场。她曾统兵 1.3 万人攻鬼方，俘获大批羌人，成为武丁时一次征战率兵最多的将领。她还参加并指挥了对土方、巴方、夷方等重大作战，著名将领沚戛、侯告等常在其麾下。对巴方作战中，率领沚戛布阵设伏，断巴方军退路，待武丁自东面击溃巴方军，将其驱入伏地，予以歼灭。这是中国战争史上记载最早的伏击战。在"国之大事，在祀与戎"（《左传·成公十三年》）的商代，妇好还经常受命主持祭天、祭先祖、祭神泉等各类祭典，又任占卜之官，为武丁统治集团的重要成员。她曾率兵镇压奴

妇好墓穴玉凤

隶反抗斗争，尽心竭力维护奴隶主阶级统治和特权，深受武丁宠幸，被封于外地，担负守土、从征的重任。

妇好不仅是一位女王将，还是一位外交大使、政务要臣、警政大员、亲善大使，辅佐武丁理政务，简直就是天纵神能的全才，足见她的超凡才干和武丁对这位王后的信赖倚重。可惜，妇好终因积劳成疾而先逝，国王武丁予以厚葬，并修筑享堂时时纪念。

木兰祠

妇好享堂（母辛宗），即是妇好死后，国王武丁为祭祀妇好，在其墓圹上所修建的宗庙建筑。这座建筑就是对母辛宗遗迹的科学复原。

花木兰：替父从军传千古

花木兰（412—502年），湖北省武汉市黄陂区人。中国古代巾帼英雄，忠孝节义，代父从军击败入侵民族而流传千古，唐代皇帝追封为"孝烈将军"。

花木兰故事的流传，应归功于《木兰辞》这一方民歌，但花木兰的姓氏、籍贯等，史书并无确载。姚莹在《康辅纪行》中说她是北魏孝文帝至宣武帝时人；宋翔凤的《过庭禄》中则说她是隋恭帝时人，程大昌的《演繁露》中则说她是唐初人。而根据北朝民歌《木兰辞》（又作《木兰诗》）等的描述，对于花木兰的历史年代问题，目前有两种主要的民间说法是。

第一种说法是：

北魏时期，北方游牧民族柔然族不断南下骚扰，北魏政权规定每家出一名男子上前线。但是木兰的父亲年事已高又体弱多病，无法上战场，家中弟弟年龄尚幼，所以，木兰决定替父从军，从此开始了她长达十几年的军旅生活。去边关打仗，对于很多男子来说都是艰苦的事情，而木兰既要隐瞒身份，又要与伙伴们一起杀敌，这就比一般从军的人更加艰难！可喜的是花木兰最终还是完成了自己的使命，在数十年后凯旋回家。皇帝因为她的功劳之大，赦免其欺君之罪，同时认为她有能力在朝廷效力，打算封她为尚书郎。然而，花木兰因家有老父需要照顾拒绝了，请求皇帝能让自己返乡，去补偿和孝敬父母。

第二种说法是：

这种说法来自于清朝褚人获的小说《隋唐演义》。隋恭帝义宁年间，突厥犯边，木兰女扮男装，代父从军，征战疆场多载，屡建功勋。后与窦线娘交战被擒，线娘验明她女性身份，与之结为姐妹。窦建德兵败，线娘请花木兰送信给罗成，木兰途中回乡探望父母，不巧被可汗得知花英雄为女儿身，要招其入宫。花木兰将书信交于妹妹花又兰，托她代为送信后自刎身亡。

花木兰是中国古代传说的四大巾帼英雄之一，也是一个传说色彩极浓的巾帼英雄，她的故事也是一支悲壮的英雄史诗。

千百年来，花木兰一直是受中国人尊敬的一位女性，因为她又勇敢又纯朴。《木兰诗》被列入中学课本，被千千万万的人世代诵颂。木兰的事迹和形象被搬上舞台，长演不衰。1998年，美国迪士尼公司将花木兰的故事改编成了动画片，受到了全世界的欢迎。她的精神激励着成千上万的中华儿女保卫国家，可歌可泣。

冼夫人：中国巾帼英雄第一人

冼夫人（522—602年），又称冼太夫人、冼太、岭南圣母。名英，高凉郡（今广东茂名、阳江一带）人，出生于今茂名市电白区电城镇山兜村，嫁于高凉郡良德县（今广东省高州市长坡镇一带）时任高凉太守冯宝。梁、陈、隋三朝时期岭南部落首领，史称谯国夫人。中国古代杰出的政治家和军事家，被奉为"岭南圣母"。

冼夫人塑像

冼夫人的一生是伟大的一生，她以崇高的品德和坚强的毅力，顺历史潮流而动，创造了辉煌的业绩，永远为人民所崇敬、所歌颂。她的伟大历史功勋，概括起来，大体上有如下几个方面：

1. 政治方面：促进民族的团结融合

史书上记载，"越人之俗，好相攻击"。冼夫人在婚前，已"在父母家，抚循部众"，"劝亲族为善"，主张各部族和睦相处，不要动辄兵戎相见，"互相攻击"，多构仇怨。特别是规劝其兄南梁州刺史冼挺，不要"恃其富强，侵掠旁郡"。这对岭南的影响是很大的。"由是怨隙止息，海南儋耳归附者千余洞"。

冼夫人本是俚人首领，她带头与汉官冯宝结婚，这是俚汉两族和睦及融合的动力。冼夫人与冯宝结婚，本身就是一种促进民族团结的行为，更何况她结婚后，"诫约本宗，使从民礼。每与夫宝参与辞讼，首领有犯法者，虽是亲属，无所舍纵"，"自此政令有序，人莫敢违"。南疆民族团结的局面更为牢固，许多俚人都将冯宝视为自己的首领，显示了俚汉民族的团结融合，对当时社会俚人的汉化和岭南社会的长期稳定起到了推动作用。

到了隋代，她化解民族矛盾，严惩贪官，招慰亡叛，安定百姓，既铲除了腐败，又为维护和促进民族团结立了新功。

2. 军事方面：维护国家统一

冼夫人的一生，以其卓越远见，智勇双全的胆识，非凡的谋略，果毅的决策，竭力维护国家统一，反对地方割据，打击一切分裂活动，为国家的统一和岭南的安定做出了卓越的贡献。据正史记载，冼夫人主要有四次军事行动。一是梁太清二年（548年）八月，智挫高州刺史李迁仕，配合陈霸先平定了侯景的叛乱，解救了梁朝的危亡，维护了国家的统一。二是陈太建元年（569年），与陈朝的章昭达配合，内外夹攻，击败了广州刺史欧阳纥声势浩大的反叛，粉碎了分裂国家的阴谋。三是隋开皇九年（589年），打破徐登的封锁抗拒，迎隋将韦光入广州，为隋的统一全中国做出了重大的贡献。四是隋开皇十年（590年），指挥军队击溃王仲宣的叛乱，进军南海，解救了广州之围，又一次维护了国家的统一。她还在耄耋之年，亲自戴盔披甲，骑着穿甲衣的战马，带着硬弓强弩的骑兵，护着隋使者巡抚各州，安定了整个岭南的局势。

3. 经济方面：推动岭南社会经济的发展

冼夫人与冯宝结婚后，在岭南地区积极传播汉族的先进生产经验，

冼夫人庙

她教育百越各部落"尽力农事"，提倡男耕女织。经过数十年的开发，岭南地区的农业、手工业，如纺织、铸铜、制陶瓷、造船等等都有很大的发展。特别是海南岛，她在梁朝时请建崖州后，加速了当地封建经济发展的历史进程，至今海南各地人民还长期对她感恩戴德，顶礼膜拜，奉若神明。

4.文化方面：发展封建文化，推动社会进步

冼夫人大力宣传汉族的文明与进步，改革俚人落后的社会习俗，发展封建文化，不断推动社会进步。"以礼仪威信镇于俗，汲引文华，士相与为诗歌，蛮中化之"、"蕉荔之圩，弦诵曰闻。"岭南地区"自隋之后，渐袭华风，休明之化，沦洽于兹，椎跣变为冠裳，侏离化为弦诵，才贤辈出，科甲蝉联，彬彬然埒于中土。"冼夫人为岭南社会的进步，的确做出了重大贡献。

冼夫人的一生，顺应人民的要求和愿望，致力于维护国家统一和民族团结，她和她的子孙们相继为岭南地区持续百年的相对稳定，促进广东南部地区社会和经济发展，做出了杰出的贡献，是爱国主义的杰出典范。

冼夫人的一生有大功于三朝，受到历代朝廷多次封赐：被陈、隋皇朝敕封为"石龙郡太夫人""宋康郡夫人""谯国夫人"，死后谥封为"诚敬夫人"。后来，又被明太祖和清朝同治皇帝分别谥封为"高凉郡太夫人""慈佑太夫人"。中华人民共和国成立后，被周恩来总理誉为"中国巾帼英雄第一人"。她的生平被载入籍《二十五史》的《隋书》《北史》和《资治通鉴》。

樊梨花：文武全才的兵马大元帅

樊梨花（生卒不详），大唐贞观年间人，中国古代四大巾帼女英雄之一。她因与薛丁山平定西北边乱、沙场挥戈与共的故事而家喻户晓，在后世影响深远。其传奇故事被多种形式的文艺作品所表现，尤

著名京剧人物绣像《樊梨花》

其是电影、电视剧、歌舞戏剧等多次演绎，是中国古代巾帼英雄的典型形象。

樊梨花的名字，在我国地方史记、掌故稗史中都有记载，她是一个敢爱敢恨、胸怀宽广的大唐奇女，武艺高强、神通广大、文武全才的兵马大元帅。

樊梨花，的父亲樊洪原系隋将，归依突厥，为西突厥寒江关关主，后投唐。樊梨花智勇双全，美貌绝伦，后嫁与薛丁山为妻。

唐太宗李世民登上唐王朝皇帝宝座之后，以甘肃武威为中心的西凉国等一些西北小国不愿接受唐王朝的管辖，并以武力和唐王朝相对抗。为此，唐太宗李世民决定派薛仁贵前去征讨，所有关于樊梨花的传说便都发生在这样一个历史背景上。樊梨花自幼随梨山老母习艺，历时八载，武艺高强。她乃是薛家父子征西的中流砥柱，一口绣戒刀无可匹敌。于薛仁贵身亡后，继任征西大元帅，终至西凉之乱敉平。因居功厥伟，唐高宗时加封为威宁侯、镇国一品夫人。

樊梨花富于反抗、聪慧勇敢、忠于爱情的艺术形象，经过民间的传说、说唱等不断的再加工、再创作，愈加鲜明、丰满，广为流传。她在民间很有人脉，《三休樊梨花》（或《三请樊梨花》），是一出流传甚广的传统老戏，我国有好几个剧种都演过这出戏。三度"被休"，樊梨花忍辱负重，默默地承受一切，鲜明而生动地突出了她的倔强、自尊和自强。从三请樊梨花到梨花做元帅，是樊梨花性格发展的重要阶段。

相对于"三休","三请"则从侧面显示了樊梨花的聪明智慧，以至性格粗莽的程咬金也称赞说："我平生走南闯北，结识人很多，最佩服的就是这樊梨花。"

经过一番曲折，夫妻两人破镜重圆。梨花受命于危难，担任元帅。她治理寒江关的卓著政绩和走马上任后果敢坚决的调兵遣将等一系列行为，处处表现了樊梨花不仅是一位武功超群的女将，而且是一位胸有韬略的女帅，她的领导才能不仅表现在军令严明、不仅表现在身先士卒，而且表现在知人善用，对人晓之以理、动之以情的宽容风度。

清代黄阳木雕刻品《樊元帅》

樊梨花形象最早源出上溯至唐代，见于各地史志稗史，后历代以传说、话本的形式在全国各地广为流传。清代，乾隆年间中都遗曳杂采历代民间传说、角本子编纂成讲史小说《说唐三传》，又名《异说后唐三集薛丁山征西樊梨花全传》，后人亦称《征西全传》；如莲居士编辑成《反唐演义全传》等书，典藏于经文堂。

《征西全传》书中叙述樊梨花与薛丁山马上订亲及薛丁山三休三请樊梨花的故事，给人民留下深刻的印象，故而在民间有很大影响，戏曲中一些剧目即取材于此，如《寒江关》《马上缘》《三休三请樊梨花》《姑嫂英雄》《梨花挂帅》《梨花巡营》等等，故事情节跌宕起伏、引人入胜，相关剧目至今在舞台上盛演不衰。

一直以来，樊梨花的形象早已深入人心了。她的形象，近千年来，家喻户晓、妇孺皆知，已成为我国古代巾帼英雄的代表人物之一，深入人心、广为传颂。

佘太君：老当益壮的爱国女将

佘太君（934—1010年），又称折太君，名赛花，云中（今山西大同）人。宋代名将杨继业（杨业）之妻。曾祖父曾任后唐麟州（今陕西神木县北十里）刺史，隶属李克用；祖父折从阮，公元930年后唐明宗授他为府州（今陕西府谷县）刺史；父折德扆，后汉隐帝特任府州团练使。

折太君自幼随父折德（户衣）镇守府州，善于骑射，配与北汉名将杨业为妻。折太君生性敏慧，弓马武艺娴熟，深知兵法，辅佐杨业屡立战功，官居云州观察使，号称杨无敌。后来在征辽之时，潘仁美挂帅，杨业为先锋之职，不意潘

京剧里的佘太君形象

仁美向怀私怨，包藏祸心，逼孤军而临绝险，陈家峪矢尽力穷，番将则乌屯云集，遂致全军皆陷，杨业被俘，三日不食而亡。

杨业为国捐躯之后，佘太君又协助长子杨延昭抗辽立功，累任崇仪副使、江淮南都巡检使、知定远军、保州（保定）缘边都巡检使、本州防御使、高阳关副都部署署、加如京使。杨延昭戍边二十余年，"契丹惮之，目为杨六郎"（宋史）。宋朝皇帝真宗也赞扬地说："延昭父业为前朝名将，延昭治兵护塞，有父风，深可嘉也。"

北宋祥符七年（1014年）杨延昭病逝军中，终年57岁，河朔之人多望延昭灵柩痛哭流涕，悲声直上九霄。杨延昭之子杨文广从狄青南征有功，授兴州防御吏、知泾州，为定州路副都总管，迁步军部虞侯，卒后赠同州观察使。

杨家将从杨继业之父杨信到孙杨文广，祖孙四代驰骋疆场，英勇

杀敌为国捐躯，堪称"一门忠烈"，佘太君正是杨家将的中流砥柱。虽然正史上对折太君没有作更多记载，但是折太君那深通兵书、久战沙场、忠心爱国、顾全大局、深明大义的巾帼英雄形象，却深深地印在广大人民脑海之中。她指挥杨家将英勇杀敌的可歌可泣之英雄业绩，已经达到家喻户晓、老幼皆知的深度。后来的人们为了怀念她、歌颂她、学习她、崇拜她，希望她流芳千古，永垂不朽，又编演了评书、小说和戏曲剧目，其中以戏曲剧目广为流传。在山西代县杨忠武祠保存的《杨氏族谱》中，对佘太君作了全面的评价："忠心乐善，内助教忠，受龟寿五福之多，邀象服六珈之贵。不我先不我，后睹星月之重明；俾尔炽俾尔，昌焕乾刊之新渥。爰稽邦典，益进郡封。汝有子，若汉室功臣山河永誓；汝有德，如鲁侯寿母松伯弥坚。被我宠光，贰缓休祉，可特封郑国君太君夫人。"作为"杨门女将"的核心人物，佘太君的形象感人至深。

梁红玉：杨国夫人退金兵

梁红玉（1102—1135年），原籍安徽池州，生于江苏淮安，宋朝著名抗金女英雄。

梁红玉的祖父与父亲都是武将出身，梁红玉自幼随侍父兄练就了一身功夫。宋徽宗宣和二年，睦州居民方腊，啸聚山民起义，迅速发展到几十万人，连陷州郡，官军屡次征讨失败，梁红玉的祖父和父亲都因在平定方腊之乱中贻误战机，战败获罪被杀。梁家由此中落，梁红玉也沦落为京口营妓，即由各州县官府管理的官妓，但由于她精通翰墨，又生有神力，能挽强弓，每发必中，对平常少年子弟便多白眼相看，毫无娼家气息。

在平定方腊起义后的庆功宴上，梁红玉结识韩世忠，感其恩义，以身相许。韩世忠赎其为妾，原配白氏死后成为韩世忠的正妻。

梁红玉画像

建炎三年（1129年），梁红玉在平定苗傅叛乱中立下殊勋，一夜奔驰数百里召韩世忠入卫平叛，因此被封为安国夫人和护国夫人。

宋高宗建炎四年（1130年），南宋发生了一起震动朝野，为人们广泛传颂的事件，这就是梁红玉劾夫。

1129年，金将兀术率军10万南来攻宋。金兵到达扬州后，南宋皇帝高宗赵构求和不成，匆忙从建康（今南京）奔浙江。金军南波长江，追击宋高宗，攻掠临安（今杭州）、绍兴等地。宋廷多数官员人心惶惶，随皇帝南奔苟安，而名将韩世忠却审时度势，胸有成竹。他料定，金兵此次南下，攻掠一番后必定北返。因此，他疏请领兵8000，留长江下游，准备截击金兵归师，宋高宗闻奏大喜，同意了他的请求。

建炎四年（1130年）二月，金兀术在江南掳掠大量财物后，北返到达镇江，准备北渡长江时，忽报江上有宋军挡道。兀术感到出乎预料，随即亲登金山观望。果然，见江面上无数战船一字摆开，中间一条大船高耸的桅杆上，飘扬着书有"韩"字的大旗。兀术知道这是韩世忠的水师，随即叹道："真是冤家路窄。"可兀术仍以胜利者自居，下战书，约韩世忠交战。韩世忠早已和梁红玉商定好战策，周密作了部署，所以立即回书应战。

约定交战的那天拂晓，金兵以全力向宋军发动攻击。韩世忠站在船首指挥各船进退、攻防，夫人梁红玉居中击鼓督战，宋军将士奋勇拼杀，打得金兵近前不得。金兵从两边夹击，又遭韩世忠左堵右截，被杀得死伤不知其数，节节败退。由于金兵不熟悉地形，船队退到了黄天荡（今南京市东北）。当兀术得知黄天荡是条死港，欲令船队回撤时，港口已被韩世忠派重兵所扼。金兵进退不得，形势不妙。

此时，韩世忠认为胜利在握，决计长围久困，迫使兀术俯首投降。梁红玉多次提醒韩世忠，说："兀术乃金军名将，切勿疏心。宜乘胜进击，使其无喘息之机，速逼其就范为好。"韩世忠不听，却说："夫人不必多虑，今兀术已入死地，插翅难飞，岂有生理。待其粮尽道穷，必授首于我。"他仍坚持己见，不听梁红玉所劝。

金兵被久困，供给断绝，几万人眼看危在旦夕。兀术无奈，致书韩世忠请求和谈，表示愿将所掠全部财物归还宋军，并献名马数匹给韩世忠，被韩世忠断然拒绝。兀术在绝望中以"悬赏求计"的办法，发动将士献生路之策。这时，有个叫李兴的士兵，是本地人，祖辈都是渔民。他向兀术献策说："听说黄天荡西端有条故道老鹳河，原来是接通长江的，只因日久失修而淤塞，不知可否利用？"兀术闻知，如获至宝，亲自到现地勘察后，立即部署昼夜挖掘。金兵将士为求生路，于得十分卖力，30余里的河道，很快就疏通了，兀术随即令队伍火速转移。

韩世忠将金兵整整围困28天，正为兀术不来求降而感到纳闷时，忽然接到报告："被围金兵已全部出江，转至上游去了。"韩世忠闻此消息，懊丧万分。就在此时，韩世忠又接到朝廷命令，他由于领8000之兵，击败金兵10万之众，提升为武成感德军节度使、神武左军都统制。这使韩世忠愧疚不已。

梁红玉对韩世忠历来

梁红玉塑像

恩爱，但在公务上却从来是泾渭分明。她对丈夫这次黄天荡的过错毫不姑息，虽知朝廷如要按律论罪，就将遭到家破人亡，但考虑到国家大业，应秉公办理，决心亲自上疏奏劾韩世忠的失机纵敌之罪。她把自己的想法告诉了韩世忠，先听听他的意见。韩世忠毕竟是宋朝的一位忠臣良将，对妻子的想法表示赞成。梁红玉怀着对丈夫疼爱和崇敬的心情，把他如何失机纵敌的详情写上了奏章，并向全体将士宣谕。由于韩世忠平时一贯爱护将士，与部下生死与共，处处身先士卒，威望甚高，所以将士们纷纷上书朝廷，请求给其立功自效的机会。

宋高宗在下诏褒奖、提升韩世忠后不几天，就接到梁红玉劾夫的疏奏。朝廷上下大震，议论纷纷，褒贬各异。宋高宗对此事早有主见，念韩世忠在险境中，兵仅 8000，拒金兵 10 万，相持多日，数胜一失，不足为罪，因此下令免予论处。梁红玉这一义举，使举国上下，人人感佩，传为美谈。朝廷为此再加封她为"杨国夫人"。韩世忠接到免罪诏令后，深感皇上恩德，即与夫人梁红玉一起总结"前车之鉴"，并令广大将士公议，以免"重蹈覆辙"。韩世忠从此更加身先士卒，对部属要求更严，因而他和梁红玉的威望更高了，所部将士作战奋厉，敌兵闻风丧胆，被世人誉为"韩家军"。

绍兴五年（1136 年），韩世忠被任命为武宁安化军区司令（武宁安化军节度使），驻扎楚州（今江苏淮安区）。八月二十六日，梁红玉死于楚州抗金前线；绍兴二十一年（1151 年），韩世忠病逝，夫妇合葬于苏州灵岩山下。

唐赛儿：杰出的农民起义领袖

唐赛儿（1399—? ），明初农民起义军女领袖，山东滨州蒲台县（今山东滨州市蒲城乡）人。

唐赛儿家境贫苦，自幼从父习武，不到 15 岁已武艺超群。明初，山东连年灾荒，饿殍遍野。明太祖朱元璋死后，朱棣又发动"靖难之役"，山东是主要战场。朱棣做皇帝后把京城从南京迁到北京，大修宫殿。为了供养京师官员及军队，又组织南粮北调，修浚运河，开凿会通河，大量征调民夫，山东人民首当其冲。永乐年间，山东又连续发生水旱灾害。百姓吃树皮、草根、苟延生存，但仍然"徭役不休，征敛不息"，广大人民陷入绝境。

唐赛儿雕像

当时，唐赛儿的父亲被抓服劳役，她和丈夫林三冲进官府讨粮，林三被杀害。她父亲悲愤而死，母亲也重病身亡。永乐十八年二月（1420年）二月，唐赛儿在益都卸石棚寨（今青州市境内）起事。她按地形把卸石棚寨分为4寨，她驻地势最高的南寨，以利观敌指挥作战。她还在南北两大悬崖上筑起寨墙，并在寨内修建水池，囤积粮草。起义军首先一举攻克军事重镇青州，夺取武器，开仓赈民，然后胜利返回山寨。青州卫指挥使高凤闻报大惊，疾带兵尾追，被埋伏在山峪中的起义军团团包围。夜间，唐赛儿突然发动袭击，高凤丧命，千余名官兵被歼。

农民军初战告捷，鼓舞了青州以东各地人民。他们纷纷起兵响应，计有宾鸿、董彦皋、丁谷刚、刘信、刘俊、王宣、郝允中、白拜儿、高羊儿、王住儿、杨三等大小数十支起义军。以卸石棚寨为中心的农民革命风暴，席卷青州、莱州、莒州、胶州以及安丘、寿光、诸城、即墨等9个州县，队伍迅速扩大到数万人。董彦皋率众2000余人，在莒州、日照、诸城一带惩办贪官污吏、土豪劣绅。在寿光、安丘、胶州等地，农民军"毁官府、烧仓库"，打击明军。

起义军军威大振，山东地方官吏惶恐不安，三司联名报警。明成祖朱棣闻报后大为震动，立即派遣官员，星夜赶往卸石棚寨招安；但遭到唐赛儿的坚决拒绝。朱棣又急派安远侯柳升为总兵官、都指挥使刘忠为副总兵官，带领 5000 人马前来镇压，把卸石棚寨团团围住。柳升曾南平交趾，东破倭寇，北御蒙古，因功封侯。他狂妄自大，根本不把农民军放在眼里。唐赛儿抓住他骄傲轻敌这一弱点，派人到敌营诈降，诳说寨内缺水，陷入绝境，已决定从东寨门突围取水。柳升信以为真，下令集中兵力，扼守东门，妄图断水把起义军困死。起义军趁机于三月十六日夜，突然向防御薄弱的敌营发起猛攻，打得敌军晕头转向，仓皇逃窜，都指挥刘忠中箭毙命。天亮后，柳升得知中计，疾带大队人马前来镇压，但起义军早已不知去向。同时，在安丘城厢地区，战斗也在激烈进行。宾鸿率领义军猛攻县城，城池即将攻克，因敌人援军赶到，义军作战失利，撤走。

明王朝虽然镇压了这次农民起义，但主要起义领袖唐赛儿、宾鸿、董彦皋等都安全转移。朱棣大为震怒，将柳升下狱，并以"纵贼为乱不言"的罪名，把山东布政使、参议、按察使、按察副使、佥事和出现起义的郡县官吏，统统处死。为追查唐赛儿下落，又于同年三月至五月，两次下令逮捕京师、山东境内的女尼和女道士，后又逮捕全国数万名女尼和女道士，押解京师审查，但终未发现其踪迹。

青州至今还流传着许多有关唐赛儿的传说。当地人民为了纪念她，把卸石棚寨改名为"唐赛儿寨""唐三寨"。山顶至今还保留有当年起义军用过的石臼、石磨以及寨墙等遗迹。

滨州人民为了纪念唐赛儿，在滨州城南、滨州黄河大桥以北修建了唐赛儿雕像，在原蒲台县西关原址修建了唐赛儿祠，以纪念这位杰出的农民起义女领袖。

瓦氏夫人：壮族土司时代的抗倭英雄

瓦氏夫人（1496—1555年），原名岑花，归顺直隶州人，土官岑璋之女，明代抗倭巾帼英雄。

岑花自幼聪明好学，饱读诗书，习练武艺，精通兵法；生性助人为乐。长大成人以后，按照壮族土司时代官族与官族通婚以及壮族婚姻不避同姓的习俗，嫁给田州（今广西田阳县）土官岑猛为妻，改称为"瓦氏"。明嘉靖六年（1527年），岑猛被指控叛乱，遭朝廷讨伐，与其子岑邦彦战败而亡。岑猛与其子死后，由孙子岑芝承袭田州土官。因岑芝年纪尚幼，瓦氏夫人主政代理知州事。

壮剧《瓦氏夫人》剧照

瓦氏夫人在职期间，克己励志，善理州政，安定了社会秩序；同时积极发展农业生产，建义学，兴教育，在各方面均有所成就，人民得以安居乐业，赢得了百姓的爱戴和拥护。嘉靖二十九年（1550年），岑芝被朝廷征调到海南岛镇压黎族起义，战死于海南。于是，瓦氏夫人又负担起抚育岑芝之子岑大寿、岑大禄的责任，继续掌管州内一切政务，政绩依旧斐然。

明嘉靖三十三年（1554年），中国沿海频频遭受倭寇侵扰，严重威胁着中国沿海人民的生命财产安全。明朝廷多次派兵征讨都无济于事，皆以残败告终。以致沿海居民人心惶恐，倭寇不可战胜的神话谣传不胫而走。明朝廷不得已委派兵部尚书张经为总督东南国务大臣，征调广西壮族土官所属的"俍兵"和其他少数民族的部队前往东南沿海抗倭。张经曾总督两广军务，深知广西少数民族"俍兵"军队勇敢善战，便传令征调田州土官岑大禄、大寿领兵出征。曾祖母瓦氏以大禄等年幼不能担任军职，请示督府允许她亲自带兵前往江浙前线征倭。督府知道瓦氏有胆略、有威望，便准其所请，并授予"女官参将总兵"军衔。瓦氏表示决心："是行也，誓不与贼俱生。"

不久，瓦氏夫人率广西田州、归顺州、南丹州、那地州、东兰州等各州组建的军队 6800 余人，浩浩荡荡开赴江浙前线。当时，广西各州"俍兵"先集中梧州，后经广东南雄、过大庚岭，再坐船至江西南昌，转江苏京口、丹阳，步行到奔中镇，常州官府派船接至嘉兴，历时数月，跋涉数千里，于嘉靖三十四年（1555 年）三月十三日到达金山卫。

瓦氏领兵到达江浙前线金山卫后，按照督府张经的部署，以瓦氏所率领的田州兵隶属总兵俞大猷指挥，其余各州队伍则分属游击邹继芳和参将汤克宽等指挥。瓦氏率"俍兵"抵达后多次请求速战，部属"俍

电视剧《瓦氏夫人》剧照

兵"个个摩拳擦掌，准备杀敌立功。张经以"俍兵"初到，未熟悉情况，不许轻举妄动。

四月初五，瓦氏奉令到漕泾镇截击倭寇，因敌众我寡，被敌重重围困，战斗激烈，头目钟富、黄维等 14 人阵亡。瓦氏极为愤怒，亲自挥舞双剑，浴血奋战而出。四月十九日，倭寇 2000 多人"突出金山卫，从独山往嘉兴。俞大猷先不敢拒，乃率瓦氏兵追其后，被贼反攻，杀伤颇众，大猷先奔，赖瓦氏殿后，得免全覆。"四月二十一日，倭寇 2000 多人南来金山，都司白泫率兵迎击，被倭围困重重，瓦氏奋身往援，纵马冲杀，破寇重围，白泫乃得脱身。至是，瓦氏勇猛始为敌人所畏服。四月二十八日，倭寇由平望奔王江泾（在嘉兴县北州里），瓦氏参加对倭寇进行追击围剿，全线斩贼首和溺死者约 4000 人。这是征倭以来的第一次大胜利，杀得倭寇四散逃命，一战而首次扭转东南抗倭战局，打破了倭寇不可战胜的神话。当倭寇逃回柘林，仅余 300 余人。五月初五，倭寇经金山卫，又被瓦氏俍兵击溃，死亡甚众。六月，在陆泾坝（今江苏苏州境）战役中，瓦氏夫人率领的"俍兵"又斩获倭首 300 余级，烧毁海盗船只 30 余艘，令倭寇闻风丧胆，以为天派神兵驾到，听到"俍兵"临至立刻逃之夭夭。

因瓦氏夫人抗倭"三战三胜"，被朝廷封为"二品夫人"。江浙人民尊称她为"宝鬘将军"，当地群众赞誉她为"石柱将军"，视为抗倭"长城"。然而，正当抗倭取得节节胜利，形势顺利发展的关键时刻，调瓦氏夫人到江浙的总领抗倭总督大臣张经被赵文华、严嵩陷害入狱，致使抗倭军队失去了得力的统帅。为此瓦氏夫人含愤患病，特此告假还乡。获准后，乃于七月初班师回田州。瓦氏回到田州以后，便祭告家庙厚恤随军兵丁，以示关怀和慰问。不久，瓦氏夫人病逝于田州土司府署，享年 59 岁，被追封为"淑人"，葬于州城太婆地。

瓦氏夫人用兵有方，所率部队组织建制严密，标志明显，奖惩分明，部队内部团结一致，秋毫无犯。因此，俍兵在战场上士气高昂，勇猛无比。

部队内部十分团结，所至之处，秋毫无犯，深得当地群众爱戴，无不"箪食壶浆"，以迎义师。

秦良玉：白杆纵横万人敌

在四川省石柱土家族自治县档案馆里，保存着一套清朝人编写的地方志，名叫《补辑石柱厅志》，里边辑录了歌颂明末著名女将秦良玉的上百首赞美诗词。其中一首赞到：秦夫人，真将军，将军能武复能文。白杆纵横万人敌，奇功书作垂天云。诗中所说的"秦夫人"，就是秦良玉；诗中所说的"白杆兵"，就是秦良玉创建的一支英勇善战的部队。

秦良玉（1574—1648年），字贞素。四川忠州（今属重庆忠县）人。为石砫宣抚使马千乘之妻。明朝末期战功卓著的民族英雄、女将军、军事家、抗清名将。

秦良玉生于一个岁贡的家庭，父亲精于刀剑，善于诗文。幼年时的良玉，就跟随父亲，每天诵读诗文兵书，清晨早起舞剑挥棒。秦良玉到22岁时，嫁给了一个名叫马千乘的英武青年。他是石柱少数民族的一个头领，当时担任土司宣抚使，是明王朝封的二等武职，手下有兵3500人。秦良玉结婚后，在家中穿便服，是马千乘的贤妻；在军中穿男服，是马千乘的副将。马千乘虽说武艺不凡，但勇武有余，而谋略不足，自从有秦良玉作副将之后，越来越聪明，并在良玉的协助下，接连打了几个胜仗。过了几年，马千乘遭人陷害，死在狱中。秦良玉袭夫职统率马千乘所属兵马，成了中国历史上少有的一员女宣抚使，同时又是名副其实的女将军。

秦良玉担任主将后，深感这支队伍虽然剽悍勇敢，但缺乏严格训练，纪律松弛，技艺低劣。因此，她决定对这支队伍进行严格整训。一天，她把队伍带至一座山脚下，指着一面百十尺高的悬崖峭壁，对众官说："假若敌人就占据着山顶，我们要从这里攀登上去偷袭敌人，大家说能不能办到？"官兵个个面带愁容，有人干脆说办不到。良玉面对队伍中的种种议论，说："你们看我的！"说着，她独自一人戎装束戈，随身带了一根涂了白色、两端带钩刀的竹杆，名叫白杆钩刀，从山脚沿着峭壁向上攀登。只见她，一会儿像壁虎，身贴石壁登高；一会儿又像猿猴攀枝，用白杆钩刀插入石缝之中往上攀。不多时，便登上了峭壁的顶端。俗话说，上山容易下山难，何况是悬崖峭壁呢！她借助于白杆钩刀和臂力、腿力，如同猴子下树那样灵巧，不多时，便

秦良玉雕像

安全平稳地从峭壁上落在地面。众官兵皆仰头兴叹，佩服女统帅如此高超的技艺和不凡的胆魄。

从此，秦良良玉给每个官兵都配发了一根白杆钩刀，限令大家一个月为期，抓紧练习，到时限要逐个检验，凡登上山顶者赏，否则罚。时限到了以后，秦良玉穿上帅服，亲临现场检阅。绝大多数人都先后攀上了山顶，但有十几个人未能及格。

其中有个军官叫土登，平时吊儿郎当，凭着与秦良玉沾亲带故，训练时马马虎虎，所以，不仅自己不及格，而且所带的小队成绩最差。秦良玉当场下令把这个不执行命令的军官斩首示众。其他十几个不及格者，分别给予了处罚。对成绩优异者，分等给予奖赏。

当攀登训练过关之后，秦良玉命令官兵利用竹杆制成刺锥、标枪和攀登、刺杀、投掷并用的武器。为便于夜间作战识别和联络，秦良玉命令官兵把自制武器涂以白色。因为用白色竹杆为标志，这支队伍被世人称为"白杆兵"。秦良玉还带领队伍，进行各项技艺操练和行军、

宿营、列阵等项野战训练，使原是一支松散的地方武装，逐步变成一支训练有素的节制之师，做到有令则行，有禁则止，指到哪里，就打到哪里。一时间，"白杆兵"闻名全国。《明史·秦良玉传》评介说：秦良玉"驭下严峻，每行军发令，戎伍肃然。所部号曰白杆兵，为远近所惮（畏惧）。"

在秦良玉整训白杆兵期间，我国东北地区的后金军屡与明军交战，明军屡战屡败。当时传说："后金军满万不可敌！"秦良玉对此半信半疑。她主动向朝廷请命，派兵去东北参战，试试白杆兵的锋芒。获准之后，秦良玉遣其兄秦邦屏、弟秦邦民带领白杆兵数千去辽东。在辽河大战中，白杆兵血染疆场，荣立头功。前线总帅向朝廷报告战况，赞称"白杆兵满万不可敌"。不久，秦良玉又亲率三千白杆兵奔赴东北。朝廷深知白杆兵训练有素，便把镇守山海关的重任交给秦良玉。白杆兵屯驻山海关，真是"一夫当关，万夫莫开"，很快稳定了山海关的局势。朝廷鉴于秦良玉治军有方，战功卓著，正式封授她为"夫人"，命为"总兵官"。由此，秦良玉便成了明朝历史上唯一授衔的女总兵官。明思宗崇祯三年（公元1630年），后金军进攻北京，秦良玉闻讯，献出自己的家财作为军资，亲率白杆兵驰援京师。后金军退去后，崇祯皇帝亲自召见秦良玉，并赐诗四章，盛赞这位巾帼将领。其中有一章诗曰：学就西川八阵图，鸳鸯袖里握兵符。由来巾帼甘心受，何必将军是丈夫！

明隆武二年（1646年），清军攻占北京，大举南侵，秦良玉已年73岁，毅然接受隆武政权赐封太子太保、忠贞侯封号以及"太子太保总镇关防"官印，继续高举扶明抗清的旗帜，准备前往福建抗清，然郑芝龙叛变，隆武帝被捉，未能成行。

明永历二年（1648年），在西南的永历皇帝派人加秦良玉太子太傅，授"四川招讨使"。久卧病床的一代女豪杰，闻之瞿然而起，拜伏受诏，感泣道："老妇人朽骨余生，实先皇帝（崇祯）恩赐，定当负弩前驱，以报皇恩！"使者大喜，即刻回朝复命，可惜的是，几日之后，秦良玉就因病重抱恨而终，享年 75 岁。

王聪儿：白莲教起义军总指挥

王聪儿（1777—1798 年），湖北襄阳（今湖北襄阳）人。江湖艺人出身，因嫁给齐林为妻，又称齐王氏。参加白莲教起义后，她曾任义军总指挥，也就是八路义军统帅，是一个貌美如花、德行高尚、武艺高强、有勇有谋的女英雄。率众十余万纵横驰骋于鄂、川、陕、豫四省，英勇战斗了两年多，虽然最终因起义失败而自杀，但其所领导的起义军给予清朝统治者以沉重打击，在中国农民战争史上写下了光辉的一页。

清朝乾隆年间，官僚地主大量侵占农民的土地。农民无法谋生，只得流落江湖，卖艺糊口。王聪儿幼年丧父，跟着母亲学习杂技，跑马走绳，舞刀使棒，样样都行。母女俩凭着一身技艺走南闯北，过着颠沛流离的生活。

一天，母女俩来到襄阳，在一场事故中得到一位名叫齐林的帮助而加入白莲教。齐林是襄阳白莲教的首领。王聪儿入教后，经常利用卖艺的身份在江湖上宣传白莲教的教义。由于他们俩志同道合，感情也越来越深，不久后便结为夫妻。结婚后，齐林与王聪儿便一同领导白莲教徒筹划反对清朝的武装起义。

和珅掌权的时候，清王朝十分腐败，地方官吏贪污横行，百姓怨声载道。当时，在湖北、河南一带，白莲教又盛行起来。有个安徽人刘

王聪儿像

松，到河南传教，利用给百姓治病的机会，劝人入教，后来被官府发现，流放到甘肃去。

刘松的徒弟刘之协和宋之清逃到湖北，继续传教。他们宣传说，清朝快要灭亡，将来会出现新的世界，入教的人都可以分到土地。当地的贫苦农民受够地主剥削的苦，渴望得到土地，听了这个宣传，纷纷参加了白莲教。

参加白莲教的人越来越多的消息，惊动了乾隆帝。乾隆帝命令各省官府捉拿教徒。一些官吏本来是敲诈勒索的老手，趁机派出差役，挨家挨户地查问，不管你是不是教徒，都得拿出一笔钱来"孝敬"他们。有钱的出钱买命，没钱的穷人就被抓到监狱里拷打，甚至送了命。武昌有个官员向百姓敲诈勒索不成，罗织罪状，受到株连的有几千人。不论教徒或没入教的，都被迫害得家破人亡，对官府更加切齿痛恨。

白莲教首领刘之协到了襄阳，召集教徒开会商量。大家说："这个世道，真是官逼民反了！不如索性造反吧。"经过一番商议，决定用"官逼民反"的口号，发动群众起义，并且派出教徒分头到各地去联络。

参加白莲教的人一天比一天多，齐林与王聪儿见起义条件已经成熟，就决定在襄阳起义。不料起义的风声走漏了，齐林和另外一百多教徒被捕，他们都被杀害了。齐林死后，王聪儿被大家推选为首领，暗中继续筹备新的武装起义。

1796年，王聪儿得知消息，说其他地方的白莲教都已发动了武装起义。大伙一致推选她为"总教师"。于是，她便带领义军杀了贪官污吏，并打开粮仓，把粮食分给了穷苦的老百姓。这时王聪儿的军队已发展至四五万人之多了。

后来，她带领义军从湖北到四川，和四川的义军会师，组成了一只拥有十四五万的起义大军。为了方便指挥，起义军以黄、青、蓝、白四色为号，分成八路大军。王聪儿被推选为八军的路统帅。一个年轻女子可成为这样大规模起义的首领，由此可见王聪儿能力之强！

1798年，王聪儿率领义军一路打到西安。嘉庆帝一看起义军声势越来越大，慌了手脚，连忙命令各地的总督、巡抚、将军、总兵等大小官员，派出大批人马镇压。可是那些大官、将军们只知道贪污军饷，不懂得怎样打仗。

王聪儿分兵三路，从湖北打到河南。起义军打起仗来不但勇敢，而且机动灵活。他们在行军的时候，不整队，见了官军不正面迎战，不走平坦大道，专拣山间小路走，找机会袭击官军。他们又把兵士分成许多小队，几百人一队，有分有合，忽南忽北，把围剿他们的官军弄得晕头转向，疲于奔命。

王聪儿的起义军在湖北、河南、陕西流动作战，打击官军。第二年，在四川跟那里的起义军会师。

嘉庆帝见官军围剿失败，气得眼都红了，大骂王聪儿是罪魁祸首，又下了一道诏书把一些带兵的将军们狠狠地训斥了一通，撤职的撤职，办罪的办罪，并且严厉督促各地将军集中兵力，围剿王聪儿起义军。

清军将领明亮向嘉庆帝献了一条恶毒的计策，要各地地主组织武装民团，修筑碉堡。起义军一来，就把百姓赶到碉堡里去，叫起义军找不到群众帮助，得不到粮草供应。这种做法，叫作"坚壁清野"。嘉庆帝下令各地采用这种计策，起义军的活动果然越来越困难。清军在川北一带围攻王聪儿。王聪儿摆脱清军围攻，亲自带领二万人马攻打西安，不料在西安遭到官军阻击，打了败仗；再打回湖北的时候，明亮率领官军紧紧追击。起义军后面有官军，前面又有地主武装民团的拦截，终于在郧西（在今湖北省西北边陲）的三岔河地方，陷进敌人的包围圈。

王聪儿临危不惧，指挥起义军退到茅山的森林里，准备组织突围。官军发现了，又围住茅山，从山前山后，密密麻麻地涌上来。起义军经过顽强抵抗，终于失败。王聪儿眼看突围不成，且她与她的部下都不愿当俘虏，便退到山顶，与其部下纵身从陡峭的悬崖上跳下来，英勇牺牲，时年仅 22 岁。

邱二娘：著名反清女将领

邱二娘（1833—1855 年），泉州河市（今河市镇）人，著名反清女将领。

邱二娘父亲邱柳，半农半渔，懂得一点历法、医术；哥哥邱猴，种田烧炭为业。由于家境贫寒，邱二娘从小被卖到惠安县后龙乡峰尾村刘家为童养媳，婚前婚后，备受婆婆和丈夫的虐待。

咸丰初年，邱二娘忍受不了婆家的虐待，逃到东坪村表哥林杯家中。她早年曾跟从父亲学会一些历法和医术，此时便靠刺绣和行医谋生。林杯是个江湖汉子，参加过太平军，被派回福建活动，通过与林俊结拜兄弟的法石村人胡熊同林俊取得联系，准备在惠安发动武装起义。在林杯的启发教育下，邱二娘经常以行医为掩护，深入群众，很快便团结一批志同道合的人，雇工张炉、医生王文岳、小贩杨信、秀才陈秋浦等先后加入起义队伍，并成为义军的骨干。

咸丰三年（1853 年）四月，林俊在永春州起义，林杯、邱二娘也在惠北笔架山高明王宫树起义旗，开始领导贫苦农民抗捐抗税，袭击地主武装，惩办贪官污吏，得到晋（江）惠（安）仙（游）人民的热烈拥护，队伍由几百人迅速扩大到几千人。起义后不久，林杯牺牲，邱二娘高举"顺天命邱娘娘"的旗帜，继续战斗，成为义军的首领。她仿照天国军事组织，建立男营和女营，建立根据地石级小寨。清军前来"清剿"，她率义军在官溪、半岭、驿坂等地抗击，打败清兵，并在同年八月间率领义军同当时进入仙游、莆田的林俊队伍会合，声势更加壮大。清朝福建统治者曾一再惊呼"东起莆田，南至惠安，绵亘百余里……尽为贼踞"。邱二娘的义军给了封建统

邱二娘起义遗址

治者以有力打击。

咸丰四年（1854 年）四月，林俊在南安埔头、炉内等处被清总兵钟宝三部尾追甚急，为引开敌人，林俊命邱二娘率部进攻惠安县城。她立即与各乡义军约定：以玳瑁山上的烽火为号，一见山上火起，即到县城会合。四月二十四日上午，她与胡熊亲率义军千余人向县城挺进，可惜当天大雾弥漫，各乡义军看不到玳瑁山上的烽火，没有前来会合，加上军情走漏，城内清军早有防备，邱二娘孤军作战，虽对县城发动猛烈攻击，终因守城清军拼死抵抗，四乡地主武装迅速赶来夹击，县城未能攻克，军师张炉等 20 余人被捕牺牲，邱二娘拔队离开县城。这次战斗虽未攻克县城，但调动敌人、帮助林俊解围的目的已达到。此后邱二娘始终在惠北山区领导抗清。

咸丰五年（1855 年）五六月间，由于起义队伍中的陈大、陈桥、陈潮家三人利欲熏心，暗中向清廷告密，邱二娘被清方捕获，押送泉州，受尽严刑拷打，始终坚贞不屈。同年六月十四日，在泉州南校场被凌迟处死，时年仅 22 岁。

后来，惠安、泉州、仙游一带民众塑像奉祀，称之为"仙姑妈""游路夫人""庄脚妈"。后人还编有《血染桐江》剧本，惠安县掌中木偶戏剧团也排出木偶戏《惠女英豪邱二娘》，鹭江出版社出版的历史小说《烈女哀鸿》，颂扬其英雄事迹。

秋瑾：近代中国女性革命的象征

秋瑾（1875—1907 年），祖籍浙江山阴（今绍兴市），出生于福建省云霄县城紫阳书院（七先生祠）。中国女权和女学思想的倡导者，近代民主革命志士，第一批为推翻满清政权和数千年封建统治而牺牲的革命先驱。

秋家自曾祖起世代为官。秋瑾之父秋寿南，官湖南郴州知州；嫡母单氏，为浙江萧山望族之后。秋瑾幼年随兄在家塾中读书，好文史，能诗词，15 岁时跟表兄学会骑马击剑。

1894 年，其父秋寿南任湘乡县督销总办时，将秋瑾许配给今双峰县荷叶镇神冲王廷钧为妻。1896年，秋瑾与王廷钧结婚。王廷钧在湘潭开设"义源当铺"，秋瑾住在湘潭，也常回到婆家。1897 年 6 月，秋瑾生下第一个孩子王沅德。

秋瑾在婆家双峰荷叶时，常与唐群英、葛健豪往来，情同手足，亲如姐妹，经常集聚在一起，或饮酒赋诗，或对月抚琴，或下棋谈心，

秋瑾像

往来十分密切"，后来3个人被誉为"潇湘三女杰"。

1900年，王廷钧纳资为户部主事，秋瑾随夫赴京。不久，因为八国联军入京之战乱，又回到家乡荷叶。次年在这里生下第二个孩子王灿芝。

1904年，王廷钧再次去京复职，秋瑾携女儿一同前往。7月，秋瑾不顾丈夫的反对，冲破封建的束缚，自费东渡日本留学，在东京入中国留学生会馆所设日语讲习所补习日文，常参加留学生大会和浙江、湖南同乡会集会，登台演说革命救国和女权道理。秋瑾除在校学习外，还广交留学生中的志士仁人，如周树人（鲁迅）、陶成章、黄兴、宋教仁、陈天华等。在此期间，秋瑾积极参加留日学生的革命活动，曾与陈撷芬发起共爱会，作为开展妇女运动的团体；和刘道一、王时泽等十人结为秘密会；以反抗清廷、恢复中原为宗旨，创办了《白话报》；参加洪门天地会，受封为"白纸扇"（军师）。

在日本主编《白话》月刊过程中，孙中山建议她可"依据此特长，利用宣传工具，报告时事，解决实事，效果越直接越迅速越好"。秋瑾一贯以提倡女权为己任，她说"女学不兴，种族不强；女权不振，国势必弱"，欲求男女平等，"女子必当有学问，求自立，不当事事仰给男子"，"仿欧美新闻纸之例，以俚俗语为文……以为妇人孺子之先导"。她以"鉴湖女侠"等笔名，在杂志上发表了《演说的好处》《敬告中国二万万女同胞》《警告我同胞》等文章，抨击封建制度丑恶，宣传女权主义，号召救国，字里行间充满了女权

秋瑾纪念邮票

解放的激情。

同年秋，在日语讲习所毕业后，报名转入东京青山实践女校附设的清国女子速成师范专修科，并在横滨加入了冯自由等组织的三合会。

1905 年，秋瑾回国筹措继续留学费用。春夏间，分别在上海、绍兴会晤蔡元培、徐锡麟，并由徐介绍参加光复会。徐锡麟、秋瑾先后加入光复会后，国内革命形势有了迅速的发展。同年 7 月，秋瑾再赴日本，不久入青山实践女校学习。由冯自由介绍，在黄兴寓所加入同盟会，被推为评议部评议员和浙江主盟人。在留日学习期间，她写下了许多革命诗篇，慷慨激昂，表示："危局如斯敢惜身，愿将生命作牺牲""拼将十万头颅血，须把乾坤力挽回"。

1906 年，因抗议日本政府颁布取缔留学生规则，秋瑾愤而回国，在上海创办中国公学。先在绍兴女学堂代课，3 月，往浙江湖州南浔镇浔溪女校任教，发展该校主持教务的徐自华及学生徐双韵等加入同盟会。暑假离职赴沪，与尹锐志、陈伯平等以"锐进学社"为名，联系敖嘉熊、吕熊祥等运动长江一带会党，准备起义。萍浏醴起义发生后，她与同盟会会员杨卓林、胡瑛、宁调元等谋在长江流域各省响应，并担任浙江方面的发动工作。到杭州后，与将去安徽的徐锡麟约定，在皖、浙二省同时发动。此时她在杭州新军中又发展了吕公望、朱瑞等多人参加同盟会与光复会。不久，萍浏醴起义失败，接应起义事遂告停顿。

秋瑾塑像

同年秋冬间，为筹措创办《中国

女报》经费,秋瑾回到荷叶婆家,在夫家取得一笔经费,并和家人诀别,声明脱离家庭关系,其实是她"自立志革命后,恐株连家庭,故有脱离家庭之举,乃借以掩人耳目"。

1907年1月14日,《中国女报》创刊。秋瑾撰文提倡女权,宣传革命,以"开通风气,提倡女学,联感情,结团体,并为他日创设中国妇人协会之基础为宗旨",并为该报写了《发刊词》,号召女界为"醒狮之前驱","文明之先导"。

不久,秋瑾因母丧回绍兴,又先后到诸暨、义乌、金华、兰溪等地联络会党。这时大通学堂无人负责,乃应邀以董事名义主持校务。秋瑾遂以学堂为据点,继续派人到浙省各处联络会党,自己则往来杭、沪间,运动军学两界,准备起义。秋瑾密编制了光复军制,并起草了檄文、告示,商定先由金华起义,处州响应,诱清军离杭州出攻,然后由绍兴渡江袭击杭州;如不克,则回绍兴,再经金华、处州入江西、安徽,同徐锡麟呼应。原定1907年7月6日起义,后改为19日。

1907年7月6日,徐锡麟在安庆起义失败,徐锡麟的弟弟徐伟被捕,在供词中牵连到秋瑾,起义事机泄露。

1907年7月10日,秋瑾在已知徐锡麟失败的情况下,仍然拒绝了要她离开绍兴的一切劝告,表示"革命要流血才会成功"。她遣散众人,毅然留守大通学堂。14日下午,清军包围大通学堂,秋瑾被捕。面对敌人的拷问,她坚不吐供,仅书"秋风秋雨愁煞人"以对。

1907年7月15日凌晨,秋瑾从容就义于绍兴轩亭口,时年仅32岁。

秋瑾遇难后,无人敢为其收尸,中国报馆"皆失声",生前好友吕碧城、吴芝瑛设法与人将其遗体偷出掩埋。

1908年,生前好友吴芝瑛将其遗骨迁葬杭州西湖西泠桥畔,因朝廷逼令迁移,其子王源德于1909年秋将墓迁葬湘潭昭山。

1912年,湘人在长沙建秋瑾烈士祠,又经湘、浙两省商定,迎送其遗骨至浙,复葬西湖原墓地。后人辑有《秋瑾集》。

秋瑾是华夏杰出先烈，民族英雄。她蔑视封建礼法，提倡女权，常以花木兰、秦良玉自喻。早年学习经史、诗词，善骑射。她与吕碧城被称为"女子双侠"，与唐群英被后人誉为"辛亥革命的孪生女儿"，与唐群英、葛健豪誉为"潇湘三女杰"，她们的女权与女学思想成为近现代中国妇女解放思潮的重要组成部分。

第二章

绝世红颜

西施：浣纱沉鱼，以身报国

西施（生卒不详），名夷光，春秋末期出生于越国诸暨苎萝村（今浙江省诸暨市苎萝村）。苎萝有东西二村，夷光居西村，故名西施。自幼随母浣纱江边，故又称"浣纱女"。

西施是中国古代四大美人之首，又称西子，天生丽质，有"沉鱼"之貌。西施是个浣纱的女子，五官端正，粉面桃花，相貌过人。她在河边浣纱时，清澈的河水映照她俊俏的身影，使她显得更加美丽。相传西施在溪边浣纱时，水中的鱼儿觉得西施太美丽了，都自行惭愧地沉到水底不敢出来。西施天生丽质，禀赋绝伦，相传连皱眉抚胸的病态，亦为邻女所仿，故有"东施效颦"的典故。

越王勾践三年（公元前494年），夫差在夫椒（今江苏省吴县西南）击

西施像

33

败越国，越王勾践退守会稽山（今浙江省绍兴南），受吴军围攻，被迫向吴国求和，勾践入吴为质。释归后，勾践针对吴王淫而好色的弱点，接纳大夫文种灭吴九策，其中最毒辣的便是美人计。大夫范蠡奉命巡行全国勘察美女。他来到苎萝村，遇到了郑旦和西施一对姊妹花。他将郑旦和西施带回会稽，准备献给吴王夫差。越王宠爱的一宫女认为："真正的美人必须具备三个条件，一是美貌，二是善歌舞，三是体态。"西施只具备了第一个条件，于是，越王花了三年时间，教以歌舞、步履、礼仪等。西施发奋苦练，由一位浣纱女成为修养有素的宫女。在悠扬的乐曲中，翩跹起舞，婀娜迷人，举手投足，恰如其分，待人接物，十分得体。然后，又给她制作华丽适体的宫装，方进献吴王。

西施入吴后，夫差被她迷得神魂颠倒，春秋宿姑苏台，冬夏宿馆娃宫，整天与西施玩花赏月，鸣琴赋诗。灵岩山上有一眼清泉，夫差常让西施对泉水梳妆，他亲为美人梳理秀发。西施擅长跳"响屐舞"，夫差又专门为她筑"响屐廊"，用数以百计的大缸，上铺木板，西施穿木屐起舞，裙系小铃，铃声和大缸的回响声，"铮铮嗒嗒"交织在一起，使夫差如醉如痴。他又与西施泛舟采莲，或乘画船出游，或骑马打猎，总之沉醉于美色，以姑苏台、馆娃宫为家，把国家大事丢在脑后。伍子胥求见，往往被

西施像

西施塑像

拒之门外，唯太宰伯嚭常侍左右。因此他所能听到的，皆阿谀奉承之声。从此，夫差沉湎女色，不理朝政，终于走向亡国丧身的道路。

西施既然与夫差形影不离，对于吴国的政治斗争、军事机密，也就无所不知，且伺机向越国传递她所得到的情报，以致被今天一些精于考证的史学家称之为中国历史上的头号色情间谍。她挑拨吴国的君臣关系，特别是夫差与伍子胥的关系，只要稍微吹一吹枕头风，杀伤力比伯嚭说上一大堆谗言谮语不知大上多少倍。夫差赐剑令伍子胥自杀，恐怕也少不了她一份功劳。勾践的大军能长驱直入，直抵吴国都城，让夫差无还手之力，与西施小姐把夫差迷得晕头转向荒废军政密切相关。因此可以说，西施是勾践灭吴雪耻的功臣之一。明代西施祠有楹联云："越锦何须衣义士，黄金祇合铸娇姿。"便是对西施在越国灭吴中的功劳的肯定。

传说，西施在吴亡后和范蠡驾扁舟入太湖，不知所终；还有一种说法，西施在吴亡后被沉溺于江中。由于史书没有明确记载，西施的归宿成为千古之谜。但人们普遍流传的版本更倾向于前者，那么，西施无疑是四大美女中最幸福的一位。

王昭君：明妃落雁，出塞和亲

王昭君（约公元前52—约8年），名嫱，字昭君，乳名皓月，西汉南郡秭归（今湖北省宜昌市兴山县）人，西汉元帝时和亲宫女。晋朝时为避司马昭讳，又称"明妃"、王明君。王昭君，南郡秭归（今湖北兴山）人。

王昭君出生在江南农村，从小就聪明伶俐，勤奋好学，善良勤勉，深得父母的宠爱。十多岁的时候，父母专门在自己家门前为她修了一座望月楼，让她在楼上读书作画，弹琴歌舞，刺绣梳妆。

王昭君像

王昭君长得亭亭玉立，仪表艳丽，许多慕名登门求婚者都被她委婉地谢绝了。汉元帝继位以后，广泛搜罗天下美女，充实后宫。17的王昭君以"良家女"被选入宫。元帝因妃嫔众多，不能逐一召见，于是命令著名的画家杜陵人毛延寿摹绘宫女肖像，然后进呈皇上御览。元帝按图索骥，择优召幸。

王昭君也被召去让毛延寿画像。昭君天生美貌，但她生性清高，断然拒绝行贿。毛延寿索贿不成，便恼羞成怒，借机宣泄私愤，画笔之下故意把昭君的花容月貌绘成泥塑木雕一般。昭君被易妍为丑的形貌自然无法取悦于元帝，一个才貌双全的女子就这样被冷落在后宫中。

入宫多年的王昭君因毛延寿的卑劣行径而未能见御，想起自己可能在汉宫中无聊地虚度一生，内心就感到战栗。她渴望能够脱离深宫，回到与世无争、充满欢愉与生机的生活。

匈奴是我国北方的一个强大的游牧民族。汉匈之间的关系一直时弛时张。武帝继位（公元前140年）以前，国力较弱，汉朝对匈奴的政策是和亲，为的是换取北部边境的暂时安宁。王昭君虽然身居宫中，对于汉匈两族关系，也有所耳闻。元帝竟宁元年（公元前33年）正月，匈奴呼韩邪单于入朝，请求娶汉人为妻，元帝慨然允诺。元帝觉得前代已有取宫室子女充作公主嫁与单于的先例，不妨从后宫中随便选择一个未曾召幸的女子嫁与已投降的呼韩邪。于是，他诏令："谁愿意去匈奴，朕就把她当公主看待。"在汉代的女子看来，出塞是一件极不寻常的事，所以多数宫女犹豫不决。后宫那些美貌女子宁愿百无聊

昭君出塞史书记载

赖地度日，也不愿前往不为人知的匈奴，而王昭君却毫不犹豫地表示自愿前往匈奴。

此时满腹愁怨的王昭君主动请行，元帝闻讯后十分欣慰，当即允诺，并吩咐准备嫁妆，选择吉日，为呼韩邪单于和王昭君送行。

王昭君装束停当，向元帝辞行。元帝一见，惊呆了，没想到昭君竟是一个芳容绝代的女子！只见她云鬓低翠，容貌丰美，粉颊绯红，衣服亮丽，体态身材无不合度，那两道黛眉，浅颦微蹙，似乎含有嗔怨的模样，左右臣僚也为之倾倒。元帝后悔莫及，但事已无法挽回，只能在事后将毛延寿问斩泄愤。呼韩邪单于欢欢喜喜地谢过元帝厚恩，便携带昭君出塞。

王昭君随同呼韩邪一起，在汉朝和匈奴官员的护送下离开栖身数载的汉宫，前往漠北。王昭君出塞时，头戴红背兜，身穿红斗篷，骑着白马，怀抱琵琶，前往漠北。王昭君一行经过了汉朝的左冯翊（今陕西西安）、北地（今甘肃庆阳）、上郡（今陕西榆林）、西河（今内蒙古东胜）、朔方（今内蒙古杭锦旗）、五原（今内蒙古包头）等地。

王昭君塑像

王昭君坐在毡车上，领略大自然的美景。望着愈来愈近的单于廷，一种难以说清的思绪涌上了她的心头。

传说，昭君告别了故土，登程北去。一路上，马嘶雁鸣，撕裂她的心肝；悲切之感，使她心绪难平。她在坐骑之上，拨动琴弦，奏起悲壮的离别之曲。南飞的大雁听到这悦耳的琴声，看到骑在马上的这个美丽女子，忘记扇动翅膀，跌落地下。从此，昭君就得来"落雁"的美称。

到达匈奴中部的单于廷后，呼韩

邪单于加封王昭君为"宁胡阏氏",即匈奴皇后。

王昭君过上了住穹庐、披毡裘、食畜肉、饮乳酪的游牧生活,慢慢适应了匈奴族的生活方式。善良勤勉的王昭君,把汉朝的文化介绍给他们,匈奴人民都很喜爱她,尊敬她。

呼韩邪单于开辟了北部少数民族地方政权接受汉朝中央领导的先例,促成了塞北与中原的统一,开创了汉匈在两族的团结合作。汉匈关系和平友好,关市畅通,两族人民的互市和接触可以不受或少受限制,匈奴人可从汉人手中获得生产和生活用品,汉族文化可以传入匈奴,从而使匈奴人的社会生产力和日常生活都迅速的提高;同时奴文化也传播到中原,丰富了祖国的文化宝库。呼韩邪单于在汉朝支持下,结束了匈奴20余年的分裂状态。统一安定了匈奴政治的混乱局面。

王昭君与呼韩邪单于成婚后一年多便生下了一个儿子,取名伊屠知牙师。婚后的第三年,即汉成帝建始二年(公元前31年),呼韩邪单于病死。呼韩邪单于死后,大瘀氏所生的雕陶莫继位,号复株累单于。此时王昭君上书汉成帝要求归汉,汉成帝敕令王昭君"从胡俗"。因为匈奴有"父死妻其后母(不是生母)"的习俗。在匈奴人的观念中,嫁入本氏族的女子,属于夫家的氏族。夫死之后,必须约束在本氏族之中不得外嫁。因此,除生母外,都由儿子或兄弟继承她们的婚姻关系,使她们不能脱离夫家的氏族共同体。接到成帝的敕令后,王昭君体会到汉朝的用意,打消了归汉的念头,忍屈含辱,再嫁给了复株累单于雕陶莫。

王昭君又与复株累单于雕陶莫生了两个女儿,长女名云,后嫁给右骨都侯须卜当,称须卜居次(即须卜公主);小女嫁薄给当于氏,故称当于居次。归君的儿子伊屠知牙师做了匈奴的右日逐王。随着岁月和流逝,王昭君最终病死在匈奴。王昭君去世后,厚葬于今呼和浩特市南郊,墓依大青山,傍黄河水。后人称之为"青冢"。

　　王昭君以一个良家女被选入东汉后宫，她刚直的性格，致使冷落，开始了漫长而愁苦的后宫生活。为摆脱孤寂无聊的后宫生活，她决定充当"和亲使者"，远嫁匈奴，肩负起发展汉匈两族团结友好的关系的特殊使命，若似女中豪杰。

　　昭君出塞后，她劝呼韩邪单于不要去发动战争，把中原的文化传授给匈奴人。从此，使得汉匈两族团结和睦，国泰民安，"边城晏闭，牛马布野，三世无犬吠之警，黎庶忘干戈之役"，匈奴展现出欣欣向荣的和平景象。因为昭君不只是一个北上匈奴的人，她带着中原所有的文化，所到之处，无不春暖花开。她一个人影响着整个匈奴以及中原全人民的生活。王昭君为实现汉朝与匈奴的和睦相处而远嫁匈奴，开创汉匈间 60 年无战事的和平局面。王昭君的历史功绩，不仅仅是她主动出塞和亲，更主要的是她出塞之后，使汉朝与匈奴和好，边塞的烽烟熄灭了 50 年，加强了汉族与匈奴民族之间的民族团结，是符合汉族和匈奴族人民的利益的。她对胡汉两族人民和睦亲善与团结做出了

昭君墓

巨大贡献，因此，她得到历史的好评。元代诗人赵介认为王昭君的功劳，不亚于汉朝名将霍去病。昭君的故事，成为中国历史上流传不衰的民族团结的佳话。

王昭君在汉匈两族关系史上写下了光辉一页，流传至今。历代文人墨客写下了多达770多首诗词之作，对其歌咏赞唱，称王昭君为"巾帼英雄"。

貂蝉：貌美闭月，舍身除奸

貂蝉，中国古代四大美女之一。"闭月"是貂蝉的代称。貂蝉在后花园拜月时，忽然轻风吹来，一块浮云将那皎洁的明月遮住。这时正好王允瞧见。王允为宣扬他的女儿长得如何漂亮，逢人就说，我的女儿和月亮比美，月亮比不过，赶紧躲在云彩后面，因此，貂蝉也就被人们称为"闭月"了。

关于貂蝉的出身，有野史这样交代：其人本姓霍，无名，山西人，与名将关羽为同乡。自幼人才出众，聪敏过人，因而被选入汉宫，任管理宫中头饰、冠冕的女官，故称'貂蝉'官。因遭十常侍之乱，避难出宫，为司徒王允收留并认为义女，方才成就了离间董卓、吕布父子的壮举。另有记载说：貂蝉姓杜，原为吕布部将秦宜禄之妻，他们还有一个儿子名叫秦朗，字元明，三国演义上有出现过，三国志上也有记录为汉末三国魏国重要人物之

貂蝉塑像

貂蝉像

一，因为吕布行为不正，爱抢别人的妻子，貂蝉被迫嫁予吕布，其子秦朗也跟随吕布，吕布覆灭后，秦朗追随曹操，后深受曹操喜爱，被曹操认干儿子。

罗贯中的《三国演义》对貂蝉作了进一步的描写和刻画，影响颇大，传说尤为动人，成为家喻户晓、妇孺皆知的"人中杰""女中英"。小说人物据学者孟繁仁先生考证：貂蝉，任姓，小字红昌，出生在并州郡九原县木耳村，15岁被选入宫中，执掌朝臣戴的貂蝉（汉代侍从官员的帽饰）冠，从此更名为貂蝉。汉末宫廷风云骤起，貂蝉出宫，被司徒王允收为义女。不久董卓专权，王允眼看董卓将篡夺东汉王朝，设下连环计。王允先把貂蝉暗地里许给吕布，再明把貂蝉献给董卓。吕布英雄年少，董卓老奸巨猾，为了拉拢吕布，董卓收吕布为义子。二人都是好色之人，从此以后，貂蝉周旋于此二人之间，送吕布于秋波，报董卓于妩媚，把二人撩拨得神魂颠倒。

吕布自董卓收貂蝉入府为姬之后，心怀不满。一日，吕布乘董卓上朝时，入董卓府探貂蝉，并邀凤仪亭相会。貂蝉见了吕布，假意哭诉被董卓霸占之苦，吕布十分愤怒。这时董卓回府撞见，怒而抢过吕布的方天画戟直刺吕布，吕布飞身逃走，从此两人互相猜忌。王允便说服吕布，最终铲除了董卓。

之后，貂蝉为吕布之妾。白门楼吕布殒命，曹操重演"连环计"

壁画凤仪亭吕布戏貂蝉

于桃园兄弟，遂赐予关羽。貂蝉为不祸及桃园兄弟，"引颈祈斩"，被关羽保护逃出，当了尼姑。曹操得知后抓捕貂蝉，貂蝉毅然扑剑身亡。

《三国演义》作者罗贯中有词赞之曰：

一点樱桃启绛唇，两行碎玉喷《阳春》。丁香舌吐衡钢剑，要斩奸邪乱国臣。

司徒妙算托红裙，不用干戈不用兵。三战虎牢徒费力，凯歌却奏凤仪亭。

董卓无端擅大权，焚烧宫阙废坟原。两朝帝主遭魔障，四海生灵尽倒悬。

力斩乱臣凭吕布，舌诛逆贼是貂蝉。世间造恶终须报，上有无穷不老天。

帷中敌国笑中刀，纤手能将贼命操；虽是司徒施巧计，论功首属女英豪。

貂蝉故里在山西忻州市东南三公里的木芝村，位于从太原或忻州去禹王洞的途中。木芝村原盛产木耳，故名木耳村，后因村中槐树下发现一株千年灵芝，遂改名叫木芝村。村中传闻，早在貂蝉出生前三年村里的桃杏就不开花了，至今桃杏树依然难以成活，是说貂蝉有羞花之貌的缘故。

杨玉环：回眸一笑百媚生

杨玉环（719—756年），号太真，蒲州永乐人（今山西永济）。唐玄宗李隆基的贵妃。杨氏姿质丰艳，善歌舞，通音律，唐代宫廷音乐家、歌舞家，其音乐才华在历代后妃中鲜见，被后世誉为中国古代四大美女之一。

传说杨玉环初入宫时，因见不到君王而终日愁眉不展。有一次，她和宫女们一起到宫苑赏花，无意中碰着了含羞草，草的叶子立即卷了起来。宫女们都说这是杨玉环的美貌，使得花草自惭形秽，羞得抬不起头来。唐玄宗听说宫中有个"羞花的美人"，立即召见，封为贵妃。从此以后，"羞花"也就成了杨贵妃的雅称了。

杨玉环出生于宦门世家，高祖父杨汪是隋朝的上柱国、吏部尚书，

唐玄宗与杨玉环蜡像

唐初被李世民所杀；父杨玄琰，曾担任过蜀州司户；叔父杨玄璬曾任河南府土曹。杨玉环的童年是在蜀州度过的。

开元十七年（729年），10岁左右的杨玉环因父亲去世，被寄养在洛阳的三叔杨玄璬家。

杨玉环天生丽质，加上优越的教育环境，使她具备有一定的文化修养，性格婉顺，精通音律，擅歌舞，并善弹琵琶。在白居易的《长恨歌》中描述其为："天生丽质难自弃，一朝选在君王侧"，"回眸

一笑百媚生，六宫粉黛无颜色"。

开元二十二年（734年）七月，唐玄宗的女儿咸宜公主在洛阳举行婚礼，杨玉环也应邀参加。咸宜公主之胞弟寿王李瑁对杨玉环一见钟情，唐玄宗在武惠妃的要求下当年就下诏册立她为寿王妃。

开元二十五年（737年）武惠妃逝世。李瑁的母亲武惠妃是玄宗最为宠爱的妃子，在宫中的礼遇等同于皇后，玄宗因此郁郁寡欢。当时后宫数千，无可意者，有人进言杨玉环"资质天挺，宜充掖廷"，于是唐玄宗将杨氏召入后宫之中。

开元二十八年（740年）十月，玄宗以为其母亲窦太后祈福的名义，敕书杨氏出家为女道士，道号"太真"。

天宝四年（745年），唐玄宗把韦昭训的女儿册立为寿王妃后，遂册立杨玉环为贵妃。玄宗自废掉王皇后就再未立后，因此杨贵妃就相当于皇后。宫人皆呼杨氏为"娘子"，实居后位。

自此，贵妃不离玄宗左右，"玄宗凡有幸，贵妃无不随侍，乘马则高力士执辔授鞭"。玄宗对贵妃如此情深意切不是没有道理的。

贵妃除了美姿容，关键是乐艺高超。她虽富态，却善于跳胡旋舞，舞起来有天女之资。还善于击磬，所击出的音乐与众不同。玄宗为她用蓝天绿玉制作了专用磬，加上金坠珍珠等各色贵重饰物，并用黄金打造了两只各两百斤的狮子作为磬的架子。她还是琵琶高手，"诸王贵主洎虢国已下，竞为贵妃琵琶弟子"。也能和玄宗一起作曲，创制出《霓裳羽衣舞曲》。玄宗亲谱《霓裳羽衣曲》，召见杨贵妃时，令乐工奏此新乐，赐杨氏以金钗钿合，并亲自插在杨氏鬓发上。玄宗对后宫人说："朕得杨贵妃，如得至宝也。"复制新曲《得宝子》，足见宠幸之隆。

而更让玄宗心动的是贵妃的媚态。贵妃宿酒初消，曾独游后苑，"傍花树，以手攀枝，口吸花露"。至夏苦热时，每日含一玉鱼儿于口中。夏月，衣薄如蝉翼，每有汗出，红腻而多香。以巾帕擦拭，色如桃红。

玄宗又多赐贵妃龙涎香等名香，致使旁人衣服被贵妃的飘带拂过，就能获异香，经久不散。

　　令玄宗百处不厌的还有她的善解人意。某次，玄宗与亲王下棋，眼看皇帝快输了，贵妃便将怀中抱着的西域供奉的宠物犬放出，跑乱了一盘棋。玄宗称其为"解语花"，又比拟其为"忘忧花""销恨花"。贵妃虽有城府，又有烂漫之时。寒冬腊月，她拿着两根房檐上结的冰条玩儿。玄宗问她拿着什么，她说拿着是"冰箸"。皇帝被"冰筷子"这种比喻逗乐了，对左右说："妃子聪慧，比象可爱也。"贵妃穿裤袜上绣有鸳鸯并蒂莲，玄宗戏言鸳鸯莲花是绕白藕而生，贵妃日后便用"藕覆"命名裤袜。

　　岭南贡上一只白鹦鹉，能模仿人语，玄宗和杨贵妃十分喜欢，称它为"雪花女"，宫中左右则称它为"雪花娘"。唐玄宗令词臣教以诗篇，数遍之后，这只白鹦鹉就能吟诵出来，逗人喜爱。玄宗每与杨贵妃下棋，如果局面对玄宗不利，侍从的宦官怕玄宗输了棋，就叫声"雪衣娘"，这只鹦鹉便飞入棋盘，张翼拍翅。后来这只可爱的"雪衣娘"被老鹰啄死，玄宗与杨贵妃十分伤心，将它葬于御苑中，称为"鹦鹉冢"。玄宗对宠物白鹦鹉尚且如此珍惜，其对杨贵妃的厚宠更不待言了。

　　不仅专宠贵妃，玄宗对贵妃的三位堂姐也宠溺异常，大姐封为韩国夫人，三姐封为虢国夫人，八姐封为秦国夫人。每月各赠脂粉费十万钱。武惠妃生的太华公主嫁给了贵妃的堂兄杨锜，贵妃另一位堂兄杨铦也备受礼遇。彼时各王公大臣儿女的婚嫁都必须要经过三位夫人"做媒"，给她们丰厚的酬谢。

　　杨家人鸡犬升天，贵妃的另一位堂哥杨国忠后来当上了宰相。杨国忠原名杨钊，原为市井无赖，因善计筹，玄宗与杨氏诸姐妹赌博，令杨钊计算赌账，赐名国忠，身兼支部郎中等十余职，操纵朝政。玄宗游幸华清池，以杨氏五家为扈从，每家一队，穿一色衣，五家合队，五彩缤纷。沿途掉落首饰遍地，闪闪生光，其奢侈无以复加。杨家一族，娶了两位公主，两位郡主，玄宗还亲为杨氏御撰和彻书家庙碑。

天宝五载（746年）七月，由于杨贵妃恃宠骄纵，得罪了玄宗，被玄宗谴归娘家。贵妃出宫后，玄宗饮食不进，高力士只得又把她召回来。

杨贵妃此次被撵的罪名是"妒悍不逊"。对于杨贵妃所嫉妒的人，很多人猜测是唐玄宗的另一名妃子——梅妃。根据宋人《梅妃传》记载："梅妃叫江采萍，比杨贵妃早19年入宫。当年，唐玄宗最宠爱的武惠妃去世，玄宗心中失落，宦官高力士便建议在全国选美。高力士来到福建，见到了江采萍，惊为天人。于是，把她带回宫，献给了唐玄宗。"江采萍不仅容貌美丽，而且温柔典雅，很快便掳获

唐伯虎《四美图》

了玄宗的心。江采萍自小喜爱淡雅，也喜欢同样淡雅的梅花。唐玄宗便将她封为梅妃，特地在后宫为她栽种了一片梅林。当梅花盛开之时，玄宗便携梅妃来到这里，赏花吟诗，恩爱无比。后来，唐玄宗又见到了杨玉环，便为她的风韵所倾倒，因为二人同擅长音乐，很快成为知音。唐玄宗在千方百计将玉环弄到手之后，便日日与杨妃在一起，很快就把梅妃忘却了。梅妃擅长诗赋，一日，她写了一首《一斛珠》，托人带给玄宗。玄宗见诗，便想起了昔日与梅妃在一起的情景。于是，便召她入翠华西阁叙旧。不料，此事被杨贵妃探知，醋意大发，把玄宗和梅妃一番羞辱。李隆基毕竟是皇帝，怎能让贵妃如此教训，一怒之下，命人将杨贵妃送回娘家。

天宝九载（750年），杨贵妃又一次被遣送回了娘家。至于杨贵妃这次被撵的原因，《旧唐书》卷五十一天宝九载，"贵妃复忤旨，送归外第"。杨贵妃忤的是什么旨呢？《杨太真外传》记载：二月的一天，杨贵妃偷偷地吹唐玄宗大哥宁王李宪的紫玉笛，被唐玄宗看见了，以忤旨又被送出宫外。这种说法并不可信，因为宁王死于开元二十九年十一月（742年1月15日），到天宝九载（750年），已经死了八年，杨贵妃不可能与死人有染。

这次杨贵妃被撵可能是玄宗给杨家的一个下马威。因为杨贵妃的得宠，杨家也跟着显赫起来。随着地位的升高，杨家便无法无天了。杨家接受招待的规格已经超出了规定的界限；大肆收受贿赂；不仅如此，他们甚至还骑到了皇室的头上。《新唐书》中记载："出入宫掖，恩宠声焰震天下。每命妇入班，持盈公主等皆让不敢就位，建平、信成二公主以与妃家忤，至追内封物，驸马都尉独孤明失官。"皇上的

贵妃夜宴图

亲妹妹在三位夫人面前只能让座而不敢就座；唐玄宗的女儿信成公主因为和杨家人有矛盾，竟沦落到追回内府封赠东西，如再不处理，恐怕整个江山都成了杨家的了。玄宗生气了，杨家就是仗着有个贵妃撑腰，于是，杨贵妃再一次被撵回了家。

　　杨贵妃这次被送回家，是玄宗使用杀鸡给猴看的策略，就是要灭灭杨氏家族的威风。这一招果真很灵，杨家人慌了神，可又不好出面求情，杨贵妃更是终日以泪洗面。因为，这一次唐玄宗并没有急着把贵妃接回去，而且送走之后就再没有了消息。玄宗虽然没有派人去接杨贵妃，但心中还是很想念的。

　　一个叫吉温的人来游说唐玄宗，正中玄宗下怀。唐玄宗立刻派人看望贵妃，还将自己的御膳分了一半给她。杨贵妃见皇帝派人来看她了，感动地泪流满面，马上伏地认错，还剪下了自己的一缕头发，献给玄宗。唐玄宗一看到贵妃的青丝，马上派高力士将杨贵妃接回了宫。

陕西杨贵妃墓

杨贵妃知道玄宗没有她，便寝食不安，于是更为骄纵，杨家"出入禁门不问，京师长吏为之侧目"。白居易《长恨歌传》曰："姊妹弟兄皆列土，可怜光彩生门户；遂令天下父母心，不重生男重生女。"

天宝十四载（755年），范阳、平卢、河东三镇节度使安禄山以清君侧、反杨国忠为名起兵叛乱，兵锋直指长安。次年，唐玄宗带着杨贵妃与杨国忠逃往蜀中（今四川成都）。途经马嵬驿（今陕西兴平市西）时，陈玄礼为首的随驾禁军军士，一致要求处死杨国忠跟杨贵妃，随即哗变，乱刀杀死了杨国忠。

唐玄宗言国忠乱朝当诛，然贵妃无罪，本欲赦免，无奈禁军士兵皆认为贵妃乃祸国红颜，"安史之乱"乃因贵妃而起，不诛难慰军心、难振士气，继续包围皇帝。唐玄宗接受高力士的劝言，为求自保，不得已之下，赐死了杨贵妃。最终杨贵妃被赐白绫一条，缢死在佛堂的梨树下，时年38岁。玄宗在"安史之乱"平定后回宫，曾派人去寻找杨贵妃的遗体，但未寻得。

《新唐书》中的记载与《旧唐书》大致相同，由此可见，杨贵妃确实死于马嵬坡。后人传说贵妃没死，可能只是一种美好的愿望。

第三章

千秋才女

班婕妤：不随黄叶舞秋风

班婕妤（公元前48—公元2年），名不详，汉成帝刘骜妃子。班固、班超和班昭的祖姑。西汉著名才女，是中国文学史上以辞赋见长的女作家之一。善诗赋，有美德。她的作品很多，但大部分已佚失。现存作品仅三篇，即《自伤赋》《捣素赋》和一首五言诗《怨歌行》（亦称《团扇歌》）。

班婕妤是楚令尹子文的后人，左曹越骑校尉班况的女儿。班婕妤出身功勋之家，其父班况在汉武帝时抗击匈奴，驰骋疆场，立下汗马功劳。而她自幼聪明伶俐，秀色聪慧，工于诗赋，文才出众，读书甚多。

汉建始元年（公元前32年），汉成帝刘骜继位，班氏被选入皇宫，刚开始为少使（下等女官），不久得宠，赐封"婕妤"。成帝让班婕

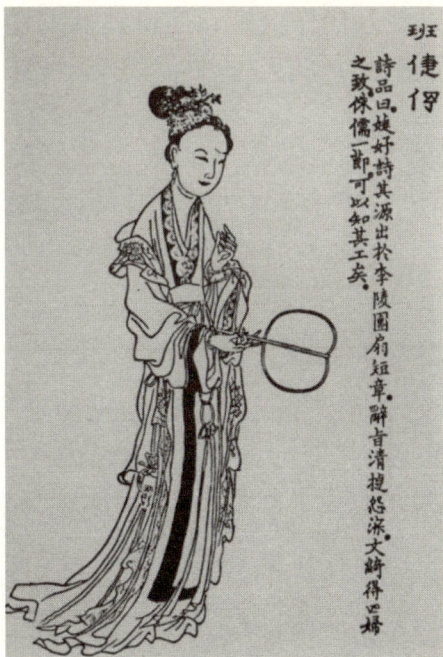

班婕妤像

好居于后宫第三区增成舍宫，婕好也为皇帝生下一皇子，但是数月即夭折，之后班婕好再也没有生育。班婕好经常诵读《诗经》《窈窕》《德象》《女师》等，而且每次觐见皇帝，都依照古代礼节。

汉成帝为班婕好的美貌及文才所吸引，很喜爱班婕好。为了能够时刻与班婕好形影不离，他特别命人制作了一辆较大的辇车，以便同车出游，但却遭到班婕好的拒绝。她说："我看古代留下的图画，圣贤之君，都有名臣在侧。夏、商、周三代的末主夏桀、商纣、周幽王，才有嬖幸的妃子在坐，最后竟然落到国亡毁身的境地。我如果和你同车出进，那就跟他们很相似了，能不令人凛然而惊吗？"汉成帝认为她言之成理，遂作罢。

当时王太后听到班婕好以理制情，不与皇帝同车出游，非常欣赏，对左右亲近的人说："古有樊姬，今有班婕好。"在这里，王太后把班婕好与春秋时代楚庄公的夫人樊姬相提并论，给了她很大的嘉勉与鼓励。樊姬很贤惠，曾辅佐楚庄王成为"春秋五霸"之一。王太后把班婕好比作樊姬，使班婕好的地位在后宫更加突出。班婕好当时加强在妇德、妇容、妇才、妇工等各方面的修养，希望对汉成帝产生更大的影响，使他成为一个有道的明君。但是汉成帝不是楚庄王，自赵飞燕姐妹入宫后，声色犬马，班婕好逐渐受到冷落。

赵氏姐妹入宫后，飞扬跋扈，许皇后十分痛恨，无可奈何之余，想出一条下策，在寝宫中设置神坛，晨昏诵经礼拜，祈求皇帝多福多寿，也诅咒赵氏姐妹灾祸临门。事情败露以后，赵氏姐妹认为许皇后不仅咒骂自己，也咒骂皇帝，汉成帝一怒之下，把许皇后废居昭台宫。赵氏姐妹还想利用这一机会对班婕好加以打击，诬陷班婕好参与"巫蛊"案，汉成帝听信谗言，然而班婕好却从容不迫地对称："我知道人的寿命长短是命中注定的，人的贫富也是上天注定的，非人力所能改变。修正尚且未能得福，为邪还有什么希望？若是鬼神有知，岂肯听信没信念的祈祷？万一神明无知，诅咒有何益处！

我非但不敢做，并且不屑做！"汉成帝觉得她说得有理，又念在不久之前的恩爱之情，特加怜惜，不予追究，并且厚加赏赐，以弥补心中的愧疚。

班婕妤是一个有德操的贤淑妇女，禁不起互相谗构、嫉妒、排挤、陷害的折腾，为免今后的是是非非，她认为不如急流勇退，明哲保身，因而缮就一篇奏章，自请前往长信宫侍奉王太后，把自己置于王太后的羽翼之下，就也不怕赵飞燕姐妹的陷害了。汉成帝允其所请。

班婕妤前往长信宫侍奉王太后，自此待在深宫。班婕妤怜悯年华老去，借秋扇自伤，作《团扇诗》（又称《怨歌行》）。《团扇诗》中写道：

> 新裂齐纨素，鲜洁如霜雪。
> 裁为合欢扇，团团似明月。
> 出入君怀袖，动摇微风发。
> 长恐秋节至，凉飙夺炎热。
> 弃捐箧笥中，恩情中道绝。

班婕妤自知，自己如秋后的团扇，再也得不到汉成帝的怜爱了。而这个比喻，后世一直在沿用，团扇也成了弃妇的象征。

不久，赵飞燕被册封为皇后，赵合德也成了昭仪，然而这些都与班婕妤无关了。她除了陪侍王太后烧香礼拜之外，长昼无俚，弄筝调笔之余，间以涂涂写写，以抒发心中的感慨，从而为文坛留下了许多诗篇。

落寞晚年

绥和二年（公元前7年）三月，汉成帝崩于未央宫。汉成帝崩逝后，班婕妤要求到成帝陵守墓以终其生。于是王太后让班婕妤担任守护陵园的职务，从此班婕妤每天陪着石人石马，冷冷清清地度过了她孤单落寞的晚年。大概一年后班婕妤就病逝了，时年四十余岁。死后，葬于汉成帝陵中。

唐寅《班姬团扇》图

班婕妤相貌秀美，文才颇高，尤其熟悉史事，常常引经据典、出口成章，她经常开导汉成帝；班婕妤还擅长音律，既写词又谱曲，她的词曲有感而发，使汉成帝在丝竹声中受益匪浅。对汉成帝而言，班婕妤不只是他的侍妾，也是他的良师益友。班婕妤的贤德在后宫中也是有口皆碑。因她不干预朝政，谨守礼教，深受时人敬慕，有"古有樊姬，今有婕妤"之称。

班婕妤算得上一个出类拔萃的才女，但宫廷女子的作用本来就是讨皇帝的欢心，是否有才倒不重要。会作诗的班婕妤，终是敌不过会飞舞的赵飞燕。

班婕妤的一生可以看作古代后宫嫔妃生命历程的一个标本。她的人生从繁华到萧瑟，是中国几千年封建社会历代帝王后宫嫔妃们的普遍人生境遇。她们或许凭借才华美貌，能赢得帝王的一时喜爱或宠信，但终会因人老色衰或其他种种原因而被无情地抛在一边，渐渐被忘却。换言之，班婕妤的生命历程，也是男权社会中女性悲剧命运的缩影。

班昭：妙笔续史"曹大家"

人们都知道，我国二十五史中有一部《汉书》。这部史书是我国第一部纪、表、志、传各体例完备的断代史，作者是东汉时期的班固。据史料记载，这部书中的"八表"是其妹班昭所作。

班昭（约45—约117年），又名姬，字惠班，扶风安陵（今陕西咸阳东北）人。她14岁时嫁给曹寿为妻。曹寿字世叔，所以《后汉书》中称她为曹世叔妻。曹世叔早逝，班昭由于学识广博，才智高超而格外受时人尊重，汉和帝刘肇曾多次召她入宫，让皇后和宫中贵人们都拜她做老师，称她为"曹大家"。

班昭家历代为仕宦、学者，她的祖姑班婕妤是汉成帝时有名的才女，曾有《自悼赋》《捣素赋》《怨歌行》流传于世。父亲班彪与堂伯父班嗣都是西汉末年名噪一时的儒学大师，父亲班彪晚年致力于史籍研究，著述甚丰。哥哥班固秉承父志，充分吸收《史记》纪传体的成果，"究西都之首末，穷刘氏之废兴"，著《汉书》二十余年。可惜，书未著完，班固就死在狱中。

汉和帝十分重视《汉书》的撰著，深思熟虑后，决定由班昭来撰写"八表"，续成这部伟大著作。当时，朝中虽然不乏能文善赋的大家，但刘肇还没有发现有哪一个人能够像班昭那样博闻强识，博学多才，其深厚的史学功底更是无人能敌。为了完成哥哥未竟的事业，班昭奉诏进到东观藏书阁，勤奋批阅，广积史实，驰骋笔墨，利用东观藏书颇丰的有利条件，经过几十载的艰苦，终于完成了《汉书》的撰著。

《汉书》问世以后，书中许多"典章制度，人多不晓；古方奇字，人所不习；古今异言，方言俗语，人或未通；礼乐歌诗，修短有节，不可以循例读之"，使人茫然不解；还有些字生僻少见，有的兼有假借，所以，很多阅读《汉书》的人感觉生涩吃力，自叹力不从心。他们迫切希望能有一位学贯古今的老师，引导着

千秋绝艳图·班昭

他们把这本书读通、读懂、读透。同乡马融就是抱着这样的想法来到东观藏书阁，成了班昭的第一个学生。马融每天恭恭敬敬地跪在班昭面前，聆听班昭的教诲。通过班昭耐心地讲解，马融终于领会了《汉书》的精髓。

班昭一生，除了续写《汉书》外，还创作了《东征赋》《大雀赋》《针缕赋》《蝉赋》等优秀的作品，一直流传至今。

但使她青史留名的另一个原因，是她曾著《女诫》7篇。虽然班昭写《女诫》的初衷只是为了教育自己待字闺中的女儿们要遵守妇道，但文章写出了天下父母想表达却苦于学识短浅表达不清的愿望。因此，《女诫》一出，立刻引起轰动，大家争相传抄，以此作为训诫子女的蓝本。

蔡琰：文姬归汉留遗篇

蔡琰（生卒不详），字文姬，又字昭姬。东汉陈留郡圉县（今河南开封杞县）人。东汉大文学家蔡邕的女儿。蔡琰同时擅长文学、音乐、书法。《隋书·经籍志》著录有《蔡文姬集》一卷，但已经失传。现在能看到的蔡文姬作品只有《悲愤诗》二首和《胡笳十八拍》。

蔡文姬为人博学多才而又精通音律，早期嫁给河东卫仲道，卫仲道早亡，二人又没有子嗣，于是蔡琰回到自己家里。

兴平二年（195年），中原先后有董卓、李傕等作乱关中，匈奴趁机劫掠，蔡琰被匈奴左贤王掳走。蔡琰在北方生活了有十二年之久，并生下两个孩子。

建安十一年（207年），曹操向来喜爱文学、书法，常与蔡琰的父亲蔡邕有文学、书法上的交流。曹操见蔡邕没有子嗣，用金璧从匈奴那里将蔡琰赎回来，并将蔡琰嫁给董祀。

而后董祀犯了死罪，蔡琰去找曹操给董祀求情。当时曹操正在宴请公卿名士，对满堂宾客说："蔡邕的女儿在外面，今天让大家见一见。"

清代画家李坚绘《文姬思汉图》

蔡琰披散着头发光着脚，叩头请罪，说话条理清晰，情感酸楚哀痛，满堂宾客都为之动容。但曹操却说："可是降罪的文书已经发出去了，怎么办？"蔡琰说："你马厩里的好马成千上万，勇猛的士卒不可胜数，还吝惜一匹快马来拯救一条垂死的生命吗？"曹操终于被蔡文姬感动，赦免了董祀。

相传，当蔡文姬为董祀求情时，曹操看到蔡文姬在严冬季节，蓬首跣足，心中大为不忍，命人取过头巾鞋袜为她换上，让她在董祀未归来之前，留居在自己家中。在一次闲谈中，曹操表示出很羡慕蔡文姬家中原来的藏书。蔡文姬告诉他原来家中所藏的四千卷书，几经战乱，已全部遗失时，曹操流露出深深的失望，当听到蔡文姬还能背出四百篇时，又大喜过望，于是蔡文姬凭记忆默写出四百篇文章，文无遗误，可见蔡文姬才情之高。

蔡琰回家后伤感悲愤之余作《悲愤诗》二首。此后再无蔡琰相关记载，卒年不详。

两首《悲愤诗》，一首为五言体，一首为骚体。其中五言的那首共 108 句，侧重于"感伤乱离"，是一首以情纬事的叙事诗，是中国诗歌史上第一首文人创作的自传体长篇叙事诗。清代诗论家张玉谷曾作诗称赞蔡琰的五言诗："文姬才欲压文君，《悲愤》长篇洵大文。老杜固宗曹七步，办香可也及钗裙。"大意是说蔡琰的才华压倒了汉代才女卓文君，曹植和杜甫的五言叙事诗也是受到了蔡琰的影响。

骚体《悲愤诗》由于旨在抒情，首尾两节对被俘入胡和别子归汉的经历都比较简略，中间大篇幅自然风景用以渲染蔡琰离乡背井的悲痛心情，在这些对景物和人情的描述中，蔡琰极言它们与她故乡中土的差异，以此形容自己在这与中土迥异的环境下心情之沉痛悲愤。

蔡琰精通音律。九岁时，父亲蔡邕夜间弹琴，突然断了一根弦，蔡琰说："是第二根弦断了。"蔡邕说："你这不过是偶然说中罢了。"于是故意弄断一根问她，蔡琰说是第四根。蔡文姬辨琴的故事在三字经中也有出现。

《胡笳十八拍》是中国古乐府琴曲歌辞，长达 1297 字，是一首由 18 首歌曲组合的声乐套曲。原载于宋郭茂倩《乐府诗集》卷五十九以及朱熹《楚辞后语》卷三，两本文字小有出入。相传求是蔡文姬以胡笳音色融入古琴中而作成，是一曲感人肺腑的千古绝唱。欣赏此诗，不要作为一般的书面文学来阅读，而应想到是蔡文姬这位不幸的女子在自弹自唱，琴声正随着她的心意在流淌。随着琴声、歌声，我们似见她正行走在一条由屈辱与痛苦铺成的长路上……

明朝人陆时雍在《诗镜总论》中说："东京风格颓下，蔡文姬才气英英。读《胡笳吟》，可令惊蓬坐振，沙砾自飞，真是激烈人怀抱。"

蔡琰的父亲蔡邕是一位大书法家，创造了八分字体。蔡琰本人对书法也很擅长，韩愈曾说："中郎（蔡邕）有女能传业。"蔡琰曾在曹操的要求下默写古籍，说自己不管是真书还是草书都可以写。

谢道韫：未若柳絮因风起

谢道韫（生卒不详），字令姜。东晋著名政治家、玄学家。宰相、诗人谢安的侄女。因为她聪慧有识，能清言，善属文，所以在魏晋文坛中占有一席之地，同时，她也是魏晋时期为数不多的女诗人之一。

有一次，谢安在众子弟聚集清谈的时候，问《毛诗》哪一句最佳。侄子谢玄说："昔我往矣，杨柳依依；今我来思，雨雪霏霏。"谢道韫则认为："吉甫称颂，穆如清风，仲山甫永怀，以慰其心。"更有清新动人、沁人心脾的意境美。

还有一次，因天降大雪，谢安在家闲暇无事，就把晚辈们召来，围着火炉一起赏雪共论文义。望着天空中上下飞舞的雪花，谢安兴致勃勃，他环视了一下围坐在自己身边的子侄们，指着窗外的鹅毛大雪信口吟出："白雪纷纷何所似？"话音还未落地，侄儿谢朗便抢先和道："那自然是'撒盐空中差可拟'喽。"

"'撒盐空中差可拟'？胡儿（谢朗的乳名），你仔细看哪，雪花自空中飘然而至，它多么洁白，多么柔软，你居然把它比作硬得像石子一样的大盐粒，太没有诗意了吧！"谢朗刚坐下，便遭到哥哥们的抢白。谢朗的脸霎时变得通红，他争辩道："你们说我的'撒

谢道韫像

盐空中差可拟'不好，那你们对一句好的让我瞧瞧！"

一时间，大伙儿吵得不可开交。刚满七岁的谢道韫静静地坐在一旁默不作声，左手托腮凝神思索，过了一会儿，谢道韫缓缓站起身，朗声说道："我对'未若柳絮因风起'，大家看如何？"谢道韫将漫天飞舞的大雪与风吹柳絮满天飞相比，从形态上来看，空中飘扬的雪花与因风而起的柳絮极为相似，同时，把眼前的雪花比作春日的柳絮，给人创设了更为广阔的想象空间，使人们对明媚的春天充满无限的期待。

谢安听罢哈哈大笑，连说："好，好，好啊！"不难看出，谢安非常欣赏侄女的才思。

从此，"未若柳絮因风起"的诗句便不胫而走，人们纷纷赞叹，称谢道韫是当世的"咏絮才女"。同时，"咏絮才"也成为人们对工于吟咏的才女的赞词。

谢道韫的文学才能，目前仅仅能见到作品的，除了前面所引以外，那就只有一句了，然而正是这一句，使她的盛名至今不衰，凝固在历史的长河中，成为不朽的丰碑。

谢道韫的诗句之所以为优，一则是因为据实而描述，准确而又生动形象地活写了江南大雪的情形。二则是色泽与形态。谢朗所写，表面看来好像更准确地写出了雪的色泽、大小，而谢道韫的诗句将雪比作柳絮，色泽不似，形态也不甚像。但是，这是漫天飞舞的鹅毛大雪，只能看见天空一片混沌，而下鹅毛大雪时往往同时有不小的北风，其飞舞之姿，其混沌之态，与春天到处飞舞的柳絮真是神似。三则，因为柳絮因风而起的韵致，轻盈、飘逸；如盐巴撒向空中，过于实，让人联想的是沉重地掉向地面的粒粒白盐，缺乏雅致。所以，谢道韫的诗句会成为千古名句，即便没有任何其他作品传世，仅凭此句，足以不朽矣。

谢道韫出身于当时的名门望族——谢氏家族，王、谢是东晋时的大姓，按照世家通婚的惯例，谢道韫嫁给了王氏家族成员大书法家王羲之的儿子王凝之。

结婚以后，谢道韫发现王凝之除了字写得好一点之外，其余的方面都不是太突出。谢道韫认为王凝之的资质、才学同自己要求的条件相差太远，因此，回到娘家，见到以前朝夕相处的亲人，谢道韫也提不起精神来。她眉头紧锁，笑脸难开，伯父谢安看见了，非常不解，小声问谢道韫："王郎是王羲之的儿子，人不错，嫁给了他，你还有什么不高兴的？"谢道韫回答说："伯父，你看我谢家一门子弟都是人才，叔、父辈有阿大、中郎，堂兄弟又有封、胡、羯、末，个个才思敏捷，学识过人，和你们相处久了，我真不会想到天底下竟还有像王郎这样才疏学浅的人！"

谢道韫所说的"封"指的是谢韶，"胡"指谢朗，"羯"指谢玄，"末"指谢川，封、胡、羯、末是他们的小名。后来人们借用"封胡羯末"来称赞别人家的兄弟才华出众。安帝隆安三年（399 年）孙恩破会稽，杀王凝之，后谢道韫寡居。

谢道韫早有才名，而且玄谈不逊男子，可以作为东晋名士中女界代表。

生活于东晋时代的谢道韫，适逢时代的风云际会，名士风流盛行江左，江左顶极世家的出身，风流宰相叔父的长期教育以及耳濡目染，都使她沐浴了名士的风泽，成为我国历史上最负盛名的名士才女。虽然因为史书记载的简洁，而且所撰文集三卷也早已散佚，目前仅存数篇留世，因此很难得其详情，但是我们只要仔细寻味，谢道韫的闺中名士风度，林下女豪韵致，还是可以得其大略的。

1. 达人高致

在中国古代，父母之命，媒妁之言是青年男女解决婚姻问题的唯一途径，而且是绝不允许有异言异议的。但是生活于东晋的名士女性谢道韫敢于挑战这样的铁定规矩，其胆其识，就是上千年之后的人也望尘莫及，其"达"直通现代。

谢道韫的"达"还表现在有深厚的内在修养，并在气质、举止、神态等方面自然外显的超尘拔俗、飘逸玄远的神韵上。这里也有一则材料："谢遏（谢玄）绝重其姊，张玄常称其妹，欲以敌之。有济尼者，并游张、谢二家。人问其优劣，答曰：'王夫人神情散朗，故有林下风气。顾家妇（张玄妹）清心玉映，自是闺房之秀。'"（《世说新语·贤媛》）两个人的高下实际上是很难比较的。张玄不服也在情理之中。济尼的评价，道出了两者各自的特点，以社会上比较多样化的标准看，自然是"各有千秋"。"清心玉映""闺房之秀"无论外貌还是持家，都是一流新妇。但是在东晋这个社会普遍追求潇洒飘逸的名士风度的时代，济尼的评价中高下、优劣已经相当明确了。"神情散朗"正是名士的韵致，外貌毕竟次之，神采才是名士的要素。"林下风气"就是名士的标志："林下风气其实就是名士风流的神采、韵致，它倾向于追求自然放逸，注重内在气质与自身修养，重识鉴和才辩清谈等，比之'闺房之秀'更高出一筹，更受晋代士人的推崇。"余嘉锡先生于此也明确说："道韫以一女子而有林下风气，足见其为女中名士。至称顾家妇为闺房之秀，不过妇人中之秀出者而已。不言其优劣，而高下自见，此晋人措辞妙处。"显然，谢道韫虽为女流，但是她的神采完全符合社会上盛行的名士风度，而且与一般名士相比，她还是胜人

千秋绝艳图·谢道韫

一筹的。

在东晋，要称为"达"，那必须精于玄理，长于清谈。谢道韫在这方面也是相当出色的。唐代陈子良注《辩证论》时引《晋录》云：道韫"清心玄旨，姿才秀远"。《晋书》本传载："凝之弟献之尝与宾客谈议，词理将屈，道韫遣婢白献之曰：'欲为小郎解围。'乃施青绫步障自蔽，申献之前议，客不能屈。"这件事充分说明谢道韫的清谈水平为一般名士所不及。虽然她做了人家媳妇之后，不能像原来那样比较自由地参加清谈了，但是她功底深厚，功力犹在。当她发现夫弟王献之与人谈而已露败象时，主动帮助并代他清谈。还是原来的题目和观点，最终敌手无法取胜。在这种场合，以这样的身份，敢于出来与谈客较量，不仅胆识出众，充满自信，凸显名士风范，而且最终取胜，更见其名士的才智不凡。不作"闺房之秀"，而成林下女豪。她这种风范，至老犹存。

2. 雅人深致

《晋书·列女传》谢道韫的本传载："叔父安尝问：'《毛诗》何句最佳？'道韫称：'吉甫作颂，穆如清风。仲山甫永怀，以慰其心。'安谓有雅人深致。"

《郑笺》云："大谋定命，谓正月始和，布政于邦国都鄙也。为天下远图庶事，则以岁时告施之。"这两句在艺术上并没有特别之处，对一般人来说也无特别值得欣赏之处，但是非常符合大政治家谢安的身份与心态，体现了一种深谋远虑、指挥若定、安定乾坤的情怀与才气，因此他认为也有"雅人深致"。而谢道韫欣赏的是《大雅·烝民》中结尾的句子，言尹吉甫作工歌之诵，调和人的性情，如清风之化养万物一样，以此来送别仲山甫，因为他将前往齐地筑城，肯定会一直思念故乡，所以用来慰藉其心。这里既有调畅人情、抚慰人心之意趣，也有吉甫自我称颂其意的自赞，与道韫的名士情怀很是相符，而且其中"清风"穆穆，正是林下之韵，真雅人之深致也。道韫所赏，与汉代的经学相去甚远。对这首诗，经学家一般比较重视如"既明且哲，以保其身"等政治色彩较浓的句子，而对于表现人情与自我欣赏的内容不怎么感兴趣的，谢道韫则恰恰相反，这就是魏晋名士与经学、道学不同的趣味。

3. 恢宏气度

从《晋书》本传上记录的一件事，更可以看出谢道韫的青松姿态。孙恩攻破城池，杀了王凝之及其子女。她拿着刀出门，杀了几个乱兵，最终被俘。眼见外孙即将被害，她大义凛然地说："事在王门，何关他族！必其如此，宁先见杀。"连孙恩也不得不"改容"。作为妇人，在根本无理可通的乱兵面前，竟然有如此的胆气与魄力，确实是与东晋其他名士具备同样的人格特质。

4. 山水清韵

东晋后期也是我国山水诗的诞生期。谢道韫也写过山水诗《泰山吟》（《诗纪》作《登山》）："峨峨东岳高，秀极冲青天。岩中间虚宇，寂寞幽以玄。非工复非匠，云构发自然。气象尔何物，遂令我屡迁。逝将宅斯宇，可以尽天年。"这首诗虽然遗留了玄言诗的半写景、半议论的格局，但是写景部分很生动地描述了景象的特征，也具有寓情于景的风致。她的以动写静非常成功，将静态的泰山，以一个"冲"字写得具有生命的活力，从玄学思想角度看具备了经过佛教般若学浸染之后的辩证的审美意识与思维，也更加突出了泰山的不凡与峻峭的气势。对泰山细部的描写，非常明显地表现出"虚""幽"与"玄"的特点。这自然本来就是泰山自身的特点，而道韫之写也写出了清谈名士清淡、幽虚和玄远的神韵。后面的玄言议论，感叹大自然的鬼斧神工，尽申玄学家的"自然"之旨。最能体现其心志的就是"宅心"自然的心胸与理想，她发誓要"建宅"于其中，完全是"天地与我同根"的清远境界，是名士忘怀小我，与天地自然融为一体的高远韵致。这首诗通过写景与议论，表现出这位名士冲静玄远、旷逸自然的人格特质。

谢道韫不仅诗文写得很出色，而且她具有很高的思辩能力。魏晋时代，"人士竞谈玄理"（时人称道家的《老子》《庄子》和儒家的《易》为"三玄"），清谈成为一种风气。有的人甚至通过谈玄，"累居显职"。谢道韫虽然不想当官，对玄理却有很深的造诣，并善于言谈。据《晋书·王凝之妻谢氏》记载，有一天，王凝之的弟弟王献之在厅堂上与客人"谈议"，辩不过对方，此时身在自己房间的谢道韫听得一清二楚，很为小叔子着急，想帮他一下，遂派遣婢女告诉王献之要为他解围。然而，封建时代"男女授受不亲"的规矩又限制女人不能随便抛头露面。谢道韫就让婢女在门前挂上青布幔，遮住自己，然后就王献之刚才的议题与对方继续交锋，她旁征博引，论辩有力，最终客人理屈词穷。

苏蕙：千秋织锦《璇玑图》

苏蕙（？—357年），字若兰，始平（今陕西省武功县苏坊村）人。魏晋三大才女之一，回文诗之集大成者，传世之作仅一幅用不同颜色丝线绣制的织锦《璇玑图》。

苏蕙是东晋武功人陈留县令苏道质第三个女儿，约生于秦王苻坚永兴元年（357年）。苏蕙从小天资聪慧，3岁学写字，5岁学读诗，7岁学作画，9岁学刺绣，12岁学织锦。及笄之年，出落成姿容美艳的书香闺秀，提亲的人络绎不绝，但所言皆属庸碌之辈，无一被苏蕙看上。苏蕙16岁那年，跟随父亲游览

苏蕙与《璇玑图》

周原名刹阿育王寺，在寺西池畔看到有位英俊少年仰身搭弓射箭，弦响箭出，飞鸟应声落地；俯身射水，水面飘出带矢游鱼，真是箭不虚发。池岸有一出鞘宝剑，寒光闪亮，压着几卷经书。若兰顿生仰慕之情，攀谈中知此一少年即是窦滔。双方父母做主窦滔与苏蕙，遂于前秦建元十四年（374年）结为夫妻。

西晋末年，朝廷昏庸，天下大乱，各族人民纷纷起义，北方各族上层分子也乘机起兵，互相争战吞并，先后建立十六个政权。永兴元年，苻坚当了前秦君主，还算有些政治才略，尚能选贤任能，纳善从谏，他任用汉人王猛为录尚书事，整顿吏治，压制不法贵族，加强中央集权，注意农业生产，增加财政收入，扩充军力。苻坚巩固封建统治后，增加财政收入，扩充军力。苻坚巩固封建统治后，相继攻灭了前燕、前凉和北代，统一了北方大部分地区。

窦滔在苻坚当政后，觉得文武才略有了施展的机会，入仕前秦，政绩显著，屡建战功，升任秦州（今甘肃省天水）刺史。后因被奸臣忌功嫉能，谗言陷害，被判罪徙放流沙（今新疆白龙滩沙漠一带），与妻苏蕙在阿育王寺北城门外海誓山盟，挥泪告别。苏蕙表白对窦滔的忠贞不渝的爱情，等他回来团圆，海枯石烂不变心，誓死不改嫁。

窦滔放逐流沙后，苻坚正在南图灭亡东晋，想到窦滔文武才略，起用他为安南将军。随其子尚书令苻丕攻占东晋襄阳。窦滔宠爱一歌舞妓赵阳台，此事被留在家乡的苏蕙得知，悲愤哀怜，月夜空帐，孤寂怨恨，吟诵成诗7958首情丝绵绵织绣成841字的锦绣回文图，名曰《璇玑图》，寄于负心的窦滔。窦滔读到这些情意真挚悲切的诗文，良心发现，痛恨行为之不检，遣离情妇赵阳台归关中；具备车舆礼邀迎接苏蕙到襄阳，从此夫妻情好如初。

关于《璇玑图》制作的年代，武则天《序》中有述，窦滔将镇岐阳时苏蕙为21岁。这一年是苻坚攻克襄阳的前秦建元十五年（379年），《璇玑图》也当织绣于此时。《璇玑图》在历代京城宫廷市镇店铺甚至山野乡村衣舍广为流传，上至皇帝、后妃、臣宦、诗人，下至平民百姓传抄吟诵到如今。文学界誉为文学史上杰出的佳作，艺术界视它为难得的艺术珍品，史学界认它是历史宝物。历代不少专家学者著文探讨、研究、注释、评论它和它的制作者苏蕙。文士诗人撰文颂扬赋诗赞美，就连女皇帝武则天看了也"感其绝妙"，为之作《序》："才情之妙，超古迈今……因述若兰之才美。"南宋女诗人朱淑贞见了《璇玑图》，"坐卧观究，悟因璇玑之理，试以经纬求之，文果流畅，盖璇玑者天盘也；经纬者星辰所行之道也；中留一眼者天心也。极星不动盖运转不离一度之中"，按此规律读后，赞扬《璇玑图》："五采相宣，莹心炫目……亘古以来所未有也。"

关于《璇玑织锦诗》的读法，相传初时只有苏蕙夫妻能读。历代都有探新，不断增加诗的首数。宋、元年间，有名叫起宗道的人，将全诗分为七团，读出 3752 首诗；到了明朝，经史学家康万民从七团中又分出一图，得诗 4206 首。后人又推读出 7958 首。

自苏蕙以后，千多年来，历代不少文人学士，也创制了许多回文诗词，如南朝齐的王融，唐代的藩孟阳、张荐，宋代的王安石、苏轼、李禹，明代的汤显祖、张芬，清代人张淮、邱琼山、谢默卿等，也都写过多首回文诗。但能像苏若兰的《璇玑图》能读出几千首的，则绝无仅有。

关盼盼：自守空房敛恨眉

关盼盼（787—819 年），唐代名伎，徐州守帅张愔之妾。

关盼盼出身于书香门第，从小受到了良好的教育，精通诗文，更兼有一副清丽动人的歌喉和高超的舞技。

后来，关家家道中落以后，关盼盼成为一个伎女，她能一口气唱完白居易的《长恨歌》，还善跳《霓裳羽衣舞》。后来，关盼盼被徐州守帅张愔看中，重礼娶回为妾。幸运的是这个张愔虽然是个武夫，

千秋绝艳图——关盼盼

却非常喜欢诗词歌赋，粗通文墨，对于关盼盼的才艺是非常欣赏的，这也使得关盼盼有了寄托。

大诗人白居易当时官居校书郎，一次远游来到徐州。素来敬慕白居易诗才的张愔邀他到府中，设盛宴殷勤款待。关盼盼对这位大诗人也心仪已久，对白居易的到来十分欢喜，在酒宴上频频为白居易斟酒。为了让自己的爱妾表现一下，张愔让关盼盼表演《长恨歌》和《霓裳羽衣舞》。借着几分酒力，盼盼的表演十分成功，歌喉和舞技都到了出神入化的地步。白居易见了大为赞叹，仿佛当年能歌善舞的倾国美人杨玉环又展现在眼前，因而当即写下一首赞美关盼盼的诗，诗中有这样的句子："醉娇胜不得，风袅牡丹花"，意思是说关盼盼的娇艳情态无与伦比，只有花中之王的牡丹才堪与她媲美。这样的盛赞，又是出自白居易这样一位颇具影响的大诗人之口，使关盼盼的艳名更加香溢四方了。

关盼盼和白居易的见面也就只有这一次。两年之后，张愔病逝徐州，葬于洛阳北邙山。他的姬妾都走了，只有关盼盼感念张愔的恩德，为他守节，移居到徐州城郊云龙山麓的燕子楼，仅有一位年迈的仆人相从。主仆二人在燕子楼中，过着几乎与世隔绝的生活。燕子楼地处徐州西郊，依山面水，风景绝佳，是张愔生前特地为关盼盼兴建的一处别墅，楼前有一湾清流，沿溪植满如烟的垂柳，雅致宜人。这是关盼盼和张愔一同议定的楼名。昔日关盼盼与张愔在燕子楼上看夕阳暮色，在溪畔柳堤上缓缓漫步；如今却是风光依旧，人事全非，关盼盼不再歌舞，也懒于梳洗理妆，度过了十年，关盼盼的这种忠于旧情、守节不移的精神，赢得了远近许多人的怜惜和赞叹。

如果没有白居易的诗，或许关盼盼就此了却此生。

元和十四年（819年），曾在张愔手下任职多年的司勋员外郎张仲素前往拜访白居易，并且带去了自己写的三首诗，诗中展示了关盼盼在燕子楼中凄清孤苦、相思无望、万念俱灰的心境，真切感人。而白居易也记起了当初那个唱《长恨歌》、跳《霓裳羽衣舞》的那个女子，也不由得怜惜这个苦命的人，就依着诗词的韵，和诗三首。

本来白居易只是单纯的联系，但是诗中有一句："见说白杨堪作柱，争教红粉不成灰！"表达的意思是，张愔还有白杨做伴，而关盼盼却只能凄苦的等待。

而关盼盼知道这首诗以后，竟然误以为白居易暗示她没有以死殉情。她又羞愧又委屈，终日以泪洗面，在绝食10天后，终于香消玉殒。在临逝前，她遗诗一首："自守空房敛恨眉，形同春后牡丹枝；舍人不会人深意，讶道泉台不相随！"诗中对白居易的怨意尽显。

关盼盼的死讯传到白居易耳中，他先是震惊，明白了关盼盼确实是一位痴情重义的贞烈女子；继而，他想到了关盼盼的死与自己写的诗有着直接的关系，心情由敬佩转成了深深的内疚。于是，他托多方相助，使关盼盼的遗体安葬到张愔的墓侧，算是他对关盼盼的一点补偿，也借以解脱一些自己的愧疚之情。

关盼盼塑像

燕子楼

白居易六十六岁以后，隐居在洛阳香山。自知来日不多，让能歌善舞的侍姬樊素与小蛮离开自己，各奔前程，以免自己百年之后，两位妙龄佳人重演关盼盼的悲剧。后悔愧疚之意已经非常明显了。

燕子楼因为关盼盼的故事而成为徐州的胜迹，历代均加以修葺。楼上至今仍悬挂着关盼盼的画像，神情秀雅，容貌艳丽绝伦，过往的游客，不但仰慕其风貌，更为她的贞情而感叹后。

宋朝苏轼曾夜登燕子楼，夜梦关盼盼，由情景曾词云："天涯倦客，山中归路，望断故园心眼。燕子楼空，佳人何在？空锁楼中燕。古今如梦，何曾觉梦，但有旧欢新怨，异时对南楼夜景，为余浩叹。"

李清照：千古第一才女

李清照（1084—约1155年），号易安居士，齐州济南（今山东省济南市章丘区）人。宋代女词人，婉约词派代表，有"千古第一才女"之称。

李清照出身于书香门第，早期生活优裕，其父李格非藏书甚富，她小时候就在良好的家庭环境中打下文学基础。出嫁后与夫赵明诚共同致力于书画金石的搜集整理。金兵入据中原时，流寓南方，境遇孤苦。所作词，前期多写其悠闲生活，后期多悲叹身世，情调感伤。形式上善用白描手法，自辟途径，语言清丽。论词强调协律，崇尚典雅，提出词"别是一家"之说，反对以作诗文之法作词。能诗，留存不多，部分篇章感时咏史，情辞慷慨，与其词风不同。

有《易安居士文集》《易安词》，已散佚。后人有《漱玉词》辑本。今有《李清照集校注》。

在我国封建社会的文坛女性中，李清照显得格外灼亮夺目。李清照的词的风格一般被人们分为两个时期，前期主要词作都写在她与赵明诚婚后，格调活泼明快；后期自从赵明诚去世，清照南渡后，她的词作格调才转向沉郁忧伤。由此可见，与夫婿赵明诚的幸福生活深深地影响了李清照的创作。

李清照是在宋徽宗建中靖国元年（1101年）。她18岁时嫁给太学生赵明诚，此后他们共同度过了近30年志同道合、亲密相处、相濡以沫的幸福生活，直至明诚病故。关于两人的结合，词史上流传着一段"昼寝梦读"的故事。

李清照铜像赵明诚年轻尚未婚娶时，曾在白天做了个梦，梦中读书入神，醒来只记得三句："言与司合，安上已脱，芝芙草拔"，他把这个梦告诉了他父亲。他父亲解释道："你将来会娶到一位能写文填词的妻子。'言与司合'是'词'字，'安上已脱'是'女'字，'芝芙草拔'是'之夫'二字，这难道不是说你是词女的丈夫吗？"后来赵明诚娶李清照时才知道，李清照自幼爱好文学，很小的时候就在父亲母亲的培养熏陶下进行文学创作，尤以诗词见长。

这段饶有情趣的故事，给李清照、赵明诚的美满婚姻增添了一个富丽光彩的光环。两人婚后，在墨

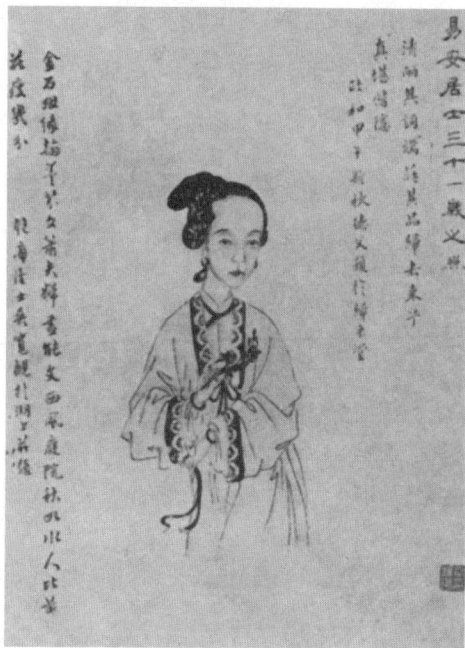

李清照像

香芳馥的家中，过起了一种含英咀华、怡乐无涯的生活——他们两人志趣相投，都喜爱唱和诗词，搜集、鉴赏金石字画。公事之暇，赵明诚对金石书画收集颇有研究，妻子成为他称意的学友；后来赵明诚写了一本《金石录》，李清照为之写序《金石录后序》，十分生动地记录了他们的家庭生活。

李清照写到，在故乡诸诚十余年的乡居生活中，他们生活安定，"仰取俯拾，衣食有余"。他们搜集金石刻辞、古物和字画，每得到一种珍品，就"摩玩舒卷，指摘疵病"，每夜都要到一支蜡烛燃尽才罢休。这些搜集来的书画等物收藏在归来堂，在他们的归来堂里，各种书画"罗列枕藉"。每到吃罢晚饭，他俩就玩一种"翻书赌茶"的游戏，他们一边烹茶，一边指点着堆积的古书，说某事在某书某卷第几页第几行，以说对与否来决定胜负，谁先胜谁先饮茶。李清照资质聪颖，往往是"中即举杯大笑，至茶倾覆怀中，反不得饮而起"。从这些描述中，我们看出，李清照的性格是多么活泼爽朗！

在这种夫唱妇随的日子里，李清照写词的艺术才华慢慢展露出来。她的才华是胜赵明诚一筹的，常常是李清照逞才吟哦，赵明诚苦思为难，对此，赵明诚也不讳言。每到降雪的时候，夫妻便联袂踏雪，豪情雅兴颇高。李清照头戴斗笠，身披蓑衣，和赵明诚一起绕城而行，时时极目眺望远方，从大自然的美好雪景中孕育创作灵感。每次李清照作一首词，都要邀请夫婿相和，赵明诚对此常常叫苦不迭。

一年重阳节，李清照非常思念出仕不归的丈夫，加上天气转凉，更觉凄清，于是填了一首《醉花阴》寄给丈夫，词曰：

薄雾浓云愁永昼，瑞脑销金兽。佳节又重阳，玉枕纱橱，半夜凉初透。

东篱把酒黄昏后，有暗香盈袖，莫道不销魂，帘卷西风，人比黄花瘦。

这首词用菊花比人的瘦来说明相思之苦，情之深、意之切，难以名状，而委婉含蓄之中又充分地表达了自己对丈夫的一片深情。

赵明诚读后感慨万分，但同时也自愧不如。但在好胜心的驱使下，他还是要同妻子比一比高低。他闭门谢客，废寝忘食地写了三天三夜，一口气写出 50 首词。他把这 50 首词同李清照的《醉花阴》夹在一起，请他的好友、颇有诗词素养的陆德夫鉴赏、评定。陆德夫在反复吟咏、再三揣摩之后，以他的慧眼挑出三句："只三句

李清照纪念堂

绝佳。"赵明诚忙问哪三句，德夫答道："莫道不销魂，帘卷西风，人比黄花瘦。"这三句正是李清照所作。

赵明诚的和词，我们今天是不能亲睹了，但是李清照的这首《醉花阴》却一直流传下来，以它温柔蕴藉的美打动了无数的人，人们评它"黄花比瘦，可谓雅畅"，"此语亦妇人所难测。"《醉花阴》词和赵明诚的"赓和逸事"相得益彰，一时成为词苑美谈。

李清照的才情在当时便得到了许多人的称赞，她的词脍炙一时。王灼写道："易安居士自少年便有诗名，才力华赡，逼近前辈，在士大夫中已不多得。若本朝妇人，当推文采第一。"到了清朝，李调元更是推崇李清照，他说："易安在宋诸媛中，自卓然一家。"又说："不徒俯视巾帼，直欲压倒须眉。"由此可见，李清照的艺术成就，不仅仅胜过和她同时的闺怨诗人以及她的丈夫、词才并不出色的赵明诚，

就是相对于那些负一代词名的男性词人秦少游、黄山谷等人，她也足够与之分庭抗礼。

朱淑真：幽栖居士红艳诗

朱淑真（约1135—约1180），号幽栖居士，钱塘（今浙江杭州）人，祖籍歙州（治今安徽歙县）。南宋著名女词人，是唐宋以来留存作品最丰盛的女作家之一。现仅存《断肠诗集》《断肠词》传世。她的词清婉缠绵，幽怨感伤，才华堪比李清照，后世人称"红艳诗人"；她的书画造诣也颇高，连后世著名画家都感叹其画工为"女流之杰"。

朱淑真生于仕宦之家，幼警慧，善读书，但一生爱情郁郁不得志。丈夫是文法小吏，因志趣不合，夫妻不和睦，最终因抑郁早逝。又传淑真过世后，父母将其生前文稿付之一炬。其余生平不可考，素无定论。

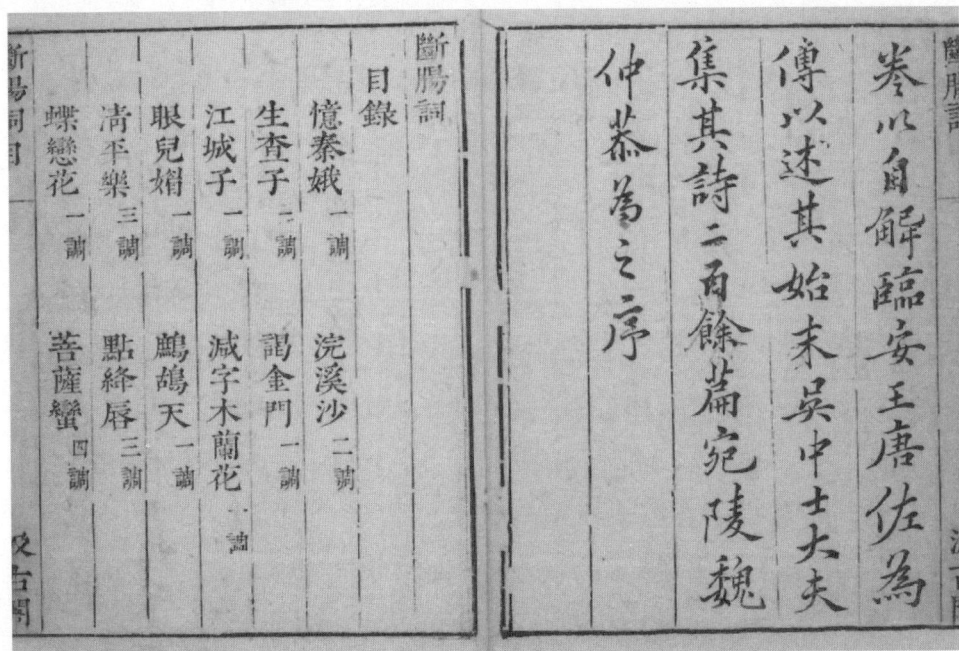

朱淑真《断肠词》

后人给朱淑真的诗集作序，说她"嫁为市井民妻"，但根据考证，她的丈夫应该不是普通市民，而是一个小官吏，朱淑真所不满于他的，并不是无财无势，而是才学不能相称，心灵无法沟通。婚后不久，她便因失望而发出了这样的抱怨："鸥鹭鸳鸯作一池，须知羽翼不相依。东君不与花为主，何以休生连理枝？"

朱淑真到底是在和丈夫离异后才另觅爱人，还是在无爱的婚姻中出轨，并无明确记载。但根据她实在娘家的情况来看，她最后应该已经跟丈夫分居，纵使没有得到正式的休弃，不算"大归"，事实上已经离异。后考证其因与情人分手而"悒悒抱恨而终"，"其死也，不能葬骨于地下，如青冢之可吊。"有人据此猜测她有可能是投水自尽，死于湖中，尸骨都不能安葬。

南宋淳熙九年（1182年）有一个名叫魏仲恭的人，将朱淑真的残存作品辑录出版，并为之作序。序文开头说："比在武陵，见旅邸中好事者往往传颂朱淑真词，每茄听之，清新婉丽，蓄思含情，能道人意中事，岂泛泛所能及？未尝不一唱而三叹也！"

其诗词多抒写？个人爱情生活，早期笔调明快，文辞清婉，情致缠绵，后期则忧愁郁闷，颇多幽怨之音，流于感伤，后世人称之曰"红艳诗人"。

朱淑真书画造诣相当高，尤善描绘红梅翠竹。明代著名画家杜琼在朱淑真的《梅竹图》上曾题道："观其笔意词语皆清婉，……诚闺中之秀，女流之杰者也。"明代大画家沈周在《石田集·题朱淑真画竹》中说："绣阁新编写断肠，更分残墨写潇湘。"

朱淑真曾作一"圈儿词"寄夫。信上无字，尽是圈圈点点。夫不解其意，于书脊夹缝见蝇头小楷《相思词》，顿悟失笑："相思欲寄无从寄，画个圈儿替。话在圈儿外，心在圈儿里。单圈儿是我，双圈儿是你。你心中有我，我心中有你。月缺了会圆，月圆了会缺。整圆儿是团圆，半圈儿是别离。我密密加圈，你须密密知我意。还有数不

管道升《墨竹图》

尽的相思情，我一路圈儿圈到底。"夫阅信，次日一早雇船回海宁故里。朱淑真的"圈儿词"实际是咏月诗的形象化表达，是抽象化的另一种形态。诗人的幽默含蓄风趣演绎得淋漓尽致。

管道升：弄月吟风归去休

管道升（1262—1319 年），字仲姬，一字瑶姬，浙江德清茅山（今干山镇茅山村）人，一说华亭（今上海青浦）人，元代著名的女性书法家、画家、诗词创作家。

管道升天生才资过人，聪明慧敏，性情开朗，仪雅多姿，"翰墨辞章，不学而能"。生而知之的极高天赋，加上长期而全面的、学习，在她的童年和少年时期，打下了坚实的文学基础，培养了多方面的艺术才能。

至元二十五年（1288 年）管道升至京，疑是年即与赵孟𫖯认识并成婚。不知是一见钟情，还是相互倾慕，使两位旷世才人相成眷属，在之后的一生中相互学习、相互促进、同心同德、相敬如宾，既能各自独立、各有千秋，又能相得益彰、珠联璧合。她与赵孟頫确实是久经考验的天造地设的绝配。尽管唇齿亦相磨，但充满和具有全面智慧的她，在与赵孟頫发生摩擦或出现隔膜的时刻，都能游刃有余地、及时地甚至是预见性地解除他们之间的危机，维持甚至以此加深他们之间的关系。

中年的管道升，"玉貌一衰难再好"，长期以来的各种家庭琐事及社会应酬，将她以前的月华水色消磨殆尽，思想变得更成熟、性情变得暴躁，赵孟頫对婚姻的忠贞便开始动摇，准备且坚持纳妾，在这婚姻危机的关键时刻，她一不严声厉色、二不依来顺受，而是以一种高雅通达而积极严肃的态度和情怀创作《我侬词》表达自己的感受："你侬我侬，忒煞情多；情多处，热似火；把一块泥，捻一个你，塑一个我。将咱两个一齐打破，用水调和；再捻一个你，再塑一个我。我泥中有你，你泥中有我：我与你生同一个衾，死同一个椁。"词中反映了重塑你我的批评自我批评的科学态度，也反映了你中有我、我中有你的密切命运和家庭责任，成为表达伉俪情深意笃千古绝唱。当赵孟頫看到她的这首词后，不由得被深深地打动了，从此，也就再没有提过纳妾之事。

至元二十六年（1289 年），其子赵雍出生。从赵雍日后的书画等艺术成就来看，管道升不仅是一位绝代盖世的才女，温柔娴淑的良妻，同样也是一位循循善诱、言传身教的慈母。管道升曾在一首《题画竹》的诗中写道："春晴今日又逢晴，闲与儿曹竹下行。春意近来浓几许，森森稚子日边生！"借森森竹笋表达母亲对儿女的殷切期望。

延祐四年（1317 年），元仁宗册封赵孟頫为魏国公，册封管道升为魏国夫人，"管夫人"的世称，即源于此，并因为她的书法成就，与东晋的女书法家卫铄"卫夫人"，并称中国历史上的"书坛两夫人"。

尽管她身为命妇，享受着荣华富贵，但她同岳飞一样认为"三十功名尘与土"，同赵孟頫一样向往"归去来兮"。赵孟頫晚年晋升为翰林学士承旨、荣禄大夫，官居从一品，贵倾朝野，但赵孟頫以宋室后裔而入元为官，依然受摆布而不得施展抱负，常因自惭而心情郁闷，故潜心于书画以自遣。管道升曾填《渔父词》四首，劝其归去，其中一词中写道："人生贵极是王侯，浮名浮利不自由。争得似，一扁舟，弄月吟风归去休。"还有一词同样写道："南望吴兴路四千，几时闲去云水边？名与利，付之天，笑把渔竿上画船。"反映了她向往闲逸、自由的清淡生活，淡漠凡俗尘世的功名利禄。

延祐五年（1318年），管道升脚气病复发，经赵孟頫多次上书请求，才于次年四月，方得准送夫人南归。四月二十五日从大都（今北京）出发，五月十日（5月29日）管道升病逝于山东临清的舟中，赵孟頫父子护柩还吴兴，葬东衡里戏台山（今德清县洛舍镇东衡村）。

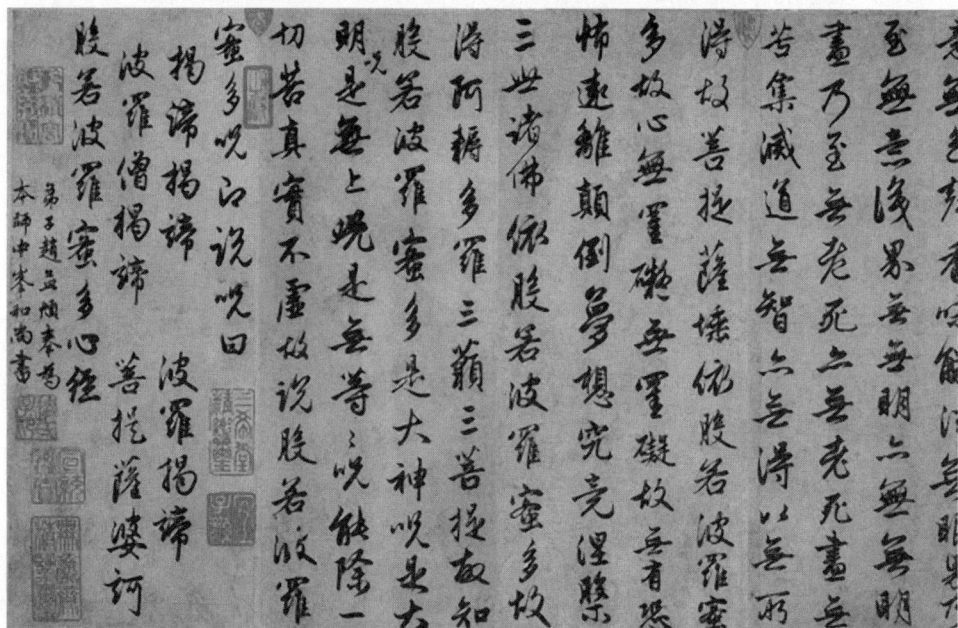

赵孟頫书法

赵孟頫为她亲笔撰写了《魏国夫人管氏墓志》，其中充满了对爱妻的深切怀念和沉痛悼挽，同时也反映了一代文化艺术大家对良知益友、对近乎同等高度的另一位文化艺术大师的崇高敬意和公正评价。

至治二年（1322年）六月十六日（7月30日），赵孟頫病逝，享年69岁。九月十日，与管道升合葬于湖州德清县东衡山南麓。

管道升在绘画方面，特别喜欢竹、梅、兰等清新物象，特别是竹。在进行墨竹创作的过程中，在用墨上不讲究变化，在竹叶的分布上也没有立体的层次感，而是一笔完成。在进行行笔的过程中，强调使用中锋，有田时也使用侧镳，最上面的竹叶使用的是"燕飞式"画法，使用藏羊笔法进行挑出，较为生动。管道升不拘泥于传统的墨竹创作，善于创新，尤其是创作的晴竹，用笔洒脱熟练，有着较高的艺术底蕴。

管道升书风取法赵孟頫，尤精工小楷和行书。小楷端庄华贵，清闲自由，行书幽新俊逸，因此她的书牍行楷与赵字极为相似。管氏笔画遒媚圆润，点捺转折都似赵法，飘逸脱俗是其个性，结体妍丽飘逸，端庄华贵，世人为之称颂"管夫人作书，寸绡片纸，人争购之，后学为之模范。"管道升的书法字体则多扁形，根据字型字势的需要而作相应的灵活变化再处理，富有变化，秀润天成。

管道升擅画墨竹梅兰，笔意清绝。又工山水、佛像、诗文书法。其书牍行楷，风格与赵孟頫相似。曾手写《璇玑图诗》，五色相间，笔法工绝。手书《金刚经》等数十卷，遍赠名山名僧。著《墨竹谱》1卷。传世作品有《水竹图卷》（收藏于故宫博物院）、《秋深帖》《山楼绣佛图》《长明庵图》等。诗文不俗，曾作《观世音菩萨传略》。元仁宗偿命书《千字文》，将赵孟頫、管道升及子赵雍的三段书法合装一卷轴，曾在湖州瞻佛寺粉壁上绘竹石图，高约丈余，广一丈五六尺。

兼工山水、佛像。

作为一个封建社会的妇女，在"女子无才便是德"封建文化偏见下如此的博学多才，在上侍公婆、中从夫君、下教子女的社会伦理义务的沉重负担下，还能够表现出那样诗情画意的浪漫情趣，极大地发展和展示出自己全面而杰出的才华，是多么得难能可贵！

第四章

笑傲风尘

绿珠：落花犹似坠楼人

绿珠（？—300年），今广西博白县双凤镇绿罗村人，生双角山下，西晋石崇的宠妾。中国古代著名美女之一。

绿珠，传说原姓梁，生在白州境内的双角山下（今广西博白县双凤镇），绝艳的姿容世所罕见。古时越地民俗以珠为上宝，生女称为珠娘，生男称作珠儿，绿珠的名字由此而来。时西晋渤海南皮（今河北南皮东北）人石崇（249—300年）为交趾采访使，以珍珠十斛得到了绿珠。

绿珠善吹笛，又善舞《明君》，明君

千秋绝艳图之绿珠

就是指汉元帝时的王昭君。石崇让绿珠吹奏此曲，她又自制新歌："我本良家女，将适单于庭。辞别未及终，前驱已抗旌。仆御涕流离，猿马悲且鸣。哀郁伤五内，涕泣沾珠缨。行行日已远，遂造匈奴城。延我于穹庐，加我阏氏名。殊类非所安，虽贵非所荣。父子见凌辱，对之惭且惊。杀身良不易，默默以苟生。苟生亦何聊，积思常愤盈。愿假飞鸿翼，乘之以遐征。飞鸿不我顾，伫立以屏营。昔为匣中玉，今为粪土尘。朝华不足欢，甘与秋草屏。传语后世人，远嫁难为情。"

词意凄凉婉转，其才情亦可见一斑。绿珠妩媚动人，又善解人意，恍若天仙下凡，尤以曲意承欢，因而石崇在众多姬妾之中，唯独对绿珠别有宠爱。

石崇有别馆在河南金谷涧，凡远行的人都在此饯饮送别，因此号为"金谷园"。园随地势高低筑台凿池。园内清溪萦回，水声潺潺。石崇因山形水势，筑园建馆，挖湖开塘，周围几十里内，楼榭亭阁，高下错落，金谷水萦绕穿流其间，鸟鸣幽村，鱼跃荷塘。郦道元《水经注》谓其"清泉茂树，众果竹柏，药草蔽翳"。园内筑百丈高的崇绮楼，可"极目南天"，以慰绿珠的思乡之愁，里面装饰以珍珠、玛瑙、琥珀、犀角、象牙，可谓穷奢极丽。石崇和当时的名士左思、潘岳等二十四人曾结成诗社，号称"金谷二十四友"。每次宴客，必命绿珠出来歌舞侑酒，见者都忘失魂魄，因此绿珠之美名闻于天下。

石崇在朝廷里投靠的是贾谧，他为逢迎贾谧无所不用其极，甚至贾谧出门，他站在路边，望车尘而拜，深为时人不齿。待后来贾谧被诛，石崇因为与贾谧同党被免官。当时赵王司马伦专权，石崇的外甥欧阳建与司马伦有仇。依附于赵王伦的孙秀暗慕绿珠，过去因石崇有权有势，他只能意淫一下而已。现在石崇一被免职，他明目张胆地便派人向石崇索取绿珠。那时石崇正在金谷园登凉台、临清水，与群妾饮宴，吹弹歌舞，极尽人间之乐，忽见孙秀差人来索取美人，石崇将其婢妾数十人叫出让使者挑选，这些婢妾都散发着兰麝的香气，穿着绚丽的锦绣，石崇说："随便选。"使者说："这些婢妾个个都艳绝无双，但小人受命索取绿珠，不知道哪一个是？"石崇勃然大怒："绿珠是我所爱，那是做不到的。"使者说："君侯博古通今，还请三思。"其实是暗示石崇今非昔比，应审时度势。石崇坚持不给。使者回报后孙秀大怒，劝赵王伦诛石崇。

赵王伦于是派兵杀石崇。石崇对绿珠叹息说："我现在因为你而获罪。"绿珠流泪说："愿效死于君前。"绿珠突然坠楼而死，石崇想拉却来不及拉住。石崇被乱兵杀于东市，临死前他说："这些人，还不是为了贪我的钱财！"押他的人说："你既知道人为财死，为什么不早些把家财散了，做点好事？"

绿
珠

绿珠像

石崇被杀，虽源自绿珠始，但其实由来已久了。当年石崇为荆州使沉杀客商；宴集间无故斩行酒美人。古语说得好："祸福无门，唯人所召。"石崇动辄杀人，怎么会有善终？就算没有绿珠，以石崇的所作所为，也不会有好下场的。

后世凭吊绿珠的诗篇多不胜数，白居易的《洛中春感》："莫悲金谷园中月，莫叹天津桥上春；若学多情寻往事，人间何处不伤神。"杜牧的《咏金谷园》诗，更增添后人的无限喟叹："繁华事散逐香尘，流水无情草自春；日暮东风怨啼鸟，落花犹似坠楼人！"落花犹似坠楼人！人们以桂花的散落譬喻绿珠一跃而下的凄美留芳，并尊她为八月桂花花神。

苏小小：湖山此地曾埋玉

苏小小（479—约502年），南朝齐时期著名歌伎、钱塘第一名伎。

苏小小自小能书善诗，文才横溢，但不幸幼年时父母双亡，寄住在钱塘西泠桥畔的姨母家。她虽身为歌伎，却很知自爱，不随波逐流。苏小小十分喜爱西湖山水，自制了一辆油壁车，遍游湖畔山间。她们住在松柏林中的小楼里，每日靠积蓄生活，尽情享受于山水之间。因她玲珑秀美，气韵非常，在她的车后总有许多风流倜傥的少年跟随。

苏小小像

没有父母的管束，苏小小也乐得和文人雅士们来往，常在她的小楼里以诗会友，她的门前总是车来车往，苏小小成了钱塘一带有名的诗伎。

一日，苏小小沿湖堤而行，邂逅少年阮郁，一见钟情，结成良缘。但不久阮郁在京做官之父派人来催归，阮郁别后毫无音讯。苏小小情意难忘，时时思念。

在一个晴朗的秋天，苏小小在湖滨她见到一位模样酷似阮郁的人，却衣着俭朴，神情沮丧，闻讯后才知此人叫鲍仁，因盘缠不够而无法赶考。苏小小同情书生鲍仁的贫困遭遇，慷慨解囊，资助他上京赴试。

当时的上江观察使孟浪因公事来到钱塘，身为官员不好登苏小小之门，于是派人请她来府中，没想到苏小小架子很大，催了几次方来，孟浪决定难为她一下，于是指着庭外一株梅花让她作诗，苏小小从容不迫地信口吟出："梅花虽傲骨，怎敢敌春寒？若更分红白，还须青眼看！"孟浪赞佩不已。

后苏小小受人陷害入狱，身染重病，临终前，姬向身边侍候的人嘱咐道："我别无所求，只愿死后埋骨西泠。"这时鲍仁已金榜题名，出任滑州刺史，赴任时顺道经过苏小小家，却赶上她的葬礼，鲍仁抚棺大哭。后来遵照苏小小"埋骨西泠"的遗愿，出资在西泠桥畔择地造墓，墓前立一

名画中的苏小小形象

石碑，上题"钱塘苏小小之墓"。

苏小小的故事，最早出现于《玉台新咏》，而《乐府广题》也有相关记载。相传其人为南齐名伎，貌美艳丽，且聪慧多才。历史上一些地方史志和传奇、戏曲将苏小小进一步演绎成个性丰满的形象。

历代文人多有传颂，唐朝的白居易、李贺，明朝的张岱，近现代的曹聚仁、余秋雨，都写过关于苏小小的诗文。曹聚仁先生更把苏小小比作"中国版的茶花女"。

薛涛：浣花溪畔制彩笺

薛涛（约768—832年），字洪度，京兆长安（今陕西西安）人。唐代女诗人，成都乐伎。后人将薛涛与鱼玄机、李冶、刘采春并称唐代四大女诗人，与卓文君、花蕊夫人、黄娥并称蜀中四大才女，流传至今诗作有90余首，收于《锦江集》。

薛涛的父亲薛郧在京城长安当官，学识渊博，把这个唯一的女儿视为掌上明珠，从小就教她读书、写诗。

薛涛8岁那年，薛郧在庭院里的梧桐树下歇凉，他忽有所悟，吟诵道："庭除一古桐，耸干入云中。"薛涛头都没抬，随口续上了父亲薛勋的诗："枝迎南北鸟，叶送往来风。"那一年，薛涛不过八九岁。她天分很高，让父亲又喜又忧。

薛郧为人正直，敢于说话，结果得罪了当朝权贵而被贬谪到四川，一家人跋山涉水，从繁华的京城长安搬到了遥远的成都。没过几年，他又因为出使南诏沾染了瘴疠而命丧黄泉。那时薛涛年仅14岁。母女俩的生活立刻陷入困境，薛涛不得已，

张大千绘《薛涛制笺图》

凭借"容姿既丽"和"通音律，善辩慧，工诗赋"，在16岁加入乐籍，成了一名营伎。

那时的官员们往往都是科举出身，文化素质不低，要让他们看得上眼，不仅需要美貌，更需要才艺、辞令和见识，而这正是薛涛的长项。身在娱乐场中，使得她与当时许多著名诗人都有来往，在这份名单中不乏像白居易、张籍、王建、刘禹锡、杜牧、张祜等诗坛领袖。薛涛作诗500多首，然而这些诗歌大多散失，流传至今仅存90余首，十分令人惋惜。

薛涛像

贞元元年（785年），中书令韦皋出任剑南西川节度使。在一次酒宴中，韦皋让薛涛即席赋诗，薛涛神态从容地拿过纸笔，提笔而就《谒巫山庙》，诗中写道："朝朝夜夜阳台下，为雨为云楚国亡；惆怅庙前多少柳，春来空斗画眉长。"韦皋看罢，拍案叫绝。这首诗完全不像出自一个小女子之手。

一首诗就让薛涛声名鹊起，从此帅府中每有盛宴，薛涛成为侍宴的不二人选，很快成了韦皋身边的红人。

韦皋任节度使时，随着接触的增多，就让她参与一些案牍工作。这些事对于薛涛来说，不过是小菜一碟，她写起公文来不但富于文采，而且细致认真，很少出错。韦皋仍然感觉大材小用，有一天他突发奇想，要向朝廷打报告，拟奏请唐德宗授薛涛以秘书省校书郎官衔，为薛涛申请做"校书郎"（一说为武元衡所奏）。"校书郎"的主要工作是公文撰写和典校藏书，虽然官阶仅为从九品，但这项工作的"门槛"却很高，按规定，只有进士出身的人才有资格担当此职，大诗人白居易、王昌龄、李商隐、杜牧等都是从这个职位上做起的，历史上还从来没有哪一个女子担任过"校书郎"。但因格于旧例，未能实现，但人们却称之为"女校书"。

　　薛涛红得发紫，不免有些恃宠而骄。前来四川的官员为了求见韦皋，多走薛涛的后门，纷纷给她送礼行贿，而薛涛"性亦狂逸"，你敢送我就敢收。不过她并不爱钱，收下之后一文不留，全部上交。虽然如此，她闹出的动静还是太大了，这让韦皋十分不满，一怒之下，下令将她发配松州（今四川松潘县），以示惩罚。

　　松州地处西南边陲，人烟稀少，兵荒马乱，走在如此荒凉的路上，薛涛内心非常恐惧。她用诗记录下自己的感受："闻道边城苦，而今到始知。却将门下曲，唱与陇头儿。"她开始后悔自己的轻率与张扬，于是将那种感触诉诸笔端，写下了动人的《十离诗》。《十离诗》送到了韦皋手上，他的心一下子就软了，于是一纸命令，又将薛涛召回了成都。这次磨难，让薛涛看清了自己，归来不久，她就脱去了乐籍，成为一个自由身。自此，寓居于成都西郊浣花溪畔，院子里种满了枇杷花，那一年，她20岁。

　　元和四年（809年）三月，当时正如日中天的诗人元稹，以监察御史的身份，奉命出使地方。他久闻薛涛的芳名，所以到蜀地后，特地约她在梓州相见。与元稹一见面，她就被这位年仅31岁的年轻诗人俊朗的外貌和出色的才情所吸引。第二天，她满怀真情地写下了《池上双鸟》，完全一副柔情万种的小女子神态。两个人流连在锦江边上，相伴于蜀山青川。可惜当年七月，元稹就调离川地，任职洛阳。劳燕分飞，两情远隔，此时能够寄托她

明仇英绘《列女传图 – 薛涛戏笺》

相思之情的，唯有一首首诗了。她喜欢写四言绝句，律诗也常常只写八句，因此经常嫌平时写诗的纸幅太大。于是她对当地造纸的工艺加以改造，将纸染成桃红色，裁成精巧窄笺，特别适合书写情书，人称薛涛笺。

可惜，才子多情也花心，但薛涛对元稹的思念还是刻骨铭心。她朝思暮想，满怀的幽怨与渴盼，汇聚成了流传千古的名诗《春望词》：

> 花开不同赏，花落不同悲。
>
> 欲问相思处，花开花落时。
>
> 揽草结同心，将以遗知音。
>
> 春愁正断绝，春鸟复哀吟。
>
> 风花日将老，佳期犹渺渺。
>
> 不结同心人，空结同心草。
>
> 那堪花满枝，翻作两相思。
>
> 玉箸垂朝镜，春风知不知。

成都薛涛墓

　　然而，薛涛乐籍出身，相当于一个风尘女子，对元稹的仕途只有副作用，所以两人注定不能走到一起。对于这些，薛涛也能想明白，并不后悔。只是，从此她脱下了极为喜爱的红裙，换上了一袭灰色的道袍。

　　人生垂暮，薛涛逐渐厌倦了世间的繁华与喧嚣。她离开了浣花溪，移居到碧鸡坊（今成都金丝街附近），筑起了一座吟诗楼，独自度过了最后的时光。大和六年（832年）夏，薛涛安详地闭上了双眼。第二年，曾任宰相的段文昌为她亲手题写了墓志铭，墓碑上写着"西川女校书薛涛洪度之墓"。

　　薛涛的诗，有如世所传诵的《送友人》《题竹郎庙》《池上双鸟》等篇，以清词丽句见长，还有一些具有思想深度的关怀现实的作品。在封建时代妇女，特别是像她这一类型妇女中，是不可多得的。她曾到过接近吐蕃的松州，有《罚赴边有怀上韦令公》诗，其第一首说："闻说边城苦，而今到始知。羞将门下曲，唱与陇头儿。"对防守边疆士兵的艰苦生活寄以深切同情。

马湘兰：一叶幽兰一箭花

　　马湘兰（1548—1604年），字守真，生于金陵，秦淮八艳之一，明代女诗人、女画家。

　　自幼不幸沦落风尘，但她为人旷达，性望轻侠，常挥金以济少年据《秦淮广记》载，她名守贞，字湘兰，小字玄儿，又字月娇；因在家中排行第四，人称"四娘"。她秉性灵秀，能诗善画，尤擅画兰竹，故有"湘兰"的美誉。

　　马湘兰自幼不幸沦落风尘，她虽没有倾国倾城的貌，虽"姿首如常人"，但"神情开涤，濯濯如春柳早莺，吐辞流盼，巧伺人意"，谈古论今、博学多才，因而备受名流雅士赏识。她的兰花画得极好，因此成为王公贵族争先收藏、追捧的对象。曹雪芹的祖父曹寅曾连续

马湘兰像

三次为马湘兰画的《马湘兰画兰长卷》题词。北京故宫博物院收藏有马湘兰的兰花画册。日本东京的博物馆里一幅《墨兰图》，被日本人奉为珍品。

靠着客人的馈赠，马湘兰也积蓄了一些钱财，便在秦淮河边盖了一座小楼，里面花石清幽，曲径回廊，处处植满兰花，命名为"幽兰馆"。马湘兰出则高车驷马，入则呼奴唤婢，虽为青楼女子，却有着贵妇人一般的气派。马湘兰是个仗义豁达的女性，自己挥金如土，左手来右手去，对别人也十分大方，曾周济过不少无钱应试的书生、横遭变故的商人以及附近的一些老弱贫困的人。

置身繁华之中，却独品落寞滋味，灯红酒绿的陪伴下，马湘兰却绝少知心人儿。直到她 24 岁那年，认识了一位落魄才子——长洲秀才王稚登。相传王稚登四岁能作对，六岁善写擘窠大字，十岁能吟诗作赋，长大后更是才华横溢。嘉靖末年游仕到京师，成为大学士袁炜的宾客。因当时袁炜得罪了掌权的宰辅徐阶，王稚登受连累而未能受到朝廷重用；心灰意冷地回到江南故乡后，放浪形骸，整日里流连于酒楼花巷。王稚登偶然来到"幽兰馆"，与马湘兰言谈之中，颇为投缘，深交之下，都叹相见太晚。于是，王稚登经常进出"幽兰馆"，与马湘兰煮酒欢谈，相携赏兰，十分惬意。而此时的王稚登却并不如湘兰那般专情，这个风流公子，和寓居南京的苏州歌妓薛素素和刘姬私交密切，但她们都没有湘兰的才情，因此在他心里，只有马湘兰是他一生的红颜知己。

一天，王稚登向湘兰求画，湘兰点头应允，当即挥手为他画了一幅她最拿手的一叶兰。这种一叶兰图，是马湘兰独创的一种画兰法，仅以一抹斜叶，托着一朵兰花，最能体现出兰花清幽空灵的气韵来。马湘兰还在画上题了一首七言绝句：

一叶幽兰一箭花，孤单谁惜在天涯？

自从写入银笺里，不怕风寒雨又斜。

因马湘兰是欢场中人，最怕王稚登把她看成一个水性杨花，并无真情的女子，所以特地作了这幅图，表明自己绝非路柳墙花，而似悬崖绝壁上的孤兰，非凡夫俗子所能一睹芳泽。王稚登是何等聪明的人，他当然明白马湘兰诗画中的情义，然而他却顾虑重重。他觉得自己三十七岁的人了，依然无位无职，前途茫茫，却壮志不灭，不知何时还要赴汤蹈火，拼搏一番，如此一来，便很难给马湘兰带来庇护和幸福。他深知湘兰是个明敏多情的女人，自己稍有不慎就可能伤害，甚至毁灭她，不如早早就不作什么承诺，交往起来还能轻松些。因此，王稚登故意装作不解诗中情怀，随意地收了画，客

马湘兰《墨兰图》

气地表示谢意。马湘兰只以为他是不愿意接受自己，暗自伤心不已。但她又无法忘却王稚登，于是两人仍像好朋友一样密切交往，再也没谈过嫁娶之事。

不久后，京都大学士赵志皋举荐王稚登参加编修国史工作，王稚登以为幸运降临，意气风发地准备登舟北上，去奔前程。心里还盘算着：等到在京城有所发展后，再回来接马湘兰同享此生幸福。马湘兰心情复杂地为他设宴饯行，她既为王稚登的离别而伤悲，又为他的得意而欢喜，悲喜交加，不知所以。王稚登稍稍透露了一些将来要与她共荣的心意，但马湘兰限于上次的隐伤，没敢接口把事情挑明，只是暗暗在心中种下了希望。辞行席上，马湘兰百般叮嘱，依依不舍，并即席赋了一首"仲春道中送别"诗相赠。送走王稚登后，马湘兰竟然悄悄地闭门谢客，专心静待王稚登仕途得意而归，自己也好相随左右，从此脱离这迎张送李的青楼生涯。

不料这次王稚登进京并不得意，因宰辅徐阶手下一批文人的排挤，他虽然参加了编史工作，却尽派给他一些打杂的事，他忍气吞声，日

马湘兰作品

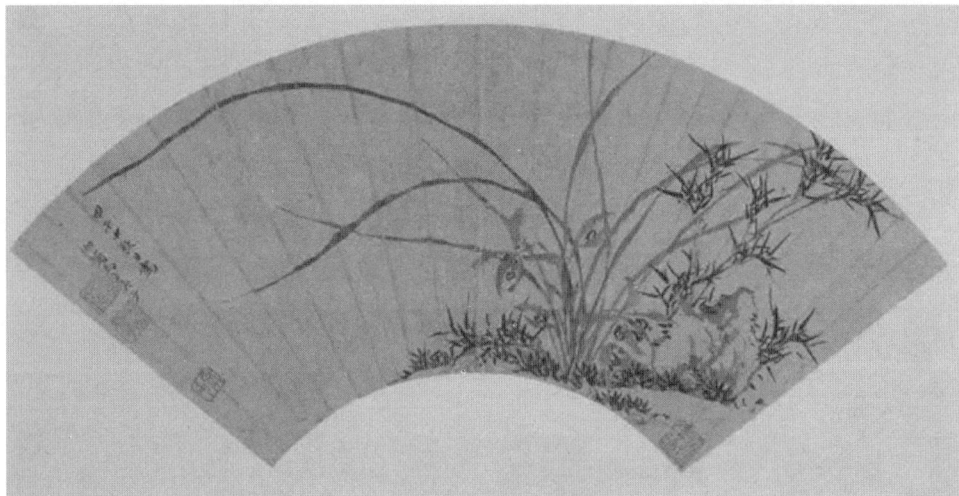

马湘兰《兰竹石图》

子很不好过。勉强撑到岁末，看到实在无什么前程可言，索性收拾行装，铩羽而归。王稚登回江南后，不愿再面对一片痴情的马湘兰，索性把家搬到了姑苏，以绝与马湘兰相守终生的念头。

马湘兰却依然是一往情深，打听到王稚登失意而归，连忙赶到姑苏去安慰王稚登。也许是两人那种朋友似的相知太深，反而无法结为夫妻，王稚登定居苏州后，马湘兰每隔一段时日，总要到姑苏住上几天，与王稚登畅叙心曲，却始终没有发展到嫁娶那一步。不知情的人都不理解他们那种特殊关系，只当他们兄妹之类的亲戚，许多人还把马湘兰误认为姑苏人氏。

岁月便在这种清淡如水的交往中流逝着，不知不觉中过去了30多年。这期间，马湘兰除了偶尔去姑苏作客外，便是这样度过的："时时对萧竹，夜夜集诗篇，深闺无个事，终日望归船。"年岁渐老，华颜日衰，门上宾客也愈来愈少，天天陪伴着马湘兰的是落寞和凄怆。

王稚登七十寿诞时，马湘兰抱病赶到姑苏，为他举办了隆重的祝寿宴会，宴会上，她重亮歌喉，为相恋30余年的王郎高歌一曲，王稚登听得老泪纵横。后来，他有过这样的描述："四座填满，歌舞达旦。残脂剩粉，香溢锦帆，自夫差以来所未有。吴儿啧啧夸盛事，倾动一时。"

苏州之行，了却了湘兰的夙愿，却因旅途劳累，回来不久即身染重病。她明白大限已到，强打精神沐浴更衣。然后端坐在"幽兰馆"的客厅中，悄悄地走完了她57岁的人生。临终前，她命仆人在她座椅四周，摆满了含幽吐芳的兰花。马湘兰去世的消息传到苏州，王稚登悲痛万分，挥笔写下挽诗："歌舞当年第一流，姓名赢得满青楼，多情未了身先死，化作芙蓉也并头"。

马湘兰在美女如织的秦淮河畔并不以姿貌出众，而是以其如兰品性和超逸的画兰造诣以及对爱情的痴情坚守脱颖而出位列八艳的。万紫千红中她独独钟情于兰，画兰功夫旷古烁今堪称一绝，借物言志的兰花诗更不胜枚举，因此她的诗文和画作被当时文人雅客争相收藏，她也成了许多江南才子王孙贵胄追逐的对象。

马湘兰之所以能把兰花描绘得出神入化，栩栩如生，全赖于她的爱兰、知兰，她不但将院宅里种满各色兰花，日日勤加灌护，而且凭着自己的兰心蕙质，能深悟兰花清雅脱俗的气韵，所以才能将兰花的

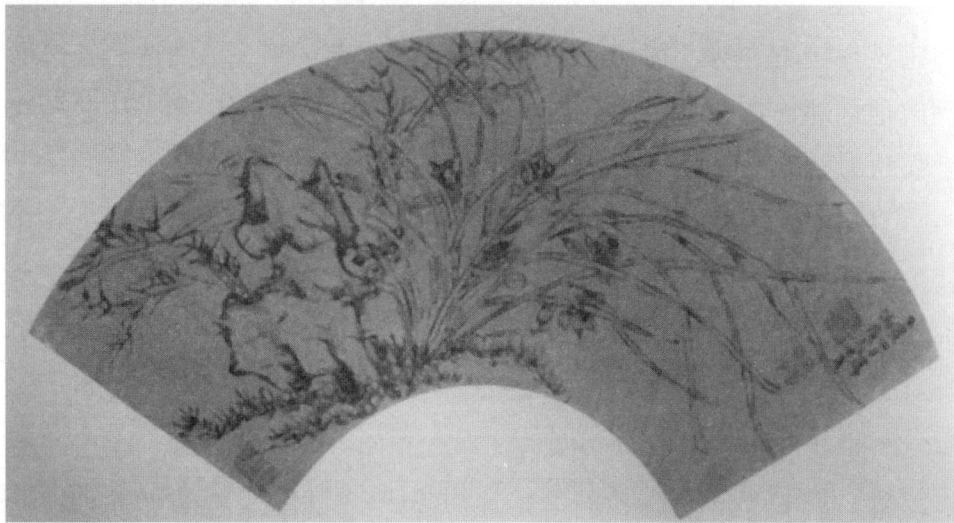

马湘兰作品

品态展现于画笺和诗笺上。而她自己的品格，因受兰花的熏陶，也如兰花一样圣洁。

柳如是：我见青山多妩媚

柳如是（1618—1664年），本名杨爱，字如是，又称河东君。浙江嘉兴人。与马湘兰、卞玉京、李香君、董小宛、顾横波、寇白门、陈圆圆同称"秦淮八艳"。明末清初女诗人。

柳如是出生于明朝万历四十六年（1618年），幼即聪慧好学，但由于家贫，被辗转贩卖。明崇祯元年（1628年），柳如是为江南名妓徐佛收养。

明崇祯五年（1632年），柳如是嫁与年逾花甲的大学士周某为侍妾。周状元出身，常把她抱于膝上，教她读诗学文，其他妻妾醋意大发。周某死后，柳如是被迫下堂而去，重操青楼旧业。

柳如是画像

崇祯五年（1632年），柳如是流落松江，改名为柳隐，自号"影怜"，表浊世自怜之意。在松江与复社、几社、东林党人交往，常着儒服男装，与诸人纵谈时势、和诗唱歌。

柳如是与李待问、宋征舆、陈子龙等都发展过一段恋情，但迫于封建礼教所阻均无果。其中与陈子龙的一段情愫，双方情切意笃，长居松江南楼，赋诗作对，互相唱和。可惜南楼唱和的美景不长，陈子龙原配张氏带人闹上南楼。柳如是不甘受辱，悲切而毅然地离去。虽然如此，陈子龙对于柳如是仍不死心，可惜后来陈子龙在抗清起义中不幸战败而死。柳如是择婿要求很高，许多名士求婚她都看不中，有的只停留在友谊阶段。

明崇祯十一年（1638 年），20 岁的柳如是结识了原朝廷礼部侍郎、28 岁即得探花的钱谦益。崇祯十三年（1640 年）柳如是以男装相、柳儒士之名与钱谦益再次相遇。钱谦益在其居住之半野堂之处以"如是我闻"之名另筑一"我闻室"以呼应柳如是之名，并带着柳如是徜徉于湖光山水，诗酒做伴。柳如是感其深情，愿嫁此时早已年过半百的钱谦益。

崇祯十四年（1641 年），柳如是嫁给了东林领袖、文名颇著的大官僚钱谦益。钱谦益娶柳后，为她在虞山盖了壮观华丽的"绛云楼"和"红豆馆"，金屋藏娇。两人同居绛云楼，读书论诗，相对甚欢。钱谦益戏称柳如是"柳儒士"，柳如是后生有一女。

当崇祯帝自缢，清军占领北京后，南京建成了弘光小朝廷，柳如是支持钱谦益当了南明的礼部尚书。不久清军南下，当兵临城下时，柳如是劝钱谦益与其一起投水殉国，钱谦益沉思无语，最后走下水池试了一下水，说："水太冷，不能下。"柳如是"奋身欲沉池水中"，却给钱谦益硬拉住了。结果，钱谦益投降了大清。

钱谦益降清去了北京，柳如是留在南京没有跟随。钱谦益做了清朝的礼部侍郎兼翰林学士，由于受柳如是影响，半年后便称病辞归。

顺治四年（1647 年），钱谦益因黄毓祺反清案被捕入狱。顺治五年（1648 年），柳如是四处奔走，救出了钱谦益。

柳如是在病中鼓励丈夫与尚在抵抗的郑成功、张煌言、瞿式耜、魏耕

柳如是画像

等联系，并尽全力资助、慰劳抗清义军，这些都表现出她强烈的爱国民族气节。钱谦益降清，本应为后世所诟病，但赖有柳如是的义行，而冲淡了人们对他的反感。

康熙三年（1664 年）五月二十四日，钱谦益去世。钱谦益去世后，乡里族人聚众欲夺其房产，柳如是为了保护钱谦益家的产业，以自尽相抗争。恶棍们虽被吓走，一代才女却这样结束了一生，死后葬于虞山佛水山庄。

清代程庭鹭摹绘的柳如是画像

柳如是是活动于明清易代之际 的著名歌妓才女。她个性坚强，正直聪慧，魄力奇伟。就文学和艺术才华，她被称为"秦淮八艳"之首。书画也负名气，她的画娴熟简约，清丽有致；书法深得后人赞赏，称其为"铁腕怀银钩，曾将妙踪收"。

此外，柳如是作为传统社会一介女子，却有着深厚的家国情怀和政治抱负。在与其往来的名士中，张溥、陈子龙、李存我均是有铮铮风骨的民族志士，柳如是常与他们纵论天下兴亡。在盛泽时，柳如是曾对张溥说："中原鼎沸，正需大英雄出而戡乱御侮，应如谢东山运筹却敌，不可如陶靖节亮节高风。如我身为男子，必当救亡图存，以身报国！"王国维曾题诗曰："幅巾道服自权奇，兄弟相呼竟不疑。莫怪女儿太唐突，蓟门朝士几须眉？"在王国维看来，在国破家亡危难时刻，包括柳如是丈夫、时任南明礼部尚书钱谦益在内的那些在屈膝变节的士大夫们，在气节和操守方面是远远不如柳如是这个"下贱"妓女的。

柳如是的作品有诗集《戊寅草》《柳如是诗》《红豆村庄杂录》《梅花集句》《东山酬唱集》等，书画作品《月烟柳图卷》，藏于故宫，

《月烟柳图卷》

是故宫收藏的唯一一幅山水画。

陈圆圆：豪华落尽归寂寞

陈圆圆（1623—1695 年），原姓邢，名沅，字圆圆，又字畹芳。幼入陈姓姨夫，故改姓陈。明末清初江苏武进（今常州）人。居苏州桃花坞，隶籍梨园，为吴中名优，"秦淮八艳"之一。

陈圆圆出身于货郎之家，母亲早亡，育于姨夫家，从姨父的姓"陈"，居苏州桃花坞。

陈圆圆自幼冰雪聪明，长大后色艺双绝，艳惊乡里，名动江左。时逢江南年谷不登、重利轻义的姨夫将圆圆卖给苏州梨园，善演弋阳腔戏剧。初登歌台，圆圆扮演《西厢记》中的红娘，人丽如花，似云出岫，莺声呖呖，台下看客皆屏气凝神，为之入迷。陈圆圆"容辞闲雅，额秀颐丰"，有名士大家风度，每一登场演出，明艳出众，独冠当时，"观者为之魂断"。诗人陆次云称赞曰："声甲天下之声，色甲天下之色。"

陈圆圆作为梨园女伎，难以摆脱以色事人的命运。圆圆曾属意于吴江人邹枢，"常在予家演剧，流连不去"（《十美词纪》）。据载，江阴贡修龄之子贡若甫曾以重金赎陈圆圆为妾，然圆圆不为正妻所容。而贡若甫的父亲贡修龄，在见到圆圆后，非常吃惊，说："此贵人！""纵之去，不责赎金。"（李介立《天香阁随笔》）。陈圆圆还与冒襄有过一段情缘，崇祯十四年（1641年）春，冒襄省亲衡岳，道经苏州，经友人引荐，得会陈圆圆，并订后会之期。当年八月，冒襄移舟苏州再会圆圆，时圆圆遭豪家劫夺，幸脱身虎口，遂有许嫁冒襄之意，并冒兵火之险至冒襄家所栖舟拜见冒襄之母。二人感情缱绻，申以盟誓。

陈圆圆像

此后冒襄因家事牵累，未能赴圆圆约会。期间圆圆屡次寄书冒襄，促其践约，冒襄皆不及回复。崇祯十五年（1642年）仲春，陈圆圆被外戚田弘遇劫夺入京。

陈圆圆入京后，成为田弘遇家乐演员。田弘遇因贵妃去世，日渐失势，为了巩固自己的地位以及在乱世中找到倚靠，有意结交当时声望甚隆且握有重兵的吴三桂。田弘遇曾盛邀吴三桂赴其家宴，"出群姬调丝竹，皆殊秀。一淡妆者，统诸美而先众音，情艳意娇"。而这位淡妆丽质的歌姬，就是陈圆圆。吴三桂惊诧于陈圆圆的美艳，"不觉其神移心荡也"（陆次云《圆圆传》）。田弘遇遂因吴三桂之请，将陈圆圆赠送吴三桂，并置办丰厚的妆奁，送至吴府。及至李自成农民军攻占北京后，陈圆圆为刘宗敏所夺。吴三桂本欲投降农民军，但得知圆圆遭劫后，冲冠一怒，愤而降清。《明史·流寇》称："初，三桂奉诏入援至山海关，京师陷，犹豫不进。自成劫其父襄，作书招之，三桂欲降。至滦州，闻爱姬陈沅被刘宗敏掠去，愤甚，疾归山海，

吴三桂像

袭破贼将。自成怒，亲部贼十余万，执吴襄于军，东攻山海关，以别将从一片石越关外。三桂惧，乞降于我。"

在吴三桂所部和清军的联系夹击下，李自成农民军遭受重创，仓皇逃离北京，尽弃所掠辎重、妇女于道。吴三桂在兵火中找到了陈圆圆，军营团圆。此后陈圆圆一直跟随吴三桂辗转征战。吴三桂平定云南后，圆圆进入了吴三桂的平西王府，一度"宠冠后宫"（《十美词纪》）。

陈圆圆以她的美貌倾倒了吴三桂，倾倒了刘宗敏，倾倒了大顺王朝。即便李自成最终不敌清兵，但吴三桂若不投降多尔衮，满人最少要晚入关几十年。所以说，陈圆圆以她个人的魅力影响了别人，从而改变了历史。在随后的日子里，身负"国贼"之名的吴三桂以陈圆圆作为精神支柱，自山西，渡黄河、入潼关、克西安、平李闯、定云南、驱永历，可谓风尘仆仆，东征西伐，为清廷统一中国立下了汗马功劳。

吴三桂独霸云南后，阴怀异志，穷奢侈欲。构建园林安阜园，"采买吴伶之年十五者，共四十人为一队"（《甲申朝事小纪》），"园囿声伎之盛，僭侈逾禁中"（王澐《漫游纪略》）。陈圆圆因年老色衰，加之与吴三桂正妻不谐，且吴三桂另有宠姬数人，于是日渐失宠，遂辞宫入道，"布

《鹿鼎记》插图吴三桂与陈圆圆

衣蔬食，礼佛以毕此生"（《天香阁随笔》）。康熙三十四年（1695 年）去世，享年 73 岁。

有关陈圆圆的死，历史上众说纷纭，有说她是在昆明城破之际，自缢而死；有说她是因为颠沛流离，心理承受了巨大的压力，得了心病，最终死在她修行的寺里；更有的说她当时根本就没有死，而是带着吴三桂的后代隐居山野，其后人一直延续至今。

董小宛：郎按新词妾唱歌

董小宛（1624—1651 年），名白，字小宛，号青莲，江苏苏州人。因家道中落生活贫困而沦落青楼，名隶南京教坊司乐籍，与柳如是、陈圆圆、李香君等同为"秦淮八艳"。

董小宛出生于苏州城内"董家绣庄"。"董家绣庄"是苏州小有名气的一家苏绣绣庄，因活计做得精细，所以生意一直兴隆。董家是苏绣世家，到这一代已有两百多年的历史了，别看刺绣属于工艺制造行业，可十分接近于绘画艺术，所以董家还颇有几分书香气息。

董小宛像

董小宛的母亲白氏是一个老秀才的独生女儿，老秀才平生不得志，只好把满腹经纶传给了女儿。董白自幼灵慧，父母视如至宝，悉心教她诗文书画、针线女红，一心想调教出一个才德俱全的姑娘。

不料天有不测风云，董白 13 岁那年，父亲在暑天患上了暴痢，药不奏效，不久便撒手人寰。这突如其来的变故，将董白母女打击得心神憔悴。料理完丈夫的后事，白氏不愿在城中的旧宅中继续住下去，于是花了一笔钱，在半塘河滨筑下了幽室，带着女儿隐居其中，过一种与世相隔的恬淡生活，绣庄的事则全委托伙计去掌管。

此时已是明朝末年。朝廷腐败，枭雄四起，天下陷入战乱之中。到了崇祯九年（1636年），乱象已迫近苏州，人们不由得惶惶不安。白氏也打算关闭绣庄的生意，收回资金以备随时逃难。谁知绣庄伙计一算账，不但没有银两剩余，反而在外面欠下了上千两银子的账。这分明是伙计从中捣鬼，白氏又无法把握，又气又急，终于病倒在床。母亲倒下，绣庄破产，债务压头，生活的重担猛地压到了15岁的董白身上。无奈之中，董白答应了别人的引荐，来到南京秦淮河畔的画舫中卖艺，改名小宛。

为给母亲治病，无奈之下堕入青楼的董小宛，依靠从小琴棋书画的熏陶，加之小宛温婉秀雅，天生一种惹人怜爱的气质，令她很快就脱颖而出、声名远播，多少男人如狂蜂浪蝶趋之若鹜，可小宛洁身自爱，对那种利用自己的美色从男人身上赚取金钱的行为嗤之以鼻。陪客吃饭、聊天、游玩是她的底线，其他免谈。这份孤傲令她得罪了一些风流浪子，却赢得了有才华的名士的喜爱，就是在这种情况下，她有缘结识了后来的丈夫冒辟疆。

冒辟疆最早从方以智那里听说秦淮佳丽之中有位才色双绝的董小宛，吴应箕、侯方域也都向辟疆啧啧称道小宛。而董小宛时时在名流宴集间，听人讲说冒辟疆，知道复社中有这样一位负气节而又风流自喜的高名才子，一直期待有朝一日和他相见。董小宛"出淤泥而不染"的品格也让冒辟疆充满了好奇，想一睹美人的风采。

崇祯十二年（1639年）秋天，29岁

冒辟疆像

的冒辟疆来南京参加乡试，特意前往秦淮河造访董小宛，不料董小宛却已赌气离开了秦淮河。后来乡试发榜，冒辟疆又一如既往地名落孙山，他没有失望。只是暗叹自己生不逢时，收拾了行装，便转往苏州闲游。在苏州，冒辟疆一边访胜探幽，一边打听董小宛的下落，得知她已在半塘待客，便又兴致勃勃地专程拜访。偏不凑巧，董小宛已受人之邀游太湖去了。之后又接连去了好几次，都无缘见到董小宛，直到准备离开苏州的前夕，没抱多大希望地来到半塘，却终于得以与她相晤。

冒辟疆最后一次去，正赶上董小宛陪客人喝酒刚回家，虽然醉酒浑身绵软，可她还是与冒辟疆侃侃而谈。冒辟疆初见，便觉她"面晕浅春，缬眼流视，仙姿玉色，神韵天然"，不由"惊爱之"。此时的董小宛虽醉意朦胧，娇弱不堪，却依然思路清晰，谈吐不俗，纵谈时局，颇有见地。怜惜伊人酒后神倦，冒辟疆坐了不到半个时辰就匆匆离去，就是这半个时辰的交谈，已使他对董小宛留下了深刻的印象。明末清初的一代诗史吴伟业有诗赞曰：

珍珠无价玉无瑕，小字贪看问妾家。

寻到白堤呼出见，月明残雪映梅花。

几天之后，冒辟疆再来看望董小宛。仿佛心有灵犀，美女已在门口笑盈盈的等他，并拉着他的手来到屋里并倾诉衷情。冒辟疆此行还需到南京参加乡试后再回家乡，他与董小宛约好，一等乡试结束，就马上返回苏州为她赎身，再相伴回到如皋。后来冒辟疆不负所约，带着小宛回苏州赎身，不料又遇上了麻烦。因董小宛在半塘名气太大，不论出多少银子，鸨母都不想放走这棵摇钱树。就在他们一筹莫展之际，钱谦益偕同柳如是来游苏州。柳如是是董小宛当初卖笑秦淮河时的好姐妹，钱谦益也曾与她有过颇深的交情，他如今虽然免官闲居，但在江南一带名望甚高，经他出面调排，董小宛赎身之事迎刃而解。

崇祯十五年（1642年）十二月十五日，冒辟疆带着董小宛从苏州来到江苏如城，开始时将她安顿在"水绘园艳月楼"，内辟为"别室"，第二年四月正式立为"如夫人"。嫁入冒家之后，董小宛却管弦，洗铅华，以最快的速度完成了从歌伎到小妾的转变。她精心伺候丈夫和他的家人，集"贤妻良母"和"全方位"的保姆于一身，得到冒家上上下下的喜爱。董小宛与冒家上下相处极其和谐，冒辟疆母之马恭人和冒辟疆正妻苏元芳特别喜欢董小宛，而董小宛也很恭敬顺从。闲暇时，董小宛与冒辟疆常坐在画苑书房中，泼墨挥毫，赏花品茗，评论山水，鉴别金石。

董小宛最令人心折的，是把琐碎的日常生活过得浪漫美丽，饶有情致。小宛天性淡泊，不嗜好肥美甘甜的食物。用一小壶芥茶温淘米饭，再佐以一两碟水菜香豉，就是她的一餐。冒辟疆却喜欢甜食、海味和腊制熏制的食品，董小宛为他制作的美食鲜洁可口，花样繁多。她不仅在中间加上适量的食盐和酸梅调味，还采渍初放的有色有香的花蕊，将花汁渗融到香露中。这样制出的花露入口喷鼻，世上少有。其中最鲜美的是秋海棠露。海棠本无

冒辟疆作品

香味，而董小宛做的秋海棠露独独是露凝香发。酒后，用白瓷杯盛出几十种花露，不要说用口品尝，单那五色浮动，奇香四溢，就足以消渴解醒。

知道丈夫喜欢吃肉，董小宛悉心研究，想方设法让丈夫吃好、吃美。她精研食谱，拜访名厨，学习手艺，创制了"虎皮肉"，也就是现在的"董肉"，据说只有"东坡肉"可以与其相媲美。董小宛最绝的是能把荤菜变素，"肉久者无油，有松柏之味"。无论怎样常见的蔬菜鱼虾等等，一经小宛之手，立马变得活色生香、馋涎欲滴，"蒲藕、笋蕨、鲜花、野菜、枸蒿、蓉菊之类无不采入食品，芳旨盈席"。"董糖"也是小宛的独创，相当于咱们现在的酥糖，凉丝丝、甜蜜蜜，入口即化。

董小宛初进冒家，见董其昌仿钟繇笔意为冒辟疆书写的《月赋》，非常喜爱，着意临摹。接着到处找钟繇的字帖，后来觉得钟繇的字体稍稍偏瘦，又看到他的《戎辂表》将她推崇的关羽称为贼将，便废钟帖而改学曹娥碑，每天几千字，从不错漏。

董小宛不仅"入得厨房"，更能"出得厅堂"，是丈夫贴心的女秘书。冒辟疆是知名人物，求他字画的人趋之若鹜，董小宛就为他代笔应酬。冒辟疆喜欢收集唐人诗篇，她便认真稽查与抄录，精心为爱人校订。

董小宛精于纺织和刺绣，她查索典籍，写了一本堪称古代小女人百科全书的《奁艳》，"细字红笺，类分缕析，极为瑰异精妙"，从化妆到服饰，将女子生活的方方面面都"一网打尽"，称得上是一本女性的"教科书"，可惜此书早已失传。

另一面，董小宛更是最佳的红颜知己，极富情调，善解人意，把琐碎的日子过得浪漫而且诗意。她天资巧慧，阅诗无所不解。其名白，号青莲，又称青莲女史，透出对李白的倾慕。小宛画的小丛寒树，笔墨楚楚动人。到如皋后，她保持着对绘画的特殊爱好，时时展玩新得长卷小轴或家中旧藏。后来逃难途中，仍把书画藏品捆载起来，随身

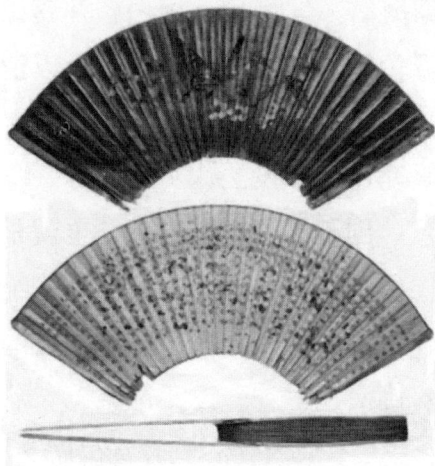

董小宛《彩蝶图》

带走。

宁静和谐的家庭生活刚刚过了一年，李自成攻占北京，清兵入关南下，清军肆虐无忌，冒家险遭荼毒，家产丢得一干二净，小宛随夫一路南逃。

战乱过后，冒家辗转回到劫后的家园，缺米少柴，日子变得十分艰难，多亏董小宛精打细算，才勉强维持着全家的生活。当她随着夫家逃难时，家财尽失，亏得小宛早有准备，她拿出一个布袋，里边全是日常省下的散碎银两，每一个重量等级都标注得一清二楚，真是令人惊讶。正是有了她的精打细算，无论投资还是柴米油盐的日常费用，她都如数登记，事无巨细、了然于心，使得冒家渡过了难关。就在这节骨眼上，冒辟疆却病倒了，下痢兼疟疾，把他折磨得不成人形。疟疾发作寒热交作，再加上下痢腹痛，冒辟疆几乎没有一刻能得安宁。为照顾他，董小宛把一张破草席摊在床榻边作为自己的卧床，只要丈夫一有响动，马上起身察看，恶寒发颤时，她把丈夫紧紧抱在怀里；发热烦躁时，她又为他揭被擦澡；腹痛则为他揉摩；下痢就为他端盆解带，从没有厌倦神色。经过五个多月的折腾，冒辟疆的病情终于好转，而董小宛已是骨瘦如柴，仿佛也曾大病了一场。

日子刚刚安稳不久，冒辟疆又病了两次：一次是胃病下血，水米不进，董小宛在酷暑中熬药煎汤，紧伴枕边伺候了60个昼夜；第二次是背上生疽，疼痛难忍，不能仰卧，董小宛就夜夜抱着丈夫，让他靠在自己身上安寝，自己则坐着睡了整整100天。

艰难的生活中，饮食难饱，董小宛的身体本已虚弱，又加上接连三次照料丈夫的病痛，冒辟疆病愈后，她却病倒了。由于体质已极度亏虚，冒家多方请来名医诊治，终难奏效。顺治八年（1651年）正月，在冒家做了9年贤妾良妇的董小宛去世，享年28岁。

吴伟业写有《题冒辟疆名姬董白小像八首》，下面是其中两首：

> 念家山破定风波，郎按新词妾唱歌。
>
> 恨杀南朝阮司马，累侬夫婿病愁多。
>
> 江城细雨碧桃村，寒食东风杜宇魂。
>
> 欲吊薛涛怜梦断，墓门深更阻侯门。

董小宛画作有《彩蝶图》《孤山感逝图》《玉肌冰清图》，诗集有《绿窗偶成》《楷书秋闺扇面诗拾壹首》《一柄象牙彩蝶》。

李香君：歌尽桃花扇底风

李香君（1624—1653年），又名李香，号"香扇坠"，原姓吴，江苏苏州人，为秣陵教坊名妓，秦淮八艳之一。

明天启四年（1624年），李香君生于苏州阊门枫桥吴宅，兄妹三人，有两位哥哥。其父亲原是一位武官，因系东林党成员，被魏忠贤一伙阉党治罪后家道败落，漂泊异乡。在李香君8岁的时候，随养母秦淮名妓李贞丽改吴姓为李。有说其父原是明末"忠臣武将"，后被奸臣陷害。13岁从吴人周如松学习歌舞，尽得其音节，能演唱"临川四梦"传奇。她歌喉珠圆玉润，但不轻易与人歌唱；丝竹琵琶、音律诗词，无一不通。李香君身材小巧玲珑，肤理玉色，慧俊婉转，时人誉之"香扇坠"，声名盛于南曲，四方之士以一识其面为荣。因为养母李贞丽仗义豪爽又知风雅，所以媚香楼的客人多半是些文人雅士和正直忠耿之臣。

李香君艺术形象

李香君身边时时带着一把绢扇，扇面是洁白的素绢，上面绘着一幅色彩浓艳的桃花图，故称之为"桃花扇"。此扇之图并非出自名家之手，可为何李香君视为至宝呢？原来这扇面上的桃花，并非染料所画，而是以李香君的鲜血写成，上面凝结着她与情郎侯方域缠绵哀艳的爱情故事，也是她此生全部的希冀所在。

在明末那个非常堕落的年代，大部分的朝廷大臣麻木得已感觉不到他们所面对的局势，而南京秦淮河畔，那一座座香浓衣翠的绣楼里，却生活着一群对明朝的前途甚感忧心的红尘女子。

侯方域（1618—1655 年），字朝宗，河南商丘人。复社四公子之一。祖父侯执蒲是明朝的太常卿，父亲侯恂做过户部尚书，都是刚直不阿的忠臣。侯方域自幼随家乡名士倪元路学习诗书，敏慧多才，长进极快，崇祯十二年（1639 年），21 岁的侯方域前来南京参加礼都会试。自恃才学俊秀，年少气盛的侯方域并不把应试当成一回事，来到灯红酒绿、流彩溢香的六朝金粉之地，他不免要涉足一番风月场所。这天，经友人杨龙友的介绍，他慕名来到媚香楼，一睹"香扇坠"李香君的风采。一个是风流倜傥的翩翩少年，一个是娇柔多情、蕙质兰心的青楼玉女，接连几次交往之后，便双双坠入了爱河，缠绵难分。

按当时的风尚，如果哪位客人中情于一个妓女，只要出资举办一个隆重的仪式，再给妓院一笔重金，此女子就可以专门为这一位客人服务了，这套手续称为"梳拢"。梳拢所需资金，因梳拢对象名位高低而不同。像李香君这样一位名妓，梳拢必须邀请大批有头有脸的风流雅士，宴会的级别自然要高，还要付一笔丰厚的礼金给鸨母，才不至于失面子。可惜侯方域没有银子，无能为力。

正在他犯难之时，友人杨龙友雪中送炭，给了他大力的资助。当时他一心急着办事，并没仔细考虑杨龙友为何送钱给他，只说日后一定还他。有了资本，梳拢仪式很顺利地办了下来。当夜侯方域将一柄上等的镂花象牙骨白绢面宫扇送给了李香君做定情之物，扇肩上系着侯家祖传的琥珀扇坠。李香君深察侯郎的真心挚意，从此便留他住在了媚香楼中。

一日，侯方域偶然想起杨龙友家中并不富裕，哪里来的钱财资助自己？他与李香君说起此事，香君也觉得事出蹊跷，便让侯方域去问个明白。经过一番追问，方得知原来那笔钱并不是杨龙友拿出来的，而是阮大铖通过杨龙友赠送给侯方域的一个人情。事出自然有因。阮大铖是明神宗万历四十四年（1616年）的进士，多年在朝中为官。此人阴险诡诈，与宦官魏忠贤狼狈为奸，搅得朝中乌烟瘴气。明思宗崇祯元年（1628年）诛杀了宦官魏忠贤，阮大铖作为逆贼同僚被朝廷削籍免官，退到南京闲居。失位的阮大铖并不甘心就此埋没，他在南京广交江湖人士，暗中谋划，准备伺机东山再起。江南义士陈贞慧、吴应箕等人察觉了阮大铖的不轨之心，作了"留都防乱揭"对他的阴谋进行了揭露。阮大铖既恼怒又害怕，无奈此时手中无权，只好闭门谢客，深居简出，只与马士英暗中往来。

侯方域与陈贞慧、吴应箕等人因志同道合而结下了莫逆之交。阮大铖得知侯方域在南京城正缺钱用，马上打通关节，设法让杨龙友把钱送给了侯方域，为防止他拒绝，开始还让杨龙友暂瞒实情。他这样做的目的无非是想通过拉拢侯方域而缓和与陈贞慧等人的关系，使他们不与自己作对，自己则好为所欲为。

侯方域了解真相后十分气愤，可又无钱财去偿还。李香君很快察觉了他的心事，当然极力支持他的想法，为了帮助他渡过难关，李香君变卖了

侯方域像

几件心爱的首饰，又从姐妹们那里借了些钱，总算凑够了，又经杨龙友之手退给了阮大铖。阮大铖见状，大感脸面丢尽，便怀恨在心。

时局很快发生了变化，李自成攻破北京，崇祯皇帝自缢殉国，福王朱由崧在一帮旧臣拥护下，在南京建立了弘光新皇朝。马士英成了执政大臣，随即启用阮大铖为兵部侍郎，继而又升为兵部尚书。

阮大铖大权重握，马上着手清除异己，陈贞慧、吴应箕等转眼被捕下狱。侯方域得知消息后，便只好离开了南京城，渡江北上，投奔到正督师扬州的史可法麾下。史可法是侯方域父亲的门生，为人忠贞耿直，在扬州加紧操练兵马，准备抵挡清军的南下。侯方域被安排在史可法身边做文书工作，为抗清报国而效力，使侯方域壮志得酬。他与南京的李香君频频书信往来，倾诉相思，畅谈抱负。

自侯方域离去后，李香君征得李大娘的同意，洗尽铅华，闭门谢客，一心等候公子归来。有许多猎奇好艳的达官显贵偏偏不肯死心，纷纷上门打她的主意，香君都以坚决的态度予以回绝，客人们只好望楼兴叹。

阮大铖对侯方域怀恨在心，他便想将李香君送给当时弘光帝身边的红人金都御史田仰为妾。在阮大铖的怂恿之下，弘光皇朝的大红人田仰吹吹打打地来迎接李香君做妾。李香君坚决不从，田仰还要坚持，她干脆跳下了媚香楼，血溅在侯方域送她的扇子上。娶亲的人见闹出了人命案，只好灰溜溜地抬着花轿溜回去了。杨龙友深为李香君的贞烈品性感慨嘘唏，便就着血迹，画出了朵朵桃花，并题名"桃花扇"，在李香君痊愈之后归还给了她。

因为媚香楼不高，摔伤后的李香君经过一段时间的精心调治，伤势痊愈，而这时田仰已离开南京，娶妾之事也就不了了之。

然而阮大铖并不想就此放过李香君。弘光皇帝昏庸无能，国难当头，却日夜沉醉在声色享乐之中。他嫌宫中歌姬所唱的歌内容单调乏味，阮大铖便大献殷勤，亲自执笔撰写歌词剧本，再到秦淮河畔的歌楼妓院里挑选出色的歌妓，送入宫中给弘光帝取乐。等李香君伤愈后，阮大铖立即打着皇上圣谕的幌子，将她征入宫中充当歌姬。

这一招李香君着实无法抵挡，她一个青楼女子，哪里敢违抗圣上！宫门一入深似海，李香君不知何时能再见到日夜思念的情人。

清顺治元年（1644年），清兵攻下扬州，直逼南京。弘光帝闻风而逃，最终被部将劫持献给了清军，随后南京城不攻自破。

南京城破之时，李香君随着一些宫人趁夜色逃出了皇宫，市街上已是一片混乱，清兵烧杀抢掠，难民四处逃窜。当李香君终于找到媚香楼时，那里已成一片火海。幸而香君这时又遇到当年教曲的师傅苏昆生，二人便随着逃难的人群，一同奔往苏州。其实，这天夜里侯方域也正在南京城里，他是在扬州兵败后脱身返回南京的。到达时正逢清兵肆虐屠城，他心里焦急地挂牵着李香君的安危，火烧火燎地赶到秦淮河边，却看到媚香楼燃成一团烈焰，熟悉的人一个也没见着。他在媚香楼附近徘徊寻找了整整一夜，却没能见到李香君的影子；其实那时李香君就坐在离媚香楼仅有一箭之遥的长板桥上，无奈老天戏弄人，偏偏没让他俩相遇。

李香君在苏昆生的照顾下来到苏州，由于一路颠簸劳苦，又极度悲伤，已是身染重病。苏州局势还比较平静，几经周折，李香君找到了昔日好友卞玉京。卞玉京原本也是秦楼名妓，与李香君交情甚好，两年前她迁居苏州，在虎丘的山塘置下一座清雅的小院。见到好友逃难至此，卞玉京热情收留了李香君在小院住下，并请来名医为她诊治。几经诊察，才知李香君患的是肺痨，这种病在当时是无药根治的，只能滋养调理，勉强延续着生命。

病中的李香君深深地思念侯方域，终日以泪洗面。苏昆生见李香君痛不欲生，便在局势稍微稳定时返回南京打听侯方域的消息，才知侯方域已回老家商丘去了，于是便北上去找侯方域。

在苏昆生北上不久，李香君开始咯血，病情一日重于一日，终于气息难继。弥留之际，她挣扎着让卞玉京为自己剪下一缕青丝，小心翼翼地用红绫包好，再把它绑在桃花扇上，然后交给卞玉京，请她转交给侯方域，并留下遗言说："公子当为大明守节，勿事异族，妾于九泉之下铭记公子厚爱。"

侯方域得到苏昆生送来的消息，立刻启程，赶往苏州。可惜，当他来到卞玉京的小院，李香君已于前夜去世。

其实，这只是李香君和侯方域爱情故事的结局之一，事实上，在清军南下之后，侯方域归顺了清朝，而关于李香君的下落，则众说纷纭。

众多的版本中最广为人知的大概是电影版的《桃花扇》：明朝灭亡，侯方域降清，后与山寺避难的李香君重逢。然而李香君无法原谅侯方域的变节，撕碎了当日才子题诗、佳人溅血的"桃花扇"，与之分道扬镳。这个版本的关键词是民族大义和士人气节，当然，也不可避免的带了一些时代色彩。

而在孔尚任的原著中，侯方域没有变节，不过也与李香君重逢了。只是一声断喝惊醒痴情人，家国已亡，个人儿女情长又向何处寄托？于是两人双双出家。刻骨的疼痛未必一定要用激烈的方式倾诉，所以这个版本显然更符合中国传统悲剧的风格，悲壮之中几许哀婉，几许无奈。

戏曲《桃花扇》中的侯方域与李香君

另外一种桃花扇的结局既不是决裂也不是出家：清顺治二年（1645 年），李香君在南京受尽苦难，后躲进栖霞山葆真庵，与昔日秦淮姐妹卞玉京相伴为尼。同年秋，侯方域在栖霞山寻到李香君。经过商议，二人携手渡江北上，前往老家商丘。李香君隐瞒歌伎身份，以吴氏女子妾的身

李香君纪念馆

份住进西园翡翠楼。在这里，她与公婆和睦相处；与侯方域原配夫人常氏相敬如宾，姐妹相称；与侯方域鱼水情深，琴瑟和谐。一直到顺治九年（1652年），这8年时间里，李香君生活得平安、舒适，也可以说是她一生中最为幸福美满的时期。可天有不测风雨，人有旦夕祸福。就在侯方域去南京为香君求子、寻亲的时候，她经常担惊受怕的身份问题终于暴露了。公公侯恂知道李香君是秦淮歌伎的真实身份后，当即命令李香君滚出翡翠楼，后经人讲情，才心不甘情不愿地让她住到离城15里的侯氏柴草园——打鸡园（今李姬园），那里是一个前不着村、后不着店的荒凉村落。而此时得知李香君已身怀有孕，引起婆母和常氏夫人的同情，二人一再向侯恂求情，侯恂才勉强答应派一个小丫头去那里服侍。李香君因被歧视，终日郁郁寡欢，日久成病，无奈患上肺痨而死，享年30岁。

在秦淮八艳中，不论是样貌还是才气，李香君都排不到首位，但是她却高居秦淮八艳榜首。在街头随便找个市民问问秦淮八艳，大家可能说不全，但是李香君却是众人熟知的。李香君之所以如此声名远播，主要还是她对爱情的忠贞以及高尚的爱国情操。康熙三十八年（1699年），孔尚任的《桃花扇》问世后，李香君遂闻名于世。

赛金花：九城芳誉腾人口

她有着由花船上的雏妓，一跃而成为"公使夫人"，并陪同夫君出使欧洲的奇特经历；八国联军进北京的一场浩劫，又将她造就成为"乱世女杰"。

一个风尘女子，一生中竟两次与历史风云际会，比起古代的苏小小、薛涛这样以歌舞诗词传为佳话者相比，自然不可同日而语。

她就是晚清名妓赛金花，一生三次嫁作人妇，又三番沦入烟花，是中国历史上最具传奇色彩的一个女人。

赛金花像

赛金花（1864或1871—1936年），闺名赵灵飞，又名赵彩云、傅彩云，原籍安徽黟县。赛金花的出生日期有很多说法，主要有1864年、1871年、1872年、1874年几个版本，由于出生日期未定，其生平事迹中的年龄也有不同的说法。

赛金花出生于一个士绅家庭，母亲病逝后，随父亲移居到苏州。赛金花天生丽质，从小就常引得过往的行人都对她行注目礼。光绪十二年（1886年），在一个远房亲戚的引荐下，赛金花来到了香风细细的花船上，成了一名卖笑不卖身的"清倌人"，改名为傅彩云。没过多久，笑靥如花、柔情似水的赛金花就红遍了苏州。这时的赛金花越发光彩照人，艳光四射。

光绪十三年（1887年），赛金花遇到了一位贵人，从此，她的人生发生了令人瞠目的变化。这位贵人就是同治年间的状元郎洪钧。洪钧出生于苏州城内的张家巷，后来担任了江西学政，因母亲去世而回到了老家苏州。在偶遇了傅彩云后，对其一见倾心，最后终于下定了决心，取得了一妻一妾的同意，正式把赛金花娶回了家中，成了他的第二房姨太太。洪钧让她改名为洪梦鸾。从此，赛金花由花船妓女一跃而成为"状元夫人"，完成了她生命中最重要的一次跨越。

赛金花嫁给洪钧以后，虽然丈夫老迈，但因为洪钧的前两位夫人都是善类，性情和顺，与世无争，日子过得还算滋润。

同年五月，清政府委派洪钧出使德、俄、荷、奥欧洲四国。洪钧的正室夫人畏惧华洋异俗，不愿随洪钧前往，命赛金花随洪钧出访，并借诰命服饰给赛金花。因此，赛金花以公使夫人的名义出使四国。就这样，缠过足的赛金花，居然以公使夫人的名义，步步莲花地走出国门，大开了眼界。

洪钧和赛金花带着一大群随员和男女仆人，从上海搭乘法国的"萨克逊号"邮轮，先期到达了德国柏林。赛金花也就在欧洲的社交界做名正言顺的公使夫人，会晤过德皇威廉二世和首相俾斯麦，游历过柏林、圣彼得堡、巴黎和伦敦。在她之前，中国首任驻英公使郭嵩焘也带着侍妾梁夫人出使，但其风头却完全被赛金花盖过了。在此期间，与后来的八国联军统帅瓦德西相识。在柏林居住期间，赛金花与洪钧生一女，取名德官。

光绪十八年（1890 年），洪钧三年任满，应召回国。光绪二十一年（1893年），洪钧病死，赛金花成了个二十出

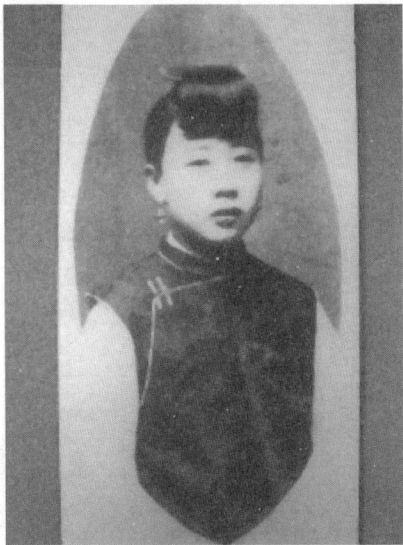

赛金花像

头的小寡妇。在扶柩南归苏州时，赛金花在青阳港遇到了旧日相好孙作舟（京剧武生）。在孙作舟的鼓动下，不甘寂寞的赛金花连夫家都没有回，就径自返回了自己的家中。不久，在孙作舟的帮助下，赛金花移居到了十里洋场的上海。

在上海，赛金花重操旧业，挂牌开张了。赛金花在二马路鼎丰里旁的彦丰里租了房子，买了两个姑娘，挂牌书寓，改名曹梦兰，花名赵梦鸾。旧时上海的妓院分为若干等级，最高一级叫"书寓"，其次叫"长三"，再次叫"么二"，再往下就是"烟花馆"和"野鸡"。赛金花就属"书寓"一级，她在书寓门口挂的名牌是黑底金字，顶端扎着朱红缎子，并且系上彩球。

赛金花毫不隐瞒自己的身份，反而将其引为"卖点"——她在自己的香闺悬挂了一帧洪钧的照片，亮明自己状元夫人、公使夫人的身份。果然效果颇佳，她成为轰动一时的新闻人物。不少人都想一亲状元夫人、公使夫人的芳泽，于是赛金花名声大噪，被称为花榜状元，生意非常火爆。据说赛金花还曾经接待过李鸿章，陪酒唱曲。

光绪二十四年（1898年）夏天，苏州状元陆润庠串通上海知府，强迫赛金花离开上海。赛金花转战天津，她的状元夫人的名牌也就亮到了天津，在天津、塘沽地区引起了不小的震动。她先是住在高小妹的班子里，很多人前来捧场。后来在滨江北道的旧"金花"妓院原址

赛金花像

租房，挂牌"赛金花书寓"，并改名赛金花，并组织"金花班"。这次赛金花不但亲自出马，还招募了一批年轻漂亮的女孩子，正式在江岔口胡同组成了南方风味的"金花班"，自己当起了鸨母。

光绪二十五年（1899年），赛金花结识了一位要人，他就是

户部尚书杨立山。杨立山把赛金花带到京城，住在李铁拐斜街（今天的铁树斜街）的鸿升客栈内。天津的金花班底也被她带到了北京城，从此南班妓女进入北京，北京妓院分作南北两大流派。

初到北京的那段时间，是赛金花的鼎盛时期。她艳帜所指，当者披靡，名头响遍了京师九城。如同戏子需要有人来捧一样，妓女一样需要追捧，才能扎根立足，水涨船高，捧赛金花的可都是些王公大臣、豪门贵胄。除了户部尚书杨立山外，浙江江西巡抚德晓峰也和她打得火热。杨、德二位大人对她出手很是阔绰，一次就能送上白银上千两。赛金花还是庆王府、庄王府的常客。后因与京城名儒、巨商卢玉舫结拜，排行老二，她又常穿男装，结发辫，头戴草帽，足蹬缎靴，别有一股男子英气，因而人称赛二爷。在这期间，人称孙三爷的京剧票友孙作舟一直与赛金花同居，为赛金花的书寓撑腰。而赛金花与孙作舟过分的亲密关系，也影响了赛金花的营业。

光绪二十六年（1900 年）七月二十一日，八国联军杀进北京城，老百姓死伤枕藉。在度过了战争初期的混乱和动荡之后，联军的士兵从烧杀抢掠的亢奋中渐渐恢复过来，开始对北京实行分区占领，着手恢复秩序。北京最早恢复的商业活动，竟然是娼业。八大胡同的业务超常繁盛，联军的大兵们在京城里四下乱窜，寻花问柳。

慈禧太后跑了，但是赛金花还留在了八大胡同里。赛金花当时住在八大胡同之一的石头胡同，而石头胡同当时正好归德军管辖。那一夜德国兵闯进石头胡同，敲响了赛金花的房门。让德国兵做梦也没有想到的是，眼前这位名噪一时的烟花女子，居然说一口流利的德语，士兵们一个个面面相觑，不知如何是好。她居然还很镇定地向一个小军官问起了德国的某某先生和夫人，而那某某先生和夫人都是德国的上层人物，并且家喻户晓。她还顺手拿出了和这些德国要人的合影照片来给这几个德国大兵看。德国兵一时弄不清她的来历，只好打道回府。赛金花与他们骑着战马在大街上并辔而行，"赛二爷"的大名迅速蹿红，传遍了九城。

　　赛金花开始可能并没有多少崇高的想法，没想过要做什么救民于水火的巾帼英雄。因为八国联军统帅瓦德西，正是她原先在德国就认识了的，此时正好攀升了交情。她不仅为德军采购粮饷，在琉璃厂罗家大院内设立了采购粮秣办事处，她这个担保人当然有利可图；她还为德国军官找来妓女供其淫乐，她自己则坐收渔利。她并没有觉得这样做有什么不妥，反而认为妓女来一趟军营就能得到 100 元钱，这样的差事姑娘们还求之不得呢！

　　当时，八国联军进京后，大力搜剿义和团，北京城里腥风血雨。精通欧语的赛金花在这时脱颖而出，她对瓦德西说："军队贵有纪律，德国为欧洲文明之邦，历来以名誉为第二生命，尤其不应该示人以野蛮疯狂。"这一席话胜过任何堂而皇之的外交辞令，起到了意想不到的作用。清末小说《九尾龟》也曾有这样的记载，说赛金花到紫禁城与瓦德西相见，看到国人眼中神圣的皇家宫苑被联军占领，面目全非，爱国心油然而起："我虽然是个妓女，却究竟是中国人，遇着可以帮助中国的地方，自然要出力相助。"苏曼殊在《焚剑记》中也曾记述

赛金花与瓦德西

过此事："彩云为状元夫人，至英国，与女王同摄小影。及状元死，彩云亦流落人间。庚子之役，与联军元帅瓦德西办外交，琉璃厂之国粹赖以保存。"赛金花的挺身而出，"使不可终日之居民顿解倒悬，至今犹有称道之者。"于是京城内外，从贩夫走卒到公子王孙，一传十，十传百，赛金花被赋予了救国救民的光环，"议和大臣赛二爷"名满九城，最后甚至成了"九天护国娘

娘"，使千百万中国百姓幸免于八国联军的劫掠。

德国驻华公使克林德被义和团所杀，其夫人伤心至极，扬言要用慈禧太后的老命来抵，因而议和的先决条件变成了："光绪赔罪，慈禧抵命"。李鸿章听了一筹莫展。后来也是赛金花出面说服了瓦德西，又通过瓦德西找到了克林德夫人。赛金花对她说，要把太后列为战争元凶，这对于一个国家来说是不可能的。她建议为克林德竖立一座牌坊，类似欧洲人的石碑或铜像，用这种方式委婉地向德国政府道歉。

赛金花像

赛金花有一定的外事经验，懂德语，以至后来跟洋人打交道并不怯场，也很讲究技巧。按照曾朴对赛金花的描述，与克林德夫人谈判的赛金花"灵心四照，妙舌如莲，周旋得春风满座"。

光绪二十八年（1902年），克林德碑竖立于东单牌楼的时候，赛金花应邀参加了揭牌仪式。据说那天辜鸿铭见到了赛金花，他对赛金花说："你做过的这些义举，于社会有功，上苍总会有眼的。"但上苍并没有长眼，赛金花后来的日子却每况愈下。

《辛丑条约》和议既成，联军退兵，两宫回銮，乱哄哄论功行赏之时，自然没有赛金花的份儿。"议和大臣赛二爷"靠一时的名声增加了不少"生意"，但也不过是继续干那妓女的营生。光绪二十九年（1903年）四月，金花班一姑娘凤铃不忍卖淫为生服鸦片自杀。赛金花被巡城御史高第柟逮捕，送至刑部，五月被递解回苏州，后被释出狱。赛金花出狱后，花班散了，家财也被散尽，后返上海与李萃香、林绛雪、花翠琴、林黛玉、陆兰芳一起挂牌。

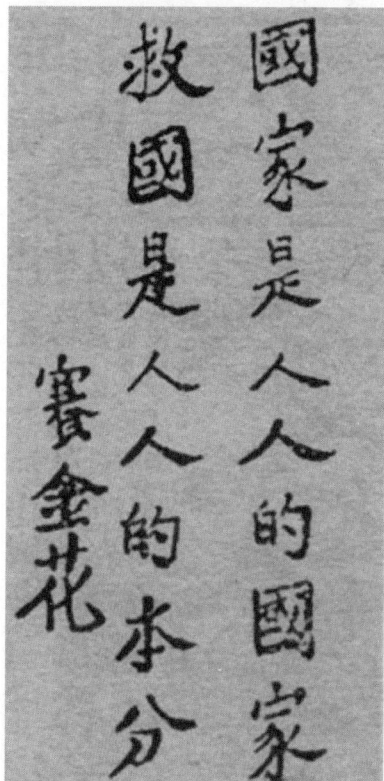

光绪三十一年（1905 年），赛金花解除了和孙作舟的关系。1911 年（宣统三年），赛金花嫁给了沪宁铁路段稽查曹瑞忠做妾。不过，平静的生活并没有持续多久，辛亥革命后，新丈夫就离开了人世，赛金花重新过起了漂泊不定的青楼生活。

1913 年赛金花与曾任参议院议员、江西民政厅长的魏斯炅相识。1916 年两人一同到北京，住在北京前门外的樱桃斜街。1918 年 6 月 20 日赛金花与魏斯炅在上海正式结婚，改名魏赵灵飞。1921 年 7 月，魏斯炅因病去世。

从此以后，珠黄色衰的赛金花和一个保姆，搬到了北京一条叫作居仁里的小胡同里，那是靠近天桥的贫民窟。赛

赛金花笔迹

金花的日子如江河日下，主仆二人只能靠接济为生，据说张学良、徐悲鸿、齐白石、李苦禅等知名人士都曾接济过赛金花。

1932 年左右，北京《实报》主笔约同《晨报》《大公报》《北京晚报》《庸报》等各报记者，一起对赛金花进行采访报道，京城的老百姓一下恢复了对"赛二爷"的记忆。她再次声名鹊起，不时有社会名流慕名前来拜访。但此时的赛金花却已看破红尘。1934 年 10 月，赛金花去世前两年，天津《大公报》的记者前来采访赛金花。赛金花双目微合，表情平静而肃穆。1936 年 12 月 4 日（一说 11 月 17 日），赛金花因病于北京过世。

赛金花死后，在好心人的帮助下，在陶然亭"香冢"旁草草下葬。赛金花墓在锦秋墩南坡上，香冢、鹦鹉冢之西。墓为大理石砌成，墓

碑为高 1.8 米的花岗岩，据说墓碑是著名书画家齐白石所题。

陶然亭还有记述赛金花生平的三块石刻：彩云图、前彩云曲和彩云后曲。彩云图是著名书画家张大千为赛金花画的画像，《前彩云曲》和《彩云后曲》为樊增祥为赛金花作的长诗。

赛金花一生性好自由，追求情爱，"九城芳誉腾人口，万民争传赛金花"的描述应是不虚。适逢国家大变，一个烟花女子，偶然有了在欧洲生活几年的经历，又意外地在战火纷飞之中，与敌国元帅瓜葛在了一起，成了一场家国大戏的主角。她用肉弹抵御枪弹，用情色化解战火，老佛爷、皇帝、大臣统统成了陪衬，这样的传奇故事，比那段屈辱的历史更为耐人寻味。

第五章

科技女英

嫘祖：养蚕缫丝发明家

嫘祖（生卒不详），一作累祖，中国远古时期人物。出生于西陵（一说今河南省西平县，一说今四川省盐亭县）。为西陵氏之女，轩辕黄帝的元妃。她发明了养蚕，史称嫘祖始蚕。

嫘祖是我们先祖女性中的杰出代表，嫘首倡婚嫁，母仪天下，福祉万民，和炎黄二帝开辟鸿茫，告别蛮荒，功高日月，德被华夏，被后人奉为"先蚕"圣母，与炎帝、黄帝生活在同一时代，同为人文始祖。

相传嫘祖生于农历三月六日，成年后嫁给轩辕。有一天，她去树林中捡拾柴草，被一张大蜘蛛网蒙住脸。她不知何物，跑到水边一照，像蒙了一层纱，觉得很好看。

她想，如果把纱厚制一些罩在身上，比起穿戴树皮树叶不是又轻松又方便吗？于是，她便开始研究蜘蛛网，后来她又发现了山上的蚕会吐丝，比蜘蛛的

嫘祖雕像

丝结实，便把野蚕家养。

但是，养了蚕结出茧子又抽不出丝来，出现了重重的困难。有一次，嫘祖煮水烧饭时，无意之中有几颗茧子掉进了沸汤里，她慌忙捞出，茧子扯起了丝线。嫘祖得到启发，从而发明了缫丝。

黄帝奖赏了嫘祖，赐给桑林，让她教人们养蚕抽丝，织布做衣让人穿，从此翻开了中华民族文明的新史页。唐代著名韬略家、《长短经》作者、大诗人李白的老师赵蕤所题唐《嫘祖圣地》碑文称："嫘祖首创种桑养蚕之法，抽丝编绢之术，谏净黄帝，旨定农桑，法制衣裳，兴嫁娶，尚礼仪，架宫室，奠国基，统一中原，弼政之功，没世不忘。是以尊为先蚕。"

嫘祖作为蚕桑丝绸的伟大发明家，她发现并传播了养蚕缫丝，泽被中华，惠及全球，因而被后世尊称为"蚕神娘娘"。国人敬祀嫘祖，由祖先崇拜发展为神灵崇拜。

后人为纪念嫘祖的功绩，曾在师灵建嫘祖庙，敬奉蚕神之功。后来，庙宇不断扩为七进院落，建筑宏大，设计独具匠心，并建立七级浮屠一座，巍峨高耸。四周苍松翠柏，银杏古槐，郁郁苍苍，葱茏茂盛。每年三月三，人们为嫘祖举行七天庙会，唱大戏，祭祖宗，人山人海，热闹非常。如今，嫘祖庙虽早已夷为平地，但遗址尚存。

陈宝光妻：首创纺织提花机

陈宝光妻（生卒不详），具体姓名不详，传为西汉巨鹿（今河北平乡西南）人陈宝光之妻。西汉昭帝、宣帝时织绫艺人，工织绫，传授织法，为提花机织发明者。

丝织业是西汉的重要手工业之一，当时的山东临淄（今山东省淄博市临淄区）和襄邑（今河南睢县）已设有较大的官营作坊，所生产的产品供皇室使用。西汉元帝时期（公元前48—前33年），汉皇室在山东临淄设服官三所，称三服官，"作工各数千人，一岁费数巨万"。

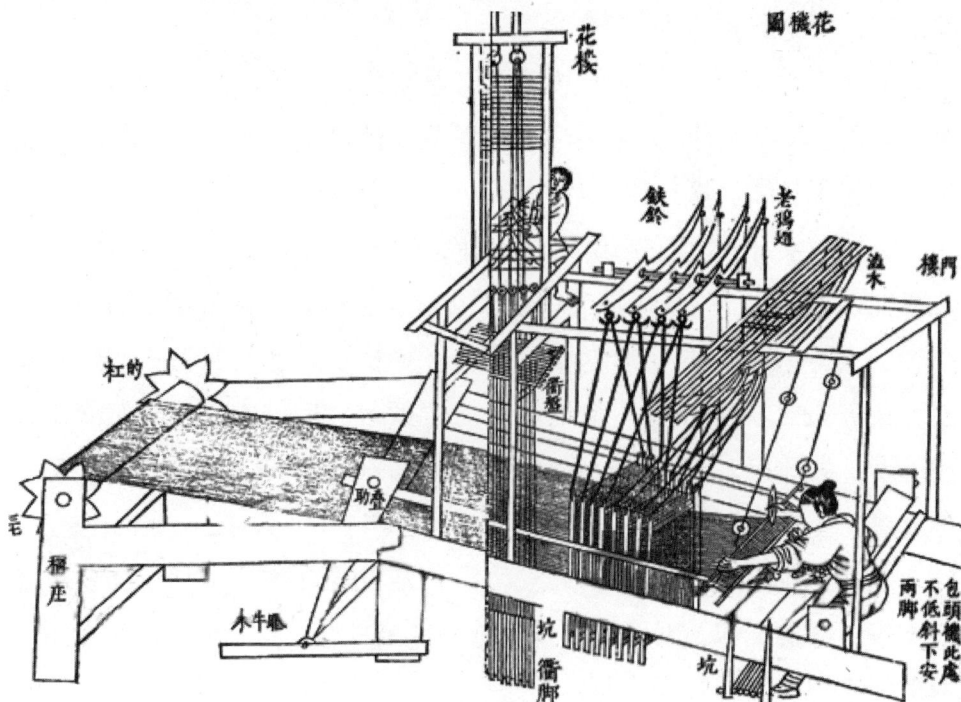

古代提花机

　　陕西长安（今陕西省西安市）的东西织室规模也很大，每年花费在 5000 万钱以上。由于专织精细丝织物，襄邑、和齐（山东临淄）的丝织业特别发达。王充曾说："齐部世刺绣，恒女无不能。襄邑俗织锦，钝妇无不巧。"因此，西汉末期至东汉初期，丝织手工业已经很发达，能织成精美的织物。

　　当时山东临淄、河南襄邑两地的织工都在钻研技术，想要发明织花机，以代替手工刺绣。西汉成帝绥和二年（公元前 12 年）诏书说："齐三服官织绮绣难成。"这说明当时山东临淄织工在试制织花机，但没有成功。

　　因此，社会生产的需要，就成为科学技术发展的强大动力。社会一旦有变革技术的需求，则新的生产技术就应运而生。中国织花机的发明，就是生产发展的需要。

　　在陈宝光妻子以前，劳动人民已经发明了织机，用机械织绸，但比较简单。据《西京杂记》记载，汉宣帝（公元前73—49年）时，陈宝光妻子曾在大司马霍光家传授蒲桃锦和散花绫的织造技术，她所用的绫锦机有120综120镊，60日成一匹，匹值万钱，反映了西汉时中原地区丝织技术的水平。

陈宝光妻子在纺织实践中对锦绫织机的构造和功能进行了改进和创新，制成了由120镊组成的复杂的锦绫织机。"镊"是锦绫织机上用来夹"提花线束"的附属部件，所以陈宝光妻子用的织机是一部提花机。后东汉王逸写有《机妇赋》一文，大致描述了陈妻所造织花机的外观。在明代宋应星所著《天工开物》中，这种提花机被记载到了《乃服篇》中。

提花技术的出现是纺织科学史上的重大进步，而这种先进的纺织技术在西汉末东汉初期，陈宝光妻子就已掌握，并在实践中熟练地使用和推广。她在纺织机上，把织物上的花纹、图案用不同颜色的线，直接编织成如"蒲桃锦""散花绫"那样高质量的"锦"和"绫"。这说明当时提花机的产量已经很高了，进一步印证了西汉时期中原地区丝织技术已达到很高的水平。

义妁：巾帼医家第一人

义妁（生卒不详），西汉河东（今山西省复县）人。她是我国正史所载最早的女名医，被誉为"巾帼医家第一人"。义妁因医术高超被召入宫，专为皇太后治病。是中国古代四位女名医（西汉义妁、晋代鲍姑、宋代张小娘子、明代谈允贤）之首。

汉武帝时期，义妁父母遭到太医院最高长官太医令丞崔府志的陷害，双双身亡，刚刚出世不久的孤女义妁被父亲生前好友民间大夫许善友抱走领养。义妁天资聪敏，对医术情有独钟，立志成为一名大夫。无奈生为女子，又加之养父的坚决阻挠，只得偷学医术。养父在瘟疫中献身，临终前告诉了她的身世。悲痛中更加坚定了她做一名德行高尚的大夫的决心。此后拜长安第一名医郑无空为师，苦学医术，悬壶济世，深受群众的爱戴和欢迎。由于她医疗技术精湛，朝野共知。

义妁善于治疗各种疾病，尤擅长妇科。汉武帝的母亲王太后年老多病，汉武帝听人说起义妁医术高超，便派人专程暗访。结果证明义妁不但擅长内科疑难杂症，而且对外科、针灸也颇精通，所用药物只是些山间的草木藤叶，但疗效极好。于是，汉武帝便召她入宫，封为王太后的特别侍医。

义妁到宫中以后，果然将王太后的病治好了。有一天，王太后问她，你有儿子、兄弟吗？义妁说，只有一个弟弟义纵，但行为不节，不可为官。但是，王太后因为十分喜爱她，仍奏请汉武帝，封义纵为中郎，补为上党郡令。而从《史记》所记来看，义纵其实很有能力，为官后依法办事，不避权贵，深受汉武帝赏识，但娴于杀戮，被认为是西汉中期以严厉手段打击豪强地主的著名"酷吏"。

义妁入宫后，先后做过乳医、女医、女侍医，最终被汉武帝册封为西汉历史上第一位女国医。

赵夫人：中国第一幅军事地图绘制者

赵夫人（生卒不详），河南人。三国吴大帝孙权妃嫔，丞相赵达之妹。文献中有记载的第一位女画家，据说也是网眼蚊帐的发明者。其织锦、刺绣、丝幔被称为"机绝""针绝""丝绝"，并称"三绝"，时人谓"吴有三绝，四海无俦其妙"。

孙权分据东南，时刻未忘扫荡魏蜀一统天下，为此他很需要一幅供作战而用、绘有"山川地势军阵之像"的军事地图。于是，赵达将善画的妹妹举荐进宫。孙权颇能"人尽其才"，便吩咐她绘画"九州五岳之势"图。

她对孙权说："丹青容易褪色，纸质也容易损坏，而且军戎无常，时时观看，更易磨损。贱妾粗通刺绣之技，不如将那三山五岳、五湖四海以及城邑村镇绣于方帛之上，这样既耐磨耐损，又方便携带，岂不更好？"孙权闻言，自然求之不得。他为东吴拥有这样的奇女子而高兴万分，于是把她收为夫人，敬爱有加。因她姓赵，宫中便称她为赵夫人。

赵夫人像

等到赵夫人的地图绣成后，惊得文武百官目瞪口呆，"虽棘刺木猴，云梯飞鸢，无过此丽也"。文武百官佩服得五体投地，纷纷向孙权道贺。消息一传开，街谈巷议，时人谓之"针绝"。

而赵夫人不但会刺绣，还会织锦。她十指纤纤，嫩若葱根，却是万分机巧。只见她穿彩丝，引细线，纵横穿插，上下翻飞，不日之间便能织出一幅幅美不胜收的"云龙虬凤之锦"，"大则盈尺，小则方寸"，幅幅精美绝伦，令人不可思议。人们争相传扬，又赞她为"机绝"。

孙权居住在建业（今南京）的昭阳宫中，到了夏天，酷暑难当，蚊虫烦人，于是挂起丝织的精美紫绡罗帐。赵夫人说："此不足贵也。"赵夫人充分发挥自己的聪明才智，从头上削下一绺长发，再剖成肉眼难见的细丝，然后用出自郁夷国、可以接续弓弩之断弦的神胶黏合，经纬分明地织成片

葛洪塑像

片罗縠，数月之后，终于织成一顶薄比蝉翼轻赛寒烟的"发帐"。放下帐帏则帐内清风自生暑意顿消，从帐里看帐外能清楚无碍，飘然自凉，犹有驭风而行。孙权躺在帐里，但觉清风徐来，沁心透肺，惬意至极。这"发帐"舒展开来广纵一丈，收卷起来仅得一握，可纳于枕中，携带极其方便。孙权对此十分爱惜，"常在军旅，每以此幔自随，以为征幕"。消息传开，时人又给赵夫人冠上了"丝绝"的美名。

后来有贪宠求媚者，诬陷赵夫人幻耀于人主，最后导致赵夫人被退黜，不知其果。

鲍姑：我国第一位女灸学家

鲍姑（约309—363年），名潜光，上党（今山西省长治）人。晋代著名炼丹家、医学家，葛洪之妻。她笃信道教，精究医术，与其夫葛洪共同致力医道合一的研究。她精通灸法，以艾线灸人身之赘瘤和赘疣疗效显著，闻名于时，被誉为我国医学史上第一位女灸学家。

鲍姑出生于一个官宦兼道士之家。父亲鲍靓，亦名静，字玄，禀性清慧，学通经史，修身养性，学兼内外，知晓河图洛书。他历任黄门侍郎、南海太守，管辖今广东、广西两省的部分地区。鲍姑自幼在父亲的耳濡目染下，对道教教义十分有兴趣。父亲在南海任太守期间，结识了同样笃信道教的葛洪。父亲"见洪深重之，以女为妻"，鲍姑遂与葛洪结为百年之好。嫁给葛洪后，鲍姑也成为葛洪的得力助手，和葛洪的弟子黄初平一起协助葛洪研究炼丹之术，并与他一道研习医术，为附近的百姓治病。晋成帝咸和初年，葛洪欲赴扶南（今柬埔寨及越南南部）搜集丹砂，在广州被刺史邓岳劝阻，鲍姑与葛洪从此入罗浮山（今广东省博罗县长宁镇境内）修行。

其夫葛洪（284—364年），字稚川，江苏句容人，东晋道教学者、著名炼丹家、医药学家。曾从郑隐学习，又拜鲍靓为师，学丹术，尽得其传。元帝召为丞相掾，以功赐爵关内侯，又选送他做散骑常侍，他坚辞不就，长期隐居广东罗浮山冲虚古观，过着丹鼎兼综医术生活。生平著书立说颇丰富，约有530卷，主要著作有《抱朴子》《肘后救卒方》等书。

葛洪在罗浮山逝世后，鲍姑与弟子来到广州越冈院，一面修行，一面行医。她继承了丈夫和父亲的医术，不断钻研和实践，医术益精，疗效日著，人们称她为"鲍仙姑"。鲍氏医术精湛，尤长于灸法。灸治法具有悠远的历史和特殊的地位，因其简、便、廉、验的特色深受群众喜爱。鲍姑擅长运用灸法治疗赘瘤与赘疣，因而被誉为我国历史上第一位女施灸家。她因地制宜，就地取材，采用越秀山脚下随处可见的红艾，制成艾绒条，用火点燃，在赘疣上熏，不久赘疣便全部脱落，"不独愈病，且兼获美艳"。鲍姑的灸术不仅享誉其时，而且代有传人，直至明清仍有人不畏艰辛乞取鲍姑艾。有诗写道："越井岗头云作邻，枣花帘子隔嶙峋。乃翁白石空餐尽，夫婿丹砂不疗贫。鳖蹩莫酬古酒客，龙钟谁济宿瘤人。我来乞取三年艾，一灼应回万古春。"

葛洪、鲍姑夫妇行医雕像（位于罗浮山麻姑峰村小组内）

鲍姑一生行医、采药、炼丹，足迹遍及广东广州、惠州、南海县、番禺县、博罗县等地，采药行医于溪涧河畔。《西华仙箓》一书记载，萍花溪一带常有老姥采萍其间，莫测其所自来，问之则曰鲍姑。建元元年（343年），鲍姑患急病辞世（一说在罗浮山玉鹅峰千丈岩采药堕岩身亡）。鲍姑去世后，岭南人民为了纪念她，在广州越秀山下三元宫内修建了鲍姑祠，并留有两副歌颂楹联："妙手回春虬隐山房传医术，就地取材红艾古井出奇方"，以及"仙迹在罗浮遗履燕翱传史话，医名播南海越岗井艾永留芳"。

遗憾的是，鲍姑没有为后世留下著作。然而后人认为，葛洪的《肘后备急方》中吸收了她的部分学术思想和医疗成就。例如该书有针灸医方109条，其中灸方竟占90余条，并且较为详细全面地论述了灸法的治疗效果、操作方法、注意事项，这很可能得益于鲍姑在灸法上的经验总结。鲍姑与葛洪这对情深伉俪双宿双飞，松萝共倚，共同谱写了中国历史上一段鸾凤和鸣治病救人的佳话。

张秀姑：世界医学解剖实践第一人

张秀姑（420—？450年），南朝刘宋王朝时期沛郡相县（今安徽淮北市）人。

张秀姑自幼随父学医，后与游方郎中唐赐结婚，婚后与丈夫一同行医诊病。她擅长针灸，在民间颇有名望。

南朝宋元嘉二十七年（450年），由于战乱，沛郡瘟疫盛行。其中突发一种怪病，患者染病时没有异样，但一发病便张口吐出几条毒虫，此时再行诊治已无效，不久后便病死。唐赐、张秀姑夫妇一直想看看患者腹中到底有什么，但无奈当时私自解剖尸体是要坐牢杀头的，遂不得探查。

一天，唐赐在外喝完酒回家就得了病。他自知命不久矣，临终前再三嘱咐妻子张秀姑，一定要解剖自己的遗体，探求怪病的病因。而张秀姑本通医道又聪慧过人,她估计丈夫的肚子里一定有严重的病变,但却找不到恰当的治疗方法,因此也下定了决心要查出病因。

不久,唐赐病死,张秀姑遵循丈夫遗愿,亲自持刀,解剖了他的遗体。经过仔细观察,张秀姑发现肺部、肝脏等部位均已腐烂变质(今人推断是类似急性弥漫性腹膜炎致死的病例),她便把解剖后各脏器的病变情况按一定比例画下来,并标出了名称和病灶迹象。

然而,尽管是唐赐自己留下的遗嘱,但封建社会里讲究"三从四德",儒家礼教是不允许毁伤、解剖人体的,女子敢对丈夫动刀解剖,无疑是犯了封建社会的大忌,是对封建礼教的挑战。

于是,当地郡、县官府得知此事后立即呈报朝廷。吏部尚书顾觊之认为张秀姑忍心剖夫,大逆不道;唐赐的儿子唐副在旁不加劝阻,犯了忤逆不孝之罪。结果,张秀姑与唐副均被处以死刑。

这是我国和世界上最早有文字记载的人体病理解剖。张秀姑所做的解剖手术,距今已有 1500 多年,比 1303 年发生在欧洲波罗那由巴托·罗密欧瓦利那所做的中毒死亡者病理解剖还早 800 多年;而直到 16 世纪,欧洲外科医生维萨留才创立了科学的解剖学。

谈允贤:一代传奇女国医

谈允贤(1461—1556 年),中国古代四大女名医之一。明代南直隶常州府无锡县(今江苏无锡)人。

谈允贤出生于医学世家,其祖父谈复曾任南京刑部郎中,是当地的名医,其祖母对医药也十分精通。伯父谈经官至户部主事,父亲谈纲官至南京刑部主事,母钱氏,有一弟谈一凤。谈允贤自小聪慧,秉承家学,从十来岁时即昼夜不辍地攻读各种医学典籍。在祖母的教导下学会了精湛的医术。祖母去世前将一生所收集、编写的药方病理都传给了谈允贤。谈允贤后嫁杨姓男子为妻,婚后不久患上气血失调,就自我诊治、试药。后来生了三女和一子杨濂,每当子女有病,她都

明·杨谈允贤 撰

女医雜言

据明万历十三年谈
氏纯敬堂刻本影印

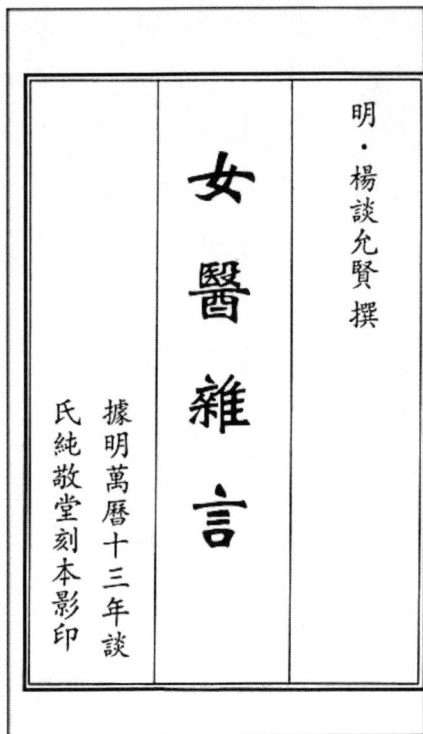

《女医杂言》书影

亲自为他们诊治。但直至其祖母去世，她才真正在外行医。一些女性患者，患了妇科或外科疾病，不愿让男医生诊视，就纷纷来找她医治。而谈允贤的医术相当精湛，每每获得奇效。

在当时的封建社会中，许多上流社会的妇女因男女之防，不愿请男医生诊治，因此常常发生贻误病情的情况，谈允贤女医的名声使这些妇女纷纷找她治病。在许多成功的案例后，谈允贤的名声也渐渐地传遍各地。

明代，民间精通医术的妇女渐多，皇帝规定由衙门选取其中佼佼者，到司仪监御医处会选，选中的入官册，以备召用，许多民间女医都以此为荣。当时，凡皇家眷属生病，羞于请男御医诊治的，都请谈允贤入宫医治。

谈允贤 50 岁时，想到离梦中祖母告诉她的"汝寿七十有三"已经过去了三分之二，便根据祖母传授的医理和自己的临证所得，写成了《女医杂言》一书。

《女医杂言》共收载病案 31 例，是中医史上较早成书的个人医案之一。该书主要记载的是妇科病案，其中涉及性流产、经病、产后诸疾、腹中结块诸证，并记载了谈氏对灸法十分娴熟的动用，因而又是我国古代很少见的专科医案书。《女医杂言》采用追忆的方式撰写医案，因而，每一医案的诊治过程都很清楚明晰。其中记录的案例不多，但是从临床治疗角度看，都是十分成功的案例，很值得后世医家参考。由于当时女子不便抛头露面，所以《女医杂言》一书是由谈允贤的儿子杨濂抄写付梓的。

明世宗嘉靖三十五年（1556 年），谈允贤病逝，享年 96 岁。

曾懿：医界圣手，文坛翘楚

曾懿（1852—1927 年），字伯渊，又名朗秋。四川华阳县（今属成都市）人。清代女名医、画家、文学家。

曾懿出生于一个官绅家庭。其父曾咏是道光年间进士，用学富五车、才高八斗来形容他，毫不为过。曾懿十岁时曾咏卒于江西鄱阳任所，其母左锡嘉带着子女返回了四川老家。为了让子女受到更好的教育，左锡嘉把家搬到了成都城附近的浣花溪一带。在左锡嘉谆谆教诲下，曾懿自幼研读经史，擅长丹青、文辞。当时许多患者由于医治无效而丧生，曾懿既怜乡民之无辜，更恨庸医不识寒温，泥执古方之无能，乃废寝忘食地苦读家藏医药典籍，上始汉、唐，下迄清末，凡精辟之

《医学篇》书影

133

论述，严谨之方剂，都一一摘录下来，悉心钻研。

曾懿辨证是相当仔细的，比如治疗瘟病，她不单重视瘟病伤津，而且也考虑到病后伤阳（气）。她指出：瘟病愈后，面色萎黄，舌淡，不欲饮水，不食，阳气虚也，小建中汤主之。"温热病毒之邪属火、属阳"，伤阴的后果是显而易见的，但病后阳虚却往往被医生忽视。由此可见，曾懿对瘟病治疗的认识是很全面的。

曾懿十分重视民间经验。她在院北某地听到一个士兵说，以前他从军到一个地方，得了噎病，能饮不能食，一点办法也没有。过了数日，他在一个集市上见一个小贩，用一大锅煮鸡十几只现卖。他实在口渴得厉害，就买了点锅中鸡汤饮以解渴。谁知喝完鸡汤后，顿感舒服了很多。于是，以后他就常用鸡汤煮粥作为主要饮食，胃膈渐开，毛病也慢慢好了。言者无心，闻者有意，曾懿听了以后，用心记住，以后凡遇到这类噎膈症，她就用浓鸡汁，略加姜汁治之，都获得了很好的效果。

袁励准题字

曾懿生活在晚清，时西风东渐，不少守旧者对西方医学知识尚不认识，一味反对。然曾懿却能广收博采，加以利用。她常告诉病人要"节劳以保脑力""时吸新鲜空气以保肺"，还要加强"运动使血烙（脉）流通"等，尤其是对妇女，她认为"昔者女人，幽囚深闺之中，不能散闷于外，非但中怀郁结不舒，即空气亦不流通，多病之由，职是故也"。可见，曾懿的思想是较为进步的。

曾懿不忘当初学医之艰难，决心将自己的心得体会告诉后来者，乃发

《鸣鸾集》书影

奋著述。终于在光绪三十二年（1906年）她54岁时，著成《医学篇》，并于次年在湖南长沙刻版问世。《医学篇》一共有两册，是木刻本。上册共4卷，第一卷有脉论、舌色论、温病、伤风，伤寒病论等，第二卷为温病传入中焦治法，第三卷为温病传入下焦治法，第四卷为伤寒治法。下册也是4卷，第一卷为杂病，第二卷为妇科，第三卷为小儿科，第四卷为外科。书中将伤寒、瘟病两类疾病的病情及治法详加辨析，分为数章加以介绍；并将《瘟病条辩》《温热经纬》诸书各方，摘录成帖，明澈显要，使人一目了然。她又将生平经历医效古方、时方及自制诸方，选其灵验素著者，分成伤寒、瘟病、杂症、妇科、幼科、外科等类，一并附于书中，使学者能从中获益，不致受庸医之误。该书出版后，不胫而走，医者甚为重视。

曾懿在完成《医学篇》之后，接着又完成了《女学篇》和《中馈录》各一卷。《女学篇》是曾懿与袁幼安宦游东南诸省，目睹清王朝腐败无能，西洋列强"夹我属国，踞我港湾，攘我主权，干我内政"的社会状况，

为救国图强而力倡女学之作。曾懿认为，国家兴亡，首在教育，而占四万万人口半数的"陶融女子，还以读书明理为第一"。虽然曾懿提倡的女学并非救国救民之良策，但她关心国事，忧国忧民的思想在当时是有一定进步意义的。

《中馈录》则具有家政学的性质。曾懿认为："昔藻咏于《国风》，羹汤调于新妇。古之贤媛淑女，无有不娴于中馈者。"她为了使新妇和尚未进入烹饪门庭的新手都来提高自己业务素质，"兹将应习食物制造各法笔之书。"其目的，"庶使学者有所依归，转相效傲，实行中馈之职务。"《中馈录》集中地介绍了江南一带民间常用食品的制作方法和保藏方法，详细地记载了宣威火腿、香肠、肉松、鱼松、五香熏鱼、风鱼、醉蟹、皮蛋、糟蛋、辣豆瓣、豆豉、腐乳、酱油、泡盐菜、冬菜、甜醪酒、酥月饼等 20 种常见的食品制作方法。

《医学篇》《女学篇》《中馈录》三书虽然内容有所不同，但因皆出自女医家之手，其子袁励准取曾懿之书斋名将上述著作合辑为《古欢室全集》刊印于世。袁励准为光绪和宣统两位皇帝的老师，现"新华门"匾额即为其亲笔手书。

光绪三十三年（1907 年）以后，曾懿随其夫入京。晚年仍为人诊病，暇则以诗、画自娱。1927 年冬，曾懿卒于北京，时年 75 岁。

曾懿少年聪慧，很早就流露出非同凡响的文学禀赋，虽然她是个女孩儿，但是曾咏在教育上丝毫未曾懈怠。他不但亲自为女儿授课，讲解经史子集，而且还把自己最珍爱的藏书给曾懿阅览。得到国学大儒躬亲指导的曾懿，文学功底自然非同小可。非但如此，女医曾懿的母亲左锡嘉也是一位极富诗才工于绘画的才女，在日常生活中，夫妻二人经常吟诗作赋，一唱一和，不经意间的才华流露，让年幼的曾懿耳濡目染，自此在心里埋下了文学的种子。曾懿十几岁的时候，就已经成为名噪一时的才女，慕名前来求诗求画的人络绎不绝。曾懿 20 岁与江南才士袁学昌（号幼安）结为连理。袁幼安是江南名士，才华横溢，傲骨铮铮，不愿为五斗米折腰，喜欢四海宦游。这样的秉性，正是曾懿所欣赏的。于是，他们结婚之后，袁幼安就以闲官致仕，带着妻子曾懿游览东南形胜之地，遍访名胜古迹。这样的游历，为曾懿积攒了宝贵的创作素材和经验。他们每到一处，遇到看不起病的穷人，就无偿地为他们诊疗。他们之间的唱和咏叹，被当时的人们誉之为"唐音宋派，卓然名家"。清朝光绪末年，女曾懿接连出版《浣花集》《鸣鸾集》《飞鸿集》《浣月词》等多部诗词作品集。

曾懿既是悬壶济世的女医，也是文学创作方面的健将，集医术与文学之大成。

黄道婆：元代纺织技术革新家

黄道婆（1245—1330 年），又名黄婆或黄母，松江府乌泥泾镇（今上海市徐汇区华泾镇）人。宋末元初著名的棉纺织家、技术改革家。由于传授先进的纺织技术以及推广先进的纺织工具，而受到百姓的敬仰。在清代的时候，被尊为布业的始祖。

黄道婆出身贫苦，十二三岁就被卖给人家当童养媳，白天她下地干活，晚上她纺织布到深夜，还要遭受公婆、丈夫的非人虐待。她不堪忍受这种非人的折磨，便偷偷逃走，流落崖州（今海南岛），以道观为家，劳动、生活在黎族姐妹中，并师从黎族人学会运用制棉工具和织崖州被的方法。当时黎族人民生产的黎单、黎饰、鞍塔闻名内外，棉纺织技术比较先进，黄道婆聪明勤奋，虚心向黎族同胞学习纺织技术，并且融合黎汉两族人民的纺织技术的长处，逐渐

黄道婆塑像

成为一个出色的纺织能手，在当地大受欢迎，和黎族人民结下了深厚的情谊。她在黎族地区生活了将近 30 年，但是，黄道婆始终怀念自己的故乡。

元代元贞年间（1295—1296 年）黄道婆重返故乡，在松江府以东的乌泥泾镇，教人制棉，传授和推广"扦（搅车，即轧棉机）、弹（弹棉弓）、纺（纺车）、织（织机）"之具和"错纱配色，综线挈花"等织造技术。

黄道婆除了在改革棉纺工具方面做出重要贡献以外，她还把从黎族人民那里学来的织造技术，结合自己的实践经验，总结成一套比较先进的"错纱、配色、综线、挈花"等织造技术、热心向人们传授。因此，当时乌泥泾出产的被、褥、带、帨等棉织物，上有折枝、团凤、棋局、字样等各种美丽的图案，鲜艳如画。黄道婆所织的被褥巾带，其上折枝团凤棋局字样，粲然若写。而在纺纱工艺上，黄道婆更创造了新式纺车。当时淞江一带使用的都是旧式单锭手摇纺车，功效很低，要三四个人纺纱才能供上一架织布机的需要。于是黄道婆就跟木工师傅一起，经过反复试验，把用于纺麻的脚踏纺车改成三锭棉纺车，使纺纱效率一下子提高了两三倍，而且操作也很省力。因此这种新式纺车很容易被大家接受，在淞江一带很快地推广开来。

黄道婆纪念馆

由于乌泥泾和松江一带人民迅速掌握了先进的织造技术，一时"乌泥泾被不胫而走，广传于大江南北"。当时的太仓、上海等县都加以仿效。棉纺织品色泽繁多，呈现出空前的盛况。黄道婆去世以后，松江府曾成为全国最大的棉纺织中心，松江布有

"衣被天下"的美称。

元至顺元年（1330 年），黄道婆逝世。松江人民感念她的恩德，在顺帝至元二年（1336 年），为她立祠，岁时享祀。后因战乱，祠被毁，至正二十二年（1362 年）乡人张守中重建并请王逢作诗纪念。

在黄道婆的故乡乌泥泾，还有上海，至今还传颂着"黄婆婆，黄婆婆，教我纱，教我布，两只筒子两匹布"的民谣。

王贞仪：尝拟雄心胜丈夫

王贞仪（1768—1797 年），字德卿，安徽天长人。清代著名算学家、文学家。

王贞仪是清代宣化太守王者辅孙女，学者王锡琛之女，诸生詹枚妻。十六七岁曾随父宦历楚粤，出塞省视。从蒙古人学骑射，通星象，精历算，工诗文，通医理，其诗质朴无华，情感真挚。

王贞仪的成长与她的家庭环境和教育有很大的关系。她家原籍安徽天长市，祖父时迁居金陵（今南京）和吉林。她的祖父王者辅，字惺斋，曾任丰城知县和宣化知府，精通历算，著述甚丰。王贞仪家藏书丰富，据说有 75 橱，这些书籍对王贞仪的成长有很大影响。王贞仪的父亲王锡琛，生活坎坷，屡试不第，但他精通医学，以行医为业，在他的影响下，王贞仪也精通医学。

但是，对王贞仪的成长，特别是对王贞仪在科学研究方面影响最大的还是她的祖父。王贞仪在《敬

王贞仪画像

书先大父惺斋公读书记事后》一文中说："贞仪幼侍大父惺斋公，公细训以诸算法。即长，学历算，复读家藏诸历算善本十余种，潜心稽究十余年。"

王贞仪对探索宇宙星辰的奥秘有着相当浓厚的兴趣。她不仅阅读中外天文著作，还长年坚持夜观天象，日算星辰，日积月累，取得了丰富的理论知识和第一个天文数据资料。尤其她积极宣传阐述哥白尼的"日心说"，这在当时是很可贵的。

从王贞仪遗留下来的著作可以看出，她是一位从事天文和筹算研究的女数学家。17 世纪初叶，英国数学家纳皮尔发明了一种算筹计算法，明末介绍到我国，也称为"筹算"。清代著名数学家梅文鼎、戴震等人曾加以研究，戴震称其为"策算"。王贞仪也从事研究由西洋传入我国的这种筹算，并且写了三卷书向国人介绍西洋筹算。她在著作中对西洋筹算进行增补讲解，使之简易明了。不过，王贞仪介绍的纳皮尔算筹乘除法，当时的读者认为容易了解，但与当时我国的乘除法筹算的方法相比，显得较繁杂，因此，数学家们没有使用西洋筹算，一直使用中国筹算法。

另外，王贞仪在《地圆论》中说，地上的人都以自己居住的地方为正中，因此远看别的地方都是斜立的。似乎都该倾倒，实际都不倒，难道不是因为各地的人头上都是天，脚下都是地吗？这就是说，人们生活的地球，处于四周都是天空的空间之中，对宇宙空间来说，任何地方的人头上都是天，脚下都是地。王贞仪正确地认为，在广阔无垠的宇宙空间中，没有上、下、侧、正的严格区别。这在当时来说，是一个很可贵的认识。

王贞仪其人，用桐城学者肖穆在《女士德卿传》中的话来概括，就是"兼资文武，六艺旁通，博而能精"。王贞仪 29 岁的短暂一生，做了大量的科学工作。她精通地理、数学、医学和诗文绘画，也懂得气象。当然，王贞仪最有造诣的还是天文学。她把自己研究天文学的成绩写成不少著作，有《西洋筹算增删》一卷、《重订策算证讹》一卷、《象数窥余》四卷、《术算简存》五卷、《筹算易知》一卷等。据传共有64卷之多，可惜如今我们只能读到很少一部分了。王贞仪撰写的《月食解》一文，精辟地阐述了月食发生、月食和月望以及食分深浅等知识。文学著作有《德风亭诗钞》《德风亭集》等。

"尝拟雄心胜丈夫"，用王贞仪的这句诗文来概括她和我国古代其他女天文学家是再恰当不过了。王贞仪等人堪称是中华民族科学发展史上女科学家的代表人物，应该占有自己的地位。

第六章

女中豪杰

钟离春：有事钟无艳，无事夏迎春

钟离春（生卒不详），又名钟无艳、钟无盐，齐宣王之妻。齐国无盐邑（今山东东平）人。中国古代四大丑女之一，但很有才华。

钟离春的故事最早见于西汉刘向的《列女传》中的《辩通传》。她德才兼备，却容颜丑陋，年 40 未嫁。书载她额头、双眼均下凹，显得暗淡发干；上下比例失调，而且骨架很大，非常的壮，像男人一样；鼻子朝天，脖子很肥粗，有喉结；又没有几根头发，皮肤黑得像漆。钟离春虽然长了一副让人吃惊的模样，也不会像其他的美女妃子那样能歌善舞，但她不仅懂政治，还会带兵打仗。其志远大，饱读诗书，有治国的抱负。

当时执政的齐宣王，政治腐败，国事昏暗，而且性情暴躁，喜欢吹捧，搞得全国上下人心惶惶，怨声载道。钟离春为了拯救国家，冒着杀头的危险，来到都城临淄，见到了齐宣王。齐宣王只见丑女，举目，张口，挥手，然后拍着膝盖高喊："危险啊！危险啊！"齐宣王迷惑不已，要丑女钟离春说个明白。钟离春上前施礼，说道：我这举目，是替大王观察风云的变化；张口，是惩罚大王那双不听劝谏的耳朵；挥手，是替大王赶走阿谀之徒；拍腿，是要摘除大王这专供游乐的雪宫。民女不才，但我也听说'君有诤臣，不亡其国，父有诤子，不亡其家'。而今大王沉湎酒色，不纳诤言，这是我张口为大王接受规劝的意思；敌人就要大兵压境了，你还被一群吹牛拍马之徒包围着，因此我挥手将他们驱逐掉；大王耗费大量的物力，人力造成如此豪华的宫殿，弄得国库空虚，民不聊生，今后怎能迎战秦兵呢？"

钟离春这一番话，使齐宣王如梦初醒，大为感动地说："如果你不及时来这里提醒我，我哪会知道自己的过错啊！"齐宣

齐宣王像

王把钟离春看成自己的一面镜子，为了表明自己痛改前非，他让钟离春做了皇后。同时斥退了那些阿谀奉承的小人，任用田婴为相国，任用孟子为上宾。

虽然齐宣王听了钟无艳的建议，任命孟子为上宾，但对孟子的治国理念不是很感兴趣，所以一段时间之后，孟子就去了梁国了。

钟无艳到了齐国可不仅仅是填充后宫这么简单，她作为一个文武全才又师出两大名门的人物，自然要发挥她的作用。众所周知，齐宣王封钟离春的称号是"无盐君"，与她一起受封的是田婴，被封为郭靖君。

就在齐宣王六年（公元前314年），燕国发生了内乱。老燕王要效仿尧舜行禅让之礼，把国家让给燕国的相国子之，太子当然不同意。于是燕国爆发了内乱。可燕太子又不是子之的对手，于是向齐国求援。齐宣王召集大臣们商议，救还是不救呢？孟子当时还是一个上宾，他认为子之篡国，于理不合。齐国理应出兵讨逆。钟无艳也同意孟轲的意见。于是，就由匡章挂帅，征讨燕国。钟无艳也带着自己的女兵一起出战。

孟子像

由于钟无艳英勇善战，加上齐军上下齐心，仅仅用了大约50天的时间，燕国就剩下首都蓟（也就是现在的北京）一座城市了。不但篡国的子之被杀了，就连燕国太子也被乱兵杀死了。这一仗，让周围的国家非常震惊，特别是雄心勃勃的秦国。秦国经历商鞅变法之后，正励精图治准备虎视眈眈问鼎中原，此时齐国如果灭掉燕国，那么两个国家联合到一起，再要统一起来难度就大了。所以秦国派出大将樗里疾大兵压境。这意思就是说，如果齐国胆敢灭掉燕国，那么秦国肯定不会坐视不理。

在这种情形之下，钟无艳与孟子产生了分歧。钟无艳觉得，作为一个有身份负责任的大国，是不能受别的国家要挟的。按照她的想法，直接拿下蓟城，断了秦国的念想。

但是孟子说了另外一番话。他说，一件事情的对与错，要看周围大家的反应。如果大家都反对这件事，那就说明这件事于理不合，于道德有亏，就不能去做。

孟子的话也不无道理，齐宣王产生了犹豫。机不可失失不再来，蓟城没有拿下来，给了燕国喘息的机会。后来苏秦又过来游说，巧舌如簧之下，齐宣王就把占领燕国的领土都还给了燕国。这让钟无艳感到郁闷和不满。

齐国攻燕这件事留下了许多的后遗症。因为这件事，齐宣王与孟子产生了隔阂，后来孟子出走梁国或许与此有关。至此之后，钟无艳在历史上也似乎失去了消息，甚至有人说齐宣王8年废后事件就是废除的钟无艳。

卓文君：汉代的"自由女神"

卓文君（公元前175—前121年），原名文后，西汉时期蜀郡临邛（今四川省成都市邛崃市）人。汉代才女，中国古代四大才女之一、蜀中四大才女之一。

卓文君为蜀郡临邛的冶铁巨商卓王孙之女，姿色娇美，精通音律，善弹琴，有文名。卓文君与汉代著名文人司马相如的一段爱情佳话至今被人津津乐道。她也有不少佳作，如《白头吟》，诗中"愿得一心人，白头不相离"堪称经典佳句。

卓文君16岁时嫁人，几年后，丈夫过世，便返回娘家住。

当时的大才子司马相如因梁孝王刘武去世，回成都吊唁，然而因家境贫寒，没有可以用来维持自己生活的职业。他同临邛县令王吉关系很好，王吉就邀请他过来看看。于是，司马相如前往临邛，住在城内的一座亭子里。王吉天天都来拜访司马相如，对其谨慎恭敬，以此抬高司马相如的地位。

临邛县里的富人很多，如卓王孙家就有家奴800人，程郑家也有数百人。二人相互商量说："县令有贵客，我也应该备办酒席，请一请他。"于是发出请帖，遍邀县内名流。当王吉到了卓家后，卓家的客人已经上百了。到了中午，派人去请司马相如，司马相如却推辞有病，不肯前来。王吉见司马相如没来，不肯进食，亲自前去迎接司马相如。司马相如不得已，只得勉强来到卓家，满座的客人无不惊羡他的风采。酒兴正浓时，王吉走上前去，把琴放到司马相如

卓文君像

145

卓文君像

面前，说："我听说长卿特别喜欢弹琴，希望聆听一曲，以助欢乐。"司马相如辞谢一番，便弹奏了一曲《凤求凰》。

卓文君从门缝里偷偷看着这一切，心中高兴，特别喜欢他，但又怕配不上他。宴会完毕，司马相如就派人以重金赏赐文君的侍者，以此向她转达倾慕之情。于是，卓文君乘夜逃出家门，私奔司马相如，司马相如便同文君急忙赶回成都。

卓王孙得知女儿私奔之事，大怒道："女儿极不成才，我不忍心伤害她，但也不分给她一文钱。"有的人劝说卓王孙，但他始终不肯听。

过了好长一段时间。有天，卓文君对司马相如说："长卿，只要你同我一起去临邛，向兄弟们借贷也完全可以维持生活，何至于让自己困苦到这个样子！"司马相如就同卓文君来到临邛，把自己的车马全部卖掉，买下一家酒店。卓文君站在垆前卖酒，司马相如则与雇工们一起操作忙活，在闹市中洗涤酒器。

卓王孙听到女儿的事情之后，感到很耻辱，因此闭门不出。一些兄弟和长辈交相劝说卓王孙，说："你有一个儿子两个女儿，家中所缺少的不是钱财。如今，文君已经成了司马长卿的妻子，长卿本来也已厌倦了离家奔波的生涯，虽然贫穷，但他确实是个人才，完全可以依靠。况且他又是县令的贵客，为什么偏偏让他们受这样的委屈！"卓王孙不得已，只好分给卓文君家奴100人，钱100万，并补上了丰厚的嫁妆。卓文君就同司马相如又回到成都，买了田地房屋，成为富有之家。

后来司马相如所写《子虚赋》得到汉武帝赏识，又以《上林赋》被封为郎（帝王的侍从官）。司马相如衣锦荣归，着实让岳父卓王孙风光了一把，卓王孙再次献金相认。

司马相如发达后，打算纳茂陵女子为妾，因此冷淡了卓文君。于是卓文君写下了一首诗《白头吟》寄给相如，诗中写道：

> 皑如山上雪，皎若云间月。
>
> 闻君有两意，故来相决绝。
>
> 今日斗酒会，明旦沟水头。
>
> 躞蹀御沟上，沟水东西流。
>
> 凄凄复凄凄，嫁娶不须啼。
>
> 愿得一心人，白头不相离。
>
> 竹竿何袅袅，鱼尾何簁簁！
>
> 男儿重意气，何用钱刀为！

诗中责备司马相如忘却了曾经患难与共、情深意笃的日子，哪里还记得千里之外还有一位日夜倍思丈夫的妻子！终于某日，司马相如给妻子送出了一封十三字的信："一二三四五六七八九十百千万"。聪明的卓文君读后，泪流满面。因为这一行数字中唯独少了一个"亿"字，无"忆"，岂不是夫君在暗示自己已没有以往过去的回忆了。她心凉如水，怀着十分悲痛的心情，回了一首《怨郎诗》，旁敲侧击诉衷肠。

> 一朝别后，二地相悬。
>
> 只说是三四月，又谁知五六年？
>
> 七弦琴无心弹，八行书无可传。
>
> 九连环从中折断，十里长亭望眼欲穿。
>
> 百思想，千系念，万般无奈把郎怨。
>
> 万语千言说不完，百无聊赖，十依栏杆。
>
> 重九登高看孤雁，八月仲秋月圆人不圆。

文君井

七月半，秉烛烧香问苍天，

六月三伏天，人人摇扇我心寒。

五月石榴红似火，偏遇阵阵冷雨浇花端。

四月枇杷未黄，我欲对镜心意乱。

忽匆匆，三月桃花随水转。

飘零零，二月风筝线儿断。

噫，郎呀郎，巴不得下一世，你为女来我做男。

司马相如看完妻子的信，不禁惊叹妻子之才华横溢。遥想昔日夫妻恩爱之情，羞愧万分，从此不再提遗妻纳妾之事，两人白首偕老，安居林泉。

卓文君是聪明的。她用自己的智慧挽回了丈夫的背弃。她用心经营着自己的爱情和婚姻。他们之间最终没有背弃最初的爱恋和最后的坚守。这也使得他们的故事成为世俗之上的爱情佳话。

红拂：从风尘女到一品诰命夫人

红拂（？—640年），相传为隋唐时的女侠，姓张，名出尘，是隋末权相杨素的侍妓。因手执红色拂尘，故称作红拂妓、红拂女。

李靖（571—649年），字药师，京兆三原（今陕西三原）人，唐朝开国元勋，封卫国公。少有"文武才略"。其舅韩擒虎为隋朝名将，常与他讨论兵法，曾称赞说："可与我讨论孙吴兵法的人，只有李靖一人了。"他精通兵法，能征善战，灭萧铣、灭辅公；平突厥、平吐谷浑，皆获全胜，是博古通今的军事大家。唐太宗李世民称其武功乃"古今所未有"。李靖出将入相，位极人臣，但处世谨慎，明哲保身，卒得善终。

李靖年轻时心怀大志，隋朝建国后，他决定前往长安，以求报国之路。在长安，他先投到杨素门下，杨素开始非常怠慢，后与李靖谈论一番，觉得此人很有前途。但他毕竟年老体弱，不再有远大的理想，只是安于现状而已。李靖非常失望。二人谈论之时，红拂就立在旁边，她见李靖气宇非常，英姿勃勃，神态从容，见解非凡，乃英雄侠义之士，心中暗暗倾慕，于是派门人跟踪李靖，得知他的住处，自己深夜前往。

夜晚，李靖独坐灯前，想着白天的事，觉得前途渺茫。正在发闷，忽听敲门之声，开门一看，竟然是白天在司空府见到的侍女。红拂开门见山地表明自己的心意：愿意投奔李靖，伴随其闯荡天下。李靖喜出望外，却也担心杨素那边没法交代。红拂安慰他说："杨素年纪大了，近来多有侍女逃走，司空府不会追究。"

红拂

李靖见有佳人理解自己并且愿意奉献一生，非常欣慰，当即应允。司空府找不到红拂，派人查询了几日，最终还是不了了之。于是红拂与李靖二人扮成商人离开长安。

二人在他们一路跋涉，在灵石镇的一处客栈歇脚时遇见了一个满脸虬髯的人，此人自称虬髯客。红拂见他貌似粗鄙，却有一种不凡的气质，于是与他拜为兄妹，合称"风尘三侠"。三人一行来到汾阳见到了李渊与李世民，

红拂像

交谈一番后李靖与李世民顿觉相见恨晚，而虬髯客却说："既有真主在此，我当另谋他途。"几天后长安传来杨素老死的消息，李世民请他三人一同到府中商议，李靖与红拂前往李府，虬髯客独不往，说要在长安等他二人。

后来李靖与红拂到长安找到虬髯客时，发现他竟是一个非常富有的人，更不可思议的是，虬髯客非要把全部家产送给他们，自己仅带一个行囊远走他方。二人目送虬髯客远去，回去以后，清点他家中之物，竟发现还有兵书数册，李靖日夜研究，兵法韬略大大增长。李渊父子起兵后，李靖显示了他的军事才能，帮李渊父子平定江南，建立了大唐；并攻打突厥，活捉颉利可汗，被封为卫国公，红拂自然成了一品夫人。唐贞观十四年（640年），红拂因病去世。

《旧唐书》说李靖年轻时"姿貌瑰伟"，是个翩翩美少年。而红拂女更是一个倾国倾城的绝代佳人。李靖得之红拂女，极富传奇色彩，可谓千古佳话。美女识英雄，英雄遇美女，真是相得益彰！红拂女风尘之中识李靖，真可谓惊世骇俗之举！

陈硕真：中国第一个女皇帝

陈硕真（620—653年），一作陈硕贞，唐代浙东农民起义军女首领。睦州雉山梓桐源田庄里（今浙江省杭州市淳安县梓桐镇）人。

永徽四年（653），浙江一带农民不堪官吏贪求及豪强逼掠，陈硕真与妹夫章叔胤在睦州清溪县的覆船山六甲四十八党（今白际山脉主峰搁船尖云心寺）组织农民起义，自称文佳皇帝，以章叔胤为仆射。随即遣叔胤率众趁夜袭占桐庐（今浙江桐庐西），自引兵2000攻克睦州、於潜（今临安西），攻歙州（今安徽歙县）不克；其将童文宝领兵4000攻婺州（今浙江金华），为官军所阻。时唐廷命扬州刺史房仁裕发兵南攻，婺州刺史崔义玄等率兵北进，义军在下淮戍（今桐庐东北）与崔义玄部遭遇，大溃，被杀数千人，退至睦州境，又有万人相继投降官军。十一月，房、崔两部会合，义军终因寡不敌众而败，陈硕真等被俘杀。

　　陈硕真自幼父母双亡，和一个妹妹相依为命，后妹妹被乡邻收养。陈硕真到一乡宦人家帮工，这时才能吃上一顿饱饭。清溪县山高谷深，河道交错，物产十分丰富，正因如此，朝廷在此征收的赋税也很多，当地百姓负担十分沉重。

　　有一年，清溪发生了百年不遇的洪灾，朝廷不但不开仓赈粮，还照样征收各种赋税，导致民不聊生，卖儿鬻女，流离失舍，饿殍载道。陈硕真看到乡亲们的苦难景象，想到自己也曾得到过乡亲们的帮助，于是不顾自己安危，偷偷打开东家的粮仓救济灾民，结果被东家发现，捆绑起来，打得遍体鳞伤、死去活来。众乡亲看在眼里，急在心里，当天夜晚，众多乡亲自发组织起来，冲入关押陈硕真的柴房，将其救出。为逃避官兵的搜捕，陈硕真逃入三县交界处的覆船山中。

　　覆船山也称铁围山，四周铁壁环绕，有天然十门。陈硕真在深山之中隐迹，装扮成一位道姑，疗养身体。

　　陈硕真在养伤期间，觉得只有推翻朝廷，才能让大家过上好日子。陈硕真决定利用道教和当时正往南方渗透的摩尼教来发展信众，作为以后起义的力量。她先是散布一些消息，说自己在深山遇到了太上老君，并被收为弟子，创立火凤社，称自己是九天玄女下凡，号称

陈硕真雕像

赤天圣母，掌握了六甲地区的帝王之术——奇门遁甲，并向大家展示她所学到的种种法术，乡民对陈硕真"升仙山受仙法"的说法深信不疑。过了一段时间，她又宣称，自己已经得到了太上老君的神谕，马上就要羽化登仙了。但这时，有人向官府告密说陈硕真成仙升天是假，图谋不轨是真。于是官府派人四处搜寻，将陈硕真抓了回来，并以妖言惑众图谋不轨之类的罪名将案件上报上司。幸好众多乡亲积极筹措资金，打通了关节，这才使得陈硕真无罪释放。经历这次风波后，陈硕真觉得官府已经注意到了自己的行为，若不尽快起义，恐怕以后就没有机会了。

陈硕真有一位亲戚叫章叔胤，他积极支持陈硕真的起义计划并做了大量的宣传组织工作。章叔胤对外宣传说，陈硕真已从天上返回青溪，她法力无边，变幻莫测，可以召神将役鬼吏。这说法一传十、十传百，愈传愈玄，方圆百里的百姓无不对陈硕真顶礼膜拜，陈硕真的每一句话都是神语仙音，足可令信徒赴汤蹈火而不辞。

眼看信徒发展的人数差不多了，永徽四年（653年）十月初，陈硕真正式宣布起义，与官府进行对抗。她仿照唐朝官制建立了政权，任命章叔胤为仆射，总管各项事宜，而她自己则称为"文佳皇帝"。在中国历史上，参加农民起义的妇女不计其数，但做领袖的妇女却寥若晨星，而做领袖且又称皇帝的妇女，则只有陈硕真一人。

陈硕真发动起义后，得到当地人民的广泛拥护，青溪人童文宝首先率众响应，在很短的时间里，义军就发展到几千人。为壮大力量，陈硕真和章叔胤兵分两路，章叔胤领兵攻占桐庐，陈硕真自己率军两千攻占睦州治所及于潜（今浙江昌化东南）。睦州各地的百姓群起响应，起义军很快发展到数万人。陈硕真能够以区区2000人马就攻陷睦州首府及所属诸县，顿时朝野震动，为了将义军剿灭，朝廷对起义地区实行封锁，严格控制人口流入义军，所有进入睦州地区的人员一律受到盘查，就连僧侣也不放过。

为了打开局面发展力量，陈硕真乘胜进攻安徽，攻打歙州（今安徽省歙县）。但由于歙州驻军防守严密、抵抗顽强，陈硕真手下虽有几万人，但大多是没有受过军事训练的普通百姓，又没有攻城器械，歙州久攻不下。不得已，陈硕真从歙州撤出，改变原来集中兵力进攻的方法，制定分路出击，采用运动战与袭击战结合的方针，打击敌人扩大势力范围。在此方针下，陈硕真命童文宝统兵4000，掩袭婺州（今浙江省金华）。唐政府派扬州长史房仁裕发兵征讨。童文宝率兵进入婺州后，与官军遭遇，变掩袭成强攻。

这时，担任婺州刺史的是崔义玄，此人身经百战，颇有智谋。崔义玄在城中闻报，立即召集文官武将，准备发兵抵抗。官员们却慑于义军的声威，绝大多数人不愿前去，纷纷说："陈硕真有神灵护卫，敢与其兵对抗者，无不杀身灭门，还是回避为上。"这时，一个叫崔玄籍的司空参军却说："顺天心合民意的起兵，有时尚且不能成功，陈硕真不过是个有点法术的女人，一定坚持不了很久。"崔义玄闻听此言，大喜过望，立即命崔玄籍为先锋官，他自己统率大军跟进。

陈硕真闻知童文宝在婺州受阻，带领主力来到婺州支援，参战的义军达数万人。义军虽然在人数上占优势，但起义才一个来月，战士未经训练，战斗力有限，过去能克州陷府，凭的是声威和拼劲，如今声威和拼劲虽在，但面对训练有素、指挥得当的官兵却有些力不从心。两军在婺州境内僵持，陈硕真为打破僵局，改变客地作战、敌情不熟等不利条件，不断派出间谍刺探敌情，有一次仅被唐兵擒住的间谍就达数十人。而崔义玄这边也没闲着，向各方召集救兵。

就在两军僵持之际，一天晚上，忽然有一颗陨星坠落在陈硕真的大营中。崔义玄立刻大造舆论，说这就是陈硕真的将星陨落，陈硕真必死无疑。崔义玄统率的军队顿时军心大振，而陈硕真一方的士气则大大低落。在下淮，两军展开大战。唐军以大盾牌保护刺史崔义玄，崔义玄说："刺史避箭，还有谁拼死作战！"命撤去盾牌。唐军士卒受到激励，奋勇争先，陈硕真军大败，被斩首数百人。唐军又鼓动陈军投降，追击进入睦州境内时，投降的人达到上万。

永徽四年（653年）十一月底，扬州长史房仁裕的援军到达婺州，与崔义玄前后夹击义军。战斗情况相当惨烈，参战的数万义军，最后除一万多被俘外，其余大部战死。"文佳皇帝"陈硕真及仆射章叔胤在战斗中被俘，最后英勇就义。崔义玄因功被唐政府任命为御史大夫。

陈硕真是中国史上女性自称皇帝的第一个人，她的举兵事件规模不算大，最后虽然被镇压了，但因她开天辟地般的女性称帝行为，现代史学家翦伯赞称她为"中国第一个女皇帝"。

杨妙真：天下无敌梨花枪

杨妙真（生卒不详），金末武术家、义军首领。益都（今属山东）人。红袄军首领杨安儿之妹，号"四娘子"。

十三世纪初，金的辖地日削，女真贵族和各族地主阶级对农民的剥削压迫日益严重，山东、河北农民纷起反抗。其中较大的起义军，山东益都有杨安儿，潍州（今山东潍坊）有李全，沂蒙山有刘二祖，河北有周元儿。杨安儿领导的起义军身穿红袄做标记，故名"红袄军"。贞祐二年（1214年）杨安儿东取莱州、登州；郭方三据密州（今山东诸城）。进攻沂海两州；李全进攻临朐，扼穆陵关；棘七据辛河，有众四万；史泼立据宁海州（今山东牟平），有众二十万。金政府派重兵到山东，进行镇压。杨安儿败死，所部归其妹杨妙真统率。刘二祖遇害，其部下彭义斌等归李全统率。杨妙真武艺超群，作风正派，长得面如桃花，眼若寒潭，作为一支义军的领袖，完全一副大姐的派头。后杨妙真与李全在磨旗山（今山东莒县东南的马鬐山）会合，结为夫妇，合成一军。

杨妙真领导的红袄军，组织严密，他们的器械虽不如金兵，但"心协力齐，奋不顾死"，屡败敌人。有一次，他们袭击金军大寨，连金左副元帅宗翰也几乎被擒。金军痛恨红袄军，追剿最急，往往妄杀平民以泄愤，但不能捉到红袄军，红袄军的队伍反而日益扩大。

在金人南下、宋室南渡的情况，江北义军势力迅速发展，更是宋政权忧心忡忡的地方。杨妙真领导的红袄军是宋末最有影响的一支义军，更是朝廷的打击目标。

开始时朝廷以徐晞稷为淮东制置使，牵制杨妙真，可徐晞稷心怀壮志，以收复被金人夺去的失地为目标，对杨妙真的义军多加扶植，以怀柔政策来对待义军。可朝廷大为不满，以懦弱无能为由，将他免去，以刘琸为淮东制置使对付义军。

这时金政权的力量已大大削弱，北方新兴的蒙古迅速发展，成吉思汗让木华黎经略南方，自己经略北方，灭了西辽，直杀到印度河口和多瑙河口。经略南方的木华黎病死，于是成吉思汗自己转而带病南征，但也死在六盘山。大军就由他的儿子拖雷带着入陕西，连下山寨六十余所，陷凤翔，趋宝鸡，攻下大散关。不久黄河以北的土地全被蒙古人占领，金政权的都城中都（今北京），

杨妙真画像

已形同孤岛，金政权被迫迁都汴京，以避开蒙古骑兵的锋芒。

杨妙真充分利用这一时机来扩大自己的势力，她的丈夫李全带领红袄军的精锐部队，进入金政权控制的地区。也就在这时，淮东制置使刘琸率领镇江军三万人马前往楚州，两军常互有摩擦。

宋宝庆二年（1226年）九月，蒙古将孛鲁率军入山东，欲招降李全，李全不从。孛鲁下令攻打青州，李全未能击退蒙古兵，于是据城自守。城内原有军民数十余万人，被围困一年之后，仅剩数千人。此时粮草亦尽，牛马亦食尽，不得已于次年五月出降。孛鲁奏闻成吉思汗后，以李全为山东淮南、楚州行省（即益都行省）。

杨妙真这时正处在困难时期，她的丈夫带领红袄军的精锐进入金人的统治区，开疆拓土，把金军打得无可奈何，但遇到新兴的蒙古军，被围困在青州。而刘琸为了对付杨妙真除了亲率大军镇压外，还有一条更毒的计谋，就是所谓"以敌制敌"。当时在山东一带的义军除杨妙真外，还有夏全领导的一支力量颇大。夏全是一个功名利禄之心颇重的人，刘琸派镇守盱眙的彭义去游说夏全为朝廷效力，夏全于是率军迳入楚州。

杨妙真侦察到这一情况，日益感到形势的危急，这时又恰好传来李全已死的传言，她来不及悲痛，苦思对付危局的良策。最后她决定约见夏全，最终让夏全收拾起趁火打劫之心，决定和杨妙真合作。杨妙真当即与夏全合谋，以迅雷不及掩耳之势，先发制人，进攻刘琸。刘琸正在制置使署，猝不及防，居然连向他的部队发布命令都来不及。刘琸的军队仓皇与义军接战，没有统一的指挥，阵脚大乱，全面溃败，刘琸连夜缒城而出，逃往扬州求救，遭到人们的耻笑。

夏全纵兵大掠楚州，杨妙真深知夏全的为人，对他的纵兵大掠，危害百姓，深为不满，再加上她又得到了李全的最新消息，自然就对夏全大加斥责。夏全一怒之下又去归附宋朝，遭到宋将张惠、范成的拒绝，在走投无路的情况下，竟狼狈地投降了金政权。金封他为金源郡王，不久在一次与蒙古人的战争中战败被杀。

此时降蒙的李全得报，力告蒙古将孛鲁，请允许其率军南归。李全回到楚州后，以丰厚的待遇募兵，不限南北人；又大制舟船，自淮及海相望。李全表面归附于宋朝，以取宋朝钱粮，实际上荫附蒙古，往往贸易货物输入蒙古，又遣人焚烧宋御前军器库，以销毁宋朝兵备。李全治舟师以图东南地区，宋理宗绍定三年（1230 年）八月，大阅舟师数日。当李全籴麦船通过盐城县时，宋知扬州翟朝宗令兵士夺之。李全大怒，以捕盗为名，率水陆军数万攻入盐城，城内所贮公私盐货尽为其所有。李全又上书宋廷，言捕盗入城安民，宋廷加李全为两镇节度使，罢翟朝宗官，改任赵璟夫摄事。李全仍不撤兵，一面加紧造舟，招募水手；一面要挟宋廷将沿江制置使赵善湘、淮东总兵岳珂等人罢官。李全的行径令宋朝无法接受，于是宋决意出兵讨伐李全。

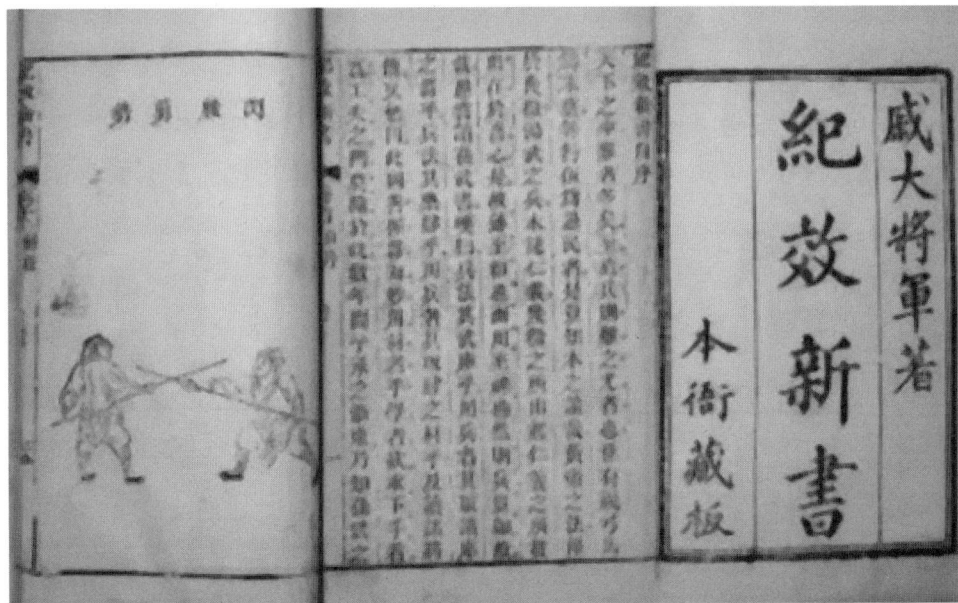

《纪效新书》书影

李全公开与宋敌对，欲先取通、泰二州，然后渡江攻取宋京师。占领泰州（今属江苏）后，进取通州、扬州，在湾头为宋军所阻。李全目标在攻占三城，便筑长围，与宋军展开了长达半年多的对峙战。初期，李全小胜。自宋绍定四年（1231年）正月，李全军一再被宋军击败，主力损失惨重，陷入进退维谷的境地。正月十五，趁李全不备，宋将赵范、赵葵用计诳李全出营帐，堵塞退路，李全被迫逃走，北至新塘，陷入数尺深的泥淖。宋制勇军赵必胜等追及，将其用乱枪刺死。

李全兵败而死，余部议还淮安（楚州），以杨妙真主之，后在湾头一战被宋军再败，损失惨重。五月，淮安等五城俱为宋军攻破。杨妙真及其余部据守大城，她对郑衍德等人说："今事势已去，撑拄不行。汝等未降者，以我在故尔。杀我而降，汝必不忍。若不图我，人谁纳降？"次日，杨妙真北渡淮水，与养子李璮返回山东老家，竭力辅助其继任蒙古益都行省，居数年而死。

杨妙真善骑射，所创梨花枪，号称天下无敌手，为后世军事家所推崇。她的丈夫李全，北海人，矫健魁梧，弓马娴熟，善使长矛铁枪，无人能够抵挡，人称"李铁枪。"

据《宋史·李全传》载，杨妙真的杨家犁花枪法精妙非常，杨妙真曾自诩："二十犁花枪，天下无敌手。"

明戚继光《纪效新书》中也说："枪法之传，始于杨氏，谓之曰梨花，天下成尚之，变幻莫测，神化无穷，后世鲜有得其奥者。"何良臣《阵纪》："马家枪，沙家竿子，李家短枪，各有其妙……而天下无敌者，唯杨家梨花枪法也。"戚继光亦师从杨家枪法并加改进以教士卒，《纪效新书》还载有该枪法并图解。

红娘子：江湖侠女，军中女将

红娘子（生卒不详），姓名不详，明末民变中起义军的女将，李

红娘子连环画形象

岩之妻。来自河南，但原籍何处，无人知晓。

红娘子从小跟随艺人们流浪江湖，走马卖艺。因卖艺时身着红装，史书称她是"绳技红娘子"。她聪明勇敢、勤奋好学，练就了一身好武艺，在流浪卖艺的过程中，她耳闻目睹了当时的种种黑暗现象，受尽了官府、地痞的侮辱、蹂躏和迫害，这形成了她倔强反抗的性格。在这艰难困苦的环境里，她敢于跟黑暗的统治势力进行斗争，处处帮助受苦的人们，成为明末一位行侠仗义的侠女。

崇祯末年，她团结和组织了一批杂技艺人与贫苦农民，在河南信阳鸡公山起义。诛杀贪官污吏，地主豪绅，焚毁官府，破狱放囚，打开粮仓，赈济饥民，深受贫苦百姓的拥护。

河南杞县有个名叫李信的举人，家道也算殷富，为人仗义疏财，能文能武，曾拿出粮米救济饥民，所以在乡里中享有很高的德誉。当红娘子率起义军第一次攻打杞县时，得到了李信的大力协助，因而红娘子对他十分敬重，随后两相景慕，结为伉俪。但是，李信当只是地主阶级的一个慈善家，有同情人民的一面，却没有完全站在农民的立场上来，所以他不辞而别，离开了红娘子的队伍。然而统治者并不容忍他的乐义好施和同情"叛贼"的行为，因而当李信回到家里之时，官府便以"谋叛"罪逮捕了他，并投进监狱。红娘子得到消息后，随即带领义军第二次攻打杞县，并一鼓攻破县城，杀了贪赃的县官，打开监狱，救出李信和被关的其他人，开仓放粮后，一把火烧了县衙。

救出李信之后，红娘子和李信商量，一起投奔了李自成领导的农民军。从此，李信更名为李岩。红娘子和李岩的才能与表现，深得李自成的器重。红娘子成为李自成起义军的一员女将，她带兵打仗，屡建功绩，已经由一个行侠好义的江湖艺人，变成一个反抗封建礼教和封建统治的巾帼英雄和女中英豪。她的丈夫李岩也成了李自成的高级参谋和得力将领，为李自成出谋划策，提出"均田免粮"的口号，并帮助李自成整顿军队，加强纪律，实行仁义的措施，对发展和壮大农民起义队伍、增强战斗力，发挥了重要作用。

崇祯十七年（1644年）春，义军攻破京城，李自成欲自立为大顺皇帝。当时吴三桂正引清兵入关，李岩建议李自成暂缓称帝，等把满清人驱逐出关后，再议皇位之争。李自成不但不采纳李岩的忠告，反而听信了小人的挑拨，唆使牛金星用毒酒杀了李岩。

此时红娘子正率领一支人马远在中原一带征战，侥幸逃过了李自成的迫害。李岩惨死的消息传来，红娘子悲愤填膺，立刻打起了"为夫报仇"的旗号，开始与李自成为敌，同时又反击满清。虽是两面受敌，但因红娘子调遣有方，她的部队还是接连取胜。

到后来，李自成失势，清兵攻下西安，直驱中原，屠扬州、嘉定，攻陷南京，南明很快烟消云散，红娘子也就此归隐江湖，不知所踪。

红娘子可说是一位极富传奇色彩的女性。但有关她的籍贯、身世、真实姓名等却都已无从查考。但数百年来，红娘子那种豪气干云、行侠仗义、除暴安良，敢于向命运抗争、敢于同邪恶势力斗争的精神却一直鼓舞着无数人。

第七章

母仪天下

姜后：脱簪劝夫明大义

姜后（生卒不详），是西周第十一代天子周宣王的王后，齐国第八任国君齐武公之女。

在姜后嫁给周宣王之前，齐国刚刚经历了一场宫廷之乱，而这场宫廷内乱正是周夷王一手促成的。因此齐武公把姜后嫁给周宣王，以向周天子表达周王室与齐国在周武王时期的缔结之亲。姜后嫁给周宣王的第二年，齐武公便去世了，周宣王因感念齐武公嫁女之恩，特赐谥"武"。

周宣王像

西周后期，周厉王忽视先王的礼乐教化，贪财争利，施行暴政，终使平民发生国人暴动，周厉王仓皇逃往晋国。

公元前827年，逃亡了14年的周厉王在晋国去世。隐匿在重臣召公家里的太子静被群臣拥立继承王位，称为宣王。

宣王的王后是齐侯的女儿姜氏。年幼时，父母对她的家庭教育非常重视，还专请善传德义的傅母教导训练，所以她不仅有姣好的容貌，更是一位贤德女子，不合礼之言，必不说，不合礼之事，必不做。

周宣王继位之初，在召公等人的扶持下，曾勤于政事。可是时间一久，他不免有些懈怠，不但早睡晚起，而且还常留在后宫不愿离去，延迟上朝听政。史书说："王乐色而忘德，失礼而晏起。""晏起"就是每天与他心爱的美人睡在一起，太阳高过树梢，仍不起床。文武百官黎明即起，站立朝堂，一连等待两个时辰，饥肠辘辘，不见君王"早朝"，只好自行解散。召公、周公人宫进谏，周宣王睡眼惺忪，连打哈欠，勉强起身临朝。可是，第二天、第三天又不见君王"勤政"。召公悔恨当年没有把这个"狗息子"交给暴动的队伍，竟用亲子性命换来这么一个不成器的东西！无可奈何之中，二位老臣心灰意冷，也开始"晏起"，而不大管事了。

见宣王如此迷恋女色，贤明的姜后十分担忧。她想：宣王身为天子，肩负造福天下的重责大任，不能全心于天下百姓，长此以往，非但不能力挽周室的衰落局面，而且难免重蹈周厉王的覆辙，甚至还会葬送掉周朝几百年的社稷，自己也将成为历史罪人。当年夏桀不就是由于迷恋妹喜而被商汤讨伐灭亡，商纣也是因为妲己而好色误国，最后落得在鹿台自焚的下场吗？

想到这里，姜后就摘下了头上的簪子和耳环等象征王后的饰品，并且换上普通女子的装束，然后拜托傅母代向宣王禀告说：是臣妾无德无才，滋生淫佚享乐之心，以致使君王受累，常常晚朝失礼，给人留下君王好色而忘德的印象。一旦迷恋于女色，就一定会穷奢极欲，疏于朝政，由此诸侯叛离，百姓怨声载道，引起社会的动乱。今天国家存在动乱的潜在因素，根源就是臣妾，所以特请君王治罪于我。

傅母的禀告，令宣王如梦初醒，惭愧不已，他忙问傅母：王后现在何处？傅母回答说：王后正站在长巷里，等候君王治罪。

周宣王听罢遂赶往长巷，看到已脱去王后衣冠，自罚为平民等待发落的姜后。这种引过自责婉谏于君王的妇德，令宣王内心极受震撼，他既悔过又感激地对姜后说：这怎么是王后的错呢？完全是我的失德，不但没有励精图治，全力重整先王创下的基业，更不懂得防微杜渐，以修身为本。如今幸有王后及时提醒，否则我将会成为愧对列祖先王和天下的千古罪人。

周宣王说完，吩咐随侍将姜后请回后宫。自此以后，他再也没有晚起过，对于政事更加勤勉用心，每天早朝晚归。在修身上，他更是谨小慎微，不失天子威仪。

姜后为了使宣王不再为女色所缚，规定后宫起居内则，侍奉君王者，要等夜色深沉后秉烛而入，一进卧室便要把烛火熄灭。到了鸡鸣时分，就马上起床穿衣，并让身上的玉配等饰物，相互碰撞发出叮当的声音，然后迅速离开。宣王听到声音，也就马上翻身起床。

在姜后和众臣的辅助下，周宣王以中兴周室为己任，继承文王和武王遗下的礼乐教化精神。最终于执政四十五年的时间里，不仅有效延缓了西周王朝的快速衰落，而且还恢复到了周厉王前的太平局面，各诸侯国也纷纷来朝见天子。史称这一时期为宣王中兴。

品貌双全的姜后，深明大义，以社稷为重，居安思危，恪尽为妻者本分，以德行感化匡辅周宣王，修"小礼"成大事，终至宣王中兴。

阴丽华：光武帝的两位皇后

阴丽华（5—64年），南阳郡新野县（今河南新野）人。光武帝刘秀原配，东汉第二任皇后。春秋时期名相管仲后裔，汉明帝刘庄的生母。

阴丽华出生在一个显赫的家族，阴氏家族是曾经辅佐了齐桓公成就了一代霸业的春秋名相管仲之后。到了第七代子孙管修的时候，从齐国迁居楚国，被封为阴大夫，以后便以"阴"氏为姓。秦末汉初，阴家举族迁到了新野。

阴氏家族是当时南阳新野的豪门大户。阴家所占有的土地达七百余顷，车马和奴仆的规模可以同当时分封的诸侯王相比。虽然富甲一方，但是因为阴氏在秦、西汉时期已经数百年没有出过高官显宦，因此并没有什么政治势力。

阴丽华虽然有着富足的家境，但却并未能像其祖先那样安享太平盛世。阴丽华所生长的时代，是一个被班固称之为"天地革命"的大变革、大动荡时代。王莽改制失败后，兵戈四起，天下大乱。

（清）吴友如所绘《古今百美图》之阴丽华

刘秀是西汉开国皇帝高祖刘邦的九世子孙，长沙定王的后裔。其先祖从诸侯王降为列侯，到他父亲刘钦这一辈，只能在济阳做县令而已。建平元年（公元前6年），刘秀出生。刘秀9岁这年，父亲刘钦去世了，不得已刘秀和哥哥刘縯、刘仲寄居到叔父刘良家中。然而，这个时候的社会局面已经是政治腐朽、经济凋敝，民不聊生、危机四起。外戚王莽利用这一形势，玩弄权术，于元延四年（9年）夺取政权，建立新朝。

刘秀倒是安于现在的生活，可他的长兄刘縯却和他不同。刘縯身材高大健美，性格慷慨豪放，勇武刚毅，喜欢结交四方侠士。刘縯血液里藏着不安分的因子，是个天生的领袖人物，他的梦想就是像先祖刘邦那样在乱世有所作为，建立功勋，干出一番惊天动地的大事业。如此，身形修长、容貌俊美，如翩翩公子一般的刘秀，常常遭到哥哥的讥笑，刘縯把他比喻成汉高祖刘邦的那位庸庸碌碌的二哥刘仲。起初，刘秀听了也并不在意，依然在众人心目中维持着老实人的形象。不过，在哥哥的激励下，刘秀也逐渐有了"愤而有志于天下"的想法。当同龄的朋友都纷纷成婚聘娶、沉浸于家室之乐的时候，20岁的刘秀却作出了另一个决定：游学长安。在长安，他确实学习了大量典籍，可不久盘缠用罄，他又回了南阳。这个时候他开始和大姐夫邓晨往来密切起来。由于阴丽华的母亲也是邓家人，于是，他结识了阴丽华。阴丽华美貌又孝顺，小小年纪便已远近闻名。

阴丽华小刘秀10岁，她的美貌给了刘秀极为深刻的印象，以至后来刘秀一次无意中看到了执金吾率众出行，盛大的场面深深地震撼了刘秀。一时间，刘秀思潮涌起，不禁感叹道："仕宦当作执金吾，娶妻当得阴丽华。"意思是做官就要做执金吾这样大排场的官，娶妻子的话就要娶阴丽华那样美貌的女子。执金吾的官职在百官中并非最大，但是在声势与排场方面，执金吾则居于百官之首。可以说，执金吾的声势与阴丽华的美貌都给了当时还是一介书生的刘秀以很大的冲击。这段故事成为中国古代帝王情感生活中最富浪漫色彩的传奇之一。

刘秀像

有道是"乱世出英雄"，王莽虽篡权有术，却治国无方，他"增重赋敛，克剥百姓"，法令严苛残酷，并且朝令夕改，法无常制。天凤四年（公元17年），王莽的政权已经在水、旱、蝗、雹等各种天灾人祸间摇摇欲坠了。许多活不下去的老百姓只好铤而走险，揭竿而起，希望能在乱世中建立一份属于自己的伟大功勋。

地皇三年（公元22年），刘家兄弟正式起兵。他们先投靠了绿林军，初期还算顺利，攻城略地手到擒来。但不久刘秀即遭遇了第一次惨烈的败仗，被王莽的正规重骑兵击溃，大姐刘元和三个外甥女死于乱军之中。但是挫败只是暂时的，在得到援兵后他们随即攻下了宛城。绿林军推举了刘秀的一位族兄刘玄称帝，就是所谓的更始皇帝。

在消灭王莽的过程中，刘秀的功劳最大。地皇四年（更始元年，23年），绿林军被困昆阳城，是刘秀带领18人突围出去，率领3万多援军回来将王莽的42万军队打得落花流水。昆阳一战，刘秀一夜成名。这年六月，刘氏兄弟因为屡立战功，遭到了当时的起义军领袖刘玄猜忌，刘縯被更始帝刘玄和拥戴他的绿林军将领斩杀。刘秀极为震惊，为了保存实力，强忍着悲痛赶到宛城，向更始帝刘玄谢罪。回到宛城后，刘秀不表昆阳之功，亦不与刘縯部属私下接触，同时不为刘縯服丧，饮食、言笑一如往常。也就在这时，刘秀终于达成了他多年的心愿，在宛城迎娶阴丽华为妻。此时，刘秀已经29岁，阴丽华19岁。在这段前途暗淡、生死未卜的日子里，刘秀更是见识到了这个女人的坚韧和忠贞，他们的感情进一步加深。

刘秀的忍耐使家族得到了生存的机会。不久，他被更始帝封为武信侯，但是军权却被剥夺了。

同年九月，王莽被义军斩首，新朝覆灭。得到消息的更始帝刘玄心花怒放，准备先迁都洛阳，并封刘秀为"行司隶校尉"，为自己打前站。此时，王莽政权刚刚灭亡，一片混乱的洛阳城里，谁也不知道会有怎样的危险在潜伏。更何况刘秀此时没有兵权，仅仅带着1200名军士去洛阳，如果真遇到了危险，那是只有死路一条的。刘玄做出这个决定，其实就是再次对刘秀起了杀心。

刘秀知道，即使自己能逃过此劫把洛阳清理好，自认为坐定天下的刘玄也可能像对待哥哥一样对待自己。因此，在前往洛阳的前夕，刘秀不顾阴丽华的反对，强令将她送回了新野娘家。刘秀之所以要将阴丽华送回娘家，而不是让他和自己一同去洛阳，理由很简单：他已经做好了最坏的打算，万一死在刘玄的手上，即使刘家被抄灭，远在新野的阴丽华也能够逃过此劫。

于是，满怀眷恋不舍和对丈夫前途生死的恐惧。阴丽华在亲兵护送下，离开刘秀返回新野。

在去往洛阳的路上，刘秀经过父城。在父城很有影响力的冯异听说刘秀经过，非常高兴，亲自打开城门热情相迎，不但向刘秀推荐了诸多人才，还主动表示自己愿意接受刘秀的统领。刘秀收编了冯异的军队，在父城短暂停留之后，刘秀来到了洛阳。在冯异的协助下，他很快就将一片混乱的洛阳城恢复了正常的秩序，并且修复了官署和宫室，派人向宛城的更始帝刘玄回报。得到消息的刘玄虽然懊恼刘秀居然没死，但是对自己能进京登基却不免喜出望外，很快就选了个黄道吉日"迁都"洛阳了。

更始政权由宛城迁都到洛阳，当时刘秀的职位是司隶校尉，负责维持京城上下治安。不久后，他又兼任大司马之职，被派到河北去平定农民起义军。此后，刘秀逐渐建立起自己的武装，展开独立的军事活动与政治活动。

就在此时，刘秀的另一位皇后，郭圣通出场了。说起郭圣通，先要来说说她的舅舅西汉末年的真定王刘扬，他的军事势力在当时也不可小觑，坐拥十万大军。而刘秀要想击败在河北的主要障碍王郎，就必须要和当地的武装势力合作。在昌城投靠刘秀的刘植愿意以同宗的名义，前去游说刘扬，让他与刘秀联合作战。而刘植带回来的消息却是刘扬对刘秀的才干非常钦佩，愿意主动归附，但是条件是要跟刘秀联姻。最终刘秀同意迎娶刘扬的外甥女郭圣通加强双方的互信。政治联姻本来就是利益需要，也只是刘秀扩大实力必行的一个手段，但这件事却改变了原配阴丽华的一生。

与真定的这场联姻确实也给刘秀带来了不小的收益，虽然真定军的加入并没有大幅提高刘秀军队的战斗力，但刘秀和王郎的力量对比发生了微妙的变化，不少城池也受到刘扬归附刘秀以及刘秀与真定联姻的影响而改变了原先的立场，使得刘秀得以顺利拿下这些地方，战场形势继续朝着有利于刘秀的方面转化。其后，上谷、渔阳两郡突骑投刘秀，给予刘秀对抗王郎的决定性力量，加之更始帝尚书令谢躬的军队配合，经过连场激战终于攻克邯郸，消灭了王郎政权。

之后，刘秀继续平定河北的征程，发幽州兵，成功击败并收编了以铜马军为主的大量河北农民军部队，使军力增至数十万。这些被收编的农民军部队成为刘秀军队的主要组成部分，刘秀本人也因此得到了"铜马帝"的称号。在与各部农民军作战的同时，刘秀也将谢躬等更始帝在河北的势力顺利剪除。此后，刘秀继续转战平定河北各地，终于形成了"跨州据土，带甲百万"的庞大势力，也有了称帝的雄厚资本。

更始三年（公元 25 年）六月，刘秀称帝，年号建武。同年剿灭更始帝刘玄，并建都洛阳。随后，刘秀做的第一件事，就是派侍中傅俊前往新野迎接阴丽华。阴丽华到来不久，刘秀便封其为贵人，与郭圣通相同。又更封其兄阴识阴乡侯，使阴丽华的娘家在建武政权的爵位高于郭圣通娘家。

这一年对郭圣通而言也是不平常的一年，丈夫称帝，自己也生下了刘秀的第一个儿子刘疆，可谓风光无限；但自己的舅舅刘扬不满刘秀食言和骗婚的劣行，起兵造反，被刘秀的大将耿纯击败而死，自己痛失娘家最有力的靠山，更恍然明白自己原来只不过是舅父谋反的工具。虽然丈夫没有追究郭氏家族，但她的处境也是十分不利的。

郭圣通作为联结真定王室与刘秀之间的桥梁，在刘秀建国过程中，起到了一定的作用，并且一直伴驾左右。而郭氏家族也并没有参与到刘扬谋反之中，仍然有从龙之功。东汉初年的功臣宿将，除了少数几人在刘秀去河北之前便跟从他，均是刘秀离开洛阳之后，从各地慕名追随而去的，只知皇帝身边有一位身世显赫的郭圣通，而不大清楚原配阴丽华。

最重要的是，郭氏有子，对于拼上全家性命跟着刘秀打天下的群臣来说，继承人才是保障王朝传承，保住胜利果实最重要最有实际价值的东西，他们不太可能因为阴丽华是原配就支持她当皇后。

按理说，刘扬的叛变，帮助刘秀解决了一个大难题，他觉得自己终于可以理直气壮地立阴丽华为皇后了。这时候，阴丽华的皇后就名正言顺了，可是阴丽华却拒绝了。为什么呢？原来三年前被迫离开刘秀的时候，阴丽华最大的失落，就是自己居然没有为丈夫孕育一个孩子，就眼巴巴地看着他去赴生死之险，万一他死在了战乱之中，那他不是连一丝血脉都留不下来了吗？

在阴丽华的坚持和刘秀对全局的考虑下，建武二年（26 年）六月，郭圣通成为东汉王朝第一任皇后；她所生的儿子刘疆，成为第一任皇太子。

阴丽华像

当封后拜天的仪式结束，刘秀和盛装的郭圣通返回内宫的时候，阴丽华按照妾室的礼仪，向丈夫和正妻行三跪九叩的大礼。这是国家制度，刘秀没有办法制止，但是和郭圣通一起端坐上方的他，只觉得难堪无比、如坐针毡。而郭圣通眼看丈夫心神不定的样子，刚刚成为皇后的喜悦也冷了半截。

从此以后，刘秀在两个女人中间，过起了他从前做梦也没有设想过的"幸福生活"，享起了他压根就不想要的"齐人之福"。但是他心里对阴丽华的愧疚却越来越深，每当他看见阴丽华坦然地向郭圣通跪拜请安的时候，就更不是滋味，难受得够呛。

而此时东汉王朝的天下还没有完全平定，刘秀经常要率军出战。而自己离开之后，阴丽华少了自己的照顾，面对嫡妻会是怎样的场面？刘秀简直不敢想象。于是，他所能想出来的唯一办法，就是每当自己离开洛阳统兵出征的时候，把阴丽华也带走，尽可能地不让她与郭圣通单独相处，尽可能地减少她向郭圣通自称姬妾的机会。

建武四年（28年）五月，就在刘秀征讨彭宠的战役中间，阴丽华在元氏县中军帐里，生下了她和刘秀的第一个孩子：未来的汉明帝刘庄。

刘秀也仍然没有忘记郭圣通，他对郭圣通仍然有一定的感情。此后，郭圣通也陆续为刘秀生育了不少孩子，除了刘疆，后来还有刘复、刘康、刘延、刘焉，一共五个儿子。

不过，即使在生儿育女方面，刘秀似乎也不情愿让阴丽华输给郭圣通。阴丽华也同样为刘秀生下了五个儿子：刘庄、刘苍、刘荆、刘衡、刘京，以及若干个女儿。

如果说，刚开始的时候，郭圣通对阴丽华的姐妹情谊还满怀感激，但随着时间慢慢推移，她的心情却在慢慢地转变。尤其是当阴丽华生下儿子、而且是一大群儿子之后，郭圣通的心思更是急剧地转变。这时候，阴丽华的母亲去世了，家人也被盗贼杀害了一些，刘秀为了安慰阴丽华颁发了一份诏书。在诏书中，对阴丽华大加赞扬，当然说的也都是事实，并且很明白地说郭圣通的后位是阴丽华让的。

这道诏书对阴丽华是安慰，对郭圣通，却是一个刺激。刘秀在为阴丽华哀伤，而郭圣通却在为自己哀伤。她怎么都想不通，相貌年华都不如自己的阴丽华，为什么能在丈夫眼里那么的重要，自己十年的努力，依然不能真正取代阴丽华在丈夫心目中的地位。

建武九年（33年），郭皇后已经完全失宠，被刘秀疏远。尚书令申屠刚在任期间多次谏言让郭圣通所生的太子刘疆就东宫，却被刘秀拒绝，并最终把申屠刚贬黜出京。

建武十三年（37年），蜀地平定后，刘秀大封功臣外戚，但其中却不包括郭圣通的外戚族人，其弟郭况直到建武十四年（38年），才升任城门校尉。建武十五年（39年），阴氏和刘秀的母族樊氏增封，却没有包括郭圣通的弟弟郭况。而刘秀封皇子为公，阴丽华的长子刘阳封东海公，东海国据二十三县，为诸子之中最大的。郭圣通因为日渐失宠，她的外戚也始终不像阴家兄弟那样受到刘秀的亲信和重用，因此越来越对刘秀感到怨恨和不满。

建武十七年（41年），也就是在天下平定四年之后，光武帝决定废皇后郭圣通，立贵人阴丽华为后。刘秀认为她心怀怨恨，对她性情的评价是像"鹰鹯"、无后妃之德，认为她在自己死后不会善待阴丽华母子；而阴丽华是原配，与自己情深义重，应该侍奉宗庙，居国母之位。因此在国家政局稳定之后，便开始行废立之事。西汉废后之后立新后，间隔少则半年，多则两年，但因郭圣通生有五个嫡子，郭圣通被废之后，刘疆仍然可以以长子身份合法居于太子位之上。为了解决这个问题，刘秀将废立皇后同时进行，并强调因皇后失德而导致中宫异位，进而致使国本动摇，是异常之事，不是国家之福，因此不得庆祝，将废后引起的政治动荡减到了最小。

郭圣通因过失远远小于前代废后，在被废之后即被封为中山王太后，移居皇宫北宫居住。刘秀给了郭氏一个"王太后"的身份而不是将她废为庶人，并且给其娘家诸人封侯，赏赐他们大批金钱，亲自莅临郭府，后来又给郭圣通的儿子们增封。一来，郭氏家族在刘秀即位之初有从龙之功，身为外戚谨慎小心十余年，郭圣通也诞育皇家子嗣，对皇室宗族有功，行为上并无严重过失，刘秀是历史上著名的善待功臣、心胸宽广之人，甚至自己杀兄仇人更始帝的三个儿子都册封为侯，自然会对郭圣通和郭家格外厚遇；二来他接受了太子的老师郅恽的进谏，尽量减少废后异储的负面影响，做到"无令天下有议社稷"。

诏书一下，导致郭圣通所生的长子刘疆一下子由嫡长子变成了庶长子，而刘庄则由庶子变成了嫡长子。此时嫡庶异位，他在太子位上便名不正言不顺了。刘疆因此十分不安，听从了郅恽的建议，多次上书表示要让出太子之位。

刘秀的废后诏书终结了郭圣通无名的怒火。她终于发现自己彻底地失去了曾经拥有过的一切。自己曾经最害怕的事情，终于降临到了自己的头上。她几乎可以预见，接下来就是冷宫、举族流放、母子一起死于非命。这样的记录，在她的母亲出身的西汉皇家几乎是家常便饭。刘秀与阴丽华、郭圣通之间的特殊关系，东汉王朝的开国元老以及文武百官们都十分清楚，面对如今这样的局面，他们都无话可说。就在郭圣通惶恐不安的时候，刘秀的又一道诏书来到了她的面前。她原以为这一定是贬居冷宫、甚至逼令自杀的旨意了。

谁知道一切都完全出乎她的意料之外。刘疆继续他的太子之位，郭氏所生的次子刘辅升为中山王，封地额外增加一郡——这一郡的收入，则是为郭圣通准备的生活费用，她由皇后改称"中山王太后"，和儿子一起生活。

建武十九年（43 年），刘秀改立阴丽华的儿子刘庄为太子，前太子刘疆退位为东海王。

建武二十八年（52 年）六月，又发生了一件震动朝野的大事。更始之子寿光侯刘鲤怨恨刘盆子害死自己的父亲，于是通过郭圣通之子刘辅结交宾客，杀了刘盆子之兄故式侯刘恭。刘秀震怒，不顾郭圣通刚刚去世，下诏大捕诸王宾客，甚至造成一家三口伏尸于郭圣通灵堂的惨剧。并将刘辅下诏狱三日。受牵连而死的多达数千人。

同年八月，郭圣通的前四子刘疆、刘辅、刘康、刘延和许美人之子刘英皆就国，阴丽华诸子都留在洛阳，明帝继位后数年，才陆续就国。

东汉一朝，阴氏一门四侯（有五侯之说）、牧守数十，从地方富户一跃成为东汉著名政治家族。

中元二年（57年），刘秀驾崩。汉明帝刘庄继位后，对阴氏、郭氏的族人一视同仁。当时在京师洛阳，郭氏家族与樊氏、阴氏、马氏，并称为"四姓小侯"。并且，明帝让郭圣通最小的儿子刘焉可以得以往来于京师。就连到了章帝时代，身为阴丽华嫡系子孙的汉章帝还亲自到郭氏家中，大会郭氏族人，君臣非常的和睦。阴氏黯然的做了十六年的贵人，也就是"妾"的地位，但仍能如此不偏不倚的厚待郭氏一族，一则是因为虽然为妾多年，却一直备受宠爱，没有受什么委屈；二来，她身为管仲后人，注重家风品行之外，并且还与她自身的品性有极大的关系。因为刘秀、阴丽华和刘庄用理性、平和、宽容的态度对待废后易储，也让东汉后来的三位废太子皆得以保全，甚至汉顺帝刘保被废太子后又重新登上帝位。

刘庄继位后，尊皇后阴丽华为皇太后。阴丽华作为东汉开基之后，在政治上是没有建树的。唯一做过的一件政治大事就是帮助刘庄册立开国功臣马援的小女儿为后，也就是被尊为中国历代上贤后典范的东汉明德皇后。

刘庄像

阴丽华的五个儿子，除了刘衡早死之外，刘庄是开创明章之治的明君，刘苍是传颂千古的贤王，但也有不让她省心的儿子——刘荆。刘秀驾崩后，刘荆便伪造郭况给刘疆的信函，鼓动刘疆谋反。刘疆因恐惧直接将送信之人和书信封起，上交给明帝。明帝是眼中不揉沙子的个性，很快查明是刘荆所为，于是将刘荆贬为广陵王，遣就国。因为是同母弟，对其格外优容，刘荆三番四次意图造反，刘庄都不加追究，仅仅下诏不得臣属吏人了事，甚至连食租都不减。阴丽华去世三年后，刘荆用巫妖诅咒，被检举后自杀。

阴丽华的弟弟阴就因为受姐姐、姐夫宠爱而骄纵非常。在永平朝担任少府之职，车驾曾经冲撞禁卫，车府令徐匡收捕驾车人，反而获罪，刘庄虽然赦免了徐匡，但仍然把他降职。有一次刘苍在正月朔旦入宫朝贺，少府应该依照旧例给璧，阴就竟然不给，后来刘苍的属官朱晖把璧骗到手拿走了。

由于阴就骄横，其子阴丰脾气狷急，娶了郦邑公主。有一次小两口吵架，阴丰杀死了公主。阴丰被处死，阴就夫妻身为父母应当连坐，两人因此自杀，他的封国新阳侯国被取消。刘庄因阴氏为皇帝舅氏，格外优容，不对其一门加以极刑。

刘荆屡屡生事，以及阴就家出事，也许是阴丽华在晚年遭遇的最大不幸。

永平七年（64 年）正月二十日（3 月 1 日），在位 24 年之久的阴丽华崩逝，享年 60 岁，谥号"光烈"。二月初八，与刘秀合葬原陵，葬礼极为隆重。阴丽华是中国历史上皇后谥号制度之第一人，自此以后皇后谥号为帝谥加上本谥成为历代定制，沿用至唐初，长达 600 年。

阴丽华与郭圣通都是东汉开国皇帝刘秀的皇后，一个是陪他走过峥嵘岁月，渡过重重危机的初恋情人阴丽华；一个是因为政治联姻嫁给刘秀。在平定河北的过程中起到举足轻重作用的郭圣通。巍巍汉宫见证了两个女人在有意无意间关于爱情与权力的一场角逐。这两个女人，虽然一立一废，但她们都是中国后妃群中最幸运的人。即使是被废离异的郭圣通，也不例外：在同样离异的后妃中，她是唯一没有被囚入冷宫，没有母子俱丧，过得最自由的一个。

马明德：深明大义的布衣皇后

马明德（？—79 年），汉明帝刘庄皇后，也就是马皇后。伏波将

马皇后像

军马援第三女。本名已经无从考证，后人以她的谥号——明德来称呼她。

俗话说，每个成功男人的身后都站着一个伟大的女人，但不是每个成功的帝王身后都有这样的贤后德妃在默默支持他。对于东汉的第二位皇帝——汉明帝来说，他很幸运地拥有这样一位皇后。

史书上关于这位皇后事迹的记载，就是那么几件，屈指可数，但这些就足以使她位列中国古代贤后之列，为后世人所景仰了。

马明德是个大美人女。马援是马明德的父亲，史载马援"明须发，眉目如画"，是个地道的美男子，看来，这马明德倒是遗传了父亲的优良基因。可是，历史告诉我们，马明德能当上皇后，起决定作用的不是她的相貌，而是其内在品质。

马明德能够入宫并当上皇后，与其父伏波将军马援之死有关。

马援是一个能征善战的将领，东汉开国名将之一。"丈夫为志，穷当益坚，老当益壮""男儿当死于边野，以马革裹尸还葬"等流芳千古的名句皆出自他之口。可是，此人有一个致命的缺点，就是为人太实在，不会圆滑处世，因此得罪了不少人。这也为后来马家衰败及马明德入宫奠定了基础。

刘秀登基不久，马援被封为新息侯。一日，马援生病了，满朝文武赶紧到其府上探望，一个名叫梁松的人也去了。梁松虽然年轻，但身份却很显贵，乃堂堂驸马爷。他来到马援病榻前，客客气气地问了声好。若是个圆滑之人，见当朝驸马行礼，肯定得作受宠若惊状，诚惶诚恐地道谢，可马援眼皮都没抬，只是"嗯"了一声，无任何还礼之举。

梁松走后，马援的儿子问父亲："您为什么不能对梁松客气一点儿呢？好歹他也是……"不等儿子说完，马援将头一扬说："我可是跟梁松他爹平辈论交的，就算他身份比我高贵，他也是晚辈，你见过长辈给晚辈行礼的吗？"

梁松当众丢了面子，心里不免恨起这个倚老卖老的人。事隔不久，马援写信教训侄儿，在信中，他把朝中大臣包括驸马爷评论了一番。不料，这封信落入他人手中，并被呈送皇帝，以证明朝臣杜季良与驸马梁松、窦固有不法勾当。刘秀见信大怒，立即把两个女婿召来痛骂了一顿。

梁松这次可是恨透了马援。但马援清正廉洁，并没有做违法之事。所以，在马援生前，梁松没敢轻举妄动。建武二十四年（48 年），马援病死在出征途中。梁松闻讯立刻上书，称马援南征交趾的时候，趁乱掳掠一车民间珍宝，并私藏起来，罪大恶极，应受严惩。

这纯属栽赃陷害。马援当年奉刘秀旨意平定交趾时，确实带回一车东西，但车上装的是薏米仁，而不是什么珍宝。可惜马援已逝，死无对证。于是，那些马援生前得罪的人便开始借此事添油加醋、煽风点火。光武帝刘秀一生英名，却在此时相信了小人的谗言，追缴马援的新息侯印绶，且不许他葬入祖坟。

马家顷刻衰败，马援的子女也从"功臣之后"变成了"罪臣之后"。马援夫人蔺氏经此灾劫，变得精神失常，未能持家。家事皆由年仅 10 岁的马三小姐马明德操持。马援侄儿马严等人见叔父家的破败，建议送三位小姐进宫以求重振家声。在蔺夫人默许下，三名女儿被送进宫。

光武帝刘秀念及马援生前的功劳，恩准了蔺氏的请求，从马援的三个女儿中选择了年纪合适的三女儿——马明德入太子宫。"明德"并不是这位马三小姐的闺名，其真正的闺名已经无从考证，因此就暂且以她的谥号——明德来称呼她。

据说，马明德小的时候，曾经患过一场重病，疾病缠绵很久也不得痊愈。其母蔺氏非常担忧，便请筮者来占卜。筮者答复说："这个女孩子，虽然满面病容，但是仍然掩不住贵重之气，她未来的大富贵是不能言传的。"听了这话。蔺氏半信半疑，又召来相士给所有的女儿们看相。给几位马小姐都看过之后，相士一言不发，最后看到了马明德，相士大惊失色，说："我日后定要向这个小姑娘俯首称臣，这个女孩是大富大贵之人啊。"听到这里，蔺氏大喜。

马援去世的时候，马明德只有 10 岁。祸不单行，就在父亲去世不久，马家的两个儿子马客卿、马惠敏也先后早夭。迭遭打击的蔺氏因悲伤过度而精神失常，状况时好时坏，根本处理不了家里的事情。为了给母亲分忧解难，马明德就开始处理家务，她待人接物、内外咨禀，如同大人一样，把一切处理得井井有条，左邻右舍无不惊叹。

小小年纪就如此干练，马明德的聪明才智自然非同一般。于是，她初入宫门，便被刘庄之母——皇后阴丽华慧眼相中，就和刘秀商量，让她入了太子宫中。

这一决定出乎很多权贵的意料，而对于马家来说却是个天大的意外惊喜。更出人意料的是，马明德一入太子宫，便得到了皇后阴丽华的格外照顾。阴皇后非常欣赏马明德的斯文有礼、品貌端庄、孝顺温和，经常对其赞不绝口。马明德的品行也得到了未来皇帝刘庄的喜爱。马明德第一次出现在太子面前时，太子 22 岁。刘庄对马氏的宠爱超过了其他的嫔妃，甚至为了能天天看到她，让她住在自己寝宫的后室。

虽然刘庄对马明德几近专宠，可是多年夫妻，马明德始终没有生育一男半女。这不但令刘庄着急，更令马明德感到担忧。

建武中元二年（57 年）二月，光武帝刘秀驾崩，时年 30 岁的太子刘庄继位，马明德被册封为仅次于皇后级别的"贵人"。为什么封她为贵人而不是直接立为皇后呢？这是因为马明德尚未生下一男半女，刘庄有意立她为后，可是担心育有皇子的嫔妃反对，就借口为父守制，闭口不谈立后之事。

新皇继位后，一些王公大臣们纷纷将自己的女儿送进宫中，期盼着能够借此成为皇亲国戚。在这些新入宫的女子中，有一位贾氏，容貌不俗，被刘庄所召幸，不久便为刘庄生下了皇子——刘炟。虽然贾氏为自己生下了儿子，但刘庄依旧宠爱马明德。刘庄见马明德盼子心切，常独自垂泪，很是心疼。为了安慰爱人，就依例将生育了皇子的贾氏晋封为贵人之后，

汉明帝像

也把贾氏所生的儿子刘炟交给了马明德抚养，并宽慰她说："人未必当自生子，但患爱养不至耳。"大意是说，这世上并不是每个人都能够生育孩子，只要用慈爱之心去养育，别人的孩子一样会成为孝顺你的好孩子。

马明德感谢丈夫对自己不孕的体谅，悉心抚养这个孩子，对他的关怀无微不至，虽然她的宫中婢仆成群，她仍然事事亲力亲为，以致劳累憔悴。马明德在这个孩子身上所付出的母爱，远远超过宫中其他妃嫔养育亲生孩子的付出。

刘炟也从小亲近自己的养母。马明德和刘炟虽然名为养母养子，实际上却比许多亲生的母子还要亲近，彼此间毫无芥蒂。由于刘庄对马明德的宠爱，他希望能让马明德成为自己的皇后。但是马明德毕竟没有亲生儿女，贸然立为皇后容易引起其他育有亲生儿子的妃嫔家族的非议反对。于是，在继位为帝三年的时间里，刘庄都没有册立正式的皇后。

永平三年（60年）春，刘庄为父守制的时间也满了，再不立皇后可说不过去了。后宫之事不仅仅是皇帝的私事，也是国家的大事。于是有关部门的人员便上奏明帝，要求册立皇后。这时的汉明帝后宫中，生育了皇子的嫔妃至少有三人，除了贾贵人，还有两位嫔妃生育了千乘哀王刘建和陈敬王刘羡。除此之外，宫中还有一位阴贵人。虽然她此时尚未生育皇子，但她是皇太后阴丽华家族的女子，与刘庄是表兄妹之亲。从理论上来说，她们都比未育的马明德有资格当皇后。可刘庄心里的皇后人选只有一个，那就是他最钟爱的马贵人。刘庄为此寝食难安。皇太后阴丽华适时地站出来，她一直就非常喜欢马明德的才学品行，觉得在后宫中只有马明德适合做皇后，于是下诏说："马贵人德冠后宫，宜立为后。"同年二月，马明德被册立为皇后，她的养子刘炟同时被册立为皇太子。

马皇后没有忘记她的父亲马援遭人排挤的教训，她虽然做了六宫之主，但她还是像以前那样谦虚谨慎、平易近人，一点儿也没有皇后的架子。马皇后生活俭朴，日常里穿的是粗帛衣裙，不喜穿大红大绿艳丽颜色的衣服，不佩戴珠光宝气的饰物。除非有重大的、需要她出面的典礼仪式，她才会穿戴皇后的礼服和佩饰。那些每天忙着争奇斗艳的后宫嫔妃们不知底细，以为皇后穿的是什么新款名贵的绮罗，及趋前一看，无不惊呆，她们都认为皇后穿得太寒酸了，马皇后笑着对她们说："可别小看这粗帛衣料，质地不坏，穿上也很舒服，染上颜色，也不容易掉色，经久耐穿。"马明德深知骄奢之风不可长，遂以身作则，给皇族公卿做表率。嫔妃们无不赞叹，纷纷以马明德为榜样，厉行节约，减少了很多不必要的宫廷开支。

汉明帝刚继位的时候还很年轻，喜欢四处游玩，马皇后则总是好言好语地劝告他，希望他能够专心政事。有一次，明帝去一个花园赏花，把自己所有的妃子都带去了。唯独马皇后没有来。那些妃子平时都很敬重马皇后，这时见她没来，就纷纷请求派人去请她。明帝却摇了摇头说："还是不要叫她了，她不喜欢游玩。即使来了，她也不会高兴的。"就因为马皇后一直在明帝身边督促他，所以明帝游玩的时间就少多了。

马明德喜欢读书，并且涉猎范围极广，《易经》《楚辞》《春秋》以及董仲舒深奥的著作，她都钻研过。一次，明帝就想测试一下她的品行和才学，就把一些大臣们的奏章拿来给马皇后看，询问她意见。马皇后仔仔细细地看过奏章以后，果然一条一条清清楚楚地列出了各种事情的处理办法。明帝见了非常佩服，此后，凡是在朝廷上遇到了难以解决的事情时，明帝就会回来和马皇后商量，听取她的意见。但是，在讲明了自己的意见后，马皇后还是让汉明帝自己作决定，遵循着后宫不能干预朝政的祖制。

汉章帝像

汉明帝在位期间，在马皇后的辅佐下兢兢业业地管理着国家大事。永平十八年（75 年）八月，汉明帝驾崩，太子刘炟继位，是为汉章帝。马明德荣升皇太后。

为表达对养母的感恩之情，刘炟一继位，便想封马明德的三个兄弟为侯，但却遭到了马明德的婉言谢绝。一些善于溜须拍马的大臣认为，皇太后拒绝加封娘家人，不过是做官样文章。凑巧的是，第二年夏天，东汉发生了旱灾，这些大臣立即上奏汉章帝，声称大旱是因为马家未受封赏上天不满所致，要缓解旱情，一定要加封马太后的家人才行。汉章帝心里清楚这是胡说八道，但因晋升舅舅的提议正中他下怀，便打算采纳此建议。

马明德知道后，一向随和的她也发怒了，立即下了一道措辞严厉的懿旨，大意是说：天降大旱，跟太后家族封不封爵有什么关系？凡是提出要给外戚封爵的人，都是想献媚于我和皇帝，想从中捞取好处……前几天，我路过我娘家所在的濯龙门一带，看见从各地前来给我娘家人请安的络绎不绝，车如流水，马如游龙。我娘家的奴仆都穿得十分光鲜、整齐，相比之下，我这个太后的侍从可差远了。为了惩戒他们，我削减了这些人的俸禄，希望他们能有所悔悟，谁料他们竟不思悔改，难道是想让大汉覆亡吗？

马明德再次谢绝了汉章帝对马氏家族的封赏，同时也为后世留下了一则成语：车水马龙。

在马明德的影响下，东汉国力在汉章帝时期趋于繁盛。《续烈女传》中称赞马明德"在家则可为众女师范，在国则可为母后表仪"，所言极是。

建初四年（79 年），马太后在洛阳逝世，谥号"明德皇后"，与其汉孝明皇帝刘庄合葬于邙山之上的显节陵。

在历朝历代中，都是母以子贵，后宫中无子却居于后位而不被倾覆者可谓凤毛麟角，非大智大爱者不能居之。马皇后一生节俭、朴素、谦逊、知书达理、深明大义，她的所作所为，对明帝、章帝两朝的政治都有着积极的影响，因此也赢得了世人的赞誉。

邓绥：临朝称制的女政治家

邓绥（81—121 年），南阳新野人，东汉王朝著名的女政治家，东汉王朝第四代皇帝汉和帝的第二任皇后。邓绥系出名门，其祖父正是以向光武帝刘秀进献了"图天下策"的东汉开国重臣、云台二十八将之首的太傅高密侯邓禹。

史家不会轻易赞美一个人的外表，更不会给予什么溢美之词，然而，《后汉书》却将两汉王朝所有后妃美貌的最美形容词，都毫无保留地给予了邓绥。邓绥天资聪颖，性情柔婉，6 岁就通读史书，12 岁精通儒家经典《诗经》《论语》。邓绥格外重视教育，她首先是在宫中开办讲习，让宫人都增加学识。除了因渴望权力而错误地选择储君之外，作为一个政治家的邓绥是合格的，在她治理国家的近20年时间里，东汉王朝顺利地度过了天灾人祸不断的10年。

东汉和帝有过两任皇后，第一任皇后姓阴，邓绥是第二任。这一对皇族夫妻之间有着复杂的亲戚关系：光武帝刘秀的皇后是阴丽华，和帝的阴皇后就是阴丽华哥哥的曾孙女。而邓绥的母亲是阴丽华皇后的堂侄女。也就是说邓绥是小阴后的表姨妈。

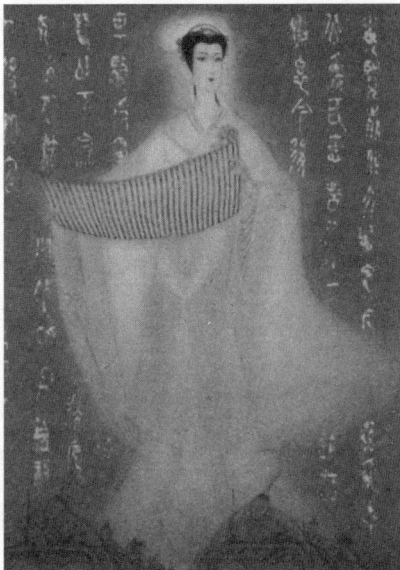

邓绥像

汉和帝刘肇是汉章帝第四子，登基时只有10岁，家国大事都掌握在嫡母窦太后手里。不过，他14岁那年第一次选择后妃，却是由他自己决定的。皇帝选妃是一件大事，而窦太后却在这个关键时候失去了控制力，这还得从汉章帝说起。

汉章帝18岁时称帝，建初二年（76年），窦氏姐妹、梁氏姐妹同时被选入宫，和早已入宫的宋氏姐妹一起，成为章帝初年后宫中的六名贵人。窦氏家族在汉明帝刘庄时期，曾同时拥有一公、两侯、三公主、四位二千石大臣，与阴丽华太后的阴氏家族、光武帝刘秀母亲的樊氏家族、郭圣通太后的郭氏家族、马明德太后的马氏家族，合称为四大外戚。窦氏姐妹以振兴家族为目的对章帝百般逢迎，终于在建初三年（77年），大窦氏被册立为皇后。但她和妹妹都没有生子，而宋大贵人生下的皇三子刘庆在建初四年（78年）被册立为太子。后来梁贵人生下了刘肇，窦皇后立即宣称刘肇是自己的儿子，然后借"生菟巫蛊"案陷害宋大贵人。建初七年（81年），宋贵人姐妹含冤自杀，小太子刘庆被废为清河王，窦皇后的养子刘肇当上了新任太子。次年，窦皇后暗中派人诬告梁贵人的父亲梁竦谋反。梁竦屈打成招，死在狱中，刘肇生母梁贵人姐妹双双毙命，梁家被尽数流放。

然而，长辈们的恩怨并没有影响到刘庆和新太子刘肇之间的兄弟情谊。章帝虽对宋贵人负心，但是并没有因此影响到他做刘庆的好父亲。他废了刘庆的太子位，但对于刘庆的成长仍然给予了相当的关注：刘庆仍然享有与太子一样的服饰、车马、宫室。章帝还特地要求他们出则同车，入则共帐，兄弟之间培养出了相当深厚的感情。章和二年（88年）二月，章帝去世，时年仅10岁的刘肇继位。窦皇后晋为皇太后，窦太后的兄弟窦宪得以把持朝政。

窦宪性情暴烈急躁，睚眦必报，动辄对人喊打喊杀。当初窦氏兄妹的父亲窦勋犯法，曾经被韩纡审判定罪，被汉明帝刘庄处斩。因为韩纡已故，窦宪竟派人将韩纡的儿子杀死去祭窦勋之墓。第二个倒大霉的是刘畅。刘畅是东汉王朝的长房侯爵，生得俊俏风流，能说会道。他奔章帝之丧进京与寡嫂窦太后见了面。这一见之后引得窦太后频频召见，两人言笑甚欢，眉来眼去。窦宪怕妹妹将权力交到新欢的手里，派出刺客将正在做鸳鸯梦的刘畅杀了。窦太后追查得知窦宪杀人的动机居然是太后宠信小叔子。她恼羞成怒，立即下令将窦宪幽禁。

窦宪知道闯了大祸，为求自保他请求出击匈奴立功赎罪。窦宪出征大获全胜，终结了延续数百年的汉匈之战，立下了大功，被封为大将军，食邑二万户，窦宪越发骄横跋扈。永元四年（92年），窦宪权欲熏心，为了永葆富贵，图谋叛逆。

14岁的和帝觉察了窦宪的不轨，

汉和帝像

便向异母哥哥、前废太子清河王刘庆求助。刘庆对窦太后一族恨之入骨，当然竭尽全力。在他的策划下，和帝于当年六月二十五日将窦氏家族一网擒拿。窦家败落，窦太后从此深居宫廷，再不敢过问和帝的任何事情，在孤寂和恐惧中度过了她的余生。永元九年（97年），窦太后去世，和帝生母梁小贵人的堂兄梁禅上书，痛陈刘肇的真实身世。刘肇这才恍然大悟，为冤死14年的生母以礼改葬，谥"恭怀皇太后"；姨妈梁大贵人也同时雪冤，姐妹同葬西陵；同时也为清河王刘庆生母宋贵人平反。总算刘肇不忘多年养育之情，仍然上谥窦太后"章德太后"，合葬汉章帝敬陵。

14岁的刘肇除去了窦氏外戚，成了东汉王朝真正的皇帝。然后面临的即为选秀问题，这第一次选秀的两位入选者一位是小阴氏，另一位就是邓绥。

邓绥天资聪颖，性情柔婉，聪慧好学，才华超群，家人都称她为"诸生"。父亲邓训更是对女儿异于其他女子的言谈举止暗自称奇，认为她将是儿女中最有前途的，事无巨细都与这个小女孩商量后再行。然而，就在邓绥中选即将入宫的前夕，邓训却一病不起，离开了人世。邓绥遭遇父丧，坚持要守孝尽哀，推迟了进宫的时间。

在三年守孝期间，邓绥严守儒家孝仪。按儒家礼仪，父母之丧是最严酷的"斩衰之丧"，能够完全履行的多半有做超人的潜质。然而，邓绥作为一个13岁的少女，不但一丝不苟地完全履行了严酷的孝子礼，还有超额表现：整整三年居丧期间，她都按照周年之丧的规矩，早晚哭泣、不食盐菜。当三年丧满之时，邓绥已经憔悴不堪，连亲友都认不出她来。守孝期满，邓绥又过起了正常的生活。被三年丧期磨灭姿容的邓绥很快就恢复了她作为青春少女应有的绰约风姿。

永元七年（95年），邓绥的名字再一次列在了入宫的名单中。然而，就在一家人满怀期待的时候，永元八年（96年）的二月，一个意外的消息传到了他们耳朵里：第一批被选入宫的阴贵人，被正式册立为皇后。原来，小阴氏以表妹之亲，又生得美貌聪慧，颇有学识书艺，很得和帝的喜爱，几乎专宠后宫。因此，和帝特地在第二批宫人入宫前夕，将心爱的小阴贵人册立为皇后。这消息令邓家人不知所措，好比被冷水浇过一样。带着家人的极高期望，同年冬，16岁的邓绥带着少许失落走进了大汉皇宫。

邓绥身高七尺二寸，姿态优雅，容颜姝丽，美色夺目，是为后宫中当之无愧的第一美人，后宫女子在她面前都黯然失色。和帝见了心花怒放，立即将邓绥封为仅次于皇后的贵人，入住嘉德宫。

邓绥入宫后恭谦肃穆，小心谨慎，一举一动，有规有矩。她与同列的妃嫔应接慰藉，常常克己体下，即使是宫人仆役，都加恩施惠。和帝深深地嘉许她的行为，邓绥有病，特许她母亲和兄弟入宫服侍医药各事，而且不限定留宫的日数。邓绥对和帝说："宫中禁地至为重要，而使外家的人久留禁宫之地，对上来说让陛下蒙有偏袒私幸的讥讽，对下来说使我获得不知足的诽谤。上下两相受损，我实在不情愿啊！"和帝说："别人都以经常能到禁宫走走为光荣，而你却反以为忧虑，深深地自我抑制宁愿吃亏，真是难能可贵而为人们所做不到的啊！"每有宴会，众妃嫔贵人争着打扮修饰，金钗簪珥光彩夺目，裳衣罗绮鲜明照人，而邓绥独着素装，没有修饰，朴质无华。她战战兢兢地日夜侍奉阴皇后，衣服有与阴皇后同颜色的，即刻变易它装；假使与阴皇后同时进见和帝，则不敢正坐而离位站立，走的时候也是弓着身躯以示卑猥；和帝每有所垂问，常表现迟疑而后对答，不敢在阴皇后之前争着发言。和帝了解邓绥用心良苦而曲体人情，感叹地说："修身进德之费心劳力，竟是这样的艰难吗？"后来汉和帝对阴皇后日渐疏远，每当邓绥被召，往往称疾不应。这个时候和帝多次失去皇子，邓绥担心继嗣无人，常垂泪叹息，选进众多美女进献给和帝，以应帝之爱心并企获得子嗣。和帝发现邓绥不仅是美色无双，更有渊博的才学、柔顺守礼的性情，越发割舍不下。

他将自己原本都给了表妹阴皇后的热情，逐渐地分转到了邓贵人的身上。

阴皇后当然立即就感觉到了丈夫的变化，她不能忍受和帝如此迅速地移情别恋。小阴氏入宫初期并没有限制和帝对其他宫人的亲近，也因此和帝与其他寻常宫人生下过许多儿女。小阴氏所不能接受的，恐怕是丈夫的心里真正地装了其他人。更何况丈夫的新欢出身高贵不亚于自己。邓绥成了小阴氏的劲敌。和帝似乎也觉得自己有些愧对表妹，在邓绥得宠后将小阴氏的父亲阴纲特别晋封为吴房侯。然而不幸的是，这只是他无法重燃旧情后的折价补偿，对于男女之情，他能够给予小阴氏的却是越来越少。到后来，皇后宫中甚至再也看不见和帝的影子。丈夫来得越少，小阴氏就越恨邓绥，一心只想找到邓绥的过失，动用皇后的权威处治她。

然而，邓绥不但对其他妃嫔都谦逊友善，就连宫中仆役下女，她都温和相对。后宫有好几个皇子都夭折了，邓绥表现得比和帝还要痛心。眼见阴皇后的妒恨一天比一天强烈。她当然知道邓绥多次向和帝推荐宫女的事情，而问题也正在这里：举荐宫女，这样露脸示好的事情，原本应该是皇后的分内工作，却都被邓绥代劳了。可偏偏邓绥严守礼法，从不轻言妄动，阴皇后找不到她任何行为上的纰漏。

阴皇后见邓绥德望称誉一天比一天高涨，不知怎么办，就造祝诅，求鬼神加害于邓绥。永元十三年（公元101年），和帝刘肇忽然患病，甚至到了危殆的地步。阴皇后曾秘密地说："我一旦得志，决不让邓氏再有什么人留下，一定绝根。"邓绥听到，对左右流涕说："我用尽诚意侍奉皇后，不料竟得不到她的庇佑，而将获罪于天。妇人虽无从死之义，然武王有疾，周公以身为武王请命；楚昭王病，越姬实现昔日心誓，自杀从死。我唯有一死上以报皇上的恩宠，中以解除我邓氏宗族的灾祸，下不让阴皇后蒙受把我弄成人彘的讥讽。"邓绥立即要饮药自杀，宫人赵玉坚决进行阻止，并谎称适才有使者来，说皇上的病已经好了。邓绥信以为真，便打消了自杀的念头。第二天，汉和帝病果然好了。所有的事情，都被汇报给了和帝，阴皇后的毒辣和邓贵人的可怜，让和帝的精神大受刺激。他再也不顾虑什么旧情亲谊，终于下定了废后的决心。

永元十四年（102年）四月，有人向皇帝告发说阴皇后与外祖母邓朱合谋巫蛊，对皇帝不利。消息当然得到了和帝的高度重视，他要严查到底。追查的结果是阴氏家族覆没，收缴了阴皇后的玺绶，并将她幽禁在冷宫"桐宫"中。做了七年皇后的小阴氏不能承受如此大的落差，不久在桐宫中死去。当年十月，邓绥终于在她21岁的时候，登上了东汉王朝皇后的位置。

在邓绥做皇后前，各郡国都四处搜刮珍奇宝物向后宫进贡，宫中也以奢华为风尚，百姓不知为此遭了多少罪。邓绥一继后位，就下令取消进贡珍玩的陋习。当然，郡国向帝后进贡是一种必需的礼节，不能完全禁绝，于是她定下规矩，岁贡只收纸墨，其他不能入宫。和帝想要给邓绥的亲人加官晋爵，她也多次推辞，因此在和帝一朝，邓皇后的大哥邓骘只做了个小小的虎贲中郎将。

然而，永元十三年，那场几乎夺去性命的大病，已将和帝的健康摧毁。就在邓绥当皇后的第三年，即元兴元年（105年）冬，和帝刘肇就驾崩于章德前殿，享年26岁。

和帝驾崩后，最紧要的事就是赶紧立新皇帝，然而此时的和帝后宫中并没有一个皇子的身影。朝中的大臣们都面面相觑，不知该如何是好。邓绥却向公卿们宣布了一个惊人的消息：和帝早有皇子只是养在民间。原来，和帝前后有十余名皇子夭折，到后来他自己都开始疑心后宫中另有玄机，有人暗中加害自己的子嗣。但是猜测归猜测，深宫幽暗，怎样追查也查不出个所以然来。和帝终于放弃了追查。再有皇子降生就秘密抱出皇宫寄养民间。邓绥作为最清楚内情的人，立即派人从民间将皇子接回皇宫。

被接回来的皇子有两位：一个是八岁的刘胜，一个是刚满百日的刘隆。按照儒家"嫡长制"的继承法则，刘胜是当然的小皇帝。然而在邓绥看来，刘胜已经八岁，孩子这么大了，自己如何养得亲？只有襁褓中的刘隆，才有可能让自己像当年的马明德皇后那样，养出一个完全只认自己做母亲、认自己的家族做舅家的皇帝。于是，她做出了一个完全违背儒家和皇家习惯的决定：迎立少子刘隆为帝，八岁的哥哥刘胜被封为平原王。即使这样，邓绥仍然觉得不放心。史书上这样形容邓绥的心思："太后以帝幼弱，远虑不虞。"对于邓绥来说，"不虞"也许就是刘胜原本在情在理的继位之事。延平元年（106年）三月，在举行了和帝的葬礼之后，和帝的四个兄弟：前废太子清河王刘庆、济北王刘寿、河间王刘开、常山王刘章，都要带着家眷返回各自的封国。然而就在他们打算起身的时候，邓太后宣布了一个让人们意外的命令：留下前废太子刘庆的长子、13岁的刘祜。

随后，邓绥将大哥邓骘提拔为上蔡侯、车骑将军、待遇等同三公，成为百官之长并掌管兵权；弟弟黄门侍郎邓悝则顶上大哥的空缺为虎贲中郎将，与大哥上下呼应；另两位兄弟邓弘、邓阊都晋封为侍中，成为文官中的首领级人物。

当初邓绥做皇后的时候，曾主动推辞兄长升官的机会。和帝想要追封邓绥的父亲邓训，三公之一的司空陈宠坚决反对。当时邓绥表现得十分谦恭柔婉，毫无怨言，和帝也仍然坚持追封了邓训。照说事情就应该到此为止，谁知邓绥早已记恨，等到她成为太后，陈家就算是晦气罩了顶。陈宠倒是死得早，他的儿子陈忠却没法摆脱困境。在邓绥摄政期间，无论他如何尽忠职守，都得不到晋升的机会。自此，邓绥开始了自己名义上的太后、事实上的女皇生涯。

除了在选择储君的问题上有私心杂念之外，邓绥实在是勤政爱民的，她忧国忧民的程度，远远超过历史上绝大多数的男性君主。

六月初，37个郡与封国大雨成灾，邓绥当即颁布诏书，削减各种御用衣服车马、珍肴美味和各色奢靡富丽的用品。还下令除了供奉皇陵祠庙以外，不得使用精白米麦，自己以身作则，每日早晚只吃一次肉食。以往太官、汤官的固定费用每年将近二万万钱，也削减至数千万钱。各郡、各封国的贡物，都将数量削减一半以上。宫廷内部也开源节流：上林苑的猎鹰、猎犬全部卖掉；各地离宫、别馆所储备的存米、干粮、薪柴、木炭，也一律下令减少。六月二十一日，邓绥又再次下诏，遣散了部分宫人，多年来因为刑法严峻而被罚没入宫为奴婢的皇族成员一律免罪，成为自由的平民。

尽管邓绥久居深宫，却早已广泛留意民间的消息，因此在七月十五日她又颁布一道敕令，疾言厉色地对主管官员训斥道："近来水灾为患，然而各地官员为了粉饰太平，求取前途虚名，往往隐瞒灾情，报喜不报忧，明明是作物失收农田毁坏，报成垦田增加；明明是百姓流散，却报成是增加户口；隐瞒辖区内的重大犯罪，使不法之徒得不到惩处；不按规定任免官吏，举荐名不副实的人才。最终将这些祸害转嫁在百姓身上。而你们这些京官却与地方官员互相包庇勾结，既不知畏天更不知愧疚于人。从现在起，对不法官员的惩罚将加重。你们这些二千石高官必须认真核查百姓所受的伤害，免除他们的赋税。"

在管理宫内事务方面，她也展现出了自己的聪明才智。据说，和帝刚去世的时候，宫中丢失了一箧大珍珠，邓太后认为如果拷打追逼定然会有冤屈，因此特地将有嫌疑的宫人都召到面前来讯问，同时察言观色，果然水落石出。和帝有一个男宠名叫吉成，因和帝最为宠爱，早已招得其他男宠切齿妒恨，于是他们趁着和帝去世的机会，共同诬蔑吉成要对皇帝之死负责，说他行了巫蛊之事。吉成被掖庭拷问之后，果然俯首认罪，证据分明。结果邓绥却起了疑心，认为吉成对和帝一向忠诚，此事不合情理，坚持要亲自核实。终于还了吉成一个清白。后来她还亲自到洛阳寺查勘有无冤狱，一个死囚临去时张口欲言的瞬间就被她看在了眼里，并立即追查出确实是一桩被拷打出来的冤案。

就在邓绥施展才华整顿国家和内务的同时，意外发生了。八月初六，小皇帝刘隆夭折了。文武众臣都认为应该让八岁的刘胜继承皇位，邓绥却在初八深夜，用已封王的皇子才能坐的青盖车将刘祜接进宫中。第二天，翘首等待刘胜出现的百官没有料到，被仪仗引导上殿的居然是清河王的儿子刘祜。邓绥随即又撰写了册立皇帝的诏命当场宣读，宣布由这位清河王子登上皇帝宝座，邓太后仍临朝摄政。

汉安帝像

永初元年（107年），大长秋郑众和中常侍蔡伦两人时常仗势干预朝政，三公之一的周章对此非常不满，几次直言进谏。然而邓太后都不予理睬。周章也明白，邓太后是利用他们来干预一些令她不满的朝臣决议的。周章想起易储的旧恨，越发怒不可遏。于是他开始暗中联络官员，密谋发动政变，拥立平原王刘胜为皇帝。这场政变还未能开始就被扑灭了，周章被迫自杀，被牵连的人数不胜数。

然而令邓绥始料未及的是，随着年龄的增长，她一心保举登基的过继儿子刘祜却越来越不听话，她一心提防的刘胜反倒在永初七年（113年），没有留下子嗣就死去了，年仅15岁。邓绥当初甘冒奇险，坚持不立刘胜，无非就是怕他成人后与自己这个嫡母生分，不能让自己和家族永掌大权。可惜的是万万没有料到，刘胜会早离人世。邓太后回想往事，懊悔失落之情溢于言表。于是她开始用另一种方法来弥补自己的庶子。她没有像对待其他无子的亲王那样来个"无子，国除"，而是为刘胜过继了一个儿子刘得。谁知刘得也福薄，当了六年亲王也死了，而且又是无子。邓绥在多方比较之后，于永宁元年（120年）四月十四日选出了才德貌俱佳的河间王子刘翼，再立为刘胜的后嗣，并且留在宫中多方照顾抚养。

邓绥的用心仅仅是出自对刘胜的补偿、为丈夫多延续一支传承。然而看在安帝刘祜的眼里，却是可怕的隐忧。这时安帝已经27岁了，遵照邓绥的意旨，他册立了邓绥弟弟邓弘的姨妹之女阎姬为皇后，并对阎姬毒杀太子生母的行径不闻不问。然而即使如此听话，邓绥仍然对他十分不满，认为他不足以托付国家大事，坚持不肯将权力交出。安帝的乳母王圣对此深为忧虑，担心正在盛年的邓太后有意废黜养子，这才是她给刘胜屡次过继子嗣的原因所在。王圣经常和宦官李闰、江京一起在安帝的耳边絮叨。安帝本来就心里七上八下，被这么一搅，就更是恐惧，对养母满怀怨恨。

然而安帝总还是个皇帝。皇帝已年将而立，仍然受制于太后，对于这样反常的现象，无论是朝臣还是邓氏家族的成员，都非常不安。但是大多数人都不敢向邓太后提出归政的建议。因为这方面的前车之鉴多如牛毛。

早在邓太后摄政初期，杜根就与另一位郎官共同上书，请求太后归政。结果邓太后没等看完就勃然大怒，下令将两人装入囊中当众打死，然后丢到城外荒野去。邓太后对自己的家族约束是非常严格的，绝不允许他们有任何非分之想，还特地颁布法令，宣布外戚犯法一律严惩，就连自己的亲哥哥邓骘也不例外。准确地说，她从来没有完全把权力交给自己的外戚，而是一直牢牢地掌握在自己的手里。总体来说，在管理家族方面她还是操作得宜的。从另一方面，她也希望能用这种方式，使自己的家族不重蹈从前外戚垮台的悲剧。

在和帝和殇帝刘隆相继去世，王朝内部发生变化的时候，鲜卑、南匈奴及西北方的羌人曾趁机叛乱，以致生灵涂炭。鲜卑和南匈奴的战事倒还算小，羌人却是一个大问题。

邓绥派哥哥邓骘统兵五万出征羌人。谁知邓骘没有父亲的能力和威望，打了大败仗，还使羌人一直侵入陕西山西地方。邓骘自觉取胜无望，就听了谒者庞参的意见，上书太后要放弃甘肃，退守陕西山西。满朝公卿慑于邓氏之威，竟"皆以为然"。只有郎中虞诩坚决反对，并竭力向三公之一的太尉张禹进言，张禹终于明白事理，出首坚决反对弃土之举。有了太尉的倡议，果然公卿们都敢于"皆从"了。

邓骘兄弟觉得颜面扫地，便暗箱操作，将虞诩打发到朝歌去。当时朝歌有以宁戚为首的数千人造反，邓氏认为虞诩去朝歌是死定了，就连虞诩的亲朋好友闻讯都很是哀伤。只有虞诩笑着说："这是我的好机会。如果不是遇上盘根错节的问题，怎么能够显示宝剑之利！"果然，虞诩到朝歌之后，没有损伤什么兵力，很轻松地就把叛乱给平定下来了。

正好就在这一年，邓骘和邓绥的母亲阴氏去世了。邓骘治军实在棘手，便向邓太后上书，请求退出军职，为母亲守孝。邓绥并不情愿，不想让军权交到别人手里，但又确实知道哥哥无法取胜，便向自己的老师班昭请教。班昭说："照规矩是应该守孝的，假如您连这都不答应，那日后绝不可能保持住谦让的名誉。"邓绥终于接受了班昭的意见，在几次换将之后，终于在任尚手里将羌人暂时收服。

任尚所用的兵法，都出自虞诩的建议。这消息很快传入邓绥耳中，她就任命虞诩为武都太守，入甘肃平羌，终于取得大胜，并且将荒芜的武都治理得井井有条。然而没过多久，由于任尚与太后之弟邓遵发生争执，自己又立身不谨，而被邓太后处斩。虞诩也随即被找了个小过失免了职。

邓绥对自己娘家的人要求非常严格，曾经下诏给司隶校尉及家乡的河南尹、南阳太守说："每当看到前代的外戚宾客，常常有假借威权，胡作非为，甚至干扰公务的，成为民间之害。责任之一就是官吏对他们执法懈怠，不敢管理的缘故。如今车骑将军邓骘等虽无过失之处，可外戚家子弟众多，姻亲又广，难免会有宾客亲属违法乱纪之事。凡是遇到这种情况，你们必须严格处理，不得宽容枉法。"

邓绥认为，要想使皇室外戚子弟不招破败之祸，最重要的是要加强对他们的教育，让他们读书。

元初六年（119年），邓绥下令将汉和帝的弟弟济北王、河间王家中子女，年龄在五岁以上的四十多人，和邓氏近亲子孙三十多人召到京师，为他们专门办起了一所学校。请了老师为他们教授经书，邓绥还亲自监督他们学习。年纪太小的，都专设师傅，让他们到宫内亲加教导。邓绥对亲属们说："我为什么要为子弟们做这样安排呢？这是因为当前风气不正，投机取巧，不肯学习，经书不传。如果不加以引导教育，情形将会更糟。所以我要褒崇圣人之道，以端正世间风俗。平日吃穿讲究，出门有排场，可说到知识，竟然一字不识。这就是祸败灭家的原因呀。我的祖父当年既有武功载于史册，又以文德教化子孙，因此使子孙后代都能约束行为，不违法乱纪。如今能够使你们上溯祖宗的遗愿，下念我的心意，我也就心满意足了。"

由于邓绥的约束教育，邓氏子弟都比较守法。她哥哥邓骘的儿子邓凤接受人家贿赂，事情被揭露出来后，邓骘将妻子和儿子头发剃光，以谢罪天下。这在封建社会中确是少见之事，是与邓绥严格约束外戚是分不开的。

事实上，这时的邓家已经完全变质。早在一年以前，三公之一的司空袁敞，就因为不肯依附邓氏，失了邓绥的欢心，而被罗织冤狱，最后竟被迫自杀。在这两件事之后，邓绥的另一位堂弟邓康觉得堂姐权欲过重，家族也贵至极处，满则溢，盈则亏，想要劝她及早退步抽身。于是几次三番地向太后上书，请求还权皇帝。奏章递上，却再等不到下文，邓康心中着急，干脆称病不去上朝。邓太后倒还有些亲亲之谊，

邓绥戒饬宗族

派一个贴身侍女前去看望。这位侍女原本是邓康家的奴婢，没想到她如今得了太后的宠信，因此趾高气扬地宣称自己是奉旨而来的"中大人"。邓康出来迎接。一看竟是当年唯唯诺诺的奴才，顿时大怒，狠狠地斥责了她一顿。这位中大人跑回宫中就向邓绥进谗言，说邓康装病而且还出言不逊，藐视太后。邓绥立即传下命令，将邓康免官遣返，开除出邓家宗祠。

经过这几桩事情，再也没有谁敢提让邓太后归政的话头。然而邓太后毕竟是个凡人，她不可能是万年不倒的金身。就在处置了邓康的第二年，永宁二年（121 年）二月，40 岁的邓绥患病不起，下诏令说："我以无德，母仪天下，而天不祐我，早遭大忧。殇帝延平之际，海内无主，平民厄运，国家危于累卵。我勤勤恳恳，一片苦心，不敢以万乘之国为儿戏，上求不欺天愧对先帝，下求不违背民意有负本心，至诚在于赈济安度众生，安定刘氏天下。自己觉得应当彻底感动天地，蒙受福祚，而和帝、殇帝、新野君相继去世，内外丧祸，伤痛不绝。近来老病沉重纠缠，长久不能侍祠宗庙，自奋力上原陵，加上咳塞唾血，以致不起。生死存亡，寿命大限，是无可奈何的。公卿百官，应勉力尽忠恪慎，辅助朝廷。"三月十三日离世，与和帝合葬顺陵。

安帝多年来都活在邓太后的阴影下，对她早已由当初的感激转成了怨恨。改朝换代、清理旧势力的工作很快就卓见成效。安帝将邓太后家族大加修理，邓氏家族的灭顶之灾，实在是来得太快太离谱。邓太后一生聪明、大权独揽，然而就像所有被卷进权力旋涡的人一样，她终于无法保障自己身后的变化。

除了因渴望权力而错误地选择储君之外，作为一个政治家的邓绥是高尚的，在她治理国家的近 20 年时间里，东汉王朝顺利地渡过了天灾人祸不断的 10 年。她年仅 40 岁就去世，与这 10 年的辛苦有极大的关系。在邓绥的治理下，东汉国家经济在严重的自然灾害之下仍能获得复苏，社会渐渐安定。邓绥执政期间，外戚宦官均不能为祸，她日夜操劳，躬自处置，增收节支，减轻赋税，救济灾民，终使岁还穰丰，百姓安居乐业。她采纳西域都护任留班超之子班勇的进谏，通西域、抗匈奴，安定并州、凉州，使西线多年无战事。她听从虞诩等人良策，以赦免战俘、安抚和谈的办法转守为攻，使羌人暴动得以平息。

另外，她对安帝的评价也是对的。当她去世之后，安帝果然如她所预料的那样，宠信宦官和外戚，东汉王朝更迅速地走了下坡路。

长孙无垢：贤妻良后的典范

长孙无垢（601—636 年），小字观音婢，河南洛阳人。祖先为北魏拓跋氏，父亲长孙晟隋时官至右骁卫将军，母亲是隋朝扬州刺史高敬德的女儿。唐朝宰相长孙无忌同母妹，唐太宗李世民的皇后，唐高宗李治母亲。

长孙无垢生长在官宦之家，自幼喜欢读书，接受了一整套正统的教育，形成了知书达理、贤淑温柔、正直善良的品格。大业九年（613年），13岁的长孙氏便嫁给了当时太原留守李渊的次子、年方17岁的李世民为妻。她年龄虽小，但已能尽行妇道，悉心侍奉公婆，相夫教子，是一个非常称职的小媳妇，深得丈夫和公婆的欢心。

有一次长孙氏回娘家，舅舅高士廉的一个姜室在她下榻的房舍外看到一匹两丈高的马，鞍鞯皆具，神采飞扬。可一转眼，这匹仿佛从

唐太宗与长孙皇后

天而降的大马就不见了踪影。高士廉于是请术士就此进行占卜，术士为她测完生辰八字就说她："坤载万物，德合无疆，履中居顺，贵不可言！"

李世民少年有为，文武双全，18岁就能单枪匹马突入敌军阵营，救出深陷重围的父亲；20岁便有王者风范，能礼贤下士仗义疏财，广招天下豪杰；21岁随父亲李渊起兵，亲率大军攻下隋都长安，将隋朝送进了坟墓，使李渊登上天子宝座，成为大唐王朝的开国之主——唐高祖。义宁二年（618年）五月，李渊称帝后，李世民因军功被拜为尚书令、右翊卫大将军，进封秦王。长孙无垢随即成为秦王嫡妃，开始了她迈向皇后之位的第一步。

次年，长孙无垢生下了她和李世民的第一个孩子李承乾。初为人母的长孙无垢心情是喜悦的，但她的心更多的是牵挂着出征的丈夫。李世民为了稳固唐王朝的江山不得不在战场上与敌厮杀，而他所偏好的孤胆英雄的杀敌方式更是让长孙王妃饱受揪心之苦。不久，李世民凭借卓越的战功获得了高祖李渊的至高奖赏：李世民被封为位于王公

之上的"天策上将"、陕东道大行台尚书令，所获赏赐为玉璧一对、黄金六千斤、食邑三万户。他同时得到的，还有金辂一乘、衮冕之服一套、前后部鼓吹及九部之乐、班剑四十人。这已是帝王级的仪仗待遇。作为秦王妃，长孙氏依旧孝事李渊，深得皇帝公公的认可。李渊以过继早夭嫡子李玄霸为名，将长孙妃亲生儿子李泰直接晋封为卫王、上柱国。

在李世民征战南北期间，长孙王妃紧紧追随着丈夫四处奔波，为他照料生活起居，使李世民在繁忙的战事之余能得到一种清泉般温柔的抚慰，从而使他在作战中更加精神抖擞，所向无敌。

李世民虽非太子，但功劳很大，麾下文臣武将如云。文臣有以杜如晦、房玄龄为首的"十八学士"，武有程咬金、秦叔宝、尉迟敬德等骁勇战将。这一切都看在了太子李建成的眼里，他对李世民的防范也一天强似一天，天策上将府与太子府之间已经势同水火。甚至有人还将状告到了高祖李渊那里，说："秦王恃他大勋，不服居太子之下。"

唐太宗像

这时候。长孙无垢肩上的担子就更重了，她竭心尽力地孝顺李渊、恭敬诸嫔妃，尽力弥缝李世民与父亲之间的关系。她还弥合妯娌间的关系，希望借助妯娌间的密切关系缓和李世民兄弟间的紧张气氛。可是她做的这些努力注定不会有结果。在权势面前，亲情和道德显得那么微不足道。很快李建成和弟弟李元吉就对李世民下了最重的一次毒手，他们将天策上将府中李世民的左右亲信和大将调出，准备将李世民除掉。

武德九年（626 年）六月，精心策划的玄武门事变爆发，最后的时刻终于到了。

李世民召集手下集合，准备和李建成决一死战，在这一紧要关头，长孙无垢抛开了个人得失坚定地和丈夫站在一起。《唐书·后妃列传》："太宗在玄武门，方引将士入宫授甲，后亲慰勉之，左右莫不感激。"可以看出当时长孙无垢并没有置身事外，她和李世民在一起真正做到了同生共死。李世民也固执地把这位柔弱的妻子带在身边，他知道这场军事斗争生死难料，无论是福是祸，他们绝不会有人苟且独生。在刀光剑影中闪动的是这对传奇帝后的真挚爱情和千载不变的誓言。

李世民通过玄武门兵变后，顺利除掉了太子和李元吉，受到兵变威胁的李渊只好立李世民为太子，并命令李世民掌管军国大事，实际上已经把权力交给了李世民。同年八月，李渊以年事已高为由禅位给太子李世民，自己退居太上皇。李世民继位后，次年改元贞观。

李世民登基后，长孙王妃也随即被立为皇后，应验了卜卦先生说她"坤载万物"的预言。做了至高无上的皇后，长孙氏并不因之而骄矜自傲，她一如既往地保持着贤良恭俭的美德。对于年老赋闲的太上皇李渊，她十分恭敬而细致地侍奉，每日早晚必去请安，时时提醒太上皇身旁的宫女怎样调节他的生活起居，像一个普通的儿媳那样力尽孝道。

对后宫的妃嫔，长孙皇后也非常宽容和顺，她并不一心争得专宠，反而常规劝李世民要公平地对待每一位妃嫔，正因如此，唐太宗的后宫很少出现争风吃醋的韵事，这在历代都是极少有的。也正因为有了长孙皇后的宽容和顺、贤惠大度，李世明在尽情享受多姿多彩的后宫生活的同时，还可以从容处理国家大事。

长孙皇后头脑冷静，遇事有独到而客观的见解，并且善于透过事物的表象抓住事物的本质，这令唐太宗非常折服，也就对她十分器重。每次回到后宫，常与她谈起一些军国大事及赏罚细节；长孙皇后虽然是一个很有见地的女人，但她不愿以自己特殊的身份干预国家大事，她有自己的一套处事原则，认为男女有别，应各司其职，因而她说："牝鸡司晨，终非正道，妇人预闻政事，亦为不祥。"唐太宗却坚持要听她的看法，长孙皇后拗不过，说出了自己经过深思熟虑而得出的见解："居安思危，任贤纳谏。"她提出的是原则，而不愿用细枝末节的建议来束缚皇夫，她十分相信李世民手下那批谋臣贤士的能力。

李世民牢牢地记住了贤妻的"居安思危"与"任贤纳谏"这两句话。当时天下已基本太平，很多武将渐渐开始疏于练武，唐太宗就时常在公务之暇，招集武官们演习射技，名为消遣，实际上是督促武官勤练武艺，并以演习成绩作为他们升迁及奖赏的重要参考。按历朝朝规，一般是除了皇宫守卫及个别功臣外其他人员不许带兵器上朝，以保证皇帝的安全，因此有人提醒唐太宗："众人张弓挟箭在陛下座侧，万一有谁图谋不轨，伤害陛下，岂不是社稷之大难！"李世民却说："朕以赤心待人，何必怀疑自己左右的人。"他任人唯贤，用人不疑的作风，深得手下文武诸臣的拥护，由此属下人人自励，不敢疏怠，就是在太平安定的时期也不放松警惕，国家长期兵精马壮，丝毫不怕有外来的侵犯。

关于任贤纳谏一事，唐太宗深受其益，也做得最好。他常对左右说："人要看到自己的容貌，必须借助于明镜；君王要知道自己的过失，必须依靠直言的谏臣。"他手下的大夫魏徵就是一个敢于犯颜直谏的耿直之士。魏徵出于忠心，并不是只挑毛病的人，他对国家大事常常直言不讳，敢于坚持自己的真知灼见，不看皇帝的脸色行事，是什么事，就怎么说。对唐太宗的一些不当行为和政策，也是直截了当地当面指出，并力劝他改正，唐太宗对他又敬又怕，称他是"忠谏之臣"。但有时在一些小事上魏徵也不放过，甚至小题大做，让唐太宗常常觉得面子上过不去。一次，唐太宗心血来潮，带了一大群护卫近臣，要到郊外狩猎。正要出宫门时，迎面遇上了魏徵，魏徵问明了情况，当即对唐太宗进言道："眼下时值仲春。万物萌生，禽兽哺幼，不宜狩猎，还请陛下返宫。"当时唐太宗兴致正浓，一听便不高兴了：我堂堂大唐帝王，富有天下，即便是打了一些哺幼的禽兽，那又如何？于是马鞭一指，请魏徵让到一旁。自己打马向前，坚持出游。魏徵却不肯妥协，干脆跑过来站在路中央，拦住了唐太宗的去路。唐太宗气愤至极，下马气冲冲地返回宫中。

唐太宗回宫见到了长孙皇后，独自义愤填膺地说："一定要杀掉魏徵以泄我心头之恨！"长孙皇后问明事情原委后，没有埋怨他，也没有说什么，只是悄悄回到内室，穿上礼服，然后庄重地来到唐太宗面前叩首道："恭贺陛下！贺喜陛下！"唐太宗见了，一头雾水，不知她葫芦里到底卖的什么药，吃惊地问："何事如此隆重？"长孙皇后一本正经地回答："妾闻有明主才有直臣，今魏徵直言，由此可见陛下英明，所以我来恭贺陛下！"唐太宗听了一怔，觉得皇后说的话甚是在理，于是满脸阴云随之而消，魏徵也就得以保住了他的地位和性命。由此可见，长孙皇后不但气度宽宏，而且还有过人的机智。

长孙皇后辅佐李世民，公正明智地处理方方面面的关系，常常把好处让给别人，把困难留给自己，宁可自己吃亏，也不让别人吃亏。按照现在的说法，就是舍己为人，不谋私利，深得宫中上上下下的敬佩，无形之中拥有了很大的威信和权力。谁都愿意听从她的安排，甚至感觉听她的话、按照她的安排办事是一种荣耀。长孙皇后与唐太宗的长子李承乾自幼便被立为太子，由他的

李泰为母亲长孙皇后所造的佛像

乳母遂安夫人总管太子东宫的日常用度。当时宫中实行节俭开支的制度，太子宫中也不例外，费用十分紧凑。遂安夫人时常在长孙皇后面前嘀咕，说什么"太子贵为未来君王，理应受天下之供养，然而现在用度捉襟见肘，一应器物都很寒酸"，因而屡次要求增加费用。但长孙皇后并不因为是自己的爱子就网开一面，她说："身为储君，来日方长，所患者德不立而名不扬，何患器物之短缺与用度之不足啊！"贞观盛世的形成，与太宗和皇后力持节俭政策是分不开的，在这方面，长孙皇后为天下人做出了表率。

在历代外戚中，有许多是凭着裙带关系而飞黄腾达的，但最后的结局往往是爬得高跌得狠，被流放监禁、满门抄斩者屡见不鲜。长孙无忌是长孙皇后的哥哥，文武双全，早年即与李世民是至交，并辅佐李世民赢取天下，立下了卓著功勋，本应位居高官，但因为他的皇后妹妹，反而处处避嫌，以免给别人留下话柄。

唐太宗原想让长孙无忌担任宰相，长孙皇后却奏称："妾既然已托身皇宫，位极至尊，实在不愿意兄弟再布列朝廷，以成一家之象，汉代吕后之行可作前车之鉴。万望圣明，不要以妾兄为宰相！"唐太宗不想听从，他觉得让长孙无忌任宰相凭的是他的功勋与才干，完全可以"任人不避亲疏，唯才是用"。而长孙无忌也很顾忌妹妹的关系，不愿意位极人臣。万不得已，唐太宗只好让他做开府仪同三司，位置清高而不实际掌管政事，长孙无忌仍要推辞，理由是"臣为外戚，任臣为高官，恐天下人说陛下为私"。唐太宗正色道："朕为官择人。唯才是用，如果无才，虽亲不用，襄邑王神符是例子；如果有才，虽仇不避，魏徵是例子。今日之举，并非私亲也。"长孙无忌这才答应下来，这兄妹两人都是那种清廉无私的高洁之人。

长孙皇后虽然以不重用娘家人为原则，也有例外的时候。她有一个同父异母的哥哥长孙安业，酗酒无赖，长孙皇后父亲死的时候，长孙皇后和哥哥长孙无忌还很小，安业竟然把兄妹两人撵回舅舅家，不让两人回家。长孙无垢当上皇后后，并不记恨，反而求太宗照顾他。太宗便任命安业为监门将军。后来安业参与了刘德裕造反的事，太宗要杀安业。长孙皇后在太宗面前叩头流泪为安业求情，她说："安业的罪过当然该死，不在赦免之列。可是天下人都知道他对我不好，陛下要杀他，众人还以为是我借陛下的手杀害自己的兄长，对陛下的名誉有损。"太宗无奈，只得法外施恩，将安业免去死罪。

　　唐太宗和长孙皇后膝下有一女长乐公主，被视为掌上明珠，从小养尊处优，是一个娇贵的金枝玉叶。将出嫁时，所配嫁妆要比永嘉公主加倍。永嘉公主是唐太宗的姐姐，正逢唐初百业待兴之际出嫁，嫁妆因而比较简朴，长乐公主出嫁时已值贞观盛世，国力强盛，唐太宗要求增添些嫁妆本不过分。但魏徵听说了此事，上朝时谏道："长乐公主之礼若过于永嘉公主，于情于理皆不合，长幼有序。规制有定，还望陛下不要授人话柄！"唐太宗本来对这番话不以为然。时代不同，情况有变，未必就非要墨守成规。回宫后，唐太宗随口把魏徵的话告诉了长孙皇后，长孙皇后却对此十分重视，她称赞道："常闻陛下礼重魏徵，殊未知其故；今闻其谏言，实乃引礼义抑人主之私情，乃知真社稷之臣也。妾与陛下结发为夫妇，情深义重，仍恐陛下高位，每言必先察陛下颜色，不敢轻易冒犯；魏徵以人臣之疏远，能抗言如此，实为难得，陛下不可不从啊。"于是，在长孙皇后的操持下，长乐公主带着不甚丰厚的嫁妆高高兴兴地出嫁了。

　　长孙皇后不仅是口头上称赞魏徵，而且还派中使赐给魏徵绢四百匹、钱四百缗，并传口讯说："闻公正直，如今见之，故以相赏；公宜常秉此心，不要转移。"魏徵得到长孙皇后的支持和鼓励，更加尽忠尽力，经常在朝廷上犯颜直谏，丝毫不怕得罪皇帝和重臣。也正因为有他这样一位赤胆忠心的谏臣，才使唐太宗避免了许多过失，成为一位圣明君王，说到底，这中间实际上还有长孙皇后的一份功劳。

　　贞观八年（634年），长孙皇后随唐太宗巡幸九成宫。一天夜里

皇太子李治为母亲长孙皇后所建大慈恩寺

出现了紧急状况，有人报告说侍卫中发生了兵变。太宗自己手持武器，出来巡视，长孙皇后害怕太宗遇到危险，自己挡在太宗面前。虽然有惊无险，但她身体本来不好，受了惊吓，又感染风寒，引动了旧日疾患，病情日渐加重。

太子李承乾请求以大赦囚徒并将他们送入道观来为母后祈福去疾，群臣感念皇后盛德都随声附和，就连耿直的魏徵也没有提出异议。但长孙皇后自己坚决反对，她说："死生有命，富贵在天，非人力所能左右。若修福可以延寿，吾向来不做恶事；若行善无效，那么求福何用？赦免囚徒是国家大事，道观也是清静之地，不必因为我而搅扰，何必因我一妇人，而乱天下之法度！"她深明大义，终生不为自己而影响国事，众人听了都感动地落下了眼泪。唐太宗也只好依照她的意思而作罢。

长孙皇后的病拖了两年时间，终于在贞观十年（636 年）盛暑中崩逝于立政殿，享年仅 36 岁。弥留之际尚殷殷嘱咐唐太宗善待贤臣，不要让外戚位居显要；并请求死后薄葬，一切从简。

唐太宗并没有完全按照长孙皇后的意思办理后事，他下令建筑了昭陵，气势十分雄伟宏大，并在墓园中特意修了一座楼台，以便皇后的英魂随时凭高远眺。这位圣明的皇帝想以这种方式来表达自己对贤妻的敬慕和怀念。长孙皇后以她贤淑的品性和无私的行为，不仅赢得了唐太宗及宫内外知情人士的敬仰，而且为后世树立了贤妻良后的典范，到了高宗时，尊她为"文德顺圣皇后"。

懿安皇后：身历七朝，不预外廷

懿安皇后（约779—848年），郭氏，唐宪宗嫡妻，唐穆宗生母。华州郑县人。中书令、汾阳郡王郭子仪孙女，驸马都尉郭暖、升平公主次女。亦是唐代宗李豫的外孙女，唐德宗李适的外甥女，唐顺宗李诵的表妹。唐宪宗为广陵王时被选为为正妃，唐宪宗继位后册为贵妃，唐穆宗时尊为皇太后，唐敬宗、唐文宗、唐武宗三朝尊为太皇太后。

郭氏一生历经唐朝七代皇帝，其中五朝极尽尊贵，是所谓七朝五尊。

贞元九年（793女），郭氏因家世显赫，被选为广陵王妃，时为广陵王的李纯亲临升平公主家，纳迎如礼。李纯因郭氏的生母升平公主身份高贵（唐顺宗的姑母），再加上父、祖都有功于皇室，深为宠爱。贞元十一年（795年），郭氏为李纯生下第三子李宥；后又生一女岐阳庄淑公主。

元和元年（806年）八月，李纯继位，是为唐宪宗，册封郭氏为贵妃。元和六年（811年），太子李宁去世。元和七年（812年），李纯立李宥为太子，将其改名李恒。元和八年（813年）十二月，群臣多次奏请册立郭氏为皇后，唐宪宗因来年有子午之忌，而且当时后宫嬖幸之女尚多，考虑到郭氏出身显族，担心郭氏成为皇后，将不容许唐宪宗有后宫之宠，因而婉拒百官之请。所以在唐宪宗在位的15年（805—820年）中，郭氏只是贵妃的身份。

元和十五年（820年）正月，唐宪宗去世，太子李恒继位，是为唐穆宗。同年闰正月，唐穆宗尊奉母亲郭氏为皇太后，追封郭氏的曾祖父郭敬

唐宪宗像

之为太傅，父亲郭暧为太尉，母亲升平公主为齐国大长公主；提拔郭氏的兄长郭钊担任刑部尚书，郭鏦担任金吾大将军。郭氏一门更为显赫。

郭氏居于兴庆宫，唐穆宗每逢朔望参见、三朝庆贺时，均亲率百官前往宫门拜寿。每逢岁时庆贺宴飨之时，后宫亲属内外命妇，车骑填塞宫门，环佩之声满宫。唐穆宗性情亦颇为豪奢，朝夕供奉，务求豪华盛大以合郭氏之意。郭氏曾经临幸骊山，登临游览，唐穆宗命令景王督率禁军侍卫，并亲自前往昭应奉迎郭氏，游幸宴饮数日方回。

长庆四年（824年），唐穆宗去世，宫中有人替郭氏谋划临朝称制，郭氏发怒说："要我仿效武则天吗？如今太子年虽幼小，仍可选择德高望重之臣为之辅佐，我何必参与外廷事务呢！"于是唐穆宗的太子李湛继位，是为唐敬宗。

唐敬宗继位后，尊奉生母王氏为皇太后，祖母郭氏为太皇太后。宝历三年（827年），唐敬宗遭宦官杀害，内外震惊，宦官拥立绛王李悟监国，不久又将其加害。于是，郭氏下诏迎立唐敬宗之弟江王李昂继位，是为唐文宗。因唐文宗尊生母萧氏（贞献皇后）为皇太后，加上太皇太后郭氏与唐敬宗生母皇太后王氏（恭僖皇后），宫中共有三位太后，故称"三宫太后"。

唐文宗性情恭谨孝顺，侍奉郭氏极为有礼，凡珍馐佳果以及四方进贡的奇巧之物，必定先行进献宗庙、三宫之后，方才自己享用。

开成五年（840年），唐文宗去世，其弟颍王李炎继位，是为唐武宗。当

唐武宗像

时宫中为分辨三宫太后，因此称唐敬宗生母王氏为义安太后，唐文宗生母萧氏为积庆太后，郭氏仍称太皇太后，而且三宫太后仍继续受到唐武宗孝养。

唐武宗继位后，性喜行猎游宴，与武士角力，选择五坊小儿让其出入宫禁。有一天，唐武宗问郭氏起居之状，并从容请教说："怎样做才能成为盛德天子呢？"郭氏说："谏臣所上章疏应当留心阅览，觉得可行的就采用；如有不妥之处，可以征询宰相的意见；不得拒受直言，不要听信谗言，要以忠良之士作为心腹。这样就能成为盛德天子。"唐武宗再拜致谢，还宫后索取大臣谏章阅览，多是劝谏游猎之事，从此后便很少出游行猎，五坊小儿与角力武士等人不再享受大量赏赐。

会昌六年（846年），唐武宗去世，朝臣拥立唐宪宗之十三子、唐穆宗异母弟光王李忱继位，是为唐宣宗。其兄穆宗乃郭氏为太子正妃时与太子李纯（唐宪宗）所生，故为嫡出，穆宗三子（敬宗李湛、文宗李昂、武宗李瀍）亦各有子嗣，据宗法本可继承大统。然而却因宣宗得到宦官势力拥戴，以庶夺嫡，登位大宝。郭太后亲支皇嗣子孙亦从此丧失入承大统的机会，更被迫与当年曾侍候自己的宫女（宣宗生母郑氏）平起平坐（宗法上郭太皇太后仍高于宣宗生母郑氏），难免对宣宗母子心存芥蒂，因此宣宗相较于先前诸帝，对郭太皇太后的孝养较为疏薄，郭氏为此郁郁不乐。

大中二年（848年）六月初一，郭氏与几名侍从登临勤政楼，准备跳楼自尽，左右侍从赶紧拦住，唐宣宗闻知此事很不高兴，谁知当天晚上郭氏在兴庆宫突然去世。定谥号为懿安皇后，安葬在景陵外园。

太常官王暤奏请将郭氏合葬于景陵，以其神主袝祭于唐宪宗庙室，唐宣宗很不高兴，命宰相白敏中责让王暤。王暤反驳说："郭后本是唐宪宗在东宫时的元妃，作为儿媳侍奉唐顺宗，经历五朝皆为天下母后，不应再有异议。"白敏中极为恼怒，周墀也加以指责，王暤始终不肯屈从，周墀便说："王暤确是孤傲耿直！"不久即将王暤贬职为句容县令。

唐懿宗咸通年间，王暤回朝再任礼官，重申坚持先前的看法，终于使朝廷下诏将郭氏神主祔祭于太庙。

刘娥：一代贤后，还政有方

刘娥（968—1033年），章献明肃皇后，宋真宗赵恒皇后。宋朝第一个临朝称制的女主，常与汉之吕后、唐之武后并称，后世称其"有吕武之才，无吕武之恶"。

刘娥祖籍太原，祖父刘延庆在五代十国的后晋、后汉时任右骁卫大将军，父亲刘通是宋太祖时的虎捷都指挥使，领嘉州（今四川乐山）刺史，因此举家迁至成都华阳。

据传，当年刘通之妻庞氏做了一个奇怪的梦，梦见一轮明月入怀，不久便发现自己怀了身孕，遂生下次女刘娥。然而，女孩刚出生不久后，刘通便奉命出征，岂料就此一去不返，阵亡于前线。刘家家道中落，庞氏只得带着襁褓中的女婴寄居于娘家。

刘太后像

童年时期的刘娥在外祖父家过得并不好，虽然学会了读书识字却不曾享受过小姐的生活，倒是学会了一身谋生技艺，善说鼓儿词。庞家对这个寄居的外孙女儿的态度更是厌恶至极，刘娥刚刚长大，庞家便迫不及待地将年仅十三四岁的刘娥嫁给了一个名叫龚美的银匠。

龚美要外出谋生，就带着妻子刘娥离开了家乡四川，来到了京城开封。可是银匠在京城的生意并不是很好，走投无路之时，银匠就想把刘娥卖掉。时宋太宗第三子韩王赵恒（即日后的宋真宗，时名赵元休）的指挥使张耆将刘娥推荐给韩王，赵恒一见刘娥，就觉得她聪慧貌美，大为喜爱，欲娶之为姬侍。二人随即暗度陈仓，刘娥也在韩王府中住了下来。

刘娥天生丽质，聪明伶俐，与韩王赵恒年貌相当，颇得其欢心，二人更是形影不离。太宗知道此事后雷霆大怒，勒令赵恒把刘娥逐出韩王府。父命难违，但赵恒实在不舍，便悄悄把刘娥寄养在幕僚张耆的家中。张耆安排家人对刘娥悉心照顾，自己为了避嫌，每天睡在韩王府，以免招致不必要的祸端。

以后的日子里，赵恒的王爵一路升迁，所负担的职务也越来越烦冗，然而只有要机会，他就想方设法地要去张耆家里和刘娥相聚。这样的偷偷摸摸备受折磨的日子，赵恒和刘娥一共过了 15 年。

宋太宗至道三年（997 年），宋太宗驾崩，太子赵恒承继大统，即宋真宗。继位后，宋真宗将刘娥接入宫中，但后宫已经有了郭皇后和其他一众嫔妃，刘娥只被封为“美人”。当年，刘娥住在张耆家里时，为了排遣内心的孤寂，博览群书，研习书画棋乐，终显才华。走进皇宫的刘美人，已不再是当年那个平庸之辈了。

入宫后，刘娥不与真宗后宫的皇后和嫔妃们争宠。后宫嫔妃中，杨氏（即日后的杨淑妃）极为受宠，真宗出巡，杨氏亦不离左右，受宠之深，与刘娥几乎不相上下。对于宠妃杨氏，终刘娥一生，都与之情同姐妹，从无间隙，在后宫中共同进退。宋真宗景德元年（1004 年），刘娥被封为四品美人。之后，刘娥又接连晋升为修仪、德妃。刘娥是个孤女，没有父母，也没有其他家人，刘娥遂认龚美为兄，龚美也自此改姓刘。

刘娥不仅温柔美丽，且生性机敏，通晓书史，对国家大事也颇具见识。真宗批阅文件，刘娥常陪伴其左右。凡有疑难，刘娥总能提供恰当的建议，深得真宗信任。真宗有意立刘娥为后，但迫于刘娥的出身，此事迟迟未提。

景德四年（1007 年），郭皇后驾崩。真宗欲立刘娥为后，寇准、李迪、向敏中、王旦等重臣皆以"刘娥出身微贱，不可以为一国之母"为由，表示坚决反对。真宗左右为难之际，就找参知政事赵安仁商量。正因刘娥出身卑微，赵安仁也反对立她为后。真宗听了大为不悦，次日又找王钦若商量，并告知了他赵安仁的意见。王钦若对真宗言道："陛下不如问问赵安仁，如若不立刘妃为后，应该立何人为好。"过了几天，真宗问赵安仁，赵安仁谏言道："才人沈氏是前朝宰相沈义伦的后代，可为皇后。"真宗次日对王钦若说明了赵安仁的意见，王钦若说："我早料到他会这样说，赵安仁过去曾做过沈义伦的门客！"真宗觉得赵安仁徇私，就罢免了他的官职，下定决心立刘娥为后。但刘娥为人处事颇为谨慎，当真宗决定立她为皇后时，宰相王旦忽然请病假，刘娥担心王旦持反对意见，就劝说真宗推迟此事。后来王旦上疏表示同意立刘娥为后，立后之事才最终敲定。大中祥符五年（1012 年）十二月二十四日，刘娥被册立为皇后。

寇准像

刘皇后才略过人，精通书史，记忆力特强，朝中、宫中之事，一经她知道，即能详述始末，历久不忘。赵恒批阅奏章有时到深夜，刘氏则始终相陪，间或提些建议，也往往中肯，多被采纳，因而"宠幸专房"。

宋真宗天禧三年（1019 年），太白昼现，经过占卜，得出结论："女主昌"。恰逢此时真宗皇帝多病，皇后刘娥渐渐把持了朝政，宋真宗心中不安，怕刘娥危及赵氏江山，遂向心腹周怀正透露了自己有让太子监国之意。宰相寇准得知这个情况，找机会进宫，与真宗密议"太子监国"之事。事情极为隐秘，包括皇后刘娥在内，都不让知晓。出宫后，寇准马上让杨亿连夜秘密起草"太子监国"的诏书。不料事情还是败露，摇摆不定的宋真宗以"不记与准初有成言"为由，把事情全部推给了宰相寇准。在刘娥、丁谓等人的压力下，寇准被罢相。丁谓则取代寇准，成为宰相。

寇准一党的周怀正是"太子监国"事件的主要参与者，见谋划失败，知道刘娥、丁谓掌控朝政后必然打击寇党成员，遂铤而走险，策划发动兵变。谁知周怀正的手下在兵变的前一晚向丁谓告密，丁谓深夜去见曹利用谋划应对，曹利用进宫，将此事密告皇后刘娥。第二天一早，周怀正及其党羽均被收捕，很快，周怀正被杀。之后，丁谓等又借"伪造天书"一案，进一步打击寇准和寇党势力。寇准在永兴军的心腹朱能，不愿坐以待毙，起兵反抗，不久兵败自杀。

刘娥矫诏，削寇准莱国公头衔，从知相州（河南安阳），再迁安州（湖北安陆），由安州再贬至道州（湖南道县），极短时间，寇准连遭三贬。对此，宋真宗并不知情，一日，问左右为何多日不见寇准，左右之人都不敢回答。

天禧四年（1020年）以后，赵恒久病不愈，大臣的奏章多由刘皇后审阅批答。刘娥由银匠之妻成为一国的皇后，绝非单单因为美貌。此时的刘娥已经40多岁，早已过了花样年华，吸引真宗的是她的智慧和能力。精明能干的刘娥把后宫事务处理得井井有条，同时在朝政方面能给真宗以帮助。真宗十分信任这个陪伴他多年的枕边人，甚至有一点依赖她。

当真宗的身体状况日趋恶化时，刘娥便顺理成章地帮丈夫处理朝廷日常政务，裁定军国大事。另外，刘娥的前夫刘美由于刘娥的关系，升得很快，逐渐掌握了京城军权，成为刘娥最为得力的助手之一。真宗统治晚期，刘娥权力越来越大，成为实际上的统治者，其一举一动，对当时的政局，尤其是寇准、丁谓两派之间的斗争，产生了决定性的影响。

尽管真宗对刘娥宠爱有加，但刘娥却没有为真宗生下一儿半女。真宗曾看上了刘娥宫中的一个侍女李氏，此人为人庄重少言，后来成了真宗赵恒的司寝。大中祥符三年（1010年），李氏产下一子（也就是后来的仁宗赵祯）。当时刘娥还未被封后，年近四旬的刘娥认识到自己可能不会再有孩子了，便抱养了李氏的这个孩子，由她和另外一个嫔妃杨氏共同抚养，这也成了宫中无人敢言说的秘密。这个孩子对刘娥能册立为皇后，以及真宗死后顺利垂帘听政具有重要的意义。聪明的刘娥十分明白儿子对她的重要性，不管是出于真心，还是假意，刘皇后还真是充当了一个合格母亲的角色，细心地抚育赵祯，母子感情十分融洽。这位皇子从小就称刘娥为大娘娘，称杨氏为小娘娘，小皇子一直认为刘皇后就是自己的亲生母亲。

关于赵祯的身世，有一种至今流传的说法，这就是"狸猫换太子"的故事。主人公的传奇经历几乎家喻户晓，妇孺皆知。清末小说《三侠五义》中称刘氏、李氏在真宗晚年同时怀孕，为了争当正宫娘娘，刘娥工于心计，将李氏所生之子换成了一只剥了皮的狸猫，污蔑李妃生下了妖孽。真宗大怒，遂将李妃打入冷宫，而立刘娥为后。后来，天怒人怨，刘妃所生之子夭折，而李妃所生男婴在经过波折后被立为太子，并登上皇位，这就是宋仁宗。在包拯的帮助下，宋仁宗得知真相，并与已经双目失明的李妃相认，而已升为皇太后的刘氏则畏罪自缢而死。当然，这个故事并不可信。

宋真宗像

乾兴元年（1022 年）二月，真宗病情恶化。弥留之际，最让他放心不下就是年幼的太子。二十日，真宗死于延庆殿，享年 55 岁。太子赵祯继位，是为宋仁宗。按照真宗的遗诏，尊刘皇后为皇太后，在仁宗成年之前代其处理军国大事。每当朝会之时，仁宗坐左边，刘太后坐右边，军国重事由刘太后一手裁决，她处事明敏，号令严正，恩威兼施，又颇能自我约制，因此，在她"垂帘听政"的 12 年间，政事处理得井然有序。

真宗驾崩后，权臣丁谓意图架空刘娥，独揽朝政，刘娥亦察觉到丁谓的野心，二人矛盾逐渐激化。王曾见刘娥与丁谓已生间隙，遂趁机单独进谏刘娥，上陈丁谓窃弄权柄、包藏祸心，社稷将危。刘娥怒不可遏，决心除掉丁谓。

六月，刘娥在承明殿召见群臣，将宰相丁谓瞒上欺下、架空两宫，并与内廷宦官雷允恭勾结的证据公诸于众。刘娥欲杀丁谓，在群臣劝阻下，最终将丁谓罢相，抄没家产，贬至崖州（今海南岛）。

此时，真宗陵寝竣工。刘太后召文武大臣至会庆殿，商议为赵恒准备的殉葬物品，对于赵恒所珍藏、供奉的大量"瑞物"和"天书"应如何处置，刘太后采纳了宰相王曾的提议："前后下降的天书和全国贡献的瑞物，都是皇天上帝对先皇帝的特别的恩赐，此项光荣属于先皇帝，先皇帝已经上仙而去，天书、瑞物也应该与先皇帝同归皇堂奉安才是，万不可再留人间。"于是所有"天书""瑞物"都作为随葬物品埋入陵中，无一样留存。这一措置既消除了赵恒造成的朝廷上的迷信空气，又杜绝了修建神仙宫观、供奉"天书""瑞物"的大量无益花费。将"天书"作为随葬品一起埋入永定陵，总算终结了虚耗大宋国力十余年的"天书奇谈"，还了政治与社会环境一个清静。

刘娥治理国家号令严明，赏罚有度，虽然难免有些偏袒家人，但并不纵容他们插手朝政。在大是大非面前，她更尊重士大夫们的意见，王曾、张知白、吕夷简、鲁宗道都得到了她的重用，刘氏姻族也没有做出危害国家的祸事。

刘娥协助真宗理政多年，对朝臣结党吏治不靖深有感触，她知道自己年长皇帝年少，这样的状况是很容易被有所图谋的大臣钻空子的，于是她用了一个计策。真宗下葬之后，刘娥挑了一个合适的时机，做出非常恳切的模样对大臣们说道："如今国事变动，我和皇帝多亏诸公匡助，才能有今日，实在感激。诸位可以将亲眷的姓名都呈报给我，也好一律推恩录用，共沐皇恩。"大臣们听了都高兴不已，将自己能想到的亲戚名字都一个不漏地汇报了上去。诸公们这可算是睁着眼跳坑——刘太后将这些名字都记录下来，此后凡遇到有推荐官员的时候，她都拿去核对一下，只有榜上无名者才能得到升迁的机会。从而避免了朝臣编织权力网的可能。

刘娥临朝后，曹利用以勋旧功臣自居，权倾内外。刘娥也有些忌惮曹利用，上朝时称其"侍中"而不直呼其名，以示尊重。天圣七年（1029年），有人状告曹利用侄儿、赵州兵马监押曹讷酒醉后穿黄衣，让人呼其万岁。刘娥欲借机治曹利用谋反大罪，亲自手书一语给宰相王曾，上写："曹利用与其侄儿谋反事，理分明也，须早杀却。若落他手，悔不及也。"尚书张士逊进言："这是曹讷一人所为，曹利用是重臣，应该不知。"刘娥大怒，将张士逊罢官，赶离京师。宰相王曾一向与曹利用不和，但面对谋反的大罪，亦不敢妄言。刘娥见群臣如此，遂对曹利用的发落稍加从轻。曹利用在贬途，自尽身亡。

殿中丞方仲弓上书，请刘娥"行武后故事"；权知开封府，后入朝拜相的程琳亦献上《武后临朝图》，均暗示刘娥称帝。刘娥询问朝臣看法，众臣皆不敢言，唯刚直的鲁宗道说：这样做，又将置当今皇帝于何处？刘娥最终还是将鼓动她称帝的奏章撕碎，掷于地上，表态说："我不做这种对不起大宋列祖列宗的事！"

明道二年（1033年）二月，虽遭大臣激烈反对，刘娥仍再次身着帝王龙袍，在宋朝太庙祭祀宋太祖等宋朝历代帝王。作为对群臣和士大夫的妥协，将帝王龙袍的十二章图案减去象征忠孝与洁净的宗彝、藻两章，同时，没有佩戴男性帝王的佩剑。

北宋名相富弼上疏宋仁宗，回顾这段往事时说道："当日章献明肃皇后（即刘娥）临朝，陛下（即宋仁宗）受制于人，皇权微弱。而章献明肃皇后最终没有像唐代武则天那样谋朝篡位，全赖忠臣的救护，使得章献明肃皇后不得不克制欲望。陛下可以保全皇位，实是这些忠臣之功。"

刘太后还听从丞相吕夷简的敦促，用厚礼殡葬仁宗赵祯的生母李宸妃，办了一件让刘氏后人得益的事情，也使得她死后仍然得到荣宠和尊重。李宸妃是一位令人同情的女性，真宗赵恒有六子，五子皆早殇，只剩下李氏所生这个宝贝儿子。赵祯的降生使得真宗中年得子，皇脉延续。自然喜出望外，对他疼爱有加。待到赵祯开蒙之际，真宗就细心为他挑选老师，关注他的学业，将他培养成自己的皇位的继承人。天禧二年中秋节，真宗正式册立八岁的赵祯为皇太子。

在封建礼俗中，母以子贵，李氏本该备受荣宠，但因其出身卑微，根本不被大权在握又目无下尘的刘皇后放在眼中。刘皇后无子，李氏生下赵祯不久，刘皇后毫不客气地将赵祯抱去，据为己子，由杨妃恩养、抚育。面对如此打击，李氏不敢言语，只有暗中流泪，平时也不敢与帝后们同坐共语，只在妃姜宫女群中默默度日。真宗死后，赵祯继位，当时他只有十二岁，虽"听事资善堂"，但只是徒有其名，朝中大事，完全由垂帘听政的刘太后一手决定。李氏眼看着儿子登上皇帝宝座心中欢喜，但却不敢前去相认，以倾诉母子之情。周围的宫人和朝中的大臣，也都畏惧刘太后的权势，不敢言明此事。不久李氏由婉仪进位顺容（宫中妃嫔分十九级，婉仪为第十一级，顺容为第九级），级别虽然晋升了，可是却命她前去巩县，伺候永定陵。这无疑是打入冷宫，终日守着寂寞的陵冢，身影与孤灯相伴，寂寞加上惆怅，孤苦和着凄凉，再加上终日思子的悲伤，生活已完全失去希望。明道元年（1032 年），陵区的凄风苦雨，送走了她 46 个年头的短暂生命。直到此时，皇帝赵祯仍然不知刚刚死去的那个宫人，就是他的生身之母。

李氏在病危之时被晋封为宸妃，刘太后原本打算用一般宫人之礼埋葬李氏，丞相吕夷简则建议她用厚礼殡葬。刘太后十分生气地说："一个宫人死去，何必那么兴师动众？"吕夷简恳切回答道："老臣身为宰相，无论宫中、府中之事，我都尽心而为，为的是皇帝陛下和太后诸事万全。此事作何处置，还请太后三思才好啊。"刘太后听后更生气了："你的话话中有话，你是不是想要离间我母子二人？"吕夷简忙跪下解释道："老臣不敢，只是请太后陛下能以刘氏一门为重，无论如何要厚葬李宸妃。"一句话提醒了聪明的刘太后，便传下旨意，用皇后礼仪，殡葬李氏于东京（今开封市）西北郊的洪福寺，所以，李妃丧事办得极其隆重。

宋仁宗像

直到刘太后病逝，这才有大臣向仁宗赵祯泄露了真相："刘太后不是陛下的生身之母，陛下的亲生母亲是李宸妃，她死得很悲惨。"赵祯听后放声大哭，这时又有人进言："李宸妃之死，不明不白，死因可疑。"于是赵祯亲临洪福寺开棺检看，见宸妃戴着凤冠，披着霞帔，穿着百子衣，完全是皇后的装束；在水银的养护下，尸体不腐，面色如生，这才释去了大家对刘太后的怀疑。赵祯感叹非常，又想及刘太后对自己抚养护持的恩德，就对跟随的大臣说："闲话和议论是不能相信的。"从此，对于刘太后的一家更加优礼相待。同时追封其母亲李宸妃为"章懿皇后"，并迁葬永定陵。

明道二年（1033 年）三月，刘娥染病，下令大赦天下，将乾兴元年即刘娥临朝以来的贬死之人包括寇准、曹利用等刘娥的政敌们一律恢复旧有官职。特许丁谓可再次为官，将丁谓从贬黜的远地内迁。随后，刘娥崩逝。宋仁宗在皇仪殿召见群臣，哭道："太后临终前数度牵扯身上衣服，是何意？"参知政事薛奎说："太后不愿先帝于地下见她身穿天子之服。"仁宗醒悟，下令给刘娥换上后服，然后入殓。十月，宋仁宗率群臣将刘娥下葬，陪葬宋真宗永定陵，谥号"章献明肃"皇后。

刘娥从卖艺的孤女，到开创大宋皇朝女主临朝先河的皇后，在中国历代后妃中，是一个极具传奇色彩的人物。同时，刘娥也是颇有作为的一代女主。她终结"天书"运动、结束党争、发行交子、兴修水利、创设谏院、兴办州学，为仁宗亲政后的"仁宗盛治"打下了坚实的基础。

刘娥擅权，至死不肯还政于宋仁宗，又时常着帝王服饰，宋廷重臣均忧虑其"行武后故事"，即效法唐代的武则天称帝。在群臣的阻力面前，刘娥压制欲望，最终并未走出这一步。故刘娥死后，包括宋仁宗、司马光、范仲淹等宋廷君臣对刘娥的评价是相当正面的。

高滔滔：女中尧舜开太平

高滔滔（1032—1093 年），亳州蒙城（今安徽省蒙城县）人。勋戚之后，宋仁宗皇后曹氏的外甥女，宋神宗的母亲。北宋英宗皇，后史称宣仁圣烈皇后，1085—1093 年临朝称制。

高氏，乳名滔滔。她的曾祖父是高琼，太宗时以武功起家，封忠武军节度使；祖父高继勋有功于王室，官至节度使；父亲高遵甫任北作坊使；母亲是北宋开国元勋大将曹彬的孙女，母亲的胞妹就是仁宗

宣仁皇后像

的慈圣光献曹皇后。高滔滔3岁时被曹皇后接进宫，带在自己身边。仁宗赵祯因没有儿子，也把3岁的侄子赵宗实（后改名赵曙，即宋英宗）养到宫里。高滔滔与赵宗实同岁，青梅竹马，嬉闹玩耍，形影不离，亲热得像同胞兄妹一样。宫中上下都习惯地将宗实称为官家儿，滔滔为皇后女，赵祯与曹后也非常喜欢这两个孩子。赵宗实和高氏在宫中生活了五六年后，各自回到了父母身边。庆历七年（1047）初，由赵祯、曹氏做主，高氏嫁到濮王府，封为京兆郡君，宫中称此事为"天子娶儿媳，皇后嫁闺女"，一时传为佳话。小两口情投意合，相敬如宾，感情比孩童时更加亲密。次年四月，他们的长子出生，取名赵仲针，后改名赵顼。以后的十几年间，到赵曙登基时，高氏已有4个儿子（颍王赵顼，岐王赵颢，润王赵颜、嘉王赵頵）和1个女儿（后封寿康公主）。嘉祐八年（1063年）四月初一，赵曙继皇帝位，是为英宗；二十五日，高氏正位中宫，成了皇后。

赵曙继位之初，由于生病便由曹太后来垂帘听政。一些宦官不断向曹太后说赵曙的坏话，致使两宫嫌隙萌生，关系颇为紧张。

为了调解两宫矛盾，韩琦和欧阳修先对曹太后说："您侍候先帝仁宗这么多年，天下谁不知道您是一个又贤德、又宽厚、又仁慈、又通达的人，为什么现在会和儿子过不去呢？他是个病人，您不至于和他一般见识吧。难道您希望

宋英宗像

别人像议论天下其他继母那样去议论您吗？"他们又对赵曙说："自古以来，天下贤明的君主不计其数，人们为什么唯独称颂舜为大孝子？难道其他人都不孝顺？当然不是。父母慈爱而子女孝顺是很平常的事情。如果父母做得不好而子女依然孝敬有加，那才值得称道啊。过去太后是个什么样的人难道您还不清楚？您只管尽您做人子的孝心，相信太后一定不会亏待了您。"在大家的劝解下，两宫之间的矛盾得以逐步缓和。治平元年（1064 年）五月，赵曙病体恢复，曹太后撤帘还政。

赵曙继续任用仁宗时的改革派重臣韩琦、欧阳修、富弼等人。鉴于仁宗以来的弊政，赵曙向执政宰辅们提出了裁救积弊的问题，征求大臣们的意见；还下诏将各品级官员的转迁年限加以延长，在一定程度上缓解了"冗官"现象给朝廷财政造成的压力。为广纳人才、为国选贤，赵曙命宰执大臣推荐才行之士以充馆职。治平四年正月八日（1067 年 1 月 25 日），赵曙因病驾崩于福宁殿，享年 36 岁。赵顼继皇帝位，是为神宗，尊高氏为皇太后。

高后自幼在宫中住过几年，做皇后和皇太后时又长期在宫中和曹后共同生活，各方面都深受曹后的影响。她事事效仿曹后，生活俭朴，约束本家，严守封建礼教的妇德，不干预朝政。在政治观点上，两人更是惊人地一致，而且高氏比曹皇后更为保守。

赵顼从继位开始，针对宋朝的社会弊端，尤其是冗兵、冗官、冗费带来的社会危机，启用王安石实

宋神宗像

行变法。曹后与高后都不赞成神宗的变法活动，劝说过赵顼不要轻易变革祖宗法度。

元丰七年（1084年）冬，赵顼生病，病情日见沉重，连话都说不清楚了。还在初病之时，赵顼就有了立太子的打算，说准备在来年春天把长子延安郡王赵佣立为太子，并延请司马光、吕公著做赵佣的师傅。眼看赵顼的病情日趋恶化，立太子更是刻不容缓的头等大事了。皇太后高氏、皇后向氏、左相（首相）王珪等人都很赞成赵顼的想法，于是决定立赵佣为太子。三月初一，立赵佣为皇太子，改名煦。同时公布诏命：所有军国政事，由皇太后权同处理，直到皇帝康复为止。高后还考虑得非常周到，她暗中对宦官梁惟简说："你去找人赶制一袭10岁小儿穿戴的黄袍，秘密带给我。"这是为神宗死后赵煦继位做好应急准备。

元丰八年（1085年）二月五日，赵顼在福宁殿去世。当天，刚满10岁的赵煦继位，是为哲宗，他穿的就是高氏为他秘密制作的那套黄袍。

年幼的赵煦当了皇帝，高氏以皇太后的身份垂帘听政，一场彻底清算新法的运动展开。

高太后没有与大臣商议，甚至宰相王珪也不知道，便下诏遣散修筑京城的民夫，裁减皇城司的察事兵卒，停止宫廷工技制造，废导洛司，驱逐尤无善行的宦官宋用臣等人，告诫中外官员不得苛暴聚敛，放宽民间保户马之规定。

元丰八年（1085年）五月五日，高太后在朝堂贴出诏令，让百官言朝政阙失。但是新党人物利用自己的权力在诏令中做了6条规定加以限制，朝中大臣仍是神宗任用的人，在朝廷的各要害部门掌权的也多是新党人物。高太后全面废除新法，把原先遭受排挤的旧党干将重新拉回到朝廷中来，增强自己一方的势力。在贴出求谏诏令的同时，派出驿车接司马光、吕公著、文彦博等元老旧臣回京。

司马光和吕公著来到汴京，分别被任命为门下侍郎和尚书左丞（都是副宰相）。司马光下车伊始，高太后就把五月五日求谏诏令拿给他看，授意他先从舆论上打开缺口。司马光心领神会，立即把矛头首先指向求谏诏令。他接连上了三道奏章要求修改，说诏中规定的 6 条限制，使得人们除非不言，一言必犯，必须去掉，新诏不但要贴于朝堂，还要颁诸天下。新的求谏诏令很快颁布，限制全部取消，反对派的言论立刻像火山爆发一样喷发出来。不出一个月，上书者就数以千计，其中光是所谓农民所上的奏疏就达 150 道之多。到十二月间，新法中的保甲法、方田均税法、市易法、免役法、保马法相继被废。旧党中的主要人物刘挚、范纯仁、王岩叟、李常、孙觉、苏轼、苏辙等人陆续被召回朝中委以要职。

当时变法派首领蔡确、章惇、韩缜仍身居相位，要想进一步废除新法，除了积聚、扩大自己的势力之外，必须排挤打击变法派。高氏决定首先加强旧党在御史台、谏院中的力量。

宋代的御史台、谏院，合称台谏，具有纠察百官、肃正纲纪的职能，它控制言路，权势几与宰相抗衡，而且有"风闻奏事"的特权，即不一定需要真凭实据，只要抓住道听途说的传闻，就可以用来弹劾大臣。这一职能无疑大大强化了皇权，而使宰相的权力受到限制。

高太后在把王岩叟、刘挚、孙觉等人分别任命为监察御史、侍御史、谏议大夫之后，又在元丰八年十月，不经过正规程序即（谏官须由知制诰以上官员荐举，然后由宰执大臣进奏）直接下令任命唐淑向为左司谏，朱光庭为右正言，苏辙为右司谏。一班旧党的干将接连被安插进台谏之后，对变法派的参劾顿时掀起了更高的声浪。

赵顼死后，蔡确按惯例担任山陵使，主持丧葬事宜。当时规定在赵顼灵柩起程的前 5 天夜里，宰执大臣必须入宿宫中守灵。但蔡确没有来，刘挚就说他是"慢废典礼，有不恭之心"；又说蔡担任山陵使回朝，就应该引咎自劾，但他不顾廉耻，仍然赖着不退，以此为首共列有十大罪状。朱光庭也揭发说：灵柩出发时，蔡确不跟在后面，却先骑马跑出去数十里之远，"为臣不恭，莫大于此"。朱光庭进一步扩大攻击面说，蔡确、章惇、韩缜是三奸，不恭、不忠、不耻。到元祐元年（1086）二月，谏官们弹劾蔡确，要求将他罢黜的奏章已上了几十道，言辞越来越激烈，罪名也越加越多。蔡确终于坐不住了，开始上表辞职。但他仍不甘心就此下台，在表章中罗列了一些自己当宰相以来的功劳。哪知这更惹起了谏官们的不满，在所有的罪名用尽之后，他们竟将天旱也怪责到蔡确头上，说是朝中有蔡确这样的大奸小丑，所以天才大旱。曹氏将蔡确罢相，贬知陈州，后被迫害得病而死。司马光升为尚书左仆射兼门下侍郎（首相）。这时司马光早已因病休假在家，在接到当宰相的诏命之后，他的病却奇迹般地好了。高太后特别照顾他，免其入朝觐见，让他坐着轿子，三天一次到朝堂议事，他坚持说："不见君，不可以视事。"每天让儿子司马康扶着上朝论事。司马光当了宰相后，立即加快了废新法的步伐，同时也加紧了对新党的排挤。司马光连上两道奏章，要求废除免役法、恢复差役法，却没想到这两道奏章竟自相矛盾。知枢密院事的变法派首领章惇抓住司马光的漏洞，加以攻击。司马光恼羞成怒，与章惇把官司打到了高太后帘前，章惇自恃有理，对司马光冷讽热嘲，大加挖苦。原来对章惇就十分反感的高太后这下子火冒三丈，立即部署台谏上书讨伐章惇，结果章惇被贬至汝州（河南临汝）。一个月后，韩缜也被贬到颖昌府。到元祐三年（1088年）底，新法已废黜净尽，新党分子基本上全部扫地出朝。有的被贬为地方官，有的被逐出朝廷，赶回老家闲住；有的被"编管"到偏远州县，失去迁居自由，但高太后仍不放松对他们的打击。一些旧党中的重要成员，只因替变法派说过好话，也被高氏赶出朝廷。

高太后为使变法派永无翻身之日，特授意梁焘开具了一份新党分子的黑名单，把安焘、邢恕等47人列为蔡确的亲党，将章惇、吕惠卿、沈括等30人列为王安石的亲党。高氏拿着这份名单对宰执大臣说："蔡确奸党仍有不少窃居朝官。"范纯仁进旨："朋党难辨，可别误伤好人。"高太后很不高兴，梁焘就借机弹劾范纯仁也是蔡确之党。高氏遂将范纯仁罢相，贬知颍昌府。"亲党"的黑名单在朝堂张贴出来，下令永不录用。

宣仁皇后像

元祐二年（1087年）八月，赵煦生了一场麻疹，好几天没有上朝，宰执大臣们连问都没问，高氏也照旧上殿视事。程颐看不下去，就站出来问宰相吕公著："皇上没上朝坐殿，什么原因你知道吗？"吕公著回答："不知道。"程颐说："二圣（即赵煦和高氏）临朝，皇上不坐殿，太皇太后就不应该自己坐在那里。而且皇上生病，宰相居然不知道，说得过去吗？"第二天吕公著等才去向赵煦问疾。程颐则因这番话得罪了高太后，不久就被罢官，贬回洛阳老家。一个月后，程颐门生贾易也被加上"谄事程颐。默受教戒，背公死党"的罪名，被贬出朝。一直到了元祐七年（1092年），宰相又建议任命程颐担任馆职，高氏仍怀恨在心，不肯答应。

但客观地说，高氏无论是在做皇后、皇太后还是垂帘听政、独揽大权的时期，对待个人名利和高氏家族的地位待遇始终保持了谦虚的美德，并严守宫中的礼仪规矩。

高氏立为皇后之前，她的弟弟高士林已在宫中担任内殿崇班多年了。高士林做的虽是武官，但对儒学很是喜爱，广泛涉猎经史，能通大义，尤有巧智。赵曙登基后见他是个人才，又是内弟，多次想提拔他，高氏都主动阻拦。在她的阻拦下，直至治平三年（1066年）高士林死后，赵曙才追赠他为德州刺史。

赵顼继位后，多次想为高家建造一处大的宅第，高太后不许，过了很久，才勉强同意赵顼把望春门外的一块空地赐给高家做宅基。按规定，太后家营造新居的所有花费，都可以从大农寺公款中支取，但高太后却坚持只使用自己平时节省下来的私房钱，自始至终没有动用过大农寺一文钱。

高太后的伯父高遵裕，自英宗时起一直在西北边疆与西夏作战，屡立战功，升任庆州知州。元丰四年（1081年），神宗赵顼派宦官李宪为统帅向西夏发动了规模空前的五路大进攻，高遵裕率领一路攻打灵州。在即将夺取胜利的关键时刻，高遵裕怕战功被别人独得，命令停止前进，延误了战机，使敌人有时间决开黄河堤，水淹宋军，造成全军溃败。他率领的8.7万人，只剩下1.3万人，其他各路被水淹后也损兵折将，狼狈撤回。高遵裕因此被贬为郢州团练副使。高太后垂帘听政后，蔡确讨好高氏，提议恢复高遵裕的官职，高太后板着面孔说："遵裕灵武之役，涂炭百万生灵，先帝半夜得到战报，焦虑得起床踱步，达旦不寐，精神受了很大刺激，终于病故，遵裕惹下如此大祸未免于一死，就已是万幸了。先帝尸骨未寒，我岂敢顾私恩而违天下公议！"蔡确悚然而止。

高太后对高家的其他亲戚，包括自己的母亲，同样不肯顾私恩。有一年元宵节举行灯宴，按规定高太后的母亲曹氏可以入宫观览，但高氏说："夫人若登楼观灯，皇上必定对她加礼致敬，这样就会因我的缘故越犯典制，我于心不安。"只是命人给母亲送去几盏宫灯，请她在自己家里观赏，以后年年如此。高太后的侄子高公绘、高公纪做小官多年，按规定可以升为观察使，高氏也极力阻拦。赵煦请求了几次，高太后只同意提升一级，以后在整个垂帘期间，再没升过。

高太后本人谦虚俭朴。有年殿试举人，依照章献明肃刘皇后天圣年间的做法，请赵煦和高太后一同御殿。高氏不同意，她认为殿度是国家录用人才的最高规格，被录取的人将是天子门生，这是皇帝的特权，任何人不得涉足。后来大臣又请求她在文德殿举行册封太皇太后的典礼，高太后也说："文德殿是天子的正堂，岂是女子应当临御的？

我只在一偏殿就可以了。"文恩院每年进贡给皇帝御用的物品，无论大小，她始终不取一件。高氏对于宫中的宦官、宫女，控制得更是严格，不准他们干预政治。

但这一切并不表明皇帝与高太后之间没有矛盾。

赵煦继位时，高太后一再表示她性本好静，垂帘听政是出于无奈，但她却丝毫不放松手中的权力。在高太后垂帘时期，军国大事都由她与几位大臣处理，年少的赵煦对朝政几乎没有发言权。大臣们也以为赵煦年幼，凡事都取决于高太后。朝堂上，赵煦的御座与高太后座位相对，大臣们向来是向太后奏事，背朝赵煦，也不转身向赵煦禀报。以致赵煦亲政后在谈及垂帘时说，他只能看朝中官员的臀部和背部。

到了赵煦十七岁时，高太后本应该还政，但她却仍然积极地听政。而此时，众大臣依然有事先奏太后，有宣谕必听太后之言，也不劝太后撤帘。高太后和大臣们的这种态度惹恼了赵煦，赵煦心中很是怨恨他们，这也是他亲政后大力贬斥元祐大臣的一个原因。

尽管高太后和大臣在垂帘时没有考虑赵煦的感受，但他们并不放松对赵煦的教育。高太后任吕公著、范纯仁、苏轼和范祖禹等人担任赵煦的侍读大臣，想通过教育使赵煦成为一个恪守祖宗法度、通晓经义的皇帝，尤其是让赵煦仰慕宋仁宗，而不是锐意进取的神宗，因为仁宗创下了为士大夫津津乐道的清平盛世。

此外，高太后在生活上对赵煦的管教也很严格。为避免赵煦耽于女色，高太后派了二十个年长的宫嫔照顾他的起居，又常令赵煦晚上在自己榻前阁楼中就寝，相当于限制了他自由活动的空间。但元祐四年（1089 年）十二月，民间却传出宫中寻找乳母之事。大臣刘安世得知后大惊，赵煦此时才十三岁，后宫竟然寻找乳母，是否是皇帝沉溺声色？刘安世上奏章，告诫赵煦自重。大臣范祖禹直接上书高太后，言辞极为激烈。高太后对外解释说，是神宗遗留下的几个小公主年幼，

宋哲宗像

需要乳母照顾，但私下却将赵煦身边的宫女一一唤去审问。赵煦后来回忆说那些宫女们个个红肿着眼，脸色惨白，他心里很害怕，后来才知道是刘、范暗中告了状，而自己却浑然不知。高太后的这些做法虽然目的是为了照顾和保护赵煦，但却使得赵煦感到窒息，无形中增强了他的逆反心理。

更让赵煦难以接受的是，高太后对待其生母朱氏也过于严苛。朱氏出身寒微，幼时遭遇极坎坷，入宫后，初为神宗侍女，后来生了赵煦、蔡王赵似和徐国长公主，直到元丰七年（1084年）才被封为德妃。朱氏温柔恭顺，对高太后和神宗向皇后一向都毕恭毕敬。

元丰八年（1085年），朱氏护送神宗灵柩前往永裕陵，知河南府韩绛亲自往永安迎接灵柩，拜迎走在后面的朱氏。高太后闻知后，大怒道："韩某（指韩绛）乃是先朝大臣，你怎能受他的大礼？"吓得朱氏淌泪谢罪。赵煦继位后，向皇后被尊为皇太后，朱氏却只被尊为太妃，没有受到应有的待遇。在如何对待朱氏问题上，朝中有人想降低皇帝生母的等级，以凸显垂帘的太皇太后；有人主张尊崇朱氏，以显示天子的孝道。但高太后想压制朱氏，直到元祐三年（1088年）秋，才允许朱氏的舆盖、仪卫、服冠可与皇后相同。赵煦亲政后，立即下令母亲的待遇完全与皇太后向氏相同。通过赵煦生母的待遇问题，可以看出其间复杂的政治斗争背景。

高太后和元祐大臣们所做的一切，对于赵煦来说，负面影响非常大。少年老成的赵煦面对不将自己放在眼中的高太后和元祐大臣，也会用他自己的方式表示反抗。每次大臣向赵煦和高太后奏报时，赵煦

清代焦秉贞绘《女中尧舜》

都沉默不语。有次高太后问赵煦为何不表达自己的看法，赵煦回道："娘娘已处分，还要我说什么？"弦外之音就是自己无非是一个摆设而已。赵煦常使用一个旧桌子，高太后令人换掉，但赵煦又派人搬了回来。高太后问为何，赵煦答："是父皇（神宗）用过的。"高太后心中大惊，知道他将来必会对自己的措施不满。大臣刘挚曾上疏，让高太后教导赵煦如何分辨君子和小人。高太后说："我常与孙儿说这些，但他并不以为然。"高太后由此愈加担心，当然更不敢放下权力。

随着高太后的衰老和赵煦的成长，不仅旧党成员，连高太后也感到山雨欲来、新党复起的政治气氛。元祐八年（1093 年）八月，高太后垂危时，她告诫范纯仁和吕大防等人："老身殁后，必多有调戏官家者，宜勿听之，公等宜早求退，令官家别用一番人。"实际上是已经预感到赵煦准备起用一批新人，要他们提前准备，尽早退出朝廷，以保全身家性命。后来事实证明，赵煦亲政后，凡是高太后垂帘时弹劾新党和罢免新法的官员几乎无一人幸免于报复。

九月，高太后病逝。谥号宣仁圣烈，葬于永厚陵。高太后去世后，赵煦亲政，以"绍述"（继承）神宗成法为名，大力打击元祐大臣，追贬司马光，并贬谪苏轼、苏辙等旧党党人于岭南（今广西、广东、海南一带），甚至在章惇等人挑拨下，直指高太后"老奸擅国"，欲追废其太后称号及待遇。但他接着重用革新派如章惇、曾布等，恢复王安石变法中的保甲法、免役法、青苗法等，减轻农民负担，使国势有所起色。次年改元"绍圣"，并停止与西夏谈判，多次出兵讨伐西夏，迫使西夏向宋朝乞和。

总之，高太后所执政的时期史称"元祐之治"，期间社会稳定太平，百姓生活富足。也正是因为这样，高太后获得"女中尧舜"的称号，《宋史》记载，高氏临政，"朝廷清明，结夏绥安，杜绝内降侥幸；文思院奉上之物，无问巨细，终身不取其一，人以为女中尧舜"。

马秀英：从孤女到母仪天下

马秀英（1332—1382 年），本名不详，是归德府宿州（今安徽宿州市）人。滁阳王郭子兴的养女，明太祖朱元璋的原配结发妻子，孝慈高皇后。

马氏的祖上曾是归德府宿州富豪。父亲马公家住新丰里，由于乐善好施，所以家业日渐贫困。母亲郑媪，在 1332 年生下马氏不久就去世了。马公没有儿子，视马氏为掌上明珠。马氏自幼聪明，能诗会画，尤善史书，性格也颇倔强。

孝慈皇后像

马氏的父亲马公因为杀人避仇，逃亡他乡，临行时将爱女托付给生死之交郭子兴。郑媪早卒，其后马公也客死外地，郭子兴越发可怜此女孤苦，收为养女。郭子兴教她文化知识，夫人张氏则手把手教她针织刺绣。十几岁的马氏聪明无比，凡事一经指导，马上知晓。年近二十的马氏，模样端庄，神情秀越，还有一种温婉的态度，无论何等急事，她总举止从容，并没有疾言厉色，所以郭子兴夫妇很是钟爱马氏，一直想给她找一个好夫婿，使她终身有托，不辜负马公遗言。

元朝末年，政治腐败，社会黑暗，阶级压迫和民族压迫使老百姓处于水深火热之中，元至正四年（1344年），河南、江淮一带大旱，赤地千里，而黄河又接连决口，饥民遍野。到至正十一年（1351），河患已经连续六年，天灾人祸把广大农民推向死亡的边缘。这年五月，江淮流域终于爆发了以刘福通为首的大规模的红巾军起义。

至正十二年（1352年），郭子兴在定远（安徽定远）起兵响应。郭子兴聚众烧香，成为当地白莲教的首领，同年农历二月二十七日，率领起义军攻下濠州后，郭子兴自称元帅。

濠州钟离人朱元璋前来投奔郭子兴的义军，朱元璋入伍后精明能干，处事得当，打仗时身先士卒，获得的战利品全部都上交郭子兴元帅，得了赏赐，又说功劳是大家的，就把赏赐分给大家。不久，朱元璋在部队中的好名声传播开来。郭子兴也把他视作心腹知己，有重要事情总是和朱元璋商量。

郭子兴见朱元璋是个人才，对自己的事业将会有很大的帮助。于是便把养女马氏许配给了朱元璋。马氏与朱元璋成亲后，和朱元璋感情深厚，追随朱元璋南征北战，精心辅佐朱元璋。

马氏与朱元璋婚后不久，收养了朱元璋的亲侄儿朱文正、外甥李文忠还有定远孤儿沐英，马氏对这三个养子视如己出，细心照顾。后来，马氏和朱元璋又收养了二十几个义子。

史书上说马皇后"有智鉴，好书史"，这就说明她是个有才华的女子。郭子兴虽然器重朱元璋，但他性情暴躁，忌才护短，又好听谗言，迟疑寡断，在别人的挑唆下，也曾多次猜疑朱元璋，对他加以斥骂。一次，郭子兴发怒，将朱元璋禁闭在空室，不许进食，马氏得知后，亲自到厨房，"窃炊饼，怀以进，肉为焦"。马氏见此情形，就把自家财产送给养母张夫人和郭子兴妾张氏，请她们在义父前给干女婿说点好话，以弥缝裂痕，使得朱元璋能脱离困境。朱元璋南下之时，马氏曾负责往来的文书，并做得井井有条，同时她还劝朱元璋不要扰民，更不要滥杀，深得朱元璋的赞赏。这些事情给朱元璋留下很深的印象。后来，他做了皇帝，不忘夫妻患难之情，将马皇后扶上正位，还经常在大臣面前回忆往事，说那一段峥嵘岁月可与汉光武帝刘秀未成事时与部下在河北饶阳滹沱河畔芜蒌亭吃麦饭、喝豆粥的典故相比，并夸赞马皇后的贤德可与唐太宗的长孙皇后相媲美。后来他把这些话讲给马皇后听，马皇后趁机委婉进谏，劝他善待大臣。她说："我听说夫妇互相扶助比较容易，君臣互相扶助就难了。陛下既然能不忘与我共同度过的贫贱岁月，但愿也能不忘与您的臣下共同度过的艰难岁月。况且我又怎敢与长孙皇后相比呢？"

元至正十五年（1355 年），朱元璋率领大军渡江，马氏和将士的家眷仍留在和州（今安徽和县）。当时长江交通线被元军切断，和州孤立，马氏鼓励将士，抚慰眷属，稳定后方。攻下集庆（今南京市）以后，由于战争的需要，她还亲手为将士缝衣做鞋。元至正二十年（1360 年），陈友谅率兵东下，直逼江宁（今江苏省南京市郊），朱元璋亲自领兵抵御。强敌兵临城下，城中的官员、居民有的打算逃难，有的忙着窖藏金银，囤积粮食。马氏却镇静自若，把自己的金帛全都拿出来犒赏士兵，稳定了军心，为朱元璋获得胜利起了重要作用。

洪武元年（1368 年）正月，朱元璋登基于应天府（今南京），国号大明，建元洪武，册封马氏为皇后。

马皇后做了第一夫人后，特别勤于内治。在内宫的治理工作上"讲求古训"，并注意借鉴前朝的经验。她觉得宋朝有许多贤惠的皇后，便命女史摘录她们的家法，经常翻阅查看。有人说，宋朝的皇后太过仁厚了吧？马皇后反问道："过于仁厚有何不好？总要比刻薄好吧？"

又有一天，她问女史道："汉朝的窦太后为什么那么喜欢黄老之学呢？"女史说："清静无为为本。若绝仁弃义，民复教慈，是其教矣。"马皇后据此叹道："孝慈即仁义也，讵有绝仁义而为孝慈者哉？"其实马皇后大谈仁义之道是别有用心的。因为她深知她丈夫禀性严峻，刚愎自用，当了皇帝以后一直疑神疑鬼，对大臣总是刻薄寡恩，完全不把人命当一回事，所以她期望以这样的方式提醒丈夫要宽待臣民。

朱元璋脾气很坏，在朝廷常常拿大臣撒气。回到后宫，他也常看这个不顺眼，看那个不顺眼。每当他发飙的时候，马皇后也会装作发怒的样子，然后命令将其移交司法机关处理。事后朱元璋问老婆为什么要这样做？马皇后意味深长地说："皇帝不能因为自己一时高兴或生气就给人奖赏或惩罚。当陛下生气的时候，恐怕会给予过重的惩罚。把他们交给司法机关，就能做出公正的判决了。陛下今后要定某人的罪，还是应该移交司法机关的。"

当然，马皇后也深知行动是最好的榜样。她把仁厚道德总结成一个字，那就是爱。为了让丈夫明白什么叫爱，她做了许多细致有效的感化工作。她爱自己的老公。她深知要温暖一个男人的心，首先应温暖他的胃。因此关于领袖的饮食问题，她一直作为工作的重中之重，每次都要亲自去御膳房"躬自省视"。她也爱别人的孩子。马皇后克服了女人的嫉妒心，对于妃嫔宫人，如有因被皇帝宠爱而生下孩

朱元璋像

子的，她都非常厚待，并"命妇入朝，待之如家人礼之"。她还爱天下的百姓。这方面，马皇后主要是在勤俭持家方面狠下功夫、大做文章。她以身作则，平常穿的衣服，洗了又洗，早已破旧不堪，也不愿换新的。后来听了元世祖的察必皇后煮弓弦织帛衣的故事，大受启发，又捡起年轻时的手艺，命人在后宫架起织布机，亲自织些绸衣料、缎被面，然后以皇家献爱心的名义赐给那些年纪大的孤寡老人。而剩余的布料，马皇后则裁成衣裳，赐给王妃公主，让她们知道"天桑艰难"，老百姓不容易。

马皇后不怕朱元璋的坏脾气，并敢理直气壮地"吹耳边风"。众所周知，朱元璋不喜欢女人干政，他认为"后妃虽母仪天下，然不可使干政事"，因为"宠之太过，则骄恣犯分，上下失序"，因此还特地命人纂述《女诫》，以示警诫。但马皇后是个例外。

有一次，马皇后问朱元璋道："如今天下老百姓安居乐业了吗？"朱元璋不高兴地回答："这不是你应该问的。"马皇后振振有词地回敬道："陛下是天下之父，妾辱为天下之母，那么子民们的安康，为何不能问？"

在殿前开国务办公会议，朱元璋很容易就暴跳如雷，大发脾气。而发起脾气来，常会要了对方的脑袋。他太过刚愎自用，许多事情不调查，也不研究，盛怒之下就会大开杀戒。马皇后虽然做了不少教化工作，可就是感化不了他。他是皇帝，可以为所欲为，从不改变他的思考方法和处事原则。对此，马皇后只能尽最大努力，想着办法劝他。好在马皇后的话他还能听入耳，因此也救了不少性命。

有一次，一名叫郭景祥的封疆大吏镇守和州，有人揭发说郭景祥的儿子手持长枪要杀父亲。朱元璋大怒，当场表示要处死这个逆子。马皇后说："郭景祥只有一个儿子，传言也许不可靠，杀了他的儿子恐怕就断了郭景祥的后代了。"后来朱元璋派人调查，果然是谣言。

还有一次，大学士宋濂因为孙慎一案受到牵连。逮捕入狱后，按案情严重程度当斩。皇后闻其贤，不忍让他这样无辜死去，便对皇帝说："老百姓家都知道为子孙而宽待老师，以求礼教有始有终，你是天子，岂能没有这样的见识和度量？何况宋濂年纪一大把了，退休在家，肯定是不知情的。"朱元璋正在气头上，根本听不进去。过了一会儿，皇后伺候他用餐，但不上酒肉，皇帝问何故。马皇后说："我是为宋先生做福事呀。"皇帝听了心里一动，恻隐之心顿生，放下筷子饭都不吃了。第二天终于想通了，赦免了宋濂，将其安置到茂州。

另一个关于马皇后贤德的有名故事，与安徽的大商人沈万三有关。当时，沈万三富可敌国。有"财神爷"之称。朱元璋看他有钱，就想诈他一笔，让他为建造南京城墙出点银子。沈万三财大气粗，竟把城墙工程费用的三分之一包下来。后来，沈万三意犹未尽，或是想拍朱皇帝的马屁，又主动提出为朝廷犒军。没想到马屁拍到马腿上，朱元璋一听大怒："小小匹夫竟想犒劳天子的军队，贼心不小，乱民呀，该杀！"马皇后觉得不妥，一个势利商人，只是有些不知天高地厚罢了，罪不至死。所以就劝道："妾闻法者，诛不法也，非以诛不祥。民富敌国，民自不祥。不祥之民，天将灾之，陛下何诛焉！"皇帝一听，有理，便改变想法，把这个倒霉的商人发配到山高水远的云南去了。

马皇后身为女知识分子，除了仁慈宽厚之外，还有更深刻的一面。明朝将领攻克了元朝的首都后，把缴获的金宝美玉送回南京。朱元璋看到这些宝物喜形于色，马皇后却在一边泼凉水："元朝有这些财宝却不能保住国家，我想，大概真正的帝王们另有其他宝物吧？"朱元璋一愣，沉思片刻，说："我懂了，皇后的意思是人才是宝。"马皇后接着说："陛下说得对。我与陛下从贫贱出身而能有今天，我常担心骄横纵恣由奢侈而生，国家危亡皆细小之处而起，所以希望广召人才以共同治理天下。法屡更必弊，法弊则奸生；民数扰必困，民困则乱生。"皇帝一听，真是至理名言呀，马上叫来女史录入史册。

马皇后非常爱惜人才。一次朱元璋视察太学回来，马皇后问他太学有多少学生，朱元璋答有数千人。马皇后说："数千太学生，可谓人才济济。可是太学生虽有生活补贴，他们的妻子儿女靠什么生活呢？"针对这种情况，马皇后征得朱元璋同意，征集了一笔钱粮，设置了20多个红仓，专门储粮供养太学生的妻子儿女，生徒颂德不已。

一天，马皇后问朱元璋："如今天下的老百姓生活安定吗？"朱元璋说："这不是你应该问的。"马皇后说："陛下您是天下人的父亲，我有幸能成为天下人的母亲，孩子的安定与否，我怎么可以不问！"每当遇到灾年，马皇后就率领宫人吃粗茶淡饭，帮助百姓祈祷。朱元璋有时把赈灾救济的事情告诉马皇后，马皇后就说："赈灾救济不如事先有积蓄好。"有时朝廷官员上奏完事情，在宫廷中聚餐，马皇后就命令宦官拿来酒菜自己事先尝一尝。味道不好，于是就告诉朱元璋说："作为人主奉养自己应该差一些，奉养别人应该丰厚。"朱元璋为此整顿了光禄寺的官员。

马皇后有五子，其中朱橚最为年幼，性格放荡不羁，长大后被封到开封做周定王。马皇后对他极不放心，周定王临行时，便派江贵妃随往监督，还把自己身上的旧布衣脱下来交给江贵妃，并赐木杖一根嘱咐："周定王有过错，可以披衣杖责。如敢违抗，驰报朝廷。"从此一见着慈母的旧布衣，周王便生出敬畏之情，不敢胡作非为。以严为爱是马皇后对待子女的原则。对宁国公主、安庆公主，马皇后也要求她们勤劳俭朴，不能无功受禄。而对待朱元璋的义子沐英、李文忠等，她慈爱有加，

孝慈皇后像

细心照顾视为己出。

诸王的师傅李希颜因一小王顽皮不听话，常用体罚惩治。一天，李希颜用笔管戳了一下一个小王的额角，小王便哭着到朱元璋处诉苦。元璋大怒，正要发作，马皇后急忙从旁劝解说："乌有以圣人之道训吾子，顾怒之耶！"朱元璋觉得有理，不但没有惩办希颜，反而提升他做左春坊右赞善。

马皇后虽贵为皇后，每天仍亲自操办朱元璋的膳食，连皇子皇孙的饭食穿戴，她也亲自过问，无微不至。宫人或被幸得孕，马皇后倍加体恤，嫔妃或忤上意，马皇后则设法从中调停。

马皇后在内宫的治理工作上"讲求古训"，并注意借鉴前朝的经验。她觉得宋朝有许多贤惠的皇后，便命女史摘录她们的家法，经常翻阅查看。有人说，宋朝的皇后太过仁厚了吧？马皇后反问道："过于仁厚，难道不比刻薄更好吗？"有一天，皇后问女史："黄老之学是什么，汉朝的窦太后却非常的喜欢？"女史说："黄老之学把清静无为作为根本。像弃绝仁义，让老百姓注重孝顺友爱，这就是它的教义。"马皇后说："孝顺友爱就是仁义，难道有让人弃绝仁义却去讲究孝顺友爱的吗？"

马皇后也设法保护宫女，朱元璋曾经非常生气地责备宫人，马皇后也假装生气，让人送到宫正司定罪。朱元璋说："为什么？"马皇后说："做帝王的不因喜怒而随意的赏罚。当您生气的时候，恐怕有所偏重。交付到宫正司，就能判定得比较合理了。也就是说陛下您定人罪也应该交付到有关的部门罢了。"

洪武十五年（1382年）八月，历尽磨难，殚精竭虑的马皇后也染上了重病。医治无效后，她坚持不肯再服药，明太祖苦苦劝求，她则说："生死有命，我病已不治，服药何用！"躺在病榻上，她念念不忘地反复叮嘱皇夫："愿陛下求贤纳谏，慎终如始，子孙宜贤，臣民得所！"然后，又把诸位王子公主叫到身边来，嘱咐说："生长富贵之中，当知蚕桑耕作之不易，当为天地惜物，且为生民惜福！"走到了生命的最后一刻，她仍然不忘以她的贤德影响着她的丈夫和子女，为着国家操心不已。八月二十四日，马皇后溘然长逝，享年 51 岁，匆匆走完了她从孤女到母仪天下的一生。

明太祖失去了同甘共苦的结发妻子，也失去了他得力的助手，悲痛之情，无以言表。为了永远追念可敬可爱的马皇后，明太祖竟然决定不再立后。后宫宫人也十分感念马皇后的贤德，特地作了一首歌来纪念这位贤淑仁慈的皇后，歌词是这样的：

> 我后圣慈，化行家邦；
>
> 抚我育我，怀德难忘。
>
> 怀德难忘，于万斯年；
>
> 毖彼泉下，悠悠苍天。

仁孝皇后：贤淑恭谨，垂范后宫

仁孝皇后（1362—1407 年），徐氏，明成祖朱棣嫡后，濠州人，明开国功臣徐达嫡长女。

徐氏，是明朝开国元勋徐达和妻子谢夫人的长女。洪武元年（1368 年），朱元璋在南京称帝后，徐达因战功卓著，被任命为右丞相，后又封为魏国公。母亲谢氏，知书懂理，温柔贤惠。徐氏天资聪颖，幼年时便贞洁娴静，喜欢读书，堪称女中儒生，人称"女诸生"。

洪武八年（1375 年）冬天，女诸生的传说传到皇帝朱元璋的耳朵里，朱元璋想让徐氏嫁给四子燕王朱棣，徐达自然高兴万分。洪武九年（1376 年）正月二十七日，由宫中宣制官在宫中正式宣布：册徐氏为燕王妃。这一年朱棣 17 岁，徐氏 15 岁。婚后，徐氏对燕王关怀备至，燕王对徐氏也体贴入微。徐氏对于朱元璋及马皇后亦十分敬重，谨慎侍奉。在以后 4 年时间里，她直接聆听马皇后的教诲。徐氏待人处事，体贴谨慎，深受明太祖和马皇后的喜爱。徐氏为孝慈高皇后守丧三年，按照礼制素食淡饭；高皇后遗言中可以诵读的部分，徐氏都能一一背诵。

洪武十三年（1380年）三月，根据父皇的安排，朱棣要到他的封地北平（今北京）就藩，徐妃也一道同行。到了北平后，徐氏把从马皇后那学到的东西用到燕王府中，将燕王府一整套机构安排得井井有条，为燕王解除了后顾之忧，成为燕王的贤内助。

洪武三十一年（1398年），朱元璋去世，临终前留下遗诏，告诫子孙

徐皇后像

及大臣们"同心辅政，以安吾民……诸王临国中，毋至京师"。根据遗诏，朱元璋长子朱标的儿子、皇太孙朱允炆做了皇帝，改年号建文，即建文帝。

建文帝颇像他的父亲朱标，忠厚仁柔、优柔寡断。而当时被封的26个藩王，都是他的叔叔。

这些为明朝江山屡立战功的王爷们，拥有重兵，独霸一方，以燕王朱棣为代表，早就对皇位窥伺已久。

靖难兵起后，朱棣和徐氏商量怎样加强自己的力量，徐氏认为，宁王朱权占据大宁（今内蒙古宁城县西），拥有骁勇善战的突厥族骑兵，按燕王现有军力，完全可以先攻大宁收编宁王军队，然后合力迎击李景隆军更有把握。燕王决定留下徐氏及世子朱高炽守北平，自己率主力奔袭大宁。燕王临行之前，再三叮嘱他们母子说："如果李景隆来攻，只能坚守，千万不能出城迎击。"还特意下令撤去卢沟桥的守兵，装成毫不设防的样子，以诱使南军长驱直入。

李景隆是一个"寡谋骄横，不知用兵"的将军，当他率领军队开到北平城下时，发现卢沟桥上没有守兵，更加得意，好像北平城不用

攻打就唾手可得了。他把所部兵马分成三路：一路东去攻打通州，以防止通州宁军与北平相呼应；一路主力在北平与通州之间的郑村坝，准备阻击朱棣的回援之师；一路攻打北平北门。李景隆把主要兵力放在对付朱棣的回援之师上，并且亲自坐镇指挥。这虽然减轻了北平城的压力，但北平9个城门前的战斗，仍然十分激烈。南军仗着人多势众，轮番攻击，日夜不停。就在这紧要关头，平素端庄文静的徐妃挺身而出，面对危急局势，不慌不乱，镇定自若。她一面鼓励将士英勇杀敌，誓死守城；一面组织城中健壮妇女，发给铠甲、长矛，上城杀敌，她也亲自登上城墙督战。在她的带动下，守兵士气大振，登城妇女有枪的用枪，没枪的掷瓦、抛石，拼命厮杀。为了使李军不易破城，徐氏让妇女们端来水，泼向城墙，冰天雪地，很快结冰，这样更加增加了攻城的难度。一时间，李景隆军队再无良策。在徐氏的带领下，燕军终于守住了北平这座孤城，为燕王回师消灭李景隆的军队赢得了宝贵的时间。

建文二年（1402年）十月十六日，朱棣在大宁得知了北平的战况，对自己这位贤妻大加称赞。燕王夺取了大宁，收编了宁王朱权的8万军队，火速回师增援，对南军实行南北夹击。李景隆闻风丧胆，生怕祸出不测，率先遁逃，连夜奔赴德州。第二年的四月初一，朱棣又率军南进。到建文四年（1402年）六月十三日，攻陷南京城，朱棣在这场叔侄争皇位的"靖难之役"中取得了胜利。

六月十七日，朱棣登上了皇帝宝座，改元永乐，故称永乐大帝。十一月，册封徐氏为皇后。新帝初登基，百废待兴。徐皇后除关心成祖的饮食起居外，还非常关心朝廷政事。她非常体察民情，关心老百姓疾苦，常劝朱棣要与民休息。朱棣当上皇帝后，首先就要清除旧朝廷中反对自己的人，齐泰、黄子澄首当其冲。朱棣乱杀老臣，徐皇后就直言不讳地对成祖讲："当代朝廷中的一些贤才，都是高皇帝所遗留下的，望陛下在选拔任用时，千万不要有新旧之分，要对他们一视同仁，他们才能为你所用。"朱棣对徐后的话深为赞同，不久就发布诏谕，安定人心，还破格选用了一批知府。

在徐皇后的辅佐下，朱棣在很多方面进行了改革。徐皇后始终不忘马皇后的教诲，和成祖一起大胆地对宫廷官员的设置进行了改革，选用那些品行端正、颇有名望的大臣入主宫廷，为明朝宫廷设置开了先河。朱棣继位后，繁忙的政事迫使他日以继夜地操劳。徐后看到明成祖操劳国务很是辛苦，便想尽一切办法为他分忧。

徐皇后不但是位贤妻，而且是位良母。成祖共有4个儿子、5个女儿。4个儿子中，长子朱高炽、次子朱高煦、三子朱高燧，都为徐后所生；四子朱高爔早夭，生母不详。5个女儿即永安、永平、安成、咸宁、常宁公主。

在对待子女的教育上，徐皇后因人施教，为后来明室江山的稳定发挥了重要的作用。长子朱高炽，生于洪武十一年（1378年），从小体弱多病，性格柔弱，沉静好文，为人仁厚、豁达。对长子的性格，徐后深为了解。为了让他将来担当起治理国家的重任，徐氏注意从小就培养他遇事果断、大智大勇的能力，并且经常教育他要体恤百姓，待人宽厚。成祖本性刚毅、不喜欢拘守礼法，与朱高炽的性格截然相反，并不喜欢这个儿子，而偏爱二子朱高煦。朱高煦凶悍善战，在靖难之役中，随父亲征伐白沟河、东昌之战，皆勇以为战，使父王获安于危急之中。因此，成祖多次在朱高炽与朱高煦之间权衡，拿不定主意。徐氏认识到朱高煦继位，必是暴君，因而主张立朱高炽为太子。

洪武二十八年（1395年），朱高炽被册为燕世子。徐皇后为了进一步

朱棣像

帮助儿子成就大业，决定给儿子找一位贤德的王妃。她不顾门第观念，竟选中了出身农民家庭的张氏。张氏聪颖贤惠，待人和蔼，举止端重大方，无论做什么事，都非常细心。张氏入宫后，徐皇后教导她怎样正确处理宫中诸人的关系，怎样支持丈夫成就大业。徐氏的言传身教对张氏影响很大。徐皇后还教育朱高炽要懂得爱民的道理。早在太祖朱元璋健在之时，曾命他与秦王、晋王、周王等四世子分别检阅皇城卫卒，其他三个世子很快检阅完回来交令，唯独迟迟不见朱高炽回来。待他回来后，朱元璋不太高兴地问他："你为什么这么晚才回来？"朱高炽认真地回答："早晨天气寒冷，卫卒们正在吃饭，我等他们吃完饭才检阅。"朱元璋对他的回答很满意，满肚子的不高兴顿时就消了。永乐二年（1404 年），朱高炽被正式立为皇太子。

对另外两个儿子，徐皇后也极是关心。因为他们性格比较暴躁，恃功骄横，徐皇后就经常教育他们要顾全大局。由于徐皇后的努力，高朱煦、朱高燧虽早有夺位之心，但在母后在世之时，终未敢胡作非为。

身为皇后的徐氏，牢记这一血的教训，说服引导亲眷自尊自爱，遵守朝廷法度。每当听说她的亲眷中有谁不守法度、扰害百姓时，便立即传召命之入见，进行教训、促使改正。如听到她的亲眷中有谁奉法循礼有突出表现者，也召其入宫，给予赏赐，以资鼓励。

徐皇后建议明成祖朱棣广纳贤才。徐增寿是徐后最喜爱的弟弟，官至右军都督，曾随同朱棣出塞征战。在朱棣起兵发动"靖难之役"前，徐增寿驻守南京城。建文帝对燕王谋权篡位早就有所察觉，于是想扣留朱棣在南京家中的三个儿子：长子朱高炽、次子朱高煦、三子朱高燧。徐增寿知道后非常着急，就跑到建文帝那儿，装成一副忠心耿耿为皇帝分忧解愁的样子，对皇帝进谏："你要扣留他的三个儿子，不是逼他造反吗？"建文帝一听也有道理，就放弃了这个想法。随后，他设法把三个孩子从南京转送至北平，燕王朱棣起事就再无后顾之忧了。另外，徐增寿在建文帝京城内部还经常为朱棣通风报信。建文帝知道后，很是恼怒，派人杀了徐增寿。朱棣做了皇帝后，决定追赠他为阳武侯，谥号忠愍，并追加功爵。他把这个想法告知了徐氏，满以为她会高兴，谁知徐氏听后不同意赠爵。她非常中肯地对成祖说："我和增寿是一母同胞，情同骨肉，给他封官晋爵，我当然高兴。可是就是因为他是我的弟弟，我不同意给他任何称号。"成祖自有他的见地，他认真地对徐后讲："之所以给增寿晋爵，正是因为他有功，绝不是因为你是他姐姐的缘故。如果奖罚不明，立功不能受奖，我这个皇帝可怎么当呢？"成祖自己决定加封徐增寿定国公，由增寿的儿子景昌世袭。事后告知徐皇后时，徐皇后只是淡淡地说："这并不是我的意愿，我只是希望陛下能将景昌培养成人，让他长大后成为国家有用之才。"在徐皇后在世之时，她没有为一个亲戚争官夺利。

徐皇后积极从事于女子教育事业，极力主张女子入学读书。明朝教育制度、机构已经比较完备了，京城设有国子监，相当于大学；府衙州县，设有中等学校，相当于高中；县以下城乡设有初等学校。各级学校也有了一定的统一教材，选拔了一批学者从事讲学。可是这些学校大多为男子学校，男子8岁可入校读书。然而，对于女子如何教育却无明确规定。女子可读的书也很少，像《女诫》《女宪》《女则》等，大部分都是用封建礼教约束妇女，内容空洞无物。为此，徐氏决定编一部适于女子读的书，让广大妇女也受到良好的教育。于是她广泛浏览有关女子教育的现有资料，并结合孝庄马皇后的一些言论，如"求贤纳谏，慎终如始""法屡更必弊，法弊则奸生；民数扰必困，民困则乱生""人主自奉欲薄，养贤宜厚"等，著成《内训》20篇。书中把德作为首篇，次及修身、谨言、慎行等方面。该书开宗明义地提出了对待子孙的教育要宽严适度的原则，指出："本之以慈爱，临之以严恪。慈爱不至于姑息，严格不至于伤恩。"她把自己对子孙教育的经验也写在了书里。另外，她还派人广泛搜集古人的佳言善行，集成一个集子，命名为《劝录书》。明成祖看了这本书后，深为满意，下令将此书颁行天下。

永乐五年（1407年）七月，徐皇后病重，她仍不忘劝告朱棣爱惜百姓，广求贤才，对宗室要以恩礼相待，不要骄养外戚。又告诫皇太子朱高炽说："以往北平将校之妻为我负戈守城，我很遗憾没有机会随皇帝北巡，去对她们一一加以慰劳了。"当月初四，徐皇后去世，年仅46岁。朱棣十分悲痛，在灵谷、天禧二寺为她举行大斋，接受群臣的祭祀，由光禄寺准备祭奠物品。十月十四日，朱棣封其谥号为仁孝皇后。徐氏死后，成祖朱棣再也没有册立皇后。

孝庄文皇后：辅佐两代君王的政治家

孝庄文皇后（1613—1688年），博尔济吉特氏，名布木布泰（亦作本布泰，意为"天降贵人"），蒙古科尔沁部（在今通辽）贝勒博尔济吉特·布和之次女，孝端文皇后之侄女，宸妃之妹。

17世纪初，明王朝衰落，东北女真族崛起。建州女真首领努尔哈赤统一女真各部，于明万历四十四年（1616年）建立后金国。努尔哈赤死后，第八子皇太极继承汗位。北伐蒙古、南征朝鲜，并于明崇祯九年（1636年）称帝，国号清，建元崇德，奠都盛京，与明朝遥相对峙。明崇祯十七年（1644年）李自成领导的农民军攻占北京，崇祯皇帝缢死煤山。镇守山海关的明将吴三桂，叛明投清，于是清军入关，逐鹿中原，李自成的大顺政权在清军追击下土崩瓦解。

在清朝之中，曾出现过一位身历清初三朝，全心全意辅佐顺治、康熙两位皇帝主政的杰出人物，被称为"清代国母"，她就是著名的孝庄文皇后。她的生平在《清史稿》中有所记载，且历代学者也有论述。孝庄文皇后呕心沥血地以其聪明才智和特殊的地位，对解决清宫内部矛盾和斗争，稳定清初政权、促进国家统一，都起到了巨大的作用，她是我国古代杰出的女政治家。

孝庄文皇后，出生于明万历四十一年（1613年）二月。13岁时，由她的哥哥吴克善护送到盛京，嫁与皇太极。当时，她是作为其亲姑姑哲哲的代孕替补，为皇太极侧福晋，哲哲为大福晋。

清初，满蒙联姻是一项既定国策。皇太极时期，后宫几乎全是蒙古族女子，仅科尔沁贝勒博尔济吉特·布和一家，当时

年轻时期的孝庄文皇后

有封号的就有两位：孝庄的姑妈是孝端文皇后，孝庄的姐姐是宸妃。

孝庄从蒙古大草原来到盛京，为皇太极生下一男三女。崇德元年（1636年），皇太极称帝时，孝庄被封为永福宫庄妃，为后宫五大后妃之末。

在皇太极生前，孝庄在后宫的地位并不显赫。由她的姑妈掌管着后宫的一切，她的姐姐宸妃则受到皇太极的专宠。

崇德七年（1642年）三月，清军俘获明朝蓟辽总督洪承畴，皇太极大喜。洪承畴为明朝一位极为有影响力的封疆大吏，降服他等同于收揽汉族有志之士之心，对瓦解明朝统治具有非常积极的意义。皇太极下令把洪承畴押至盛京，派汉臣范文程等轮番劝说，洪承畴"延颈承刀，始终不屈"，为此皇太极伤透了脑筋，食不甘味。孝庄见状，毛遂自荐，亲自前去劝说。她化装为一名侍女，带上一壶人参汁，前去洪承畴处，温颜婉语，让他喝下人参汁，对他动之以情、晓之以理，经过数天的不懈努力，终于说服洪承畴投清。但这也仅仅是个野史，没有任何史料可以佐证。

皇太极在位时期，孝庄就经常留意一些清廷的政治活动，她的政

孝庄文皇后朝服装

治素质和才能由此得到磨炼与提高。当重大政治事件突然爆发之时，这种才能就能明显地表现出来了。

崇德八年（1643年）八月初九，皇太极病逝。但皇太极生前并没有指定皇位继承人，此时，朝中出现权力真空，造成诸王争位的混乱局势。最终立年仅6岁的福临为帝，他的生母就是孝庄。八月二十六日，福临登基，是为顺治皇帝。

皇太极崩逝，作为一国之尊当是中宫皇后哲哲。出于本能，她一定会为维护母家科尔沁的利益而推举庄妃所生的福临，这样庄妃与皇后就站在了同一条战线上。史料记载给人的印象是由于皇太极长子肃亲王豪格与皇太极十四弟睿亲王多尔衮两个争位的人势均力敌，所以才鹬蚌相争、渔翁得利——庄妃之子福临登上了皇位。其实，这只是事情的一个方面。从庄妃以后的作为及当时两黄旗大臣态度微妙的变化，还是可以推断出庄妃在福临继位的问题上不遗余力地展示了其卓越的政治才能。

最初两位黄旗大臣拥立豪格是在肃亲王王府盟过誓的，但召开议政王大臣会议讨论由谁继承皇位时，两黄旗大臣却只提立皇子不提立豪格；而此前雄心勃勃要与多尔衮一争高下的豪格在态度上也来了一个大转弯，称自己福小命薄，难当重任并离席而去。这不是豪格表面上所做的一种姿态，离席而去是弃权的表示，哪里有一点与多尔衮势均力敌的样子。但是多尔衮却并未当上皇帝，因为就在此时，大政殿内的两黄旗大臣都抽出佩剑上前，誓死要立皇子，大政殿外两黄旗护军侍卫刀出鞘、箭上弦，紧紧包围了议政会议所在地。大家想象一下，如果此时不让福临继位哪个能活着出宫？在皇宫中舞刀弄枪，没有中宫皇后哲哲及庄妃的默许是无人敢为的。应该说，庄妃的对手多尔衮也是位政治家。权衡之下，他选择了拥立幼子福临而自己做摄政王，为其于顺治初年独揽朝纲做了铺垫。福临继位登基，改年号为顺治，庄妃被尊为"圣母皇太后"。

多尔衮对皇位垂涎已久，但为何在关键时刻选择主动放弃呢？是缺乏与豪格抗衡的力量吗？不一定。或许是多尔衮为大局考虑，为避免内乱而作退让。但促成此事的，还有一个重要的因素——孝庄的幕后活动。

作为大清皇族中的一员，孝庄心里明白内乱会造成什么危害。若使双方的对立缓和，只有异中求同；若双方的要求都得到满足——既要满足大臣立皇子的要求，又要使多尔衮的权力欲望不致落空，解决此问题唯一办法是扶立幼主；当时的小皇子有四五位，谁来继承大统呢？孝庄施展政治手腕，笼络多尔衮，使多尔衮采纳了她的方案，把她的儿子福临抱上了皇帝的御座。

事实上，多尔衮对皇位心向往之。但由于他在早先倡立福临为帝，话一说出，便很难推翻前议了。尽管他高居摄政王之位，掌握大清军政大权，一人之下，万人之上，但未畅其所愿，还是一种遗憾。因此，在激烈动荡的戎马生涯中，他的精神时常陷入一种矛盾自责的痛苦之中。随着他功业的日渐累进，他对权力的欲望日渐强烈。偷用御用器皿、私造皇帝龙袍、对镜自赏等均是他的可笑之举。当年阻止他获得

孝庄文皇后像

皇位的豪格，在顺治元年就被罗织罪名，被贬为庶人，最终至死。与他同居辅政王之位的济尔哈朗，尽管开始就很知趣地退避三舍，拱手让出权力，但终因曾依附过豪格，被贬为郡王。多尔衮命史官按帝王之制为他撰写起居注，并营建规模超逾帝王的府第。实际上，多尔衮掌握着一切权力。孝庄在多尔衮的步步进逼下，采取了退让、隐忍、委曲求全的态度。她不断给多尔衮戴高帽、加封号，为的是不让多尔衮废帝自立。顺治四年（1647年），停止多尔衮御前跪拜。同年，孝庄以太后的身份下嫁给摄政王，福临称多尔衮为皇父，诸臣上疏称皇父摄政王。遇元旦或庆贺大礼，多尔衮与皇帝一起，接受文武百官朝拜。

太后下嫁摄政王一事，史学界尚有争议。有的小说家试图从爱情角度去解释这桩婚姻，这未免有点理想主义。多尔衮生活放纵，拘豪格之妻，又擅娶朝鲜国王族女，这是官书明载的事情。太后下嫁，迫于时势，何谈爱情。更何况，尽管孝庄再三退让，最后屈身下嫁，多尔衮对皇位的觊觎并未丝毫退减。福临继位后，诸臣多次提出给皇帝延师典学，多尔衮对此置之不理，有意让福临荒于教育，做一个"傻皇帝"，致使福临14岁亲政时，对诸臣奏章依然茫然不解。

顺治七年（1650年），多尔衮死于出猎，被追封为"诚敬义皇帝"，用皇帝丧仪。福临亲政不到两个月，就宣布多尔衮"谋篡大位"等种种罪状，削爵毁墓并撤去太庙牌位，籍没家产，多尔衮的党羽也受到牵连。和硕郑亲王济尔哈朗更是取而代之，成为了一个新的权力集中点。孝庄敏锐地发现了这一苗头，防微杜渐，让福临发布上谕，宣布一切章奏悉进皇帝亲览，不必启济尔哈朗，消除了可能产生的隐患。少主在太后的教导下，如饥似渴地吸收汉文化，大胆使用大汉整顿吏治等方面的治国之道，为清初政治开创了一个新局面。

政治斗争刚刚平息，孝庄又陷入了家庭矛盾的旋涡之中。大清帝国的建立，蒙古八旗立下汗马功劳，蒙古王公在清廷政治生活中，一直是一股倚为股肱的力量。因此，清太祖在位时就定下了一大国策——满蒙联姻。为了确保这种关系代代相传，也为了确保自己家族的特殊地位，福临继位不久，孝庄就册立自己的侄女、蒙古科尔沁贝勒吴克善的女儿博尔济吉特氏为皇后。顺治皇帝亲政的同一年就举行大婚，以正中宫之位。自古帝王婚姻，总是带有一些政治色彩，而福临恰恰缺乏这种胸怀，他更多以自己的好恶来对待这其中的关系。皇后博尔济吉特氏聪明、漂亮，但喜奢侈且易妒。作为一个出身贵族的女子，有这些缺点无可厚非，但福临却不能容忍，坚决要求废后另立。福临生性执拗，尽管大臣们屡次谏阻，但仍坚持己见，不作退让。顺治十年（1653 年），孝庄见依然坚持废后，就只好同意，皇后被降为静妃，移居侧宫。为了避免旁生事端，孝庄又选择蒙古科尔沁多罗贝勒之女博尔济锦氏进宫为妃。但福临似乎对这位蒙古草原里来的姑娘同样不喜欢，反而如痴如醉地恋上了同父异母的弟弟博穆博果尔的福晋董鄂氏。董鄂氏隶属满洲正白旗，其父鄂硕任内大臣，封三等伯。董鄂氏不但通诗文，且性格温顺，仪表端庄，举止言语有大家风范。当年她应秀女之选，嫁与博穆博果尔。博穆博果尔时常从军出征，董鄂氏出入宫苑侍候后妃，与福临相识并双双坠入情网。孝庄察觉到了这件事的危险性，便立刻采取措施，宣布停止命妇入侍的旧例，同时抓紧为儿子完婚，博尔济锦氏随即成为第二任顺治皇后。然而，这一切并不能阻止福临对董鄂氏的迷恋。为了获得更多接近董鄂氏的机会，顺治十二

顺治像

顺治像

年（1655年），福临封博穆博果尔为和硕襄亲王，以示优宠。顺治十三年（1656年）七月，据说博穆博果尔得悉其中内情，愤怒地训斥董鄂氏。此事被福临获悉后打了弟弟一耳光，弟弟博穆博果尔羞愤自杀。而此事也是一个猜测，没有任何史料可以佐证。

宫中发生了这种事情，传扬出去皇家颜面全无，孝庄悄悄地处理了这件事：博穆博果尔按亲王体例发丧，27天丧服期满，董鄂氏被接入宫中，封为贤妃；一个月后，又按儿子的意愿，晋封她为皇贵妃。

皇贵妃在后宫的地位仅次于皇后，不过福临对董鄂氏的感情，已到了无以复加的地步。他认为董鄂氏有德有才，正是理想的皇后人选，因此准备二次废后。假如福临再度废后，改立董鄂氏，蒙古女人失去中宫主子之位，势必影响满蒙关系，倾动大清帝国的立国之基，孝庄毫不犹豫地对儿子的举动进行了抑制。结果，母子间出现隔阂，顺治皇帝甚至公然下令抠去太庙匾额上的蒙古文字。而那位生活在感情荒漠中的蒙古皇后，对于安排自己命运的同族婆婆并无丝毫感激，相反，把不幸和怨恨统统归集到太后身上，连太后病倒，也不去问候一声。对于这一切，孝庄都忍受了。这种微妙紧张的母子婆媳关系维持了五六年，幸而她有多年的政治经验和坚毅的性格，清帝国的基业才不致因后宫的倾动而发生动摇。孝庄这种苦心，福临与皇后恐怕都不理解，倒是通达人情的董鄂氏能够体谅孝庄的苦衷，她主动周旋于皇后与皇帝之间，缓和调节双方矛盾，有时起到孝庄所难以达到的作用。唯其如此，孝庄有什么事总是找董鄂氏商量，有什么话总是找这个儿媳妇说，以至到后来，婆婆对儿媳几乎到了不能离开的地步。

顺治十四年（1657年）十月，董鄂氏诞下一子，四个月后不幸夭折。丧子之痛使她积郁成疾，深宫矛盾的精神重负让她原来有病的身体更加虚损羸弱。顺治十七年（1660年）八月，董鄂氏病故。顺治十八年（1661年），顺治病逝。

顺治临终时，原属意亲王岳乐继承大统。但是孝庄属意却是玄烨，因此说玄烨是孝庄一手扶立起来的。玄烨8岁继位，10岁时生母佟佳氏亡故，照看他的是祖母孝庄太皇太后，因此祖孙二人感情十分融洽。孝庄不仅关心他的饮食起居，而且对他的言谈举止，都立下规矩，严格要求，稍有逾越，便对其严厉批评，不稍宽纵与假贷。在孝庄的教导下，玄烨健康成长。一个未来杰出帝王的特质和才具，在少年时期便打下了根基。铲除鳌拜集团后，孝庄还政于康熙，自己则在一旁对他督促提醒，让他在实践中得到锻炼，告诉他用人之道，提醒他安勿忘危、勤修武备等。对于祖母的谆谆教诲玄烨非常尊重，重大事情无不先一一征求祖母的意见。在祖孙二人的携手努力下，清王朝于动乱中稳定了下来，经济也从萧条走向了繁荣，为平三藩、统一台湾和边疆用兵等大规模战争奠定了物质基础。

清王朝在康熙时期走向了它的第一个黄金时代，与孝庄的功劳和心血是密不可分的。在生活中，孝庄俭朴，不喜奢华，平定三藩时，把宫廷节省下的银两捐出犒赏出征士兵。每逢荒年歉岁，她总是把宫中积蓄拿出来赈济，全力配合、支持孙子的事业。她的表率行为，更使皇帝增加十二分敬意。康熙二十一年（1682年）春，皇帝出巡盛京，沿途几乎每天派人驰书问候起居，报告自己行踪，并且把自己在河里捕抓的鲢鱼、

孝庄文皇后雕像

鲫鱼脂封，派人送京给老祖母尝鲜。康熙二十二年（1683年）秋，康熙陪祖母巡幸五台山，一到道路坎坷之地，康熙就下轿亲自为祖母扶辇保护。孝庄与皇帝这种亲密和谐的关系，反映了她的为人，与200年后同样经历三朝、对中国政治产生重大影响的慈禧太后是截然不同的。

康熙二十六年（1687年）十二月，孝庄终因年事已高病倒。康熙皇帝见祖母病重，心急如焚，他昼夜守在慈宁宫里，衣不解带，睡不安寝，所有的药品及食物亲自调理，送至祖母唇边。祖母安睡时，他也不肯离去，隔着幔帐静候，席地而坐，一听到皇太后的声息，立即上前到榻前，凡是祖母所需，亲手奉上。在孝庄病重的一个多月里，康熙一刻不离开祖母的病榻。而孝庄疼爱孙儿，常劝其回宫内休息，但康熙皇帝都不肯离开。见祖母的病情越来越重，康熙每日至佛堂祷告。他在佛前许愿，如果能让祖母身体康复，自己情愿用自己的寿命换祖母的寿命。其情其景，催人泪下。

然而自然规律是无法抗拒的，二十五日，孝庄走完了她的人生旅程，以75岁的高寿安然离开了人世。康熙皇帝给祖母上了尊崇的谥号——孝庄仁宣诚宪恭懿至德纯徽翊天启圣文皇后。

综观孝庄的一生，她历经三朝，辅佐了两位幼主建功立业，为清朝立国和江山巩固立下卓越功勋。她是一位伟大的女性，更是一位伟大的母亲。清王朝在康熙朝形成第一个黄金时代，其中包含了孝庄的一份功劳和心血。

诃额仑：月伦太后育天骄

诃额仑（？—1207年之后），斡勒忽讷氏，又作诃额伦，也被称为月伦太后。成吉思汗（元太祖铁木真）的生母。她早年接连遭受新婚遭掳、丈夫被毒、族人抛弃等坎坷，凭借顽强的毅力和超人的才干，在血雨腥风之中成功抚养大了铁木真兄弟，因其儿子"一代天骄"成吉思汗得以闻名于世。

孛儿只斤·也速该（1134—1170年），蒙古族乞颜部军事首领。一天，也速该在斡难河畔鹰猎为乐。忽然，他看见蔑儿乞惕部的也客赤列都一行人骑着马、坐着车而来。原来，也客赤列都刚刚从斡勒忽讷兀惕部娶妻回来，路过此地。也客赤列都娶来的女子名叫诃额仑，恰恰被也速该一眼看见，一下子被新娘子的美貌打动了。他马上翻身跑回家中，叫来了他的哥哥捏坤太石和弟弟答里台斡惕赤斤。看到这三条大汉如狼似虎地扑来，也客赤列都不禁心里一阵发慌，急忙拨马向附近的一座小山上驰去，也速该兄弟三人也催马紧紧追来。围着小山跑了一圈后，也客赤列都又来到他妻子乘坐的车前。诃额仑是一位很有头脑的女人，她非常明智地对丈夫说："汝见彼三人之面色乎？吾观彼三人颜色，来者不善，似有害汝性命之意。汝若信吾，可快逃性命。但得保住性命，何愁再娶不着好女美妇？……若再娶得妻室，可以吾名诃额仑名之，算汝未能忘吾。"诃额仑说毕，即脱下一件衣衫，扔给新郎。也客赤列都急忙下马，接住新娘扔来的衣衫。这时，也速该三人也绕山跟踪而来，眼看就要来到车前。也客赤列都急忙上马，快马加鞭，一阵风似的沿斡难河河谷逃去了。也速该三人一看，也打马直追，但追过了七道岭，也没有追上也客赤列都，只好掉转马头，驰回诃额仑车前。也速该得了诃额仑，得意扬扬地带着她返回自家蒙古包。蒙古诗人描述说，也速该当时因夺得这样的"战利品"而乐不可支，亲自给诃额仑赶车。其兄捏坤太石策马扬鞭导于前，其弟答里台斡惕赤斤傍辕而行护于侧。此时，可怜的诃额仑则在车中哭泣，但是，傍辕而行的也速该之弟答里台斡惕赤斤则劝她忍耐顺从，认可眼前的事变。就这样，诃额仑跟着也速该来到了也速该的蒙古包。她明智地顺应了这一变化，从此全心全意地侍奉着也速该。不久之后，诃额仑夫人在斡难河畔生下了长子铁木真，也就是后来的"一代天骄"成吉思汗。

金大定十年（1170年），按照蒙古习俗，也速该带着9岁的铁木真到弘吉剌部求亲。返回途中，走到扯客彻儿山附近的失剌草原上，遇见塔塔儿部人正在举行宴会，也速该便进去喝酒。不料塔塔儿人认出了他，想起以前族人被他俘虏的仇恨，便下毒杀了他。随后，乞颜部内部反对也速该的势力蜂起。在斡儿伯、莎合台等人的操纵下，泰亦赤兀惕兀氏夺得了权力，并准备将全部落迁走。诃额伦夫人和她幼小的孩子们遭到了抛弃，她亲自手持大纛，骑马前去，追回来一半百姓。但追回来的那些百姓，安顿不住，后来陆续随从泰亦赤兀惕人也迁走了。

诃额伦夫人具有顽强的毅力和超人的才干。被部众抛弃之后，她沿着斡难河上下奔走，采食野果野菜以维持生计。在这样的环境中，铁木真和他的兄弟们日渐成长，练就了日后面对各种困难时超人的忍耐力。

铁木真与他的异母弟弟别克帖儿不和。一天两人发生争斗，铁木真便约大弟拙赤合撒儿来到山上，两人一前一后射杀了别克帖儿。铁木真、合撒尔刚一进家门，诃额伦夫人就察觉了两个儿子的脸色，她引用旧词古语，非常严厉训斥了她的儿子们。

当铁木真日渐长大时，曾经抛弃他的泰亦赤兀惕人感到了威胁，于是将他抓走，并差一点杀掉。铁木真娶亲之后，曾经被也速该掳走新娘的篾儿乞部前来复仇，攻击营地并掳走了铁木真的新婚妻子孛儿帖等人。在这些危难时刻，诃额伦夫人总是能站出来做出恰当的安排，最终化险为夷。

铁木真逐渐摆脱了困厄的处境，并在征战之中一步步壮大起来。连年的战争之中产生了不少孤儿，铁木真在战场上捡到几个无家可归的孩子。按照蒙古人的习俗，捡到这样的孩子都要视为家人，所以成吉思汗就将他们带回来交给母亲诃额伦，作为养子。诃额伦夫人先后收养了失吉忽秃忽、博尔忽、曲出、阔阔出等人，这些养子，后来为铁木真南征北战立下了赫赫功劳。

凭借多年的征战中的英勇、智慧和忍耐，铁木真摆脱了困厄的处境，一步步壮大起来。成吉思汗元年（1206 年），铁木真大会蒙古诸部，成为蒙古共主，并获得从此名扬中外的尊号"成吉思汗"。诃额仑夫人也由此成为蒙古帝国的太后。

大蒙古国建国后不久，萨满教巫师帖卜·腾格里试图利用自己的宗教影响力与成吉思汗的王权竞争。为了挑起王室内部的争端，帖卜·腾格里利用自己在宗教上的绝对权威，蛊惑成吉思汗，使成吉思汗对胞弟合撒儿起了猜疑之心，最终决定抓捕并审讯合撒儿。

诃额仑母亲得知后，连夜赶去。第二天清晨太阳刚出来时，她赶到了现场，对已经是成吉思汗的儿子当众愤怒的训斥了一番。等到母亲怒气平息后，成吉思汗说："受到母亲的怒责，儿子很害怕，很惭愧，儿子先回去了。"

在诃额仑和孛儿帖的提醒下，成吉思汗幡然醒悟，果断除掉了帖卜·腾格里，稳固了王权。但他对合撒儿仍心存戒意，背着母亲，暗中夺取了分给合撒儿的大部分百姓，只给合撒儿剩下 1400 户百姓。诃额仑知道这件事后，心里忧闷，不久就去世了。

诃额仑夫人也被称为月伦太后，正如她的称谓一般，诃额仑夫人的为人，就如同那皎洁的明月一般。刚毅自强，普照大地。她的一生尤为坎坷，在成亲之际就被掳掠，不久后丈夫也被心怀不轨之人给故意杀害，在那个传统的时代里，她便被视为不祥之人被宗族所抛弃。而且，当时的蒙古人

诃额仑像

性格都较为野蛮，掠夺妇女之事常有发生，诃额仑夫人得不到保护，她只能默默地一个人承受着一切。

但是，她绝不是一个轻易向命运低头的女人，她拥有着过人的智慧、坚毅的品质和异于普通妇女的才干，尽管面临着居无定所，吃了上顿没下顿的，只能生活在野外的困苦环境，但是她还是勇敢地面对着这些困难，并没有轻言放弃。正是受到这样的艰苦卓绝的生活的磨难，铁木真兄弟以母亲为榜样，逐渐成长为更优秀的人。

更令人感动的是，善良的诃额仑夫人还收养了许多的养子，她对待这些失去了父母的孩子如同自己的亲生子，交给他们做人的道理，而令人骄傲的是，这些养子们也都不负众望，立下了赫赫战功。

在铁木真的父亲去世之后，铁木真的母亲在之后部落的建设之中起到的作用也是很大的，在族人抛弃了他们母子之后，她没有自怨自艾，在丈夫被毒死之后也没有倒下，这直接就塑造了铁木真近乎坚毅的性格。但是当铁木真做错事情的时候也会遭到批评，这又是教会他明辨是非，心胸宽广的道理。要说铁木真与诃额仑是母子的关系，倒不如说他们是朋友的关系，在性格上的引导，早期的部落基础构造之中，以及之后的征战之中，铁木真与诃额仑都是神一样的存在。

孛儿帖：辅佐太祖，奠定蒙古帝业

弘吉剌·孛儿帖（1161—？），姓博司忽儿弘吉剌，蒙古呼伦贝尔额尔古纳市人。元太祖成吉思汗的嫡皇后，谥号光献翼圣皇后。

孛儿帖是弘吉剌部勃思忽儿的首领德薛禅的女儿。在她10岁的时候，与蒙古部孛儿只斤氏族的铁木真订了婚。

铁木真的父亲是蒙古部首领也速该。也速该有一天在斡难河畔放鹰狩猎，忽见蔑儿乞人的迎亲队伍从远处走来。他好奇地走近观看，见到坐在车子上的新娘美丽英俊，顿时心潮澎湃，决定把新娘抢归自己，便飞奔回家，叫上哥哥捏坤太子和弟弟从事里台斡赤斤，将新娘抢回家成了亲。这位新娘便是诃额仑，也就是铁木真的母亲。

诃额仑是弘吉剌部斡勒忽讷兀惕氏族人，该部姑娘以美丽贤淑闻名。乾道七年（1171年），铁木真9岁时，按照蒙古习俗，也速该与诃额仑夫妻二人决定带铁木真去他母舅处求亲。

也速该和铁木真第二天各骑了一匹快马，一边欣赏着广袤无际的草原景色，

孛儿帖画像

一边向弘吉剌部驻地奔驰而去。几天后，父子俩进入弘吉剌部扯克彻儿山和赤忽儿忽山两山之间，遇到了弘吉剌部人德薛禅，便交谈起来。德薛禅打量着体魄强健的少年铁木真，见他生得方面大耳，英气勃发，不由得心生喜爱，有心把自己10岁的女儿孛儿帖许给他。

铁木真与孛儿帖

当时孛儿贴10岁，如花似玉，温和柔顺，与英俊的铁木真可说是天造地设的一对璧人。也速该非常高兴，当即与德薛禅定了亲。

次日晨起，也速该向亲家道别，德薛禅非常喜爱铁木真，不舍得让他马上离去，提出留铁木真住下。也速该同意了，对儿子叮咛几句后，踏上归程。

也速该告别亲家后，顺着额尔古纳河向西往家中走。几天后，他走进塔塔儿部扯克彻儿地面，遇到塔塔儿人正在绿色的草地上摆设宴席，又饥又渴的也

速该翻身下马，不客气地参加了宴饮。按蒙古习俗，骑马经过正在进餐者的旁侧时，只要下马，不等主人邀请即可就餐，主人不得拒绝。只顾低头吃喝的也速该并未留意塔塔儿人的举止表情，他没想到塔塔儿人中有人认出了自己，偷偷在酒食中放了毒药。酒足饭饱之后，也速该告辞上马，走出不远，便觉腹中隐隐作痛，自知是塔塔儿人下了毒，忙快马加鞭赶路，勉强支撑着回到家里。诃额仑悲愤交加，忙把家奴蒙力克叫来，找草药来煎服，无奈药性已深入膏肓。也速该强忍剧痛，拉着蒙力克的手，恳切地叮嘱道："我遭了塔塔儿人的暗算，不久于人世，请把我的子女视若你的子女。请速将我儿子铁木真从弘吉剌部的德薛禅家领回来，我想最后看他一眼。"说完便昏迷过去。蒙力克受命托孤后，火速向弘吉剌部奔去。铁木真与孛儿帖恋恋不舍，铁木真答应看望父亲后早早返回，便跟随蒙力克飞驰而去。

当铁木真赶回家时，也速该已含恨死去。他与母亲诃额仑料理完丧事。原先孛儿只斤氏族关系至密，也速该死后，乞颜部内部反对也速该的势力蜂起。在斡儿伯、莎合台等人的操纵下，泰亦赤兀惕兀氏掌权，全部落迁走。

诃额仑带着年幼的儿子铁木真、合撒儿、合赤温、帖木格与女儿帖木仑和剩下的少数部众住在斡难河上游不儿罕山一带，过着艰难的生活。他们在斡难河边靠采摘野山梨、野樱菜充饥，用桧木掘取胡萝卜和杂草根勉强维持生活。就这样，他们还不断遭到来自其他各部落的打击。泰赤乌氏族的首领担心

铁木真像

铁木真长大后复仇，就带人把铁木真抓去，给他带上手枷和头枷，四处示众，打算杀了他。机智的铁木真利用泰赤乌人举行宴会的机会打倒看守，逃了出来。在泰赤乌氏的属民锁儿罕失剌的帮助下，铁木真躲过搜索，死里逃生，终于找到母亲和弟、妹。

诃额仑夫人具有顽强的毅力和超人的才干。家无隔夜粮的铁木真一家，以捕食草原上的旱獭、野鼠为生，继续承受着贫困的熬煎。在诃额仑和蒙力克的教诲下，铁木真

孛儿帖与诃额仑

和他的兄弟们日渐成长，练就了日后面对各种困难时超人的忍耐力。铁木真不仅生得虎背熊腰，身体如铁塔般结实，武艺和马术更臻精湛，头脑机智冷静，心胸宽容大度。此时，一些失散的部众陆续返回，他的力量也一天天壮大，羽翼一天天丰满。

南宋淳熙七年（1180 年），铁木真 18 岁时，一天诃额仑把他叫到身边，说："男大当婚，女大当嫁。你已经长大成人，该把婚事办了。你父亲在世时，曾给你订下弘吉剌部德薛禅的女儿孛儿帖。这些年，我们母子几个历经艰险，受尽辛苦，一直没去人家那边探望。现在你就到那边迎娶你的未婚妻，也好了却妈妈的一桩心事。"第二天，铁木真和他的异母弟别勒古台一道，骑上骏马，顺着克鲁伦河，最终找到了孛儿帖。

德薛禅知道成吉思汗一家的遭遇，无丝毫悔婚之意，如今见到了成吉思汗高兴万分，决定把女儿嫁给成吉思汗。言出必行的风范和彼此的信赖与忠贞最终使得成吉思汗和孛儿帖兀真走到了一起，从而留

下了千古佳话。德薛禅夫妻邀集亲友，为铁木真和孛儿帖举行了隆重的婚礼。德薛禅知道铁木真的部族离不开他的意志和智慧，不能在此长住下去，几天后，让妻子搠坛陪送他们回家。

铁木真与孛儿帖婚后对前途更加充满信心，他审时度势，感到自己的力量还很弱小，而且有强大的仇敌塔塔儿人和泰赤乌兄弟。为了解除威胁，发展壮大自己的力量，他决定率部族从桑古儿河迁到客鲁涟源头不儿吉地方扎营定居，远离仇敌，休养生息；同时征求外援，寻求一个更强大势力的庇护，以对付仇敌。

当时有两个较强大的部族与铁木真关系较好，一是从少年时代就与铁木真结为安答（结拜兄弟）的札木合；二是曾与他父亲结为安答的克烈部着领王罕。经过三思，铁木真决定去拜见克烈部首领王罕。可又苦于没有晋见之礼，家里只有孛儿帖陪嫁的黑貂皮袄较珍贵。于是铁木真去找母亲诃额仑商量，同时征求爱妻的意见。婆媳两人二话没说就同意了，铁木真为妻子孛儿帖的深明大义和支持感到由衷的高兴。

经过几天的跋涉，铁木真带着哈撒儿和别勒古台找到了克烈部驻地黑林。他以父礼拜见王罕。便将黑貂皮袄献上。王罕接过礼物，见那袄子色如黑漆，油光闪亮，柔软光滑，是一件宝物。在王罕的荫护下，铁木真开始积聚力量。自由的骑士、勇敢善战的勇士摩肩接踵纷至沓来，铁木真周围群英会集，他暗暗地收集部众，积蓄着对敌复仇的力量。

铁木真从弘吉剌部娶回孛儿帖的消息激怒了篾儿乞族的首领脱黑脱阿。当年他的弟弟赤列都的未婚妻诃额仑让也速该抢去的耻辱一直令他难以忘怀，如今见也速该已死，铁木羽翼未丰，为报抢亲之仇，他暗发奇兵，企图把诃额仑和她的儿媳孛儿帖一并抢来，以解心头之恨。

一天夜里，人们还都沉浸在梦乡里。突然，杂乱的马蹄声打破了草原上的寂静，服侍诃额仑的老仆人豁阿黑臣首先被惊醒。她急忙呼唤诃额仑："快起来！外边声音这么大，莫不是曾扰害咱们的泰赤乌兄弟们又来了？"诃额仑赶快披衣出帐，侧耳倾听，果有马蹄声从远处传来，声势颇大，她赶紧叫醒儿子们，准备抵抗。转眼间，篾儿乞人蜂拥而至。铁木真自知无法抵挡，决定撤到不儿罕山上躲避。一声令下，大家匆忙上马，跟随铁木真向不儿罕山奔去。可是他太疏忽了，妻子孛儿帖没有马匹，未能脱身。留在家中的女佣人豁阿黑臣，将夫人孛儿帖藏进坚固的帐车里，套上腰花牛逃向统格黎溪上游。天亮后，一群兵士从对面驰来，豁阿黑臣心急火燎，猛抽腰花牛想要赶紧走开，可不幸的是车轴却断了，结果敌兵发现了孛儿帖。

这伙来袭者不是泰亦赤兀惕人，而是昔日被也速该抢去新娘的篾儿奇惕人，他们是为报也客赤列都新娘诃额仑被抢之仇而来的。未能找到铁木真的他们自相商量道："此来，为的是报诃额仑被抢之仇。如今抢到了他们的妻媳，也算仇已报了。"便掉转马头，归家而去。篾儿奇惕人把抢去的孛儿帖夫人交给了也客赤列都的弟弟赤勒格儿。

铁木真闻知爱妻与庶母被篾儿乞人掳掠而去，气愤至极，尤其是爱妻被掳，如万箭穿心，决意借助王罕的力量复仇。王罕听完铁木真所遭遇的不幸，经过筹划，王罕起兵 2 万，札木合起兵 1 万，并统领铁木真的兵卒 1 万，分两翼出击。他们乘着夜色扎结木筏渡河，共同袭击篾儿乞人的营盘不兀剌川。篾儿乞人毫无防范，见铁木真率大军来攻，纷纷逃散，脱黑脱阿只带着少数随从逃入八儿忽真峡谷。铁木真一边追击逃敌，一边高声呼喊着妻子孛儿帖的名字。孛儿帖正乘车夹杂在人群之中，听到铁木真的声音，不由得热泪盈眶，赶忙跳下车，与豁阿黑臣一起挤到铁木真马前。铁木真赶忙跳下战马，孛儿帖一头扎进他的怀中，号啕大哭，次日，铁木真面见王罕和札木合，率大军凯旋而归。

灭篾儿奇一仗，是为救孛儿帖而打的，也是成吉思汗策划参与的第一仗，大获全胜，从此名声大振，原来的部众百姓纷纷回归。此后，铁木真从1189年被推举为联盟首领到1206年，经过十几年的艰苦奋战，铁木真终于把蒙古各部征服。开禧二年（1206年）春，铁木真召集贵族首领们在斡难河源举行大会，建九脚白旄纛，即大汗位。

蒙力克的四子阔阔出是一位萨满巫师。他见铁木真已统一诸部，便骑着白马，赤着脚在夜晚穿过草原和群山，向西方走去，次日返回后声称他得到上天的旨意，上天已把天下给了铁木真和他的子孙。他对铁木真说："如今地上各称古尔罕之诸国君均为你所服，其领土均归你治下。因此你亦应有普天下之汗、诸王之王的尊号。上天旨意，你的称号应为成吉思汗。"成吉思汗登上大汗宝座，将建立的国家称为"也客忙豁兀鲁思"，即大蒙古国。至此，蒙古各部都统一在大蒙古国的统治之下，铁木真的家族为国家最高统治集团。

铁木真、孛儿帖与孩子们壁画

阔阔出对成吉思汗登上大位功绩巨大，且其父当年有托孤之功，因而在建国后便居功自傲，日渐专横，常假借传达"长生天"意旨为所欲为。

一天，阔阔出无故借上天旨意毒打了来觐见皇兄的合撒儿，合撒儿向成吉思汗告状。成吉思汗见弟弟如此窝囊，便大发雷霆。合撒儿见哥哥不但不管，还大加训斥，垂泪而去，三日不见成吉思汗。合撒儿身高体壮，力大无比，在统一蒙古各部过程中战功显赫，威望颇高。成吉思汗登大位后，热衷专权，尤忌别人篡位分权。阔阔出的话中其要害，便想趁机以此为借口，除去合撒儿，于是连夜亲自带兵捉拿合撒儿。诃额仑听说，知大事不好，快马驾车赶往合撒儿驻地。到达后，只见合撒儿已被缚住，去掉冠带，成吉思汗正对他审讯，阔阔出奸笑着站在一侧。看到母亲怒气冲冲地闯进来，成吉思汗惊恐万分，赶忙认错。但他心中对合撒儿仍存芥蒂，背着母亲仍夺去合撒儿的部众，只让他保留了1400人。

此事后，阔阔出更为嚣张，不把任何人放在眼里。许多人趋炎附势，聚集在他身旁，渐渐对"黄金家族"构成威胁。成吉思汗幼弟帖木格斡赤斤的部下也有前往投靠的，斡赤斤派人去找，阔阔出不仅不给，反而将来人毒打一顿，让其将马鞍背在身上，回报斡赤斤。次日，斡赤斤亲自前往。阔阔出弟兄7人马上围上来，举起拳头就打，斡赤斤连忙认错赔情。阔阔出得意忘形，罚他跪在帐后并加以羞辱。第二天清晨，斡赤斤便跌跌撞撞地跑进成吉思汗的营帐，跪在地上，哭诉了被阔阔出欺侮羞辱的经过。成吉思汗尚未开言，孛儿帖先哭了起来，气愤地说："他怎么能这样欺负人哪？先前将合撒儿打了，如今又要斡赤斤跪，是何道理？你现在还活着，他尚且将你桧柏般长成的弟弟残害；久后你老了，如乱麻群鸟般的百姓，如何肯服你受欺的儿子们管？"说完捶胸号哭。成吉思汗听了孛儿帖诉说，思谋良久，决心要除掉阔阔出。正在这时，蒙力克率领7个儿子来访。阔阔出刚坐下，斡赤斤就上前要与他较力气，成吉思汗点头同意。刚到帐殿外面，就有3个大力士上前折断了阔阔出的脊梁，将其杀死。处死阔阔出，成吉思汗进一步巩固了政权。

从此，成吉思汗开始到蒙古高原以外地区施展自己的雄才大略。他的骑兵勇猛非凡，铁蹄踏遍东自黄海、西至多瑙河的广大地区，创建了世界历史上罕见的功业。孛儿帖给成吉思汗生下的4个儿子，长子术赤，曾随父攻打金国，西征时受命攻打玉龙杰赤（今土库曼斯坦共和国库尼亚乌尔根奇），后率军返回封地，封地白海押立延伸至花刺子模地区；次子察合台，曾从父西征，取兀提刺耳、玉龙杰赤，得畏兀儿以西直至阿母河地为封地；三子窝阔台，于1229年继位为大蒙古国第二任大汗，在位13年；四子拖雷，西征时，领军进入呼罗珊，成吉思汗死后，继承了在斡难河、怯绿连河的遗产和军队，其子蒙哥和忽必烈相继称帝。

　　孛儿帖皇后居住在第一汗尔敦，也就是蒙古宫帐里。在后宫中，孛儿帖皇后始终是最受宠爱，最受敬重，地位最高的人，可谓是集万千宠爱于一身。为了救她，成吉思汗打响了自己人生中的第一场战争，可以说孛儿帖皇后成就了一身热血的成吉思汗纵横草原，指地为王。孛儿帖皇后性情温婉，仁厚，同时又聪慧贤明，深明大义，是上天馈赠给成吉思汗，馈赠给蒙古草原最好的礼物。不论是在契丹密报事件中还是在处理萨满巫师阔阔出的事件中，孛儿帖皇后的理智表现和中肯的建议都对成吉思汗有很大的帮助。据《元史》记载，孛儿帖"宅心渊静，禀德柔嘉"，十分贤惠。孛儿帖是蒙元时期首屈一指的皇后。她同丈夫一起艰苦创业，培养造就了一批颇有才干的子孙；在许多关键时刻她都起到了重要的作用，是佐助成吉思汗定立天下不可或缺的助手，是中国女性史上一个值得大书的杰出人物。孛儿帖所在的弘吉刺部落生活的较和平安逸，所以孛儿帖的娘家是安居乐业的。但孛儿帖苦守承诺，当有成吉思汗的消息之后，毫不犹豫随夫君远嫁，重修家园。孛儿帖上对婆婆孝顺，下对年幼弟妹照顾有加，细心地照料成吉思汗的生活起居。比起其他后妃，孛儿帖是在成吉思汗最落寞时嫁给成吉思汗，无怨无悔跟随成吉思汗，始终不离不弃。孛儿帖在成吉思汗整个战争生涯中起到关键后勤作用，不管成吉思汗走到哪里，家里营盘都由孛儿帖管理；在危难时刻，挺身而出，具有较强的组织领导能力。孛儿帖不仅是成吉思汗生活上的忠诚伴侣，更是他工作上的得力助手。才情兼备的孛儿帖皇后在成吉思汗整个战争生涯中都起到了关键的作用。

　　在众多资料里，孛儿帖是哪一年去世的并没有被很准确的描述，只是可以确认，成吉思汗去世时，她还健在。元朝前至元二年（1265年）十二月，元世祖忽必烈下诏追谥他的祖母、太祖皇帝成吉思汗的正后孛儿帖为"光献翼圣皇后"，并册文盛赞，以示后人。

第八章

无冕女皇

芈八子：太后专权，权倾天下

芈八子（？—公元前265年），出生地楚国丹阳（在今湖北省），秦宣太后，战国时期秦国王太后，秦惠文王之妾，秦昭襄王之母。秦昭襄王继位之初，宣太后以太后之位主政，执政期间，攻灭义渠国，一举灭亡了秦国的西部大患。死后葬于芷阳骊山。

芈八子，拥有四重身份：秦孝公的儿媳妇，秦惠文王的后妃，秦昭王的母亲，秦始皇的高祖母。这就是先秦历史上著名的女人，传奇一生，风情万种的秦宣太后。

她对权力的欲望几乎与她的政治手腕一样强。长期于宫闱明争暗斗中的她，无疑对政治的黑暗了然于心。然而她还是积极地一头扎进这个旋涡，并且做得非常出色。

在她成为太后之前她有个称呼叫作"芈八子"。芈是楚国的国姓，由此推想，她是楚王姐妹群中的一个。八子，并不是她的名字，也不是因为她生育了八个儿子，而是她嫁给丈夫秦惠文王后得到的封号。一个外藩女人或为秦王的姬妾，这应该是一桩政治婚姻。

楚宣王末年，芈八子出生在一个楚国贵族家庭，之后，母亲又生下一子名芈戎，就是后来的秦国"四贵"之一的华阳君。几年后，芈八子父亲去世，母亲改嫁，又生一子，就是后来的秦国"四贵"之一的魏冉，也就是在秦先后五次为相计25年的穰侯。穰侯之于秦国，功高盖世，司马迁对他有很高的评价，说秦国之所以能向东扩展领土，削弱诸侯，一度称帝，天下都对秦俯首听命，那都是穰侯的功劳。

秦孝公塑像

秦孝公二十四年（公元前338年），秦孝公去世，其子惠文君继位，时年17岁。他杀商鞅，任用公孙衍为大良造，攻魏。到秦惠文君八年（公元前330年），公孙衍在雕阳（今陕西鄜县北）大败魏军。次年，张仪来到秦国，靠他的三寸不烂之舌取代公孙衍，公孙衍被逼去魏。张仪来秦的第二年，继续攻魏，魏将上郡及河西地尽献秦国。当年，张仪被任命为秦国历史上第一位"相"。秦惠文王十三年（公元前325年），秦惠文君觉得自己的江山稳固了，改称为王。楚怀王在一种特殊历史背景下与秦国缔结姻亲，便将十分美貌的花季少女芈八子送到秦国，成了秦惠文王的妃子。跟着一起来的还有芈八子两个弟弟芈戎和魏冉，更有意思的是，她母亲有个亲戚的小孩向寿也跟了来。

芈八子与秦惠文王新婚不久就怀孕了。秦惠文王更元元年（公元前324年），芈八子就产下一大胖小子，取名为则，就是后来的秦昭王。

直到芈八子再次诞下二子——显和悝，这时这个有着楚国贵族血统的女人才被封，称为"八子"。"八子"这个封号位次不高，秦国后宫分八级：皇后、美人、良人、八子、七子、长使、少使，这套制度后来一直沿用到汉朝。在待遇上把"八子"之封大致可比照于男性

秦孝公塑像

官员中的"中更"一级，比五大夫还高两级，等于侯爵。而这仅仅是物质上的，地位只是一个象征，并不能因此而去行使男人"中更"一级的权力。

到了秦惠文王更元十四年（公元前311年），秦惠文王去世，享年44岁。由于芈八子是楚人，又不是皇后，所生三个大有作为的儿子都不能接父亲的班，由惠文后的儿子荡继位，是为秦武王。

此时，秦、楚关系已是十分恶化。秦惠文王一死，公孙衍回来了，与樗里疾、甘茂、公孙奭等人一起，把受宠的张仪挤兑出走。张仪是秦、楚关系走向破裂的始作俑者，张仪一走，秦、楚两国关系立即有了缓和。

秦武王重武好战，在位期间，平蜀乱，设丞相，拔宜阳，置三川，更修田律，修改封疆，疏通河道，筑堤修桥。秦武王身高体壮，喜好跟人角力，大力士任鄙、乌获、孟说等人都因此做了大官？。秦武王四年（公元前307年），武王与孟说比赛举"龙文赤鼎"，结果大鼎脱手，砸断胫骨，到了晚上，气绝而亡，年仅23岁。这真是一个笑话，当然这也是一个政治问题，因此惠文后将孟说一家满门抄斩。

武王年轻夭折，无子继位，芈八子她迅速抓住了这个稍纵即逝的机会，让弟弟魏冉立即去燕国把在那里做人质的长子公子稷接回来，再经过一番艰苦的内部政治斗争，公子稷立为秦王，即秦昭王，芈八子称宣太后。

由芈八子亲自辅佐刚满18岁的秦昭王，即史家所言的"宣太后自治"。这女人带着自信的微笑，走进了秦国政治中心的旋涡，其弟魏冉控制朝政。不久又以秦昭王的名义任命魏冉为将军，镇守于咸阳；

昭王元年（公元前306年），向寿便被派往镇守宜阳重镇，旋即任为左相；昭王八年（公元前298年），芈戎回楚，由楚再还秦，也将其任以将军要职；他们又拉拢朝中重臣樗里疾，重新任命为相。同时，芈八子的另外两个儿子，嬴显被封为泾阳君，后改封宛于地；嬴悝被封为高陵君，后改封于邓地。两地均为京畿要地，用以拱卫王室。同时实行秦楚二国联姻，让秦昭王迎娶楚国的公主为后。至此，芈八子的宣太后政治集团宣告成立，并全面把控着整个秦国的军政大权。其他如公子壮、惠文王后，以及其他的惠文王的王子们，最后都被魏冉杀尽了，甚至连秦武王的嫡后也被赶去了魏国。

秦武王四年（公元前307年），楚怀王派兵包围韩国的雍氏，长达五个月不能攻克。韩襄王多次派使者向秦国求援，但秦国军队一直不出崤山，按兵不动。韩襄王又派尚靳出使秦国，尚靳以唇亡齿寒的道理劝说秦国尽快派兵救援。而宣太后因为自己的故乡是楚国，不同意派兵救援，她召见尚靳对他说："当年我服侍秦惠文王时，大王把大腿压在我的身上，我感到身体疲倦不能承受。而他把整个身体都压在我身上时，我却并不感觉到重，这是因为这样对我比较舒服。秦国要帮助韩国，如果兵力不足，粮草不济，就无法解救韩国。解救韩国的危难，每天要耗费数以千计的财物，这对我和秦国又有什么好处？"韩襄王于是又派张翠出使秦国。甘茂认为韩国一旦投靠楚国，楚、韩两国就会挟持魏国来危害秦国，他主张秦昭襄王立即出兵救援韩国。秦昭襄王于是下令出兵，楚国闻讯后撤军。

秦昭襄王二十年（公元前287年），

秦昭襄王塑像

齐、赵、韩、魏、楚五国合纵攻秦未能成功，诸侯在成皋（今河南省荥阳市西）停战。秦昭襄王想让韩国公子成阳君兼任韩、魏两国的国相，韩、魏两国不同意。宣太后通过穰侯魏冉对秦昭襄王建议不要任用成阳君。因为成阳君曾因秦昭襄王的缘故困居于齐国，在他穷困的时候，秦昭襄王没有任用他，而成阳君受宠，秦昭襄王又要任用他，不会使他满意；秦昭襄王任用成阳君而韩、魏两国不同意，会有损于秦国与这两国的关系。秦昭襄王听后打消了这个念头。

　　义渠是东周时期活跃于泾水北部至河套地区的一支古代民族，长期与秦国发生战争。秦惠文王七年（公元前331年），义渠国内发生内乱，秦惠文王派庶长操平定内乱。秦惠文王十一年（公元前327年），秦惠文王在义渠设县，义渠王向秦国称臣。惠文王更元六年（公元前319年），秦国攻打义渠，夺取了郁郅（今甘肃省庆阳市东）。作为报复，次年义渠参与了公孙衍合纵楚、韩、赵、魏、燕的五国攻秦之战。义渠趁秦军主力与五国交战之机，大败秦军于李帛（今甘肃省天水市东）。秦惠文王更元十一年（公元前314年），秦惠文王再次派兵攻打义渠，攻取了徒泾（位于今山西、陕西两省间黄河南段以西地区境内）等二十五座城池，义渠国力大损，但仍保留一定实力。秦昭襄王继位时，义渠王前来朝贺，宣太后与义渠王私通，生下两子。后秦昭襄王与宣太后日夜密谋攻灭义渠之策，秦昭襄王三十五年（公元前272年），宣太后引诱义渠王入秦，杀之于甘泉宫。秦国趁机发兵攻灭义渠，在义渠的故地设立陇西、北地、上郡

宣太后塑像

三郡。

宣太后主政时任用弟弟魏冉、芈戎以及儿子公子悝、公子芾等四贵主政。宣太后及四贵的专权极大限制了秦昭襄王的权力，造成了秦国国内只知有太后和四贵、不知有秦王的局面。魏国人范雎逃亡至秦国后，受到秦昭襄王的重用。范雎向秦昭襄王建议收回五人的权力，以免造成淖齿、李兑那样弑君篡国的祸乱。秦昭襄王采纳范雎的建议，废宣太后，将魏冉、芈戎、公子悝、公子芾等四贵驱逐出首都咸阳。

宣太后十分宠爱情夫魏丑夫，宣太后生病即将去世时，传令让魏丑夫为自己殉葬。魏丑夫得知后十分害怕，于是请庸芮游说宣太后。庸芮先问宣太后人死后是否能够感知到人世间的事情，宣太后回答说不能。庸芮继而说既然人死后不会有什么知觉，那您又为何要将自己心爱的人置于死地？如果死人真的有知觉，那么先王早就因出轨之事对太后您恨之入骨。太后您弥补过失都来不及，又怎么能和魏丑夫有私情呢？宣太后认为庸芮所说有理，于是撤销了魏丑夫为自己殉葬的旨令。

秦昭襄王四十二年（公元前 265 年）十月，宣太后去世，葬于芷阳骊山（今陕西西安临潼区骊山）。

吕雉：女主专政第一人

吕雉（公元前 241—前 180 年），字娥姁，通称吕后，或称汉高后、吕太后等。砀郡单父县（今山东菏泽市单县）人。后世把她与唐朝的武则天并称为"吕武"。汉高祖刘邦皇后，是中国历史上有记载的第一位皇后和皇太后，同时也是秦始皇统一中国、实行皇帝制度之后，第一个临朝称制的女性，开启了汉代外戚专权的先河，被司马迁列入记录帝王政事的本纪。

历史上的吕雉是一位很成功的女政治家，但至今人们提起她的名

吕雉像

字，最先想到的是她的狠毒和权变。然而早年的吕雉并非如此，还称得上贤惠的女人，早年吕雉聪颖、温存、善良，她为了刘邦历尽艰辛，可谓九死一生。

她嫁给刘邦的时候，刘邦只是沛县的一个泗水亭长。吕雉的父亲吕文和家乡的人结下冤仇，便举家迁至沛县，因为沛县当时的县令和他是好朋友。在刚刚到沛县的时候，很多人便听说了他和县令的关系，于是，人们便纷纷上门拜访，拉拉关系，套套近乎。

刘邦性格豪爽，不太喜欢读书，但为人宽厚。他也不喜欢下地劳动，因此常被父亲骂作"无赖"，说他不如自己的哥哥会经营，但刘邦依然我行我素。一次，他看到始皇帝出巡的仪式，便不自觉地说："大丈夫生当如是。"后来刘邦做了泗水的亭长，是为政治生涯的伊始，时间长了，和县里的官吏们混得很熟，在当地也小有名气。吕文过生日，刘邦前去祝寿，当时的刘邦没有什么钱，但他的胆子很大，居然虚报一笔礼品就堂而皇之入席。当时主持接待客人的是在沛县担任县主簿的萧何，他宣布了一条规定：凡是贺礼钱不到一千钱的人，一律在堂下就座，贺礼钱一千钱以上的人，才能登堂入座。刘邦虽然没有带一个钱去，但他却对萧何说："我出贺钱一万！"吕文知道真相后，本是带些怒气出来想把他赶走的，但一见却大为吃惊，因为吕文精于相人之术，刘邦隆准龙颜，有天日之表，气宇轩昂，与众不同，他一眼就看出来此人日后富贵非常，遂请刘邦入上席就座。这次刘邦不但白吃一顿，酒足饭饱之后，吕文又盛情将他留下，并不顾妻子的反对，即刻要把爱女嫁给一个小小泗水亭长刘邦。刘邦因为被父亲训斥为"无赖"名声不好迟迟娶不到妻子，所以这门亲事他求之不得，在征得父母同意之后，便和吕氏完婚了。

吕雉自幼丧母，加上后母生性懦弱，父亲吕文又因为避祸而举家搬迁至沛县，却因为县令的关系而大受尊敬，这给年幼的吕雉以极大的影响。使她开始寻求权力的保护，这也许就是吕雉后来专权的最初的原因。

吕雉也从小就养成了独立、专断、强干的个性，她心高气傲，主持佃务，管理家务，立志做女中丈夫，坚信男人能做的事女人也一样能做，尽管县令为其子多次求亲，吕文也碍于面子不好拒绝，但因为县令的公子是个循规蹈矩的人，没有什么大的出息。故吕雉始终不愿意而迟迟未嫁，这次秉父命嫁于刘邦，虽然多少也带点不愿意，因为刘邦毕竟不是像项羽那样的大英雄，却也是不得已为之，刘邦的与众不同和父亲的相面之举，使吕雉相信刘邦日后真的会前途无量，成就大业。

一转眼几年过去了，吕雉由一位娇小姐变成一个农妇，一年四季下地耕作，操持家务，并先后替刘邦生下了一儿一女。儿子便是后来的汉惠帝刘盈，女儿为后来的鲁元公主。刘邦时常因为公务以及与朋友们周旋，三天两头不见人影。这时的吕雉和平凡的农妇没有什么两样。织布耕田，烧饭洗衣，孝顺父母及养育儿女的责任，都一股脑儿地落在吕雉一个人身上。吕雉除独立支撑家庭外，还不时长途跋涉，为丈夫送去衣物及食品。

吕雉出嫁之时还有一个令她非常难办的问题：刘邦已经有了一个非婚生的儿子刘肥。在刘邦发迹之前，吕雉对刘肥没有任何苛刻之举，这对一位丈夫长自己15岁的少妇来说，实属不易。

早年的刘邦时常戴一项自制的竹帽到处闲逛，骗吃骗喝。在一次押解囚犯的过程中，因自己酒醉而使囚犯逃跑，自己也只好亡命在芒荡山下的沼泽地区。这时贤惠的吕后除独立支撑家庭重担外，还不时长途跋涉，任其艰险，无怨无悔地为被迫流亡在外的丈夫送去衣物及食品。据说刘邦匿居的地方，时常有一片云气笼罩，吕后追踪而至，便一定能够找到刘邦。这时支撑吕雉的一定就是她对刘邦日后定能飞黄腾达的信念，和心目中的那个不灭的出人头地，成就大业的梦想。

秦朝末年，天下大乱，刘邦率众进入沛县，并被拥立为沛公，吕后当时也水涨船高，被尊称为吕夫人，等到刘邦攻入咸阳，又因实力不如项羽而不得不将关中之地及关中王的头衔拱手相让之后，刘邦被西楚霸王项羽立为汉王，吕雉又晋级成了汉王妃。但吕后并没有因此过上舒适的日子，在接下来刘邦和项羽打得天昏地暗的楚汉战争中，汉二年（前205年）四月，吕后成了项羽的俘虏。甚至在项羽把吕后押到两军阵前，以烹杀吕后威胁刘邦时，刘邦居然笑嘻嘻地说，你爱杀就杀，悉听尊便。当时的吕后一定是心寒如冰，透骨冰凉。也许这才是成大事者不拘小节、不计个人得失的品质，但正是这一次又一次的伤害把一个早年聪颖、温存、善良的吕雉一步一步地变成了后来大家所熟知的那个吕后。所以我们看待一个历史人物要客观地分析她的成长过程，做出公正的评判。

在四年的楚汉之争中，吕后一直被囚在楚军之中作为人质，受尽了折磨，使其心理和精神受到了严重打击，使她变得心地狭隘，紧张恐怖，阴狠毒辣。

直到汉四年（公元前203年）九月，楚汉罢兵言和后，以鸿沟为界分拥天下，项羽才将吕后归还刘邦。对吕后来讲，真是恍如隔世。回到刘邦身边的吕雉却发现刘邦身边早已有了宠幸的戚夫人，此时的吕雉因为年龄长于戚夫人，常常作为留守，伴在刘邦身边的是那戚夫人。但这时回到刘邦身边的吕雉已不是我们先前所知道的吕雉了。后来刘邦毁约，重挑衅端，最终在垓下之战中打败项羽，建立大汉王朝，为了区分于后来刘秀建立的东汉王朝，人们习惯上将刘邦建立的汉朝称为西汉王朝。刘邦当上皇帝，吕后就顺理成章地当上了皇后。

吕雉历尽苦难，终成人中龙凤。从开始的听凭父命到后来通过自身的努力而一步一步稳居皇后宝位，这并没有结束，还有更残酷的斗争在后面等着她。

刘邦之所以能坐拥天下，其妻子吕雉的一推动力却是不容忽视的。吕雉年轻时已极具志气，早年的她一人操持家务，主理佃事，她心高气傲，更觉得男人可做的事，女人同样可行，及至后来刘邦攻入咸阳。大伙热热闹闹地进入咸阳宫殿，在众人离去后，吕雉也忍不住坐在龙位之上，在刹那间可能便形成了吕雉掌权的野心，也种下了她以后篡夺大汉朝政的根苗。

汉高祖刘邦长年在外征战，身边自然不乏红粉佳人，戚姬、薄姬、曹姬等多位妃子更是在旁边形影不离。一个人既然贵为天子，富有四海，多几个女子在身边侍候似乎也是理所当然的事，吕后也明白这个道理。一个得不到男人全部的女人自然就会想要得到别的东西来补偿，对于吕后来讲权力就是她最想得到的。皇宫本来就是权力争夺的战场，其残酷的斗争一点不亚于刀剑相交的战场，且吕后本身就是一个权力欲十分强烈的女人，一旦发生实质性的利害冲突，甚至影响到未来的安全问题时，吕后便会感到如坐针毡，日夜不安。薄姬、曹姬等多位妃子只以美色争宠，所以生命无虞，最大的问题出在戚姬身上，戚姬身材修长，气质高华，在定陶与刘邦相遇，便十分得宠。且这位戚姬也不是什么省油的灯，他一心想让自己的儿子赵王如意继承王位。如意言谈举止都有刘邦的风范，刘邦对他十分钟爱，加上戚姬

刘邦像

的枕边进言且吕后儿子刘盈的怯懦不讨刘邦喜欢，刘邦大有废掉刘盈的太子头衔，另立刘如意来继承自己皇位的可能。这时戚姬不光是吕稚的情敌，更是她的政敌，是她后半生所有幸福的绊脚石，甚至可以说性命攸关了。她必须反击，但也只能小心翼翼。

自汉代定邦以来，刘邦千方百计地想要德高望重的"商山四皓"（"商山四皓"就是商山之中的四位隐士，即东园公，绮里季，夏黄公，周里。这四位饱学之士先后为避秦乱而结茅山林）来为治理国家出谋划策，但"商山四皓"听说刘邦不太重视儒生，也就是对文人不太尊敬的意思。而文人多为有气节之士，有士可杀不可辱的气节，他们需要受到尊敬、尊重。

为了巩固儿子的太子地位，吕后求计于张良，想通过张良"穿针引线"请来"商山四皓"。最后，刘邦都没有请动的"商山四皓"被太子刘盈和吕后的诚心感动，答应出山，做太子的宾客。刘盈谦让有礼，尊师重道，又是将来皇位的继承人，正是"商山四皓"借以施展才华，展现抱负的最佳人选。经过这四位长者的谆谆教导，刘盈的修养和见识大有长进。也正是在这四位长者的教导及影响下，大汉天子尊崇母孝的风气开始盛行。这也为吕后执掌政权奠定了基础，导致汉初的几位皇帝备受母后干政的苦恼，直到汉武帝时被迫立下了"杀母立子"的残酷的立储制度。

一天，宫中大摆筵席，四位须发皆白的长者，肃立在太子刘盈身后，等到汉高祖得知他们就是"商山四皓"时，便知道太子已不可废。他知道连自己都请不动的"商山四皓"都已成为太子的宾客，看来太子羽翼已成。得人心者得天下也。当刘邦回到后宫把这一消息告诉戚姬时，戚姬立即泪流满面，她知道成为一国之母的希望是破灭了。

吕雉是我国历史上女人专政的第一人。在吕雉之前也出现过多次女人乱政，但多以色貌为资本，且多图一时欢娱，没有形成大气候。只有吕雉是凭借自己的政治手腕获取了权力。这次吕后在张良的帮助下，取得意外的胜利，连雄才大略的刘邦也一筹莫展。巩固了太子的地位，吕后接着就是要树立自己的威望，吕后在树立威望中做得最出名的一件事就是用计谋杀了韩信，把自己的威望建立在韩信的人头上，使群臣慑服。

汉初三杰之一、运筹帷幄决胜千里之外的张良，在汉朝建立后就过上半隐居生活，在政治上没有野心，在军事上没有兵权，已不构成威胁。抚百姓、种稼稻、致使国富民强的萧何不是那种争天下的人，而且在政权建立后是急需的发展生产的人才。只有领兵多多益善、善于攻城夺隘、出奇制胜的韩信，在刘邦最困难的时候以胁迫手段取得齐王之位，且现在手握重兵，功高盖主，始终是刘邦最放心不下的。

汉高祖刘邦登基之后，一帮与他一同打天下的功臣，由行军打仗的军营来到这庄严肃穆的朝堂之上，却仍然举止粗鲁，言语粗俗，不顾礼法，甚至醉后拔剑起舞，砍去殿柱，闹得不成体统。直到经过叔孙通订定朝仪，朝廷之上才算有了规矩，据说汉高祖刘邦当时由衷地说道：今天才知道当皇帝的滋味。但这一班自恃功高盖世的将帅仍时有不臣之心，汉高祖不得不厉行打击。首当其冲的便是令刘邦深感不安的韩信，位于山东、河南的齐国是韩信建功立业之地，也正是在一天打下了齐国72座城池之后，韩信逼迫刘邦封他为齐王，之后才出兵救助刘邦的，这成为刘邦内心最大的不快。刘邦首先把韩信由齐王改封为楚王，调到了对韩信敌意很大的项羽老家，不久又由楚王贬为淮阴侯，然后又用陈平的计谋捉住韩信，废为平民。但汉高祖刘邦一直没有杀韩信，因为高祖曾与韩信有不杀之约：见天不杀，见地不杀，见铁器不杀。吕后就偏偏把刘邦都"不杀"的韩信，用布兜起来，用竹签刺死，杀他时上不见天、下不见地，又没有用铁器，既没有让刘邦违背"不杀之约"，失信于天下，又去掉了刘邦的心头之患。这明明是迎合刘邦的心意，却又让吕后承担这千古恶名。后世在评价这一

韩信像

事件时对吕后多有指责，对刘邦却少有非议。《史记》中记载刘邦听到韩信被吕后杀死后的心情是"且喜且哀之"，这话道出了多少背后的故事，自己不忍杀戮功臣，而自己的妻子却刚毅果敢地了解自己心中的疙瘩。

吕后此招确实起到了杀一儆百的作用，朝中大臣看到她连韩信这样的大功臣都敢杀，都不免对她畏惧几分。

韩信被杀，引起了许多武将的不安。有的辞官不做，或隐居山林，或回归故里。大多是自削兵权，以求自保，当然也有的作生死一搏，举兵造反。

汉十二年（公元前 195 年），淮南王黥布反叛的消息传到长安时，汉高祖正在病中，原本是要派遣太子刘盈率兵讨伐，却硬是被吕后一把鼻涕、一把眼泪地逼上了战场，说什么"黥布是天下猛将，很不容易对付，太子去岂不是羊入虎口！而诸将又多是太子的叔伯辈，只怕难以心甘情愿地俯首听命。"刘邦听了这话只好自己带病出征。虽然很快就平定了叛乱，但也不幸身中流矢，伤口溃烂，拖了三个月后而驾崩，只活了 63 岁。

高祖一死，吕后凶相毕露，最初企图秘不发丧，佯称高祖重病，借臣属问病之机，将遗臣杀尽。后因灌婴、周勃等将领重兵在外，未敢轻举妄动，不得不变换手法，以太后名义取得汉室天下实权，随即逐个废黜刘氏诸王，加罪于高祖遗臣。起用自家兄侄，欲将汉室江山变为吕氏家天下。

刘邦死前特地杀白马为盟，遍告天下，非刘氏不能封王，看来刘邦对吕后也有所防备。太子刘盈（汉惠帝）继位，还只有 17 岁，他天性仁慈柔弱，一切权柄都操纵在吕后手中，开始了她为所欲为的专制统治。

　　吕后早就恨透了戚姬与赵王如意，于是一幕惊心动魄的血案迅速在宫中展开，她首先幽禁了戚姬，然后再遣戚姬的儿子赵王如意从封地邯郸宣召进京，纵然刘盈不念这个与之争夺皇位的异母弟弟，并以皇帝之尊极力袒护这个弟弟，结果如意仍是被吕后毒杀致死。对于眼中钉、肉中刺的戚姬，吕后砍掉她的手足，挖眼烧耳，灌上哑药，丢进厕所里，让她辗转哀号，称为"人彘"，其状惨不忍睹。吕后还特地要她的儿子刘盈去看，小皇帝得知"人彘"就是戚姬时，大惊失色，泪流满面，喃喃说道："太残忍啦！这哪里是人做的事，太后如此，我还凭什么治理天下！"他受不住这般惊吓，从此大病数年，天天借酒浇愁，不理朝政。

　　吕后一方面用狠毒的手段对付刘氏子孙；另一方面使吕氏昆仲位居要津，还拉拢皇亲国戚，梦想进一步篡夺刘氏天下。为了将天下牢牢地握在自己的手中，吕后将自己的外孙女张嫣强嫁给儿子皇帝刘盈为后，亲舅舅与亲外甥女结成了一对怪异的夫妻。孝惠七年（公元前188年），尸位素餐的刘盈，病病歪歪地当了七年傀儡皇帝便抑郁而终。吕后又先后立了两个少帝：先是后宫美人所生的儿子刘恭继位为少帝，冒称是刘盈之子，四年后，因少帝口无遮拦，言语间触犯了吕后，眼看这秘密就要泄露，少帝刘恭被秘密杀死于后宫。吕后又立恒山王刘义为帝，改名叫刘弘，自己临朝称制，行使皇帝职权，朝廷号令一概出自太后，为中国太后专政的第一人。她排斥老

汉惠帝像

臣，任用亲信，分封娘家诸吕为王，违背了刘邦与众大臣公立的"非刘氏不王"的约定，开始了自己的专制。吕雉为了强化自己的统治，在采取"无为而治"，巩固西汉政权的同时，首先打击诸侯王和政治上的反对派，重用其宠臣审食其。然后布置党羽，大封诸吕及所爱后宫美人之子为王侯。随后杀掉赵王刘友和梁王刘恢。右丞相王陵坚决反对封诸吕为王的政策，坚持高祖与大臣的盟约，"非刘氏而王，天下共击之。"吕雉不高兴，就让他担任皇帝的太傅，夺了他的丞相职权。王陵只得告病回家。然后又让审食其为左丞相，居中用事。陈平、周勃虽然不服，也只好顺从。审食其不处理左丞相职权范围内的事情，专门监督管理宫中的事务，像个郎中令，吕雉常与他决断大事，公卿大臣处理事务都要通过审食其才能决定。吕后这些做法遭到刘氏宗室和大臣的激烈反对。

吕雉追封他已故的两个哥哥，大哥吕侯为悼武王，吕释之为赵昭王，以此作封立诸吕为王的开端。

高后元年（前187年），封侄吕台为吕王，吕产为梁王，吕禄为赵王，侄孙吕通为燕王，追尊父吕文为吕宣王，封女儿鲁元公主的儿子张偃为鲁王，将吕禄的女儿嫁给刘章，封刘章为朱虚侯，封吕释之的儿子吕种为沛侯，封外甥吕平扶柳侯。

高后二年（前186年），吕台去世，谥号肃王，封其子吕嘉代吕台为吕王。

高后四年（前184年），又封其妹吕媭为临光侯，侄子吕他为俞侯，吕更始为赘其侯，吕忿为吕城侯。吕后先后分封吕氏家族十几人为王为侯。

高后八年（公元前180年），吕雉病重，她临终前仍没有忘记巩固吕氏天下，不肯放弃权柄。在她病危之时，下令任命侄子赵王吕禄为上将军，统领北军；吕产统领南军。并且告诫他们："高帝平定天下以后，与大臣订立盟约：'不是刘氏宗族称王的，天下共诛之。'

现在吕氏称王，刘氏和大臣愤愤不平，我很快就死了，皇帝年轻，大臣们可能发生兵变。所以你们要牢牢掌握军队，守卫宫殿，千万不要离开皇宫为我送葬，不要被人扼制。"

八月一日，吕雉病死，终年62岁，与汉高祖合葬长陵。

吕太后没有完成她的政治计划就去世了。吕后崩后，留下遗诏赐给各诸侯黄金千斤，将、相、列侯、郎、吏都按官阶赐给黄金，大赦天下；让吕王吕产担任相国，让吕禄的女儿做皇后。由于吕后在政时期

汉惠帝像

培植起一个吕氏外戚集团，从而加剧了汉统治阶级内部的矛盾，因此在她死后，马上就酿成了刘氏皇族集团与吕氏外戚集团的流血斗争。汉统治阶级内部矛盾骤然激化，拥刘之军蜂起。齐王刘襄发难于外，陈平、周勃响应于内，刘氏诸王遂群起而杀诸吕，刘氏皇族集团与吕氏外戚集团的一场流血斗争，以皇族集团的胜利而告终，杀吕氏宗室三千余人，消灭了吕氏家族的势力。

吕后是个刚毅阴狠的角色，以其玄奇的智谋、过人的胆识和高超的组织管理手段，在反秦建汉的斗争之中，充分展示了她杰出的女政治家才能，在艰苦的战争岁月里，她刚正不阿，巧妙周旋，不畏强权，辅佐刘邦，最终取得楚汉战争的胜利，为建立汉王朝立下了不朽功勋。高祖死后，她独掌政15年，在历史上占有重要的地位。虽然满手血腥，但是她也有不少为人称道的政绩。

先是辅助高祖划谋定策，争夺天下，后来又施仁政减轻百姓负担，倡社会风气，废除许多繁苛的法令，尤以废除"三族罪"和"妖言令"为百姓所称道。所谓"三族罪"就是一人犯罪其父族、母族、妻族三

族的所有族人同罪受罚，也就是株连三族的意思，后世的帝王中也有施行株连九族的。"妖言令"其实就是限制言论自由。废除"三族罪"和"妖言令"在封建帝制时期其实就是开放了民主政治的先河，虽然其开放的民主只是有限的民主，但在当时的中国，乃至全世界都是有进步意义的。《史记》和《汉书》中都称赞她："高后女主，制政不出闺阁，而天下晏然，刑法罕用，罪人是希，民务稼穑，衣食滋殖。"对于广大的老百姓来讲，这是自春秋战乱以来少有的和平时期，百姓生活相对安定，衣食水平得到提高，民主政治得到发展，国家的实力得到提升。为以后抵御外敌，抗击匈奴打下了国力基础。

吕后当政内，创自刘邦的休养生息的黄老政治进一步得到推行。刘邦临终前，吕后问刘邦身后的安排。她问萧何相国后谁可继任，刘邦嘱曹参可继任；曹参后有王陵，陈平，但不能独任；周勃忠诚老实，文化不高，刘家天下如有危机，安刘氏天下的必是周勃，可任太尉。吕后虽实际掌握朝政大权，但她是遵守刘邦临终前遗嘱所做的重要人士安排的，相继重用萧何、曹参、王陵、陈平、周勃等开国功臣。而这些大臣们都以无为而治，从民之欲，从不劳民。在经济上，实行轻赋税。对工商实行自由政策。在吕后统治时期，不论政治，法制，经济和思想文化各个领域，全面为"文景之治"奠定了坚实的基础。

吕后有政治家的风度，匈奴冒顿单于乘刘邦之死，下书羞辱吕后，说："你死了丈夫，我死了妻子，两主不乐，无以自虞，愿以所有，易其所无。"吕后采纳季布的主张，压住怒火，平心静气复书说："我已年老色衰，发齿也脱落了，步行也不方便。"然后赠予车马，婉言谢绝，终于化干戈为玉帛，匈奴单于冒顿自愧失礼，遣使向汉认错。

吕后是让丞相萧何将韩信骗入殿中，再加以杀害的。刘邦死前，曾留下"白马盟言"，就是非刘家人不得封侯。但是对吕后不起作用。刘邦死后，她照样干政，培植自己的势力。为了巩固自己的权力，她甚至逼自己的儿子刘盈娶姐姐鲁元公主的女儿张嫣为皇后，外甥女嫁舅舅，实是一桩政治婚姻的惨剧。

吕后晚年因没有子孙，担心高祖的子孙欺凌吕氏后人，故大封外戚诸吕为侯。吕后死后，她的侄子吕产和吕台，没有保住吕家的权势。终于被支持刘汉的周勃和陈平推翻了。吕家至此灰飞烟灭。

吕后的嫉妒心太重，私心太重，手段过于残酷，竟然想以吕氏来代替刘氏千辛万苦得来的江山，终致败亡。吕后死后，薄姬的儿子代王刘恒被迎立为帝，即汉文帝，从此历史上有了"文景之治"的盛世。

王政君：西汉灭亡的重要推手

王政君（公元前71—13年），魏郡元城（今河北大名县东）人。阳平侯王禁次女，汉元帝刘奭皇后，汉成帝刘骜生母。中国历史上寿命最长的皇后之一。其身居后位（包含皇后、皇太后、太皇太后）时间61年（公元前49年—13年在位），仅次于清朝的孝惠章皇后（63年）。

王政君出生于官僚世家。她的祖上是西楚王朝济北王田安，爷爷是汉武帝时代的监察御史王贺。王贺是汉武帝时人，当时在朝中担任绣衣御史。这绣衣御史呢大致就跟后世的锦衣卫差不多，属于皇帝身边的一支秘密部队，专司监察百官。汉武帝后期，由于多年的折腾，西汉王朝一度处在了崩溃的边缘，各地都爆发了农民起义。这时候呢，王贺就跟很多绣衣御史一起，被汉武帝派到了地方上，监察地方官吏对起义的镇压情况。不过王贺这个人比较心善，到了地方上并没有主持严酷地镇压起义农民，对镇压不力的官员也多有回护。结果这事儿就给人通到了武帝那里，王贺当然就被一撸到底撵回老家了。然后，王贺说了这么一句话，犹如谶语："我听说挽救千人的性命就是大功德，子孙就能封侯了。我这次得挽救了上万人吧，我后世的子孙应该兴旺

汉宣帝像

发达了吧！"

但是，到了她父亲王禁这一代，王家已是日薄西山。王禁曾出任过廷尉史，由于工作不如意，便纵情酒色。他的原配夫人姓李，给他生儿育女后，因和王禁的几房小老婆不和，一气之下离婚另嫁了。

由于老婆多，王禁共生有四女八男，女儿有王君侠、王政君、王君力、王君弟，儿子有王凤、王曼、王谭、王崇、王商、王立、王根、王逢。别小看这份名单，这些人，在西汉的历史上，都是赫赫有名的大人物。王政君是王禁的二女儿，她的母亲就是那位离婚另嫁的李氏。

俗话说，一家有女百家求。十多岁的王政君也有了婆家。她的婆家是当地一户姓许的望族。不幸的是，婚礼前夕，她的未婚夫突然暴病身亡。

骄淫无道的东平王、汉宣帝的三儿子刘宇听说这件事后，就让人找上门来，要讨年轻漂亮的王政君做小老婆。不过，这桩婚事最终也化为泡影。原因无他，就在王政君要嫁入王府前夕，东平王也莫名死去。

她的父亲王禁十分奇怪，便找人算卦，算卦人说："你的女儿乃富贵之命，将来所嫁之人一定是显贵之人。"王禁很高兴，便教政君写字读书，弄琴鼓瑟等待良机。王政君18岁那年，王禁把她送进了掖庭。

王政君入宫后过了一年多，皇太子刘奭宠爱的司马良娣病故，临死前对皇太子说："妾本不该死，是那些妃嫔咒的。"司马良死后，刘奭悲痛万分，他想起司马良娣的话，发誓不再接近嫔妃。汉宣帝刘询听说后，怕断了后嗣，便命皇后另选一名宫女送去东宫侍奉太子。皇太子早上朝见母后，皇后叫出挑好了的五个宫女，王政君是其中的一个宫女。皇太子无意于这五个宫女，碍于母后面子，便随手指着离他最近的一个宫女说道："这个就行。"这个宫女便是王政君。王政君的相貌平平，偶然的机遇使她成为太子妃。王政君仅侍宿太子一夜，此后太子刘奭再也没临幸于她。就是这一夜，王政君就怀了孕，十月怀胎后生下了一位皇子。太子原本已有姬妾十多人，但长年以来一直都没有人怀孕。宣帝听说有了嫡孙，高兴万分，亲自给他起名为骜，字太孙，而且时常抱着刘骜，逗引他玩。

黄龙元年（公元前49年），汉宣帝驾崩，刘奭继位为帝，是为汉元帝。刘骜是他的长子，遂被立为皇太子。母以子贵，刘骜被立为皇太子，王政君应该头顶凤冠但是却只封了个婕妤。但元帝犹豫不决，因为他不宠爱王政君。他最宠爱的妃子是傅婕妤和冯婕妤。傅婕妤聪明伶俐，善解人意，所以在宫中的人缘极好，虽专宠于元帝，但并不遭众嫔妃的嫉妒。王政君生了刘骜不久，傅婕妤生了儿子刘康，冯婕妤生了儿子刘兴。元帝想把皇后的凤冠戴在傅妃的头上。但是，刘骜既立为皇太子，皇后的桂冠按传统的规制当属于王妃。元帝整整踌躇了三天，他不愿引来非议，最后还是无可奈何地立王政君为皇后。元帝又创设了一个在宫中的地位次于皇后的名号——"昭仪"，位同丞相，比肩诸侯王。他封傅、冯二人为昭仪，立刘康为定陶王，刘兴为信都王。王政君皇后徒有皇后

汉元帝像

尊号，被冷落一边，而且她的儿子、皇太子刘骜也越来越让元帝刘奭不满。

刘骜曾好读经书，恭谨有礼。有一次，元帝召见他，他闻诏忙跑去见驾。刘骜不敢横穿皇帝专用的驰道，而是绕了一个大弯。元帝见太子来迟了，便责怪他。刘骜说明了原因，元帝很高兴。但好景不长，刘骜对经书渐渐厌烦了，整日游手好闲喜欢喝酒、游玩。元帝多次训斥，但他屡教不改，于是元帝打算废黜刘骜，另立爱妃之子刘康。元帝在竟宁元年（公元前33年）病重，傅昭仪、刘康在侧侍奉，皇后王政君、太子刘骜反而被拒之门外。

一天元帝向其近臣透露他要废黜刘骜，另立刘康为继承人的心愿，王政君皇后、刘骜太子听说后，惶恐不知所措。就在这个时候，王政君又遇到一位"贵人"——史丹。要说这史丹呢，本身是没有太高的才能的，不过有一点，他曾经在太子身边当了十来年的侍从（中庶子），很得汉元帝的信任；同时，史丹又很支持太子。利用常年在汉元帝左右的机会，史丹曾经多次给太子说好话。在汉元帝生命最后的时光里，定陶王和傅昭仪侍奉左右，皇后和太子都已经挨不上边了。这个时候，正是史丹利用侍奉的机会，跑到元帝榻前哭诉："皇啊，太子是您的嫡子，都立了十多年了，这已是深入人心了！现在大家看您这么宠爱定陶王，这外边儿都在传您要废太子。您要是真把太子废了，外面的大臣肯定要闹事。要不您先把我杀了吧，这样外头那些人就都消停了！"元帝说："没有这回事。皇后谨慎，先帝又疼爱太子，寡人岂敢违先帝之意？"由此，王政君保全了皇后的凤冠，刘骜保全了皇太子的名号。

五月，元帝死于未央宫，终年43岁。太子刘骜继位，是为汉成帝。王政君成了皇太后，移居长乐宫。成帝任命帝舅王凤为大司马大将军领尚书事，掌理朝政。当时以太后兄长王凤为大司马大将军，同母弟王崇为安成侯。后来又同日封王谭为平阿侯、王商为成都侯、王立为红阳侯、王根为曲阳侯、王逢时为高平侯，世称"五侯"，王氏权势大炽。王政君的生母李氏，早年与王禁离婚而改嫁苟宾，生苟参。苟宾死后，王政君让母亲再回去与王禁复缘。王政君又同情异父弟苟参，比之以汉武帝时的外戚田蚡，也想给苟参封侯爵，但被成帝拒绝，因此让他任侍中水衡都尉。王家一门族人借着太后的关系，在朝廷担任各种重要官职。成帝自己整日游山玩水，斗鸡走狗，朝政大权实际上掌握在皇太后王政君和她哥哥王凤的手中。

汉成帝像

成帝身体多病，继位多年无子。定陶王刘康来朝，成帝留他在京师伴驾，有以刘康为帝位继承人之意。王凤对此不满，担心刘康做了皇帝对王氏外戚不利，遂借日食为名，奏谏成帝遣刘康回他的定陶国去，刘康只好离开。成帝对于自己大权旁落、王凤专权用事，日渐不满，有罢免王凤之意。恰好京师地方长官京兆尹王章上书成帝，建议成帝贬斥王凤，推荐中山王的舅舅冯野王取代王凤，结果他们的密谋让侍中王音知道了。

王音是皇太后王政君堂弟王弘的儿子，他整天在成帝左右侍奉。成帝与王章密谋时，他不露声色，事后却偷偷地通报王凤。于是王凤在家装病，上书辞官。成帝觉得这是罢免王凤的大好时机，谁知，皇太后王政君出来作梗，她哭哭啼啼，不吃不喝，向成帝施加压力。成帝只好作罢，借机把王音打入死牢，杖毙狱中，妻子流放边陲。

当王氏外戚一个个显贵无比、趾高气扬、骄奢淫逸的时侯，年仅

汉哀帝和董贤画像

13岁的王莽却与母亲相依为命。他服饰简陋，举止恭谨，小心翼翼地侍奉执掌朝廷大权的姑伯。与那些王家贵公子相比，洁身自好、恭俭有礼的王莽格外引人瞩目。

王凤在阳朔三年（公元前22年）病重，王莽在侧伺候，数月未解衣带。王凤十分感动，弥留之际，嘱托皇太后和成帝授给王莽一官半职。王莽更加小心谨慎地侍奉姑叔。王政君怜悯自己的小弟王曼因为早死而没有被封侯，而平阿侯王谭、成都侯王商等人多称赞王曼之子王莽，王政君对侄子也颇有好感，便追封王曼为新都哀侯，以王莽嗣侯位。王凤死后，王根辅政五年，因病上书辞职，推举侄子王莽出任大司马一职。

汉成帝因为没有子嗣，定陶恭王也已经过世，定陶恭王之母傅昭仪贿赂王根，希望让定陶恭王之子刘欣继承帝位。后来王根果然保举刘欣继位，刘欣遂被立为太子。

绥和二年（公元前7年）三月，酒色侵骨的汉成帝在赵合德的宫中暴死。太子刘欣继皇帝位，是为哀帝。哀帝尊皇太后王政君为太皇太后。

哀帝继位后，他的祖母傅昭仪、母亲丁姬两家成了新的权贵，与王氏外戚在权益分配上发生冲突。太皇太后王政君命王莽辞职以缓和矛盾。王莽极不情愿地上书辞官。但哀帝没有批准王莽的辞呈，丞相孔光、大司空何武、左将军师丹等对王政君说："皇帝听说太后下令贬斥王莽，非常伤心。大司马如果不复职，皇帝就不敢听政了。"于是王政君又令王莽复行视事。对王莽"乞骸骨"的处理似乎表现出哀帝对王氏的客气态度，实际上汉哀帝却深忌王氏骄横，所以起初对王家人颇为优待，日子一久，便渐渐疏远。

此后，汉哀帝与王氏之间的斗争日趋激烈。司隶校尉解光弹劾王根罪行，汉哀帝借机将王根逐出京师，并将王氏举荐的官吏悉数罢免。后有高昌侯董宏承风希旨，以《春秋》"母以子贵"之义请尊哀帝生母丁姬为帝太后。此议一出，便遭到大司马王莽、丞相孔光、左将军师丹等人的坚决反对。哀帝迫于压力，将董宏免为庶人。不久，未央宫举行宴会，内者令为傅昭仪设帷幄，坐于王政君旁。王莽呵斥道："定陶太后不过是一个藩妾而已，怎能与至尊并坐！"遂撤去其座。但在汉哀帝的打击下，王氏仍难免衰落的命运，过了两年，汉哀帝还是尊傅昭仪为帝太太后，丁姬为帝太后，王莽则被贬逐新野，王氏势力跌落谷底。到元寿元年（公元前2年），汉哀帝念王政君年事已高，才将王莽与平阿侯王仁召还京师，侍奉王政君。

元寿二年（公元前1年）六月二十六日夜，汉哀帝驾崩。哀帝无子，哀帝临终前将玉玺交给他的男宠大司马董贤。王政君听取王闳建议，派王闳威胁董贤交出玉玺，再交给王政君。王政君召见董贤，问他国丧该如何调度，董贤不能对，脱下帽子谢罪，王政君说："新都侯王莽曾以大司马身份参与过成帝葬礼，知道该怎么办，我让王莽来帮帮你吧！"于是立即召王莽入宫，从董贤手中夺取兵权。随后董贤自杀，王政君所深恶痛绝的赵飞燕和哀帝傅皇后被逼死，已故傅昭仪和丁姬的陵墓也被扒开，哀帝所拔擢的傅、丁两家迅速被王氏铲除。王莽重登大司马的宝座，他和太皇太后迎立中山王刘兴年仅9岁的儿子刘衎为帝，是为平帝。平帝年幼

汉平帝像

不能临政，于是，太皇太后王政君临朝称制，行使皇帝的权力。她依赖王莽，委政于他。

王莽相当懂得讨好王政君，先是上言、尊王政君姊妹王君侠为广恩君、王君力为广惠君、王君弟为广施君，并且都领汤沐邑，姊妹们遂日夜赞誉王莽的美德。王莽又知道王政君虽是妇人，却也讨厌待在深宫中，便举办许多可以让王政君外出的活动。就连王政君的侍女之子生病，王莽也前去亲自伺候。其实王莽觊觎帝位已久，他结党营私，排除异己；又沽名钓誉，广施恩惠。经过几年的经营。渐渐把朝政大权控制了在自己的手中。

王莽对太皇太后王政君是不敢惹的，年迈的王政君仍握有相当大的权力。为独揽大权，王莽指使爪牙上书，说太后至尊，不宜操劳过度，一些小事就不必躬亲了。王政君闻之十分高兴，规定以后唯有封侯赐爵一事须奏闻于她，其他事一概由王莽裁决。

平帝刘衎逐渐长大了，王莽觉察平帝对他专权十分不满，便于元始五年（公元6年）先下手鸩杀了平帝刘衎，拥立了年仅两岁的刘婴为"孺子，"自己做起"摄皇帝"。太皇太后王政君万万没有想到，她一手栽培的侄儿竟欲篡夺她儿孙的天下！但悔之晚矣，此时朝中大权完全落入15侄儿王莽手中，自己有名无权，已经没有什么力量能阻止王莽代汉自立的行动。

居摄三年（公元8年），王莽将小皇帝刘婴废黜，在爪牙的欢呼声中戴上皇冠，堂而皇之地坐上龙椅去谒见太皇太后王政君，说他秉

王莽像

承天命，代汉而立，建立新朝。昔日掌握实权的太皇太后王政君如今只有愤慨、怒骂的能力了。王莽在翌年正月初一，未央宫前殿隆重地举行了朝皇帝即位典礼。登上龙座南面称帝，接受百官朝贺。奉太皇太后王政君上"新室文母太皇太后"的玺绶，去掉汉朝的称号。

王莽代汉自立，觉得只有接管汉氏玉玺，才算真正地取代了刘室的天下。因此，他称帝不久，便迫不及待地让安阳侯王舜向太皇太后王政君索要"汉传国玺"。王政君大怒，指着王舜骂道："王舜，你家莹受驻室皇恩，却不恩报答，反而乘汉家人势薄，帮王莽篡位。你们这样的人，猪狗不如。我乃汉家老寡妇，活不了几天了。我死了，就让这块玉玺随葬，他王莽休想得到！"

王舜伏在地上，羞赧汗颜，对王政君说："皇上意在必得，太后今天不给，明日还能不给吗？"王政君担心王莽得不到"汉传国玺"会狗急跳墙，遂拿出玉玺，扔在王舜面前，骂道："我老将死，你们兄弟定受灭族的报应！"王莽得到玉玺后非常高兴，在未央宫为王政君置酒设宴，大肆庆祝。后来又改王政君称号为"新室文母太皇太后"，并说既然汉朝已灭，太皇太后不得再侍奉元帝，遂毁元帝庙，改为"文母篹食堂"。因为王政君还在世，不便称庙，便称为长寿宫。

自从王莽篡位后，知道王政君怨恨自己，常常刻意讨好王政君，但王政君却越来越不高兴。王莽将汉朝制度都改去，而汉朝本来穿黑貂衣，王莽就改为穿黄貂，又将汉正朔伏腊日也改去。但是王政君却命令自己的官属穿黑貂衣，并且在汉朝的正腊日时独自与左右一起相对酒食。

王政君万万没有想到，她一手栽培的侄子王莽篡权了她儿孙汉室天下。始建国五年（公元13年），84岁的王政君在悲愤忧愁中度过了最后的时光。死后与汉元帝刘奭合葬渭陵，王莽诏扬雄作诔文。

正如王政君所料，在她死后10年，王莽被杀，短命的新王朝覆灭。

　　说起来，王政君其实是个悲剧人物。她之所以被人认为是西汉灭亡的重要推手，除了她维护娘家人的私心作祟外，很多时候她更是身不由己。你看看她身边的那些刘姓皇帝，一个个都是扶不起的"阿斗"。她进宫以来，皇帝走马灯似的换，只有她这个太后一直在皇宫支撑。正是有了她半个多世纪的庇护，她的娘家弟侄们才纷纷上位，吸干了西汉王朝最后的一点血脉。

历史人物传奇系列

巾帼传奇
自流芳❀ 中国历代

■ 李　楠
■ 张　蕊
　　—
　　编著

女杰
撷英

中国文史出版社
CHINA CULTURAL AND HISTORICAL PRESS

武则天：中国历史上唯一的女皇

武则天（624—705 年），本名珝，后改名曌，并州文水（今山西文水县东）人。中国历史上唯一的正统的女皇帝（690—705 年在位），也是即位年龄最大（67 岁即位）、寿命最长的皇帝之一（终年 82 岁），与汉朝的吕后并称为"吕武"。

武则天的一生扮演了四个不同的角色：唐太宗李世民所宠幸的才人、唐高宗李治的皇后、大周帝国的皇帝、则天大圣皇后。后世对于武则天的赞扬与批评一直也没有定论，而她作为中国历史上唯一的一个女皇帝，其所建立的功业却应该说是彪炳千古的。

武则天生于唐高祖武德七年（624 年）。父亲武士彟在隋炀帝时期因为做木材生意，顺应了隋炀帝大兴土木的形势，结果发家致富。武士彟不仅善于经商，而且善于交结，弄到一个鹰扬府队正的军职。隋世祖大业十一年（615 年），李渊任山西河东慰抚大使，讨捕反隋武装，在路过汾、晋一带时，住在武士彟的家里，武士彟倾心侍奉，遂为深交。两年以后，李渊做了太原留守，便用武士彟为行军司铠。李渊起兵以后，武士彟跟随左右，以功拜光禄大夫，封太原郡公，成为十四名太原元从功臣之一。唐高祖武德三年（620 年），武士彟的原配夫人相里氏去世，李渊亲自为其做媒，续娶了曾任隋朝宰相的杨达的女儿。当时，杨氏已经年逾 40。成为武士彟的继室以后，杨氏生了三个女儿，次女便是武则天。

出身的问题被认为是武则天倔强、争强性格的来源之一，因为在当时的舆论中对于他父亲这样的人还是歧视的，从魏晋以来注重门第等级的风气还没有完全改变过来。所以，骆宾王在《讨武氏檄》中说武媚娘"地实寒微"，武则天小时候也会多少受到这种歧视的影响。后世对于武则天的肯定方面，就包括了她对于出身贫寒官员的提拔、重用，逐渐打破了门第的影响。

武则天像

武则天 12 岁那年，其父武士彟去世，杨氏与三个女儿处境颇为艰难。武士彟前妻留下的两个儿子武元庆、武元爽以及他们的堂兄弟武惟良、武怀运对待杨氏母女相当刻薄，及至武则天得势便将他们处死。

唐太宗贞观十年（628 年），长孙皇后病逝。次年，唐太宗听说武则天美貌出众，将其召入宫中，立为才人。李世民在位时，内职之设仍循旧制：皇后之下，有贵妃、淑妃，德妃、贤妃各 1 人，为夫人，正一品；有昭仪、昭容、昭媛、修仪、修容、修媛、充仪、充容、充媛各 1 人，为九嫔，正二品；其下有婕妤 9 人，美人 9 人，才人 9 人，宝林 27 人，御女 27 人，采女 27 人。其中才人位列六等。这时的武则天只有 14 岁。

进宫后，唐太宗赐给她"武媚"的称号，所以人们都叫她媚娘。由于她性格倔强，不善于施展女性的温柔手段，所以不受太宗的宠爱。这使得武则天进宫 12 年也没有为太宗育一男半女，并且依然位居才人。

李世民晚年多病，作为太子的李治时常要到父皇榻前尽孝心，于是他不可避免地认识了负责皇帝休息的才人武则天，并且和武则天产生了感情。

太子李治是长孙皇后的第三个嫡子，生性优柔寡断。最初他并不是最佳的太子人选，他的两个哥哥太子承乾和魏王李泰夺位，最终两败俱伤，使得他渔人得利，做了太子。

贞观二十二年（640 年），唐太宗去世，太子李治继位，是为高宗。按惯例，武则天与其他没有生育的嫔妃一起，都应被送至感业寺落发为尼。

武则天并不是一个受制于命运的女人，她虽然没有继承母族的大家风范，却不乏父族的进取精神。事实上，她也并不甘心在感业寺终其一生。李治是一个很重感情的人，他怜惜武则天，对旧情念念不忘。武则天紧紧地抓住这个机会，但在当时的情况下，这位缺乏决断的君主未必敢采取行动将武则天接回宫中。事有凑巧，此时，李治的后宫之中，皇后王氏与淑妃萧氏正争宠吃醋，双方各不相让，武则天的命运才真正有了转机。

当时，王皇后正面临着前所未有的威胁，淑妃萧氏颇承恩宠，王氏被冷落，心中渐生不平，二人之间遂生嫌隙，矛盾冲突愈演愈烈。正在后妃相争之际，李治去感业寺探望武则天的消息传到王皇后的耳中。王皇后并不是一个善于计谋的人，但情急生智，想出一个主意。王皇后劝李治把武则天接回宫中，企图借武氏之力，遏制萧淑妃的势头。这一建议，正中了李治的下怀，于是，永徽二年（651年）五月，李治命宫人迎武则天再次入宫。

此次入宫，武则天已经28岁了。一般来说，这个年龄的女子已是半老徐娘了，比不上十几岁女子的娇艳，但武则天的心计不是一般人所能比的。她的美貌也许确实出众，还有高宗对她的感情做基础，久别重逢，更能抓住高宗的心。

王皇后没有想到自己在引狼入室。入宫后，武则天很感激王皇后的照顾，对王皇后非常尊敬，侍奉得也很周到，这使得高宗也很高兴。皇帝和皇后都高兴了，武则天的嫔妃地位也就升到了昭仪。这是正二品的级别，超过了其他八个嫔妃，是九嫔之首，在她的上面，只有皇后和四妃了。

高宗李治像

武则天题跋像

再度入宫前，武则天已怀孕，入宫后便生下儿子李弘，此后又为高宗育有三男二女，而高宗一共只有 12 个子女，可见武则天的受宠程度是其他嫔妃无法相比的。这连主张让他进宫的王皇后也没有料到，结果自己也吃了大亏。

武则天的性格决定了她不甘居人之下，她的目标是皇后。待她地位稳固后，她便开始一步步策划了。她在后宫里想方设法地笼络太监、宫女，特别是和对手关系不好的人，她总要设法接近拉拢，给予一些小恩小惠，让她们注意监视皇后和淑妃的行动。武则天首先联合王皇后打击萧淑妃，等高宗把萧淑妃废成庶人后，武则天便开始对皇后下了手。

永徽五年（654 年），武则天生下了长女安定思公主，非常可爱，王皇后也很喜欢，经常前去看望，等高宗快来的时候便知趣地走开了。武则天为了皇后之位，利用这样的机会对自己的亲生女儿下了毒手。

一天，在王皇后看过小公主后，公主就离奇暴毙，所有的证据都直指向王皇后。王皇后无法解释清楚，李治从此有了"废王立武"的打算。永徽六年（655 年）六月，在后宫有谣言说王皇后与其母柳氏行厌胜之术，李治得知后大怒，将柳氏赶出皇宫。李治还想把武则天由昭仪晋封为一品宸妃，由于受到宰相韩瑗和来济的反对，最后才不能成事。当时朝廷以长孙无忌、褚遂良为首的元老大臣势力强大，李治的权力受到很大限制。以长孙无忌为首的很多大臣反对唐高宗"废王立武"，武则天前进的道路也因此充满艰辛。李治企图借"废王立武"重振皇权，打击元老大臣势力。于是，武则天开始成为李治政治上的"战友"。

不久，中书舍人李义府首个支持"废王立武"，得到李治和武则天的重赏，很多中层官员看到支持"废王立武"有利可图，便转而支持立武则天为后。许敬宗、崔义玄、袁公瑜等大臣纷纷请求李治立武则天为后，李治看到有不少人支持，废立之意再次萌生。功臣元老中的李勣又说了一句"此陛下家事，何必问外人"，彻底打动了李治的心，使李治和武则天在废立皇后的问题上的不利局面一下扭转过来了。同年十月十三日，李治终于颁下诏书：以"请道士作法诅咒武媚"的罪名，将王皇后贬为庶人，并加囚禁，她们的父母、兄弟等也被削爵免官，流放岭南。七天后，唐高宗再次下诏，将武则天立为皇后。与此同时，又将极力反对她做皇后的宰相褚遂良贬至潭州（今湖南长沙）任都督。显庆四年（659年）四月，武则天与唐高宗达成共识：将长孙无忌、于志宁、韩瑗、来济等人削职免官，贬出京师。至此，李治基本实现了君主集权。"废王立武"事件沉重打击了关陇贵族，自魏晋南北朝以来皇权不振的情况被改变，对中国历史产生了非常大的影响。

武则天在牺牲一个女儿后，成功地登上了皇后的宝座。武则天对王皇后、萧淑妃也没有放过，后来将二人各责打了100杖，然后残忍地砍去双脚，泡在酒瓮里活活折磨死，其报复心和残忍性可见一斑。

成为皇后的武则天自然不会甘于静居后宫，她要对那些阻碍自己向权力靠近的人施以报复，先要清除仍有威胁的长孙无忌。她指使许敬宗等人，捏造罪名制

长孙无忌像

造朋党案，然后将长孙无忌牵连进去，把他流放外地，后来许敬宗又逼长孙无忌自尽。长孙无忌集团其他的人也被清除，或杀或流放。武则天终于将最大的对手解决了。

长孙无忌死后，武则天对朝中官员来了场"大换血"，将于志宁、韩瑗、来济等人削职免官，贬出京师。至此，反对武则天的大臣皆被贬或被杀；然后将自己人安插进来，由此一来，武则天在朝中的实力大增。

显庆五年（660年）十月，李治风疾发作，头晕目眩，不能处理国家大事，于是让武则天处理朝政。然而这也让武则天和李治出现了裂痕，也导致了武则天差一点被废。麟德元年（664年），高宗因为不满意武则天的专断，就和宰相上官仪商量废掉武则天的皇后之位，上官仪答应起草诏书。武则天的耳目得知后赶忙报告，武则天赶到后，软硬兼施，说得高宗变了主意，还把责任全推到了上官仪的身上，可怜的上官仪糊里糊涂做了昏庸皇帝的替罪羊。武则天于是让许敬宗捏造上官仪和已经被废的太子李忠图谋反叛，将上官仪父子处死。高宗的软弱性也是武则天一步步登上女皇宝座的客观原因。

此后，李治再也没有动过废后的念头，反而把自己的权力都交给了武则天。武则天真正掌握了全部大权，李治每次上朝理事时，龙座后都加上了一道帘子，武则天隐身其后，仿照隋文帝上朝独孤皇后旁边坐的前例，甚至更进一步，从殿后走到殿前去了。在皇帝活着的时候，皇后就参与朝政之事历史上曾经发生过，而公然走上朝堂，则是从武则天开始。帝后共同临朝听政，这旷古未有的场面轰动了天下。从此，"二圣临朝"的时代开始。

麟德三年（666年）正月初一这天，武则天与李治一块封禅泰山，充当亚献，而且还给百官赐爵加阶，使百官对她感恩戴德。乾封二年（667年），李治因久病不愈，命太子李弘监国。上元元年（674年）八月，李治称天皇，武则天称天后，名为避先帝、先后之称，实欲自尊。十二月，武则天上表建议十二事：（1）劝农桑，薄赋徭；（2）给复三辅地（免除长安及其附近地区之徭役）；（3）息兵，以道德化天下；（4）南、北中尚（政府手工工场）禁浮巧；（5）省功费力役；（6）广言路；（7）杜谗口；（8）王公以降（下）皆习《老子》；（9）父在为母服齐衰（丧服）三年（过去是一年）；（10）上元（年号）前勋官已给告身（委任状）者，无追核；（11）京官八品以上，益禀入（增加薪水）；（12）百官任事久，才高位下者，得进阶（提级）申滞。李治全部允准，下诏颁布施行。

武则天重视农业生产，规定各州县境内，"田畴垦辟，家有余粮"者予以升奖；"为政苛滥，户口流移"者必加惩罚。所编《兆人本业》农书，颁行天下，影响很大。

作为一位母亲，武则天的心比一般的人要狠多了，为了自己的权势和皇位，都不肯放过自己的亲生儿子。早在显庆元年（656年），太子李忠就被废黜，武则天的长子李弘被立为皇太子。上元二年（675年），李治患的风眩症更厉害了，便与大臣们商议，准备让武则天摄政。宰相郝处俊谏道："陛下奈何将高祖、太宗的天下，不传给子孙而委任给天后啊！"李治因而暂时停议。武则天得知后，就召集了大批文人学士，大量修书，先后撰成《玄览》、《古今内范》、《青宫纪要》、《少阳正范》、《维城典训》、《紫枢要录》、《凤楼新诫》、《孝子传》、《列女传》、《内范要略》、《乐书要录》、《百僚新诫》、《兆人本业》、《臣轨》等书。且密令这批学者参决朝廷奏议，以分割宰相

《武后从行图》（局部）

的权力，被当时的人称作"北门学士"。

李弘为人宽厚仁德，谦虚谨慎。对士大夫更是以礼相待，高宗和众大臣对他都很满意，在参与朝政的过程中显示出政治才干。随着身体的每况愈下，高宗便想把帝位传给李弘。但武则天却不愿意让儿子来夺走自己早已习惯的政治权力，况且，随着年龄的增长，李弘与武则天的政治分歧越来越大。刚开始，武则天希望通过警示让儿子李弘知难而退。可惜她错了，李弘毕竟是她的儿子，身体里流淌着与武则天一样好斗的血液。李弘上书要求为萧淑妃的女儿义阳、宣城两位公主挑选驸马，这两位公主都因为萧淑妃的缘故，年过 20 还待字闺中。李弘的上书让人会想起当年的宫廷血案，武则天失德的话题再次成为朝堂之上关注的焦点，可是话头偏偏是由自己的儿子而起。武则天终于被彻底激怒了，在权力和亲情之间狠心地选择了前者，在上元二年，武则天用毒药将年仅 24 岁的儿子李弘毒害。

李弘死后，由于高宗精神受到刺激，加上原来的头疼病，身体状况不允许他再操劳国务了，就想把皇位让给武则天。但由于朝中大臣们的极力反对，武则天没能如愿，但这对于武则天却是个极大的刺激与鼓励。

哥哥李弘死后一个月，次子李贤被立为太子。李贤跟哥哥李弘一样聪明，在高宗让他处理政务过程中也显示出过人的能力，加上宰相们的辅佐，武则天随即又感到了李贤对她的强大威胁。所以，武则天指使人诬告太子贪恋女色，想早日夺取皇位，调露二年（680 年），李贤被武则天从太子的宝座上拖了下去，贬为庶人，后来又被迫迁至巴州。从此这个儿子就从武则天的生命中消失了，李贤再也没能回到长安，多年后客死他乡。

在李贤被废掉太子的第二天，三儿子李显被立为太子。永淳二年（683 年）十二月，高宗病死，立下遗嘱让太子继位，但国家大事还要听从武则天的意见。这成了武则天日后专权乃至成为女皇的很重要的一个原因。

四天以后，李显继位，就是唐中宗，尊母亲武则天为皇太后。李显生性懦弱，所以他的继位在开始的时候才被母亲所接受。

但中宗继位后，根本没有把母亲放在眼里，低估了武则天的力量。光宅元年（684年）二月，中宗想让岳父韦玄贞做宰相，但是父亲高宗临死时任命的宰相裴炎不同意，中宗便不可一世地说："我就是把天下都给了他，又能怎么样？"裴炎便报告了武则天，武则天立刻召集大臣们到了乾元殿，将中宗废为庐陵王，幽禁在深宫之中。幽禁中宗后，武则天把最后一个儿子李旦推上了皇位，这就是唐朝的睿宗。同年九月，徐敬业、徐敬猷兄弟联合唐之奇、杜求仁等以扶支持庐陵王为号召，在扬州举兵反武，十多天内就聚合了十万部众。武后当即以左玉钤大将军李孝逸为扬州道大总管，率兵三十万前往征讨。十一月，徐敬业兵败自杀。

尽管武则天让小儿子继承了皇位，但却没有让他处理朝政，一切大事都仍由自己来决定，逐渐地，武则天就产生了做女皇的想法。为此，武则天积极地为自己创造当皇帝的条件。首先将东都洛阳改为神都，准备将来做都城用。她还把唐朝文武百官的名称进行了变动：尚书省改成文昌台，左右仆射改为左、右丞相，门下省改为鸾台，侍中改为纳言，中书省改为凤阁，这明显地是体现了女性特征，所以原来的宰相名称"同中书门下平章事"也改成了"同凤阁鸾台三品"。同时大赦天下，下《求贤制》，太后自称"朕"词标文苑科考生在对策答卷里称她为"圣母皇帝陛下"。

垂拱二年（686年）三月，武则天下令制造铜匦（铜制的小箱子），置于洛阳宫城之前，随时接纳臣下表疏。同时，又大开告密之门，规定任何人均可告密。凡属告密之人，国家都要供给驿站车马和饮食。即使是农夫樵人，武则天都亲自接见。所告之事，如果符合旨意，就可破格升官。如所告并非事实，亦不会问罪。同时，武则天又先后任用索元礼、周兴、来俊臣、侯思止等一大批酷吏，掌管制狱，如果被告者一旦被投入此狱，酷吏们则使用各种酷刑审讯，能活着出狱的百无一二。这样，随着告密之风的日益兴起，被酷吏严刑拷打致死的人日渐增多。于是在朝廷内外便形成了十分恐怖的政治气氛，以致大臣们每次上朝之前，都要和家人诀别，整天都惶惶不可终日。为奖励告密，武则天对告密者破例授官。通过这个途径，武则天得到了一批酷吏，其中就有周兴、来俊臣。后来中宗处理这些酷吏时列举了二十七名。酷吏们为了打击李氏皇族，发明了多种酷刑。武则天利用他们，但并不完全信任他们，也没有重用。等他们的替罪羊的使命完成了，武则天便利用民愤，将他们先后处死。

但李氏皇族的反抗一直都未停止过，垂拱四年（688年）唐太宗之子豫州刺史越王李贞及李贞之子博州刺史琅琊王李冲起兵反对武氏政权，武则天以李元嘉、李灵夔等一批李唐诸王，与越王李贞父子通谋之原因，全部将其杀掉。

同年，武则天命令面首薛怀义率一万多人，毁乾元殿，建明堂。

武则天塑像

花费近一年时间后，明堂落成，高294尺，阔300尺。共三层，上为圆盖，有条九龙作捧着的姿态。上有铁凤，高一丈。饰以黄金，称为"万象神宫"。明堂既成，又命薛怀义铸大像，大像的小指也可以容纳数十人，于明堂北起五层高的天堂来收纳大像。建宫的花费达到以万亿计，政府财政为之枯竭。武则天的侄子武承嗣命人凿白石为文曰："圣母临人，永昌帝业。"号称在洛水中发现，献给武则天，武则天大喜，命其石曰"宝图"。之后武则天加尊号为"圣母神皇"。

载初二年（690年）初，有人罗织唐高宗李治之子隋州刺史泽王李上金、舒州刺史许王李素节谋反罪名。武则天震怒，急召李素节和泽王李上金入京面圣。连京城都未入，李素节就被武则天派人在龙门驿用带子勒死，并杀其九子。泽王李上金与许王一同被征召入朝，听见四弟被杀，惶恐之下，也自缢而死，他的七个儿子也被武后于流放途中弄死。所有这些龙子龙孙，皆是高宗皇帝的直系骨血。至此唐高宗李治的八个儿子，有五个被武则天杀死，当然其中也包括她的两个亲生儿子。八月，又杀南安王李颖等李唐宗室12人，又鞭杀故太子李贤的两个儿子，唐之宗室被杀戮殆尽，其中幼弱幸存的人也被流放至岭南，又诛其亲党数百家。武则天大杀李唐宗室和不附己的文武大臣，从此，再没有人反对武氏政权。

天授元年（690年）的重阳节，年近古稀之年的武则天改元天授，正式建立了大周王朝，自称"圣神皇帝"。至此，她的皇帝梦终于实现了。同时，将睿宗李旦降为皇嗣，皇太子李成器也降为皇太孙。武则天尊周文王姬发为始祖文皇帝，尊父亲为孝明高皇帝，侄子武承嗣等人也有封赏，真可谓"武家天下"。

武则天称帝后，非常重视人才的选拔和使用。她认为"九域之广。岂一人之强化，必仁才能，共成羽翼"。凡能"安邦国，定边疆"的人才，她不计门第，不拘资格，一律量才使用。为了广揽人才，她发展和完善了隋以来的科举制度，放手招贤，允许自举为官、试官，并设立员外官。此外，她还首创了殿试和武举制度，为更多更广地发现人才、搜罗人才创造了有利的条件。比如，中唐名将郭子仪，就是"自武举异等出"。这样，在她施政的年代里，始终有一批"文似仁杰""武类休武"的能臣干将为其效命，有力地维护着武周的政权。

武则天也非常重视农业生产，认为"建国之本，必在务农"，"务农则田垦，田垦则粟多，粟多则人富"。规定：能使"田畴垦辟，家

武则天像

有余粮"的地方官升任；"为政苛滥，户口流移"的"轻者贬官，甚至非时解替"。这样，在她执政的年代里，农业和手工业都得到较好的发展。人口不断增加。

在抗击外来入侵、保护边境安宁、改善相邻各国的关系方面，武则天施政时期也作了很多努力。对吐蕃贵族的入侵和骚扰，武则天给予坚决的抵御和反击。长寿元年（692年）九月，派大将王孝杰击败吐蕃，收复安西四镇，复置安西都护府于龟兹。之后，又在庭州设置北庭都护府，巩固西北边防，打通了一度中断的通向中亚地区的"丝绸之路"。在她施政的年代里，坚持边军屯田的政策。天授年间，娄师德检校丰州都督"屯田积谷数百万，兵以饶给"。长安元年（701年），郭元振任凉州都督，坚持屯田五年，"军粮可支数十年"。武则天的这种大范围的长期屯田，对边区开发、减轻人民转输之劳，以及巩固边防都有着积极的作用。

神功元年（697年），酷吏来俊臣欲罗告武氏诸王及太平公主，又欲诬李旦、李显与南北衙共同谋反，拟一网打尽。武氏诸王与太平公主都十分害怕，共同揭发其罪行，下狱处以极刑。仇家争食其肉，不一会就食尽。来俊臣凶狡贪暴网罗无辜，织成反状，杀人不可胜计，"赃贿如山，冤魂塞路"。武则天亦知天下愤怨，下令历数其罪状，并没收其家财。

酷吏政治前后共有十多年的时间，武则天利用酷吏将反对他的李姓宗室和原来的贵族势力基本扫荡干净。这个过程中，武则天还得到了庶族出身官员的支持。所以，武则天虽然有时表现得很残忍，但她并不是疯狂地屠杀、毫无节制。总之，酷吏政治只是武则天的政治手段之一。

通过酷吏政治，武则天巩固了自己的政权，但在皇位继承问题上，她又遇到了难题。建立周王朝之后，她让侄子们做了宰相和将军，掌握朝政大权，大臣有了功劳也赐给武氏家族。她还免了武姓的田赋，将自己的故乡文水县更名为武兴县。从以上种种来看，武则天是想把皇位传给武姓的侄子，这也展开了二姓争权的局面。

长寿二年（693 年），万象神宫里举行了祭典大礼，武则天这次出乎意料地让侄子武承嗣为亚献，武三思为终献，而正式的皇储李旦却被冷落到了一边。武则天的行动无疑是对侄子们的公开鼓励。但是，武则天的意愿遭到了宰相狄仁杰等人的强烈反对，这让武则天矛盾至极。如果把侄子立为皇储，虽然可以保住大周政权，但后来的继位者可能不会把她供奉到祖庙里去，因为她是武氏家族出嫁的女子，这在封建社会等于算是外人了。如果立自己的儿子做皇储，将来继承皇位，她可以顺理成章地保住皇后的正统地位，和丈夫高宗一起享受儿孙们世代的供奉。但是，这样的局面又回到她千辛万苦已经打破的旧传统中去了。

武则天的心结最终还是被聪明的狄仁杰给解开了。这天，已经 74 岁高龄的武则天对狄仁杰说："朕昨天晚上做了一个奇怪的梦，梦见一只大鹦鹉的两个翅膀折断了。爱卿看是什么征兆啊？"狄仁杰抓住这个绝佳的时机对武则天说："陛下姓武，那鹦鹉便是陛下了。两个翅膀就是陛下的两个儿子，如果陛下再次起用两位爱子，两个翅膀就会重新好起来的。"

同时，宰相吉顼也对武则天当时的男宠张易之和张昌宗兄弟俩说："你们俩因为受皇帝的宠爱，蔑视群臣，被众大臣们嫉恨，如果要保住性命，现在只有为立储君出力，日后还能够将功赎罪。你们要利用自己能接近皇帝的有利条件，劝说她立庐陵王李显为太子。"张氏兄弟听了吉顼的话，对武则天立李显为太子起了关键作用。

圣历元年（698 年），武则天将李显秘密接回洛阳，当时的太子李旦聪明地请求退出，让母亲立哥哥为太子。在经过多方权衡之后，武则天最终决定立李显为皇太子。这让武承嗣极为气恼，因为他的继承权完全被剥夺了，不久武承嗣便气闷而死。为了避免在自己死后侄子和儿子们相互残杀，武则天还处心积虑地把太子李显、相王李旦、太平公主和武姓的侄子们召集到了明堂，然后祭告天地，立下了铁券，把铁券收藏在史馆，以为佐证。自此到武则天去世，终于有了一段较长的安定的日子。

武则天解决了继承人的问题后，志得意满，加上年龄增长，开始耽于享乐，大修宫殿、佛寺，又修建歌功颂德的"天枢"。

武则天的晚年岁月得益于张氏兄弟的悉心照料，因此武则天对张氏兄弟恩宠有加。张氏兄弟即张易之和张昌宗，都是中山安国即现在的河北安国人，祖上曾在贞观末年做过宰相，也是名门出身。

长安四年（704 年）年末，武则天病于卧榻之上，几个月不曾召见宰相，只有张氏兄弟侍奉其左右，拨弄朝政大事，这使得大臣们六神无主。宰相张柬之经过周密部署，于神龙元年（705 年）正月发动兵变，将张氏兄弟杀害，迫使病中的武则天让位，由中宗复位，重建唐朝。正月二十五这天，武则天不情愿地离开了她做了 15 年女皇的宫殿，搬到了洛阳宫城西南的上阳宫。但没有了帝位的武则天心情很坏，精神的支柱没有了，本来就年老的身体很快垮了下来。十一月初二，82 岁的武则天死于上阳宫的仙居殿。临终时她异常清醒，立下了遗嘱，包括去掉帝号，称则天大圣皇后，与高宗合葬于乾陵；只许为她立碑，不许立传——这就是武则天

无字碑

无字碑的来历；还赦免了王皇后、萧淑妃以及褚遂良等人的家属——其他被酷吏迫害的人早在她被迫下台前已经赦免。

武则天死后，她的谥号变更过几次，但儿孙们对她的尊敬态度没有变。睿宗第二次继位后，改称为"天后"，后来又先后改为"大圣天后"，尊为"天后皇帝"，又改为"圣后"。唐玄宗继位后，改为"则天皇后"；到了天宝八载（749 年），将武则天的谥号定为"则天顺圣皇后"。

对于武则天，从唐代开始，历来有各种不同的评价。唐代前期，由于所有的皇帝都是她的直系子孙，并且儒家正统观念还没完全占据统治地位，所以当时对武则天的评价相对比较积极正面。但随着时间的推移，特别是司马光所主编之《资治通鉴》，对武氏严厉批判。到了南宋期间，程朱理学在中国思想上占据了主导地位，轻女的舆论决定了对武则天的评价。譬如明末清初的时候，著名的思想家王夫之，就曾评价武则天"鬼神之所不容，臣民之所共怨"。

但不可否认的是，武后善治国、重视延揽人才，首创科举考试的"殿试"制度，而且知人善任，能重用狄仁杰、张柬之、桓彦范、敬晖、姚崇等中兴名臣。国家在武则天主政期间，政策稳当、兵略妥善、文化复兴、百姓富裕，故有"贞观遗风"的美誉，亦为其孙唐玄宗的开元之治打下了长治久安的基础，武则天对历史做出过巨大的贡献。

关于武则天，也有不少负面评价。其主政初期，由于大兴告密之风，重用酷吏周兴、来俊臣等，加上后世史学家不齿于她违反传统的礼教，身为女子，竟然拥有不少男性嫔妃（称为"男宠"），也公开与多名男性欢好，不以为耻，所以史书内都对她的所作所为大加鞭挞，直斥其阴险、残忍、善弄权术，与中宗时韦后之专政，合称为武韦之乱。

元祐皇后：二度被废，二度垂帘

元祐皇后（1073—1131 年），姓孟，故又常被称为元祐孟皇后，洺州（约在今中国河北省永年县）人，是宋哲宗的第一位皇后。她二

元祐孟皇后像

度被废又二度复位，并二次于国势危急之下被迫垂帘听政，经历之离奇，实为罕见。

宋哲宗是宋朝的第七个皇帝，父亲神宗去世时，他才10岁，由祖母高太后垂帘听政，从10岁到18岁，朝堂上意气风发的少年皇帝只是摆设。

宋朝的变法是一场大戏，其中牵涉到许多我们耳熟能详的名人，比如王安石、司马光、欧阳修、苏东坡等。高太后是坚决反对变法的保守派，她起用司马光等，恢复旧法，史称"元祐更化"。她也许知道，小皇帝已经积怨很久了，或许也想到了，哲宗在亲政后变本加厉的爆发，将保守党一律踩到脚底下。和保守党一起被贬的，还有他的孟皇后。

孟皇后是眉州防御使、马军都虞候、赠太尉孟元的孙女，16岁的时候被宣仁高太皇太后和向太后看中。宣仁高太皇太后一句话，就决定了一个女人的下半辈子，孟氏就此入宫，嫁给宋哲宗，开启自己不平凡的一生。

元祐七年（1092年），高太皇太后谕宰执："孟氏子能执妇礼，宜正位中宫。"遂将孟氏封后。孟氏端庄贤惠、聪明多才、礼仪周到，当年20岁的孟氏怎么也想不到，她隆重的婚礼只是让她踏进了一个影响到整个国家前途命运的巨大政治旋涡。

元祐八年（1093年），高太后去世，赵煦开始亲政。宋哲宗幼年登基，常年受宣仁高太皇太后的压制，渐渐地，宋哲宗对高太皇太后起了反抗的心思。孟皇后是宣仁高太皇太后为宋哲宗选的皇后，宋哲宗对正主都极为厌恶，更别说像是被操控一样娶的皇后。所以孟氏嫁给宋哲宗之后，便受到了哲宗的冷漠对待，但碍于高太后，也不敢拿她怎么样。但高太后一死，孟皇后的安稳日子也随之宣告结束。哲宗专宠起容貌俏丽的宫女刘清菁，逐步封其为婕妤。刘婕妤当然觊觎皇后的位置，不惜一切手段谋害孟皇后。绍圣三年（1096 年），孟氏所生之女福庆公主重病，药石罔效，孟氏之姐持道家治病符水入宫医治。由于符水之事向为宫中禁忌，孟氏大惊失色，命将符水藏之，等到哲宗到时，再一一说明原委，本来哲宗也认为是人之常情，并不怪罪。不料于公主病逝后，孟氏养母燕夫人等人为孟氏及公主祈福，此事正落人口实。哲宗专宠的刘婕妤趁此机会，将前后两件事情联系起来在哲宗面前搬弄是非，说孟皇后这是在诅咒皇帝。哲宗听说后也开始怀疑起来，命梁从政、苏珪调查此案。在宰相章惇和刘婕妤的授意下，他们逮捕了皇后左右侍女及宦官数十人，并将这些人刑囚逼供，史载"掠掠备至，肢体毁折，至有断舌者"。太监、宫女们不愿诬蔑孟皇后，个个被打得体无完肤，割舌断肢者不在少数。最后，梁从政等人不得不伪造供词，才让哲宗相信孟皇后图谋不轨。其后位于是被废，将她安置在被废妃嫔出家所居的瑶华宫，号"华阳教主""玉清妙静仙师"，法名"冲真"。刘婕妤如愿成为皇后。

元符三年（1100 年），孟氏的女道士生涯 4 年后，哲宗驾崩，徽宗继位，孟氏被召回宫中，恢复了她的位分。因为她封后是在元祐年间，便称其为"元祐皇后"。孟皇后之所以能恢复后位，是因为宋哲宗去世之后，旧党在向太后的支持下重新抬头，势力渐长，孟皇后这位昔日由高太皇太后和向太后共同看中的女人，自然便回到了宫中。不过可惜的是，这一次孟皇后只过了一年，便又被废除了后位。北宋建中靖国元年（1101 年），距离孟氏复位仅一年，因为向太后的病逝，宋徽宗重用新党蔡京等人，旧党被打压，一干旧党人氏都被贬谪，孟氏受到牵连，因此再次被废，又被发配到瑶华宫做女道士。孟氏重回瑶华宫，加赐"希微元通知和妙静仙师"之号，就这样过了 20 多年，一直到她 51 岁，这个世界才又想起她。宋钦宗靖康初年，孟氏先因瑶华宫失火，移居延宁宫，后延宁宫又失火，出宫居住相国寺前之私宅。所谓福祸相依，正是因为两次大火的祸，使孟氏移居宫外，这才让她逃过了后来二帝与六宫共同北迁的大祸。这一次，幽居岁月长夜漫漫。

靖康二年（1127年）正月，金兵攻下了北宋首都，北宋亡。宋徽宗、宋钦宗及皇室成员尽被掳而北去，孟氏因不在皇室名册中，又因瑶华宫起火避居民居家中，免遭被俘北上的命运。

金军撤退后，开封城留下了张邦昌为首的傀儡政府。张邦昌自忖没有号召力，就招来孟氏撑腰，册其为"宋太后"。也许当初高太后的眼光没错，此时，孟太后不但没有对给她带来灾难的宋室反目相向，而是竭力寻找宋室遗孤，以期光复。当她知道宋徽宗第九子赵构因执勤在外而未被掳北时，立即秘密去信劝说其称帝。

有了孟太后的诏书，21岁的赵构在南京应天府（今河南商丘）登基，是为南宋开国皇帝宋高宗。如此，宋室王朝得以延续。

南宋建炎二年（1128年）的冬天，孟太后的舟船在呼呼寒风中抵达杭州。仓促中，以凤凰山的旧州治（北宋杭州治所）为行宫，安顿下来。

战争还在继续，临安城里也不安分，苗傅、刘正彦发动"兵变"，拥立三岁的皇太子赵旉为帝，请孟太后垂帘听政。面对内外交困，孟太后沉着应对。她一面曲意抚慰叛军，答应让宋高宗退位；一面悄悄召见韩世忠的夫人梁红玉，密令她前往嘉兴去找韩将军火速勤王。不久，韩世忠、张浚等名将水陆并进，一举攻破临平防线，乘胜夺下武林门小堰坝（从此该地被叫作"德胜坝"）。叛乱平息，高宗一复位，孟太后立即撤帘归政，被尊为元祐太后。

这以后的几年里，南宋小朝廷被金兵追着打，孟太后一直在浙江江西一带流亡，也没过上多少安定日子。直到韩世忠的"黄天荡之役"后，局势改变，南宋政权逐渐稳定，宋高宗立即派人到赣州去接回孟太后。宋高宗对她十分孝敬，事无巨细都要亲自过问。无奈孟太后积劳成疾，常常头晕目眩，手脚发麻，病情越来越重。绍兴元年（1131 年）孟氏去世，谥昭慈献烈皇后，葬会稽县上皇村。绍兴三年（1133 年）改谥昭慈圣献皇后。

元祐孟皇后（中）像

在攸关国家存亡之际，孟氏展现出了大无畏的勇气和大智谋，虽然仅仅只是一个力量微弱的小女子，但是她却凭借自己的身份和力量，延续了宋朝的历史。她这一生福祸相依，福即是祸，祸即是福。正应了宣仁高太皇太后那句："斯人贤淑，惜福薄耳！异日国有事变，必此人当之。"

萧绰：铁马红颜，契丹第一女英豪？

萧绰（953—1009 年），小字燕燕，宋称雅雅克，原姓拔里氏，后被耶律阿保机赐姓萧氏，契丹族，辽朝政治家、军事家和改革家。她摄政期间，辽朝进入了最为鼎盛的辉煌时期。

萧绰出身于契丹贵族家庭。父亲萧思温是辽太祖皇后述律平的族弟忽没里之子，母亲则是辽太宗的长女燕国公主吕不古。萧思温又通晓书史，有三个女儿，萧绰最小。萧绰自幼聪明伶俐，办事利索，对任何事情都有种不达目的不罢休的精神，在一些琐碎的小事上也不例外，这种举动深深赢得了她的父亲萧思温的宠爱。有一次，萧绰的几个姐妹一起干家务活，几个姐妹草草地就收场了，唯独她还在继续仔细地擦，家具收拾得整整齐齐，萧思温常常用赞许的眼光称赞道："此女必成大事。"随着年龄的增长，颇有姿色，在草原上赢得"细娘"的美称。应历十九年（969 年）二月，辽穆宗带着萧思温等亲信大臣前往黑山（今内蒙古巴林右旗岗根苏木境）打猎。入夜，喝醉酒的辽穆宗被不堪虐待的近侍们刺杀。萧思温封锁消息，协助与自己来往甚密

萧绰像

的耶律贤——辽世宗耶律阮的次子登上皇位，是为辽景宗。辽景宗晋封萧思温为北院枢密使、北府宰相、尚书令、魏王，并且征召他的女儿入宫。景宗耶律贤早已对"细娘"垂涎欲滴，萧思温自然求之不得，于是，保宁元年（969年）三月，景宗在封赏萧思温的同时，迎娶了17岁的萧绰，封为贵妃，五月册为皇后。保宁三年（971年），萧绰生辽圣宗耶律隆绪，后又生三子三女。

耶律贤继位之初，尚能针对累朝积弊进行一些改革，但没多久就渐趋荒怠。又因沉湎酒色，身体更加虚弱，甚至连马都骑不上去，整天阴沉着脸，即使佳节朝会之际也难绽出一丝笑容。不久，耶律贤病情越发沉重，经常不能视朝，只好命萧绰临朝决事，所有赏罚征讨皆由萧绰裁定，萧绰由此发挥出她的雄才大略。

辽朝自世宗以来，贵族内部围绕争夺皇权展开的长期而激烈的斗争，尤其是穆宗耶律璟时期的残暴统治，严重激化了矛盾，造成国势中衰，统治力量大大削弱。

萧绰之父萧思温因权势过大，遭到妒忌。保宁二年（670年）五月，辽景宗前往闾山（今辽宁阜新）行猎，萧思温也随行，高勋和女里合谋派人刺杀了萧思温。萧绰虽受一定刺激，却没影响她治理朝政。她重用了一大批具有文武才干的汉族、契丹族官员，分居要职，如令韩匡嗣任南京留守，室防升任枢密使兼北府宰相；名将耶律休哥、耶律斜轸分任北、南院大王。经过对内政的初步整顿和改革，使辽朝开始出现了"中兴"的转机，在对中原王朝的战争中也开始扭转了世宗、穆宗以来的被动局面。保宁八年（977年），景宗为了便于皇后参决朝政，特"谕史馆学士，书皇后言亦称'朕'暨'予'，著为定式"。从此，萧绰便合理合法地步入政治历史舞台，成了辽朝实际上的最高主宰。

这时，中原已建立了宋王朝，经过宋太祖赵匡胤的励精图治，国力大增、基本统一了长江以南的地区。保宁十一年（979年），宋太宗赵光义灭掉北汉，试图乘胜收复幽州。当年六月，宋军由太原移师河北，连克数郡，包围了幽州。韩匡嗣之子韩德让代父任留守，日夜登城抵御，等待援军。幽州是军事重镇，又是辽朝的南面门户，萧绰忙命耶律休哥率五院部精锐前往救援，同时命耶律斜轸在昌平得胜口一带设伏，由此可见其足智多谋、熟谙兵法之一斑。耶律休哥先以5000弱兵去幽州引诱宋军主力，再选精骑3万，夜间从小道绕到来军背后，发起猛攻，在高梁河（今北京西北）与耶律斜轸左右夹击，宋军惨败，全线溃退。赵光义背上中了流矢，乘坐驴车遁逃。宋军横尸遍野，丢盔弃甲，辎重堆积如山。

沉疴缠身的景宗虽经多方医治，病势却日重一日。乾亨四年（982年）九月病死，遗诏年仅12岁的长子耶律隆绪继位，是为辽圣宗。统和元年（983年），圣宗率群臣给萧绰上尊号"承天皇太后"，萧绰正式临朝执政。

萧绰面临着的是母寡子弱，处理对内应付旧势力反扑、对外对付宋朝新的军事进攻的两大难题。她首先在用人上作了新的调整：一方面提拔有经国之才的耶律斜轸为北院枢密使，任命耶律休哥为南京留守，总管南面军事，以加强边防；另一方面继续大力重用汉官，除了老臣室防仍居北府宰相要职之外，一些新的人才如邢抱朴等也相继委以重任。

此外，萧绰命韩德让与斜轸同为顾命大臣，实为左膀右臂。耶律斜轸是军权在握的重臣，当年被萧绰之父萧思温引荐入朝，并娶萧绰侄女为妻，自然被视为心腹。自此二人掌管兵权，鼎力相助，萧绰才有了喘息之机。为稳定政局，萧绰对景宗时的一批老臣，不论文武，

萧绰像

只要其忠贞不贰，德高望重，一概采取安抚与重用，逐渐形成了以萧绰为核心的政治集团。

统和四年（986年），宋太宗认为辽圣宗年幼而母后摄政，大举北伐，以收复石敬瑭献给契丹的燕云十六州。三月，宋军兵分三路，东路攻幽州，中路攻蔚州，西路攻云州朔州，取得了一些胜利。

萧绰以耶律休哥抵御东路宋军曹彬一路，又以耶律斜轸抵御西路宋军杨业一路，后亲带韩德让和儿子辽圣宗赶到南京，与耶律休哥协同作战。

五月，萧绰亲披戎装上阵，一面率兵在正面与曹彬对阵；一面派耶律休哥包抄宋军后路，阻断水源粮道。曹彬所部大败。

萧绰腾出兵力，转而对付西路宋军，极大鼓舞了辽军的士气。宋太宗连忙下令西路军全线撤退。宋军士气低落，一路连吃败仗。杨业得不到后方有力的支援，最终包括杨业之子杨延玉在内的所有部属都全数殉国，杨业本人也被活捉，悲愤之下绝食殉国。萧绰下令将杨业的头颅割下，装入匣中，传送边关各地。辽军士气大振，而宋朝守军则大受打击，未曾对敌便已经失了信心，无法守住已经夺得的土地。辽国顺利地收回了所有的疆土。

统和十七年（999年），斜轸病死，韩德让兼任北府宰相，总知契丹、汉人两院事，拜为大丞相，晋封齐王，位兼将相，总揽了辽朝军政大权。他入朝不拜，上殿不趋。偶患小病，萧绰和圣宗隆绪都要祷告山川，遍召天下名医诊治，朝夕不离左右。按照辽制，其权势已仅次于帝后。随着契丹社会封建化的日益加深，韩德让在萧绰手下所享受的这一系列宠遇，已经大大超越了任何一个佐命功臣所应有的范围。除了萧绰政治上的需要外，还有一丝感情因素。萧绰把韩德让当成了自己励精图治的股肱之臣，而且与他建立起了形同夫妻的亲密关系。

相传萧绰与韩德让自幼有婚约，在辽景宗去世后不久，萧绰私下对韩德让说："我曾许配给你，愿谐旧好。而当国的幼主，也就是你的儿子了。"

相传萧绰派人秘密毒杀韩德让的妻子，圣宗也把韩德让视作自己的父亲来侍奉他。

萧绰之后任韩德让总领禁军，负责京师宿卫。此后，韩德让出入宫帐，与萧绰情同夫妻。两人出则同车，入则共帐，就连接见外国使臣的时候都不避忌。

不管下嫁的事是真是假，但萧绰对韩德让的宠爱和器重是有目共睹的。涿州（河北涿州）刺史耶律虎古，只因不愤韩德让与"承天皇太后"关系亲昵，言语中对韩德让有失恭敬。结果，在大庭广众之下，韩德让竟然将耶律虎古活活击毙。还有一次，萧绰观看马球比赛。韩德让出场时，契丹贵族胡里室，不小心将韩德让撞下马。萧绰见状勃然大怒，当即将胡里室斩首。

统和二十二年（998年）十二月，萧绰取消耶律隆绪与韩德让的君臣名分：赐给汉人韩德让契丹皇族姓氏"耶律"，赐名"隆运"，并封"晋王"，隶属"季父房"。从此，小皇帝圣宗耶律隆绪便不再称呼韩德让臣子，而是改口叫"叔叔"了。一如辽国历代皇帝和摄政太后，韩德让也拥有私人"斡鲁朵"（宫帐）、属城，万人卫队，享受辽国"太上皇"的优厚待遇。由于韩德让没儿子，"承天皇太后"萧绰便规定：皇室的每一代都要贡献一个亲王，作为韩德让的后裔。

在韩德让的辅佐下，萧绰对辽国的制度和风俗进行了一系列大刀阔斧的改革，这些改革不但将辽国从奴隶制国家进一步向封建制转化，而更改善了契丹族与汉族之间的关系。据《辽史·刑法志》记载，自萧绰变革之后，辽国"国无幸民，纲纪修举，吏多奉职，人重犯法"，"统和中，南京及易、平二州以狱空闻"，辽国内政呈现一片兴旺的景象。

统和二十二年（1004年）闰九月，萧绰以索要周世宗收复的关南地为名，萧绰领着辽圣宗耶律隆绪、韩德让，率二十万辽国精锐大举伐宋。除了在瀛洲遭到抵抗外，辽军势如破竹，十一月就至宋都开封的门户澶渊。北宋宰相寇准坚持请求宋真宗御驾亲征、激励士气。当宋真宗的车驾出现在澶州前线时，士兵高呼"万岁"连绵不绝，声震数十里，人人同仇敌忾、个个视死如归，很快就集结起数十万之多的援军与辽军对抗。这对萧绰的南征大计自然是一个极大的打击。不久又一个打击接踵而来——辽大将先锋官南京统军使萧挞凛在前线察看地形督战时被射中头部，当晚死去。辽军士气受挫，又孤军深入，十分疲惫，加之后方宋军袭击其后路。萧绰利用宋真宗急于求和的心态，与宋朝谈判，达成《澶渊之盟》。盟约规定：宋辽约为兄弟之国，辽圣宗耶律隆绪称宋真宗赵恒为兄，赵恒则称皇太后为叔母；维持宋辽之间旧有的疆界；宋国每年向辽国提供30万金帛。双方结束了多年不息的争战，进入了长达百余年的相对和平。

萧绰当朝虽久，却缺乏姻亲之助，就连两个姐姐也未必与她一条心，存在着爆发政变的潜在危险。正是在这样的政治背景下，萧绰为了寻求以韩氏家族为首的汉族官员的支持，投进了倾心已久的韩德让的怀抱。他们通过调整朝廷各部门的权力分配，剥夺贵族的兵权等措施，基本上使景宗驾崩时的局面得以扭转。韩德让还知人善任，荐举

萧绰像

好学博古、颇有吏干之才的邢抱朴担任参知政事。耶律乌不吕曾因事顶撞过韩德让，韩当时十分生气，但他认为乌不吕才堪大用，后来仍保，荐其担任统军使。韩德让又主动密切与耶律斜轸、室防等人的关系，结为好友，凡事听取并尊重他们的意见，使辽朝最高统治集团呈现了前所未有大好形势。

萧绰在韩德让等蕃汉臣僚的得力辅佐下，顺应契丹社会封建化的历史趋势，仿效中原王朝的统治方法进行了一系列改革。她解放部分奴隶，把原先属于宫帐的俘户奴隶加以改编，分别设置为部族，获得平民的身份，把旧部落拆散，编成新的部族，使其分别归属于南、北二府，分镇于边疆，这既大大削弱了奴隶制的成分，也瓦解了契丹旧贵族们的势力。萧绰还诏令朝中及地方各级官员必须执行法令，要敢于抵制包括朝廷使者在内的无理索求，对上级不得阿顺，还以是否廉洁作为考课官员的标准，规定各级职官凡有贪暴害民者，立即罢免，终身不用，能清勤自持者，随时升擢。并禁止皇室外戚受贿，一旦发现，与常人同罪。有个名柘母的太师，就因犯了"迎合阿顺"之条，被她责打了20大棍。萧绰统和十年（992年），派参知政事邢抱朴到各地稽察官员的政绩，把一批贪官绳之以法，忠于职守、清正廉洁者则破格提升，从而大得人心。萧绰言行一致，既得益于韩德让的襄助，也在于自身的智慧、胆略、品德和才华。而大辽亦因经过一番任贤去邪的整顿，使吏制大为改观，政治走向清明。萧绰还在统和六年（988年）开始实行科举取士制度，录取名额逐年增加，统和二十四年（1006年）就有畅吉等23人及第，科举不但使越来越多的汉族知识分子被吸收到朝廷中来，受到重用，而且促进了辽朝文化事业的发展。如统和十四年（996年）考中进士第一的宛平（今属河北）人张俭，就历任知枢密院事等职，成为一代名臣。萧绰明令取消"同罪异论"的旧制。辽朝前期，法律混乱，有浓厚的奴隶制色彩和严重的种族偏见，如契丹人打死汉人，只赔偿牛马就算了事，若汉人打死契丹人，除他本人斩首，家属还要被没为奴隶。萧绰却反其道而行之，明确统一汉律，规定契丹人犯了法的由汉官审理。用法务从宽减。实行"上诉"制度，允许自以为冤枉的罪犯上告诉冤。辽律原先规定，凡是叛逆之家，兄弟之间即使不知情也要连坐受罚。下令废除谋逆罪中的连坐之法。萧绰的这一决策，具有很大的进步性。萧绰执法严明，毫不掺杂个人恩怨。官员乃万十喝醉了酒胡说宫廷秘事，大概也透露了一些萧绰与韩德让的风流韵事，按旧法当斩。萧绰只将他打了数板。五院部民偶尔失火，蔓及辽朝圣地木叶山，按罪当诛，萧绰也是杖而释之。她还经常亲自处理冤狱，判决系囚，多次告诫耶律隆绪要谨慎用法，留心狱事，务求宽减。她对违法乱纪、随便杀人的官僚贵族却严惩不贷。耶律国留内弟之妻阿古与奴仆私通，国留就把企图逃往女真的奴仆追杀，又逼迫阿古自缢，萧绰却依法处斩国留。统和六年（988年），奚王筹宁杀死无辜汉人李浩，她把筹宁痛打一顿，还令他出钱供养李浩的家属。萧绰对农业的发展特别重视，多次募民垦荒，给贫户提供耕牛和谷种，明令贵族和军队不能因打猎妨碍农业生产，更不准牲畜损害庄稼。在她执政的27年间，减免赋税的诏令有23道之多，其中有局部地区的，也有全国范围的，在一定程度上减轻了农牧民的负担。从而促进了经济发展，社会进步，百姓安居乐业，局势更为稳定。

萧绰领导的辽朝与宋朝及周边地区部族的战争取得了一连串胜利，她或攻或交，措置有方，进一步显示了其政治、军事才干。萧绰西讨敌烈诸部，降服其众；东征高丽，迫其称臣纳贡，又把女儿越国公主之女嫁给高丽王治，建立起和亲关系。这时，党项族首领李继迁起兵抗宋，萧绰不失时机地支持李继迁，利用他构成对宋西北边境的严重威胁，并授李继迁为定难军节度使，把宗室耶律襄的女儿封为义成公主嫁给他，还赐马3000匹；统和八年（990年），又封李继迁为夏国王，使西夏力量进一步壮大，形成了辽夏共同对付宋朝的格局。萧绰不仅知人善用，精于谋略，运筹帷幄，决胜千里，且能披挂上阵，身先士卒，驰骋疆场。

萧绰内行改革、外求展拓的过程中，契丹贵族内部基本是稳定的，萧绰的两位姐姐就公开站到了与她作对的立场上。她的大姐胡辇嫁的是太宗次子齐王罨撒葛，齐王死后，胡辇在赏马时发觉奴仆挞览阿钵姿貌甚美，顿生爱慕之心，就把他召入帐中养为男宠。萧绰得知后，怒不可遏，把挞览阿钵囚禁起来，用沙袋狠击了400多下，强令挞览阿钵离开。过了一年，胡辇向萧绰求情，哭诉寂寞之苦，萧绰想想自己的

耶律隆绪

体验，对她颇感同情，又把挞览阿钵找回，与胡辇结为正式夫妻，还封挞览阿钵为将军，领兵西伐鞑靼。哪知胡辇夫妇知恩不报，反而私结党羽，率众跑到骨历扎国，阴谋拥兵篡位。萧绰闻知，下令夺其兵权，把胡辇、挞览阿钵关进怀州狱中赐死，其党羽全部活埋。她的二姐嫁给了太宗的第五个儿子越王必摄，曾图谋乘宫中宴会之机毒死萧绰，被其婢女告发，萧绰遂将她诛杀。

萧绰屡屡因家事不顺心而伤透脑筋，大动肝火。萧绰最疼爱的小女儿越国公主耶律延寿女嫁给了萧恒德，恒德是一员有勇有谋的猛将，南下攻宋时曾独当一面，亲冒矢石，身中流箭仍一马当先，萧绰一直很赏识他。可是有一年延寿女患了疾病，萧绰极为挂念，派自己帐中的宫女贤释前去伺候，恒德居然色胆包天，与贤释勾搭成奸。延寿女一气之下，病情更重，一命呜呼。萧绰大怒，随将恒德赐死。萧绰治理国事却可谓政通人和，深受爱戴。萧绰施政通情达理，善驭大臣。

萧绰银币

赏罚分明，作风也比较民主，闻善必从，举止随和，宴集朝会时群臣甚至可以不拜不揖，故群臣贵族皆愿为她效力卖命，从而比较成功地把统治群体紧密团结在自己周围。与宋订立《澶渊之盟》后。为了适应新的政治经济发展的需要，统和二十五年（1007年），萧绰下令在今内蒙古宁城县南（一说为县城西大明城）仿照唐都长安（今陕西西安）、宋都汴京（今河南开封）的模式兴建一座新的都城，名为中京大定府。在此之前，辽有四京，即东京（今辽宁辽阳）、西京（今山西大同）、南京（今北京城西南宛平）、上京（今内蒙古巴林左旗林东镇南的波罗城），并以上京为政治中心。自萧绰摄政以来，随着社会经济的发展，这种状况已愈益与形势不相适应，兴建中京的来由。中京选址于原奚牙王帐故地，这里不仅是辽宋交往的适中之处，且处于以畜牧业为主的北方和以农业为主的南方的中间地带，可兼顾南北政治、经济的发展。于是，从燕蓟一带征调来能工巧匠，历时两年建成，方圆40里，郛郭、宫殿、楼阁、市廛、庙宇、街道等都十分华丽，成为辽国后期的政治、经济中心。萧绰主持下的一系列改革和建设，标志着契丹社会已经在整体上完成了封建化的历程，使辽朝国力大大增强，发展到了鼎盛时期。而中京大定府的落成，是这一历史进程的象征和延伸；又是萧绰对契丹文化的一大贡献。

萧绰对儿子耶律隆绪的训导管教也保障了统治集团的稳定。萧绰临朝称制27年，这期间隆绪早就长大成人了，但萧绰一直没有放松对他的管教，隆绪从府库中索求一件东西，她必定要问一问干什么用，隆绪穿的衣服、骑的马，她经常检查看有没有过于奢华的地方，防止隆绪养成奢靡之心。开始时，隆绪要赏赐大臣，也必须先征得母后的同意，她说行才赏，防止隆绪滥行赏赐。隆绪因不能参与政事，一度曾纵情游猎，击鞠玩耍，萧绰教训说："圣人有言：欲不可纵。我儿是天下之主，万一驰骋畋猎时发生危险，其后果将不堪设想！"从此把隆绪留在宫里专心读书，让他反复研读《贞观政要》等典籍，并以唐太宗为学习榜样。隆绪是个大孝子，对母亲的训诫始终毕恭毕敬，言听计从。隆绪亲政后，根据长期学习得到的汉族王朝的治国经验，以唐朝为模式，沿着萧绰的足迹继续进行封建化改革，成了辽朝9帝中最负盛名的贤君明主。

统和二十七年（1009年），萧绰归政于辽圣宗，不再摄政，准备到南京去颐养天年。同年十二月十一日，在去南京的路上，病逝于行宫，享年57岁。次年，葬于乾陵，谥号圣神宣献皇后，后改谥睿智皇后。

慈禧：晚清最高权力统治者

慈禧（1835—1908年），即孝钦显皇后，又称"西太后"，叶赫那拉氏，咸丰帝的妃嫔，同治帝的生母。晚清重要政治人物，清朝晚期的实际统治者。

叶赫那拉家世代出美女，和爱新觉罗家也是世代血统之亲。清太祖努尔哈赤、太宗皇太极都是叶赫那拉氏所生。努尔哈赤的皇后孝慈高皇后也就是皇太极的母亲是叶赫贝勒吉努之女，乾隆的顺妃也是出自叶赫那拉氏。但让叶赫那拉家族真正门庭显赫名扬天下的却是慈禧皇太后。

道光十五年（1835年），慈禧出生于满洲镶蓝旗的一个官宦世家，乳名兰儿。父亲惠征是一个八品文官在吏部任笔帖式。兰儿从小就聪慧伶俐，特别是具有普通孩子难得的谋略和远见，在兰儿14岁的那一年，她家里出了一件大事：兰儿的曾祖父吉郎阿在担任户部员外郎时负责中央金库，但就在他卸任十几年后，朝廷查到了库银亏空几十万两。道光异常气愤，下旨不管是谁不管什么时期凡是在银库的工作人员都要一查到底。但经过反复的调查最后竟查不出个结果，后来道光又下令从亏损的那一年一直到现在所有工作人员平摊这些亏空的银两，已经去世的由他的儿子孙子偿还。这样，就把兰儿的祖父景瑞给抓了起来。事情一出家里立时乱了，年少的兰儿此时却表现得非常镇静，她劝自己的父亲惠征将家里仅有的一点银两拿出来交了出去，又让父亲带着她去亲戚和朋友家借了一些银两。但她没有让父亲将这些银两全部交上去，而是用这些钱去上下通融。因为景瑞曾任刑部员外郎，认识很多的政府官员，惠征时任安徽的后补道台也有很多朋友关系。正是在年少的兰儿的指点下，惠征打通了上下关系，很快将父亲营救了出来，兰儿也因此受到了当时她所接触的那些满族贵族特别是她的父母的偏爱。

在那些满族贵族的偏爱下，咸丰二年（1852年）二月，17岁的兰儿以秀女身份被选入宫，是为，赐号兰贵人。因得咸丰皇帝宠幸，咸丰四年（1854年）二月，进封懿嫔。咸丰六年（1856年）三月，生下咸丰帝唯一的皇子载淳（即同治皇帝），晋封懿妃，次年进位为懿贵妃。

当时的清廷内有"南长毛、北捻子"之忧，外有列强重起战端之患。最高官员为此产生了严重分歧，从而导致了其政治势力的重新分解组合，因为太平天国农民起义猛烈发展，咸丰皇帝把决策权由"军机处"转移到几位御前大臣手中，其核心人物为怡亲王载垣、郑亲王端华、户部尚书肃顺。端肃集团对内主张坚决镇压农民起义，为此他们一方面力除积弊，但对汉人又心存疑虑，因为

慈禧像

他们是排外的，这样就使列强的政治经济触角向中国更广更深地方伸展时受到阻碍。恭亲王奕訢曾是王位的有力竞争者，根基是地主阶级与列强的支持。而奕訢为改变受制于人的局面，在清政府签订了《北京条约》后，曾请咸丰回朝，想借洋人之力钳制咸丰，但未能成功。

咸丰帝体弱多病，兼之当时的大清北有英法联军入侵北京、南有太平天国反清农民运动，正值内忧外患之际，让他心力交瘁。懿贵妃工于书法，于是咸丰帝时常口授并让其代笔批阅奏章，并且允许懿贵

咸丰帝像

妃发表自己的意见，因而大臣们多对叶赫那拉氏不满。

咸丰十年（1860 年），英法联军攻入北京前，叶赫那拉氏随咸丰帝逃往热河。咸丰十一年（1861 年）八月，咸丰帝病死于热河，遗诏上立长子载淳继承皇位，任命怡亲王载垣、郑亲王端华、户部尚书肃顺等八人为"赞襄政务王大臣"辅政。同时授予皇后钮祜禄氏"御赏"印章，授予皇子载淳"同道堂"印章（由生母慈禧掌管），顾命大臣拟旨后要盖"御赏"和"同道堂"印章。慈禧取得代子钤印权力后，便理所当然地成为皇权的代表，因而干预朝政也就成为顺理成章的事。

咸丰之死使本已复杂的权力之争变得更加复杂。权欲极强的那拉氏对八大臣大权独揽政权极为不满，决意要从他们手中分权。她与恭亲王奕訢合流秘密发动"辛酉政变"，设计逮捕了八大臣，判处怡亲王载垣、郑亲王端华自裁、肃顺斩立决，其他人革职。这次政变因

慈禧像

载淳登基后拟定年号为祺祥,故称"祺祥政变"；又因政变发生在北京,而称为"北京政变"。结果年轻的帝后势力战胜了老迈的宗室顾命大臣,慈禧开始垂帘听政。

辛酉政变体现了两宫皇太后和恭亲王的聪明才智,是君权与相权的一次大的冲突,否定了"赞襄政务"大臣,由两宫太后垂帘听政是一次重大的改制。辛酉政变后,恭亲王为议政王,这是当年睿亲王多尔衮辅政的再现。但有一点不同,既由帝胤贵族担任议政王、军机大臣,又由两宫太后垂帘听政。皇权便出现了二元化：议政王总揽朝政,皇太后总裁懿定。这个体制最大的特征是皇太后与恭亲王联合主政,后来逐渐演变为慈禧独揽朝政的局面。辛酉政变的意义不仅在于它完成了清政府最高权力由"顾命八大臣"到慈禧太后的权力转移,更重要的还在于它改变了清廷的内外政策,将其政权从濒于灭亡的境地挽救出来,对晚清政治具有深远的影响。

慈禧太后垂帘听政一言九鼎,她的性格、心态以及见识对这场改革运动的进程和结局关系重大。这位宫廷头号女人不能不使出浑身解数,以撑持风雨飘摇的清朝。

通过政变登上政治舞台的慈禧太后,为摆脱危机而施行了新的内外政策。对外：执行议和外交,以取得"中外相安"并讨得列强对其政权的支持,为此她采取了主动而积极的态度以博得列强对其的欢心。突出的事例就是在宣布端肃等罪状时,就把"不能尽心议和,徒以诱惑英国使臣以塞己责,以致失信于各国"列为首要罪状。从此,列强对华政策由主要是"打"而变成"中立"。中外反动势力通过政变达成了默契，出现了"中外和好"的局面。

而对内，则实行满汉合流。太平军的作战能力很强，八旗兵和绿营都不堪一击，湘军成了能和太平军相抗衡的唯一力量。为尽早将太平天国革命镇压下去，慈禧注意调整同曾国藩等人的关系。给他们以更多更大的权力。十一月，即慈禧太后操权的当月，就令曾国藩统辖苏浙皖赣四省军务，所有四省巡抚、提督以下文武官员悉归节制。不久，又加其太子少保衔和协办大学士，又加权于左宗棠、李鸿章。曾国藩集团成为地主阶级当权派中最大势力集团。这与咸丰朝对汉族地主的猜忌、压制恰恰形成鲜明对比。满汉地主阶级为镇压农民起义，密切地合作起来。在中外反动势力联合绞杀下，太平天国农民起义被镇压，清政权在风雨飘摇中得到了暂时的喘息机会。

政变的另一结果是那拉氏调整了权力布局，这集中地表现为她实行垂帘听政，这种统治形式实质上是她个人独裁专政，故此在她统治的48年的时间里，始终不惜以各种政治手腕竭力维护垂帘听政式的政治局面。权力布局的改变还体现在清政府的权力格局由"内重外轻"变成"内轻外重"，慈禧太后采取在地方实力派中扶植一派抗衡另一派的手法，使他们之间相互制约。以利于她居间调节。

慈禧发动政变后，以"自强""求富"为宗旨的洋务运动迅即拉开序幕。现在看来如果没有慈禧太后的支持，洋务运动不可能在强大守旧势力的阻挠下延续那么多年。如今一些史学家称慈禧为"顽固势力的总代表"，说她"一贯顽固守旧"，却不知慈禧掌

同治帝像

权正值国事衰微之际，她也并不缺乏改革进取之心。清朝回光返照的"同治中兴"正是在慈禧当政期间发生，而洋务运动作为中国走向现代化的第一次努力，和慈禧大量信任、启用洋务派有着必然的关系。

洋务派招致顽固派和清流党的攻讦，朝廷上无一日安宁。慈禧太后巧妙地施展其政治手腕，逐渐地减少来自他们的阻力。同治五年（1866年），洋务派在同文馆加设天文、算学馆，选派科甲正途出身的人进馆学习。文渊阁大学士、理学大师倭仁以中国之大，不患无才，"何必师事洋人"首倡反对。慈禧即令他保举数员精通自然科学的中国教师，另行设馆授徒，以与同文馆的洋教习相比试。倭仁见慈禧动了真格，赶快申辩，说所谓中国"不患无才"，不过是自己"以理度之"，为想当然之事，"应请不必另行设馆由奴才督饬办理。况奴才并无精于天文、算学之人，不敢妄保"。倭仁受此挫抑，后竟郁闷成疾，请求开缺休养。

慈禧像

清流派代表人物张佩纶也曾经领教过慈禧太后的厉害。中法战争期间，张佩纶放言高论，以谈兵事为能，对洋务派的军事外交政策不屑一顾。慈禧顺水推舟，任命张佩纶为福建海疆大臣，到前线指挥作战。张佩纶临事茫然，暗中却叫苦不迭。张佩纶的色厉内荏，慈禧的治人之术，于此可见一斑。

慈禧一面应付顽固派、清流党的讧闹，一面给备受委屈的洋务派打气。慈禧不仅对曾、左等洋务运动的"老班子"念念不忘，而且颇有后继乏人之虑。郭嵩焘作为洋务运动的新锐，是中国首任驻英法大使。他极力主张向西方学习，动辄与老臣们争论，得罪了许多人。在顽固派眼中，郭嵩焘被看成士林败类，名教罪人。"出乎其类，拔乎其萃，不容于尧舜之世；不能事人，焉能事鬼，何必去父母之邦。"这首刻薄的对联便是顽固派送给郭嵩焘的礼物。慈禧说他"挨这些人的骂也挨够了"，实际上在为郭嵩焘鸣不平，同时对曾纪泽也是一种激励。

慈禧无疑是支持改革的，但处在一个社会大变革的时代，她与一个最高统治者应有的知识素养和精神面貌又有一定的差距。她没有主动吸纳新知识的渴求和行动，因而在不少问题上表现出惊人的无知，如认为修铁路破坏风水，火车要用驴马来牵引等等；她贪图安荣享乐，不惜挪用海军军费修造颐和园。无知和私欲，直接影响到她所支持的洋务运动的实绩。更为重要的是，她对事态的严重性、改革的进程和目标从未有过足够的心理准备和通盘考虑，而是在外力的刺激下被动地调整政策，这也表明慈禧仍然不够一个卓越政治家的前瞻视野。

同治十二年（1873 年），同治帝载淳成年，慈禧太后宣布归政，但仍把持朝柄。

同治十三年（1874 年），载淳病死。慈禧太后立宗室载湉继承皇位，年号"光绪"，第二次垂帘听政。光绪元年（1875 年），慈禧采纳陕甘总督左宗棠的建议，出兵新疆，清军于光绪四年（1878 年）一月收复新疆；光绪七年（1881 年），中俄通过谈判，中国收回伊犁大部分地区。

同年四月八日，慈安太后暴崩，卒年 45 岁。官方说法为脑溢血，民间野史认为是慈禧所害。

光绪九年至光绪十一年（1883—1885 年），中法战争爆发，双方在军事上互有胜负，但以慈禧为首的清政府却主张"乘胜即收"，与法国签定了《中法新约》，又使法国获得了不少侵略利益。

光绪十年（1884 年）四月八日，慈禧发动甲申易枢朝局之变，将

光绪像

以恭亲王奕䜣为首的军机处大臣全班罢免，开始西宫独裁。

光绪十五年（1889年），载湉大婚成年，慈禧太后第二次宣布还政，退居颐和园，但朝内一切用人行政仍出其手，光绪皇帝实际为傀儡皇帝。

光绪二十四年（1898年），由光绪皇帝主持的戊戌变法被慈禧太后一手镇压下去，史家认为是慈禧阻碍了旧中国的改革进步。然而慈禧并非一贯就反对变法维新。光绪二十一年（1895年）的甲午战争失败后，光绪皇帝愤于战败割台，决心变法，想要振作精神改革政治。慈禧即对亲政的光绪皇帝说："变法乃素志，同治初即纳曾国藩议，派子弟出洋留学，造船制械，以图富强也。"又说："苟可致富强者，儿自为之，吾不内制也。"光绪抑郁顿释，也就大胆行动起来，光绪二十四年六月发布"明定国事上谕"，实行变法。无奈欲速则不达，维新运动得罪了大批既得利益者，也渐渐超过了慈禧所能容忍的限度，以致吞下血腥政变的恶果。

慈禧的不满大概有两个方面。其一是维新派有针对她的兵变计划直接威胁到她的地位和生命。在权力之争中，慈禧比较心狠手毒。如果改革要以牺牲她的权力为代价那是万万不行的。其二是光绪帝和维新派的急进变革主张造成整个社会的强烈震荡，使许多与现存社会有利害关系的集团势力觉得受到了威胁。"百日维新"期间上谕达110多件，令人目不暇接，各地方官员都怨声载道，光绪帝严惩阻挠变法的官员又树敌太多。至于废除八股改革科举制度，又在庞大士人群体中引起普遍恐慌。慈禧太后担心全线出击造成大厦倾覆，只好出面干涉稳定政局。九月，慈禧太后发动政变囚禁光绪皇帝于瀛台，开始第三次垂帘听政。

戊戌变法运动虽被镇压，可那只是宫廷内的权力斗争，改革毕竟已是大势所趋，关键在于由谁主持改革以及如何进行改革。精明的慈禧太后通过戊戌政变确保了自己的地位之后，立即主动发出继续改革的信息："前因中外积弊过深不得不因时制宜力加整顿。而宵小之徒窃变法之说为煽乱之谋。业经严拿惩治以遏横流。至一切政治有关国计民生者无论新旧均须次第推行，不得因噎废食。"慈禧的这一举动，给政变后万马齐暗的局面注入了兴奋剂，使主张变法维新的社会力量重燃希望之火，这实为她政治上的高明之处。

正当慈禧意欲缓进地推行改革时义和团运动爆发。义和团运动打着"扶清灭洋"的口号，对于痛恨洋人的慈禧太后而言一开始就颇对胃口。然而在如何对待义和团的政策上是经过了激烈的争论的，期间还夹杂着列强的干涉。光绪二十六年（1900 年）初，义和团的主力转进直隶，逼进京畿。慈禧太后派刑部尚书赵舒翘、大学士刚毅先后去涿州调查情况。太后之所以对义和团采取慎重的态度，主要是义和团在痛恨洋人方面和太后有相似之处。

义和团提出"保护中原、驱逐洋寇"，他们因为教会"勾结洋人，祸乱中华"而焚烧教堂。慈禧太后在光绪二十四年（1898 年）之后痛恨洋人，其根源在于她发动政变废光绪，另立新君的举措遭到洋人的极力干涉。其次是英人庇护康有为事件使慈禧太后愤怒。当慈禧太后发现义和团从底层开始烧教堂、杀洋人的时候其心态是复杂的。一方面她得到刚毅等的复命，言义民无他心可以依靠；另一方面她感到处处受洋人的"气"，又找不到报复的机会。

慈禧太后被几种力量推动着：一是洋人对她的攻击甚至想夺他的权促使她对洋人强烈地痛恨；二是周围顽固派的火上浇油、煽风点火；三是义和团煽动的全面的对洋人的仇恨情绪，更给了她报仇的机会、理由和实力。这一切都使慈禧太后感到了莫大的激愤和冲动。然而慈禧太后并非真的是要倾全国之力与外敌决一死战。当这口恶气出得差不多的时候，她理性地认识到双方实力的差距也就害怕起来。慈禧态度变化的一个重要事件，光绪二十六年（1900年）六月二十五日早上，端王、庄王、瀛贝勒带领60余名义和团员入宫寻找二毛子，至宁寿宫门，太后尚未起床，他们大声呼噪请皇帝出来，说皇帝是洋鬼子的朋友。太后听到大怒。她这才意识到情况远比她意料的要复杂而危险，情况早已经超出了她的预料和掌控。

八月十四日慈禧太后挟光绪皇帝逃往太原、西安，十五日联军攻入北京。慈禧太后在决策时的处境，也确实比较艰难。面对无法收拾的局面，慈禧把客观环境当作决策的理由，摆脱了自身的罪责，归罪于义和团和办事不力的大臣。九月七日发出上谕，对义和团痛加铲除。这次打击似乎使她有所清醒，内忧外患之时清末"新政"开始了。

与"戊戌变法"相比较，清末"新政"实际上是一场更具现代化性质的改革。政治上清廷设立了外务部、商部、学部、巡警部、邮传部等新的政府机构，传统的六部体制不复存在；经济上首先肯定了戊戌变法时奖励工商、发展实业的各种措施，而后颁布《商人通例》《公司律》《破产律》《商会简明章程》等多种经济法规，为工商业的发展提供必要的法制保障；军事上戊戌变法时的主张为整顿团练、令八旗改练洋操，并着手改革军制，新政则致力于用现代化军队建制编练新军，军队组成、武器装备和指挥水平明显改善；文化教育上戊戌变法时提出改革科举制度、设立新式学堂、奖励游学，新政则宣布废除科举制度，大规模地开办新式学堂和派遣士人出国留学，并参照日本模式制定出中国最早的学制——《钦定学堂章程》以及《奏定学堂章程》。

作为最高统治者的慈禧，对新政寄予厚望。她在古稀之年，对魏源的《海国图志》、徐继畲的《瀛寰志略》等介绍外国历史地理的书籍产生极为浓厚兴趣，时常阅读以广见闻，这在以往帝王也很少有过的事情。新政推行过程中，虽有着种种弊端，但绝非无善可陈，更不是什么"假维新"。新政的推行，确实在为中国逐步积累着现代化资源，为社会的转型准备着物质和社会方面的条件。不过，当时的国内外环境没有再给中国提供一个稳健改革的机遇。光绪三十年（1904年），日俄战争爆发，岛夷小国战胜了庞然大物俄罗斯。国内外舆论认为，这是立宪国战胜专制国的铁证，"皆谓专制之政，不足复存于天下。"于是国内立宪的呼声，由微弱转为高涨。慈禧在强大舆论压力下，不得不将新政归于宪政改革。宪政改革，意味着要突破政治体制中最核心的部分。这一重大的举措，给清末改革带来功能性紊乱，也给慈禧招致难以承受的压力。

光绪三十二年（1906年），光绪奉慈禧谕旨，宣布"预备仿行宪政"，并以官制改革为下手处。官制改革以行政和司法相互独立为基本原则，"总使官无尸位，事有专司，以期各有责成，尽心职守。"由于官制改革牵涉权力和利益的重大调整，引起统治集团内部的躁动不安。有关官制改革的条陈如雪片般飞到慈禧的眼前，其意见之纷杂、斗争之激烈实属罕见，老佛爷感觉"如此为难，还不如投湖而死。"区分清楚中央与地方的权限是官制改革中最头痛的问题之一，清政府本欲通过官制改革收取督抚的兵权和财权，哪知督抚却以设内阁、开国会相要挟，中央与地方的矛盾更形突出。官制改革陷于进退维谷的境地。

光绪三十四年（1908年），宪政编查馆颁布九年预备立宪逐年筹备事宜清单。与此同时，慈禧和光绪皇帝联名发布《九年预备立宪逐年推行筹备事宜谕》。上谕中指出："当此危急存亡之秋，内外臣工同受国恩，均当警觉沉迷，扫除积习……所有人民应行练学自治教育各事宜，在京由该管衙门，在外由各省督抚，督饬各属随时催办，勿任玩延。"又云："至开设议院，应以逐年筹备各事办理完竣为期，自本年起，务在第九年内将各项筹备事宜一律办齐，届时即行颁布钦定宪法，并颁布召集议员之诏。"这是慈禧生前颁布的最后一道谕旨，也可说是慈禧的政治遗嘱。

十一月十四日，光绪帝驾崩。大行皇帝无嗣，慈禧命由醇亲王载沣为摄政王，其子溥仪为帝，年号宣统，慈禧被尊为太皇太后。

第二天，慈禧于中南海仪鸾殿病逝，享年74岁。慈禧临终遗言说："此后，女人不可预闻国政。此与本朝家法相违，必须严加限制。尤须严防，不得令太监擅权。明末之事，可为殷鉴！"宣统元年（1909年）十月，葬于河北省遵化市菩陀峪定东陵，定徽号"慈禧端佑康颐昭豫庄诚寿恭钦献崇熙太皇太后"，谥号简称"孝钦显皇后"。

慈禧悲郁而逝，权力轴心顿变虚弱，要求速开国会、速立宪法的呼声更趋高涨。立宪派的鞭策和清廷的拖延，导致两者合作的最终破裂。满清王朝在革命派和立宪派的呼喊声中土崩瓦解，清末改革以失败而告终。

对于慈禧这样一位引来如此争议的人物来说，很难做出服众的公论。有人认为慈禧太后是个阴险狠毒、睚眦必报、狐貌狼心的妇人。然而在权力斗争的旋涡中没有手腕本就不能生存，心狠手毒是一种必备的政治技巧。当可断言：慈禧虽有才华而实无见识，所以晚清中国的命运，才会在她手中变得衰败没落，终至有亡国灭种之危险。但我们要知道"同治中兴"正是在慈禧当政期间发生，而洋务运动如果确实可以算使中国走向现代化的一次努力的话，这和慈禧大量信任启用洋务派有必然的关系。

妇人干政显然不符合中国正统观念，然而晚清的衰败也不是鼎鼎大名的慈禧太后一人就能负得了责任的。中国在近代面临的千年未有之变局，面临的亡国灭种的危机要由一两个执政者负责，这种看法是偏离了实事求是的客观标准的。从权力斗争的角度而言，慈禧只是做了她的角色召唤她必然要做的一些事情而已。当然慈禧太后对于中国所处环境的认识、对于她的使命的认识远远不能和洋务派、维新派相比。她对外充满怀疑和敌视，做了些不顾大局的冲动之举。慈禧在改革派和极端顽固派之间长期寻求平衡。在维护国家利益方面，她在大多数时期是坚决维护的。晚年慈禧从大难中醒悟，决定开创新时代史，但历史从来不会给人第二次机会。

　　平心而论，在强大的观念和制度笼罩之下，慈禧的才干和能力还算是杰出的。她比大部分男人刚强果断。也可以称得上有胆有识，机智精敏。在她48年的统治生涯中，她始终牢牢控制着整个局面，把那些男人中的精英人物操纵在股掌之间。她很有胆量。就在英法联军逼近北京，咸丰皇帝准备仓皇逃走的时候，她从储秀宫的帷幕后面第一次站出来，冒着违反祖制的巨大危险，极力反对这个懦弱的决定。在满朝王公大臣的惊慌失措之中，懿贵妃掷地有声的话足以让满朝男子蒙羞。她很有度量，在丈夫死后她以闪电般而且果敢的手段发动宫廷政变，颠覆了由顾命八大臣组成的权力中心。她只杀了为首的三个大臣对其他人都轻轻放过，并且当众焚毁了从三大臣家搜出来的政治信件不追不问，从而使所有和政敌集团有牵连的官员都松了一口气，稳定了局面安定了人心。她确实有一定眼光，西方文化冲击之下中国的洋务运动就是在她的支持下开始的，她支持派出留学生，支持兴办工厂，支持建设新式军队。在她统治的最后十年，她相当努力地推行了政治改革，准备采用西方的君主立宪政体。

　　她的改革范围甚至比康有为当初的设想还要广泛，改革手段也显然比戊戌变法时的举措更切实有效。如果她遇到的是比较平稳的政治局面，我们有理由相信，她会很成功地完成她的政治生涯，不但会胜过历史上其他大多数女执政

慈禧像

者，也会胜过大部分政绩平平的皇帝。如果是那样，她在历史上留下的绝不会是像现在的这么多骂名。在她扮演的双重角色之中，她本质上更是一个女人而不是政治家，虽然她刚强能干。其实起初她只是想替懦弱的丈夫当当家，后来就是想保住爱新觉罗家的产业，以免孤儿寡母受人欺负。她只是一个爱享乐的精明的贵族女子，用她所熟悉的管理家庭的方式管理着国家。

奇女子热面善结人缘一手遮天，风风雨雨控驭中国多至半个世纪；

妖妇人冷手暗含杀机三次垂帘，忽忽喇喇奴役臣民将近四亿人口。

这副对联便是慈禧太后一生的真实写照。

第九章

红颜祸水

妹喜：中国第一例红颜祸水

妹喜（生卒不详），姓嬉，亦作妹嬉、末喜、末嬉，有施氏之女，夏朝最后一位君主夏桀的王后。由于其名字的"妹"字与"妺"字字形相似，且在《庄子》等作中也有以妹为妺的用法，因此常误作"妺喜"。

夏朝，中国的第一个王朝，终止了多年的原始生活，建立起统一有制度的国度，无疑是最伟大的，令人自豪的。国家的改朝换代，与时俱进，不断更新才有我们今天的中国，那么夏朝到底是怎么灭国的呢？而中国第一例红颜祸水就出自于此，而招惹这位红颜的就是著名的夏朝暴君——桀。

妹喜是有施氏（即有施部落，在今山东省蒙阴县境内）之女。夏桀在位时，发动大军攻打有施氏，有施兵败求和，献出他们的牛羊、马匹、美女，其中就包括妹喜。有诗称赞妹喜的美丽："有施妹喜，眉目清兮。妆霓彩衣，袅娜飞兮。晶莹雨露，人之怜兮。"夏桀得到妹喜后，对她非常宠爱。

关于妹喜的史料记载最早出自《国语》，上面只有很少的一段文字记载："昔夏桀伐有施，有施人以妹喜女焉，妹喜有宠，于是乎与伊尹比而亡夏。"，此段记载并没有关于妹喜放荡、惑君、裂帛、裸

夏桀雕像

游等恶行。只是到汉代以后，才有纵情声色、恣意享受、酒池肉林、裸身嬉戏种种说法。显然，这都是后人的演义，是封建御用文人的说辞，并不是史实。

妹喜有三个癖好：一是笑看人们在规模大到可以划船的酒池里饮酒；二是笑听撕裂绢帛的声音；三是喜欢穿戴男人的官帽。

因妹喜听到撕扯缯帛的声音就笑，而夏桀喜欢看见妹喜笑，于是为此下令宫人搬来织造精美的绢子，在她面前一匹一匹的撕开，以博得妹喜的欢心。在农业时代初期，丝绸织造业刚刚兴起，破坏这种稀有昂贵的物品，无异于暴殄天物。

然而，最最过分的莫过于"夜宫"。根据刘向《列女传》记载："桀既弃礼义，淫于妇人，求美女，积之于后宫，收倡优、侏儒、狎徒能为奇伟戏者，聚之于旁。造烂漫之乐，日夜与妹喜及宫女饮酒，无有休时。置妹喜于膝上，听用其言。昏乱失道，骄奢自恣。为酒池可以运舟，醉而溺死者，妹喜笑之以为乐。"桀后来命人制造出来的这个"夜宫"是一个大酒池，夸张程度竟然能够在上面行舟。不仅如此，还从民间挑选出来的众多美女与皇帝在酒池里面附和玩乐，许多能歌善舞的人在旁边助兴，为的就是能够与妹喜在里面一同饮酒作乐，夜夜笙歌，甚至一个月不上早朝。还有人因为喝醉而淹死在酒池里，他们居然还以此为乐。

史籍记载夏桀在建造其规模大到可以划船的酒池时，首先下令处死阻止其建造酒池的忠谏臣子关龙逢，然后"邀请"三千名饮酒高手在击鼓声中下池畅饮，结果他们中的一些人因酒醉而淹死。

面对挥霍无度的昏君，百姓是敢怒而不敢言。百姓实在无路可走，有的人对着太阳指桑骂槐道："你这个可恶的太阳什么时候完蛋啊，我真愿意和你一道灭亡。"

此时，强大起来的商国首领商汤用苦肉计，派来一位间谍伊尹。伊尹很快受到夏桀的信任，并与妹喜配合行动，使夏朝最终被商汤所灭，结束夏朝长达近500年的统治。

商汤灭亡夏朝后，妹喜与夏桀同奔南巢（今安徽巢湖西南）而死。一说夏桀攻打岷山氏，得到二女，妹喜于是受到夏桀冷落，因与商朝大臣伊尹相结而灭夏。从这个意义上说，妹喜曾帮助商汤灭夏，也可以算是中国有史以来第一位女间谍。

妲己：实为殷商亡国狐

说到红颜祸水，估计大家第一个想到的就是妲己。她之所以名气最大，无非是因为小说《封神演义》之中对她的过分渲染。书中的她是个千年狐狸精，借助人身成为蛇蝎美人，是导致商朝灭亡的关键人物。纣王所造的恶，几乎全部都是她指使的，建酒池肉林，修造鹿台，制炮烙虿盆，砍老人脚，剖孕妇腹，挖比干心等等，简直是千古淫恶的罪魁祸首。

小说毕竟只是小说，到底有多少证据可以证明历史上的妲己真的如此祸国殃民呢？

妲己（？—公元前1045年），己姓，字妲，有苏氏部落之女，世称"苏妲己"。

据《左传》记载，帝辛十三年（公元前1047年），商纣王发动大军，攻击有苏部落。有苏部落抵挡不住强大的商军进攻，在灭亡和屈膝间，有苏部落首领选择屈膝，献出牛羊、马匹及美女妲己。

传说妲己是一个蛇蝎美人，千古淫恶的罪魁祸首，具体的事实约有：第一，纣王为了讨好妲己，派人搜集天下奇珍异宝，珍禽奇兽，放在鹿台和鹿苑之中，每每饮酒作乐，通宵达旦；第二，严冬之际，妲己

妲己画像，选自葛饰北斋《北斋漫画》

遥见有人赤脚走在冰上，认为其生理构造特殊，而将他双脚砍下，研究其不怕寒冻的原因；第三，妲己目睹一孕妇腹部隆起，因为好奇不惜剖开孕妇肚皮看看腹内究竟，枉送了母子二人的性命；第四，妲己怂恿纣王杀死忠臣比干，剖腹剜心，以印证传说中的"圣人之心有七窍"说法。

《封神演义》诗曰：诸侯之女承恩露，玉帛金丝绣华服。娇若九重天仙子，实为殷商亡国狐。炮烙熔骨锻赤练，虿盆噬魂化流毒。引得凤鸣彻岐山，摘星鹿台尽归土。

周武王伐纣时的誓师词《牧誓》里列举的纣王罪状说："今商王受唯妇言是用，昏弃厥肆祀弗答，昏弃厥遗王父母弟不迪，乃唯四方之多罪逋逃，是崇是长，是信是使，是以为大夫卿士。俾暴虐于百姓，以奸宄于商邑。今予发唯恭行天之罚。"

誓师词里说：现在商纣王只听信妇人的话，对祖先的祭祀不闻不问，轻蔑废弃同祖兄弟而不任用，却对从四方逃亡来的罪恶多端的人，推崇尊敬，又是信任任用，以他们为大夫、卿士。这些人施残暴于百姓，违法作乱于商邑，使他们残害百姓。现在，我姬发奉天命进行惩讨。

武王伐纣既然要师出有名，为什么不提纣王建酒池肉林，修造鹿台，制炮烙虿盆，砍老人脚，剖孕妇腹，挖比干心等等这些人神共愤的事情来鼓舞士气呢？原因恐怕只有一个，这些种种商纣王和苏妲己共有的罪状只不过是后世文人编撰的内容而已。

史载商纣王文武双全，开疆辟土，把中国疆域势力扩展到江淮一带，国土则扩大到今山东、安徽、江苏、浙江、福建、沿海。商纣王帝辛继位以来，面临着内部四分五裂、外部群强环伺危机四伏的局面，外有东夷侵扰，内有诸侯反叛，朝中还有以微子、箕子、比干为首的反对派，帝辛对四分五裂的内部庞大的反对阵营进行分化、打压，在朝中不惜采取高压手段，或杀比干、囚箕子、逐微子，并沿用夏朝以及发明新的酷刑，任用一批手段毒辣的酷吏，企图以高压政策扶商朝大厦之将倾。所以说，帝辛为了保住老祖宗的基业，确实存在用酷刑、杀戮的手段来震慑反对者，但是这样做反而加快了商朝的灭亡。

褒姒：微微一笑倾人国

褒姒（生卒不详），姒姓，褒国（今陕西汉中）人。周幽王姬宫湦第二任王后，太子姬伯服的生母，周平王姬宜臼的后母。

褒姒，姒是她的姓，褒国（今陕西省汉中市中部、留坝县以南地区）人。褒国礼制"妇人称国及姓"，褒姒因是褒国人，姒姓，故称褒姒。

周幽王三年（公元前779年），周幽王攻打褒国，褒国兵败，于是献出美女褒姒乞求投降。周幽王得到褒姒后，对她非常宠爱。

周幽王四年（公元前778年），褒姒为周幽王生下一子，取名伯服。褒姒生下儿子伯服后，周幽王对她更加宠爱。周幽王八年公元前774年），周幽王竟然废黜王后申后（申国国君申侯之女，周幽王原立她为王后，故称申后）和太子宜臼（申后所生，即周平王），而立褒姒为王后，伯服为太子。

周幽王十一年（公元前771年），申后的父亲申侯因周幽王废黜女儿申后、外孙宜臼之事而恼怒，于是联合鄫

褒姒像

国（今河南方城）、西夷犬戎大举进攻西周都城镐京（今陕西省西安市），击败西周精锐宗周六师，在骊山下杀死周幽王，褒姒下落不明，西周灭亡。

据《史记》记载，褒姒因为过不惯宫中生活，加之养父被太子宜臼所杀，心中忧恨，褒姒平时很少露出笑容，于是周幽王想出各种办法让她笑，但她还是不笑。偶露笑容，而且更加艳丽迷人，倾国倾城。周幽王发出重赏，谁能诱发褒姒一笑，赏以千金。当时各城都设置烽火台和大鼓，有敌人来到就点燃烽火召集援兵。虢国石父献出"烽火戏诸侯"的奇计，周幽王同褒后并驾游骊山，燃起烽火，擂鼓报警。诸侯一队队兵马闻警来救，至时发现平安无事，又退兵回去。褒姒看见一队队兵马，像走马灯一样来来往往，诸侯们个个惊慌失措，便忍不住笑出声来。周幽王非常高兴，因此多次点燃烽火诱骗诸侯们。到后来诸侯们都不再相信，渐渐不肯应召而来。后来申国联合鄫国、西夷犬戎攻打周幽王，周幽王点燃烽火召集诸侯援救，诸侯们还以为是他在开玩笑，都没有前来援救，导致犬戎最终杀死周幽王，俘虏褒姒，西周灭亡。

骊姬：惑乱晋献，谋谮太子

骊姬（？—公元前651年），或称丽姬，山西人，春秋时代骊戎（今陕西省临潼县境内）国君的女儿，晋献公姬诡诸的夫人。

骊戎，古代少数民族名，属于西戎的一支，姬姓，位于今陕西省临潼县的骊山。晋献公五年（公元前672年），派兵攻打骊戎，结果晋军一战而胜，骊戎便将国君的两个女儿骊姬与其妹少姬献给晋献公求和。晋献公得到骊姬姐妹二人后，对她们十分宠爱。

骊姬有姿色，工心计，以美色取得了晋献公的专宠，奸狡诡诈，献媚取怜，逐步博得晋献公的信任，参与朝政，晋献公立骊姬为夫人，封少姬为次妃。后来骊姬生了个儿子，名叫奚齐；少姬也生了个儿子，

名卓子。晋献公有八个儿子，其中太子申生、
公子重耳、公子夷吾都很贤德。骊姬还想
进一步废去太子申生，立奚齐为太子，

晋献公有个宠爱的戏子叫小施，和骊
姬有私情，骊姬问小施说："我要立奚齐
为太子，就是担心申生、重耳、夷吾诸公
子反对怎么办呢？"小施说："把他们早
点安排好，让他们知道自己的地位已经到
顶点了，这样就会轻慢国君的心。如此，
则不难对付。"并建议先从太子申生下手，
骊姬买通晋大夫梁五和嬖五，叫他们对晋
献公说："曲沃（今山西省闻喜县东北）
这个地方，是晋国祖庙所在，最好派太子

申生去镇守；蒲城（今山西省吕梁县）和南北屈（今山西省石楼县东南），
是边防要塞，最好派公子重耳、夷吾分别防守。"献公中计，依言照办，
只留下奚齐与卓子二人在身边，史称"二五害晋"。

小施又教骊姬半夜三更在献公面前哭诉说："我听说，申生很会
收买人心，恐怕要对您行凶，夺取王位。"献公说："太子爱他的百
姓，哪会却不爱他自己的父亲呢？"骊姬知道献公仍然信任太子，于
是再次密谋。晋献公二十一年（公元前656年），骊姬对太子申生说，
晋献公曾梦见他的母亲齐姜，让他速去曲沃祭祀一番，回来后把祭祀
用的胙肉献给晋献公。太子申生于是到曲沃祭祀母亲齐姜后，将胙肉
献给晋献公。当时晋献公刚好出外打猎，骊姬把胙肉放在宫中。六天（一
作两天）后，晋献公打猎回来，骊姬暗中派人在胙肉中下毒，然后让
厨师将胙肉奉给晋献公。晋献公要吃胙肉，骊姬从旁边阻止晋献公说：
"胙肉来自远方，应试试它。"便把胙肉给狗吃，狗死了；给宫中厮役尝，
厮役也死了。骊姬哭着说："太子为何这般残忍呀！连自己父亲都想

晋献公像

杀害去接替他，更何况其他人呢？再说父君年老，早晚都是要死的人，竟迫不及待而想谋害他！"骊姬又对晋献公说："太子这样做，不过是因为我和奚齐的缘故。我希望让我母子俩躲到别的国家去，或者早点自杀，不要白白让母子俩被太子糟蹋。早先您想废他，我还反对您；到如今，我才知道在这件事上是大错特错。"太子申生听说这消息后，逃奔到新城。晋献公大怒，就杀死太子申生的老师杜原款。有人对太子申生说，放毒药的是骊姬，让太子申生在晋献公面前申辩，晋献公必会相信。太子申生说，晋献公如果没有骊姬，就会睡眠不安，饮食不甘。他如果申辩，骊姬必定有罪。现在晋献公年老，骊姬有罪会使晋献公不高兴，这样他也会忧郁不乐。有人劝太子申生逃到其他国家去。太子申生说，背负杀父的恶名逃奔，谁会接纳他，不如选择自杀。同年十二月二十七日，太子申生在新城自杀而死。

另有《骊姬夜哭》的典故说，一日骊姬劝晋献公召回太子。太子见过晋献公后去拜见骊姬，骊姬请太子吃饭，言谈甚欢。当晚骊姬向晋献公哭诉，说太子调戏她，还说了"我父亲现在已经老了"这样的话。又说如果献公不信，她可以和太子一起去皇家动物园郊游，让献公在台上观察。第二天，骊姬叫太子和她一起郊游。骊姬先在头发上涂了蜂蜜，使蜜蜂都聚集在她的头发旁边。骊姬说："太子您可不可以帮我赶走它们呢？"太子便从她的身后用袖子赶走蜜蜂。晋献公看见了，以为调戏的事情是真的，心中非常生气，马上就想把太子给杀了。骊姬跪下来恳求说："我叫太子回来，他却被杀，是我害了他。而且皇宫里的这些事，外人不知道，就忍忍吧。"晋献公就把太子赶回曲沃去了，但是却下令手下暗中收集太子犯的罪行，伺机废掉他。到最后，申生身背恶名，无法洗雪，只好自缢而死。

太子死后，骊姬又诬陷重耳、夷吾也参加申生的阴谋，把两位公子也逼到狄国和梁国去了。骊姬见时机已经成熟，就逼献公立奚齐为太子。

晋献公二十六年（公元前651年）夏天，晋献公参加由齐桓公在葵丘举行的与各国诸侯的盟会。晋献公因病去迟，又被周朝宰孔劝阻，于是在途中返回晋国。晋献公病情加重，对荀息说："我把奚齐作为继承人，他年龄小，大臣们不服，恐怕会有祸乱，您能拥立他吗？"荀息说能。晋献公说用什么做凭证？荀息回答说："即使您死而复生，我也不感到有愧，这就是凭证。"于是晋献公将奚齐托付给荀息。荀息担任国相，主持国政。同年九月，晋献公去世，奚齐继位。同年十月，里克杀死奚齐，荀息改立卓子为国君。十一月，里克再度杀死卓子，并对骊姬进行羞辱、鞭打一番后，将其杀死。

息夫人：桃花夫人桃花劫

一位绝色美女使三个国家兵祸相接，其中两个国家分崩离析。尽管有人称她为"祸水"，后世却始终把她当作主宰桃花的神仙祭拜。这个女人是春秋时期著名的息夫人，又称"桃花夫人"。

春秋时代的诸侯国，见于经传的约有170多个诸侯国，各自为政，互相攻伐兼并，中原一带，更是扰攘不安。自从晋国与楚国"城濮之战"以后，形成南北两大壁垒，其余小国不是依晋，就是附楚，端赖强国的保护而生存，稍有不同之处，随时都有玉石俱焚的灾祸降临。

息夫人像

为了生存，列国之间经常钩心斗角，彼此离离合合，全凭自己的利害为出发点，有些甚至为了一点芝麻绿豆大的小事，也能反目成仇，拼得你死我活。蔡哀侯与息侯就是一个典型的例子，这中间无辜受害，作出巨大牺牲的就是息夫人。

息夫人（生卒年不详），妫姓，陈氏，春秋四大美女之一，为陈国君主陈庄公之女，生于陈国宛丘（今河南省淮阳县）。后因嫁给息国国君，故亦称息妫。息夫人据说长得非常漂亮，世间罕有，息夫人美到什么地步已经没法形容了。后来史书用了一个办法，说息夫人出生的时候，还没到季节，所有的桃花都开了，所以息夫人后来也有个美称，叫作"桃花夫人"。都说红颜薄命，漂亮的女人命运一般都是坎坷的，息夫人也不例外，这个漂亮女人的命运可以说是一波三折，可歌可泣。

鲁庄公十年（公元前684年），息夫人嫁给息国国君为妻。息夫人出嫁时路过蔡国，当时息夫人的姐妹嫁给蔡国国君蔡哀侯为妻，于是留下息夫人见面。谁知蔡侯刚见到息夫人就被息夫人的美貌惊呆了，对息夫人动起了坏心思。他请息夫人吃饭，吃饭的时候就动手动脚，完全没有一个国君该有的样子。息夫人也没办法，也不好就此翻脸，吃过饭，看过姐姐后就愤然回到了息国。

息侯见到息夫人回来之后脸色不对，就缠着息夫人问来问去，最后息夫人招架不住只能说出实情。息侯听到此事大怒，于是派人对楚国国君楚文王说："请您假装进攻我国，我向蔡国求援，蔡哀侯一定会派军队来，到时候楚国再乘机攻击蔡国，一定可以建立战功。"楚文王采纳了息侯的计策，于同年九月，在莘地（今河南汝南县境）击败蔡军，俘虏了蔡哀侯。

鲁庄公十四年（公元前680年），蔡哀侯因在莘地战败被俘，于是心怀怨恨，便设计报复息侯。他在楚文王面前极力称赞息夫人的美貌，打动了楚文王，于是以巡游为名来到息国。息侯设宴款待楚文王，楚文王见息夫人果然是国色天香，惊为天人。次日，楚文王设宴招待息侯，乘机以武力俘虏息侯，灭亡息国，并让息侯担任守卫城门的士兵。

息夫人闻讯后，想投井自杀，但遭斗丹劝阻作罢。息夫人为保全息侯的性命，无奈嫁给了楚文王。

息夫人进入楚宫三年，为楚文王生下两个儿子：堵敖和熊恽。虽然楚文王对息夫人是三千宠爱集于一身，但是息夫人嫁给楚庄王之后三年也未曾开口说过一句话。后来楚文王有一次是真急眼了，问息夫人为何三年来不肯对我说一句话，是对你不够好？还是怎样？息夫人最后只答："一女侍二夫，我本来已无颜面对息国的百姓，我还有何目去说话呢？"便再度闭口不言。楚文王认为是由于蔡哀侯的缘故才灭亡息国，于是派兵灭亡了蔡国。

有一天，楚文王带着息夫人去打猎的时候，息夫人三年第一次见到了息侯。息夫人走到息侯身边便对息侯说："我之所以不死，是要再见你一面，报答往日恩情，了却平生一愿。"说完便一头撞死在城门上，随后息侯也跟着息夫人一同撞墙而死。后来有人传言，息夫人死时遍地桃花盛开。

其实，关于息夫人的结局还有另外一个版本。

鲁庄公十九年（公元前675年），楚文王去世，息夫人长子堵敖继位。

鲁庄公二十二年（公元前672年），堵敖想杀死自己的弟弟熊恽。熊恽逃到随国，然后联合随国将堵敖杀死，自立为君，即楚成王。当时楚成王年幼，军国大权落入楚文王的弟弟令尹子元手中。

子元早就贪恋嫂字息夫人的美色，想要诱惑息夫人，便在她的宫室旁边造一座房舍，在里边摇铃铎边跳万舞。息夫人听到后，哭着说："先君让人跳这个舞蹈，是用来演习战备的。现在令尹不用于仇敌而用于一个寡妇的旁边，这不是很奇怪吗？"侍者告诉子元，子元说："女子都没忘记袭击仇敌，我反倒忘了。"

鲁庄公三十年（公元前664年），当时子元变本加厉，公然住进王宫，企图挑逗息夫人。若敖氏的斗射师找到子元，痛斥他的无道，结果反遭子元囚禁。若敖氏一族本就对子元的嚣张跋扈隐忍太久，子元又做出此等有辱尊卑伦常之事，还囚禁谏阻的斗射师，更是怒不可遏。事已至此，若敖氏当机立断，时任申公的斗班率众闯入宫中，怒杀子元，平息了持续八年的子元之乱。此后，息夫人倾力辅佐太子熊恽，除逆安邦，重外交、选贤才、赦天下、劝农桑，大胆改革，最后还政于君，为楚成王及后世楚王奠定了雄霸中原的基础。楚成王亲政后，息夫人隐居深宫，终老不问政事。死后葬于桃花夫人庙，又称桃花庙。如今河南信阳息县依然有桃花庙。

息夫人有着拒绝以色侍人、倡导女性自立的鲜明个性，促进中原与楚地两种文化的交融，她独有与蔡侯、息侯、楚王虚实相映的三段感情，她建立一身赴难、劝课农桑、推崇新政、辅幼称霸的四项功勋。在河南的土地上，息夫人所经之处都建庙立碑，被尊为"平安神"，如今依然是河南省息县的地域形象名片。

第十章

后宫争霸

戚夫人：髡发入春市，万古悲人彘

戚夫人（公元前224—前194年），本名戚懿，亦称戚姬。秦末定陶（今山东菏泽定陶）人。刘邦第三子赵王刘如意之母。

在中国历史上，自恃美貌，横挑强敌，死得最惨的美女当属西汉刘邦的妃子戚夫人。

戚夫人是刘邦在最落魄的时候得到的。在和项羽的最初几次对阵中，刘邦都是输家。彭城一战，刘邦更是被打得丢盔弃甲，连父亲、老婆都成了项羽的俘虏。刘邦一路逃到山东定陶，在一户戚姓人家意外地遇到了一个美女，就是后来的戚夫人。

戚夫人也是中国历史上出身最为卑微的后妃之一，父亲是男奴，为当地的一个土财主抬轿子；戚夫人的老娘是女奴，为别人洗衣服，戚夫人一出生注定就是一个女奴。

戚夫人一家住在风一吹就可能倒塌的茅草屋里，过着食不果腹、衣不蔽体的下贱生活，这样的日子挨到了戚夫人16岁。这一年，她碰到了生命中的第一大贵人——刘邦。

戚美人虽出身奴仆之家，却擅跳"翘袖折腰"舞，且花样繁复，极具韵律美。戚美人还长于鼓瑟，刘邦也是个音乐家，常常听着听着

345

戚夫人画像

就跟着唱起来。刘邦对戚美人很宠爱，无论行军打仗都带着她。

戚美人生有一子，刘邦取名为如意。刘邦称帝后，立发妻吕雉为皇后，立吕后所生之子刘盈为太子；封戚美人为夫人，刘如意为赵王。

刘邦老觉得刘盈这个儿子软弱仁慈，不像自己。或许是爱屋及乌的原因，他对刘如意非常喜欢，常说："这个孩子像我！"这些话让戚夫人有了非分之想。于是，她夜夜在刘邦的耳边吹风，要求废了刘盈改立如意为太子。

作为政治家，吕后对于床第之争毫不在意，但废立太子是大事，而且是与自己前途密切相关的大事，她就不能不管了。起初，刘邦左右为难，摇摆不定，最后心里的天平还是倾向了美丽的戚夫人。

汉高祖十二年（公元前 195 年），刘邦病重，自知不久于人世，于是就想换立太子。吕后知道自己人老珠黄，而且政权已经基本稳定，她靠感情和政治才能都无法战胜戚夫人，只能借助外力。只不过，还没等吕后有什么举动，大臣们就不干了。有一天，刘邦把废太子之事提出来让大家讨论，御史周昌在朝堂之上一点不给刘邦面子，大声为刘盈辩护。无奈这老兄是个结巴，越急越说不出话，只是结结巴巴地说："臣口不能言，然臣期期知其不可。陛下虽欲废太子，臣期期不奉诏。"刘邦忍不住大笑起来。吕后在朝堂外听到了这次讨论，待散朝之后，她当众向周昌下跪叩谢道："要不是你，太子就要被废了。"

这个时候，戚夫人挑战吕后的战争已经基本可以看到结局了：戚夫人用柔情和眼泪换取刘邦的支持，而吕后则用政治来唤起朝臣的支持。刘邦作为一个政治家，不可能为了一个女人而与所有的大臣为敌。

虽然有大臣的支持，但吕后知道刘邦还是想改立太子，于是向丞相张良求教对策。张良让吕后请出"商山四皓"，以显示太子在朝野中的声望如日中天。所谓"商山四皓"，就是隐于商山之中的四位白发高人。刘邦曾多次力请他们出山，都没成功。如果太子能够请出这四位高人，对刘邦的压力一定不小。

不知道吕后使了什么招数，反正将这四个老头请了出来，并且在一次宴请中以太子随从的身份出现在刘邦面前。刘邦一看这阵势，知道太子羽翼已丰，废不掉了。戚夫人听到这个消息后，知道大势已去，对着刘邦大哭道："你死了之后，我们母子一定逃不出吕后的毒手，你可得为我们做主啊！"刘邦嘴里答应说："我会想办法，决不使你们母子吃亏。"但想了半天，也想不出一个万全之计。

大臣赵尧看出了刘邦的心事，他向刘邦献上一计：让赵王如意到自己的封地赵国，再为赵王配备一名刚性的大臣保护赵王。赵尧推荐的大臣就是那位在朝堂上坚决反对废太子的结巴周昌。刘邦想，吕后等人对周昌确实有些敬畏，让他保护赵王，应可无虞，于是任周昌为赵相。几天后，周昌和10岁的赵王如意离开长安去赵国上任。

送走了赵王如意，戚夫人痛哭不止。刘邦安慰道："朕这是为你好啊。儿子在外有自己的军队，谁能动他！只要他活着，谁又敢动你！"望着自己的爱姬仍哭个不停，刘邦接着说道："你不必悲伤，须知人生有命。来，你为我跳一段楚舞，我为你唱一曲吧。"

于是，在戚夫人飘扬翠袖的陪伴下，刘邦借酒敲筑歌起了他的第二首名作：

> 鸿鹄高飞，一举千里。羽翮已就，横绝四海。
> 横绝四海，当可奈何！虽有缯缴，向安所施！

歌词的大意就是，鸿鹄的羽翼已经长成了，可以一飞千里，虽有网罗，也无能为力啊！他接连唱了四次，音调凄怆。戚夫人听着更是悲从中来，不觉泣下如雨。

高祖十二年（公元前 195 年），刘邦驾崩，吕后迫不及待地开始了她的政治报复。她掌权后第一件事就是令人把戚夫人抓起来，剃光她的秀发，给她穿上用红土染就的囚衣，戴上冰冷的铁枷，关在"永春巷"的特别监狱里去舂米。客观地说，戚夫人作为挑起政治斗争者的始作俑者，这是应付的代价。如果戚夫人赢了，吕后估计也好过不到哪儿去。

如果戚夫人这个时候懂得隐忍，她很可能就在这样的劳动改造中了其余生，惨是惨点，但至少生命无虞。只要命还在，就有翻身的机会。可是，她却愚蠢地唱了一首要了自己和儿子命的歌：

子为王，母为虏，终日舂薄暮，常与死为伍！

相去三千里，当谁使告汝？

戚夫人在诗中如泣如诉，她深感不满的是自己身为藩王的母亲，从早到晚不停地舂米，这样的生活好比在死亡的边沿上挣扎，却没有人能把自己这种处境告诉那远在千里之外的儿子。这首歌明显是让儿子刘如意来给她报仇。吕后本来应该没想拿十几岁的赵王如意怎么样，但听到戚夫人这首歌后就不得不小心了。她连续三次召刘如意进京，周昌知道吕后不怀好意，每次都以赵王有病相推辞，不让赵王进京。吕后拿周昌没办法，于是使出调虎离山之计，先召周昌入朝，周昌前脚刚走，吕后后脚就派人把刘如意带进了京城。

吕后的儿子，也就是当朝皇帝刘盈性格敦厚，他知道自己的亲娘要杀如意，就拼命保护弟弟，吃饭睡觉都在一起，吕后一时之间找不到下手的机会。但明枪易躲，暗箭难防。一天，刘盈一早想去打猎，而刘如意还呼呼睡得正酣。刘盈以为这一会儿工夫没有危险，就自己一个人去了。当刘盈打猎回来时，幼弟已被吕后派人用毒药毒死，七窍流血，死在床上。当年刘如意才不过 15 岁。

吕后毒杀了刘如意后，又下令砍断戚夫人的双手双足，挖出她的

戚姬寺遗址

眼睛，用烟把她的耳朵熏聋，又强迫她喝下哑药，然后扔在猪圈里，命名"人彘"。此时的戚夫人求生不得，求死不能。吕太后处置了戚夫人后，叫刘盈前去参观她的"杰作"。刘盈询问宦官那个蠕蠕而动的球形怪物究竟为何物？宦官告诉他，那是戚夫人。刘盈一听，惊倒在地，放声大哭，说："这不是人干的事情，我是太后的儿子，我奈何不了太后，但我已经不能够再当这个皇帝了！"三天后，曾经千娇百媚、如花似玉的戚夫人凄惨离世。

吕后让刘盈看戚夫人的目的应该是为了教育刘盈，千万不要忘记政治斗争。而刘盈却没有他亲娘以及他父亲的政治觉悟，过度的伤心和惊吓，让刘盈一病不起。此后，刘盈不理朝政，七年以后就去世了。

嫁给皇帝丈夫的戚夫人并没有像童话里描述的那样王子和公主从此过上了幸福生活，她一边享受着刘邦对她的宠爱，一边在吕雉女士面前战战兢兢，唯恐惹怒了母夜叉。吕雉是何等的阴险，她当然不会当着刘邦的面为难戚夫人，不看僧面看佛面。但背地里却想着法子整戚夫人。戚夫人是一个单纯善良的人，没有见过世面，她天真的以为皇宫的世界很出色，以为只要安安分分的做好自己，以为只要不得罪别人，自己就会相安无事。然而她没有料到，皇宫里的一切都是那么错综复杂。

戚夫人致命的弱点是，她把刘邦当成自己唯一的救命稻草，不会笼络人心，没有建立自己的党羽，除了刘邦以外没有人把她放在眼里。而吕雉恰恰与戚夫人相反，她有着蛇蝎一般的心肠，但表现出来的却是一副菩萨面孔，她因人而异，或送美女或送珠宝，广结善缘。

窦漪房：从平民宫女逆袭为太皇太后

孝文窦皇后（？—公元前135年），清河郡观津县（今河北省武邑县）人。唐司马贞《史记索隐》引皇甫谧言，云窦后名猗房。

窦猗房是普通的农家女，平民出身。汉惠帝时窦姬以家人子身份入宫伺候吕太后，后被赐予代王刘恒。刘恒继位后窦姬被立为皇后。景帝继位后尊其为皇太后。建元元年，汉武帝继位，尊其为太皇太后。窦太后与汉文帝刘恒育有一女二男：长女馆陶长公主刘嫖，长子汉景帝刘启、少子梁孝王刘武。汉武帝建元六年（公元前135年），窦太后去世，与汉文帝合葬霸陵。

窦漪房生于楚汉相争的乱世之中，再加上连年的天灾，窦家的生活已是困顿不堪，一家人吃了上顿没下顿，有时候一饿就是好几天。为了寻找食物果腹，窦漪房的父亲迫不得已前往观津城外的深潭边钓鱼，结果滑入深潭，葬身鱼腹。窦母悲伤过度，不久也弃世而去，留下了窦氏三兄妹。

但贫苦的日子依旧没有掩盖窦漪房美丽容颜，她出落得风姿绰约、丽质不俗。她不但操持着兄弟们的衣食起居，也梦想着能够嫁到一户好人家中，为兄弟也为自己寻个出路，足见窦漪房自小就乖巧懂事。然而窦漪房最终却被选入宫，临行前，窦漪房与兄弟二人抱头痛哭。

窦漪房此行，原本是抱着从此生死两茫茫的绝望的，然而让她没有想到是，她的命运也将时来运转。因为窦漪房性情温良，遂成吕雉宫中的一名小侍女。不久，刘邦病逝，太后吕雉赐给诸庶子每人 5 名宫女，窦漪房就是被入选的 35 名宫女中其中的一位。窦氏因家在清河，离赵国近，希望能到赵国去。她向主持派遣宫女的宦官请求，要把她的名字放到去赵国的花名册里，但是这个宦官在分派宫女时却把这件事忘了。当名单最后被皇帝批准实施之时，窦漪房才知道自己竟然被送给了代王。

山西晋阳与河北武邑之间路远地遥，一入宫门深似海，漪房明白，自己只怕要一辈子埋在山西了，那就永生永世也不要想知道家乡的一丝消息。

代国国王是汉高祖刘邦的第四子刘恒，高祖十一年（公元前196年）打败陈豨平定代地，建都中都，始立代国，并封时龄8岁的刘恒为代王。精心挑选出的宫女，个个姿色出众，而窦漪房尽管美貌，这一路以泪洗面，想来是不可能艳压另外四位美艳动人的宫女的。然而，在五位宫女中，代王刘恒并没看上那四位争奇斗艳的宫女，却唯独喜欢上了神情落寞的窦漪房。

最终，与窦漪房同时入王宫的四位宫女仍旧是宫女，而窦漪房却成了代王的宠妾，并且一连诞下三子：长女刘嫖（馆陶公主）、长子刘启（汉景帝）、次子刘武（梁王）。

然而，代王刘恒的后宫并不简单，他的母亲薄太后是后宫的主人，还有比窦漪房身份地位都高的王后，也先后生下四位王子。不过王宫虽然复杂，对窦漪房来说，却是天堂，她对自己竟能得宠于亲王并且为之生儿育女非常满足，

汉文帝刘恒像

对薄太后和王后甚至于嫡子们，都非常恭敬，安分守己。窦姬的克己守礼，以及她的贫苦出身坎坷经历，在代王刘恒和薄太后、王后的眼里，更是平添了几分好感和怜惜，窦漪房在代王宫里也赢得了美名。

转眼间，几年过去了，代王后病逝了。代王刘恒不过二十来岁，中馈乏人，当务之急便是立后之事。这时在代王宫里，育有儿子的妃嫔，只窦姬一人。因此在薄太后的建议下，窦姬开始代王后管理宫中事务。

正值代王处理家务事之时，千里之外的京城长安却正在发生着翻天覆地的变化。高后八年（前180年），吕雉去世。在一场惊心动魄的宫廷政治厮杀之后，吕氏家族无一人生还，刘盈之子、小皇帝刘弘也未逃过此难。大汉王朝皇位空缺，丞相周平、太尉周勃等人商议之后，在刘姓诸王中，选中了代王刘恒。而代王刘恒被选中的最重要原因之一，就是他的母亲薄太后以及他的代理王后窦姬，是出身穷困、为人小心翼翼的女人，她们的家族不但亲戚少，而且个个老实巴交。

公元前180年，刘恒称帝，是为汉文帝。十月，已经在长安城里安顿好的刘恒派舅父车骑将军薄昭，前往代国迎接自己的母亲薄皇太后，以及自己的姬妾儿女。窦姬和孩子们跟随着车马，也来到了长安城。时隔16年，重临长安城，窦姬已今非昔比。

刘恒初登大位之时，忙于料理政务、熟悉官员，不幸的事情再一次发生了。或者是因为一路颠簸辛苦，再加上难抵长安城冬天的严寒，刘恒的四个嫡子都在春天来到之前，相继病死。刘恒悲叹自己的福分恐怕难以胜任皇帝之位，以致嫡子尽丧。正月间，官员恳请他立储之时，他竟然产生了立叔伯兄弟们为继承人的想法。

刘恒着实让诸位大臣们吓出了一身冷汗：当初他们选了这个不起眼的亲王为帝，如此一来，肯定得罪了其他的刘姓诸侯。如果这位皇帝准备将皇位再传给其他的王侯，待下一位皇帝继承大统之时，他定然不会放过这些曾经得罪过自己的大臣的。

经大臣们再三劝谏，希望刘恒能明白立嗣必以子的道理。刘恒终于有所顾忌地答应了，于是在文帝元年（公元前 179 年）正月，立长子刘启为皇太子；三月，立窦姬为皇后。其后，长女刘嫖封为馆陶长公主，窦漪房的小儿子刘武也被封为代王。

代王是文帝刘恒继位为帝之前的封号，现在刘恒把自己起家的封号赏赐给了刘武，可见文帝和窦后对刘武的宠爱之深，甚至超出了皇太子刘启。然而，大臣们看不过皇帝、皇后娇纵小儿子的行为，认为这种溺爱会累及朝纲，于是纷纷上谏，刘武便由代王改封为梁王。不过封号可以改，在爹妈心目中，刘武的地位依然不可动摇，甚至由于这一次改封，文帝窦后对刘武，还油然而生内疚之意。应该说，大臣们毫无人情味的进谏还是有远见的，若干年后，这位梁孝王刘武，果然给大汉王朝惹了不少麻烦。此外，窦皇后也找到了自己失散多年的兄弟窦长君和窦广国，文帝对妻子能够与兄弟团聚，也颇为感慨，于是赏赐了窦氏兄弟田地宅院，还有大笔金钱大量的金银珠宝，让他们安度年岁。

窦皇后突然与亲兄弟相认，颇令吃够了吕氏外戚苦头的臣子们心生隐忧，唯恐大汉朝再次被外戚掀起一场浩劫。于是他们事先行动，由绛侯周勃、宰相灌婴等人出面向文帝进谏：窦氏兄弟出身寒微，不知礼、无学识，不宜封授官职，须选择一些有操行道德和学问的长者教导他们，以免重蹈吕氏外戚作乱的覆辙。文帝采纳了此意见。窦长君、窦少君遂成"谦谦君子"，时间一久，他们非但没有参与政事，就连国舅爷这一显贵身份，许多人都不知道。

随着时光的流逝，文帝前元三年（公元前 177 年），本已是半老徐娘的窦皇后，此时又因害了眼疾而失去了动人的双目，文帝对她的关爱也迅速锐减。念在往日的情分和看在儿女的份儿上，文帝仍然让她当皇后，但文帝此时的心思却全然不在窦皇后身上，醉情于宫中万千粉黛。

在这些粉黛之中，文帝最为宠爱的是慎夫人与尹姬。此二人都未能为文王生下儿女，但是文王对她们的宠爱却远远超过了窦皇后。在后宫之中，慎夫人的物质待遇、侍从车驾，均与窦皇后别无二致。

一次，文帝带着窦皇后与慎夫人等后宫宠妃，一起前往上林苑游玩。游嬉尽兴后，人们都需要休息。当文帝和窦皇后依次坐下后，慎夫人就如同往常在内宫时一样，准备坐到窦皇后身边去。但跟随文帝而来的郎中袁盎却不让慎夫人就座，将她引到偏席，与侍者同坐。慎夫人顿时觉得自己受了侮辱，满脸怒色，无论如何也不肯坐下。文帝也觉得袁盎的做法扫了自己的兴，自己也不愿意再安坐于席上，于是起身就走。窦皇后没有作声，也跟着文帝身后，低着头走了。

但是袁盎心雄胆壮，根本就不怕文帝发怒，反而追上去对着文帝讲大道理："俗话说尊卑有序，皇上虽然宠爱慎夫人，但是名分有高低之别，后宫之主为窦皇后，慎夫人只是妃妾，怎能与嫡妻皇后平起平坐呢？假如皇上因为偏心就对她滥施恩宠，乱了宫中规矩，这岂不是把她给害了。前车之鉴啊，皇上，您难道忘了戚夫人变成'人彘'的惨状吗？"

像帝景汉

汉景帝刘启像

袁盎的话让文帝恍然大悟，不但怒气全消、转怒为喜，而且立刻赶进后殿，将袁盎所说的话转述给慎夫人听。慎夫人听后，也怒气全消，对袁盎保全自己的好意十分感激，随即拿出50斤黄金赠予袁盎，以示感谢。

文帝后七年（公元前157年），汉文帝病逝，太子刘启继位，是为汉景帝。尊窦皇后为皇太后，并任窦太后之弟窦广国为章武侯，封窦长君之子窦彭祖为南皮侯。

景帝三年（公元前155年），七

国之乱，窦太后的侄子窦婴主动请缨，立下赫赫战功，并因此以军功封为魏其侯。窦家一门三侯，光耀了窦家门楣，窦太后自然是高兴。

窦漪房成为太后之后虽然没有像吕后那样走到前朝来执政，然而，作为景帝生母，她始终左右着朝政大计。平定吴楚七国之乱后，景帝原拟保留吴楚的封国，各立其后。窦太后出于个人亲疏喜好，以吴王"首率七国，纷乱天下，奈何续其后"，仅许存楚，不准续吴，景帝只得照办，未敢抗命。

窦太后非常宠爱自己的小儿子梁王刘武，赏赐给他的财物不计其数。梁王得宠，大兴土木之事，国土更达四十余县，出行的规格比于天子，珍宝财富比京师还多。景帝三年（前154年），汉景帝尚未立太子，刘武入朝，景帝曾酒后言将来自己离世后便将帝位传予梁王，梁武与窦太后听后皆大为欢喜。太后的侄子詹事窦婴却说："汉法规定，帝位传给长子、长孙，现在陛下怎可传给弟弟，擅自搞乱高皇帝的规定呢！"窦太后闻之心里很不愉快，并由此憎恶窦婴，窦婴亦嫌官小而以借病为由辞官，窦太后便在进出宫的名簿上将窦婴的删除。七国之乱平定后，景帝以军功封窦婴为魏其侯。后元元年（前143年），桃侯刘舍被免丞相之职，窦太后多次向景帝提议拜窦婴为丞相。景帝说："太后难道认为我有所吝啬而不让魏其侯当丞相吗？魏其侯这个人骄傲自满，容易自我欣赏，做事草率轻浮，难以担此重任。"最终用建陵侯卫绾为丞相。

景帝七年（前150年）十月，梁王再次入朝朝见景帝。因为窦太后宠爱的缘故，景帝批准了梁王欲留京师的请求。次月，景帝废黜栗太子刘荣为临江王，想让少子做皇帝的窦太后便对景帝说："我听说殷商的制度亲其兄弟，周朝的制度尊其祖先，其道理是一样的。百年之后，我把梁孝王托付给你。"其意便是欲让景帝立其弟，时为楚相的袁盎认为不适，便上书劝阻景帝，窦太后的提议受阻，此后也再未提让梁王做继承之事。景帝立胶东王刘彻为太子后，梁王怨恨袁盎等阻挠他为嗣的大臣，便与谋臣羊胜、公孙诡等人谋划刺杀袁盎，袁盎最终被梁国的刺客刺杀在安陵郭门外。景帝查出真相后怨恨梁王，使韩安国通过长公主刘嫖向窦太后谢罪才得以宽恕。

得到景帝宽恕后的梁王欲入朝请罪，行至函谷关时改乘布车，只带两名骑士入长安，并藏匿于长公主（刘嫖）家。景帝的使者徒见车架未见梁王，窦太后哭着说："帝杀吾子！"景帝因此忧惧害怕。梁王此时方背着刑具戴罪于宫阙下，太后与景帝得知梁王安然后便大喜。然而兄弟间的关系却不能再回到从前。景帝中六年（前144年），因景帝拒绝梁王留滞京城，梁王回封地不久便因病去世。窦太后整日哭泣，极为悲哀，并拒绝吃饭，说："帝果杀吾子！"景帝哀伤害怕，不知该如何是好，于是与长公主商议，决定分梁国为五个国家，分别封梁孝王的五子为王，而梁孝王的五个女儿皆食汤沐邑。并奏告窦太后，太后这才开心起来，还因此加了一餐。

太子刘荣被废为临江王后，景帝中元二年（公元前148年），又因侵占宗庙修建而犯罪，在中尉府受审。廷尉郅都为官忠直廉洁，不畏强权，对犯罪的人绝不姑息。他对刘荣的责训非常严厉，这让刘荣感到非常害怕，于是刘荣请求给他刀笔，想要写信直接向景帝谢罪，郅都不许。窦太后堂侄魏其侯窦婴派人偷偷送给刘荣刀笔，刘荣写完信后，在中尉府谢罪自杀。窦太后闻讯孙儿惨死的消息后，凤颜大怒，对郅都恨之入骨，最终责令景帝将其免官还家。

后来，郅都出任雁门郡太守，奋力抗击匈奴，匈奴更是对其闻风丧胆，他的威名与同时期的名将廉颇、赵奢并列。匈奴四处散布对郅都不利的谣言，窦太后闻讯，不加追究分辨，立即下令捉拿郅都。汉景帝心知郅都冤枉，极力为其说情，并准备释放郅都，窦太后不忘旧恨，坚决不允，郅都终被处死。听到郅都被处死的消息后，匈奴骑兵侵入雁门对汉朝边境进行大肆侵扰。窦太后因为一己私利而对朝廷大事横加干涉，杀害国家栋梁，实属不明智之举。

公元前 144 年，刘武病逝。窦太后闻讯痛哭不已、断绝饮食，呼天抢地地说："皇帝最终还是将我的好儿子给杀害了！"景帝仁孝，看到此情景，顿时有一点手忙脚乱，不知如何是好，姐姐馆陶长公主给景帝出主意：首先，为梁王刘武上谥号曰"孝"，以示对他孝感动天的褒奖。因此，刘武的谥号为"梁孝王"；然后，将偌大的梁国分为五个部分，让刘武的五个儿子平分。窦太后这才满意了，终于又肯对景帝假以辞色。

景帝后元三年（公元前 141 年），汉景帝刘启于未央宫中驾崩。二月，他被安葬在阳陵。同月，汉武帝刘彻继位，同时尊封皇祖母窦漪房为太皇太后、母亲王娡为皇太后。在汉武帝登基之初，朝廷政权仍由皇祖母窦漪房掌控。

窦太后双目失明后，喜欢黄老之术，景帝及窦氏兄弟也不得不读《老子》而尊黄老之道。"黄老"是指黄帝和老子，道家也尊黄老为祖，主张无为而治，宽政利民。"文景之治"的盛世，与推行黄老之术的宽民政策有很大关系。

窦太后之所以推行道家治国理念，主要是在西汉经历过白登山之变之后，发现汉朝的国力实在很难与匈奴抗衡，朝廷刚刚经历过战乱，百废待兴，需要的是"休养生息"，而这一点刚好符合道家的治国理念。于是在窦太后的大力主张下，西汉中央政府开始在全国彻底推行道家思想。到了景帝时期，国家经济实力空前强大，已经具备了和北方匈奴政权相抗衡的实力。这时候无为的黄老就不再适应国家的发展要求，而为加强中央集权的儒家思想则开始崭露头角，其影响力也日益强大。

汉武帝刘彻像

虽然此消彼长是历史大趋势，然而，由于"窦太后好黄老言，不悦儒术"，她便以母后的威严与地位，千方百计阻挠与扼制先帝（景帝）推行儒学。直到景帝去世也没能将儒家思想推广开来。

到了汉武帝时期，窦太后"老当益壮"，继续大力推行黄老之术、道家之言。然而，少年的汉武帝独好儒术，一登上皇位就迫不及待地诏举贤良方正；外戚窦婴、田蚡与御史大夫赵绾也是儒家学说的积极倡导者和努力推行者。于是，立明堂、封禅、改历、正服色等，尊儒之风被提上了议事日程。儒学大师申公培也因赵绾的推荐，被武帝以隆重的礼节迎接到了京师。汉武帝希望通过改黄老之道为儒家之言的方式，巩固自己的统治。

改革触及了很多人的利益，以窦氏列侯为首的家伙们坐不住了，一个劲地往窦太后那里跑，说尽了汉武帝和大臣们的坏话。为了摆脱窦太后的阻力，御史大夫赵绾、郎中令王臧向武帝提议，朝廷上的事不要事事都奏请太皇太后。这一举动用意十分明显：就是要绕过窦太后，让汉武帝成为改革的最高、最直接的主宰者，并通过改革逐渐削弱窦太后在朝中的势力，最终完成还政于汉武帝的目的。

尽管窦太后双目失明，但消息却很灵通，反应更是果断。她一边气急败坏地以文帝时蛊惑人心的方士新垣平（新垣平是汉文帝时期的一个方士，他靠骗术骗取汉文帝的信任。后被识破，被诛三族）来比拟，丑化赵绾等尊儒的大臣；一边派人收集赵绾的负面消息，作为对抗武帝的有力武器。公元前139年，窦太后将御史大夫赵绾、郎中令王臧打入监狱，罢免了尊儒的丞相窦婴与太尉田蚡，即使窦婴是她本家的侄儿也难逃此难，并亲自任命了新的丞相、太尉，调整了最高的统治核心。面对窦太后的盛怒和强大的压力，汉武帝不得不作出战术上的调整，他将明堂上的决议统统废除，任由赵绾、王臧二人在狱中自杀。因窦太后以其特殊身份与至高权威的强行干预，汉武帝最初掀起的这场尊儒的运动被迫以失败告终。

经过此次较量，窦太后与汉武帝祖孙的关系也随之急剧恶化，窦太后想要换掉这个皇帝也不是一天两天的事了。汉武帝 17 岁这年她就曾经想废了他，在女儿馆陶公主的劝说下她才熄灭了此想法，但只是暂时。

汉武帝 18 岁那年，窦太后再次借口汉武帝"无太子"，说他有着偌大的后宫，却无皇嗣，定是哪里出了问题，为了国家，推选他的叔父淮南卫刘安为皇太叔，作为继汉武帝之位的储君。18 岁的汉武帝青春正茂，为何就断言他以后一定没有孩子呢？急于为他选继承人也就罢了，偏却要选一位年长辈尊的老者，难道此时偌大的一个刘氏家族就找不着一个小婴儿了吗？窦太后此举究竟为何意？一时间，朝中内部风云变幻，汉武帝母子心惊胆战。汉武帝在如此恶劣的政治环境下，还能生存下来实在是馆陶公主的功劳，馆陶公主的慈悲劝言再次平息了一场政治风波。自此，汉武帝韬光养晦，不再与皇祖母起正面冲突。

建元六年（公元前 135 年），窦太后去世，享年 71 岁，与文帝合葬于霸陵。

窦太后是中国最后一位拥附尊崇黄老思想的统治者，在她的影响下，西汉政权能继续遵行刘邦时期的"以民生息""无为而治"的精神，把汉王朝推向了强盛的高峰。

卫子夫：惊鸿拂袂动君心

卫子夫（？—公元前 91 年），名不详，字子夫，河东平阳（今山西临汾）人。卫子夫是汉武帝刘彻的第二任皇后，史称孝武卫皇后。谥思后，是中国历史上第一位拥有独立谥号的皇后。

卫子夫出身卑贱，父亲郑季，在平阳侯府供职；她的母亲卫媪是平阳侯曹寿家的婢女，曹寿与卫媪私通，生了三男三女。卫子夫上有一兄二姐，长兄卫长君，长姐卫君孺（卫孺），次姐卫少儿，少儿有

中国历史上最具影响力的女人

卫子夫

卫子夫（公元前95年），汉武帝刘彻的皇后。

公元前128年，卫子夫被立为皇后。卫子夫在武帝29岁那年生了儿子，武帝将皇后桂冠戴在她的头顶。最后，卫子夫被逼自杀，死后被装进又薄又小的棺材中，埋在长安郊外。

卫子夫像

子霍去病；又有同母弟三人，即卫青、卫步、卫广。

因卫子夫生得漂亮，后被平阳公主带到长安的公主府，教她歌舞，成了公主府的一名歌伎。建元二年（前139年）春三月的一天，汉武帝去灞水岸边祭神。礼毕回京的路上，路过姐姐平阳公主的府第，武帝便去看望皇姐。

平阳公主倍感荣幸，置办酒席，公主府的歌伎在堂下翩翩起舞，以助酒兴。武帝边饮边观赏伎女们的歌舞，眼突然眼前一亮，目光停留在歌伎卫子夫身上。平阳公主见状，心中暗喜。

酒宴结束后，武帝起身准备起驾回宫。平阳公主忙唤卫子夫侍奉皇上，并将卫子敬献给皇上，武帝十分欢喜。在回宫的路上，武帝迫不及待地在车中便御幸了卫子夫。卫子夫随武帝进了皇宫。

卫子夫入宫后，武帝便把她忘记了。一年多，卫子夫未能见上武帝一面。建元三年（前138年），汉武帝再次选择宫中年迈体弱等无用处的宫人释放出宫。卫子夫得见天子，哭着请求武帝释放她出宫回家。武帝怜爱卫子夫，再一次临幸了她，卫子夫因此而怀孕。汉武帝对她的尊宠也一天胜过一天，她的哥哥卫长君、卫青也被授予侍中官职，成为武帝的近臣。随后几年，卫子夫一连为武帝生了3个女孩。

汉武帝元光五年（公元前130年），因陈皇后巨资求子而不得，于是使用媚道害人邀宠的事情被察觉。武帝非常愤怒，便派御史大夫张欧负责此案。当时张欧的下属侍御史张汤深入案件，追查出楚服等人为陈皇后施巫蛊之邪术，建立祠堂祭祀诅咒，祝告鬼神，祸害他人，属大逆不道之罪。至此，为后11年的陈皇后于秋七月以惑于巫祝被废，退居远郊离宫。

元朔三年（公元前128年），卫子夫又生下一个男婴，取名刘据。武帝29岁才有这个儿子，甚是喜爱。母以子贵，卫子夫生下刘据不久，便被立为皇后。卫子夫既立，当时的郎官枚皋自作《戒终赋》一篇献予卫皇后，且一改往日诙谐的文风，劝诫卫皇后要将良好的品德作风一直保持下去。

在卫子夫立为皇后之后，因她而显贵起来的卫氏家族亦不负君王所望，并未如大部分外戚一样寄居于裙带之宠。以卫青、霍去病为主导的卫氏外戚身着戎装，挥师北上，凭借着个人才赋及暴骨他乡的决心在十数次出生入死之后身封万户而不息，为大汉朝谱写出戎车七次出征，北登阗颜山，六次深入匈奴，在祁连山设郡的赫赫战功，基本瓦解了北方匈奴势力，为解决汉朝边患问题立下了不可磨灭的功绩。卫

汉武帝像

氏一门亦获以五人封侯的荣耀，更有姐姐做皇后、弟弟娶公主的富贵。卫氏外戚，由此声势显赫。其贵震动天下，遂有《天下为卫子夫歌》（《卫皇后歌》），歌曰："生男无喜，生女无怒，独不见卫子夫霸天下！"

元狩元年（公元前122年），皇子刘据和他的父亲一样在7岁之龄被立为皇太子。武帝雄才大略，好大喜功；而皇太子却秉性仁慈，温厚恭谨，父子性格、志趣相悖。随着皇太子渐渐长大，武帝对太子越瞧越不顺眼，觉得缺少他那种气魄。

元朔六年（公元前123年），随着年轻貌美的王夫人的出现，汉武帝对卫子夫持续十五年的盛宠开始逐渐转移。之后，又有李夫人、尹婕妤、邢娙娥、赵婕妤（钩弋夫人）等更替受宠。武帝的妃子接连给武帝生了几个儿子，在诸子中，武帝特别喜欢赵婕妤所生的刘弗陵。刘弗陵年方五六岁，长得又高又壮，聪睿多智。武帝常对人说："此儿像我。"有心让他继承帝位。皇太子刘据开始失宠，他的母后卫子夫也渐渐地被冷落后宫。

卫青像

然而，即使朱颜辞镜色衰爱弛，卫子夫依然记着立后之时枚皋那篇劝诫之赋。再者卫子夫的弟弟卫青及外甥霍去病为汉武朝立下不世之功，威仪不泯，天下尊之。深晓月盈则亏，水满则溢，盛极必衰道理的卫子夫宠辱不惊，凭借着平衡的心态，良好的德行及公正的处事，使她在宠衰之后，在卫青、霍去病相继离世之后的17年内依然能够得到武帝的礼遇与尊重。

除后宫诸事为卫子夫职责之内，武帝每每出巡游幸天下时亦将少府所掌宫中事由交与卫子夫定夺。待武帝归来之时，卫子夫将重要的裁决汇报给武帝听，武帝从来没有异议，有的时候甚至免去卫子夫的汇报。武帝对卫子夫的信任即是如此。

刘据在征和元年（公元前91年）的一天，派一个使臣去甘泉宫，向武帝请示一件事。使臣乘车奔驰在只有皇帝可以行驶，碰巧被奉皇帝之命缉捕奸宄、察举不法的绣衣使者江充瞧见了，他立即下令逮捕那个使臣，投入监狱。皇太子刘据听说后，马上派人去找江充求情。江充不买账，上奏武帝。武帝龙颜大悦，赞道："为臣者，就应当这样！"

征和二年（公元前92年），此时武帝刘彻年已68岁，衰老多病。江充害怕武帝死后。太子继位报复，想先下手除掉太子。于是，他便上书，说武帝染疾，乃巫蛊为祟，而且煞有其事地奏告武帝："臣看皇宫之中，弥漫着巫蛊之气。"

武帝于生死之事本来就很迷信，听江充一说，便信以为真，敕令江充到他的后宫中查处。

江充首先查办那些被武帝冷落的不幸女子，最后就连贵为皇后的卫氏也不得不接受江充的盘查。江充指挥巫师四处掘地寻找木偶人，但凡挖到就逮捕周围的人，并以炮烙之酷刑逼供认罪。百姓惶恐之余相互诬告，以此罪冤死者前后共计数万人。七月，江充派人到太子刘据的宫殿中东刨西掘，拿着事先准备好的木偶，硬说那是从太子宫中挖出来的。皇后、太子万分惊恐，太子急忙找他的师傅石德商议对策。石德说："江充奸贼扬言木偶是在太子宫中挖出采的，您有口难辩，以老臣之见，不如矫诏逮捕江充，查究他的阴谋。您难道忘了赵高诈杀公子扶苏而立胡亥之事吗？"

太子刘据被逼到这般地步，也只有铤而走险了。他派人把计谋奏告母后卫子夫，卫子夫也觉得只能如此了，便下令把皇后的车马拉出来，运载了弓箭兵刃；打开武库，取出武器；征发皇后的卫士，由皇太子指挥缉捕江充、韩说、章赣一帮奸佞。太子的人马到韩说府，杀了韩说，章赣逃往甘泉宫给武帝报信去了。江充被怒不可遏的太子刘据下令处死，可是江充被杀，查证江充诬告一事落空，太子的冤案难以澄清，又落了个杀人灭口的罪名。刘据万般无奈。只好举兵造反，夺取帝位。

刘据起兵后，武帝认为太子一定是受到了江充等人的陷害才这样做。便派遣使者入长安探查。使者却因胆怯未敢入城，对武帝谎称太子造反要杀自己。武帝由是大怒，派左丞相刘屈氂发兵讨逆。更发三辅附近郡县之兵，及二千石以下官吏皆归刘屈氂统领。刘据见刘屈氂的兵卒越来越多，亦开长安官狱放囚徒以充军。并派使者持符节去调动长安附近长水和宣曲两地的胡人骑兵，命令他们全副武装之后前来会师。然而武帝派遣的使者侍郎莽通赶到，告知长水校尉太子的符节是假的，并斩杀如侯亲自引长水宣曲胡骑入长安。而后，护北军使者任安虽接太子发兵符节却作壁上观。因此，太子刘据所率兵卒与丞相的兵卒数量差距越来越大。混战五日后，血流入渠，尸骸遍地，太子不敌，战败出奔，隐匿于湖县。20天后，走投无路的太子刘据自杀，

霍去病雕像

卫子夫也被汉武帝刘彻诏令废黜。卫皇后因无以解释自己的行为，以死明志，自杀身亡。

卫子夫以卑微讴者身份步入汉宫，经11年立为皇后，为汉武帝育下一男三女，有延续汉室之功。太子刘据死后，昭帝无嗣，帝位继承人辗转重归卫子夫后代。曾孙刘询不负先人，"功光祖宗，业垂后嗣"，为大汉开创"孝宣中兴"的崭新时代。

在立为皇后的38年中，卫子夫将汉庭后宫管理得井井有条。在这38

年中，史书记载中的汉宫不复有妒妇娇女，更无因妃嫔相嫉引发的恶劣事件。卫子夫的良好品行不仅获得了汉武帝的全面信任，也在《外戚世家》所记载的四朝十余名后妃中，赢得了太史令司马迁唯一的赞美。卫子夫虽无佐君之功，却有内助之贤。

卫子夫的发迹，不仅改变了自己的命运，也影响了整个国家的命运。卫子夫一生虽未插手政事，然因她所兴之人却对孝武、孝昭、孝宣三朝做出了巨大贡献及深远的影响。西汉第一次对匈奴反击战的胜利，以及其后大规模深入匈奴腹地长距离奔袭战取得巨大成功，重创匈奴，皆由卫氏支属统军作战。霍去病之弟霍光，身奉四帝，躬辅三朝，受遗命，佐幼帝，行遗策，兴废立，是使西汉平稳渡过危难，达到巅峰时期的第一功臣。汉武帝之武功离不开卫青、霍去病，临危受命离不开霍光，而卫青、霍去病、霍光之发迹亦离不开卫子夫。卫子夫虽无推贤之举，却有引贤之功。

汉宣帝继位后，追赠卫皇后谥号为思后。在桐柏亭原地建园起冢改葬卫子夫，史称思后园。陵园设周卫防守，长丞每日奉上食物祭祀于陵园寝殿，月祭祀于园庙，四时祭祀于便殿。因卫子夫生前擅音律，汉宣帝又派遣倡优千人日日歌于园内，以娱乐曾祖母卫子夫的神灵。故而思后园在后世又被称为"千人聚""千乡"。

赵飞燕：三十六宫秋夜长

赵飞燕（公元前45年—前1年），赵氏，号飞燕，《飞燕外传》称其名为赵宜主。汉成帝刘骜第二任皇后。本是巴郡阆中谯里人，其父母因侍同里入朝为侍中的谯隆移家于入京城，仅称其为长安宫人。

赵飞燕为官奴赵临之女。赵飞燕出生后，赵临夫妇觉得家境贫寒，无力养活，决定将这女婴扔掉。赵临将包裹好的婴孩偷偷放在了荒郊野外，三天之后赵临怀着一颗负疚之心，又悄悄来到丢弃婴儿的地方。结果让他大吃一惊，被丢弃了三天的女婴居然还活着。他想这也许就

赵飞燕像

是天意，于是便把婴儿抱回了家。

一晃十几个年头过去了，昔日的婴儿，已长成美貌出众的妙龄少女。起初，赵飞燕感到在长安后宫里做婢女，后又到了阳阿公主府。阳阿公主见赵飞燕容貌俏丽，体态轻盈，聪明伶俐，十分喜爱，就让人教她演歌习舞，充作府中的舞伎。几年下来，歌如莺语，舞似燕翔，技艺远在群芳之上，公主替她取名：飞燕。飞燕声名鹊起，长安城里都知道阳阿公主府里有个色艺双绝的赵飞燕。

西汉后期的汉成帝刘骜，既无开疆拓域的雄韬伟略，又乏守城安邦的治国之才，是个地地道道游手好闲的昏君。鸿嘉三年（公元前18年），汉成帝继位十多年，年已30岁，后宫却没有一个存活的皇子。这一天，成帝微服来到了阳阿公主的府第。

皇帝突然造访，公主府上下一片忙乱。公主盛情设宴，为成帝接驾洗尘。为了助兴，公主命府中舞会献技。环佩金玉声中，一位绝色佳人款款而来，只见她面如姣花，目似秋水，体态轻盈；歌舞起处，似花枝轻颤，如燕子点水，一曲未尽，便有万种风情，妙不可言。成帝刘骜一见，十分倾心，不知不觉看呆了。

宴后，成帝便要带赵飞燕一同回宫。阿阳公主便顺水人情，将赵飞燕献给了成帝。自此，成帝刘骜终日与赵飞燕如胶似漆，有说不尽的缠绵。赵飞燕的心头却总笼罩着愁云：自己出身微贱，难免被那些出自名门望族的妃嫔所轻视，而且自己势单力孤，实在难与众多对手相抗衡。思虑再三，赵飞燕决计将妹妹合德弄到后宫。此后，飞燕常往成帝的耳朵里极言舍妹如何之美，直说得成帝满心欢喜，恨不能马上一见。于是，一道旨意将赵合德召进了宫里。

赵合德入得宫来，光彩照人，宛如天仙一般，成帝喜不自胜，当即下旨封赏，姐妹"俱为婕好，贵倾后宫"，仅次于皇后。为了取悦赵飞燕姐妹，为赵飞燕新建一座金碧辉煌的宫殿，名曰远条馆，以示金屋藏娇之意。此外，他又将旧有的昭阳殿修缮得富丽堂皇，赐给赵合德。从此，成帝一心迷恋赵家姐妹，每天在后宫与她们饮酒作乐。

赵家姐妹仍不满足，尤其是赵飞燕，他觊觎皇后的宝座已久，处心积虑地要搞垮许皇后以及班婕好等人。当时，以许氏外戚与在朝掌权的王氏外戚为代表的外戚争权夺势的斗争十分激烈，几经较量，成帝时期，许氏外戚已呈明显颓势。此时许后已人老珠黄，失去了皇帝的欢心，只能在宫中如履薄冰地挨过时光。赵飞燕看准了这一有利时机，为了登上皇后宝座，赵氏姐妹参与陷害许氏。赵飞燕在鸿嘉三年（公元前 18 年），告发许皇后之姊许谒设坛诅咒已怀孕的王美人以及王凤，其中也提到了班婕好。当时，已过而立之年的成帝正苦于膝下无子，皇统无嗣，赵飞燕的告发正好触动了成帝。盛怒之下，成帝下令将许谒问处死罪，许皇后则被废入冷宫；班婕好也受牵连，避往长信宫。赵飞燕巧施计谋，轻易扫清了通往皇后宝座的两大障碍。

成帝也有了立赵飞燕为后的念头，没想到，这事遭到太后王政君的反对。太后虽不是出身于显赫官宦家庭，却也十分看重门第。尤其令成帝恼怒的是，一些大臣也竭力阻挠立后之事，使得成帝左右为难，进退维谷。

赵飞燕像

此时。太后的外甥、侍中淳于长出面了。淳于长摸透成帝的心思，于是，他便经常到王政君太后那里一会儿夸奖成帝如何孝顾，赵飞燕如何贤惠；一会儿又言国家不可一日无后。如此再三，凭着三寸不烂之舌，一年的时间过去了，淳于长终于说动了太后。永始元年（公元前16年），赵飞燕被册封为皇后，戴上了她渴望已久的凤冠，赵合德也由婕妤晋封为昭仪。加封之日，成帝不忘淳于长的说服之功，降旨封他为定陵侯；赵飞燕的父亲赵临也被封为咸阳侯。

赵飞燕当上皇后以后，与其妹赵合德双艳并峙，独宠后宫，许多妃嫔根本难见君王一面，只能暗叹命薄。随着时光的流逝，飞燕姐姊又开始担忧起来。飞燕姊妹虽然长期侍奉，却始终未能生下一男半女，而成帝偶尔临幸的其他妃嫔宫女，不少人却都怀了孕。为了继续赢得皇帝的专宠，保住凤冠和昭仪封号，她们决定铤而走险，由赵飞燕幕后操纵，赵合德前台动手，姊妹俩极力摧残那些有子的嫔妃。后宫中一位名叫曹宫的宫女元延元年（公元前12年）生下了一个男孩，赵合德闻知，立即指使打手中黄门田客去除掉曹宫母子，田客派人矫诏用丸药毒杀了曹宫。为了杀人灭口，赵合德又迫使服侍过曹宫的六个宫婢自尽。后来，赵合德又四处打听曹宫所生男孩的下落，这个出世未久的婴儿最终也未逃脱赵合德的毒手。成帝得知后十分气恼，但慑于赵家姐妹的骄悍，只好不了了之。后宫中的许美人第二年又生下了一男孩，成帝看到自己终于有了子嗣，心中十分欢喜。孰料赵家姐妹知道后大怒，赵合德柳眉竖起，怒形于色，竟然指着成帝责问道："陛下常骗臣妾说是从中宫姐姐那里来，既然是来自中官，许美人的孩子从何而来？你曾发誓不辜负我们姐妹，如今许美人生下了皇子，莫非你想立她为后不成？"说完，便捶胸顿足，大放悲声，而且寻死向墙上撞。成帝不知如何是好，连赔不是，并且连连向合德许愿。成帝讨好道："我并没说立许美人，我说过让天上无出赵氏之上。你尽可放心了！"之后，成帝诏令中黄门靳严向许美人索要婴孩，并将小儿装入苇箧之中，送到赵合德居处，由赵合德与成帝私下观看。然后又把苇箧封好，由宫婢交与掖庭狱丞籍武偷埋掉。赵氏姐妹继续摧残怀孕嫔妃，以致"生子者辄杀，堕胎者无效"，致使成帝从此绝嗣，只能在皇族中另择皇储。

后宫佳丽无数，要让皇帝的心在某一两个女人身上停留，不是一件容易的事。男人爱女人的美貌，注重视觉享受，赵飞燕姐妹深知这一点。为了让自己更美艳，肌肤更柔滑、光洁、娇嫩，以获得汉成帝更多的关爱，姐妹俩把一种秘方配制叫作息肌丸的药丸塞入肚脐。这种丸药是由麝香、高丽参、鹿茸等名贵药物制成的蜜丸，确实功效显著，可该药之毒却会经久滞留积蓄在任督二脉内，令赵氏姐妹内分泌失调，导致终生无法怀孕。

生不了孩子对赵飞燕压力很大，不利于自己地位的巩固，她曾假装怀孕，多次从宫外买入刚出生的男婴冒充皇子。可是，不知怎么回事，赵飞燕的一片苦心总是得不到回报，每次也没得到满意的结果，只好对汉成帝说自己生下一个儿子，但已夭折了。赵飞燕姐妹在豪华的宫殿中，相继专宠后宫十多年，但都同样没有子女。

绥和元年（公元前8年），诸主来朝，围绕着立储问题，众藩王之间自有一番明争暗斗。其中，争夺的中心人物是中山王以及定陶王刘欣。赵飞燕得了刘欣祖母傅昭仪送来的财宝，欢喜自不必言，又念自己年长无子，正需找个依靠。此后，赵飞燕常在成帝面前为刘欣说情，赞其贤德。绥和二年（公元前7年），成帝立刘欣做了太子。赵家姐妹宠压后

赵合德像

《四美图》——王昭君、赵飞燕、班昭、绿珠

宫，又有太子以为后援，可谓盛极一时。

绥和二年（公元前 7 年）三月十八日，体格健壮、素无病恙的成帝突得暴病而亡。一时间，宫廷内外众说纷纭。赵飞燕姐妹承宠已久，在宫中树敌太多，成帝一死，众人便群起而攻之。皇太后王政君下令大司马大将军王莽追查成帝死因，矛头直指赵合德。赵合德深感罪责难逃，趁人不备，跳井自杀身亡。

成帝去世，赵飞燕失去了靠山，幸喜哀帝刘欣继位后，念及当年推荐有功，对也仍是礼仪有加，尊她为皇后，并封其之弟赵钦为新成侯。朝中大臣交相奏章，揭发赵飞燕姊妹残害成帝子嗣之事，但哀帝刘欣根本不予追究，只将赵飞燕的弟弟赵钦削职发配，敷衍了事。

哀帝刘欣继位后，外戚斗争更加激烈，哀帝一派的傅氏和丁氏外戚，与在朝掌权的王氏外戚争权夺利。在这场斗争中，赵飞燕站到傅、丁外戚一边，使得王氏十分嫉恨。

元寿二年（公元前 1 年），哀帝刘欣驾崩，王氏外戚扶持 9 岁的平帝刘衎登上了帝位，是为汉平帝。平帝年幼，朝中大权一并归于王氏。王氏取得绝对权势后，大肆讨伐自己的旧敌。时隔不久，王氏外戚以残害皇子的罪名，将赵飞燕削去太后封号，幽禁在北宫；随即又废为庶人，令其迁出皇宫，移住成帝的延陵。赵飞燕经受不了沉重的打击，和妹妹赵合德一样，含恨跳井而亡。

独孤伽罗："二圣"临朝创大业

独孤伽罗（544—602年），河南洛阳人，汉化鲜卑人，北周卫国公、关陇集团重要成员独孤信嫡女，母清河崔氏。隋文帝杨坚皇后。

独孤伽罗生于西魏大统十年（554年）一个名门大家，祖籍云中，北周的时候寄籍洛阳。她的父亲独孤信是北周的大司马，由于功绩卓著被封为河内公，是当时北周的"八柱国"之一，掌管兵权，位高权重。独孤信有六个儿子和七个女儿，长女就是北周明帝宇文毓的皇后，第四个女儿嫁给了李大将军。李大将军的儿子李渊，就是后来的唐高祖。独孤信一家在北周的权势炙手可热，而独孤信的第七女，就是独孤伽罗，北周孝闵帝元年（557年），14岁的独孤伽罗嫁给了26岁的杨坚。

杨坚的先祖杨震在东汉的时候曾经做过太尉，家道也很显赫，其父杨忠是北周的上柱国大司空，但是其威势不能与独孤家相比。而且杨坚个人也其貌不扬，身材奇特，上长下短，比例失调，但是面容之间却常有威严之态。北周太祖曾说杨坚的骨骼奇特，不像是人世间的凡人。因此，杨坚虽然受到先辈功业的荫庇，在少年的时候就已经做官了，但是却常常遭到皇室猜忌。为了免受嫌疑，他只好处处小心，韬光养晦，轻易不与人争执。时间久了，杨坚就成了一个很不显眼的人物了。但是，独孤信却慧眼识珠，将自己的女儿嫁给了杨坚。

独孤伽罗嫁给杨坚之后，夫妻二人的感情非常好。他们生有五男五女，长

杨坚像

女丽华，嫁给周宣帝，被立为"天元皇后"，深得宠爱。这样一来，独孤伽罗的姐姐是皇太后，女儿是皇后，杨坚一家的势力骤然增长，成为北周权势最大的家族。

但是这时候的北周，皇权还有很大的实力，并不是取而代之的最好时机。独孤伽罗也与杨坚处处小心，隐忍养晦。此后杨坚因为功勋卓著被封为上柱国将军，掌握全国兵马，在朝中威望日重，逐渐地引起了周宣帝的猜忌。杨丽华成了皇后，杨坚作为国丈，皇室对他的猜忌却没有因此而有所减轻。宣帝甚至对皇后杨丽华说："你父亲如果惹火了我，我也会诛杀你全家的。"

大象二年（580 年），周宣帝和杨丽华之间发生争执。周宣帝很生气，但是杨丽华却神色自如，一点也没有认错的意思。周宣帝大怒，下令将杨丽华赐死。虽然事情的起因很简单，但是这件事情一旦发生，杨氏一家不单会失去已有的富贵，甚至还会有满门抄斩的命运。杨家上下一片混乱，在这紧急关头，独孤氏亲自入宫面见周宣帝，显示出了长远的眼光，她在宫殿前叩头求饶，为女儿请罪，额头都磕破了。周宣帝无奈收回成命，不再计较此事。其实，周宣帝只是想借这个事情试探杨家的态度，独孤氏看到了事情的紧迫，采取了隐忍不发的策略，保住了女儿的性命，也使得杨氏一门的权势和地位得到了保全。

同年，正值青春年华的周宣帝因病死去，新继位的静帝宇文阐只有 9 岁，不能料理朝政。杨坚就在众人的拥戴下以大丞相的身份辅政，总揽朝廷内外的军国大事，国家大事都由他来决断。这时候的杨坚在朝中的势力已经无人能及了，朝堂上下都是杨坚的亲信人等。这时国家的政治不稳，杨氏代周的谣言四起。杨坚虽然有代周自立的心思，但是仍然担心有人趁机作乱，所以一直犹豫不决。杨坚的很多属下都劝说杨坚代周自立，唯有独孤伽罗认为反对的势力还比较大，称帝的时机还没有成熟，竭力地劝说杨坚暂时不要代周自立。

　　正当杨坚犹豫不决的时候，果然不出独孤伽罗所料，相州的总管尉迟迥举兵反叛，其余还有一些人响应。杨坚调兵遣将，率兵讨伐，很快就消灭了这些势力。剿灭了这些军队之后，杨坚听说尉迟迥的起兵与宇文氏诸王的怨恨有关，于是就在剿灭叛军后软禁了那些宇文氏的王侯。这样一来，杨坚就独霸了朝政，再也无人敢过问了。这时候，杨坚虽然还没有称帝，但实际上已经和皇帝没有什么区别了。由于这次叛乱，杨坚对独孤氏的建议更加重视了。

　　静帝迫于形势封杨坚为隋王，允许杨坚带剑上殿，上朝的时候也可以不下跪，废除了先前的许多朝廷礼节。后来，在杨坚的要求下，静帝又赐给他只有皇帝才能戴的十二旒王冕和天子才能使用的旌旗，这些都已经超过了臣子所能享受的最高礼节的限度。大臣们也都知道幼帝懦弱，而杨坚的文治武功又得到了广泛的颂扬。这时候，独孤伽罗密切地关注着天下的舆论，她看到多数人对杨坚并不反感，就认定这是个有利的时机，于是就派人给在外带兵的杨坚送去消息，说："天下已经是这样了，大家都觉得你会代周自立，既然已经是骑虎难下了，不如干脆就这样做算了，大丈夫处世就是要建功立业，夫君一定要抓住这个机会啊！"正是独孤伽罗的支持，使得杨坚最终下定了代周自立的决心。北周大定元年（581年），杨坚终于废掉了年幼的周静帝，自称皇帝，改年号为开皇，建立了隋王朝。这期间独孤伽罗的深谋远略对杨坚成功地建立隋王朝起了巨大的作用。三天后即册封独孤伽罗为皇后，从此夫妻呕心沥血为隋帝国的强大发展倾注了毕生的精力心智与心血，独孤皇后也是中国历史上罕见的对君主终生保持有强烈影响力的后妃。

　　独孤皇后通达书史，聪明过人。每次隋文帝上朝，她必与之同辇而行，至殿阁而止，派宦官跟随而进行沟通联络，"政有所失，随则匡正，多有弘益"。待到文帝下朝，她早已在等候，夫妻"相顾欣然"一起回宫，同起同居影形不离。在平常生活中，她一有闲暇便手不释卷，学问不凡。

隋文帝对这位爱妻是既宠爱又信服，几乎是言听计从，宫中同尊帝后为"二圣"。所以，开皇年间的政治决策，很难分得清哪些是隋文帝的主意，哪些是独孤皇后的主意，而她的政治影响力也不仅限于影响隋文帝而已。

高颎的父亲原来是独孤信家的宾客，在独孤家落难时，高家依然和独孤皇后保持了亲密的联系，高颎的才干和品德都很得独孤皇后赏识，故大力推荐给隋文帝。所以，当隋文帝建隋之初，就立即委以重任。而高颎位居首辅十余年，经历多次政治风浪，始终履险如夷、不动如山，一个最重要的原因就是他有独孤皇后这一坚强靠山，以至隋文帝把他当家人看待。高颎地位的稳固，对隋朝具有重大的意义。换言之，高颎能够在复杂的政治局面下最大程度地施展抱负、发挥才干，固然有赖于他强大的个人能力，但是，独孤皇后在宫中的支持与协助，应当也是重要因素。

在爱妻独孤伽罗的辅佐和支持下，隋文帝迅速稳定了政局，领导着以高颎为首的能臣干将们开始了一系列大刀阔斧影响深远的全面改革。他首先恢复汉制，建立起以汉文化为主导的意识形态理念；北破突厥，重新建立起以中原王朝为核心的东亚国际政治新秩序；南平陈朝，统一了分裂将近四百年的中华大地，并且使政治上长期分裂导致经济、文化分裂的南北方初步开始融合；改革官制，正式确立分工明确的以三省六部为主体的中央官僚体系；开创科举制度，开始了打破世家门阀垄断政治、文化资源第一步；修订律法，废除大量酷刑，制定出影响之后整个中国封建社会法制建设的《开皇律》，首创死刑三奏而决制度；休养生息，减轻农民负担，文帝时期朝野丰足，隋朝国富程度历代瞩目……隋文帝完成的这一系列定万世之基、成富国强兵的宏大伟业，在职官、礼法、经济、文化、军事、公共工程等各个方面都有突出表现，深远地影响了之后的唐朝以及未来一千多年封建王朝的发展，史称"开皇之治"，独孤皇后对此功不可没。

隋文帝杨坚能顺利登基，独孤伽罗积极地参与谋划，功不可没。独孤皇后平日生活俭朴，不好华丽，专喜读书，知古通今。隋文帝治政稍有不妥之处，她就忠心苦劝，做了很多有益之事。当时突厥与隋朝通商贸易，有一盒明珠价值八百万，幽州总管殷寿让她买下，她婉言谢绝，并说："如今外敌屡次侵犯，将士征战疲劳，不如把这八百万奖赏给有功的将士。"此举立刻朝野传闻，受到百官称赞。独孤皇后异母兄弟独孤陀因为酒后逞凶残害百姓，曾受过独孤皇后指责，故而怀恨在心，常以猫鬼诅咒皇后，按律当斩。独孤皇后虽然气得三天没有进食，但最后还是请求隋文帝赦免其罪，独孤皇后说："如果独孤陀蠹政害民，妾不敢为其说情。但如今独孤陀是因为诅咒我而犯罪，所以我敢请求赦免他。"于是独孤陀被免去死罪。

独孤皇后还暗中派遣宦官监察朝政，若有她认为不妥的地方，等隋文帝退朝后，她就婉言进谏，隋文帝也常常采纳她的意见。她曾劝隋文帝从西城商人手中买下价值十万两黄金的宝玉，理由是"有了这笔巨资，将来可以养活一万名士兵"，仅从这一点，就能确信独孤后是位才智过人的女性。独孤后对外戚要求尤为严格。大都督崔长仁是独孤皇后的表兄，奸淫妇女，触犯国家王法，按律当处以斩刑，隋文帝看在皇后情面，有意赦免其罪。独孤皇后进谏说："国家之事岂可顾私。"遂将崔长仁处以死刑。

隋朝的时候，施行的是一夫一妻的婚姻制度。但是正妻之外可以有若干个妾，所以这种制度实际上只是对妇女的限制，而对拥有特权的男子尤其是皇帝来说，仍可以占有许多女子。丈夫一旦宠幸其他女子，就会使妻子在感情上受到冷落，在家庭生活中受到排挤，她们自然要产生出强烈的嫉妒情绪。这是作为妻子的正常心理反应，她们要求维护自己的正当权利。于是，她们往往要把满腔愤恨发泄到被丈夫宠幸的其他女子身上，进行种种残酷的迫害，这就是在畸形变态的嫉妒心理驱使下的报复行为。一般认为，女人的残忍性不如男人那样突出，但她们的防御性心理状态却远比其攻击性心理状态强。一旦她们有权力和机会处决她们长期仇视和忌恨的人，发泄其内心蓄积的怨恨时，她们的攻击性心态就表现得异常明显，其残忍性心理特质甚至比残暴的男人要高得多。

在政治的大事上，独孤皇后可谓贤良明智，在夫妻关系上却失去了分寸。独孤皇后不单是不许自己的丈夫纳妾，也不准朝中大臣们娶小老婆，是标准的一夫一妻婚姻制度的崇尚者。隋文帝后宫佳丽很多，独孤皇后对此的整治很是严格，她对隋文帝管制的严格程度在过去的皇后中也是少有的。

隋文帝杨坚称帝的时候已经40多岁了，这时的独孤皇后也已经27岁了，此前，他们的女儿杨丽华已经做过宣帝的皇后了。隋文帝和独孤皇后对前朝政治的得失有很深切的体会，认为北周政权之所以没落，其主要的原因就在于浮夸不实。所以隋朝建立之后，隋文帝就开始改革官仪，并大力地整顿朝纲，一心想要建立一个圣明繁华的新朝。而独孤皇后作为隋文帝杨坚的贤内助，目光也同样深远，她明白后宫家事处理得是否得当，对隋文帝治理国家有重大的影响。因而，她当了皇后之后，并不安心于享受母仪天下的荣华富贵，却开始了自己严治后官的计划。独孤皇后的这一做法有很多显著的表现。

南朝陈的亡国在独孤皇后看来就是由于女色所诱。陈后主不思进取，一味沉浸于美色，最终亡国，落了个阶下囚的下场，这些对独孤皇后来说都是记忆犹新的事情。红颜祸水，如何不再重蹈陈亡国的覆辙，保住隋朝的长治久安，独孤皇后首先想到的就是要坚决杜绝后宫的内讧以及争宠。她开始大力的整饬后宫。她首先废除了三妃六嫔的旧例，提倡俭朴的生活，不但禁止后宫中的那些女子们穿华丽的服饰，禁止她们有艳丽的妆饰，同时对她们的言行举止也都有十分严格的规定。独孤皇后命令，嫔妃们不得随意地亲近皇帝。整个后宫就都处在独孤皇后的把持之下了，一时间，后宫里一片肃杀。

后宫中的众多嫔妃对独孤皇后的这个做法心中十分不满，但是却都惧于独孤皇后至高的地位和强硬的手腕，即使心中不快不敢不服从命令。

独孤皇后意识到只有不断地加深与丈夫之间的感情，才能够使隋文帝不被别的美色所诱惑，从而专心于朝政。所以，她凭借自己的柔情，体贴照顾隋文帝，丝毫也不敢懈怠。每天早上天亮上朝之前，独孤皇后都会细心地侍候隋文帝洗漱穿戴，然后一同坐车送他上朝。隋文帝上朝的时候，她就在殿下静静地等候着，一直等到散朝之后，才又同隋文帝一起乘车返回到内宫，小心翼翼地服侍隋文帝的饮食起居。就这样，独孤皇后事必躬亲，不厌其烦地坚持着，日复一日。正是这样，隋文帝杨坚从不敢怠慢朝政，每天上朝退朝的时间都很严谨。不但如此，独孤皇后还不顾自己皇后的身份，亲自过问丈夫的衣食，小到隋文帝每一顿饭的食谱，每天具体的装束等，这些事她都要亲自过问，并妥善安置，使隋文帝能够全力以赴地处理朝廷的政务，而不必为后宫的饮食起居操心。此外，独孤皇后还常常与隋文帝一起回忆往年的情谊，细述夫妻多年来的恩爱，努力通过这些感情上的因素来牢固地牵住隋文帝的心。

独孤皇后还很注重双方感情的专一性，她要求隋文帝一生要矢志相爱永不变心，还要求隋文帝不能与别的女子生孩子，这一点在古代的后妃中几乎是绝无仅有的。隋文帝也马上答应了与她的誓约，事后还常常拿这件事情向大臣们夸耀。隋文帝有五子，都是独孤皇后所生的。此外，独孤皇后之所以限制文帝与别的女子生孩子，还有一个很重要的考虑，就是提防异母之子夺位争权的事情发生。这在历朝历代的宫廷斗争中都是存在的，所以独孤皇后的这个考虑不无道理。隋文帝杨坚也这么认为，他曾对臣下说我这五个儿子一母同胞，是真正的亲兄弟呀。隋朝建立之后，隋文帝全力以赴地致力于国家大事，也没有更多的精力眷顾后宫，贤惠干练的独孤皇后为他所做的这些事情，也正与他的朝政改革密切配合，因而隋文帝也十分地支持。

奇妒的独孤后，不容别的女人接近杨坚，因此隋宫里面虽然美女如云，杨坚却只能空望着咽唾，终不能够让他开怀一下。虽然隋文帝出于对国政大事的考虑，对独孤皇后严治内宫的种种制度表示认可和服从，但是自古以来皇帝嫔妃众多的惯例对他的影响也是很深的，时间久了之后，尤其是随着国家政局的渐趋平静，隋文帝也开始对独孤皇后的清规戒律厌烦起来。

开皇二十一年（591 年）秋，独孤皇后生病，在中宫调养。隋文帝退朝之后，带着一个小太监来到宫中的后花园纳凉。隋文帝走到仁寿宫的时候，听到长廊的尽头有人唱歌，歌声唱道："金井落梧桐，茱萸烧殿红；君王爱秋色，徘徊仁寿宫。"隋文帝马上就察觉出了歌词中的隐含意义。"君王爱秋色"一句分明是对隋文帝专情于不惑之年的独孤皇后，而对其他嫔妃毫无眷顾的怨愤之意，可见是即兴创作的。文帝听了很有感触，想起独孤皇后病在中宫，于是就来了兴致，循声寻去。

宜人的春景，逗起了他心中的一团春意。忽然一阵清香随风送至。梅花丛里，一个女子背面立着，乌黑的云发披覆在晶莹的颈项。她盈盈地回过娇躯，和杨坚打过照面。杨坚吃了一惊，不料宫里藏着如此美艳的丽人，亭亭如出水莲花，袅袅似当风杨柳。那女子莲步轻移，走出了梅花丛中，起到隋文帝面前，垂柳般拜倒磕头，才袅袅起立，垂着罗袖站在一边。隋文帝早已神迷意荡，原来她是早时反叛的尉迟迥的孙女，叫尉迟贞，年方二八。尉迟迥发动叛乱被镇压之后，她就随着家中的女眷一起被没收充为后宫的宫女了。文帝由于长年埋头于枯燥繁重的国事中，身边又被独孤皇后守得很严，也感到有些乏味，这次看到尉迟贞，心中不由得产生了兴致，于是当天晚上就留宿在了仁寿宫，与尉迟贞同寝。第二天早上隋文帝醒来的时候，天已经大亮了，超过了平时上朝的时间。但是，隋文帝依旧命人准备车马，匆匆起身赶往朝阁，处理政事。

独孤皇后见隋文帝一夜未归，心里很是疑惑，又听两个心腹的宫女说文帝没有准时早朝，就更加生疑。得了杨坚留宿在仁寿宫的消息，独孤皇后顿时气得咬牙切齿，不顾自己病体未愈，抱病带着一群宫女赶往仁寿宫。仁寿宫的宫女素日也都知道独孤皇后的威严，谁也不敢阻拦，任皇后和众多宫女直闯入内室。尉迟贞顿时花容失色，娇躯发抖，再也站立不住，忙双膝跪倒。独孤皇后命手下宫女把尉迟贞从床上捉起来，严厉地斥责她说："你竟敢施展狐媚伎俩蛊惑君心，乱我宫中雅化，绝不能容你偷生！"当即就下令把尉迟贞乱棍打死，独孤皇后仍然余怒未息。

这时杨坚早朝完毕，到独孤皇后的宫中探病，听说皇后率了众多宫女不知上哪儿去了。杨坚赶忙来到仁寿宫。瞥见独孤皇后怒颜高坐，地上的尉迟贞已经死去。杨坚不禁又痛又恨，顿觉失意之极，心中很是郁郁，觉得独孤皇后管得太宽，自己堂堂一朝天子却保护不了一个女子。只是平日慑于独孤皇后的狮威，此刻还是不敢发作。见了尉迟贞的惨死景象，回想到昨夜的蜜意柔情心如刀割。不禁心下一横，返身便走。

独孤皇后见杨坚变色而走，不禁也着慌起来。急忙赶出室外，想唤回杨坚。哪知杨坚却误会了独孤皇后的意思，以为独孤皇后不肯与他干休，恐被她扯住，便加快脚步，头也不回地走出了仁寿宫。独孤皇后在后面追喊，她也不希望为了一个宫女，伤了夫妇多年的情分。无奈任凭独孤皇后怎样喊，杨坚一句也听不进耳里，匆匆地只顾向前走。宫门外面，恰好有一匹马，杨坚跨到马背上，鞭一挥，那马便放开了四蹄，径出东华门，落荒而去。正好高颎看见，便骑马出了东华门去追杨坚。跑了二三十里，才扣住杨坚的马辔，杨坚丧气地说："朕贵为天子，反得不到自由，连一无辜弱女也保护不了，要天下又有什么用？"高颎正色说："圣上错了，得天下艰难，守成治安更不易，怎能为了一个妇女，反将天下看轻？还请圣上早早回宫，免得人心惶惑。"杨坚听了，沉吟不语。高颎又连连苦谏，杨坚才勉强回宫。

独孤皇后也觉得自己这件事情做得太过分，于是就带领宫女们在宫门里苦苦守候，等待隋文帝回来，痛哭流涕向文帝认错。杨坚到了此时，也已无可如何，念及夫妻两人早年的患难之情，又想独孤皇后此举无非也是为了能使自己勤政爱民，不致因为贪恋后宫美色而误国，于是也就不深加责罚了。从此独孤皇后的行为也有所收敛。有时任凭杨坚与宫人沾染，也装作不知，只是不容许杨坚太过分。

独孤皇后不但严治后宫，她还竭力地干涉大臣们的生活，要求大臣们对原配夫人一定要忠诚。高颎是隋国的开国元老，很早就追随隋文帝，在朝中任相国，德高望重，而且高家先前与独孤家已经有很深厚的交情。高颎与自己的夫人感情很好，后来其夫人因病去世，身为相国的高颎非常伤心，他曾经忧伤地对独孤皇后说："夫人此去，我以后就只有吃斋诵经了。"表示自己的心迹。独孤皇后听了之后非常感动，常常在隋文帝的面前赞叹高颎的品行，还常常派人赏赐给他东西。没想到，过了没多长时间，高颎的相国府中锣鼓喧天，独孤皇后派人打听。去打探的人回来报告说，相国高颎的一个爱妾生了一个孩子，隋文帝和朝中的大臣们都去祝贺了。独孤皇后听了之后顿时火冒三丈，认为高颎这个人表里不一，表面上显得很想念亡妻，谁知道暗地里却宠爱自己的小妾，竟致小妾生子。这件事情过后，独孤皇后就一改先前对高颎的看法，常常在隋文帝面前诉说高颎的不是，要求隋文帝将他革职。开始的时候，隋文帝还不情愿，但是时间久了，隋文帝在独孤皇后的影响下，对高颎也开始有了不好的看法。终于，过了一段时间，隋文帝就找了一个机会，以"表里不一，不堪信任"之名罢免了当政20年、功绩显赫的相国高颎。

独孤皇后对后宫的严格治理，使隋文帝能够专心于政事，对隋文帝时期国家的强盛有很大的帮助。她追求一夫一妻的婚姻，要求夫妻互相忠诚于对方，致使隋朝后宫佳丽三千形同虚设，文帝"唯皇后当室，旁无私宠"。她不单是不许自己的丈夫纳妾，也不准朝中大臣们娶小老婆，是一位标准的一夫一妻婚姻制度的崇尚者，这在古代的历史中是不多见的。正因为如此，独孤皇后在后人的眼中成了一个十足的"妒妇"。

隋文帝杨坚与独孤皇后患难与共，他也坚信，普天之下，最值得自己信赖的人只有结发妻子独孤皇后一人而已，所以，长期以来，隋文帝对独孤皇后都是言听计从，百依百顺的。独孤皇后也竭力成为隋文帝的"贤内助"，料理隋文帝的生活，并不时地对政事进行规谏，显示出了自己的贤德，但是在东宫立储一事上，独孤皇后却"聪明一世，糊涂一时"，错误地选择了杨广，最终断送了隋朝的大好基业。

杨坚称帝后，按惯例立长子杨勇为皇太子，其余四子也都封了王：杨广为晋王、杨俊为秦王、杨季为越王、杨谅为汉王，诸王子都是独孤氏所生。但是隋文帝最终改立杨广为太子，酿成了大错，在这个过程中，独孤皇后也多受蒙蔽，对易储之事起到了很大的推动作用。

独孤皇后对太子杨勇的期望很大，为了使他继位之后能够成为天下的表率，她亲自为杨勇选定了元氏作为太子妃，并按照仪制另立云氏之女为昭训。元妃是元魏宗室元孝矩的女儿，出身名门，而且生性温婉贤淑，端庄而有礼仪。独孤皇后非常喜欢，坚信她将来一定可以母仪天下，因而对她很是器重。隋文帝也很看重她的门第，所以也很支持。昭训云氏门第低微，但她活泼乖巧，相貌俏丽，相比之下，显得仪态不足，独孤皇后嫌她失于轻佻，因此并不喜欢。本来在立她为昭训的时候，独孤皇后就不太愿意，后来勉强同意了，但是她还是暗示太子尽量少接近她。

太子杨勇生性率直，其情感与独孤皇后的期望不同。元妃虽为太子妃，但是杨勇对她更多的是敬重，却不是亲密，反而对云昭训十分宠爱，平时多半也是与云氏缠绵一处。元妃独守空房，心中也很不是滋味。独孤皇后为此多次向杨勇示意，要求他亲近元妃，但是收效甚微。于是，独孤皇后对他也就越来越厌恶，每当杨勇入宫面见她的时候，她也不给好脸色看。

杨坚对太子杨勇本来十分信任，常委以重任，努力培养他的才能，并常拿国家大事和杨勇一起商量，杨勇提出的意见，隋文帝也很乐于采纳。但是独孤皇后对杨勇的看法很快就影响到了隋文帝，隋文帝也就渐渐失去了自己的主张，开始讨厌起杨勇了。有一年冬至的时候，百官都到太子宫中称贺，杨勇命令张乐受贺，结果无意中超出了礼制的规定。这件事情传到了独孤皇后那里，她就对隋文帝说："太子勇率性任意，动多乖张，今日冬至，百官循例进宫，他却让张乐受贺，圣上尚需劝诫他一番才好。"隋文帝听说了这件事情之后，心中也很是不快，于是就下诏群臣，令此后不得擅自朝贺东宫。隋文帝对于太子杨勇也渐渐有了猜忌之心，宠爱大不如前了。

太子杨勇处境困窘，元妃也常常担心焦虑，忧虑成疾，后来抱憾离开了人世。而云昭训又是一个不甚操心政事的女子，整日与杨勇醉心于儿女之情。元妃死后不久，云昭训生下了一子，很得杨勇喜爱。元妃的死本来是很正常的事情，但是独孤皇后却横加猜忌，以为是太子有意谋害了元妃，如今偏妃生子也就成了太子杨勇的罪孽，使独孤皇后对他大为不满。独孤皇后也就有了废去太子杨勇的意思，并将这些报告给隋文帝，准备等待合适的时机，废去杨勇的太子之位，另立新太子。

晋王杨广生性诡谲，是个很狡诈的人，善于矫饰逢迎，早就觊觎太子的位置。他见杨勇不得独孤皇后的欢心，于是就一味迎合独孤皇后。杨广的正妻是萧妃，他知道独孤皇后不喜别人宠幸姬妾，为了取悦独孤后，他不惜将其他姬妾所生的骨肉都命人掐死，只有正妃萧氏所生的孩子才禀告父母。这样一来，就正中了独孤皇后的心意，以为杨广与原配的萧妃厮守终身，所以对他很是喜欢。有一次隋文帝和独孤后一起到杨广的晋王府去，杨广知道隋文帝和独孤皇后都素性节俭，最恨奢华的行为，于是就预先命人将王府中的那些美姬都藏了起来，只留下几个又老又丑的宫女当作侍役，穿的也全都是粗布的衣服。杨广与萧妃两个人也都穿得很朴素，屋子里的一切华丽陈设都撤去，换上了简陋的装饰，架上的诸般乐器也都积满了灰尘，望上去就好像长久都没有动过了的样子。隋文帝和独孤皇后到晋王府看到这些，心里很满意，对杨广也极有好感。从此之后，独孤皇后对杨广更是另眼看待。独孤皇后遣亲信左右到晋王府第探视时，杨广也总是小心伺候，不论来使的身份是贵是贱，都亲自与萧妃到大门外迎接，设宴款待，并送以厚礼。时间久了，说杨广好话的人就越来越多了。独孤皇后改立杨广为太子的心思就越来越强烈，常常拿这件事情与杨坚商量。

杨坚虽然有改立杨广的意思，但是太子杨勇也没有大的过错，觉得很不好施行，一直犹豫不决。杨广这时候镇守扬州，不到半年他就请表回朝。杨广对朝臣们谦和礼让，恭敬有加，宫廷内外，对杨广都是交口称赞。过了几天，辞行还镇的时候，杨广面见独孤皇后，献谗言说杨勇忌恨自己，假装很害怕的样子。独孤皇后不知就里，想起先前杨勇的诸般不是，就愤然道："我为他娶元氏女，竟不以夫妇礼待之；元氏女向来身体健全，竟会一旦暴亡，他却毫不悲伤，反与妖姬云氏淫乐。我也疑惑元氏被他所害，只是暂时容忍。现在他却越发狂妄，竟想加害你！我活着他已是如此，往后真不堪设想了。"独孤皇后废杨勇改立杨广的想法更加坚决了。

大臣杨素看到独孤皇后对杨勇不再宠爱，也常向隋文帝谗言太子失德。内外交谗，隋文帝也动了废立太子的主意。不久，宫廷内外就都知道了废立的消息。消息传到了东宫，杨勇心中慌乱，竟秘密地叫巫师来府中作法。结果这个消息被人探听了去，报告给隋文帝和独孤皇后，当晚隋文帝就命杨素到东宫探虚实。杨勇心无城府，以为杨素真心好意到府中慰问，便口无遮拦，言语之中露出怨愤之气。杨素回宫将这些报告给隋文帝，隋文帝大怒，决定第二天就宣诏废掉杨勇。开皇二十年（600年）十月，年届花甲的隋文帝在独孤皇后主张下将嫡长子杨勇废为庶人，十一月立次子晋王杨广为皇太子。

东宫易储之事开始于开皇中期，先后近10年的时间，在开皇末年终于结束。在这个过程中，隋文帝虽然是直接的执行者，但是独孤皇后在其中所起的作用是很大的。

仁寿二年（602年）八月，文献皇后病逝永安宫中，终年59岁，葬于太陵。从此之后，隋文帝失去了一个贤内助，也没了严厉的约束，开始宠幸宣华、容华二位夫人。由于年纪老迈，且纵欲无度，时间不长，到仁寿四年（604年）秋七月，杨坚便病卧仁寿宫了，病情渐趋加重。这时候，他才想起了独孤皇后，叹息道："假使有皇后在，我不会这样啊。"不久，杨广开始显出顽劣的本相，并且趁机调戏宣华夫人，隋文帝听说后哀叹道："畜生何足托大事，独孤皇后误我大隋。"然而此时已于事无补。不久，杨坚去世，杨广继位，也就是历史上最荒淫无道的隋炀帝。继位后短短的十几年时间，隋炀帝就葬送掉了其父隋文帝苦心经营数十年的隋帝国。

隋文帝皇后独孤伽罗是生活在中国南北朝至隋朝时期的一位杰出女性政治人物，为隋文帝朝政治系统核心人物。在皇后积极参与和协助下，隋文帝北御突厥、南平陈朝，一统华夏，使得社会安定、国家富强，动荡分裂近四百年的南北双方在政治、经济、文化等各个方面逐步融合发展，从而开启了隋唐盛世。

独孤伽罗不仅在政治作为上可圈可点，其本身也是一位具备鲜明个性的历史人物。她既有鲜卑女子的英气妩媚、大胆真率，又有汉家女儿的优雅聪慧、柔情体贴，隋文帝杨坚对其可谓言听计从、迷恋终生。夫妻俩五儿五女、一母同胞；同居共寝、并辇上朝；朝夕相伴，情深意长，六宫常年虚设。独孤皇后去世后，隋文帝一下失去了生活的重心，不到两年也随之离开人世。临终前，隋文帝仍然希望能够在地下永恒的世界里和妻子重逢。生死相随，夫妻情深，无过于此，隋文帝和独孤皇后可谓创造了中国古代帝王后宫生活的奇迹。

但是在东宫易储的事情上，她受到杨广的蛊惑，最终与隋文帝杨坚选择了错误的继承者，致使隋朝的大好基业在仅仅十几年的时间里毁于一旦，独孤皇后的得失也为后人广为评说。

韦皇后：牝鸡司晨，扰乱朝政

韦皇后（？—710年），唐中宗李显第二任皇后。京兆府万年县（今陕西省西安市）人。父韦玄贞，母崔氏，邵王李重润、永泰公主、永寿公主、长宁公主、安乐公主生母。

韦氏出身高贵，曾祖父韦材，隋代仪同三司、左武侯骠骑将军、坊州刺史、恒安县开国伯，祖父韦弘表，贞观年间为曹王府典军，父亲韦玄贞，原为普州（今四川省安岳县）参军。

韦氏自幼读书，天生丽质，妖媚诱人。李显为太子时，纳韦氏为太子妃。

弘道元年（683年），韦氏生下一个儿子李重润，也是李显的长子。高宗为了表达自己的喜悦，在重润满月时改年号为永淳，并且还破天荒地将这位襁褓中的孙子立为皇太孙。其后，韦氏又陆续生下四个女儿，即永泰、永寿、长宁、安乐四位公主。

嗣圣元年（684年），李显登基，韦妃被立为皇后。李显继位后，对韦氏的感情依然如故。韦氏的父亲韦玄贞从普州参军升为豫州刺史，时隔不

唐高宗李治像

久，便到宫内当侍中。

韦玄贞依仗韦皇后的地位，无功而步步高升，引起朝中大臣的不满。裴炎入朝劝谏，中宗十分反感地说："我把天下给韦玄贞也没有什么了不起，何止一区区侍中呢？"裴炎当即把这话传给了太后武则天，武则天大怒，当下与裴炎商量，决定要挟中宗退位。这年二月，武氏密召中书侍刘祎之，羽林将军和务挺、张虔勖等率兵入宫，在乾元殿召集百官。武则天临朝，裴炎大声宣布太后敕令：废中宗为庐陵王。李显惊慌，问："为什么？我有何罪？"武则天大声呵斥："你把天下都要拱手送给韦玄贞，还能说无罪？"李显万万想不到一句气话，丢掉皇帝的宝座，韦氏更想不到丢了皇后之位。就这样，继皇帝位才55天的李显被武则天废为庐陵王，被贬出长安。事后，中宗的弟弟李旦做了傀儡皇帝，也就是睿宗。

中宗被废为庐陵王后，携永泰、永乐、长乐公主迁到房州（今属湖北）。在赴房州途中，韦氏分娩，李显脱衣做褓褓，于是起名裹儿，就是后来的安乐公主。此后14年中，韦氏一直陪伴中宗，备尝难苦。每次听说敕使到来，中宗免不了恐惧一场。因为中宗深知武则天的厉害，他怕落得兄长李弘、李贤的下场，每日提心吊胆地生活，真不如早早去死。李显每当听到武则天派使者前来的消息，就惊慌失措地想要自杀，韦氏制止他说："祸福并非一成不变，最多不过一死，您何必这么着急呢！"时间长了。中宗完全相信韦后所言，精神上完全依赖韦氏，对韦氏发誓说："我若重登皇位，只要是你要干的事，想要的东西，我一定满足。"

韦氏的家族在中宗被废黜后，境遇惨痛。父亲韦玄贞配流放钦州而死，母亲崔氏被钦州首领宁承兄弟所杀。兄弟韦洵、韦浩、韦洞和韦泚全部死于容州。两位妹妹，逃窜获免。

武则天称帝后，由谁来继承帝位，一直困扰着她。她在立子还是立侄上犹豫不决。此时，狄仁杰进言："太宗皇帝栉风沐雨，亲冒刀

枪箭镞，平定天下；高宗将二子托付陛下，陛下今乃欲让位他族，有违天意。且姑侄与母子谁亲？陛下立子，则千秋万岁之后，配食太庙，承继无穷；立侄，则未闻侄为天子而祭祀姑姑太庙的。"武则天顿时感悟。当日，武则天对狄仁杰说："朕梦见鹦鹉两翼折断，是何征兆？"狄仁杰借题发挥："武者，陛下之姓，两翼，二子也。陛下起用二子，即可振翅高飞。"至此，武则天主意就定下来了。

狄仁杰像

圣历元年（698年）三月，武则天假托李显有病需到洛阳治疗，派遣职方员外郎徐彦伯秘密召回李显及家人。九月，武则天重新立李显为皇太子，韦氏再次当了太子妃。

李显被重立为太子之后很注意搞好与母亲武姓家人的关系，出于这一动机，他决定和武氏联姻，将女儿永泰公主嫁给了武则天的侄孙武延基，成了魏王武承嗣的儿媳。中宗与武家结亲，无疑是想通过裙带关系稳固确立自己的地位。

大足元年（701年），韦氏的独子邵王李重润和女儿李仙蕙、女婿武延基一起议论张易之、张昌宗兄弟。随后在九月初三，李重润和武延基被武则天赐死。九月初四，女儿李仙蕙逝世。

神龙元年（705年）正月，82岁的武则天病重。凤阁侍郎张柬之、鸾台侍郎崔玄暐等五人，发动兵变，杀张昌宗、张易之及武氏家族数人，逼迫武则天禅让，李显复辟，史称神龙政变。

李显先把弟弟相王李旦加为安国相王，拜太尉、同中书门下三品；又给妹妹太平公主加了镇国太平公主的称号，以表彰二人的拥立之功，张柬之、崔玄暐等人也加官晋爵。二月，复国号为唐，一应典制，悉复唐朝前制。

　　李显复位后，马上立韦氏为皇后，又不顾大臣的劝阻，破格追封韦后之父亲为王，并让韦后参与朝政，对张柬之等功臣却不加信用。另外，又将幼女安乐公主嫁给武三思之子武崇训。

　　李显复位后，召幸上官婉儿，封为昭容，教她专掌制命，负责起草皇帝的诏令，掌握生杀大权。上官婉儿的祖父上官仪、父亲上官庭芝，高宗时因参与反对武后摄政一事，父子同被诛杀，母亲郑氏带着襁褓中的上官婉儿被罚到宫中做苦役。上官婉儿长在宫廷，长大后，容貌迷人，写得一手好文章，被武则天召到宫中参与政事。后来上官婉儿与武则天的侄儿武三思勾搭成奸，中宗复位，婉儿为了巴结韦后，又把武三思介绍给了韦后。从此，二人常在中宗面前夸耀武三思的才能，极力推荐，中宗也就满足了这两个女人的愿望，任命武三思当了司空，同中书门下三品。

　　韦氏重新被立为皇后，不接受以往的教训，便像武则天在高宗朝那样干预起朝政来了。韦氏曾上表，请求修服役制度，23岁为成丁，开始服役，59岁免役，减短服役时间，修改后的服役制度受到百姓的欢迎。每次朝廷议事，韦后像武则天那样，坐在殿上，干预朝政。许多大臣对韦氏干预朝政的做法不满，大臣桓彦范上表说："自古帝王，凡与妇人共议政事的，最后没有不国破人亡的。"中宗不听，不久又追赠韦后的父亲韦玄贞为上洛王，左拾遗贾虚己上疏说："自古的惯例对异姓人不封王，现在陛下中兴之日刚刚开始，千万百姓对大唐复兴拭目以待，您却先封后族为王，这可不是推广德行、实施仁政的行为。"中宗仍然执迷不悟，而且还把这些话告诉韦后，韦后怀恨在心。

　　左散骑常侍谯王李重福，是李显的庶子；他的王妃是张易之的外甥女。韦后讨厌李重福，便在李显面前诬陷他说："李重润被迫自杀，是李重福在则天皇帝面前诬陷所致。"李显因此将李重福贬为濮州员外刺史，不久又改任他为均州刺史，并且常常命令州官对他严加防范。

韦氏与武三思私通的事宫廷内外人人皆知,张柬之、崔皎多次进谏,要李显压抑诸武势力。中宗不听。后来,中宗采纳上官婉儿明升暗降的建议,封张柬之为汉阳王,桓彦范为扶阳王,敬晖为平阳王,袁恕己为南阳王,崔玄暐为博陵王,把诸大臣赶出朝廷。武三思等人还怕有后患,武三思暗自令人写了皇后的肮脏事,要求废黜皇后,贴在皇宫附近的天津桥边,又让人通报给李显。李显得知后,令御史大夫李承嘉调查真相。李承嘉是武三思的死党,不几天上奏中宗:"是张柬之等人所为,虽说是废皇后,实际是谋反,应当诛族。"李显再次下诏,把五王流放边州。韦后、武三思等人又篡改诏令,派人将张柬之五王分别杀害。

随后武三思便下令文武百官重新恢复执行武则天时期的政策,凡是拒不趋附武氏集团的人都被排斥去位,那些被张柬之、桓彦范等人贬逐的人又重新得到起用,朝政大权全部落入武三思之手。

不久,韦后与武三思又日夜不停地诬陷敬晖等人,于是李显又将敬晖降职为郎州刺史,将崔玄降职为均州刺史,将桓彦范降职为亳州刺史,将袁恕己降职为郢州刺史;当时与敬晖等一起诛灭张易之、张昌宗而立下功勋的人都被当作敬晖等人的同党而受到贬职处分。

李显凡事都和韦氏、武三思商量,但立太子之事,李显没和韦氏、武三思商量,神龙二年(706年),立李重俊为皇太子。韦后认为太子李重俊不是她自己亲生的,所以很讨厌他;特进、德静王武三思尤其忌恨太子李重俊。上官婉儿因为与武三思私通的缘故,在她所拟定的制书敕令中,常常推崇武氏集团。安乐公主与驸马、左卫将军武崇训经常

张柬之塑像

欺凌侮辱太子，甚至有时称太子为奴才。武崇训还唆使安乐公主向唐中宗建议废掉太子，立她自己为皇太女。

李重俊生活在唾骂、白眼之中，时间久了，咽不下这口气，终于在神龙三年（707年）七月发作了。李重俊联合左金吾大将军李千里、左羽林大将军李多祚、右羽林将军李思冲以及李承况、独孤祎之、沙吒忠义等人，率左右羽林军及千骑三百余人发动兵变。他先冲入武三思的府邸，杀死武三思、武崇训父子及其党羽十余人，而后率军闯入肃章门，在皇城内搜寻韦皇后、安乐公主与昭容上官婉儿。韦皇后闻变，簇拥着唐中宗奔向玄武门，并召左羽林军将军刘仁景护驾，让他率领留军飞骑及百余人在楼下列守。

随后，李多祚等率军赶至，想冲上玄武门楼，结果被宿卫士兵阻住。唐中宗趴在楼槛上，对千骑士卒喊话道："你们都是我的卫士，为何要作乱？若能归顺，斩杀李多祚等，将长保富贵。"千骑军官王欢喜等人当即倒戈，斩杀李多祚和李承况、独孤祎之、沙吒忠义等。政变军溃散，政变失败。

李重俊政变失败后，率领百余骑兵奔出肃章门，逃往终南山。唐中宗令长上果毅赵思慎率轻骑追赶。李重俊到抵达鄠县西十余里处，麾下仅剩几个家奴跟随。他见天色已晚，便到树林中休息，结果被左右亲信杀害。唐中宗命将李重俊的首级斩下，又献于太庙，并以之祭奠武三思、武崇训父子，追赠武三思太尉梁宣王，武崇训赠开府仪同三司鲁忠王。

八月十三日，韦后及王公们已经下表，向李显进上应天神龙皇帝的尊号，请求将玄武门改名为神武门，将玄武楼改名为制胜楼。宗楚客又率领文武百官上表请求加封韦后的尊号为顺天翊圣皇后。李显全部同意。

安乐公主自称与崇训情深，为了将来同穴安葬，又要求把武崇训墓改赘陵，仿永泰陵墓。其实安乐公主早就与武崇训同族兄弟武延秀相好，武崇训一死，安乐公主干脆让父皇李显召武延秀入宫，名义上是帮助治丧，背地里陪侍枕席。李显得知后，令武延秀娶了安乐公主，并授他太常卿兼右卫将军，封昌国公。两人名正言顺做了夫妻，延秀入朝谢恩，又拜见了韦后。韦后见他风度翩翩，欲火复燃，迫令爱婿侍寝，母女同欢。

李显天天与韦后等以嬉游、宴乐为事，很少关心国政。安乐公主趁中宗高兴时要求父皇把昆明池划为她的私池。景龙二年（708年），宫中传闻说皇后衣裙上有五色云凝聚，是祥瑞，李显马上令宫监绘成图样，拿给朝中百官看。景龙三年（709年）冬至，李显到南郊祠堂祭天。国子祭酒祝钦明等提议"皇后也应合祭"，李显准奏，结果中宗初献，韦后亚献。景龙四年（710年），韦后随李显游春，赐宴群臣。当时散骑常侍马秦客、光禄少卿杨钧也在座，韦氏见他们二位年轻貌美，顿时欲火随起，散宴后，密令二人到宫中"待命"，趁中宗另幸别宫，即令二人轮流侍寝。韦氏的淫乱行为日益明目张胆，朝廷内外，几乎人人皆知。不久，定州人即及、许州参军燕欣融就韦后淫乱干政、图危社稷上疏中宗李显，中宗还未来得及处理，早被韦后探知。韦后立刻假传圣旨，将二人捕杀。

安乐公主、长宁公主及韦皇后的妹妹、上官婕妤、上官婕妤的母亲沛国夫人郑氏、尚宫柴氏、贺娄氏、女巫第五英儿、陇西夫人赵氏等人，全都仗势专擅朝政，大肆收受贿赂，为行贿者请托授官。不管是屠夫酒肆之徒，还是为他人当奴婢的人，只要向这些人行贿30万钱，就能够直接得到由皇帝的亲笔敕书任命的官位，由于这种敕书是斜封着交付中书省的，因而这类官员被当时的人称为"斜封官"；如果行贿三万钱，就可以被剃度为僧尼。她们受贿之后，所任命的员外官、员外同正官、试官、摄官、检校官、判某官事、知某官事共计数千人之多。在西京和东都两地分别设置两员吏部侍郎，每年四次选授官职，选任官员达数万人。

韦后的野心越来越大，也想效仿武则天，过一把女皇的瘾。景龙四年（710年）六月，韦氏和女儿安乐公主合谋杀中宗。韦后把此事告诉了杨钧，杨钧、马秦客用毒药害死中宗。

李显死后，韦后秘不发丧。一面把各宰相召入禁宫，征集各府兵5万人屯守京城，让其家族人分领府兵，中书舍人韦元缴巡行京都六街，还命令左监门大将军兼内侍薛思简等人带领500名士兵迅速前往均州戍守，以防范均州刺史谯王李重福；一面与太平公主、相王李旦、上官婉儿议立太子一事。韦后任命刑部尚书裴谈、工部尚书张锡为同中书门下三品，让他们仍然担任东都留守。韦后又任命吏部尚书张嘉福、中书侍郎岑羲、吏部侍郎崔湜为同平章事，朝政大权尽落韦氏之手。上官婉儿与太平公主起草了一份遗诏，立李重茂为皇太子，李旦辅政，韦后为皇太后摄政，以平衡各方势力。然而宰相宗楚客伙同太常卿武延秀、司农卿赵履温、国子祭酒叶静能以及韦家诸人一同劝说皇太后韦氏沿用武则天的惯例登基称帝，当时守卫宫城的南北禁卫军以及地位重要的尚书省诸司，都已经被韦氏子弟所控制，他们大量网罗党羽，在朝廷内外互相勾结。宗楚客又秘密地上书皇太后韦氏，引用图谶来说明韦氏理当取代大唐朝而君临天下。宗楚客还打算害死殇帝，只是十分担心相王李旦与太平公主会从中作梗，于是与韦温和安乐公主密谋除掉他们。

正当韦皇后张牙舞爪、信心百倍地为登基称帝做最后努力之际，朝中另一股势力正悄然而起，相王李旦的四子李隆基，虽年仅19岁，但能力出众，胆识过人，深谋远虑，

《张果见明皇图》（局部）元·任仁发绘

颇有太宗风范，也是武则天最为赏识和喜爱的皇孙。太平公主对韦氏族党在朝一直不满，极力拥立相王李旦再次为皇帝，但遭到韦后、安乐公主强烈反对。得到消息的临淄王李隆基与太平公主商议，决定先下手为强。七月二十一日，正当韦后布置称帝的仪式时，中宗的侄子、相王李旦的三儿子临淄王李隆基在太平公主里应外合的配合下，发动唐隆之变，深夜率领禁卫军，捕杀武延秀等韦氏族党，杀死了安乐公主和上官婉儿。韦后惶惑中逃入飞骑营，有一个飞骑兵将韦后斩首，并把首级献给李隆基。不久李旦追贬韦皇后为庶人，葬以一品之礼。

韦皇后的叛乱被平后，李隆基扶持自己的父亲相王李旦再次登上皇位。

然而韦皇后毕竟不是武则天，能耐差点，不仅没有武则天的智商和才干，也没有武则天的杀伐和魄力，对朝廷的掌控力以及朝臣的支持力也远在武则天之下。韦皇后谋害亲夫、私通近臣、扰乱朝政的做法，不得人心，人神共愤，也引起众多朝臣的不满。雄心也好，野心也罢，每个人或多或少都会有自己的想法，如果想法合适，自己又能力出众，那么想法多半会变成现实。如果想法不切实际，又远远超出了自己的能力范畴，那么这样的想法注定只会成为不折不扣的闹剧。

上官婉儿：深宫才女，喋血皇权路

上官婉儿（664—710 年），复姓上官，小字婉儿，又称上官昭容。陕州陕县（今河南省三门峡市陕县）人，祖籍陇西上邽。唐代女官、诗人、皇妃。

上官婉儿是西汉上官桀、上官安、上官期祖孙三代的后裔，高祖父上官贤官至北周幽州太守，曾祖父上官弘曾在隋朝时任江都宫福监，祖父上官仪为唐高宗时宰相。

麟德元年（664 年），上官仪因替高宗起草将废武则天的诏书，与

上官昭容

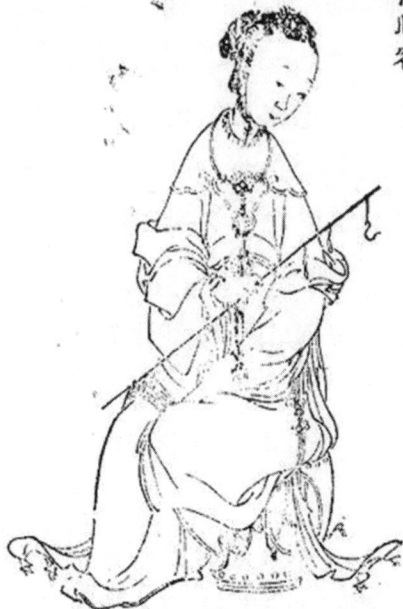

《历朝名媛诗词》中的上官婉儿画像？

父亲上官廷芝一起被武则天所杀，刚刚出生的上官婉儿与母亲郑氏同被配没掖庭。在掖庭为奴期间，在其母的精心培养下，上官婉儿熟读诗书，不仅能吟诗著文，而且明达吏事，聪敏异常。

仪凤二年（677 年），武则天召见了年仅 14 岁的上官婉儿，当场出题考较。上官婉儿文不加点，须臾而成，且文意通畅，辞藻华丽，语言优美。武则天览后大悦，当即下令免其奴婢身份，封为才人，让其掌管宫中诏命。武则天称帝前后，诏敕多出其手者，时称"内舍人"，有"巾帼宰相"之名。不久，上官婉儿又因违忤旨意，罪犯死刑，但武则天惜其文才而特予赦免，只是处以黥面而已。以后，上官婉儿遂精心侍奉，曲意迎合，更得武则天欢心。

上官婉儿因额有刺痕，便在伤疤处刺了一朵红色的梅花以遮掩，谁知却益加娇媚。宫女们皆以为美，有人偷偷以胭脂在前额点红效仿，渐渐地宫中便有了这种红梅妆。

从通天元年（696 年）开始，武则天又让其处理百司奏表，参决政务，权势日盛。

神龙元年（705 年），张柬之等拥护李唐宗室的大臣发动神龙政变，武则天被迫退位。神龙政变后，唐中宗复辟，又令上官婉儿专掌起草诏令，深被信任，拜其为昭容，封其母郑氏为沛国夫人。

上官婉儿与中宗韦皇后、安乐公主亦多往来，中宗懦弱，上官婉儿屡次劝说韦皇后行武则天故事。于是韦皇后上表请求规定全国士民百姓一律为被父亲休弃的母亲服丧三年，请求规定天下百姓23岁时才算成丁，到59年就免除劳役，改易制度，用来收取人心民望，这些李显都允准了。

上官婉儿又向韦皇后推荐武三思，将武三思领进宫中，李显于是开始与武三思商议政事，张柬之等人从此都受到了武三思的遏制。不久，武三思依靠韦皇后和安乐公主等人的支持，相继设计贬杀了张柬之、桓彦范、敬晖、袁恕己和崔玄暐等五王，权倾人主，不可一世。上官婉儿又与其私通，并在所草诏令中，经常推崇武氏而排抑皇家，致使太子李重俊气愤不已。

景龙元年（707年）七月，李重俊与左羽林大将军李多祚等，矫诏发羽林军三百余人，杀武三思、武崇训于其府第，并诛其亲党十余人，又引兵从肃章门斩关而入，叩击阁门而搜捕上官婉儿。上官婉儿急忙逃至唐中宗和韦皇后处，并扬言说："观太子之意，是先杀上官婉儿，然后再依次捕弑皇后和陛下。"李显和韦皇后一时大怒，遂带着上官婉儿和安乐公主登上玄武门躲避兵锋，令右羽林将军刘仁景率飞骑二千余人，屯太极殿前，闭门自守。最后，李重俊兵败被杀。

但据墓志记载，上官婉儿曾四次向中宗进谏，反对立安乐公主为皇太女，从检举揭发，到辞官不做，再到削发为尼，都没有得到唐中宗准许，最终喝毒药以死相谏，经太医紧急救治，才得以保命。

上官婉儿深得李显、韦皇后信任，专秉内政，祖父一案也被平反，上官仪追赠中书令、秦州都督、楚国公，上官庭芝追赠黄门侍郎、岐州刺史、天水郡公。

此后，上官婉儿又经常劝说李显，大量设置昭文馆学士，广召当朝词学之臣，多次赐宴游乐，赋诗唱和。每次都同时代替李显、韦皇后和安乐公主，数首并作，诗句优美，时人大多传诵唱和。对大臣所作之诗，李显又令她进行评定，名列第一者，常赏赐金爵，贵重无比。因此，朝廷内外，吟诗作赋，靡然成风。上官婉儿酷爱藏书，曾藏书

《百美新咏图传》中的上官婉儿画像？

万余卷，所藏之书均以香薰之。百年之后，其书流落民间，依然芳香扑鼻且无虫蛀。上官婉儿在这期间主持风雅，与学士争务华藻，写诗赛诗，对文人提拔奖掖。近代文艺理论家谢无量称"婉儿承其祖，与诸学士争务华藻，沈、宋应制之作多经婉儿评定，当时以此相慕，遂成风俗，故律诗之成，上官祖孙功尤多也"。

其母郑氏去世后追谥为节义夫人，婉儿上表将自己的品级降为婕妤以示哀悼，不久之后恢复。

李显派人又在上官婉儿居地穿池筑岩，穷极雕饰，常引大臣宴乐其中。当时，宫禁宽疏，允许宫内官员任意出入。上官婉儿遂与一些宫官在宫外购筑宅第，经常与他们交接往来，有的人因此而求得高官要职。中书侍郎崔湜就是因为与上官婉儿在外宅私通，后被引以为相的。不久，崔湜在主持铨选时，多有违失，被御史李尚隐弹劾，以罪被贬外州司马；也因上官婉儿和安乐公主为其申理，仍官复原职。

景龙四年（710年），太平公主势力日盛，上官婉儿又依附太平公主。六月，李显突然驾崩，韦皇后将台阁政职、内外兵马大权以及中央禁军等全部安排了自己的党羽和族人，朝政大权尽落韦氏之手。上官婉儿与太平公主起草了一份遗诏，立李重茂为皇太子，李旦辅政，韦皇后为皇太后摄政，以平衡各方势力。然而宰相宗楚客、韦温更改诏书，劝韦后效仿武则天。

得到消息的临淄王李隆基与太平公主商议，决定先下手为强。七月二十一日，李隆基发动唐隆之变，以禁军官兵攻入宫中，杀死韦后、安乐公主及所有韦后一党，拥立其父李旦。上官婉儿执烛率宫人迎接，并把她与太平公主所拟遗诏拿给刘幽求观看，以证明自己是和李唐宗室站在一起的。刘幽求拿着遗诏求李隆基开恩，但李隆基认为："此婢妖淫，渎乱宫闱，怎可轻恕？今日不诛，后悔无及！"遂杀上官婉儿于旗下，八月，葬于雍州咸阳县茂道乡洪渎原，复封为昭容，谥号惠文。

开元初年，李隆基派人将上官婉儿的诗作收集起来，编成文集20卷，令张说作序。但据张说所著《唐昭容上官氏文集序》，结合墓志内容推测，应该是太平公主上表请求编集文集。此集今佚，《全唐诗》仅收其遗诗32首。

上官婉儿在诗歌方面继承和发展了祖父上官仪的文风，重视诗的形式技巧，对声辞之美较为看重，擅长体现事物图貌的细腻、精巧。中宗年间，因其政治地位的影响，"绮错婉媚"的诗风逐渐影响了宫廷诗人乃至其他士人的创作方向，"上官体"也成为上流社会的创作主流。王梦鸥在《初唐诗学著述考》中记载"尤以中宗复位以后，迭次赐宴赋诗，皆以婉儿为词宗，品第群臣所赋，要以采丽与否为取舍之权衡，于是朝廷益靡然成风"。

此外，上官婉儿还在开拓唐代园林山水诗的题材方面多有贡献，如《游长宁公主流杯池》，突破了以往写景状物的宫廷诗歌形式，寓情于景，却更具有自然山水味。清代文人陆昶在《历朝名媛诗词》中称赞道"昭容才思鲜艳，笔气舒爽，有名士之风"。

才华诗文不让须眉男子，其人品功过颇具争议。有人赞其文才，有人批其淫媚，极度推崇者有之，轻视鄙视者有之。而她与武则天长达27年的共处亦让后人津津乐道。《旧唐书》《新唐书》等正史中都对上官婉儿有记载，但较为体现她奉承权贵、淫乱宫闱，并操纵政治，控制朝纲的负面事件。但与上官婉儿同时代的文人，如张说、武

上官婉儿墓志

平一等对其人其事评价很高，至近代以来，越发被学者推崇。上官婉儿以一介女流，影响一代文风，这在中国古代文学史上是很少见的。她不仅以其诗歌创作实绩，而且通过选用人才、品评诗文等文学活动倡导并转移了一代文风，成为中宗文坛的标志者和引领者，对于当时文坛的繁荣和诗歌艺术水平的提升具有重要作用。

古代虽有女子做官，但数量较少。女官类似正常官员，担任某项宫内职务，又称内官、宫官，俗称女太监，是指替帝王家打理后宫事务、又没有妃嫔名分的高级宫女。不同于宫女的是，女官们有官职，享俸禄。

唐代有非常完善的女官制度，分为尚宫、尚仪、尚服、尚食、尚寝、尚功、宫正等多个部门和职位，还设有文学馆。女官官位高者，可至一品。不仅在宫中受人敬重，在外朝也颇得朝官逢迎，如南北朝时期南朝宋国的韩兰英上献《中兴赋》，被召入宫任博士，教宫人书学。她因学问渊博，且年高有德，受到大家的尊重，被敬称为"韩公"。

历史上，确有女官因为得宠而成为妃嫔，但对于大多数女官而言，并不成立。稍有过错，女官还有被降为宫女的可能，甚至会遭到更严厉的惩罚。但因为才学而得宠，甚至权倾朝野的女官，数来也只有上官婉儿一人。

第十一章

祸乱宫闱

昭信：残忍毒辣，嗜杀成性

昭信（生卒不详），汉景帝之孙广川王刘去的姬妾。

刘去（？—公元前71年），汉景帝曾孙，广川王刘缪之子。汉武帝征和二年（公元前91年），缪王病死，因有罪国除；同年武帝复立其后，刘去被立为广川王。

刘去作为诸侯王，也是妻妾成群，确切的数字糊的而知，但从历史的记载中看，最少也在数十人。据史料记载，刘去最先宠爱王昭平、王地余二姬，答应将他们立为王后。但一次刘去生病，一个叫作昭信的姬妾服侍细致周到，刘去又移情宠爱昭信。王昭平、王地余二姬嫉妒之余便私下合谋，想要加害昭信。刘去与王地馀嬉戏，王地馀的衣袖中掉出一把刀子。经过拷打，王地余招认说要与王昭平一起杀死昭信。

于是刘去召集诸位宠姬，当众亲手杀死了王地馀，让昭信亲手杀死了王昭平。怕这种滥杀行为泄露，又绞杀三名贴身奴婢，并将二人尸体掘出，烧为灰烬。

刘去立昭信为王后，但刘去又爱其他的姬妾，如陶望卿、崔修成等人。昭信是个妒妇，诬告陶望卿，说她和别人有奸情。刘去听信谗言，带着昭信和诸位姬妾到了望卿住处，剥去陶望卿的衣服当众击打她，

汉宣帝像

让其他姬妾用烧红的烙铁灼烧她。陶望卿投井自杀，昭信让人捞出来，把木棒塞进她的下身，割掉她的鼻子、嘴唇和舌头。然后和刘去一起肢解陶望卿，放到大锅里面，加上避邪的桃灰和毒药蒸煮，把其他姬妾叫来观看。杀死了陶望卿后，又杀了她的妹妹陶都。然后，刘去把别人和陶都的尸体一起送给陶母，陶母说，一具是陶都的尸体，但另一具则不是陶望卿的，昭信又让人杀了这可怜的陶母。

刘去曾经召一名叫作荣爱的爱姬一起饮酒，昭信就又说荣爱与别人私通。荣爱吓坏了，投井自杀，却又没有死成，捞上来严刑拷打，她招认说与医生通奸。刘去就把荣爱绑在柱子上，用烧红的刀子捅瞎了荣爱的双眼，活活割掉她的双股，把铅水灌到她的嘴里。荣爱被折磨死后，刘去就将尸体肢解后掩埋了。

据史书记载，凡是因为受到刘去宠幸而被昭信秘密杀害的女子，就有 14 人之多。

昭信除掉自己的情敌之后，就对刘去说，其他这些姬妾都很淫荡，管不住，干脆把她们的大门锁起来，没有大事不准出来。这些姬妾实质上成为囚徒。

刘去和昭信的滥杀，最终被揭发出来，上奏给汉宣帝，朝野哗然。汉宣帝让大臣讨论该如何处理，大臣建议处死这对惨绝人寰的王与后，但皇帝说："朕不忍致法于王，议其罚"，就是不要追究刑事责任，以罚代法算了。最后汉宣帝下诏革去了刘去的王位，将他贬为庶民，流放上庸（今湖北竹山县）。刘去在流放途中自杀身亡，王后昭信后被弃市。

贾南风：丑女悍妇，凶妒暴虐

常言道：红颜祸水，美女误国，这似乎成了封建帝王们的大忌。而当历史的车轮碾过西晋王朝的时候，却出现了丑女误国的特例，丑女兴风作浪起来更甚于美女。这就是历史上著名的丑女皇后贾南风。

贾南风（257—300年），即惠贾皇后，小名旹，平阳襄陵（今山西襄汾东北）人。西晋时期晋惠帝司马衷的皇后，权臣贾充的女儿。

曹魏末年，相国加晋王的司马昭早有夺权之心，所谓"司马昭之心，路人皆知"。他听说通事郎杨文宗之女杨艳才貌俱佳，姿容秀丽，且占卜乃有"极贵"的后妃之相，便将她聘为长子司马炎之妻。此女果真是命中注定要当皇后，曹魏咸熙二年（265年），司马昭去世，司马炎继位为晋王。三个月后，司马炎逼迫魏元帝曹奂禅位，自称为晋武帝，杨艳自然被册封为皇后。

杨艳嫁给司马炎以后一直很受宠，先后为司马炎生下了三子三女，长子司马轨早逝，次子司马衷天生愚笨，丝毫没有治理国家的能力。据说，有一次，司马衷听说民间闹饥荒，饿死了不少人，他居然瞪着眼睛问左右侍从："他们怎么会饿死呢？没有饭吃，他们为什么不吃肉糜呢？"真是让人哭笑不得。当时晋武帝也开始怀疑将这个傻儿子立为太子是否合适，但杨艳身为母亲，对儿子天生白痴深感愧疚，一定要把最好

晋武帝像

401

的一切补偿给司马衷不可。于是在杨艳的极力偏袒下，这位白痴儿子终于当上了皇太子。

在皇太子13岁这年，杨艳坚持要求晋武帝给司马衷迎娶权臣贾充的女儿贾南风为太子妃，并在临终前流着泪恳求晋武帝娶她的堂妹杨芷为皇后，并把自己的儿子和媳妇托付给杨芷照料。杨艳怎会想到，她的一片苦心却把儿子送入火海，也为西晋王朝找好了掘墓人。

贾南风是贾充和郭槐之女。贾充是西晋的开国元勋，三代老臣，他最早是晋王司马昭的宠臣。司马昭欲立司马攸为太子，贾充力谏长子司马炎，这才使司马昭改变了主意。司马炎继位之后，贾充又帮他篡夺曹魏政权，杀死曹魏的高贵乡公曹髦，是西晋时期具有特殊地位的重臣。其母郭槐是当时城阳太守郭配的女儿，更是历史上出了名的妒妇，妒杀乳娘，惊死二子，一子还为其亲生，足可见这位贾夫人是个十足的母老虎。有这么一对声名狼藉的父母，不仅使贾南风极易跻身于最高权力阶层，而且生母的妒心之盛，在贾南风幼小的心灵中留下了深刻印象。母亲的妒忌，教她学会了一个女人该怎样维护自己的地位，获得应有的权益。家世门风，造就了贾南风妒暴酷虐的品性，对她的一生影响至深。

贾南风长大成人，并没有出落个沉鱼落雁之容、闭月羞花之貌，反而长得身材矮小，面目黑青，奇丑无比。谁知，这么一个丑女竟能嫁给当时的皇太子司马衷！

泰始七年（271年）七月，由于西北秦、凉（今甘肃天水、武威）一带氐、羌反叛，屡事侵略，平素对贾充深得武帝宠信颇为嫉妒的侍中任恺、中书令庾纯，就借机奏请朝廷派贾充出镇关中。武帝诏准，并确定于来年初发兵出征。贾充无法推辞，忧心如焚，直拖到十一月，才准备启程。临行前，贾充向荀勖求救。荀勖想出了一个办法，就是把贾充之女嫁给太子司马衷为妃，如能成就此事，武帝自然会将贾充留下。贾充听了此话，加以荀勖又自告奋勇，便设法促成这门亲事。

司马炎本打算娶卫瓘的女儿为太子妃，但杨皇后早就听贾充亲信和郭槐等人给她吹风，说贾女如何如何的贤德，便固执己见，与荀勖异口同声，请选贾氏。杨艳再三争辩后，司马炎仍不同意娶贾女为太子妃。这个时候，位居太尉、代行太子太傅之职的老臣荀𫖮也附和杨皇后，向皇上奏称贾充之女"姿德淑茂"，是太子妃的最佳人选。荀勖、荀𫖮与贾充都是武帝的亲信大臣，谋议决断军国大事，很受亲重。为太子妃人选一事，众人异口同声请选贾充之女，就连深知自己心意的杨皇后也态度鲜明，这就促使晋武帝不能不郑重考虑他们的意见。为了自己皇位的稳固，终于司马炎做出让步，决定娶贾充的女儿为太子妃。

这时，洛阳城天降大雪，把道路封得严严实实。本来就要率大军出发的贾充不得不原地待命，等待冰雪消融。荀勖等人不敢有丝毫怠慢，他们加紧活动，力促太子早日成婚。他上奏武帝："现仲春二月，天普降瑞雪，实是吉兆。皇太子应即择良辰成婚。"武帝恩准，于泰始八年（272年）二月，下诏为太子迎娶贾充之女。因为太子要与贾女完婚，贾充就不再西行。武帝遂又下诏，令他依旧官居原职。

迎娶之初，本来是要选贾充年方12岁的女儿贾午入宫。可笑的是，贾家的姑娘果然身材矮小，连结婚的礼服也穿不起来。无奈，只得换了贾午的姐姐贾南风。这年贾南风15岁，比太子大两岁。就这样，贾南风阴差阳错成了皇太子妃。

贾南风天生善妒，动辄就将她看不过眼的妃子置于死地。太子畏惧她的凶悍，其他姬妾难得被召幸一回。有一次，她听说司马衷的侍妾怀上了他的孩子，立即将这个侍妾押到面前，亲手拿起一支戟朝着宫女隆起的肚子掷去，母子二人当即毙命，胆小如鼠的太子却连个屁都不敢放。

对于贾南风的残酷，晋武帝十分愤慨，一度曾想将她废掉，谁知诏书还没下，就受到了杨芷的阻拦："陛下千万不要忘了贾充啊？"

与此同时，贾家亲信们也纷纷上书求情，遂使废妃之事不了了之。可见，贾充在西晋政权中地位牢固，权势显赫。事后杨芷好心提醒贾南风做事检点一些，结果却被贾南风怀恨在心，成为日后迫害杨氏家族的借口。

贾南风本人虽是女流，但她善于钻营，精于权术，史称"妒忌多权诈"，使得司马衷既害怕她，又受她的诱惑，喜欢她。晋武帝和朝臣们对太子司马衷的才识和能力，是很了解的，认为他"纯质"，"不能亲政事"。据称，当时司马炎为了测试他的傻儿子到底傻到了哪种程度，到底有没有能力做个皇帝，就命人出了一套试题拿给当时还是皇太子的司马衷来做。司马衷接到手里一看，傻了眼了，原来他一道题也不会做，叹息声中他刚想着把空白卷子交回去，他身边的小宦官劝说他找个太子府的枪手（官员）帮他作答。司马衷一听眼前一亮，便高兴地准备去找个高级的枪手来帮他考试。此时，他的老婆，当时的太子妃——贾南风阻止了他的想法。因为平日里司马衷已经给皇宫上下所有人留了一个并不聪明的印象，如果请高手作答。反而会引起当时皇帝司马炎的怀疑，不如找个一般的枪手来作答，这样不但不会引起众官员的质疑，也不用给那个不知名的枪手多少回报便可了事。于是乎，司马衷在他老婆贾南风的帮助下及了格，并在司马炎仙逝后顺利坐到了皇帝的宝座上。贾南风怕暴露出丈夫的无能，即想出一条让外人替太子做答案的诡计，才算蒙混过关. 使皇太子得以保存太子位，并顺利取得皇位。

司马衷像

太熙元年（290 年）四月，晋武帝去世，太子司马衷继皇帝位，是为晋惠帝，贾南风被册立为皇后。惠帝暗弱无能，沉湎于酒色，国家政事，懒得去管，皆由贾南风干预。故西晋政权，从贾南风立为皇后之日起，政局便处于动荡不安中。

贾南风为了掌握朝政大权，采取滥杀无辜，诛灭异己的办法，巩固惠帝的统治地位。晋惠帝的辅政大臣、太傅杨骏也惨死在贾南风之手。杨骏是晋武帝的第二任皇后杨芷之父。晋武帝自太康灭吴之后，天下无事，遂不再留心朝政，整日沉浸在酒色之中，朝中事务依赖后党杨氏。此时杨骏、杨珧、杨济位居三公，时号称"三杨"，可谓权倾一时。对杨骏其人，尚书褚契、郭奕曾上书晋武帝，说："（杨）骏小器，不可以任社稷之重。"武帝不以为然。司马衷继帝位，任杨骏为太傅，做辅政大臣。凡朝中之事，杨骏必亲自过问，"百官总己"；由于害怕"左右间已，乃以其甥段广、张勋为近侍之职""又多树余党，皆领禁兵"；然而杨骏在处理一些重要事情上。"谬古义，动违旧典"，于是出现了"公室怨望，天下愤然矣"局面。在对待贾南风的问题上，"骏知贾后情性难制，甚畏惮之"，而"贾后欲预政事，而惮骏未得逞其所欲，又不肯以妇道事太后"。一味专权的杨骏与权力欲熏心的贾南风之间形成了不可调和的矛盾。经过激烈的明争暗斗，贾南风终于在永平元年（291 年）三月借汝南王司马亮和楚王司马玮之手，诛杀了太傅杨骏及卫将军杨珧、太子太保杨济、中护军张劭、散骑常侍段广、杨邈、左将军刘预、河南尹李斌、中书分蒋陵、东夷校尉文淑、尚书武茂等，"皆夷三族"。之后，贾南风又矫设废皇太后杨氏为庶人，关于金墉城，第二年迫害致死。

诛杀杨骏之后，贾南风任用大司马、汝南王司马亮为太宰，与太保卫瓘共同辅政。西晋初期，晋武帝大行分封宗室，然而受封的诸王并没有去藩镇，而是留在京师，有些藩王还掌握有相当的兵权。如楚王司马玮就是一例。诸王的存在．对皇帝的统治极为不利。这时辅政大臣汝南王司马亮，为削弱诸王的权势，力主"遣诸王还藩"，太保卫瓘也完全赞成此举。这就引起楚王司马玮对汝南王亮和卫瓘的极大不满。卫瓘可是西晋开国元勋，他极力反对晋武帝册立司马衷为太子，贾充对贾南风说："卫瓘老奴，几破汝家。"因此，贾南风对卫瓘一直存在"宿怨"，加上卫瓘现任太保，使得贾南风"不得骋己淫虐"。为把朝政大权紧紧掌握在手中，贾南风便"谤瓘与亮欲为尹霍之事"。永平元年（291 年）六月，贾南风终于又导演了一场"矫诏使楚王玮杀太宰、汝南王亮，太保、淄阳公卫王莲"事件。后又以"擅杀"罪名，诛杀了楚王司马玮。

贾南风大权独揽，惠帝完全成为贾南风任意摆布的一个傀儡。她再也无所顾忌，将朝廷完全置于自己控制之下，遂大肆委用亲信、党羽，派他们担任重要官职。贾南风的族兄贾模和其舅郭彰，分掌朝政，后母广城君养孙贾温干预国事。而自己也肆无忌惮地开始了荒淫的生活，不仅和太医程据胡来，还派人到民间广觅美貌男子寻欢作乐。她手下有批人专门给她到处物色健美的少年，秘密送到宫中。那一时期，经常发生俊美男子失踪的事，原来都是被贾南风弄到宫中，供其淫乐后，便被秘密杀死埋掉了。唯有一个城南小吏，因为不但长得端丽，而且生性乖巧，能说会道，很得贾南风怜爱，这样他才捡了一条命，活着出来。

贾南风如此飞扬跋扈，可她自己没有儿子，只为晋惠帝生了四位公主，自然也害怕有朝一日司马衷死掉，自己被新皇帝追究。司马衷的淑媛谢玖在司马衷还是太子之时曾为其产下一子司马遹。惠帝继位之后，立司马遹为太子，谢玖为淑妃，但是贾南风不准太子与亲生母亲见面。为了达到长期有效地控制朝政的目的，贾南风假装怀孕，好长时期深居内宫，不见外人，暗地里把妹夫韩寿之子韩慰祖收养起来，冒充是自己与司马衷所生的儿子。

贾南风的"暴戾"和"专制天下"及废黜太子奸谋，终于引起司马氏宗室诸王的强烈不满和反对。于是右军将军赵王司马伦、孙秀等人"因众怨谋欲废后"。此时的司马遹已经长大成人，且非常聪明，这更加让贾南风坐卧不安，生怕有人借拥立太子之名废掉自己的皇后之位。于是她决定杀死太子，以绝众望。

元康九年（299年），贾南风派人灌醉司马遹，使他在酒醉中抄下自己早已写好的谋反书信，借此诬告太子谋反，操纵廷议将司马遹关入金墉城，迫害致死，并将其母谢玖也拷打致死。

贾南风以为太子被杀，对自己心怀不满的朝臣便没有了可推举的首脑，便会善罢甘休。但适得其反，终于激起了宗室诸王纷纷反抗。永康元年（300年）三月，梁王司马彤、赵王司马伦等率兵入宫，废贾南风为庶人，诛杀了贾南风的党羽数十人，将横行一时的贾南风关入金墉城。不几日，赵王司马伦矫诏，赐其金屑毒酒一杯，贾南风一命呜呼，但她一手导演的乱局才刚拉开大幕。

从这年八月，淮南王司马允举兵讨赵王司马伦开始，西晋宗室之间也开始了互相残杀. 这就是历史上著名的八王之乱。贾南风的干政，使西晋"宗室日衰"，大一统的中国. 从此陷入了300多年的分裂割据局面。贾南风死去仅十几年，腐败透顶的西晋王朝就被送进了历史的坟墓。此后，中原大地上形成了"五胡十六国"的混乱局面。这一切，曾经做了11年皇后、专制天下的贾南风，负有不可推卸的责任。

由于乱政与陷害他人的事迹，贾南风一直被视为后宫乱政的典型负面人物，其为人凶妒暴虐，手段往往残忍而极端。但同时贾南风又能够任用人才，她实际掌权时期中央政权的主要人物中，张华出身庶族仍被提拔主政，裴頠是大学者，王戎为当时名士，即使诸如亲族贾模都有直言进谏的表现。所以《晋书》为代表的中国传统历史观对贾南风本身多有贬谪，但是对于其掌权八年期间的朝政却多次描述为"海内晏然""朝野宁静"，是西晋历史上除开国皇帝晋武帝朝以外绝无仅有的稳定时期。贾南风的凶残手段针对的基本都是对于其地位有威胁的政治对手，尤其是西晋皇族，而相比发动禁军兵变杀死贾后的司马伦，上台即杀害张华、裴頠等多年内治政有方的大臣，与贾后有过之而无不及，而掌权至称帝仅一年即兵败身死，不及贾后时期能维持多年朝野安定。

刘玉娘：姿色绝众，兴利聚财

刘玉娘（？—926 年），魏州成安人，后唐庄宗李存勖神闵敬皇后。

刘氏本是后唐庄宗李存勖的母亲养的一歌舞之伎。刘氏五六岁时，晋王李克用攻打魏州，掠夺成安，李克用的副将袁建丰得到刘氏，将她送到晋王宫里，李克用的妻子曹氏（贞简皇后）教她吹笙歌舞。众所周知，后唐庄宗李存勖少年时期英武果敢，虽有才略，但极好玩乐。作为父亲李克用最为宠爱之子，当然有经常出入掖庭的权利。于掖庭中，与刘氏有一面之缘，但此后竟对刘氏情爱陡生。开平二年（908 年），李克用去世，李存勖继晋王位之后，就向母亲求娶刘氏，母亲很快就把刘氏送给了李存勖。

之前，李存勖在夹城攻打后梁军，得到符道昭的妻子侯氏，专宠后宫，宫中称她"夹寨夫人"。李存勖出兵四方，常叫侯氏相随。但不久，刘氏便为李存勖诞下一子——李继岌，李存勖见儿子的相貌性格与自己非常相像，从此刘氏专宠。自从攻下魏博，河上交战十多年，只叫刘氏随军。刘氏多智谋，善迎意承旨，其他嫔妃得不到机会进见。

刘氏的内心渐渐产生了对后位的渴求。但她出身低微，无法与其他两位出身名门的夫人比肩。正当刘氏为此事苦恼之时，失散多年的父亲却找上门来，思女心切的父亲无论如何也想不到，自己的亲生女儿会残忍地将他赶出去。

庄宗听闻有人自称是刘氏的生父，便请进宫与刘氏相见，还派人找来当年抢掠刘氏的将校袁建丰辨认，希望证实这位失散多年的岳父，以便让其与刘氏相认。经袁建丰辨认之后，认为此人便是刘氏的生父，李存勖为此非常高兴，立即派人去报告刘夫人这个好消息。刘氏因为很小就离开了父亲，对于生父的模样，刘氏早已忘记，但既然已经袁建丰辨认过了，生父定然确定无疑。其实，刘氏心里是非常想与父亲相认的，但适逢她与韩氏夫人争夺后位，而她已夸耀自己出身高贵。在李存勖建立后唐时，就欲立刘氏为后，但其母曹太夫人认为她出身低微，不太合适，李存勖这个孝子便服从了。对此刘氏早已心知肚明。因此，现在如果认下这个没钱没权的父亲，自己已经出口的话岂不是不攻自破。皇后之位岂不就随之成了泡影了。经过权衡其中的利弊，刘氏决定拒认生父。

刘氏即刻前去见李存勖，上言道："臣妾当年离开家乡之时，父亲已不幸死于战乱。我清楚地记得，当时我还曾抱着父亲的尸首痛哭。现在，臣妾何来生父？这又是从哪里来的农家老翁，敢胡乱冒认？定是前来敲诈赚取富贵的蛮人。陛下，您还记得大唐德宗年间那个冒充沈太后的高氏女子吗？"

李存勖听出了她话中的道理，他定然不会想到拒认生父的不孝之事，何况他又对刘氏宠爱有加。刘氏见李存勖相信了自己所说的话，便让侍卫将她可怜的父亲打了一顿板子逐了出去。老人气得昏了过去，醒来之后号啕大哭，从此再也没有了消息。刘氏逼走生父，足见其心狠手辣。

然而，李存勖对刘氏拒认生父一事也心存疑虑。李存勖素来就喜欢与伶人一起演戏，为此还有个艺名——"李天下"。为进一步探明虚实，他便发挥自己演戏化装的特长，扮成一个老者，身上背着个蓍草袋子，让儿子继岌戴着顶破草帽跟在后边身后，俨然是一个当年刘氏父亲行医占卜的桥段。刘氏正在午睡，儿子继岌便悄悄走到她的床前，大声说刘衙推（刘氏之父）寻访女儿来了。刘氏惊醒之后发现是儿子和丈夫乔装改扮来戏弄自己，不由大怒，拿起板子来就打儿子。李存勖赶忙劝止，告诉她这不过是开开玩笑而已。此时，刘氏又趁机哭闹一番，

后唐庄宗像

李存勖像

李存勖好言相劝这才罢休。自此，李存勖就再也不追究刘氏生父之事了。

同光元年（923年）四月二十五日，后唐庄宗李存勖称帝，建立后唐。李存勖想立刘氏为皇后，然而韩夫人是正室，伊夫人位次在刘氏之上，所以觉得很难办。为争取后位，刘氏可谓费劲了心机。她知道立后是天下大事，必须征得权臣支持才行，于是她私下让心腹去拉拢宰相豆卢革与手握军权的枢密使郭崇韬。

这豆卢革本也是圆滑之人，尤善见风使舵，早就有巴结李存勖宠爱的刘氏的心。他见刘氏主动上门攀附，便满口应允，表示愿助刘氏登上后位。但刘氏拉拢郭崇韬时并没有那么顺利，郭崇韬为人耿直，开始并不愿意支持刘氏做皇后，并且立场坚定。但是，由于当时郭崇韬憎恨宦官当权，言谈之中又常对宦官露出不敬之词，因此招致宦官们的不满。李存勖对郭崇韬也逐渐产生猜疑，言语之间显出自己的种种不信任。郭崇韬内心惶惑不安，也在苦心谋求良计消灾避祸。他的一位部将见刘氏主动拉拢，便对郭崇韬说："陛下最宠刘氏，立刘氏为后是早晚之事，大人不如先行向陛下奏请册立刘氏为正宫皇后，陛下必然会感激你的，而刘皇后也会记得你的恩德。有了刘氏的支持，宦官也就无法再加害你了。"郭崇韬听从了这个部将的建议，次日便联合豆卢革等大臣上奏皇帝，请立刘氏为皇后。李存勖确实满心欢喜，他也正有此意。同光二年（924年）四月十五日，李存勖在文明殿遣使册封刘氏为皇后；并封韩氏为贵妃，伊氏为德妃。

李存勖灭掉后梁后便开始纵酒逸乐，与先前的他判若两人。原本刘皇后就能歌善舞，李存勖又喜欢与伶人化装演戏，正好夫妻一同玩乐于宫中。再加上刘皇后志满意得，比先前更加骄横。

刘皇后非常狡猾，善于体察李存勖的想法，可也十分凶悍并且嫉妒心很强，李存勖对她是又爱又怕。曾有一个妃子，李存勖很是宠爱，还生过孩子。刘皇后很担心她会影响自己的地位，于是便醋意大发，欲除之而后快。一次李存勖在皇宫里设宴，宠臣元行钦（也是后梁的降将，曾赐名李绍荣）在座。李存勖知道他妻子刚死，随口说要帮他再娶一个，刘皇后便趁机让人唤来李存勖正宠爱的那个妃子，对李存勖说："陛下就将她赐给李将军为妻吧。"不等李存勖表态，刘皇后便让李绍荣向李存勖跪拜谢恩，然后让人将这个妃子先送到了李绍荣的府上。

登上后位之后，刘氏把权力当作牟取个人利益的工具。刘皇后以贪婪吝啬而出名，税收本应收入国库，刘皇后则将税收一分为二，一半进入国库，一半归后宫。由于李存勖连年征战，军队人数众多，消耗太大，国库空虚，但后宫之中财物堆积如山，却不拿出来用。刘皇后占有内府库无数财宝还不满足，为了更多、更直接地聚敛钱财，她还派人经商贩卖物品，从中渔利，成了一个不务正业的商人皇后，这在历史上极为罕见。刘氏为了多销商品，竟将干鲜果品以自己的名字命名出售，这在当今商品社会里不足为怪，但在当时的封建时代就严重违背了礼教的要求，更何况又是一个皇后。

为贪财，刘皇后可谓无所不用其极。她还曾认大臣张全义为义父，后梁被后唐灭掉后，张全义归降后唐。李存勖进驻洛阳后，经常带刘皇后去张全义家游玩吃喝。张全义是当时的豪富之家，每次李存勖夫妇来时他都尽心尽力伺候，山珍海味与美酒摆满宴席，饭后又拿出金银玉器奇巧珍宝送给他们。刘皇后便向李存勖说："妾幼小时候遭遇战乱，不幸失去父母，常感到孤寂伤感，现在张公对我们这么好，妾很想拜他做义父。"李存勖当场便同意了，刘皇后行过礼后，张全义又命人拿出大量珍宝作为给义女的见面礼。此后，刘皇后不但可以名正言顺地到张全义这个义父家去享乐，还能常收到张全义的贵重礼物，无形中又多了一条生财捷径。而张全义也是善于察言观色之人，有此良机哪肯放过，每遇节日便命人送礼入宫给刘皇后。同样，有了刘皇后这个义女撑腰，也就从根本上保住了自己的权势和富贵。

刘皇后不仅贪财乱国，还直接干预朝政，妄杀大臣。郭崇韬本来对她做皇后出过力，但后来郭崇韬领兵平定四川地区之后，一些宦官因捞不到油水，便向刘皇后诬陷郭崇韬独吞四川财物，还想自立谋反。刘皇后不分是非，在李存勖听信谗言派人前去调查郭崇韬时，竟向使者下了诛杀令，将国家栋梁毁掉了。

刘皇后和李存勖的倒行逆施促使危机最后爆发，由于士卒们没有粮食吃，有的竟出卖自己的妻子儿女，或者到山里挖野菜充饥，甚至在半路上常常有饿死的。军队中怨声四起。而李存勖还沉迷于打猎，刘皇后更在钱眼里醉生梦死，不知死亡之神已向她招手。

刘皇后枉杀郭崇韬，李存勖放任不管，自己又猜疑并杀掉了功臣朱友谦全家，使得将领们人人自危。先是四川大乱，其后，李存勖不准镇守瓦桥关期满的魏博士兵回本乡，又激起兵变。李存勖先派元行钦镇压，结果被打败。只好派平时就猜疑的李嗣源去，最后李嗣源也与兵变将士合为一处，杀回洛阳。

同光四年（926年）三月，客星犯天库，有星流于天蒐。占星者说："御前有乱兵，应该散仓库钱财来消灾。"宰相要求拿出库房财物供应军队，李存勖同意，刘皇后不肯，说："我夫妻得天下，虽然因为武功，也是由于天命。命既然在天，别人又能对我们怎样？"宰相在延英殿讨论，刘皇后在屏风后听见了，就取出妆奁和幼子满喜放在李存勖面前说："诸侯进贡的东西，已经赏赐光了，宫中只有这些了，请拿去供应军需！"宰相吓得走了。到赵在礼作乱出兵讨伐时，出兵讨伐魏州，才拿出财物赏军，军士边拿边骂说："我妻子已经饿死，拿这些有什么用呢？"？

李存勖往东巡幸汴州，从驾士兵 25000 人，到了万胜镇，不得进而退回，军士逃散了一大半。到达罂子谷，道路狭窄，李存勖见到从官拿着武器的，都用好话慰劳，说："刚才接战报说魏王李继岌已平定后蜀，得到后蜀金银五十万，准备完全赏给你们。"士兵回答说："陛下赏赐太晚，得者也不感恩。"李存勖流泪，就向内库使张容哥要袍带来赏赐，张容哥回答说："已经没有了。"军士斥骂张容哥说："害得皇帝到这个地步，都是你们造成的！"说着抽出刀来驱赶他，左右救护得免。张容哥说："皇后惜物，不肯赏赐士兵，却归罪于我。若有不测之事，我身首万段啊！"于是投水而死。

三月十八日，郭从谦反叛，李存勖身中流箭，伤重卧在绛霄殿廊下，渴得想喝水，刘皇后叫宦官送来奶酪，自己也未亲自前去看望。四月一日，李存勖去世。得知李存勖死后，刘皇后并未前去探视，反而收拾金银细软，与李存勖的弟弟李存渥在骑兵保护下逃出宫门，想到晋阳暂时躲避。路上，刘皇后为求保护竟和李存渥通奸共寝。到了晋阳城下，守将恨其素来贪婪不爱护将士，不肯开城门收留。后来，李存渥被部下杀死。刘皇后走投无路，只好取出一些钱财建了座尼姑庵，而自己当了尼姑。

李嗣源听说刘皇后逃到晋阳当了尼姑后，并不打算放过这个昔日的误国皇后，于是赐其自缢而死。这位贪图富贵不认生父的刘皇后从此结束了自己吝啬而又残忍的一生。

李凤娘：最毒莫过妇人心

李凤娘（1144—1200 年），安阳人（今河南安阳）。父亲李道，官庆远军节度使。她是南宋第四代皇帝宁宗赵扩的母亲，也是两宋乃至中国历史上著名的悍后之一。

李氏生于宋高宗年间，姿色艳丽，面相大贵。据说她出生时，军营前忽然飞来一群黑凤，在天空飞翔盘旋，久久不去，人们心中暗惊，

李凤娘像

总觉得这即将出生的孩子是富贵之人，于是母亲就为她取名为"凤娘"。

宋高宗在位时，有一相士名皇甫坦，他治好了韦太后的眼疾，因而获得高宗信任。有一次，皇甫坦来到了庆远节度使李道家中，李道知道皇甫坦是个著名的相士，于是请皇甫坦为他的三名女儿相面。李道的长女与三女也没甚特别，可是当二女凤娘出来拜见时，皇甫坦却说此女面相当大贵，惊讶地说："此女当母仪天下。"因而不敢受拜。皇甫坦自从在李道家遇上凤娘后，便连夜赶回京师求见已为太上皇的高宗，说已为他找来了一名好孙媳，又提议以面相大贵的李凤娘为孝宗三子恭王赵惇之妃。高宗一直对皇甫坦深信不疑，便做主让恭王与凤娘成婚了。先封荣国夫人，后改封定国夫人。乾道四年（1168年），生子赵扩。她生性嫉妒，经常向高宗、孝宗诉说太子身边人的不是，遭到两宫的训斥。淳熙十六年（1189年），赵惇受宋孝宗禅位，登基为帝，改元绍熙。李凤娘被封为皇后。

李凤娘生性悍妒，虽已为六宫之首，又早于孝宗乾道四年诞下儿子赵扩，可是却仍未心满意足。有一次，光宗在宫中洗手，刚巧留意到捧着盆子侍候在侧的宫人一双白滑的手，便真诚地赞美了两句。这小事为李皇后获悉之后，于同日下午，李皇后派人送来了一个食盒予光宗，光宗打开一看，赫然是当日那位宫人的一双手，光宗惊吓得不能言语，更因此而病了好几天。光宗心想："我无意中说了一个好字，竟把她性命都送掉。"想向李后爆发心中的怒气，可惜无这点勇气，唯有自怨自悔，就命内侍拿去埋了。光宗闷在心头，怔忡症复作，日久不痊。一直到冬至节，需祭祀天地宗庙，例由皇帝躬亲行礼，不得委员替代，光宗才不得已出宿斋宫。

后妃们对年轻的打击对象一般利用性别优势，而对年长者则常筑感情墙。利用性别资源委恶于人，不免置人于死地；构筑感情墙制造情感隔阂，也常使人陷于无告。

李皇后对光宗偶尔遇上的宫人都如此残酷，实在不难想象她会如何对待光宗的妃嫔了。当时，光宗后宫除皇后外，还有黄贵妃、张贵妃、符婕好等妃嫔。黄贵妃本是孝宗谢贵妃（后立为皇后）的侍女，光宗初为太子时，孝宗因见他缺少姬妾服侍而把黄氏赐给他。光宗对黄氏亦算宠爱有加，继位后便立为贵妃。可是，李皇后实在不能容忍黄贵妃得宠，于是趁光宗不在宫中，即遣心腹内侍召黄贵妃入宫。黄贵妃料知大祸临头，便想去见寿成皇后求救，对内侍说："先回中宫复命，我马上来见凤娘娘。"那内侍早奉李后密旨，不容她求救，催逼道："李娘娘有急事宣召，岂容少缓！还是速去为贵，迟恐触怒中宫，不是耍的！"黄贵妃只好战战兢兢跟随内侍走入中宫，只见李后怒容满面坐在那里，连忙行礼叩见。李后牙痒痒地说道："难道你是全无心肝的？前次我已说过，皇上病体少痊，理该节除色欲，你竟不听我言，胆敢蛊惑皇上，以致病恹恹日久不愈。论你的罪恶，直与谋逆无异！"说罢，就命内侍行大杖一百，要着实地打，使她下次不敢。这班内侍就如狼如虎把黄贵妃拖倒于地，重笞百下。你想这种很阔的大杖，壮男也受不起一百；可怜那冰肌玉骨的黄贵妃，打到三十下，已经香消玉

宋孝宗像

殒，声息全无，直僵僵死在地上了。于是，李后吩咐内侍拖出宫门，当夜就草草棺殓，一面命内侍报告光宗，推说黄贵妃猝患急病暴亡。

当光宗闻此噩耗，又惊又恸，预料必为李后所谋死，否则哪得会无端暴亡。光宗想回宫去观看尸体，又觉今晚是祭天大典，既宿斋宫，未便任意出入，只好苦在心头，泪如泉涌。这夜横在榻上，翻来覆去，良久不曾合眼。就这样，一直到四更以后，疲倦已极，才得蒙眬睡去，忽见黄贵妃满身血污，泪流满面地哭进斋宫来。

正打算上前执手询问缘何弄得满身血渍，猛听得一声怪响，骤然惊醒，张目四顾，不见贵妃，方知是梦。此时东方已白，内侍齐来伺应。光宗就披衣起身，盥漱既毕，内侍进早膳。光宗哪里咽得下食物，挥手撤去，喝了几口清茶，就出宫登辇，启驾赴南郊。时已天色大明，陪祭百官，排班鹄候。光宗下辇，步行至天坛前。霍地狂风猝起，大雨如注，百官都弄得落汤鸡似的。光宗虽有麾盖遮蔽，祭服上也被雨点湿透，只好催促赶紧焚香献酒，读祝奠帛。光宗勉强冒雨行礼，几乎昏晕倒地。本来是病体，听得贵妃暴亡，自然伤恸逾恒；还受了狂风大雨的震惊，哪得不要昏晕呢？幸有四个侍臣，扶掖着登辇还宫。就此登床偃卧，不住地长吁短叹，饮食少进，面容益觉枯憔，想要查问贵妃的死状，又怕李后发怒，只好苦在心头，病势因之有增无减。而李后趁此机会，独揽朝政，所有奏疏，由她独断独行，遇到疑难事，方才向光宗询问办法。

实际上，李凤娘的所作所为，太上皇孝宗与太上皇后谢氏早已留意到。谢

宋光宗像

氏为皇后时，对太上皇高宗和吴太后孝顺有礼，恭敬非常；可是如今李凤娘不仅对丈夫光宗无礼，更处处顶撞太上皇和太上皇后。太上皇后好言相劝时，以一句"我与皇上是结发夫妻，名正言顺，又有何不可？"回应，暗讽太上皇后谢氏非孝宗嫡妻。孝宗与谢太后自是十分愤怒，打算废掉李凤娘，可因为太师史浩认为立后不久便废后实过于草率，坚决反对，致使废后一事一直搁浅。

世上可叹的事情往往出人意料。孝宗皇帝乃天下至孝之人，对非自己生父的宋高宗奉养始终，而他自己亲儿子光宗皇帝，却是天下大不孝之人。他不仅荒淫好酒好色，又有惧内的毛病，十足一个"妻管严"，伤透了天下孝子贤孙的心。嫁入赵家后，李氏妒悍非常，宋高宗、宋孝宗父子大叹着走眼。高宗叹息"此女将家悍种，我为皇甫坦所误"；宋孝宗对这个凶悍的儿媳也曾训诫："你再凶妒，我就废掉你皇太子妃的名位！"由此，仇恨的种子，深深种植于这位自幼长于跋扈军头家中的女人心中。

宋光宗当皇帝后，李凤娘成了李皇后，自然不把"退休"的太上皇放在眼里。李凤娘不仅和太上皇关系弄得不大愉快，她还几次离间孝宗与光宗父子之间的感情。

光宗刚继位时，没立嫡长子赵扩为皇太子，令李凤娘忐忑不安。一次，她趁刚刚病愈的光宗在宴席上醉酒时，请求光宗立已封为嘉王的赵扩为皇太子，以帮助光宗处理政务。光宗也觉得挺有理的，但他坚持请示父亲孝宗再行册立。可是凤娘不听，愤然而去，又不许孝宗等人面见光宗。几天后孝宗没能见着儿子，便把李凤娘召来，询问皇帝的病况，李凤娘于是假借光宗多病，要求立嘉王赵扩为皇太子以辅政。但孝宗认为光宗才继位不久，连政事也没熟习，却把政务都委托于儿子，实在于理不合，因而否决过早立太子的建议。李凤娘觉得孝宗处处针对自己，于是回宫向光宗哭诉说孝宗不想立太子必定另有企图，光宗被蒙在鼓里，以为孝宗别有用心，于是气得以后不再朝见孝宗。他对太上皇的决绝，令全朝哗然。后来，孝宗知道儿子体弱，派人精制了调养药丸给儿子光宗，李皇后竟说太上皇要毒死光宗，致使孝宗、光宗父子势如水火，做皇子的光宗从此基本不入宫向父皇问安。

其实，光宗皇后李氏只生有嘉王赵扩一人，立为太子，本是顺理成章之事，但却受到孝宗的阻挠。可能是因为嘉王天性懦弱，孝宗认为其不适宜继承皇位，相比之下，魏王赵恺的儿子嘉国公赵抦生性聪慧，深得孝宗喜爱。当初光宗取代了二哥赵恺，成为太子，如今孝宗却宠爱赵恺之子，不同意将嘉王立为储君，无形中加深了光宗心中对孝宗本就存在的猜忌，让光宗时时感到恐惧和不安。在他看来，父亲似乎不仅对嘉王的太子地位，甚至对自己的皇位，都是潜在的巨大威胁。在别有用心的李后和宦官们不断离间挑拨下，这种恐惧感逐渐成为光宗挥之不去的阴影，其心理和精神压力越来越大，终于导致了无端猜疑和极度偏执的症状。他视重华宫为畏途，不再定期前去问安，尽可能躲避着孝宗。天子孝行有亏，臣子劝谏责无旁贷，而臣僚们的这些言行更激起光宗的固执与疑惧，终于引发历时数年的过宫风波。

光宗病情不断加重，皇后李氏负有不可推卸的责任。她生性妒悍，又有着强烈的权力欲。一方面，她独霸后宫，不允许任何女人与她争宠，光宗对此只有忍气吞声，抑郁不乐；另一方面，她视孝宗夫妇为她皇后地位的最大威胁，想方设法离间孝宗、光宗父子，从很大程度上加剧了光宗的病态心理。

光宗继位后病情时好时坏，无法正常处理朝政，这正中皇后李氏下怀。从绍熙三年开始，"政事多决于后"，大权旁落李氏之手。然而，她既无兴趣也无能力参决朝廷大政，权力对她而言，最大的作用就是可以为娘家大捞好处。她封娘家三代为王，侄子孝友、孝纯官拜节度使，一次归谒家庙就推恩亲属 26 人，172 人授为使臣，下至李家门客，都奏补得官。李氏外戚恩荫之滥，是南宋建立以来所没有的。李氏家庙也明目张胆地僭越规制，守护的卫兵居然比太庙还多。李后一门获得的显赫权势、巨额财富，无疑都是其患病的丈夫光宗所赐。

过了一年多，光宗身体略微好转，重视上朝听政，文武百官乘机请求光宗朝见太上皇，光宗迫不得已去了一次，关系算是得到改善。可是接连几次李皇后从中作梗，致使父子关系时好时坏。后来，孝宗驾崩，百官请光宗主持丧礼，光宗却一直拖延着不想去，结果由仍然在生的太皇太后吴氏垂帘代行祭奠。

在过宫问题上，有些大臣对光宗的进谏晓之以理、动之以情，光宗有时也似乎被打动，当时答应了过宫，但一入后宫，就会在李后操控下改变主意，最终也未能成行。一次，光宗在谢深甫等大臣的苦谏下传旨过宫，即将出发之时，李后从屏风后走出来，挽他回去。中书舍人陈傅良出班拉住光宗衣襟，一直跟随至屏后，不料却遭到李后的呵斥，陈傅良只得大哭而出。宗室赵汝愚是光宗较为信任的大臣，对于他的劝说，光宗也是反复无常。

随着光宗病情的恶化，政局也开始动荡不安，群臣再也无法容忍这个疯子皇帝。绍熙五年（1194）七月，赵汝愚、韩侂胄等人在太皇太后吴氏的支持下拥立嘉王赵扩登基，是为宋宁宗。宋宁宗登基后，尊光宗为太上皇，皇后为寿仁太上皇后，移驾泰安宫。

宋光宗此时对政权交接尚蒙在鼓里。当他知道后，长期拒绝接受宁宗的朝见，依然住在皇宫之中，不肯搬到为太上皇预备的寝宫里。他对于失去皇位的担心终于应验，病情因此又加重了。与他一同失势的李氏一反常态，对光宗不再像以前一样咄咄相逼，反而有同病相怜之心。她唯恐触动光宗脆弱的神经，常以杯中之物来宽解光宗心中的郁结，还反复叮嘱内侍、宫女，不要在光宗面前提起"太上皇"和"内禅"等敏感字眼。

宋宁宗像

庆元六年（1201 年），李凤娘穿上道袍，虔心事佛。同年六月，李凤娘病死，终年 56 岁，谥号"慈懿"。八月辛卯日（9 月 17 日），光宗在寿康宫去世，享年 54 岁。

放眼南北两宋王朝后妃，能够影响朝政者并不少见，但像李凤娘这样以一个女人之身征服三代皇帝的皇后，在两宋历史上可谓是绝无仅有。其实，纵观李凤娘的一生并无特别过人之处，当初高宗纳她为恭王妃只是仅凭一个江湖术士之言。而更令人匪夷所思的是，李凤娘碰到的三代皇帝无一最后不逊位成为太上皇。这种中国历史上罕见的诡异现象，虽然与李凤娘有关，但是，绝不能说是李凤娘一个女人造成的。

明代短篇评话小说集《西湖二集》第五卷"李凤娘酷妒遭天谴"就是讲李凤娘的故事，书中开头写道：

谗言切莫听，听之祸殃结。

君听臣当诛，父听子当决。

夫妇听之离，兄弟听之别。

朋友听之疏，骨肉听之绝。

堂堂七尺躯，莫听三寸舌。

舌上有龙泉，杀人不见血。

这首诗实是劝人莫听谗言。自古女人嫉妒多谗言，以是为非，以曲为直，也就留下长舌妇的根源。

万贞儿：宪宗专宠"老贵妃"

历史上得宠的妃子很多，但若论情况之离奇却谁也比不过明宪宗的爱妃万贞儿。一个比皇帝大17岁的女人却牢牢占据了丈夫的心，并且拥有他一生的宠幸，据史书记载："自古妃嫔承恩最晚、而最专最久者，未有如此。"（沈德符《万历野获篇》）这真是让旁人百思不得其解。万贵妃到底是怎样一个女人，有这么大的魅力呢？

万贞儿（1430—1487年），明代青州府（今山东诸城）人。明宪宗朱见深之妃嫔，颇受宠爱，世称万贵妃。

万氏幼年即被选入宫，充当孙太后（英宗母，宪宗朱见深的祖母）的宫女。年幼的万贞儿十分懂事乖巧，深得孝恭孙皇后的喜爱。正统十四年（1449年），当时的皇帝朱祁镇被瓦剌捕去，国不可一日无君，孙太后以郕王朱祁钰暂替皇帝位，立朱见深为太子。而那时的万贞儿已经成了十九岁的妙龄少女，也被孙太后派去照料年仅两岁的朱见深。至此，幼小的太子与万贞儿形影不离。

后来，朱祁钰将朱见深废为沂王，立自己的儿子朱见济为太子。朱祁镇复辟后，朱见深又被复立为太子。

朱见深自小不与母亲一同生活，而万贞儿时常在其身边照顾他，如同母亲一般。因此，朱见深便对万贞儿产生了一种别样的感情。

天顺八年（1464年），英宗驾崩，太子继位，是为宪宗，时年18岁。而此时的万贞儿已经35岁，虽然年龄差距甚大，但是两人感情甚笃。万贞儿长得丰满艳丽，据说"秀慧如赵合德，肥美似杨贵妃"。而且为人机警，"每（皇）上出游，必戎服佩刀，侍立左右，（皇）上每顾之，辄为色飞"，很受宠爱。

万贵妃像

当上皇帝的朱见深要做的第一件事就是册封心爱的万贞儿为皇后。但他的生母周太后强烈反对，万般无奈下宪宗只能屈服，立宗室女吴氏为皇后，改立万贞儿为贵妃。两宫太后又为皇帝选纳了几名妃子王氏、柏氏，个个年轻貌美，令万贞儿深感嫉妒和仇视。

皇后吴氏面对万贞儿的目中无人，也想整治一番。一次，万贞儿晋见的时候，傲慢无礼，进退无序，受到皇后训斥，万氏毫不示弱，出言顶撞。皇后大怒，夺过太监手中的棍子对其杖责数下。万氏委屈之余，在皇帝面前借机诉苦撒娇。皇帝一怒之下把吴氏废掉，另立王氏为后。

成化二年（1466年），万氏生下一子，宪宗大喜，立即进她为皇贵妃，并许诺立其子为太子，又派出使者四处祷告山川诸神。谁知偏偏天不从人愿，一年后，她的儿子居然夭折了，这也是她一生中唯一的儿子，以后再也没有生育。自此，她也不许其他后妃有孕，哪个妃嫔怀胎，她就千方百计逼令喝药打胎。

成化五年（1469年），柏贤妃生下皇子，转年二月，皇子突然暴毙。六年后宪宗百般无聊中对镜自照，忽见头上已有数根白发，不禁长叹道："朕老矣，尚无子嗣！"太监张敏突然跪倒，将万贵妃多年来给各嫔

《行乐图》

妃喝药打胎之事告之陛下，并说：有一纪氏女史在宫外产下皇子，现已6岁，一直被秘密养育在西宫密室中。皇子被认领后，被立为太子，也就是后来的孝宗皇帝。万贵妃当然也有想加害过太子，但自幼性格孤僻的太子，具有被害妄想而且不太懂得婉转的宫廷礼节。有次万贵妃让他一起吃饭，他便回答说吃过了；万

贵妃让他喝茶，他直接地回答说怕有毒。这可把万贵妃气坏了，可是也没有办法。人们并不十分了解皇太子其人，只知道他是一个出生于冷宫的一个身份卑贱的宫人之子，虽得到宪宗承认，但一直受嫉于万贵妃，甚至到成化末年，还有废立之危。

万贵妃派人杀死了纪氏女史和太监张敏，一有机会，就向宪宗要求废掉皇太子，宪宗后来答应了她。但因东岳泰山发生地震，钦天监说此兆应在东宫，宪宗以为废太子会惹怒天意，不敢再提易储之事，这才保住了太子的地位。

后来万贵妃渐渐进入更年期阶段，脾气一天比一天暴躁。成化二十三年（1487年）正月，她在打骂一名宫女时痰堵住了喉咙一口气上不来，结果便就这么死了。得到消息的宪宗不禁号啕大哭，哀叹道："贞儿不在人世，我亦命不久矣。"他主持贵妃的葬礼一如皇后之例，并辍朝七日。同年八月，郁郁寡欢的明宪宗朱见深驾崩，终年41岁。宪宗留给儿子孝宗的，是一个紊乱的朝政下的千疮百孔的国家。而孝宗出奇得宽和善良，对当初迫害其生母的万贵妃家人也表现了极大的宽容。甚至对万贵妃本人，也没有听从臣下的建议对她削谥号议罪。由于幼年生活的坎坷，孝宗一直体弱多病。但他仍能早朝每天必到。孝宗对女色一生淡泊，不仅没有宠妃，也没有册立过一个妃嫔，只是与皇后张氏过着民间恩爱夫妻式的生活。

万贞儿以一个卑微的宫女，半老徐娘之身，竟一举夺宠，宠冠后宫，做了二十多年无名有实的皇后。各种原由，无人能晓。至于宪宗的两个皇后吴氏和王氏，一个是新婚伊始便守活寡，一个是当了一辈子的傀儡。仔细分析，宪宗朱见深依恋万贞儿，背后有很扎实的心理和政治因素。

首先是深厚的恋母情结。万贞儿是配犯之后，作为惩罚，她4岁就被充入掖庭，身世坎坷，性格外柔内刚，独立坚强，貌似温顺，实质暗藏心机。相反，朱见深虽两岁被立为太子，但父母长期被幽禁。

明宪宗像

几次帝位之争，令他险些丧命，幸好万贞儿与诤臣内外庇护，他才熬到登基之日，但胆却被吓小了，很难摆脱得了对万贞儿的依赖。成年之后，朱见深提起万贞儿，还是毫不犹豫地说："有她在身边，朕觉得安心踏实。"在极度标榜男性权威的古代，一代皇帝能说出这样的话，足以看出他对万贞儿的依赖之深。

其次是初恋情结。万贞儿从小侍奉朱见深，把他看作脚踏青云的唯一出路。当宪宗情窦初开的时候，她已经年届30，万种风情，很容易摄取少年的心。她占据了宪宗第一段美妙的回忆，以后巫山云雨再好，也显得不稀罕了。而且，中后期的万贞儿权倾六宫，嫔妃也难得与皇帝见面，偶尔偷一两次腥，也是很难建立感情的。可以说，明宪宗在感情上其实是个没见过多少世面的"土包子"，他也只能爱万贞儿一个。

第三是患难与共。历经三朝的万贞儿见尽了政治上的风起云涌，一直在留心培植身边的党羽，打击异己，毫不留情。这样，各路合力，既能帮助宪宗，也能管住宪宗，让他乖乖地呆在万贞儿的一亩三分地里。

万贞儿在与宪宗二十多年的感情里，成功地将母亲、初恋情人和政治盟友三个角色融为一体，让宪宗对她依赖、留恋，兼有佩服，更令他们的关系成为一段密不可分的联盟。纠缠之紧，远胜于现代不少同床异梦的夫妻。

万氏能擅宠而终，未受灾害，在历朝的后宫史上确是个奇迹。归结起来，笼络皇帝，一要施以恩，让其随时随地感激涕零；二要施以威，让其对己如对母，有恐惧之心；三要施以能，让其感觉没有了自己便什么也不行，有强烈的依赖感；四要施以情，让其时时有所牵挂；五要施以淫，让其每次尽兴而终。

没有漂亮的外表，年纪大皇帝那么多，却能得到皇帝一生的宠爱，这绝不是一个狠毒无脑的悍妇所能做到的。

客印月：皇帝乳母，奸宦对食

客氏（？—1627年），原名客印月，又名客巴巴，河北定兴人，明朝皇帝明熹宗朱由校的乳母，被封为"奉圣夫人"。

客氏之毒，在于同明代大宦官魏忠贤相互勾结，淫乱宫廷，为祸朝廷。

客氏名巴巴，原是河北农妇，定兴县侯巴儿（侯二）之妻，生子侯国兴。客氏姿色妖媚，为人狠毒残忍，生性淫荡。

客氏18岁入宫，成为皇孙朱由校的乳母，朱由校是当时太子朱常洛的长子。泰昌元年（1620年）九月，刚刚登基一个月的明光宗朱常洛猝死，年仅15岁的朱由校登基。当时魏忠贤、客氏深受宠幸，后宫中无人敢违背他们的意志。未逾月，封客氏奉圣夫人，儿子侯国兴、弟客光先及魏忠贤兄魏钊俱迁锦衣千户。

天启元年（1621年），熹宗下诏赐客氏香火田，叙魏忠贤治皇祖陵功。御史王心一谏阻，熹宗不听。天启元年（1622年）二月，熹宗大婚，娶了张皇后，御史毕佐周、刘兰请遣客氏出外，大学士刘一燉亦言之。

朱由校像

熹宗恋恋不忍客氏离去，曰："皇后幼，赖媪保护，俟皇祖大葬议之。"不久客氏离开宫廷，复又召入。

客氏在朱由校做皇帝期间，作为一个乳母所受到的隆遇，的确是前所未有的。每逢生日，朱由校一定会亲自去祝贺。她每一次出行，其排场都不亚于皇帝。出宫入宫，必定是清尘除道，香烟缭绕，"老祖太太千岁"呼声震天。

客氏"每日清晨入乾清暖阁侍帝，甲夜后回咸安宫"，二人可能有淫乱的嫌疑，客氏常常将龙卵（马的外肾）烹煮给熹宗食用。客氏曾与魏朝（魏忠贤先前侍奉过的太监）、魏忠贤等宦官对食，"忠贤告假，则客氏居内；客氏有假，则忠贤留中"。

客氏更害怕皇帝的妃子产下皇子，母凭子贵，从而得到熹宗的喜爱，而使自己失宠。因此，客氏使用各种狠毒的手段残害打压妃子和皇子，致使天启一朝中朱由校生下了不少的皇子，但无一能够长大成人。

张皇后对一手遮天的客氏也是深恶痛绝，经常劝熹宗惩治两人，但熹宗反而由此对皇后十分厌烦。熹宗偶尔进入坤宁宫探视，恰巧皇后在案上读书，皇帝随口问道："卿读何书？"皇后正色答道："《史记·赵高传》！"熹宗默然，支吾两句便走开了。

客氏势利滔天，买通了坤宁宫中一名宫女，开始对皇后下手。当时张皇后已经怀孕，腰间疼痛，要求宫女为其捶背，宫女暗中用力，竟然导致皇后小产。

熹宗总共有过三个孩子。天启三年（1623年）张皇后怀有身孕，即怀冲太子朱慈燃。张皇后怀孕时突然腰痛，找了一个会按摩的宫女或是宫外的人来按摩。客氏与魏忠贤暗中唆使按摩师使张皇后流产生下死胎，此后张皇后未再生育。次子悼怀太子朱慈焴，慧妃范氏所生，未满1岁即夭折。三子献怀太子慈炅，容妃任氏所生，未满1岁亦夭折。所生二子皆早逝。一些学者认为，这都有可能是魏忠贤和客氏下的毒手。

更有甚者，不少的皇子其实是在胎中已遭客氏的暗算，如裕妃张氏之孕。裕妃张氏因为无意中得罪客氏和魏忠贤，客氏、魏忠贤就假传圣旨，将裕妃幽禁于别宫，逐去宫女，断绝饮食。当时的裕妃已然怀有身孕，却被活活地饿死宫中。临死之前，竟然爬到屋檐下，喝雨水充饥。

明光宗选侍赵氏，与客氏素有嫌隙，客氏便矫旨赐其自尽。赵氏临死之前，大哭一场，将光宗所赏赐的珍玩陈列案几之上，拜过之后悬梁自尽。

宫中一位冯贵人，素来厌恶客氏卑劣行径，常在皇帝面前痛斥客氏与魏忠贤所为，遭到嫉恨，客氏便以其诽谤圣上为名，逼迫她自尽。

宫中的其他妃子，从此对客氏非常恐惧。如，曾生育皇二女的成妃李氏，担心自己会落得和裕妃同样的下场，就在平时预藏食物，后来果然被客氏幽禁半月之久，靠着私藏的食物活了下来。

随着宫中一个个女人惨遭不幸，昏庸的熹宗终至绝嗣。

天启七年（1627年）熹宗无子而逝。十一月，其弟思宗继位后，籍没宦官魏忠贤及客氏。魏忠贤自杀，赵本岐奉命将客氏笞死于浣衣局，在净乐堂焚尸扬灰。其子侯国兴、其弟客光先与魏忠贤的侄子魏良卿同日被斩首。

《明季北略》记述，客氏曾在熹宗逝世前，安排怀孕的宫女进入后宫，以冒充熹宗子嗣，但张皇后不同意，僵持很久后，张皇后说服了明熹宗，将皇位传给了弟弟朱由检。

魏忠贤与客氏两人，一方面处心积虑地除去宫中一切可能对他们不利的因素；另一方面向熹宗进献自己的养女，冀图能生得一男半女。然而，熹宗一生三男二女，都早早夭折，魏忠贤与客氏的如意算盘始终没有拨转。所以，熹宗的去世，对于客氏的打击是非常沉重的。信王朱由检入宫继位后，客氏就再没有居留宫廷的理由了。九月初三离

魏忠贤

宫的那一天，客氏早早地起床。五更时分，身着哀服，入熹宗灵堂，取熹宗幼时的胎发、痘痂及指甲等物焚化，痛哭而去。两个多月以后，即天启七年的十一月十七日，客氏被从私宅中带出，押解到宫中专门处罚宫女的地方浣衣局，严刑审讯。审讯得出的结果令人诧异：当时宫中有8位宫女怀孕，客氏承认这8名宫女都是自己从外面带进去的婢女，是想学吕不韦的榜样，觊觎皇位。结合魏忠贤曾在熹宗死前说已有两名宫女怀孕，宫女怀孕这件事也许真是客氏和魏忠贤精心安排的。如果客氏所说是真的话，那么客氏自然是罪不容诛，于是在浣衣局被活活笞死。

朱由校在位期间纵容乳母客氏，重用客氏相好的宦官魏忠贤，任他二人胡作非为，在朝则陷害忠良，在后宫则荼毒妃嫔，而朱由校却不加规制。魏忠贤遍树党羽，排斥异己，尤其将东林党人视作眼中钉，必欲除尽。而熹宗丝毫不觉，连高官杨涟被害多日，都不知道他已死。熹宗酷爱做木工活，乐此不疲。魏忠贤始得肆意妄为。朝廷上正人君子殆尽，政治黑暗已极，大明江山岌岌可危，熹宗就是将这样一个烂摊子留给了继位的弟弟崇祯。弥留之时，还不忘叮嘱崇祯帝要重用魏忠贤，然而志在振兴的崇祯在三个月后就铲除了这个大害。

此外，他对自己的亲人可谓不错。由于他对张皇后的爱惜，使得权势滔天的魏忠贤以及客氏始终不能动摇皇后。临终之际，他毅然传位给弟弟朱由检，同时嘱咐朱由检善待张皇后，颇有情义。

第十二章

乱世浮萍

张嫣：一生贞洁尊花神

张嫣（公元前 202—前 163 年），砀郡外黄县（今河南商丘市民权县西北）人，野史载其字孟娙，小字淑君。鲁元公主与宣平侯张敖之女，汉惠帝刘盈的外甥女，同时也是他的皇后。

张嫣的家世显赫，其外祖父是汉朝开国皇帝汉高祖刘邦，外祖母是汉高后吕雉，祖父是赵王张耳，父亲是嗣赵王张敖，母亲是鲁元公主。然而，显赫的家世并没有给张嫣带来多少幸福，在外戚、宦官、权臣、皇族争权夺利的社会，她宛若一朵默默无闻的鲜花，悄无声息地美丽绽放，然后又静静地凋落。

汉惠帝四年（公元前 192 年）十月的一天，长安城未央宫张灯结彩，场面宏大、豪华气派的皇帝大婚典礼在这里举行。年方 20 岁的汉惠帝刘盈

张嫣艺术形象

身着婚服，站立在未央宫前殿的殿门口，准备迎娶他的皇后。可是，人们无法从新郎年轻的脸上看到大婚的喜悦，脸上反而现出一丝忧虑与无奈，甚至是悲愤。刘盈要迎娶的皇后不是别人，正是自己的亲外甥女——张嫣。张嫣是刘盈看着出生、看着长大的，一直叫自己舅舅，可是今天却要成为他的妻子。这实在是太荒唐至极！谈起这桩荒唐的婚姻还要从张嫣的家世谈起。

在汉惠帝刘盈该谈婚论嫁的年龄，吕后曾为儿子娶了一个妃子，但这个妃子没几年就去世了。刘盈继位后，吕后准备再选一个贵族女子立后。为了维护自己的统治，牢牢控制皇权，吕后居然打起张嫣的主意，是谓"亲上加亲"。

刘盈当然无法接受外甥女做妻子的安排，对吕后说："张嫣是我的外甥女，这有悖伦常，况且她还是个未成年的幼女。"

吕太后当即就驳了回去："现在年幼，将来不就年长了吗？不妨先娶回来再说。至于伦常，外甥女与舅舅的关系根本不在五伦之内，何谈乱伦？况且张嫣身份高贵，绝色无双，天下无人可比。"刘盈知道母后心狠手辣，在母亲的压力之下，他也只好顺从了母后的意思，册立外甥女张嫣为皇后。是年，张嫣仅有 11 岁。吕太后也知道张嫣年龄太小，担心朝臣们非议，对外佯称皇后 12 岁。不过张嫣体态丰盈，看上去有十二三岁，这一场荒诞的婚姻也就对世人欺瞒了过去。

到了婚典那天，张嫣穿上皇后礼服，戴龙凤珠冠，拜辞父亲张敖后，来到未央宫前殿，从此开始了她 26 年的深宫生活。

礼毕入宫，其他不相干的闲人都散了。张嫣端坐在榻上，刘盈端着烛台近前端详自己的皇后。张嫣生得漂亮，姿容秀美、典雅端庄，她的父亲张敖一表人才，知书达礼；母亲鲁元公主温淑娴雅，气质高贵，仪容飘逸。张嫣在儒雅的环境中长大，受到了良好的教育，尽管自己年纪尚幼，却无法掩饰其娴静、高雅的气质，加上她天生丽质，因此，汉惠帝很喜欢这个秀外慧中的小外甥女，经常把她招进宫来，赏赐她一些小礼物。当然了，外甥女与妻子的角色是完全不同的，让这二者合一，刘盈在心底无论如何也无法接受。所以，刘盈从来不在皇后处留宿。因为张嫣长得比较随父亲张敖，刘盈常戏称张嫣为"张公子"。张嫣可不是个花瓶摆设，也是有真才实学的。秦始皇嬴政焚书坑儒后，曾下令民间不许私藏图书，违者诛其族，史称"挟书律"。刘邦建汉后，并没有废除这项极不合理的法令，直到汉惠帝刘盈时，才废除"挟书律"。直接导致废除"挟书律"的，竟然是小皇后张嫣。

张嫣好读诗书。一次，张嫣正在读书，刘盈笑问张嫣："你怎么也学起儒生来了？难道没听说过秦始皇焚书坑儒之事？"张嫣笑答："臣妾曾经听父亲说过，秦朝之亡，多半由此，弊法实不足效。陛下是个明君，怎么也学起秦始皇来了？臣妾为陛下觉得可惜。"刘盈听着颇有道理，便下诏废除了"挟书律"，此后民间大兴藏书热，这一举措促进了民间文化的繁荣，着实要感谢张嫣。

惠帝在张嫣入宫之前就已经有了五个孩子，张嫣入宫时年纪尚幼，加之惠帝与她的关系多少有些荒唐，因此二人一直分居异处。张嫣一直未孕生子，而后宫其他女子却多有生育，吕后对此非常不满，曾想方设法让张嫣生子，但张嫣却始终没有怀孕。一次，一个宫女怀了惠帝的孩子，吕太后就命张嫣谎称自己怀孕，待那个孩子生下后，就夺过来说是皇后之子，并将那位宫女杀害。后来还千方百计地说服惠帝将这个孩子立为太子，就是后来的前少帝刘恭。张皇后对此啼笑皆非，却也同惠帝一样无可奈何。张嫣的心里明白，惠帝的心里也非常清楚，他们依旧是舅舅与外甥女的关系，不可能会诞下皇子。

汉惠帝七年（公元前188年），年仅23岁的汉惠帝刘盈在未央宫驾崩，14岁的张嫣便成了新寡。在刘盈入殓时，张嫣哭得梨花带雨。国不可一日无君，吕后便立刘恭为皇帝，自己临朝称制，做起了有实无名的女皇帝。张嫣年龄尚幼，但名分还在，吕雉专政后，张嫣仍居中宫，以孝惠皇后的身份抚养少帝。

吕后四年（公元前184年），当时刘恭已经渐渐长大，知道自己的生母已死，自己并非是张嫣的亲生儿子，于是口出怨言说："皇后怎么能杀死我的生母而把我当作她的儿子？我现在还小，等我长大之后，一定要复仇！"吕后知道后很担心，害怕刘恭真会作乱，于是将刘恭囚禁在后宫的永巷中，宣称刘恭患病，任何人不得与刘恭相见。不久，吕后废黜刘恭，并暗中将他杀害。同年五月十一日，吕后立汉惠帝的另一子常山王（恒山王）刘义为帝，改名为刘弘，史称后少帝，继续由吕后临朝称制。

张嫣与吕后的关系融洽，吕太后为绝后患，打算诛杀异姓功臣，幸而张嫣苦劝，这才平息一场风波。吕太后做了八年的"皇帝"，在她临走的时候，曾经要求张嫣在她死后，可临朝称制，有曲逆侯陈平和绛侯周勃辅佐，当无大事。张嫣知道此时吕家公侯满门，兼有兵权，刘氏宗室早就恨之入骨，双方早晚要翻脸，犯不着和吕家走得这么近，便坚决不从。

吕后八年（公元前180年），临朝听政的太皇太后吕雉崩逝。没过多久，吕禄、吕产等人便图谋作乱，企图推翻刘氏天下取而代之。在刘章、陈平、周勃等人的合力对抗之下，打击了吕氏的叛乱，废掉了吕氏羽翼下的少帝刘弘，诛杀吕氏族人，迎立高祖次子代王刘恒，是为汉文帝。

张嫣虽然幸免一死，却受到牵连。刘恒刚刚登基之时，便将张嫣逐出长乐宫，幽禁于北宫。北宫是一处极为幽静的院落，朝臣们都知道张皇后与吕后乱政并无关系，因而没有在诛灭吕党时杀害她。自此，她在北宫中无声无息地过着孤独的生活。

皇宫中的人情冷暖已是常事，张嫣失了势，宫中那些势利之人便落井下石，经常来北宫找张嫣的麻烦，甚至刘恒最宠爱的慎夫人也在其中。对此，刘恒装聋作哑，不闻不问。张嫣虽然行同囚犯，但她的美名却不是一个小小的宫院可以拦住的。

北方匈奴也知道孝惠帝遗孀是个绝色美女，中行为了讨好匈奴单于稽粥，便添油加醋地向稽粥描绘张嫣的美貌。稽粥果然动了心，书信一封写与刘恒，请求汉朝将张嫣送到匈奴，做他的阏氏。张嫣虽为前朝遗孀，但身份还在，此事事关大汉国体，非同儿戏。刘恒便派使者去匈奴说服稽粥。稽粥问汉使："我听说孝惠皇后艳丽无比，果真如此吗？"汉使机智言道："单于听何人所言？根本没此事。孝惠皇后貌丑赛东施，脸大发黄，还有黑斑。"稽粥笑道："不管怎样，孝惠皇后也算是你们的国母，怎能如此污蔑，简直是一派胡言！"不过稽粥到底没有得到张嫣。

张嫣生活在北宫中，无声无息，日出日落整整 17 年。汉文帝后元年（公元前 163 年）三月，张嫣病逝，终年 40 岁，与汉惠帝合葬于安陵，不另起坟，谥号"孝惠皇后"。

据说张嫣死后入殓时，宫女们替她净身时惊人地发现，张嫣至死竟然冰清玉洁，依然是个处女。消息不胫而走，天下的臣民无不怀念怜惜她，于是纷纷为她立庙，定时享祭，尊她为花神，为她立的庙便称为"花神庙"。

汉惠帝和张嫣的一段凄苦的政治婚姻就这样安静地结束了，两个人在这场婚姻中都是不幸的，一场背离人伦的婚姻，记载了一段被权力和欲望扭曲的历史。

甄夫人：弱女无罪，怀璧其罪

文昭甄皇后（183—221 年），名不详，相传为甄宓，史称甄夫人。中山无极（今河北省无极县）人。上蔡令甄逸之女。魏文帝曹丕的妻子，魏明帝曹叡的生母。

甄氏是汉太保甄邯的后代。甄邯的岳父博山侯孔光是孔子第十四世孙，太师孔霸之子，官至大将军、丞相、太傅、太师，为四朝辅政大臣，德行高洁，通晓经学，位极人臣，被太皇太后王政君、汉成帝和汉哀帝所尊崇，后来以天下名儒的身份被任命为汉平帝刘衎的老师。甄邯和族中子弟因此入朝为官，并得到权臣王莽的倚重。甄丰由地方官员擢升为皇宫内侍大臣，而后更是官至大司空，爵受广阳侯、广新公；甄邯官拜大司马，爵受承阳侯、承新公，而后又出任大汉太保，执掌天下兵权；甄丰的儿子甄寻任侍中、京兆尹；甄心为光禄勋。甄家四人有"四甄"之称，成为朝中新贵，威震朝野，无极甄氏也从此一跃成为中山国内的豪强望族，世代袭二千石俸禄的郡守级官职。

甄氏的父亲甄逸曾任上蔡令，母亲张氏是常山人。夫妻二人生有三子五女：长男甄豫早逝，次男甄俨年少举孝廉为郎，被辟为大将军掾，担任曲梁令，三男甄尧也举孝廉；甄氏另有甄姜、甄脱、甄道、甄荣四位姐姐。

甄氏每天晚上睡觉的时候，家里人都仿佛看到有人把玉衣盖在她身上，大家对此都很奇怪。甄氏三岁的时候，父亲甄逸去世。年幼的甄氏因为思慕父亲哭得非常伤心，这样的早慧使家内和周围的人更加感到她有别于众了。之后相士刘良为甄氏以及甄逸其他子女看相，刘良指着甄氏说："这个女孩将来贵不可言。"甄氏从小到大，都不太喜欢嬉戏之乐。八岁时，院子外有骑着马耍杂技的人，甄氏的家人及几个姐姐都上阁楼观看，只有她不去。几个姐姐觉得很奇怪，甄氏便回答说："这难道是女孩子该看的吗？"甄氏九岁时就非常喜欢读书，博闻强识，只要看过的篇目就能够立刻领悟，还多次用她哥哥的笔砚写字，哥哥笑她说："女人应该学习女工，读书学习有什么用，难道你以后还想做女博士（官名）吗？"甄氏回答道："古时候贤德的女子，都要学习前人成败的经验，以此来警示自己。不读书，用什么来借鉴呢？"

汉末天下大乱，灾荒连年，百姓们为糊口活命纷纷卖掉家中值钱的东西。当时甄家有大量的谷物储备，趁机收购了很多金银宝物。甄氏当时才十几岁，看到这种情形便对母亲说："乱世求宝，并非善策。匹夫无罪，怀璧其罪，这就是所谓的因财丧身。现在众多百姓都在饥饿之中，不如将家里的谷物开仓赈济四方乡邻，这才算是一种惠及众人的德行。"全家人都认为她说得有道理，于是将家中的粮食全部无偿分发给邻里乡亲。

甄氏 14 岁时，二哥甄俨去世，甄氏非常悲伤，对待寡嫂态度敬爱谦和，时时处处帮助她打理家事，还尽心照顾甄俨留下来的孩子，极其疼爱。甄氏的母亲性格严厉，常常用严格的规矩要求儿媳妇，甄氏几次劝母亲："二哥不幸早终，二嫂年纪轻轻就守寡，还要照顾留下的孩子，虽然她是儿媳妇，但应该爱护她像自己的女儿。"母亲听了甄氏的话感动得流泪，之后便让甄氏与二嫂时常走动，起居都在一起，关系十分亲密。

建安年间，袁绍为他的次子袁熙聘娶甄氏为妻。建安四年（199 年），袁绍打败公孙瓒，任命甄氏的丈夫袁熙为幽州刺史，甄氏则留在邺城侍奉婆婆刘氏。

建安九年（204 年），冀州邺城被曹操攻破，甄氏被曹操之子曹丕所纳。当时有一说法：曹操攻下邺，曹丕先进袁府，看到有个少妇披头散发，脸上很脏，躲在刘夫人身后哭泣。曹丕问她是谁，刘夫人回答："是袁熙的妻子。"然后曹丕帮她把发髻挽起，用手巾擦拭面庞，发现她姿色绝伦。之后，刘夫人对甄氏说："现在不用担心被杀了！"于是曹丕便纳甄氏，十分宠爱。还有一说，刘夫人和甄氏共坐大堂上。曹丕进入袁府中，见到刘夫人和甄氏，甄氏因为害怕，把头伏在刘夫人膝上。刘夫人捧起甄氏的头，曹丕看见她美貌非凡，便心悦于她。曹操听闻了曹丕的心思，就为他迎娶了甄氏。甄氏嫁给曹丕后，独得宠爱，擅室数年，生下儿子曹叡和女儿东乡公主。

甄氏对曹丕妾侍中得宠的劝勉她们努力上进，对无宠的也安慰开导，并常常在闲宴上劝曹丕说："古时黄帝子孙繁盛，是因为妻妾多的缘故，所以夫君也应该多纳贤淑美好的女子，才能使子嗣旺盛。"曹丕听了心中很嘉许。之后曹丕要驱逐任氏，甄氏请求曹丕说："任氏

曹丕像

是乡党名族，不论品德、美色，我都比不上，为什么要遣走她？"曹丕说："任氏性子急躁，不温柔，之前她怨恨我不是一次了，所以遣她。"甄氏哭着坚持请求说："我受你的敬重之恩，所有人都知道，别人肯定会猜测任氏被驱逐，是因为我的缘故。往上公婆会说我自私，往下则会受到专宠之罪，希望你能重新考虑！"曹丕不听，还是坚持遣走了任氏。

建安十三年（208 年），曹操的爱子曹冲去世，曹操追赠其为骑都尉，并聘甄氏家族中的亡女为妃，与曹冲冥婚合葬，过继曹据之子曹琮为后。

建安十六年（211 年）七月，曹操西征，随行的卞夫人途中生病留在孟津，曹丕和甄氏留守于邺城。当时卞夫人身体抱恙，甄氏不能及时照顾问候，急得寝食难安，时常偷偷哭泣。身边下人告诉她说卞夫人病好了，甄氏仍然不信，说："夫人在家，老毛病常犯，每次都得很久痊愈，这次怎么好得这么快？你们一定是想要安慰我。"所以更加忧心。之后得卞夫人回信，说身体已经恢复，甄氏才放下心来。

建安十七年（212 年）正月，大军回邺，甄氏前去迎接，看到卞夫人时悲喜交加，周围的人看了都感动不已。卞夫人见甄氏这么关心自己，也忍不住流泪，还说："儿媳妇怕我上次生病也会像以前那样反复难愈吗？我只是有点不舒服，小病而已，十几天就好了。你看看我的气色很好呢。"然后叹道："真是孝顺的媳妇啊！"

汉魏时期，主妇在宴会出拜是待客习俗。曹丕为世子时，就曾经宴请诸位文学属官，命夫人甄氏出拜。当时同坐的有吴质和刘桢，其他宾客都对甄氏低头行礼，只有刘桢不拜，反而平视甄氏。曹操听说后，严厉地处罚了刘桢，刚开始将他判决为死刑，后来免去死刑发配为苦役磨石，吴质也受到牵连被贬为朝歌长，后来又迁为元城令。

建安二十一年（216年），曹操东征孙权，卞夫人、曹丕及曹叡、东乡公主都随行，当时甄氏因为生病所以留在邺城。建安二十二年（217年）九月，大军返回邺城，卞夫人的左右侍婢们看到甄氏容颜更胜以往，便奇怪地问她："夫人您跟两个孩子分别那么久，难道不想念他们，反而脸色这么好，为什么呢？"甄氏笑着回答："曹叡和东乡公主他们跟随卞夫人照顾，我还有什么可担心的。"

延康元年（220年）正月，曹丕继王位，封曹叡为武德侯。六月，率军南征，甄氏留驻在邺城。十月，汉献帝禅让帝位给曹丕。禅位以后，退位为山阳公的刘协把两个女儿许配给曹丕为妃嫔，另有郭贵嫔和李、阴两位贵人同时得到宠爱，甄氏日益失意，流露出一些怨恨的话语。曹丕大怒，黄初二年（221年）六月，曹丕遣使者将甄氏赐死，葬在邺城。

据《三国志》记载，甄后之死乃因郭后之宠。文帝问周宣说："我梦见宫殿上两片瓦掉下来，化为双鸳鸯。这是什么征兆呢？"周宣说："后宫恐怕会有人暴死。"曹丕说："我是说着骗你的。"周宣说："做梦这件事，是意念中的事，如果能形之于言，便可以占卜凶吉。"话还未说完，黄门令来报告说，后宫中有人彼此残杀。过了不久，曹丕又问周宣："我昨天梦见一股青烟拔地升天。"周宣说："天下恐怕会有一位贵女子冤死。"当时，曹丕已派人赐给甄夫人赐死的诏书，听了周宣的话很是后悔，于是派人去追赶使者，可惜已经来不及了。

据《魏略》记载，郭贵嫔进谗谮害甄氏，死后将其披发覆面。甄氏死之前将曹叡托付给曹丕的另一位妃子李氏，等到曹叡继位，数次向太后询问母亲死状，太后因此忧惧暴崩。这时李氏才向明帝说明甄氏是被郭氏构陷而死，明帝哀痛不已，于是逼杀郭太后，使人也披发覆面的殡葬了郭太后。

甄妃像

而据《魏书》记载，黄初元年（221年），曹丕登基为帝，大臣请奏立甄氏为皇后，曹丕发布策后的诏书，甄氏却上表说："我听说先前朝代之所以兴旺，能够使国祚延绵，没有不是因为后妃的原因，因此一定要对其人选慎重选择，以兴内宫的教化。陛下初登皇位，实在应该选择贤良淑德的人统理后宫。妾自省愚陋，不能够担此重任，又加上已经生病很久，敢守微志。"立后的玺书下了三次，甄氏辞让了三次，言辞十分恳切。当时正值盛暑，皇帝希望等到秋凉时再迎后。后来甄氏病重，六月丁卯，在邺城去世。皇帝哀痛嗟叹不已，追赠皇后玺绶。

然而，魏书的说法并不被历代史家所认同。裴松之在注解《三国志》时，认为魏书的编撰者们写史时使用春秋笔法掩盖真相。文帝不立甄氏为皇后，反而杀害她，《魏书》的编撰者及当权者如果认为这是大恶事，则应该隐去不写；如果认为这是小恶事，则不应该假为之辞，用虚假的语言粉饰太平到了这种地步，实在是之前史书中从没有见过的。推此而言，魏书中所称卞后和甄后的良善言行，都难以实论，陈寿将他们删落，是应当的。

杨芷：被活活饿死的皇太后

杨芷（259—292年），字季兰，小字男胤，弘农华阴（今陕西华阴市）人。晋武帝司马炎第二任皇后，东汉太尉杨震幼子杨奉后裔，东汉末年东莱太守、蓩亭侯杨众曾孙女，西晋太傅杨骏与嫡妻庞氏之女，武元皇后杨艳堂妹。

杨芷的堂姐杨艳（238—274年），字琼芝，弘农华阴（今陕西华阴）人，曹魏通事郎杨文宗之女，晋武帝司马炎的皇后。杨艳幼年父母双亡，被舅舅赵俊抚养，长大后又跟随继母段氏生活。杨艳自小聪明贤惠，善于书法，天生丽质，娴熟女工。晋武帝为世子时，聘娶了杨艳。泰始元年（265年），晋武帝受禅继位。泰始二年（266年），杨艳被立为皇后。杨艳深得晋武帝宠幸，并为晋武帝生下三子三女。泰始十年（274年），杨艳去世，时年37岁，葬于峻阳陵，谥号武元皇后。

杨芷的皇后之位其实来得很突然，对于她来讲，堂姐杨艳已经是晋武帝司马炎的皇后了，按照通常来讲，杨家就不会出现第二个皇后了，至少不会是她。但是世事无绝对，杨艳去世之前，胡贵嫔得宠，太子愚笨，杨艳怕死后胡贵嫔入主后位，对太子不利，特地用眼泪攻势将杨芷推上了皇后宝座。杨艳相信杨家人才能保护自己的白痴儿子司马衷顺利当上皇帝。而司马炎也履行了他对杨皇后的承诺，向天下诏告迎娶杨芷为第二任皇后。

得知杨芷是要入主中宫，她父亲自然是很开心，她的叔叔杨珧可不这样想。他上书说："自古以来就没有一门出两个皇后还能保全家族的，请求把我这份奏章藏到皇家寺庙，一旦那天真的来临，我杨家可以保证不灭门。"

咸宁二年（276年），杨芷册立为皇后。这时的司马炎，早已沉湎于女色。刚满18岁的杨芷入宫后，因长得美丽纯情，温顺有妇德，美名播于后宫，司马炎十分的宠爱于她。不久，她就生下了一个皇子——渤海殇王司马恢，谁知两年后就夭折了。

杨芷的父亲杨骏素无才干，也没有名望，曾做过县令之类的小官，也做过骁骑将军的从僚，后来依赖着女儿的关系，被封为临晋侯，做了车骑将军。朝中许多人都轻视他的为人，一向识人知鉴的尚书郭奕还上书劝皇帝，说杨骏这人器量狭小，承担不了社稷重任。但是司马炎却有自己的一套想法：他认为前朝的弱主当朝、宗室强盛，都是因

司马炎像

为重用了像霍光、王莽那样声名卓著、手段强硬的权臣辅政，才会挟持弱主与宗室争权。所以，杨骏的平庸无能，反被司马炎看成辅佐新君的最佳人选。因为杨骏没能力就不会生异心，就必须搞好与宗室的平衡；其次，他是司马衷的外公、杨芷皇后的父亲；最重要的一点是杨骏"孤公无子"，即使生了非分之想，也没有意义。考虑到如上条件，司马炎并没有理会大臣的说法，而是更加的重用杨骏。

杨艳在世时，司马炎按其意立她所生的长子司马衷为太子，并选立勋臣贾充的女儿贾南风为太子妃。贾南风不仅丑陋无比，而且生性妒忌，竟亲手杀死怀有司马衷孩子的宫女。司马炎听到此事，勃然大怒，要将贾南风打入冷宫，另选贤淑女子为太子妃。但杨芷皇后因堂姐临终前将太子和太子妃托付于她，于是力劝司马炎说："贾充有勋社稷，犹当数世宥之，贾妃亲是其女，正复妒忌之间，不足以一眚掩其大德。"才将此事压了下来。此后，杨芷常严厉地告诫贾南风，要她自知悔改。可是贾南风却认定司马炎要废她，全是杨芷意思。因此，对杨芷十分的怨恨。

太康九年（288年），杨芷率领内外夫人及受封命妇，亲自到西郊采桑养蚕，并赏赐给夫人们不同数量的绢帛。

太康十年（289年），由于纵欲过度，司马炎的身体时好时坏。于是，他就把朝政交给杨骏，自己深居后宫养病去了。太康十一年（290年）三月，杨骏为了与重臣卫瓘争权，请求司马炎下诏夺回已嫁卫瓘儿子卫宣的繁昌公主。杨骏说卫宣好酒，经常嗜酒犯错。晋武帝问身边的黄门郎有没有这种事，黄门郎说有后，司马炎准奏。这时，又有人上书要求罢免卫瓘，将卫宣交给廷尉治罪，司马炎没有同意。

不久，卫瓘声称年老请求逊位。这时司马炎才猛然醒悟，杨骏表面是对付卫宣，其意则是在逼卫瓘退位。司马炎召来黄门郎质问他是否与杨骏虚构污蔑卫宣，黄门郎承认了。于是，司马炎想让卫宣与公主复婚，可是卫宣这时已经忧愤而死。而此时的司马炎，身体状况越来越差，神智时而清醒时而昏聩。

有一次，他清醒过来时，抬头满眼看到的全是杨骏替换的新面孔，便令中书令华廙起草诏书，召汝南王火速入朝觐见。这时候，司马炎已经明白，他那个貌似憨厚的老丈人靠不住。他只看准了杨骏能力不行，却忽略了另一个问题：越是能力不行的庸人，越是不自量力。志大才疏，这是庸人的一个通病。但他万万没有想到，杨骏竟然将诏令偷着藏下，根本就没有送出宫去。待武帝回光返照之时，才知道已不可挽回，于是带着无限的遗憾逝去。

晋武帝驾崩后，太子司马衷继位，杨芷被尊为皇太后，贾南风被立为皇后。杨骏成了顾命大臣，他根本没有将32岁的惠帝司马衷放在眼里，不但住进武帝当年的太极殿，还煞有介事地批阅奏折。这一切都令刚被立为皇后的贾南风所忌恨。

永平元年（291年），贾南风策动楚王司马玮发动了宫廷政变。同年三月八日，贾南风指使死党上书司马衷，诬陷杨骏谋反。司马衷立即宣布首都洛阳城全部戒严，撤销杨骏的所有官职。接着，楚王司马玮与东安王司马繇奉皇诏亲率400名殿中兵诛杀杨骏。杨芷闻讯，万分焦急，便在帛书上写下"救太傅者有赏"的字样，用弓箭射到宫外。但书信被贾南风的人拾到，贾南风当即把书信公布于众，宣称太后与杨骏共同谋反，并以司马衷的名义下诏幽禁杨芷。她又指使手下的人上书请求废黜皇太后，将杨芷贬为了庶人。

元康二年（292年）四月，杨骏死后，被诛灭三族，株连而死的共有数千人。司马衷下诏使后军将军荀悝将杨芷送往永宁宫，特赦免杨芷母亲高都君庞氏不死，准许与杨芷住在一起。贾南风唆使大臣有司向司马衷上奏说："皇太后暗地施展奸谋，企图颠覆社稷，箭射帛书，邀集将士，同恶相济，自绝于天。鲁庄公与母亲文姜断绝亲族关系，是《春秋》所赞许的，意在人君应顺承祖宗大业，向天下人表示至公无私。陛下虽有难以遏止的情感，但臣下不能从命，可召集王公们在朝堂议论。"司马衷下诏说："这是大事，查清楚再说。"

有司又上奏说："杨骏凭借外戚资历，居冢宰重任，陛下居丧期间，委以大权，以致图谋篡逆，安插党羽。皇太后与杨骏唇齿相依，协同叛逆，阴谋暴露以后，又抗拒诏命，拥兵恃众，使宫中血刃，而太后又射帛书邀集将士，奖励凶党，上有负于祖宗之灵，下使亿万百姓绝望。昔日文姜参与谋乱，《春秋》加以贬斥；吕雉宗族叛乱，吕后宗庙降位，应该废皇太后为峻阳庶人。"

中书监张华等认为："太后并没有得罪先帝，与所亲结党，在圣世不能做人母榜样。应按汉成帝赵皇后的例子，称为武帝皇后，安置在离宫，使亲眷之恩保持始终"。尚书令、下邳王司马晃等议论说："皇太后与杨骏阴谋危害社稷，不能奉承宗庙，与先帝相配。应贬皇太后尊号，废黜居金墉城。"于是有司上奏说："请听从司马晃等人的议论，将太后废为平民。派遣使者以太牢祭礼祭告于宗庙，以承奉祖宗的命令，也符合万民的愿望。至于太后被废后的供养，可根据圣上报恩之愿，务必丰厚些。"司马衷下诏不许可，有司们再三请求，司马衷才同意了。有司们又奏请："杨骏作乱，家属应处死，陛下原下诏赦免杨骏妻庞氏不死，以安慰太后。今太后废为平民，请将庞氏交付廷尉行刑。"司马衷下诏说："听凭庞氏与被废太后相随。"有司们巴结贾南风，按贾南风的意旨再三请求，司马衷只得听从了。庞氏临刑前，杨芷抱住她大哭号叫，到贾南风那里，截断头发，叩头前额触地，上表称妾，请求保全母命，贾南风不予理睬。

庞氏一死，杨芷就被押送回金墉城。贾南风随后将她的内侍及宫人全部遣散，并不给杨芷食物。最后，连续 8 天没有进食的杨芷，于元康二年（292年）二月一日（3月6日），被活活饿死，死时 34 岁。贾南风并不因杨芷死而罢休。她听信巫师之言，怕杨芷将事情告诉武帝，于是在杨芷棺材上贴了灵符，并使用些镇邪的符书药物。

永嘉元年（307 年），晋怀帝司马炽恢复杨芷皇太后尊号，单独立庙，神位不与武帝同列。

杨芷像

咸康七年（341 年），晋成帝司马衍下诏让内外大臣详议。卫将军虞潭认为皇太后应入斯太祀，会稽王司马昱、中书监庾冰、中书令何充、尚书令诸葛恢、尚书谢广、光禄勋留擢、丹杨尹殷融、护军将军冯怀、散骑常侍邓逸等，都赞成虞潭的意见，从此杨芷入太庙配武帝享受祭祀。

杨芷大好年华入宫，大好年华死去，原本她可以嫁给一个王爷或者将军，但是偏偏做了皇后。才能平平的她，没有远见，无法预料贾南风为恶；也没有才能，不会笼络络司马宗室，不会与重臣联系，只知道凭一己之力劝武帝，求贾南风，最终不但保不住自己，更间接害了杨家三族。诏书犹在，有什么作用？也许当初杨珧未必看不到将来，只是身为臣子，又能如何？杨艳已经是一个悲剧，而杨芷的悲剧，更让人心酸。

羊献容：一代奇女，两任皇后

羊献容（？—322 年），泰山南城（今山东省平邑县）人。尚书右仆射羊瑾孙女，侍中羊玄之之女。晋惠帝司马衷第二任皇后。此后数年，西晋政局动荡，她五次被废立，可谓九死一生。晋怀帝司马炽继位后，尊奉为惠帝皇后，居于弘训宫。永嘉之乱（311年），前赵军队攻陷洛阳，羊献容被俘，被刘曜强纳为妾。刘曜即位后，立羊献容为皇后，深受宠爱，先后生下三子。永昌元年（322年），羊献容去世，谥号献文皇后，葬于显平陵。

皇后再嫁仍当皇后，中国历史上只此一例。

西晋永康元年（300年），赵王司马伦起兵进宫，杀掉了权倾一时的贾皇后，完全把"白痴"皇帝——晋惠帝司马衷玩弄于股掌之上。赵王伦眼见后位虚悬，一心安插有利于自己的皇后在惠帝身边。司马伦宠臣孙秀与羊献容的外祖父孙旂是同族，孙旂的几个儿子也都和孙秀结交，于是孙秀便推荐了尚书郎羊玄之的女儿羊献容。十一月初七（12月4日），惠帝立羊献容为皇后。惠帝迎娶新皇后羊氏，实是满心欢喜，只因与又黑又丑的贾氏相比，无疑羊氏确是美艳不可方物。羊氏却不大愿意嫁给一个中年的白痴傀儡皇帝为继后，可是赵王司马伦权大如天，自己的外祖父平南将军孙旂又一心靠拢，因而对婚事也只能徒叹奈何。

羊献容的晋朝皇后生活要有多么不如意就有多么不如意。前任贾南风留给她的不仅仅是一个皇后的宝座，还有连绵多年的"八王之乱"和一个已经被训练得没有任何个人意志的皇帝老公。不过，传说羊献容在被选定为皇后时，在尚未知道消息的情况下她忽然发现自己的衣襟中隐隐有火光闪耀，这被认为是立后的"吉兆"。这"吉兆"还真灵验，后来羊献容屡废屡立，倒而不败。

羊献容的晋朝皇后生活经历了连绵多年的八王之乱。新婚不到一年，赵王司马伦迫惠帝禅位，对外宣称尊惠帝为太上皇，实际上却把惠帝和羊后囚于金镛城。后来齐王司马冏、河间王司马颙、成都王司马颖、长沙王司马乂等人乘势而兴，迎惠帝复位，羊皇后才得以还宫。长沙王司马乂率先进入洛阳城，杀死司马冏并取代了他的位置。于是从前的盟友立即反目，河间王司马颙和司马颖闻讯又联兵围攻洛阳，声讨司马乂。同在洛阳城内的东海王司马越害怕城破之后自己遭殃，便将司马乂捉起来送进对方阵营。堂堂的王爷司马乂就这样被河间王司马颙的部将张方烧死示众了。

　　永兴元年（304年）正月，获胜后的河间王司马颙和司马颖进驻洛阳，开始了他们新一轮的篡位工作。首先，两人联合上奏，要求废黜皇后羊献容和她的养子、皇太子司马覃。二月乙酉，羊献容被废为庶人，幽禁金墉城。皇太子司马覃贬为清河王。三月，河间王司马颙向惠帝上表，请立司马颖为皇太弟。不用想也知道，这样明目张胆的事怎么可能服得了众呢！同年七月一日，右卫将军陈胗率军攻入禁城，司马颖败逃邺城。七月三日，金墉城里被关了半年的羊献容终于返回了皇宫，复位皇后。

羊献容像

　　羊献容复位之后，西晋朝廷的首要工作，自然是派兵去邺城把司马颖斩草除根。于是同月己亥日，以东海王司马越为首的诸王大臣，便拥着惠帝司马衷的皇驾，浩浩荡荡地御驾北征去了。就在河南安阳，他们遇到了司马颖的先遣部队，率队的是石超。然而，这第一场交战，北征军就输了个清光。不但打了败仗，就连自己的皇帝都没心情保护。对于司马越等人来说，司马衷只不过是他们用来壮声威的幌子而已。因此一遇到危险，以他们为首的文武百官都丢下皇舆，自顾仓皇逃窜去了。可怜的司马衷毫无掩护被丢在乱军之中，身中三支箭，脸颊负伤，而且把随身携带的六枚帝玺也弄丢了。无可奈何之下他只得投奔"敌军"——也就是被活捉了。

　　白痴皇帝不知所措，而且又渴又饿。石超端水给他喝，而他已经饿得慌了，甚至等不及随军伙夫埋灶做饭，只好就近在战场附近的林

羊后

羊献容像

子里摘几颗秋桃给他充饥。勉强收拾了一番之后，石超便将这位倒霉皇帝送去邺城见司马颖了。就在惠帝进入邺城号啕痛哭的同时，远在洛阳的羊献容也再次遭殃。河间王司马颙的部将张方（就是他烧死了司马乂），在司马越邺城大败的同时，率军攻入了洛阳城，把持了朝政，第一件事就是把主子从前想办的事重新办好：再次废皇太子，并废皇后羊献容为庶人。

不久，司马颖又打输了仗，司马衷身不由己地又从邺城回到了洛阳。这时的洛阳城里，已经成了张方的地盘。但他不是政治家，只是一员横蛮凶残的悍将，他在洛阳城把持朝政无所不为，惹得朝臣大族群起反抗，他眼看事情不妙，便带兵闯入皇宫，把惠帝司马衷绑了票，从洛阳带到了长安。司马衷被绑票了之后，洛阳城里的群臣便自发组成了留守小朝廷。但是他们毕竟是臣子，总不好自己公然发号施令，在这样的情形下又想到了金墉城冷宫里的废后羊献容。永兴元年（304 年）十一月七日，留守小朝廷宣布恢复羊献容的皇后名分，把她当成了小朝廷的活牌位。这是羊献容的第二次废立。

然而第二次复立羊献容的留守朝廷只复立了她而没有复立皇太子司马覃。就在复立羊皇后的第二个月，还借她的名义颁布诏书，立豫章王司马炽为皇太弟。司马炽是晋武帝司马炎的庶子，聪明远过其傻兄司马衷，如果他能够顺利继位并执掌朝政，也许西晋王朝能够延长一些寿命。问题是他本身也只不过是诸王大臣力量均衡的结果，没有阻止下属的实力，更何况司马家族的成员们已经杀红了眼，已经不可能停下来了。永兴二年（305），张方得知羊献容复皇后位的消息，在长安挟持司马衷于该年四月丙子日再次颁布诏书，废羊献容为庶人。同年十一月，身在洛阳的立节将军周权假称自己接到了司马衷的密诏，升自己做平西将军，同时复立羊献容为皇后。这是羊献容第三次废立。

周权只不过是个将领，与皇族没有血缘关系，他做这样的事情未免胆子太大，很快就引起了周围人的不满。洛阳令何乔首先发难，结果周权一败涂地，被何乔杀掉，而刚刚被释放出来的皇后羊献容，又再一次莫名其妙地被关进了金墉城。她名为皇后，却身不由己，一个区区洛阳令都敢下废后令，把她呼来喝去。

承蒙张方的绑票行径，这时候的西晋王朝已经就算是"迁都"长安了。当初张方抓走司马衷的时候，司马衷虽然白痴，也知道此人不是善类，在皇宫中到处躲藏，可惜最后还是被张方从御园的竹丛里生生地抓了出来。其后张方派手下兵士在后宫中搜寻财物，美其名曰搬往新都，而实际上却是将曹魏以来数十年积储下的府库财物全部抢掠一空。来到长安，河间王司马颙以惠帝的名义任命自己做"太宰"。他认为羊献容家世高贵，身份特殊，留着是自己的隐患，仅是"废"掉她还不够放心，一定要杀了才行。

永兴三年（306年）初，河间王司马颙在长安假颁诏书，诬蔑羊献容谋逆，命令洛阳的官员立即杀掉她。这道命令传达到洛阳，引起大多数洛阳官员百姓的反感，他们都很清楚羊献容的遭遇，河间王司马颙传下几道命令，他们都不愿执行。催逼得多了，司隶校尉刘暾与尚书仆射荀、河南尹周馥驰联合冒死上奏，说派来的使者赫然手持毒药，定要进入金墉城毒死羊献容，令朝臣百姓都震惊无比。羊献容家人离散，自己被废放冷宫，而且多人看守，连天地都不能看见，怎么可能主动与奸人勾结作乱。对这样的罪名，洛阳城内无论是智者还是愚人，都齐声为她喊冤。如果一定要杀死这个走投无

司马衷像

路的可怜女子，定然会引起天下人的悲痛怨恨。请朝廷收回成命。

这道奏章使得河间王司马颙大怒。他虽然不敢再向羊献容下杀手，却迁怒于上奏的刘暾等人。最后以刘暾等人出逃青州罢休。仅就试图杀废后一事，便足见河间王司马颙的其他所作所为，因此司马氏诸王又再次推举司马越为盟主讨伐河间王司马颙。永兴三年（306）五月，司马越攻陷长安。六月，白痴皇帝司马衷又返回了洛阳旧都。再次从金墉城冷宫里迎出羊献容，复立为皇后。这是羊献容的第四次废立过程。

然而白痴司马衷的人生已经走到了尽头。光熙元年十一月十七日（307年1月8日），48岁的晋惠帝司马衷在吃了几块面饼之后暴毙于显阳殿。人们都传说此事乃是东海王司马越所为，但是苦于一直没有查到破绽，司马衷的死就从此成了谜案。

羊献容与司马衷曾经生过一个女儿。这位公主闺名不传，在司马衷的女儿里排行第四，初封清河公主。永嘉之乱洛阳城破时，她只有十岁左右，在一片混乱中流落民间，被人贩卖，最后几经辗转，一直卖到了吴地。在这里，十岁的小公主成为富人钱温女儿的丫鬟。这位钱小姐虽然出身不低，人品却很恶劣，对小丫鬟残忍酷虐。清河公主不敢泄露自己的身份，一直咬牙忍耐，直到终于找到一个机会逃出钱府。

逃出后，清河公主径自找到了当地吴兴太守周礼。周礼一听简直五雷轰顶，立即上报驻扎建康（南京）的琅琊王司马睿——也就是后来偏安江南的东晋第一任皇帝晋元帝。当司马睿确认面前伤痕累累的小女孩确实就是自己的堂妹之后，顿时勃然大怒，如梦初醒的钱温一家悔之晚矣，都被斩首示众。清河公主重新受封为东晋王朝的临海公主，成年之后下嫁谯国人曹统，一直安稳地生活在东晋王朝的庇护之下。此是后话。

司马衷死后，羊献容害怕"皇太弟"司马炽继位，自己作为皇帝的嫂嫂，身份微妙，得不到应有的太后名分和尊重倒也罢了，甚至还很有可能再次重蹈噩运，因此她很想让无辜被废的司马衷养子、前皇太子司马覃继位。但是她有心无力，最后仍是司马炽继位，是为晋怀帝。

司马炽是晋武帝司马炎的第二十五个庶子，当初他被权臣封作太子时，尚且知道大哥自有养子，惶惧不敢。但是一旦成为皇太弟，他的心思便全放在了帝位之上。不出羊献容的预料，司马炽虽然坐上了白痴哥哥留下的宝座，却压根没把哥哥的遗孀放在眼里，仅仅封她为"惠帝皇后"，迁居弘训宫了事，而把"皇太后"的名分给了自己早死的生母、晋武帝的中才人王媛姬。羊献容从此寂居深宫，成了小叔子和朝臣们眼中的一个活死人。

司马炽比乃兄高明得多，可惜的是经历了 16 年的手足相残，西晋王朝已经江河日下，不是他能够挽救得了的。一个重要的原因，就在于诸王作乱时，为了加强兵力，争先恐后地使用鲜卑、匈奴、羯、氐、羌的兵力。从此将中原大地由"八王之乱"带入"五胡乱华"的大动荡岁月。实际上，乱华的不仅仅是五胡，汉族人自己也受不了西晋的暴虐混乱而纷纷造反、在所谓的"五胡十九国"中，有至少四国的创立者都是汉族人。然而，就像"八王之乱"中的八王都以横死灭门收场一样，等到这十九国都消失的时候，实际意义上的"五胡"都在自相残杀和互相攻掠中融合消失了，他们的贵族阶层更是灭绝得干干净净。只是这个过程，却意味着长达 136 年之久的兵连祸结，生灵涂炭。

设身处地想一想，在这样不停地折腾之下，在不足两年时间内发生这么多次的废立，生活在这样的大起大落中，需要有多么坚强的神经和强壮的身体才能挺过来啊。甚至还有大臣假传圣旨想杀掉她。想想吧，这何尝不是屈辱，而且是巨大的耻辱，任人摆布、根本没有还手之力，几个武夫说立就立，说废就废，甚至一个小小的洛阳县令，也能够废掉她。本来，这样苦命的女人，生不逢时，嫁不逢人。但是偏偏这时候又峰回路转了，而且还不是一般的柳暗花明。

不过，对羊献容这样的女子来说，她们的命运是完全可以想象得到的：出身名门，定是要嫁个门当户对之人，皇宫便是不错的选择；花容月貌，更是非常容易惹人非议，许多得宠的妃子都有所谓的绯闻；家庭关系的复杂，政治斗争的钩心斗角，让人亦步亦趋，就怕飞来横祸。如此环境下造就的女人，不是超越自我，成为心狠手辣的角色，便是谨小慎微，成为被强势女人吓得什么都不敢做的软弱者。

不过，羊献容进宫的时机非常特别，她已没有时间经受黑暗后宫的磨炼，就完全沦为"八王之乱"中一颗无足轻重的棋子。她先后被五废五立，中国历史上，从汉朝起才有了废皇后这一说，一国之母的废除是极其严重也极其慎重的事情，而在短短两年中，当政诸王的政权走马灯一样地换，羊皇后也频繁的出入冷宫。可能到了后来，羊献容出入冷宫时已无任何感觉了，唯一的想法或许就是在猜测自己哪一天会再回到这里。

如果晋室强大，羊献容也许就以此终天年了，可由于"八王之乱"，晋廷日益衰落。当西晋王朝自相残杀的"八王之乱"进行到中途的时候，匈奴后人中出现了一位刘渊。当时的"皇太弟"司马颖任命他为匈奴五部总管，刘渊因此成为司马颖一派的成员。当司马颖参与到争夺皇位的斗争中，刘渊主动请缨，要求返回聚居地，为司马颖筹集人马，与对方的鲜卑族军队决一死战。

当刘渊集起五万匈奴士兵，准备出发增援司马颖的时候，却已经传来了司马颖失败的消息。刘渊忍不住大骂司马颖没出息，但是仍然打算信守诺言与司马颖共赴国难，但是他的亲友都不同意。认为司马家族反复无常，内讧严重，而且一向猜忌刘氏，继续参与的话，如果司马颖输了，刘家死定了，如果司马颖赢了，也不见得会给刘家好果子吃。

刘渊觉得下属的话很有道理，于是称帝立国。他认为自己是西汉皇帝的外甥，又数代刘姓，因此立国号为"汉"，年号元熙，尊蜀汉末帝刘禅为孝怀皇帝，并立西汉历代皇帝牌位祭祀，史称"汉赵帝国"。

刘渊是一位出众的军事家，自起兵以来，屡战屡胜，在中原各地起义反晋的各路人马都纷纷归附。这其中包括后来杀害刘曜的羯族人石勒。正当刘渊准备与西晋抗衡的时候，他却患病不治，于晋永嘉四年七月病逝。刘渊死后，赵汉帝国内部发生了一系列的夺位斗争，他选定的继位人刘和被他的第四子刘聪弑杀，刘聪自立为帝。永嘉五年（311 年），刘聪派刘渊的侄儿、前汉将军刘曜率领军队攻打洛阳，经过大小十二战，洛阳城破。

而此时的晋怀帝还在不停地忙于司马家族的内战。当洛阳城告急之时，晋怀帝曾经打算迁都（逃跑），但是司马越留在他身边的潘滔反对，诸大臣都害怕潘滔，也不敢让晋怀帝离开。但是当逃跑的机会来到的时候，他却因为自己的愚蠢而丢失了。

在洛阳城将破，打算逃亡之时，晋怀帝居然在御前会议上拍手打掌地吆喝："怎么可以不给我准备够档次的车马和随从警卫！"而他的近侍亲信们听说只是逃命，皇宫中的财物不

刘渊蜡像

能带走，也都一个个地拒绝执行朝臣的决议。等到司徒傅祗终于奉命修好够档次、够装财宝的舟船之时，晋怀帝已经无法到达登船之处了：此时繁华的洛阳正街上已经长满野草，百姓已沦为盗贼，围攻他们。晋怀帝只好退回皇宫，哭天喊地追悔莫及。

刘曜闯进西晋后宫，掳走了当时寡居宫中的羊献容。对于一个历尽苦难的女子来说，此时可说是绝望透了。羊献容成了战利品，这个在晋室中受尽耻辱的女人，在更大的亡国耻辱中，又遭受了亡国奴的耻辱。

晋怀帝也被活捉并带住赵汉的都城平阳。晋怀帝被俘后两年间备受羞辱，刘聪甚至让他穿奴仆的衣服侍酒，这景象让同样被俘的庾珉号哭不已。刘聪大为扫兴，几天后，晋怀帝以为奴换活命的指望仍然落空，被刘聪杀死。

得知消息后，晋武帝孙、秦王司马邺被西晋遗臣在长安立为新皇，四年后长安仍然被攻陷，司马邺又重演了伯父的遭遇，被刘聪指使来做侍酒小奴，就连上厕所都要他去侍候。同时被俘的西晋群臣大哭，刘聪又再一次扫兴，两个月后将司马邺杀死，东晋谥其为愍帝。

假若不是司马炎当年的意志薄弱、杨艳当年的固执己见，西晋王朝也就不可能败得如此之快。假若当年继承皇位的是嫡三子，那么司马衷作为弱智的兄长，一生被弟弟养护，至少能得个善终。然而由于父母的错误决策，他却登上了皇位，一生身不由己。而西晋王朝治下的千千万万小民百姓，更因此死在了凶暴的司马家族内乱、割据烽烟之中。司马氏诸王为了争夺皇位，恣意抢掠百姓财产儿女，13岁以上的男孩都被强迫入伍。

灭掉西晋王朝的刘聪名如其人，非常聪明，汉族的文章典籍倒背如流。但是他聪明的表现在于层出不穷的残忍暴虐，表现在西晋最后两位帝王身上的只是小菜一碟，在他当皇帝的八年时间里，赵汉帝国迅速走向衰落。

　　刘聪光是皇后就同时立了五位，后宫姬妾达一万多人，出征有功的将士他不给分毫奖赏，身边的宫娥太监却动辄得到千万赐物。东晋建武元年（317年），刘聪在猜忌排斥汉族官员之后，又无端怀疑弟弟刘义谋反，将汉国的大小官吏不分民族都抓起来拷问，导致前后叛逃的各族国人多达20多万户，氐、羌酋长十余人被挖眼火烤，他自己的亲弟弟被废杀，匈奴本部官兵15000余人更被无罪杀害。一时间，汉国都城街巷一空。

　　刘聪的倒行逆施随着他的病死告终，但是汉国的根已经被他挖得差不多了。在他的言传身教下，他的儿子刘粲更青出于蓝，登基后立刻将父亲的皇后统统收归己有，与自己的妻子一起都封为皇后。刘聪当年淫乱继母，如今儿子照办，真孝子。

　　在刘聪的五位皇后中，有两位姓靳的姐妹。姐姐靳月光因偷情被刘聪逼得自尽，妹妹靳月华如今又被儿子占有。靳氏姐妹的父亲、刘粲的姥爷兼岳父、汉国丞相靳准是个心狠手辣报复心极强的人物。早年间他曾将妹妹嫁给刘聪弟弟刘义，结果这位靳夫人与人通奸，刘义杀掉靳氏并对靳准百般嘲弄，靳准因此怀恨，竟捏造刘义造反，促成刘聪公元317年的恐怖大杀戮。

　　虽然靳准权倾朝野，但是侍候刘聪刘粲父子并不容易，想来受气挨骂不会少。但是这些事都未见史载，我们只能猜测。总之，不知道为什么，靳准对刘家恨之入骨。大兴元年（318年），靳准在刘粲继位仅两个月的时候就发动了政变，杀掉都城内所有的刘氏男女老少；把以刘渊刘聪为首的刘氏坟墓也挖开，焚尸泄愤；并把宗庙也烧光。据说烧庙焚尸之时，鬼魂号哭，声闻百里。此时，汉国的羯族大将石勒正在邢台，亲王刘曜则在长安，他们闻讯率兵反击，大败靳准，靳氏家族也被杀光挖尽。同年，刘曜即汉国皇帝位，迁都长安。光初二年（319年），刘曜称帝，定都陕西西安，改汉为赵，史称前赵。

　　刘曜虽然正式重建了以匈奴为主体的王国，但他册立的第一位皇后却是一位曾经做过俘虏的汉族女人。她就是羊献容——曾经的西晋皇后。

刘曜年轻时曾经在洛阳游历，据说在羊献容未出阁前见过她，早就爱慕她的清秀美丽。他灭亡西晋的一个重要动力，就是为了得到羊献容。羊献容成了汉国主刘曜的皇后，从一个亡了国的皇后，变成了曾经是敌国的皇后。归顺了前赵的羊献容一改往日的倒霉样，活得十分滋润，不仅得到了刘曜的宠爱，还可以发挥自己的才情和能力，偶尔帮一下皇帝。或许用一句刻薄的话来总结她的一生会比较贴切：一个国家的灭亡成全了她的幸福。这样一个女子，是真正算得上是"倾国倾城"了，得到她的代价，就必须是毁灭她的国家。而羊献容得到了一位相貌堂堂、文武双全的英雄加君主。

羊献容不仅得到刘曜的万般宠爱，更为刘曜生育了三个儿子：太子刘熙、刘袭、刘阐。这时的羊献容，与当日于西晋朝廷受尽欺凌的那个弱女子已不可同日而语。

羊献容成为刘曜皇后的时候三十多岁，虽然还算年轻，但是她从少年起的所有遭遇，却足够将这个自幼养在士族深闺中足不出户的女子锻炼成富于心机、能够随机应变，并且心理素质绝佳的奇人。羊献容表现出的智谋和政治军事觉悟，也让刘曜很是佩服，所有赵汉王国的朝政军事决策都让她参与其中。

羊献容对这样一个丈夫当然十分满意。有一次刘曜偶然问她："我与你的前夫司马衷相比如何？"羊献容回答道："他怎么能和你相提并论呢！你是开国之主，他却是亡国之君，妻子儿子以及自己的性命都不能保有，

刘曜雕像

我作为他这样一个皇帝的妻子，却屡屡被臣属折磨羞辱。那个时候我真是生不如死，哪里想得到会有今天！我生长在深闺，了解的男人只有司马衷一人，还以为世上的男人都像他那样。如今嫁给了你，才知道世上真有大丈夫。"羊献容这番话，可以说完全出自真心。

光初五年（322年），羊献容逝世，死后葬于显平陵，谥号献文皇后。

刘曜虽是匈奴后裔，实在很有英雄气概。他在战役中坠马负伤，随从傅虎要将自己的马匹给他，面对生死关头，他却拒绝接受，说："我已经负伤，而你毫发无损，相比之下你逃出去更有活的可能，我伤重，死在这里正得其所。"傅虎痛哭，强行将他拉上马，驱马渡汾河，自己留下挡敌战死。咸和三年（328年），刘曜在战役中被石勒活捉，石勒便要他写信给太子刘熙归降，刘曜在信上写道："与诸大臣匡维社稷，勿以吾易意也！"石勒眼看刘曜性烈不畏死，恼怒之下便杀了他。刘曜没有想到的是，自己的儿子们年轻没有经验，自己以性命换来的并不是国土完整，而是石勒的一鼓而破，赵汉亡国。中原匈奴从此烟消云散。

作为汉族世家出身的皇后，羊献容做"戎狄"皇后，似乎罪不可恕，然而铁笔史家却并没有过多的指责她。她的经历和她留在史书上的那段话，正直射中了晋王朝丧国辱家的根源：所谓的正派士族皇家权贵，尽是些顾影自怜、醉生梦死、服药炼丹之辈，拉不开弓治不得民，只会夸夸其谈自命不凡；哪里比得上雄心勃勃的五胡帝王呢！虽然刘曜、石勒、符坚、慕容氏等诸帝都满手鲜血，然而那些所谓清高的世族虽然手不沾血，在他们的无能统治下破家亡命的百姓又何止千千万万！

羊献容命途之大起大落，起落无常，真正是政治风云的"晴雨表"。这在中国封建史是个典型。

灵太后：两度临朝，沉河而死

灵太后（？—528年），胡氏，名失考（《北史演义》称胡仙真，一说名胡承华），安定临泾（甘肃镇原）人。司徒胡国珍的长女，母亲是秦太上君皇甫氏。北魏宣武帝元恪的妃子，北魏孝明帝元诩的生母。宣武灵皇后。

胡氏的姑姑做尼姑，很能讲解佛理。宣武帝在位初年，胡氏的姑姑进入宫廷讲授。过了几年，她暗示左右的人称说胡氏的容貌德行，宣武帝听说后，就召进后宫做承华世妇。当时的北魏政权，奉行"子贵母死"制度，儿子立为太子，母亲就要处死。而在宫廷之中，妃嫔们相互祈求祝祷，都希望生诸王、公主，不希望生太子。仅胡氏常对夫人等说："天子怎可独独没有儿子，为什么畏惧自己的死而使皇家不养育嫡长子呢？"等到胡氏怀上身孕，与她同列的妃嫔们还因旧例为她恐惧，劝她想办法打掉。胡氏拿定主意不动摇，半夜一个人发誓说："但愿所怀的是男孩，按次序将成为长子，儿子生下我被处死，我也在所不辞。"永平三年（510年）三月十四日，胡氏宣光殿生下皇子元诩，被升为充华。在这之前，宣武帝频繁地夭折皇子，自认为年纪已大，恐难以再育皇子，所以对元诩特别加以谨慎照料。为元诩选乳母保姆，都选取良家善养男孩的妇女，抚养在另外的宫室中，胡氏和其他嫔妃都不能抚育看护。延昌元年（512年）十月十八日，元诩被立为皇太子。胡氏多亏朝中大臣刘腾、于忠、崔光等从中相助，不但没有遵照旧制将她赐死，反而晋封为贵嫔。

延昌四年（515年），宣武帝驾崩，由其子元诩继位，是为孝明帝。孝明帝继位时年仅六岁，尊宣武帝皇后高氏为皇太后，尊胡氏为皇太妃。不久，元氏宗室诸王在任城王元澄的策划下，谋杀了权臣高肇，逼皇太后高氏到瑶光寺出家为尼，尊胡氏为皇太后，临朝听政。大臣还称她为殿下，下令处理事务。后来改令称为诏，群臣上奏疏称陛下，她自称为朕。胡太后因孝明帝幼小，不能亲自祭祀，想依照《周礼》中夫人与君主交相奉献的义理，代孝明帝进行祭礼，寻访过去的样板。门下省召集礼官、博士商议，认为不可以。而胡太后想用缯帛遮住自己，观看三公料理事情，再询问侍中崔光. 崔光就依据东汉太后邓绥进献祭品的旧例赞同，胡太后大喜，于是代行最初的祭祀。

胡太后禀性聪颖有悟性，多才多艺。姑姑做尼姑，胡太后幼年依托她，粗略得知佛经大义。她亲自处理纷繁事务，亲笔批阅公文。胡太后又在朝堂亲自测试孝廉秀才、州郡上计簿的官吏。胡太后和孝明帝前往华林园，在都亭水流拐弯处宴请群臣，命令王公以下各赋一首七言诗。胡太后的诗句说："天地造化含气贞。"孝明帝的诗句说："无为而治赖母明。"王公以下赐予布帛多少不等。

神龟元年（518 年），胡太后的父亲胡国珍去世，百官上奏胡太后请因公除去丧服，胡太后不准许。不久前往永宁寺，亲自在九级台基上建佛塔，僧尼男女赶去的有几万人。到改葬文昭皇后时，胡太后不想让孝明帝主持此事，就亲自做丧事主持人，出城到终宁陵，亲自祭奠安排事务，回来后在太极殿哭祭，直到事情结束，都是自己主管。

胡太后临朝听政之初，颇有一番作为。她每日临朝批阅朝臣奏章，对重大案件亲自决断，亲自考核地方官员，一时之间，朝纲肃整，百官膺伏。然胡太后一旦拥有不受约束的最大权力，其天性中追求奢靡的阴暗面很快就暴露无遗。胡太后大肆崇佛，深信佛法能减轻罪孽。临朝后，她佛事口炽，耗资巨万广建寺院，开凿石窟，其建筑规模之宏大，实属历代之最。如在洛阳龙门山、伊阙山建造石窟寺，前后用工达 80 多万个。当时，全国庙院激增至 3 万余所，僧尼多达 200 余万人。仅洛阳一地，寺院竟有 1367 所，自佛法传入中原，塔庙之盛，未之有也。鉴于崇佛造成大量社会财富流失，大臣李崇、张普惠等人多次上疏谏诤，然胡太后固执如常。

胡太后又极爱饮宴游乐，高兴之余，常常赏赐亲信大量财物。一次，她驾幸嵩上山，随从多达数百人，为了取乐，传令手下大开府库，命王公、嫔妃、公主们随意攫取，结果，大量绢帛散入私家。胡太后豪奢无度，流风所及，达官贵人竞奢夸富。高阳王元雍有男仆 6000 人，伎女 500

个，一餐饭花费数万钱。河间王元琛与元雍比富，用银槽喂马，用西域所产玛瑙碗、水晶盅、赤玉壶宴饮宾客。章武王元融看见气恼不堪，卧床三百日不能起。

胡太后也是中国历史上著名的荒淫女主，死后追谥为"灵"，故史书上又称为"灵太后"，在她当政期间，北魏国力迅速衰退。

北魏名将杨大眼，虎背熊腰，孔武有力，眼睛大如铜铃，炯炯有神，摄人魂魄，南征北战，立下了汗马功劳。他的儿子杨白花，容貌身材长得和他父亲一模一样，丰仪俊朗，力能举鼎，英武过人。灵太后当时已是半老徐娘了，养尊处优的生活使她的心灵时常感到空虚落寞，于是把杨白花当作心目中的白马王子，经常把他召至宫中，备至优渥之意。作为臣子，杨白花不敢反抗，只好拜倒在灵太后的石榴裙下，做了她的男宠。但他也是一个有本领的人，并不想任凭灵太后摆布，他担心自己总有一天会大祸临头。于是，就大胆率领部下逃出了洛阳，投奔南朝梁国。他走后，灵太后思念不已，但又不便明目张胆地声张，只好把所有的思念都藏在心里。她谱成一曲《杨白花歌》，以暮春时节的杨花飘荡难觅踪迹，来抒发内心的怀想和期盼，并让人连夜唱熟。由此可见，灵太后对杨白花还是有感情的。

愈是思念，灵太后的情欲反而更为炽烈，一个人寂寞难耐，她很快又看中了魁梧伟岸的清河王拓跋择，于是授以重位，日夜召进宫中，名为商议国是，实乃饮酒作乐。清河王虽然极力规避，但最终也在一次酒醉后做了入幕之宾。

任城王拓跋澄的儿子拓跋顺，原为齐州刺史，灵太后任他为侍中，倚他为心腹。拓跋顺是一个完全汉化了的鲜卑贵族，基于汉人礼法，不满于灵太后的行为，当庭进言："妇人夫殁，自称未亡人，首去珠玉，衣不文采。太后母仪天下，年垂不惑，修饰过甚，何以仪型后世？"灵太后大为愤怒，也大出意外，拂袖还宫，再召拓跋顺进宫责问："千里相征，岂欲众中见辱耶？"意思是我把你从齐州召还京师担任要职，怎么当廷口没遮拦，使我下不了台面呢？拓跋顺却义正词严地答道："太后不畏天下之笑，而耻臣之一言乎？"

当时胡太后得其所欲，逼迫孝明帝的叔叔清河王元怿与她同房，淫乱纵情，为天下人所厌恶。正光元年（520 年）七月初四日，领军元叉、长秋卿刘腾等人奉迎孝明帝到显阳殿，把胡太后软禁在北宫，在宫中杀死元怿。随后胡太后的侄儿都统胡僧敬和在身边保卫的张车渠等几十人，谋划杀死元叉，再拥戴胡太后临朝听政，事情没能成功，胡僧敬因此事获罪流放边境，张车渠等人被杀，胡氏宗族人员多被免职。后来孝明帝在西林园朝见胡太后，宴请文武侍臣，饮酒到天黑。元叉于是起身到胡太后面前，自述外面传言胡太后想谋害自己和刘腾。胡太后回答说："没有这种话。"于是到了很晚的时候。胡太后就起身拉着孝明帝的手走下殿堂，说："母子不相聚已经很久，今晚共住一宿，各位大臣送我进去。"胡太后和孝明帝走进东北小阁，左卫将军奚康生谋划要杀死元叉，没能成功。

刘腾、元叉幽禁胡太后之后，把持北魏朝政。朝廷生杀大权，皆取决于刘腾、元叉，他们养婢蓄妓，逼民为奴，卖官买官，百姓对此怨声载道。

正光四年（523 年）二月，刘腾去世。刘腾死后，元叉对胡太后的防范松懈。胡太后和孝明帝以及高阳王元雍定下计策，解除元叉的领军职务。胡太后又再度临朝听政，大赦天下，改元孝昌。从此朝政荒废，威信恩德不能树立，天下的州牧郡守，处处贪婪。胡太后宠臣郑俨在宫廷淫乱，权势遍布天下；李神轨、徐纥都被亲近侍奉。一二年之间，位居宫禁要职，手中握着王爵，大小事出自心中，淫乱传遍朝廷，为四方的人所厌恶鄙视。文武官员人心涣散，各地叛逆作乱，国家的土崩瓦解，缘起于此。胡僧敬又利用聚集亲属的机会，哭泣规劝说："陛下为海内母亲的仪表，哪应如此轻佻呢？"胡太后大怒，从此不再召见胡僧敬。

胡太后再度临朝后，自以为行为不检点，畏惧被宗室所憎恨，于是在宫内培植党羽，掩人耳目，凡是孝明帝所亲近宠爱之人，胡太后多借故谋害。有位蜜多道人。能说胡人语言，孝明帝把他安置在身边。胡太后担心他传递消息，三月三日在城南的大巷中杀了他。正要悬赏募取杀人犯，胡太后又在宫中杀死领左右、鸿胪少卿谷会、绍达，都是孝明帝所亲近的人。母子之间，猜疑屡次发生。郑俨担心祸患，就和胡太后定计，利用孝明帝妃子潘充华所生之女元氏（史称元姑娘），让胡太后诈称是男孩，立她为皇帝。

此时，北魏孝明帝元诩逐渐年长知事，深感胡太后所为势必将王朝带上毁灭之路，因而决心自己执掌国政。但胡太后却继续宠用私党，常借故诛杀孝明帝的近臣。公元 528 年，孝明帝的潘嫔生了一个女儿，胡太后却对外宣称生了一个皇子，并大赦天下，以示庆祝。武泰元年（528 年），孝明帝忍无可忍，乃发密诏命镇守晋阳的大将尔朱荣，率兵南下进兵洛阳，以胁迫胡太后交权。不料消息泄露，二月二十五日，胡太后竟与亲信将孝明帝毒死，先向天下宣布由之前潘嫔诞下的"皇子"继位，又由于被人识破，又向天下宣布由年仅三岁的临洮王之子元钊继位。消息传出，天下震惊，朝野愤慨。

大将尔朱荣因此上表指责胡太后，以匡辅朝廷之名，自晋阳（今山西太原）起兵南下，直奔都城洛阳，四月兵至河阴（今河南孟津东北），拥立孝文帝之侄元子攸为帝，即孝庄帝，改元建义。这个尔朱荣其实别有用心，借拥立之功，大权独揽，把无数宗室诸王与公卿大臣杀害，铲除异己。胡氏看到大事不妙，尔朱荣的军队渡过黄河，来势汹汹，朝中已经没人与她站到一起。无奈之中只能落发为尼，想借此空门苟延残生，还命后宫嫔妃尽入道观，来陪着她。四月十三日，尔朱荣派遣骑兵拘捕押送胡太后以及幼主到河阴。胡太后对尔朱荣多方辩解自己的行为，尔朱荣拂袖起身。最终，胡太后和幼主都被沉入黄河。胡太后的妹妹冯翊君胡氏将她收殓埋葬在双灵佛寺（一作双灵寺）。孝武帝（一作出帝）元修在位时，才以皇后的礼仪安葬了胡太后，并追加谥号为"灵皇后"。

孝明帝长大后与灵太后的矛盾日益加深，私召驻兵晋阳的都督尔朱荣率兵入京，诛杀太后身边的人，灵太后得知消息后，就先下手为强，酖杀了孝明帝，另立幼帝。尔朱荣则奉长乐公主的儿子拓跋攸为帝，率军入京继位，诛杀王公大臣以下官吏二千多人，灵太后尽召后宫妃嫔，喻令出家为尼，然而尔朱荣却不肯放过她，把灵太后和幼帝都装入麻袋沉在黄河之中。

胡氏第一次临政还能有效治理国家，而二次临政，信任奸佞，贪图享乐，把一个北魏政权彻底葬送，自己也丢了性命，在历史上扮演了一个极不光彩的角色，令人深思。

胡太后：最高贵的皇后，最下贱的娼妓

北齐武成帝高湛的皇后胡氏是历史上最特殊的女人，做过最高贵的皇后，也做过最下贱的娼妓。也许别人都会以为这两种身份一个天上，一个地下；一个尊贵，一个低贱，会是两种截然不同的生活处境。但是，她却口出惊人之言："为后不如为娼，更有乐趣。"她的话让无数的正人君子痛心疾首，指为"淫妇之首"。

胡太后（生卒不详），出身高贵，她的父亲胡延之曾任北魏的尚书令，她的母亲出身范阳卢氏，范阳卢氏是当时北方著名的高门士族。出生在这样的家庭，胡氏自幼受到了良好的教育，具有大家闺秀的风范。

她十几岁时就已美貌无比，名声远扬，顺理成章地成了北齐长广王高湛的王妃，开始了极品富贵的生活。天保七年（556年）五月，胡氏在痛苦的挣扎之后，生下了第一个儿子高纬。没过几年，天下掉馅饼，长广王高湛成了北齐皇帝，长广王妃胡氏成了北齐皇后。

高湛继承帝位后，胡氏以长广王妃册立为皇后。高湛逼奸了嫂嫂

胡太后像

李祖娥，常常宿在昭信宫。胡皇后也不耐宫闱寂寞，同高湛的亲信随从、给事和士开勾搭上了。和士开唇红齿白，翩翩有风度，又弹得一手好琵琶。高湛知道后，非但不责怪他，还有意成全他们。和士开善使一把铁槊，胡皇后说她也想学槊，高湛便命和士开教她。胡皇后与和士开眉来眼去，乘机调情，两双手摸来捏去，高湛只顾饮酒作乐，视而不见。

胡氏的情人和士开，那可是北齐王朝大名鼎鼎的人物。他是两代皇帝的宠臣，即使他秽乱宫闱，万人注目，两代北齐皇帝依然安之若素，对他信任有加，在伴君如伴虎的北齐宫廷里，他游刃有余，大权独揽，创造了后人难以理解的奇迹。

和士开是一个对政治极为热衷的人，很受高湛宠幸，再加上胡氏的宠爱，他在外朝内廷都极有势力。但是老谋深算的和士开并不满足于此，他想尽快靠拢太子高纬，为将来留一条退路。于是他劝高湛及时行乐，把皇位禅让给太子高纬，将国事委托大臣，自己当个有权不干事的太上皇。高湛言听计从，当真安排了"禅让大典"，禅位于10岁的儿子高纬。三年后，高湛因酒色过度而亡，年仅32岁。胡皇后被尊为皇太后。高湛临终之际，向和士开托孤。从此，他大权独揽。

高湛死后，胡太后与和士开的关系正式公开化，许多大臣不满，上奏和士开，而高纬年少昏庸，怕得罪太后，也不敢怎样。而和士开则排除异己，日益权重，封淮阳王。一班趋炎附势的大臣纷纷向他献媚，一时间，胡太后的姘头成了北齐王朝的大红人。

　　然而高纬的弟弟、琅琊王高俨却是个敢作敢为的人。他知道胡太后的妹夫冯子琮与和士开不合，便与其谋划，在深夜埋伏士兵于神兽门外，次日和士开上朝时将其抓获，并派心腹杀死了他。胡太后知道后又悲又气，然而高俨拥兵三千，屯于千秋门外，连皇帝也不敢把他怎么样。但这件事以后，高纬认识到高俨的能力，十分不安，便秘密地谋划将其杀害了。

　　和士开死后，胡氏生命里出现了一个很大的空当。因为惧怕高纬迁怒，朝臣里没有人敢靠近胡氏，她难免觉得寂寥。有一天，她出宫散心，结识了寺庙里的和尚昙献，两人经常在禅房私会。胡氏对昙献极其大方，不但把国库里的金银珠宝多搬入寺院，还将高湛的龙床也搬入禅房。最后，为了掩人耳目，胡氏索性以讲经说法的名义召百名僧人进宫，昙献当然也在这百名僧人之列。二人的关系宫里的人早已看出端倪，甚至有人遥指太后，称昙献为太上皇。

　　没有不透风的墙，这话最终传到了高纬耳朵里，但他并没有太往心里去。直到某一天，高纬入宫向母亲请安，见母亲身边站着两名新来的女尼，生得眉清目秀，姿色十分美艳，不觉垂涎万分。当夜，命人悄悄宣召这两名女尼，逼其侍寝，可是两名女尼抵死不从。高纬大怒，命宫人强行脱下两人的衣服，一看，原来是两名男扮女装的少年僧侣，是昙献手下的小和尚，生得十分漂亮，被胡太后看中，带回宫中淫乐。胡太后怕高纬知道，才让他们乔扮女尼入宫。高纬又惊又怒，一下子明白了母亲的秽行，第二天就下令将昙献和两名小僧斩首，将太后迁居北宫，幽闭起来，同时颁下诏书，没有他的允许，谁也不能同太后见面。从此，胡氏便在寂寂深宫，当起了锦衣的囚徒。

　　胡氏本以为自己会这样终老而死，没想到，有一天，有使者求见。胡皇后见惯了高姓皇族杀人如麻的手段，以为自己的亲生儿子要对自己下手了。结果，使者进得门来，只是承皇帝的旨意，要把她接回去。

原来是皇帝终究念在母子情深的分上，赦免了母亲。虽然如此，胡后对儿子的疑虑仍然没有打消。胡氏如此，后主高纬对他的母亲，也是时刻提防着。每次去胡后那里，宴会上的食物，高纬都不敢尝——怕她毒害自己。

这母子二人，时刻保持着客气而又相互防范的距离，谁也不肯主动向对方靠近一步。

高纬继位时，腐朽的北齐政权已经风雨飘摇，他自己仍然荒淫无道，自称“无愁天子”，结果，在继位12年后，即北齐承光元年（577年），北周大军压境，高纬慌忙将皇位传于自己8岁的儿子高恒，然后带着高恒等十余人骑马准备投降南方的陈朝，途中被俘。北齐政权轰然倒塌。

胡氏一行人被俘至长安以后，周主为了彰显自己的仁德，并没有马上对高氏的残余下手。但是，养痈遗患这个道理，谁都知道。所以，9个月后，高纬与儿子高恒一起被辣椒塞口而死，终年仅23岁。其他高姓男子也多以谋反罪被诛，女人们有的被赏赐给王公贵族做妻妾、做奴仆，有的被放出宫去。对于那些养在深闺、肩不能提、手不能担的女人们来说，自由就是死亡的同义语。据说，被释放出宫的那些北齐女眷们，有一部分流落到益州，也就是现在的四川，靠卖“取灯”为生。所谓取灯，就是将木头削成小木片，然后，将硫黄涂在木片顶端，摩擦生火。其形制，类似于现在的火柴。

胡氏，这个前朝的太后，也在被遣之列。她不想去卖取灯，她想起了女人最原始的资本。当时胡氏不过

高纬像

四十余岁，风韵犹存。就算自己不行，还有自己的儿媳妇，高纬的正妻，不过二十余岁，正是风华正茂的后主皇后穆黄花。于是，在北周首都长安城最繁华的大街上，一座青楼拔地而起。昔日两位皇后成为妓女，自然不缺恩客。好奇心，窥视欲，还有别的说不清、道不明的情愫，让长安男人们竞相前往。生意兴隆之际，胡氏兴奋地对穆黄花说："为后不如为娼，更有乐趣。"正是这句话让她不得翻身。

胡太后死于隋朝开皇年间（581—589 年），她的后半生一直在做妓女，而且做得十分惬意，甚至当年做皇后都没有这般舒心。胡氏怎么死的，无迹可寻。有一种说法是她在没日没夜的狂欢中，髓竭而死。也有人说，人老珠黄之后，门前冷落，车马稀少，没了男人，她抑郁而终。在正史中，胡氏则得到了善终。

杨丽华：从皇太后到公主

杨丽华（561—609 年），北周宣帝皇后，后为皇太后。隋文帝杨坚长女，隋朝时封乐平公主。

杨丽华是杨坚的第一个孩子，作为长女往往要承担更多的责任，她也因此成了父亲通向帝位的垫脚石。杨丽华是不幸的，她的痛苦主要来自精神上，丈夫和父亲都给她带来太多的伤害……

杨丽华的父亲杨坚当时是北周最尊贵的八柱国之一，母亲独孤伽罗是同为八柱国的独孤信之女。生于如此门第，杨丽华注定要嫁给一位显赫的贵族子弟。建德二年（573 年）九月十九日，北周武帝宇文邕为皇太子宇文赟纳娶杨丽华为皇太子妃。就在杨丽华入宫前三个月，宇文赟就已经喜得贵子，孩子的母亲是比太子大十多岁的宫女朱满月。杨丽华刚做新嫁娘就要打起精神参与到东宫的争宠中。

宣政元年（578 年）六月，宇文邕去世，宇文赟继皇帝位，是为北周宣帝。闰六月初三日，宇文赟册封杨丽华为皇后。周宣帝荒淫酒色，暴虐昏庸，继位之初，先一口气封了五位皇后，杨坚之女杨丽华便是五皇后之首的"天元大皇后"。

宇文赟是个不恤政事、荒淫无道的皇帝，他生性嫉妒，周武帝在世时，对他严加自考，并挨过杖打，为此，宣帝对父皇不满，耿耿于怀。在武帝死时，他不但没有悲伤，反而怨恨地说："这老家伙死得太晚了！"在武帝发丧期间，他仍然若无其事与后宫的嫔妃位游狎作乐。武帝死后不到半年，他就大的鱼游龙戏，大臣们劝谏，他不但不听，反而又令在殿前日以继夜地演，以庆贺太平。他又广集天下美女，塞满三宫六院，天天恣意酒色，左拥右抱，挥霍无度。他十天半个月不上一次朝；朝中有事，全由宦官代为处理。

宇文赟立杨丽华为皇后之后，先拜杨坚为上柱国、大司马，旋迁大后丞、右司武等要职。宣帝每出巡，令杨坚留守都城。随着杨坚的地位越来越高，皇族对杨坚的猜疑日重，周宣帝对杨坚也产生疑心。大象元年（579年）二月二十日，宇文赟传位给太子宇文阐。他自称天元皇帝，封杨丽华为天元皇后。后来，相继立了三位皇后：天元帝后朱满月、天中皇后元乐尚，天右皇后陈月仪，将杨丽华降为四后之一，准备等杨坚提出异议时，则抗旨罪名把他杀死。杨坚应召上朝，从容自若，没有流露出丝毫不满，使周宣帝无从下手。杨丽华也不是那种心胸狭窄的女人，遭到如此对待，依然个性柔和，对其他女子都不抱妒忌之心，后宫诸嫔妃反而对杨皇后产生了好感。

北周武帝像

宇文赟为了扩大占有欲，满足虚荣心，就下令在洛阳大修宫殿，广泛收罗天下美女充实宫中。他又担心宫殿规模不够，亲自监督，携带四位皇后到洛阳巡幸，跟随的人员不下千人。皇帝新御驿马，令四位皇后骑马并驾跟随其后，稍不同步，便加责骂。回到都城长安（今陕西省西安市）以后，宣帝又增设一位天左皇后尉迟繁炽。对于立五位皇后时，宣帝曾征求大臣辛彦之的意见，辛彦之回答说："皇后与一辈子各成一体，只能立一个皇后，不应该立五个皇后。"可是太学博士西城郡何妥却迎合说："古时的帝喾有四妃，虞舜有二妃，先代帝王都这样，为什么现代帝王不可有五后呢？"宇文赟听后很高兴，对何妥大加赞赏，对辛彦之不满，就把他罢免了。

宣帝夜夜欢歌，力尽精竭，于是就开始吃金石仙丹，不料搞得神经错乱，喜怒无常。他发明了一种刑法，名曰"天杖"，一打就是120大板。宫内官员侍从无不提心吊胆，惶惶不可终日，就连五位皇后也难免遭受此刑。杨皇后苦口婆心地进行劝说，没想到反而激怒了定帝，招致天杖。杨丽华仍然一派安闲，毫无惊恐之貌，使宇文赟大怒，要赐死她。杨丽华的母亲独孤氏听闻此事，立刻赶到宇文赟面前谢罪，叩头到头破血流，才使宇文赟免去她的死罪。

北周大象二年（580年），宇文赟病重，于是刘昉、郑译假诏让杨坚领受遗命辅政。后来宇文赟逝世，而北周静帝宇文阐还很年幼，朝政遂由杨坚把持。杨丽华虽然原本并没有加入这场夺权计谋当中，不过一想到皇帝年幼，如果由别人掌政，恐怕不利于己。得知刘昉与郑译的举动之后，心里曾经有些高兴。后来杨坚将自己的意图展露出来之后，杨丽华反而言行举止中都表达出她的愤愤不平之气。开皇元年（581年），静帝禅位给杨坚，杨丽华极为愤怒，悲痛惋惜不已。杨坚既不能表面上谴责她，私底下也对她感到相当惭愧，便在隋开皇六年（586年）封她为乐平公主。后来又一度要她改嫁，她誓死不从，于是才停止改嫁的计划。

杨丽华与宇文赟的女儿宇文娥英，到了婚嫁的年龄，其外祖父隋文帝下旨为她选婿，奉皇帝的命令到弘圣宫聚集，等待相女婿的贵公子弟，每天都有数以百计的人。杨丽华亲自在帷帐之中，让参加选婿的贵公子弟们做自我介绍，并试他们的技艺。选不中的，就让他们出去。到幽州总管李崇之子李敏入试时，被杨丽华相中，选为女婿。

李敏假借一品的羽仪，其礼就如娶皇帝的女儿。后来将要侍奉隋文帝饮宴，杨丽华对李敏说："我把天下都给了皇上，只有一个女婿，我当为你求柱国之职。皇上如授你当别的官，你千万别致谢应承。"等到进见隋文帝时，隋文帝亲自弹琵琶，让李敏歌舞。隋文帝十分高兴，对杨丽华说："李敏现任何官？"杨丽华回答说："他只不过是一个白丁罢了。"隋文帝对李敏说："现在授你仪同之职。"李敏不应承。隋文帝说："不满你的意吗？现在授你开府。"李敏又不应承致谢。隋文帝说："乐平公主对我有大功，我又何必对其女婿吝惜官职呢！现在授你柱国之职！"李敏这才拜谢隋文帝，隋文帝于是就在龙座上写诏书授任李敏为柱国，以本官身份在皇宫值班。

隋炀帝大业五年（609年），杨丽华陪隋炀帝到甘肃张掖出巡，病死于酒西（今甘肃省武威县），时年49岁。临终前向隋炀帝嘱托说："我没儿子，唯有一女。我不怕死，只是深深怜爱女儿和女婿。我现有的食邑，乞求转赐给李敏。"隋炀帝答应了她。炀帝返回京城时，把她的棺木带了回来，附葬于周宣帝的定陵。

宇文娥英像

杨丽华不过是父亲巩固权势的工具，嫁给宣武帝后，却不受宠爱。后来，宣武帝死后，她的亲生儿子宇文阐继位，她父亲杨坚辅政。岂料，正是她的父亲，夺了她儿子的皇位，建立了隋朝，把她由太后变成了公主，却终身拒绝再嫁。

历史学家蔡东藩评价说："杨后丽华，柔婉不忌，周旋暴君，接御妃嫔，颇有卫风硕人之德，及乃父受禅，愤愧不平，虽未能保全周祚，以视盈廷大臣之卖国求荣，相去固有间也。"

愍皇后萧氏：身历五主，恩宠不衰

隋炀帝愍皇后萧氏（567—647年），南兰陵人（今常州武进万绥乡人）。出身中古政治文化世家兰陵萧氏，梁朝昭明太子萧统曾孙女，父西梁孝明帝萧岿，母张皇后。

萧氏出生于二月，由于江南风俗认为二月出生的子女实为不吉，因此由萧岿的六弟东平王萧岌收养。萧岌夫妇收养萧氏不满一年，便双双去世。萧氏遂转由舅父张轲收养。张轲虽然为安平王萧岩僚属，但家境贫寒，因此贵为公主的萧氏亦随之操劳家务。

开皇二年（582年）隋文帝夫妇为次子晋王选妃于梁国，因为梁国诸公主的占卜结果皆不吉，于是从张轲府中迎回萧氏，占卜为吉，封为晋王妃。

年轻的晋王夫妇婚后琴瑟和谐，夫妻恩爱。成婚不久，晋王妃萧氏便随丈夫前往晋阳赴任。开皇四年（584年）正月，晋王妃生下长子杨昭，即后来的元德太子。

开皇五年（585年），晋王妃又生下次子杨暕。开皇六年（586年），晋王妃生下长女，即后来的南阳公主。

杨广坐镇江南、大力拉拢江南士族和佛教高僧时，晋王妃梁朝皇室的出身和佛教信仰的背景为其在江南加分不少。

在晋王杨广决心夺嫡的时候，王妃萧氏亦全力支持。杨广想与心腹郭衍商讨夺嫡之计，又怕无故往来招人非议，便借口晋王妃萧氏为郭衍之妻治病，郭衍夫妇方能往来江都。

每当独孤皇后派遣宫人前往探视晋王夫妇时，王妃往往与宫人同寝共食，借以讨好独孤皇后。

此时杨勇已被立为太子，却因冷落了太子妃元妃引起了严治后宫的母亲独孤皇后不满。杨广借机而入，故意在母亲面前极力装出一副仁孝的样子，还有意做出疏远萧妃专心政务的姿态。聪明识体的萧妃也在一旁积极配合与他，还时常到独孤皇后那里哭诉杨广只顾政务冷落了自己。如此一来，他们夫妻二人终于打动了独孤皇后，最终废除杨勇太子之位，将杨广推上了太子的宝座。开皇二十年（600 年），杨广终于如愿以偿被册封为太子，王妃萧氏亦随之成为太子妃。

一年后，独孤皇后病逝，隋文帝摆脱了妻子的严厉约束，开始沉溺于酒色，无心朝政，把行政大权交给了太子杨广。事实上，从仁寿二年（602 年）以后，太子杨广就开始掌有皇帝之权了。一次隋文帝看到宠姬宣华夫人仓促从外面进来，神色异常，便询问她出了何事。陈氏痛哭流涕道："太子无礼！"文帝大怒："畜生！何足付大事！独孤误我！"于是命兵部尚书柳述、黄门侍郎元岩拟诏，要召回废太子杨勇。岂料消息败露，柳、元二人被抓，杨广派亲信右庶子张衡入皇帝寝殿侍奉。仁寿四年（604 年），隋文帝崩于仁寿宫，杨广登基为帝，次年改元"大业"，并册封萧氏为皇后。

宣华夫人听到隋文帝驾崩的消息后，顿时战栗失色，她失去了保护伞，曾被她得罪的杨广定不会放过她。当日薄暮时分，杨广派人送来一只锦盒，宣华夫人以为是让她自尽的鸩毒，迟迟未敢打开。经不住使者的一再催请，她双手颤抖地打开锦盒，里面竟是盛着一个五彩丝线编成的"同心结"。宣华夫人明白了杨广的心意，宫人们纷纷向她道喜，她自己的心情却杂乱如麻。此时，太子杨广已经在宫灯的引导下，悄悄前来会见宣华夫人。

隋炀帝觊觎已久的皇位终于到手，再也没有谁能约束于他了，因此，他彻底露出了他那贪欢好色的本来面目。萧皇后已与他做了十余年夫妻，他本喜新厌旧之人，这时他又想到了宣华夫人。于是，他每日下朝后，便到宣华夫人处寻欢作乐，把个同舟共渡十余年的萧皇后冷落一边。萧皇后自然咽不下这口气，她利用皇后的权力逼迫宣华夫人迁往偏僻的仙都宫，断绝她与隋炀帝的来往。

自从宣华夫人远离后，隋炀帝惘然若失，整日郁郁寡欢，脾气也越来越暴躁，对萧皇后置之不理。萧皇后见此情景，知道采取这种强硬的方法并不能换回隋炀帝的心，不如索性成全他们，自己也能讨得炀帝的欢心，反正自己已居后位。于是，她诚恳地对炀帝说："臣妾因笃念夫妻之情，才劝陛下遣去宣华夫人，岂料陛下如此眷恋，倒把妾看作妒妇而不可理喻，是妾求亲而反疏也。不如传旨，召宣华夫人入宫，朝夕以尉圣怀，妾也能分享陛下之欢颜。"

宣华夫人像

隋炀帝听后大喜，急忙派人前往仙都宫宣召宣华夫人。使者回来时，没召来宣华夫人，却带回夫人所写《长相思》词一阕：

红已稀，绿已稀，多谢春风著地吹，残花离上枝。得宠疑，失宠疑，想象为欢能几时，怕添新别离。

隋炀帝看了以后，明白宣华夫人的心思，她心中顾忌萧皇后，同时也想乘机绝断与自己的关系，以明旧志。隋炀帝当然不会就此罢手，当即依韵和词一阕：

雨不稀，露不稀，愿化春风日夕吹，种成千万枝。思何疑，爱何疑，一日为欢十二时，谁能生死离。

他的爱意之情跃然纸上，又遣快马送往仙都宫。盛情难却，宣华夫人只得重施脂粉，再画蛾眉，再入宫去。可惜美景不长，半年之后，宣华夫人一病不起。炀帝伤心欲绝，整天长吁短叹，再也打不起精神。萧皇后见状劝解道："宣华虽死，何不更选佳者，天下之大，难道就没有国色天香的丽人么？"

一语惊醒了沉醉于旧梦中的隋炀帝，他只是贪恋宣华夫人的美色，只要另有美人填补，他便可以忘却伤心。于是他一边下诏广征天下美女，一边派遣匠作大将宇文消总管营建东都洛阳，先建显仁宫，后修西苑，广泛搜罗海内外奇材异石，佳木珍草充实其中，准备安置好美女后，他便可以在那里尽享人间乐趣了。

纵然萧皇后有天仙般的美貌，但隋炀帝早已司空见惯，不以为奇了，所以一心征选新的美女入宫。而萧皇后深知这个风流的皇帝丈夫，不会像他父亲那样容易就范，自己也不具备独孤皇后那样的专制本事，皇帝拥有三宫六院、成群嫔妃又素有古制。因此只好放宽心思，睁一只眼闭一只眼地随机识趣了。其实，不能不说萧皇后这是明智的举措，位极至尊的皇帝反正也管不了，不去惹他反而保全了自己。正因为萧皇后的忍让大度，所以沉湎于酒色的隋炀帝对她一直十分礼敬，自己享乐也不忘了萧皇后。

西苑的 16 院已建成，但尚且缺少美女主持其中，于是隋炀帝与萧皇后一道，从应征而来的天下美女中，选出品端貌妍的 16 人，封作四品夫人，分别主持各院，这 16 院分别为：景明院、迎晖院、栖鸾院、晨光院、明霞院、翠华院、文安院、积珍院、影纹院、仪凤院、仁智院、清修院、宝林院、和明院、绮阴院和降阳院；接着又选出 320 名美女学习吹弹歌舞；次一等的则分为 10 人一组，分配到各处亭台楼榭充当职役。

隋炀帝偕同萧皇后在西苑泛舟湖上，在亭榭里赏花，在海山殿上饮宴并欢赏歌舞，在嫩草如茵的草坪上驰马追逐嬉戏，其乐融融。然而，待到华灯初上之时，16 院的女主人，个个打扮得花枝招展，由宫女簇拥着站在院门前由炀帝挑选，炀帝与萧皇后同辇观览，炀帝看到中意的便下辇到该院留宿，与该院主人欢度良宵；此时，萧皇后就独自乘辇知趣地离开，回到海山殿独守幽苑。

隋炀帝在继位后，多有失德，萧皇后多次婉谏无果。杨广曾数次下江南，萧皇后必随行，史书中也所记录有许多杨广对萧氏所说的话。对于杨广的暴政，萧皇后因为惧怕而不敢直述，而作《述志赋》委婉劝诫。萧皇后正位中宫之后，兰陵萧氏作为外戚，获得了不少恩遇，《隋书》记载：琮之宗族，缌麻以上，并随才擢用，于是诸萧昆弟布列朝廷。"萧皇后的亲人也得到了隋炀帝不少关照。

在隋炀帝放荡酒色之际，萧皇后却冷冷清清地度过一个又一个寂寞的长夜。不久，海山殿的护卫校尉宇文化及年轻英俊的身影深深映入了她的眼帘，她心生爱慕，施以恩爱。其实宇文化及也早就被这位美丽而孤独的皇后迷住了，但碍于她的身份，并未表达心中所想。这次皇后主动示爱，他当然要抓住时机。从此，宇文化及借起职位之便，乘隋炀帝梦醉迷宫时，悄悄与萧皇后相会。

为了饱览江南秀色，隋炀帝下令凿通了连及苏杭的大运河，然后带领萧皇后及众多佳丽浩浩荡荡幸游江都。炀帝下江南时，只见运河中舳舻相接绵延二百余里；骑兵沿岸护卫，旌旗蔽野；龙船摇橹拉纤的都是年轻的宫女，柳腰款摆，姿态曼妙，让隋炀帝大饱眼福，谓之"秀色可餐"。而宫女们梳妆洗下的脂粉流满了运河，香气数月都不散尽。大业六年，扬州壮丽的离宫落成，隋炀帝偕同萧皇后再次游幸江都，炀帝还写下了著名的《春江花月夜》一诗：

暮江平不动，春花满正开。

流波将月去，潮水带星来。

然而，这种艳丽奢侈的享受，不知搜刮了多少的民脂民膏，民怨四起。大业十二年（616年），杨广带领后妃、文武百官第三次下江都，至此，隋王朝

隋炀帝像

统治陷入分崩离析，因杨广长期滞留江都，臣下大都怀有二心，有宫女禀告后说："在外听说人人都想要造反。"萧皇后说："你去奏报陛下。"于是宫女向杨广禀告了这件事，杨广大怒说："这不是你该说的话！"将宫女处斩。后来又有宫女来对萧皇后说："宿卫们三三两两的商议谋反。"萧皇后说："天下大事到了这个地步，大势已去，无法挽回。何必禀告呢，徒令陛下增添烦恼而已！"从这以后没有人再说这事。

第三次来到江都之时，可惜江都的繁花已开尽，隋炀帝又想东游于会稽，便命人开凿通会稽的江南河，谁料运河尚未凿成，天下已经大乱。太原留守李渊攻下长安，宇文化及与兄长宇文智及在扬州起兵造反。大业十四年（618年），江都政变，身在行宫的杨广被叛军宇文化及等所弑。

此时，宇文化及已经升迁为右屯卫将军了，好几年不曾单独与萧皇后相处，这次杀死隋炀帝，也多半出于迫不及待地要与萧皇后相会的心愿。萧皇后万万没有想到领兵作乱的贼子是宇文化及，她责备他的恩将仇报，愤怒地要求他为隋炀帝按天子之制举行厚葬。宇文化及满足了她的要求。之后，萧皇后无可奈何地成了宇文化及的偏房。宇文化及沉迷于美色，很快便忘了自己的政治扩张。这时，窦建德在中原一带起兵，并获节节胜利，直捣江都。宇文化及抵挡不及，节节败退，最后带着萧皇后退守魏县，并自立为帝，萧皇后遂成为淑妃。

没过多久，魏县又被攻破，宇文化及仓皇退驻聊城，窦建德率军乘胜追击，最终攻下聊城，宇文化及被杀。此次距隋炀帝之死，还不过一年之久。取得胜利的窦建德又被萧皇后的美色迷住，将其收为己妾，在乐寿地方纵情于声色之娱。

无奈窦建德的原配妻子曹氏是个狠角色，她对窦建德迷恋萧皇后一事从中横加干涉，常在二人浓情蜜意之时不期而至，撒泼发怒。此时北方突厥人的势力迅猛地发展壮大，有直逼中原之势。原来，远嫁给突厥可汗和亲的隋炀帝的妹妹、萧皇后的小姑义成公主，听到李渊已在长安称帝，又打听到萧皇后的下落，就派使者前来到乐寿迎接萧皇后。窦建德不敢与突厥人正面发生冲突，就只好乖乖地把萧皇后交给来使。

窦建德像

战乱中的萧皇后经历了一次又一次的感情波折，她的心被伤的已是千疮百孔。比起这个伤心之地，她更愿意远走大漠，以结束自己对命运的嗟予婉叹，更希望在一个新环境下，自己有一个新的生活。

然而，萧氏的命运并非就像她期许的那样。突厥可汗见到萧皇后的风采，顿感天下之美都集于此女一身，迫于无奈，萧氏便由隋天子的皇后变成了番王的爱妃。时势至此，命运已经不能由她自己掌握，那也就只有听天由命吧！

后来，老番王死了，由颉利可汗继位，按突厥人的风俗，老番王的妻妾——义成公主与萧皇后姑嫂二人遂被纳入新任番王的帐下。10年之后，也就是唐太宗贞观四年（630年），唐朝大将李靖大破突厥，迎回了萧皇后。再次回到中原的萧皇后已经60多岁了，到达长安以后，受到唐太宗的礼遇，"赐宅于兴道里"。萧皇后在长安又生活了十多年，贞观二十一年（647年），81岁的时候去世。唐太宗以后礼将萧皇后葬于炀帝之陵，上谥愍皇后。

尔朱英娥：一生嫁过三位帝王的女人

尔朱英娥（？—556年），即大尔朱氏，北魏权臣尔朱荣的长女，北秀容（今山西朔县）人。北魏孝明帝元诩之妃，北魏孝庄帝元子攸的皇后，北齐神武帝高欢的侧室，先后嫁过三个皇帝。

这又是一个经历传奇的女子，她的父亲是大名鼎鼎——北魏的掘墓人尔朱荣。有这么不平凡的父亲，她的一生自然也是随着家族的命运起起伏伏。

她就是尔朱英娥，尔朱英娥原是孝明帝的妃嫔，孝明帝死后她削发为尼。528年，其父尔朱荣拥立元子攸（拓跋后来均改为中原姓氏"元"）为孝庄帝，令英娥蓄发还俗，拥立为皇后。530年，孝庄帝被尔朱兆杀死，尔朱荣的部将高欢攻入洛阳，掳去尔朱皇后，她于是成了高欢的妻子，并生有儿子高湛。高欢死后，高湛封彭城王，尔朱英娥被尊为彭城王太妃。高欢的儿子高洋称帝，建立北齐。高洋好色荒淫，皇室妇女不论尊卑亲疏，尽行淫虐。高洋想对尔朱英娥逼奸，但被她坚决拒绝，结果惹怒高洋被杀。

这位一生嫁过三位帝王的女人，这番经历真可谓是前无古人后无来者。

尔朱英娥出生于"世为部落酋帅"之家。她的祖父尔朱新兴死后被赠为太师、相国、西河郡王，在他任酋长时，每当魏王朝有征讨等军事行动，"辄献私马，兼备资粮，助裨军用"（《北史》卷48）。因此在明帝元诩和孝庄帝元子攸两朝，享有很高待遇。尔朱新兴年老时，为了他的后代能世袭酋长之位，特请求元子攸，"启求传爵于（尔朱）荣"。尔朱英娥的父亲尔朱荣，这个曾把北魏王朝搅得很不安宁的野心家，在父亲死后，不但"袭爵"为酋长，后来还成了在北魏说一不二的权臣。由于他家世居尔朱川，因此以尔朱为姓氏。

尔朱荣身材高大，皮肤白皙，是出名的美男子，却也英勇善战。迁都洛阳以后的拓跋鲜卑歌舞升平，汉化日深，早已失去了勇猛的战斗力，他们只能依靠那些尚未开化的强悍部落，尔朱荣就是在镇压边境六镇叛乱的过程中立下了赫赫战功。为表示宠信，皇帝不仅给尔朱荣加官晋爵，而且将他的女儿纳入后宫。十几岁的尔朱英娥，肩负着父亲的期望，走进了北魏皇宫。

然而，尔朱英娥只是一个没有名分的偏妃，被封为"嫔"，没有得到皇帝的宠爱。婆母胡太后专横，对妃嫔们很压制，因此她一直没有生育。年轻的皇帝元诩一直忙着和母亲争权夺利，除此之外，他比较喜欢喝酒，最宠爱的是也很能喝酒的潘嫔，其他女人只能靠边站了。她刚刚十五六岁，就已沦为郁郁寡欢的深宫怨妇。在尔朱氏的一生中，这段时期是最暗淡的日子。

很快，尔朱氏的命运出现了转机。胡太后临朝专权，权欲熏心，恐怕儿子长大，自己无法肆意妄为，武泰元年（528年），竟把亲生儿子元诩毒死，而后立孝明帝刚刚出生的幼女元姑娘为皇帝，不久又改立临洮王世子三岁的元钊为帝。骠骑将军尔朱荣不服，拥立长乐王元子攸（彭城王元勰的儿子）为帝，即孝庄帝，又率大军攻打洛阳。兵临城下之日，胡太后急得没法，把元诩的胡皇后以及六宫妃嫔一起召集起来，命令她们全部削发为尼，她自己也削发为尼。她以为做了道姑，就可免罪。谁知尔朱荣不肯放过她，他一面召集文武百官出城迎接元子攸入皇宫登基；一面派人将胡太后和小皇帝元钊一同抓起来，丢入黄河活活淹死。

之后，尔朱荣进行大屠杀，杀掉洛阳城内王公以下大臣近两千人，包括元氏的宗室皇亲凡在朝任职者全部杀光。元诩的皇后胡氏幸亏已入寺为尼，才保住了性命。

尔朱荣一直图谋称帝自立，但怕众人不服，就拥立元子攸为帝，把大女儿尔朱英娥从尼姑庵接出，立为孝庄帝的皇后。按辈分说，元诩是元子攸的侄子，寡居的侄媳再嫁叔父，也是件荒唐事。

尔朱氏从一个受气妃子摇身一变成为北魏皇后，可以说是志得意满，风光无限。然而她还是无力决定自己的命运，不过是一件被利用的政治工具，永远随着家族和丈夫的命运沉浮。她的新夫元子攸22岁，恐怕早有妻室，只得忍痛打发掉妻子，娶了令人心惊胆战的尔朱氏。

在元子攸的心中，尔朱荣所带来的刺激不仅仅是专横跋扈，而且是恐怖。登基仪式上，大开杀戒已经给了元子攸一个下马威，更可怕的是，尔朱荣的手下杀红了眼，居然当着皇帝元子攸的面残忍地杀死了他的两个哥哥。元子攸当上皇帝后，一切朝政大事当然也由尔朱荣及其党羽决断，他只能看尔朱荣脸色，唯唯诺诺行事。对于无权的元子攸而言，说不准哪一天没伺候好尔朱荣，他的帝位和小命都将不保。正所谓："不在沉默中爆发，就在沉默中死亡。"元子攸选择了先下手为强——干掉岳父尔朱荣。

元子攸之所以会下定杀死尔朱荣的决心，尔朱皇后也起到了推波助澜的作用。她和元子攸的感情并不是很好，整日里对皇帝颐指气使，非常嚣张。尔朱英娥性情娇纵，依靠父亲的威势，对丈夫很不客气，一旦丈夫对嫔妃们过于亲近时她就呵斥丈夫："天子由我家置立，今便如此，我父本日即自作，今亦复决？"吵架归吵架，尔朱皇后还是怀上了元子攸的孩子，这将是她的第一个孩子。她怀着怎样地欣喜与憧憬迎接这个小生命呢？可在元子攸眼里，尔朱皇后肚里的孩子不过是一枚棋子——一个新生命的诞生将以一场屠杀为开端。

然而，尔朱家族在元子攸和身边近臣积极准备刺杀尔朱荣的时候就已对元子攸起了疑心。尔朱荣的夫人曾劝丈夫小心，但被尔朱荣当作妇人之见没有重视。为了不着痕迹地把尔朱荣骗进宫，元子攸思来想去，决定拿尔朱皇后和她肚里的孩子当作诱饵。永安三年（530年），尔朱英娥怀孕九月将产。元子攸派使臣向尔朱荣道贺，谎称皇后已生子，请他进宫庆贺。尔朱荣大喜过望，立刻准备入宫。他的亲信则劝道："皇后怀孕九个月就生子，这可信吗？"的确，元子攸这谎言也实在够拙劣的。尔朱荣正在兴头上，哪里听得进什么劝告，兴高采烈带着一彪人马奔入皇宫。他没有注意到端坐宝座上的女婿有些紧张，更没有察觉到周围安静得有些诡异的气氛。就在他向元子攸跪拜时，元子攸猛地从座下抽出一把宝刀，又狠又准地扎到岳父身上，四周埋伏地侍卫一拥而上，乱刀砍死了尔朱荣。随尔朱荣入宫的一群人，包括他的爱子也一并被杀死。接着元子攸抓捕尔朱荣家人，尔朱荣的夫人率领部族人马杀出一条血路，逃出洛阳去搬救兵了。

偌大的尔朱家族恐怕只剩下尔朱皇后一人困局宫中，而且还是有孕在身。她人生中少有的苦日子真正开始了。至亲被丈夫杀死，自己也命悬一线，十八九岁的尔朱皇后心中充满着悲伤、痛苦与仇恨，她只得无助地等待丈夫对她的处置。好在元子攸比较心慈手软，更多的恐怕还是为了肚中的孩子，没有对尔朱氏下杀手。尔朱皇后惊慌不安地等待着生产，自己现在空有皇后虚名，实则朝不保夕，不知生完孩子后等待自己的会是什么。

一个月后，尔朱皇后产下一子。这个小皇子给皇后带来了好运，本来心情就不错的元子攸龙颜大悦，为这个孩子大赦天下。尔朱氏的皇后位子也保住了，至少暂时比较安全了。也许她此时的心境大为改变，只求能把儿子平平安安地养大，好好跟丈夫过日子——如果丈夫还对自己有兴趣的话。尔朱氏已完全从盛气凌人的大小姐沦为寄人篱下的可怜妇人。

可惜好景不长，不久，尔朱荣的从侄、尔朱英娥的族兄汾阳刺史尔朱兆和尔朱世隆共谋，推戴太原太守兼并州事长广王元晔即位，随后闯入宫中污辱妃嫔，掳掠财物，并将尔朱英娥的新生儿子抢来，当面摔死在床下。24岁的孝庄帝元子攸被送晋阳拘禁，不久尔朱兆就将他缢杀，同时又杀死河间王元宽及其妻子——尔朱英娥的妹妹。尔朱英娥则被软禁宫中。

尔朱氏又一次成了寡妇，两次成为寡妇的心境是不同的：第一次是兴奋地解脱，而这一次是堕入了苦海。

此后不久，新兴的军阀高欢击败尔朱氏，杀尔朱世隆和新皇帝元恭，尔朱兆兵败自杀。高欢为了平衡各方面利益，纳了很多高门女子为侧室，有尔朱兆的女儿，还有魏广平王妃郑大车、任城王妃冯氏，这大概也有作为战利品炫耀的意思。不久，尔朱氏也被高欢"恭敬"地请入府中，成为他的又一房侧室。尔朱氏无可奈何，自己一个孤女，无依无靠，只好随遇而安了。

渐渐地，尔朱氏发现，高欢与前两任丈夫相比，要好得多。从相貌上来说，高欢就符合尔朱氏的审美观。高欢生于边镇，是完全鲜卑化的汉人，"目有精光，长头高权，齿白如玉"充满男人阳刚之气；而元诩与元子攸只是长于妇人之手的小白脸，没什么男子气概。另外，高欢是个成功男人，正所谓美女爱英雄。尔朱氏的前两任丈夫，一个不成器，一个总受气，与高欢差距如此之大，尔朱氏自然对其又敬又慕。最重要的一点，高欢非常尊重尔朱氏，虽然从前又是皇妃又是皇后，可从来没得到过丈夫和亲人的尊重，自己不过是男人们之间政治交易的筹码。高欢并不因为她的父亲尔朱荣曾是自己的死对头就对她不恭敬。相反，对尔朱氏的宠爱，有时甚至还超过了原配夫人娄昭君，见必束带请安，自称"下官"。

其后，尔朱英娥和高欢生下二子高攸、高凝，颇得高欢喜爱。高欢欲改立她为正室，其子高攸为世子，但因司马子如劝谏而作罢。高攸"明练世务，果于断决，事无大小，咸悉以情"。武定六年（548年），高攸出任沧州刺史。任职期间，由于高攸为政严察，治内肃然，口碑很好。后来，高攸征为侍中，临行时，地方官员和百姓哭着为他送行。其中有上百名年长者，专门带着当地食品，要求高攸吃上一口；并说在他任职的五年中，"人不识吏，吏不欺人，百姓有识已来，始逢今化。殿下唯饮此乡水，未食此乡食，聊献疏薄"（《北齐书》卷10）。面对百姓乡亲的要求，高澈为了表示自己的敬意，"为食一口"。

尔朱英娥的两个幼弟尔朱文畅、尔朱文略因为姐姐而得到高欢照顾，尔朱文畅成年后成为东魏仪同兼肆州刺史。545年正月间，尔朱文畅与丞相司马任胄、都督郑仲礼等合谋，计划乘正月十五夜观"打簇戏"之机暗杀高欢，进而奉尔朱文畅为宰相，事发，都被处死。高欢看在尔朱英娥的分上，继续厚待她仅存的弟弟尔朱文略。并且临死前还令恕其十死。北齐时期，尔朱文略恃此益横，终因与平秦王拿一个漂亮的婢女和一匹千里马打赌输掉后残酷地"杀马及婢，以二银器盛婢头马肉"，而被处死正法。

后来，高欢又娶了蠕蠕主郁久闾阿那环的女儿蠕蠕公主。为此，他还和尔朱英娥一起前往迎接，"神武迎蠕蠕公主还，尔朱氏迎于木井北，与蠕蠕公主前后别行"。蠕蠕公主箭法高超，尔朱英娥亦有百步穿杨之功。一路上，两人弯弓试射，不分上下。"公主引角弓仰射翔鸥，应弦而落。妃引长弓斜射飞鸟，亦一发而中"。高欢见此，高兴地对人说："我此二妇，并出击贼。"

此后，尔朱英娥再次出家为尼，为此，高欢还专门为她修了一座佛寺。

东魏武定八年（550年），高欢病逝，他的儿子高洋取代东魏正式建立了北齐王朝。北齐时高攸封彭城王，尔朱英娥也被封为彭城太妃。遗憾的是，口碑尚好的高攸，在他32岁时，却不幸为强盗所杀。

高洋是个集残忍、好色、狂悖、无情等所有恶迹劣行于一身的帝王。这个本来天资聪明、继位伊始还有点作为的帝王，后来却越来越不像样子。特别是在玩弄女性方面，高洋是个完全不管人伦羞耻的恶棍。对于宗室妇女，"不问亲疏，多与之乱"，或赐给他人肆意侮辱。

北齐天保七年（556年），已经出家的尔朱英娥到儿子那里去，正好

高洋像

遇到了酒醉的高洋。高洋见了原为父亲太妃的尔朱英娥，顿时欲火难耐，"文宣狂酒，将无礼于太妃，太妃不从"。尔朱英娥在其兽行没有得到满足时，就被其"手自刃杀"了。

这个一生曾为三个帝王后妃的奇特女人，虽然贵为重权者的女儿，却被用作政治斗争的工具，断送了她的一生幸福和美好的青春岁月，最终凄惨地成了最后一任夫君儿子的刀下鬼。

慈安太后：出身名门的清宫金花

慈安太后（1837—1881年），钮祜禄氏，咸丰帝皇后，满洲镶黄旗人，广西右江道三等承恩公穆扬阿之女。嫡母为宗室觉罗，生母为姜氏（后抬入旗籍，改称姜佳氏）。

慈安太后本姓钮祜禄，满洲镶黄旗人。依照清朝满旗籍地位和满族宗族势力，镶黄旗乃是皇帝最为亲近之旗籍，系"上三旗（镶黄旗、正黄旗和正白旗）"之首。而钮祜禄氏，乃满洲八大姓氏之一，宗族子孙遍布满洲各大旗，钮祜禄氏还有一个别称，那就是"皇后专业户"，几乎大清历代皇帝之皇后（含加封和追封）、皇贵妃都有钮祜禄氏的名字，钮祜禄氏地位之显赫可见一斑。

道光十七年七月十二日（1837年8月12日），钮祜禄氏出生在广西柳州。道光三十年（1850年）爱新觉罗·奕詝继位，是为文宗，史称咸丰皇帝。咸丰二年（1852年）二月，钮祜禄氏被选秀入宫；四月二十七日进内，诏封贞嫔。五月，诏晋贞贵妃；六月，已拟为皇后，其嫔妃册封典礼均未举行；十月，立为皇后，时年16岁。

道光皇帝与钮祜禄氏都很勤俭。她过生日，朝内外的大臣官员们为了巴结皇帝和皇后，便纷纷前来献送厚礼，钮祜禄氏一概拒绝。她在对待人们送礼一事上，曾这样告诫当时尚为兰贵人的叶赫那拉氏说："我们这些人若多接受一份礼物，老百姓们就会多一份饥寒。所以，我们应该戒除这些陋习！"钮祜禄氏平时穿的都是布衣服，帷帐、罩幕与雨披等也一律不用绣品，尤其不愿用进品洋纺织物。宫中穿用的花盆底的绣鞋，鞋面上的花，她都督令宫女们绣上去，每年必定要亲手绣一双花鞋面，以此对宫中女子表率，倡导人人都干些力所能及的活。她平时的一举一动，严格遵守各种封建礼法，绝没有疏漏越轨之举。夏天天气再热，她也不露出身体来，洗澡时也从不用宫女、太监们伺候，不换上礼服就不去见皇帝，坐着时腰板挺直，走动时都是慢步徐行，从不快步疾走。对待下人，她也比较和善，从不疾言厉色。她的所作所为，简单成了咸丰皇帝眼中的女圣人。

咸丰十年（1860年），英法联军攻占大沽，兵发天津，直逼通州，欲进犯北京。咸丰皇帝带着皇后钮祜禄氏、懿贵妃叶赫那拉氏和皇子载淳一行，仓皇逃到热河行宫（今河北承德避山庄）。风流皇帝在北京时，沉溺于声色之中，由于纵欲过度，致使体弱多病，钮祜禄氏本性懦弱，根本无力劝止。御医诊治后说长饮鹿血，可补肾亏阳虚之症。，于是设立鹿苑养了100多只鹿，天天取鹿血以供其饮用。此次仓皇逃到热河，鹿自然无法带去。

到了热河行宫，情况与京城里自然有极大不同。据说由于行宫内外的防禁并不太严，协办大学士萧顺便经常带着皇帝偷空子出外游乐，使其更加沉溺于声色之中而无力自拔了。这样导致了他本已虚弱的身体越来越坏。咸丰十一年（1861年）七月，咸丰帝开始大量咯血，急剧恶化，于当月十七日在寝宫烟波致爽殿病逝。他临终前做了三件事：一、立皇长子载淳为皇太子。二、命御前大臣载垣、端华、景寿，大学士萧顺和军机大臣穆荫、匡源、杜翰、焦祐瀛八人为赞襄政务大臣。三、授予皇后钮祜禄氏"御赏"印章代表母仪天下的权力，授

慈安太后像

咸丰皇帝像

予皇子载淳"同道堂"印章代表统一天下的权力，并下发"派载垣等八大臣赞襄一切政务"的上谕。

咸丰帝死的当天，钮祜禄氏皇后独自到皇帝巡前祭酒。咸丰皇帝死后，仅有6岁的皇子载淳继皇帝位，尊封钮祜禄氏为皇太后。九月，两宫回宫。十一月初一，慈安与慈禧在养心殿垂帘听政，时年25岁。同治元年（1862）四月，上徽号"慈安皇太后""慈禧皇太后"，称慈安太后为"母后皇太后"，称慈禧太后为"圣母皇太后"。两宫太后居住的宫院，慈安太后居上首，座东；慈禧太后居下首，座西。后来她们共同垂帘听政，同样是慈安太后坐皇帝座上首（东面），慈禧从下首（西面），因此慈安太后又称东太后，慈禧太后则称西太后。

辛酉政变实质上就是一场朝廷内部的权力之争。一方是两宫皇太后和以恭亲王奕訢为首的皇族；另一方则是咸丰帝临终任命的八位赞襄政务王大臣。这场政变的组织者、策划者和领导者是慈禧，其主要倚靠的骨干力量是奕訢，但也绝对不应忽视慈安在其中的作用。她作为一位德高望重的名正言顺的原中宫皇后、当时的母后皇太后，具有举足轻重的作用。因此她是这场政变中决定成败的关键性人物。这一点，机敏而工于心计的慈禧比谁都清楚。慈禧更清楚自己是靠"母以子贵"才登上皇太后宝座的，声望、资历、影响力远逊于慈安。如果不将慈安争取过来，夺权、垂帘听政的目的就达不到。慈禧凭其如簧之舌，终于将慈安拉到了自己这一边。反过来，如果慈安旗帜鲜明地坚定拥护咸丰帝的遗命，毫无保留地支持并站在八大臣一边，辛酉政变就不会发生，这段清史就得重写。

辛酉政变之后，慈安、慈禧两宫太后，在养心殿共同垂帘听政。开始的时候，由于慈安太后位居正宫，名位高于慈禧太后，因此慈禧不敢太张狂，大权一度则慈安太后掌握着。以她为主垂帘听政时，注重节俭自然是顺理成章的事。她常以东南太平天国未灭，国家正处多事之秋为由，驳回一些阿谀奉承的大臣奏请大兴土木重修贺圆明园的奏折。

同治四年（1865年），恭亲王奕䜣遭到慈禧太后的暗算，被革除了议政王的头衔。此后，慈禧太后完全把持了朝政，慈安太后的"听政"，也就只是作为一种陪衬，一个摆设，节俭的那一套做法当然也就随之消失。在诛杀安德海问题上，慈安太后起了决定性的作用。太监安德海是直隶南皮（今属河北）人，人称"小安"。同治初年，他因受慈禧太后宠幸，开始干预国政。穆宗载淳尚未成年，但对安德海飞扬跋扈的一套非常不满，经常为一些事训斥安德海。而每次挨了训，安德海都要向慈禧太后诉委屈，慈禧太后马上便召载淳来指责一番，这样更加深了小皇帝对安德海的仇恨。

为除掉安德海，载淳曾找慈安太后密商办法，他们认为山东巡抚丁宝桢敢作敢为，因此在丁宝桢入京晋见时，令他俟机诛杀安德海，丁宝桢慨然允诺。同治八年（1869年）七月，慈禧太后命安德海到南方采办宫中用物，安德海自然非常得意。他公然打着钦差大臣的旗号乘桉船沿运河南下，一路声势浩荡，招摇纳贿。安德海进入山东德州地界时，丁宝桢得知消息，他令总兵王正启率兵追赶安德海。追到泰安，王正启抓住了安德海，并马上把他押送到济南府。

奕䜣像

逮住安德海后，丁宝桢便飞马上奏朝廷。慈安太后得到报告，立即召见军机大臣奕䜣及内务府大臣等商议处置办法。诸位大臣都说太监不得出都城之门乃是祖制，大清建立 200 多年来还从没有敢违犯的，如有违犯者要坚决处死不可饶恕，安德海应就地正法。慈安太后果断地以皇帝的名义降旨，在济南杀掉了安德海。当时朝野上下，人心大快。

钮祜禄氏为人宽厚仁爱，小皇帝载淳虽不是她亲生的儿子，但她与载淳的关系和对他的照顾却远远超过载淳的生母慈禧太后。

同治十一年（1872 年），同治帝已经 17 岁了，到了立后成婚的年龄。为同治皇帝选立皇后一事，就体现了慈安太后关心小皇帝慈母之心。她怕载淳亲政以后，年纪太轻，不能胜任繁重的政务，所以得要一位成熟贤淑、识大体，而又能动笔墨的皇后辅助皇帝。出于这种考虑，她先同载淳商量，征得了载淳的同意，在立后问题上，明确坚持要立载淳满意的钮祜禄氏为皇后。皇帝"大婚"之后，慈安太后对皇后钮祜禄氏更是百般关照，每次皇后来问安、伺膳，她都热情接待，并屡次催促皇后早早回宫，不必过于拘礼。但由于慈禧太后的挑拨、干扰，致使帝后分居，造成了以后的悲剧。在载淳刚死后的几天里，也多亏她安慰、开导皇后，才使钮祜禄氏有了生活的勇气。

穆宗死后，载湉被立为帝，即光绪皇帝。这本非出自慈安太后之愿，完全是慈禧太后的主张。由于德宗皇帝继位时年纪尚幼，两宫皇太后二次垂帘听政。这时虽然是二人同时训政，但慈安太后已无一分权力。实权都掌握在慈禧太后手中。在光绪年间，她一心信奉佛教，在宫中天天以吃斋念佛为主要功课。这样，慈禧太后更觉无所约束，益加肆意弄权、胆大妄为了光绪一朝，慈安太后日益倦怠，不闻外事，而慈禧太后则日益振奋，统摄全局，大权独揽。从生活上说，慈安太后崇尚节俭，不事铺张，吃饭以素食为主，而慈禧太后却肆无忌惮地挥霍。她在体和殿每日正餐两顿，每顿饭仅主食就有 50 多种，菜肴 120 多样，每天需用猪、牛、羊、鱼、兔肉 500 多斤，鸡鸭 100 多只，前前后后要有450多人伺候，花费白银达千两。耗费之大，实在惊人，同慈安太后形成了鲜明的对比。

在一部分影视作品中和个别清史研究员的眼中，慈安虽忠厚老实，却是一个懦弱无能的傀儡太后，是一个缺乏政治才干、事事依赖慈禧的一个人，这样的看法未免太偏颇了。事实上真实的慈安出身于世代官宦之家，从小就受到过良好的教育，怎么可能没有丰厚的学识呢？她16岁入宫就被咸丰皇帝封为贞嫔，之后一路高升，在四个多月的时间里，迅速登上皇后宝座，其晋升速度之快，在清代历史上绝无仅有。如果没有一定能力与手腕，在斗争激烈的后宫中，这也是难以想象的。

先来看慈安对后宫的管理。被册封为皇后时，慈安年仅16岁，但您可别小看了这位年轻的皇后，在美女如云的后宫，在多情好色的咸丰皇帝身边，她凭借自己超凡的人品和管理能力，成功地处理与妃嫔的关系，有效地维护和皇帝的夫妻感情。咸丰皇帝继位后，国家内忧外患，作为一国之君，他内心无比忧闷，情绪上喜怒无常，有时候不免拿身边的妃嫔、太监、宫女等人出气。作为皇后的慈安，一方面理解皇帝内心的煎熬，不时以柔情软语加以宽解；另一方面对那些无辜受到处罚的人，她也想方设法好言安慰。史书记载，"妃嫔偶遭谴责，皆以中宫调停……"中宫，说的就是慈安。第二次鸦片战争爆发后，咸丰皇帝眼见大好河山惨遭涂炭，自己又不能力挽狂澜，无奈之下写下"且乐道人"四个字，并让人悬挂在寝殿内。"且乐道人"传达出皇帝的自暴自弃，大臣和妃嫔们看到皇帝如此颓废，都心急如焚，却没有一个人敢去劝说。唯独慈安听说此事后，苦口婆心地劝说咸丰皇帝，命人把字幅取了下来。

在不少人的心目中，慈安温文尔雅，应该是典型的淑女，不大会发脾气之人。实际上，这完全是你的错觉，慈安不但深谙后宫生存之道，并且牢牢掌握住后宫统治绝对权，只要有人胆敢坏了后宫规矩，慈安绝对严惩不贷，皇帝都不好使。

咸丰皇帝最喜欢圆明园，他的主要居住地和办公地都在那里，一个重要原因就是圆明园没有紫禁城那么多约束。尤其是男女之事，紫禁城规矩、祖制一大堆，还有监督之人的各种催促与劝诫，确实败了皇帝的兴致，所以相对自由的圆明园自然被皇帝钟爱。

某日咸丰与某位宠妃（其实就是侍女）高兴过了头，咸丰皇帝因贪杯致次日恋床而耽误了早朝。慈安便"抓"住此事，将当夜侍寝的宠妃打个半死。皇帝下早朝回来不见皇后，知道要坏菜，急忙跑去皇后寝宫救场，果然寝宫侍卫林立，场面十分严肃而压抑。慈安见皇帝到来，便裁断之权让给皇帝，皇帝自觉理亏，于是想蒙混过关，慈安当仁不让，一顿祖宗家法搞得皇帝羞愧难当，当即承认错误并解下自己随身佩戴的御印"同道堂"赐予皇后，一是让皇后消气，二是表彰其恪守祖制的治家之道。

临了，慈安还怒对宠妃："此主子有你，今后皇上再醉，唯汝试问。"吓得此宠妃再也不敢造次。

在《清宫遗闻》中记载；"东宫优于德，而大诛赏大举措实主之；

清郎世宁圆明园铜版画

西宫优于才，而判阅奏章，及召对时咨访利弊"。这段话的意思就是说；慈安虽然对权力不感兴趣，但她的政治才华毫不逊色。慈禧有才干，又有强烈的政治欲望，但最终只能管理一些日常生活上的一些小事而已，大事都轮不到她来管。慈安比较超脱，不喜欢政务，日常事务就放手让慈禧去做，她乐得轻松自在。不过，这并不意味着慈禧可以任意而为。在朝政大事上，还得是慈安说了算。因为虽然都是太后，但慈安为嫡，慈禧为庶，在"嫡庶之分"的礼制束缚下，慈禧不敢逾越，凡是遇到朝政大事，她都要征询慈安的意见，绝不敢擅自主张。时人对慈安和慈禧的评价是各有所长，慈安"优于德"，慈禧"优于才"。一些日常的事务由慈禧处置，但每遇朝政大事，还是要由慈安太后最后决定。由此可见，慈安太后大权在握、掌控权力方面也是很有一套办法的。在光绪年间任过大清国驻英国大使、回国后先后任过光禄寺、大理寺卿、左副都御使的薛福成，在他的《庸盦笔记》中记到：诛杀陷城失地、临阵逃脱的两江总督何桂清，将骄蹇贪淫的胜保下狱赐死，赏给曾国藩、左宗棠、李鸿章爵位，皆出自慈安之意。对于东宫太后慈安的德行与行事风格，老百姓多有赞同，当时的民间，甚至出现了"东宫偶行一事，天下莫不额手称颂"的说法。

　　清光绪七年（1881年）三月初十日戌时，年仅四十五岁的慈安皇太后猝然薨于钟粹宫。随着这位比慈禧还小两岁的仁爱忠厚皇太后突然暴毙宫中，清廷的垂帘听政由两宫并列骤然变成慈禧一人独裁。因此，对于她的死因朝野上下议论纷纷，人们自觉不自觉地将她的猝死与慈禧联系起来。

　　光绪六年（1880年），慈禧忽然患重病，久治不愈，卧床不起。于是，遍召天下名医入京诊治。朝政也只好由慈安一人打点，这样的情况维持了一年多的时间，直至光绪七年三月初九。据史载，光绪七年三月初九日晨，慈安依然召见军机大臣，处理军国大事，未见身体有何大的异常之处，只是"两颊微赤"（《述庵秘录》）。然而，次日早，"东太后（慈安）感寒停饮，偶尔违和，未见军机"（《翁同龢日记》）。晚间即暴病身亡。慈安的病情如此之重、如此之急，令人难以接受。一时间，人们对于一向身体比较健康的慈安的死，大为不解。时任军机大臣的左宗棠，听说慈安突然得病身亡，顿足大声说："昨早对时，上边（指慈安）清朗周密，何尝似有病者？即去暴疾，亦何至若是之速耶？"（《清稗类钞》）于是，朝野上下种种猜测不胫而走。人们以所掌握少之又少的"线索"，对慈安的死进行着各种各样的推测，更有甚者，人们任想象的野马自由驰骋，不断地结构着关于她不幸去世的篇章，使得她的死变得疑云密布。

有一种说法是这样的：

慈禧太后经常单独召见大臣，决定大事要事逐渐地也不再告知慈安太后。慈安太后打算劝阻慈禧太后的骄横擅权的独断行为，给她一个警告，使她收敛一些。在光绪七年（1881年）的某一天晚上，慈安太后在自己宫中置办酒宴，说是为慈禧太后祝福。酒至半酣，慈安太后屏退左右侍从人员，先详细地追述了在热河行宫，肃顺擅权，两宫太后受挤，随后果断谋划辛酉政变，以及同治十一年间二人同时垂帘听政的事情，动情处垂泪良久。慈禧太后听了也悲不自胜。慈安见打动慈禧，忽然话题一转道："咱们姊妹现在都老了，说不定哪天就要离开尘世。相处20多年，所幸从来都是同心协力，连一句冲撞对方的话都没说过。而我这里存有一件东西，是我过去从先帝文宗处接受过来的，现在它已经没什么作用了。"说完，慈安太后从袖子里拿也一个精微的信封递给慈禧太后，让她拆开看一下。慈禧太后接过信封，启封后细看，吓得脸色顿变，羞惭得不敢抬头看慈安太后。这封函内装的不是别的，正是清文宗交给慈安太后的遗诏。遗诏的大意是：

"叶赫那拉氏是皇帝的亲生母亲，母以子贵，日后定会尊封为皇太后，我对此人实在是不能深信。此后如果她能安分守法也就罢了，否则，你可以出示这一纸诏书，命廷臣宣布我的遗命，把她除掉。"

慈禧太后看完后，慈安太后把信要回，当着慈禧的面非常仗义地放在烛火上烧掉了。当时，慈禧太后惭愧与恼怒的心情交加，但仍勉强装出感激泪下的样子。慈安太后又对她百般劝解安慰，至此酒宴方才结束。过了几天，慈安太后偶然因有事到慈禧太后宫中，慈禧太后对她礼节周全非常恭敬，一反过去那样骄狂放纵，连一旁伺候的太监宫女都感到很奇怪。慈安太后也暗自高兴，以为是前日自己烧密旨的做法收到了预期的效果。两个人坐下来聊天，越聊越投机，时间稍长，慈安太后觉着腹内稍微有点饥饿。慈禧太后即令侍者捧来一盒糕饼，慈安太后吃着很香甜，很对口味，说这好像不是御膳房做的食物。慈禧太后回答："这是我妹妹送给我的。姐姐您喜欢吃，明天我叫她再送一份来。"

光绪七年（1881年）三月初十日，慈禧太后派人把几盒糕饼送进慈安太后宫中，花色味道与慈安太后上次吃过的一模一样。慈安太后只吃了一两个，顿时就觉得不舒服，不料到了晚上，年仅45岁的慈安太后中毒身亡。

那么官方是如何记载慈安太后的死因呢？据《清德宗实录》记载，慈安太后因疾病，身体健康突然急转而下不治身亡，应该就是当代医学所说的心脑血管疾病。

皇宫之内不比寻常百姓人家，慈禧和慈安同为两宫太后，她们的衣食起居都是分开的，各有各的服务班子，他人绝对没有随意置换和变更的权力。不但如此，皇家对于食品安全的监管力度绝对是最高警戒级别，所以投毒难度之大不言而喻。

慈安死后第一时间慈禧便召集王公大臣在钟粹宫集合，次日清晨，当着众人的面揭开慈安太后的"面冥"，让众人瞻仰慈安太后遗容。慈禧一系列安排并无遮掩之意，倘若不是没有猫腻，慈禧怎敢如此坦荡？

钟粹宫

　　另一方面，慈禧太后和慈安太后两人在政治并无大的冲突，两人各取所需也没有大的仇恨，虽说作为正宫太后的慈安地位略高慈禧，但是慈安从未压制慈禧，甚至还是慈禧的帮手，慈禧有必要加害慈安吗？

　　以上所述，我们可知慈禧太后并没有铤而走险加害慈安太后的必要。

　　慈安太后死后，被埋葬在定陵东面的普祥峪，取名"定东陵"。当初，钮祜禄氏刚被尊封为皇太后，已加上了"慈安"徽号，死后又叠加徽号，称为"慈安端康裕庆昭和庄敬皇太后"。光绪皇帝给她加谥，谥号全称是"孝贞慈安裕庆和敬庄靖仪天柞圣显皇后。"

隆裕太后：下诏逊位主共和

　　隆裕（1868—1913年），叶赫那拉氏，满洲镶黄旗人，名静芬，小名喜子。慈禧之弟副都统叶赫那拉·桂祥之女，慈禧的侄女，光绪的表姐。

光绪十四年（1888年），隆裕被慈禧太后钦点与光绪帝成婚。正当后宫上下为皇帝的大婚忙碌的时候，一件意想不到的事情发生了。在十二月十五日（1月16日）深夜，紫禁城突起大火，烧毁了太和殿前的太和门。慈禧断然做出决定：婚礼如期举行，并且皇后必须经过太和门再入后宫。如何解决皇后入二道朝门成为问，慈禧再次做出令所有人意外的决定：她居然责令扎彩工匠日夜赶工，在火场搭盖太和门彩棚！最终搭起了一座足可以假乱真的太和门。

光绪十五年正月二十七日（1889年2月26日），是钦天监选定的皇后入宫吉日。午正三刻，是奉迎皇后的吉日吉时，光绪帝头戴珠冠、身着龙袍，升坐太和殿，文武百官三跪九叩，礼部官员宣读册封皇后的诏书。奉迎正使和副使待光绪帝回宫之后，率领着奉迎大臣们前往后邸迎接皇后入宫。与此同时，瑾、珍两嫔也由神武门被迎入后宫。

在婚期过后，隆裕住进东六宫之一的钟粹宫。但光绪帝只宠幸珍妃，和隆裕之间感情很不好。而慈禧太后之所以会挑选她为光绪帝之皇后，也是希望由自己的亲侄女来监视光绪帝的一举一动，因此光绪帝对她多有所防备。她姿色并不出众，且性格柔懦，身为皇后既不得宠，在宫中也得不到慈禧太后的欢心，平日与诸命妇王妃见面时也不太有威信。

光绪二十六年（1900年），因八国联军攻入北京，在联军攻入紫禁城前夕，皇后随着慈禧太后、光绪帝和其余宫眷一同逃往西安。

光绪二十七年（1901年），一行人再度回到了紫禁城。在珍妃死后，皇后依然

隆裕太后像

《光绪皇帝大婚图》

不得宠。

光绪三十四年（1908年），光绪帝在南海瀛台涵元殿驾崩，依慈禧太后遗命由溥仪继位，是为宣统帝。隆裕皇后被尊为皇太后，被称为"兼祧母后"，上徽号"隆裕"，史称隆裕皇太后。宣统帝登位时年仅三岁，因此由太后抚养。同时隆裕太后也实行垂帘听政，和摄政王载沣（宣统帝生父，光绪帝之胞弟）共同主掌风雨飘摇的清王朝。

据美国传教士赫德兰在《一个美国人眼中的晚清宫廷》里写道："隆裕皇后长得一点都不好看。她稍微有点驼背，瘦骨嶙峋。脸很长，肤色灰黄，牙齿大多是蛀牙。"

清末老太监信修明回忆说："因为她性质仁懦，不仅未受光绪的恩宠，就是慈禧太后也对她没有特恩。在宫廷里名有六宫之权，其实上既受制于太后和皇帝，对下不能管制二妃，尤不敢多言，就是对太监，也不敢骄傲自尊。每日必至两宫，早晚请安。请安完毕，只有闭宫自守，心中惴惴，唯忧郁而已。后只率二妃在太后面前侍奉。太后对他们虽无特别管束，但礼仪之缚人，有较平民更为严重。每日在太后面前，提心吊胆，只有与太监为伍。"

隆裕皇后不仅博览群书，对西方历史与政治也是有一定了解的。因此，她不会盲目反对维新变法的实行。虽然她的政治天赋比不上慈禧太后，但是在"开眼看世界"这一方面，隆裕皇后在当时的紫禁城中是非常进步的。曾和四格格、德龄一起探讨各国，她说："我知道每一个国家都有一个最高统治者，而有些国家是共和政体，像美国就是，美国对我们很友好。不过遗憾的是现在到美国去的都是些平民，没准人家美国人以为我们中国都是这样的人，我倒真希望能够有几个满洲贵族去，好让他们知道我们到底是个什么样子。"然后她告诉德龄，自己正在读一些不同国家的历史，当然是已经翻译成中文的。

隆裕不善笼络人，所以亲信不多，自当了太后，时有秉裁军国大政，她才知道要守住太后的宝座，必须要保住溥仪的帝位，这就必须要建立自己的势力，尤其是与那些手握实权的亲贵与外臣联合。因此，当载沣树威立信、筹建统治班底之际，隆裕也不得不想方设法笼络一些大臣，以防止载沣权力过大，而危及到自己的位置。隆裕拉拢的对象是庆亲王奕劻，奕劻因得慈禧太后的恩宠，受封清王朝最后一个铁帽子王爷，在朝中权力很大，与练兵起家的袁世凯共同抵制载沣。有一次载沣拟提名那桐为军机大臣，请示隆裕，不想隆裕却推荐袁世凯的拜把兄弟徐世昌当军机大臣。这一下，载沣被惹火，虽然他也答应让两人同时当军机大臣，但不无警告地提醒隆裕说：只有朝廷重大事件，太后才能出面商议，这些具体政务，不必烦劳大驾。载沣虽没明说，但隆裕心知肚明，是让她不要越位。经此一遭，本

慈禧与隆裕

来就没什么实权的隆裕，从此就很少直接出面干涉载沣，对于幼帝只能尽母亲的责任，而对这个国家她已是有心无力。

1911年10月，辛亥革命爆发。12月6日，载沣奉隆裕太后懿旨辞去监国摄政王的职位。垂帘听政的隆裕太后，成为即将终结的大清王朝事实上的最高统治者和终极责任人。

12月7日，时任总理公署秘书的许宝蘅，在日记中记录了隆裕太后与内阁总理大臣袁世凯在养心殿内长达1个小时的对谈。隆裕太后表示："余一切不能深知，以后专任于尔。"并且任命袁世凯为议和全权大臣，委托唐绍仪为议和代表，负责与南方各省进行和平谈判。

12月28日，全国各地要求清帝逊位的呼声越来越高，隆裕太后召集庆亲王奕劻、袁世凯等王公贵族和国务大臣共商国是。她最后表态说："顷见庆王等，他们都说没有主意，要问你们，我全交与你们办。你们办得好，我自然感激；即使办不好，我亦不怨你们。皇上现在年纪小，将来大了也必不怨你们，都是我的主意。"说到这里她放声大哭，

隆裕太后像

袁世凯等王公大臣也一同大哭。哭过之后，隆裕太后进一步表示："我并不是说我家里的事，只要天下平安就好。"清帝逊位的大政方针，至此已经初步确定。

逊位诏书颁布10天后，上海《申报》于1912年2月22日以《清后颁诏逊位时之伤心语》为标题报道说，2月12日，《清帝逊位诏书》由袁世凯在养心殿内呈献给隆裕太后，隆裕太后阅未终篇已泪如雨下，随后交给军机大臣世续、军谘大臣徐世昌盖用御宝。此时反对逊位共和的恭亲王溥伟自请召见，隆裕太后

隆裕太后的哀悼会

表示说："彼亲贵将国事办得如此腐败，犹欲阻挠共和诏旨，将置我母子于何地！"此时无论是何贵族，均不准进内，于是盖用御宝陈于黄案。"清后仍大哭。清帝时立清后怀中，见状亦哭，袁世凯君及各国务大臣亦同声一哭"。

隆裕太后下诏逊位后，毕竟心中难以释怀，郁郁寡欢，终至染病。

1913年，隆裕太后的"万寿日"（生日），在御殿接受朝贺时，见民国大总统袁世凯的专使梁士诒，用外国使臣觐见的礼节祝贺；宗室王公大臣多半回避，不肯入贺，殿上不过寥寥数人。抚今追昔，悲痛不已，以致一病不起。于同年2月22日在长春宫薨逝，享年46岁。溥仪上谥号"孝定隆裕宽惠慎哲协天保圣景皇后"。

时任民国总统的袁世凯随即下令全国下半旗致哀3日，文武官员穿孝27日。参议院除下半旗外，于2月26日休会一天。2月28日为祭奠之期，袁世凯还亲自臂戴黑纱，举哀致祭。当时的军政要员纷纷致电名义尚存的清室，对隆裕的病逝表示哀悼。

随后，在参议院议长吴景濂的倡议下，借商务总会为哀悼会的筹

隆裕太后画像

办事务所。全国各地纷响应这一号召，长春、辽阳、凤凰、铁岭、营口等各地都开会追悼隆裕太后，并各派代表入京参加追悼会。18、19两日，在大和门前广场隆重召开了全国国民哀悼会，到席者达5万人之多。民国政府于3月19日在太和殿召开了国民哀悼大会。灵堂上方悬挂着"女中尧舜"的白色横幅，灵堂正中摆放隆裕像，所有外露的梁柱均用白布包裹。殿堂内摆满了挽联、花圈。穿着清式丧服和现代军服的仪仗队在灵堂前左右站立。

哀悼大会还决定将要设立皇太后的铜像，以表彰她的功勋。据当时各大报纸刊载，隆裕太后薨逝后，舆论界颇为惋惜。驻京各国公使对隆裕太后的薨逝亦均表惋惜，除亲去太和殿致祭外，于哀悼会期间，各使馆均下半旗致哀。

由于光绪帝的"崇陵"还没有修完，所以，隆裕太后的梓宫也只能"恭奉暂安"。奉移时由民国政府的仪仗队、军乐队前引，传统的满族执事：门纛、曲律（满语译音，即小纛旗）、影亭、亮轿、曲柄黄伞、鹰、狗、骆驼、刽子手、帐篷等随后。用的是96人的"落地满黄"的"皇杠"（即黄杠、黄罩、黄杠绳、杠夫戴的青荷叶帽插着黄雉翎，举黄色白光的拨旗，上书"恭奉暂安"字样），一直抬至前门火车站（西站），用慈禧太后曾经使用的专列，运至河北易州梁各庄行宫内暂安，等候崇陵竣工后，与光绪帝一起入陵。

隆裕太后的丧礼结束后，于民国1912年3月出版了一个线装石印的特刊《国民哀悼纪事录》。书前是一幅隆裕太后的御影，附有她宣布清帝逊位的谕旨。接着是太和殿内外哀悼大会的摄影 12 幅，还有各界拍来的唁电、挽联、致祭礼节、祭文、哀悼歌伺、皇室答词、外宾名单、工作人员名单等。

清廷最后和平退出政治舞台，没有酿成镇压和垂死挣扎的血案，无不与隆裕有关，因为她手中握有最后的权柄。正是这样一位悲剧女性，亲手结束了清朝统治，也结束了两千多年的封建统治。

婉容：中国最后一位皇后

郭布罗·婉容（1906—1946 年），字慕鸿，号植莲，满洲正白旗（达斡尔族）。清朝逊帝溥仪的妻子，清朝与中国的末代皇后，后为伪满洲国皇后。

婉容 1906 年生于北平帽儿胡同，后随父母移居天津。婉容的父亲郭布罗·荣源，是位开明人士，时任内务府大臣，一向主张男女平等，认为女孩子应该和男孩子同样接受教育。婉容曾就读于一所美国教会学校，学英语，弹钢琴，特别喜欢爵士音乐。婉

婉容像

容作为一个达斡尔族旗人家的小姐，优裕富足的生活环境、显赫的家族地位、民族文化及传统文化的教育都对她产生了深刻的影响。婉容的生母爱新觉罗氏是定郡王溥煦的孙女、毓长的第四女，人称"四格格"，在生下婉容时因产褥热而故。婉容的后母恒香（字"仲馨"，后改名"金仲馨"），同样也是定郡王溥煦的孙女、毓朗的第二女，人称"二格格"，对婉容一生的影响极为深刻。恒香对婉容不但细心照料，甚至是宠爱备至，母女相处非常和睦。

婉容容貌端庄秀美，清新脱俗，琴棋书画无所不通，且举止文雅，谈吐得体，是一位富有教养的才女，因此在满族贵族女性当中颇具声名。但她被立为皇后，却不完全因其才色，而是出于宫中两派争斗和溥仪偶然的圈定。

1921年年初，溥仪刚满15岁，清皇室就开始为溥仪的婚事做准备。端康太妃和敬懿太妃都想让自己的亲信当选皇后，婚事争执不下，最后拿出照片让溥仪本人来确定。溥仪后来在《我的前半生》一书里回忆道："四个人都是一个模样，身段都像纸糊的桶子。每张照片的脸部都很小，实在分不出丑俊来。如果一定要比较，只能比一比旗袍的花色，谁的特别些。我那时想不到什么终身大事之类的问题，也没什么标准，便不假思索地在一张似乎顺眼的相片上，用铅笔画了一个圈。"溥仪圈定的这位就是后来他的妃子文绣，这正符合敬懿太妃的意，但端康太妃竭力反对。溥仪只好又画了一次，这次画的是婉容。于是，婉容被册封为皇后，文绣被立为妃子。

1922年11月的最后一天，紫禁城内，悬灯结彩，鼓乐齐鸣。12时，迎娶的队伍浩浩荡荡的出发了。走在最前面的是北洋政府步军统领衙门、警察厅和保安队的马队，次为军乐队，随后是皇宫全幅卤薄仪仗。一顶由32人抬着的金顶凤舆轿子顶部正中，有一只很大的金凤凰，凤背上的金顶周围又有九只小金銮。轿围以鹅黄色缎子做底，上面绣着蓝色凤凰怀抱红色双喜字样的图案。3时左右，溥仪已穿戴龙袍，在乾清宫西暖阁等候。这时，从凤舆中走出一位身穿大红锦绣"龙凤合同袍"、头上盖着绣有龙凤的红色盖头的新娘。她，就是溥仪的妻子——婉容。

婉容像

住在紫禁城里的那段日子，由于母仪天下的荣耀和新婚宴尔的欢愉，婉容过得还算惬意。她的柔情与活泼也给溥仪带来了很多快乐，而她的饱学多识，更使溥仪视之为知己。

婚后婉容在储秀宫生活了两年。红色的宫墙并没有阻断婉容和西方"新式教育"的联系，因为有"思想很对劲"的溥仪的支持。溥仪为婉容延请了师傅，一位是美国费城牧师的女儿马容修，另一位名叫英格兰木，他们都是婉容自己物色的人选。不久，伊莎贝尔·任萨姆女士也被聘请到宫里来了。她们不仅教授英语，也讲授文学、历史、艺术及世界各地的风物知识。

婉容的英语学得很不错，不但能用英语讲话，而且用英文写信。她在宫中用英语给溥仪写过大量的短信。这一对年轻的皇家夫妇，虽然同处深宫，每天见面，却还每天通信。婉容的落款总是溥仪给她取的与英国女王相同的名字：伊丽莎白。

除此之外，婉容教会了溥仪吃西餐，让溥仪由"会吃"到"爱吃"。溥仪大婚后，出宫日渐频繁，而且每次必携一后一妃，这不能不说与接受过西方思想影响的婉容有关。那时候，溥仪对婉容还是比较信任的，两人的感情似乎还是融洽的。

表面看来，婉容的生活悠闲而快乐，可实际上内心却有难言的苦衷。她时常坐在那里愁眉不展。她的贴身太监孙耀廷曾回忆道："起先皇后的脾气很好，皇上常到她屋里来，可是很少在她屋里宿夜，只是说会话，玩玩就走；后来，皇上来的次数少了，她的脾气也变得不太好。"

有时候在屋里绣花绣着绣着就停下来，面壁而坐，半天不吭声。每当这时，我们都得小心的伺候着。由此可见，婉容虽在宫中有令人羡慕的高贵身份，却不能像平民百姓那样享受夫妻之爱和天伦之乐。在这种虚伪无聊的环境里待得越久，婉容越感到一种无法言说的郁闷。她染上了抽大烟的毛病，每顿饭后都要吸上几口。

溥仪与婉容像

1924 年底，溥仪被赶出了紫禁城，皇帝的尊号也成为中国的历史。婉容随溥仪在醇王府生活了几天，又在日本驻北京的公使馆度了数月，随后于 1925 年 2 月与溥仪同去天津，居住在日本租界的张园。

在天津的 7 年是婉容一生中最轻松愉悦的时光。在这里，她不再受种种封建家规的束缚，获得了较多的自由。而且，天津是婉容少女时代读书的地方，这里的一草一木，她都很熟悉。所以这里的生活比北京丰富多了。婉容每天读书、画画、弹琴、带着溥仪游览各处名胜，也经常参加各种社交活动或外出闲逛。同溥仪接触的机会也多了起来。他们去马场游玩、逛闹市区、参加舞会、冬天溜冰，还经常与外国朋友交往。皇后每到一处，人们纷纷投来惊异和羡慕的目光，婉容的虚荣心也得到了满足。

据说帝后之间从未有过夫妻生活。新婚当夜，溥仪在揭开了红盖头、与皇后同食"子孙饽饽""行交杯酒""进长寿面"之后，却离开了那张"龙凤喜床"，回养心殿自己的卧室去了。他将婉容孤零零的留在坤宁宫的新房里。在天津时，溥仪晚饭后常会到皇后的住处聊到深夜，睡意来时便抛下婉容，回自己的寝宫去了。

出宫后的婉容精神焕发，她一改宫中的装束，换上了时装旗袍和高跟皮鞋，还烫了头发，成为租界中的"摩登女性"。对她吸引力最大的则莫过于到各大百货公司购物，反正有溥仪付钱，她可以无所顾忌地大肆挥霍，有用的没用的看中了就必须买回来，导致后来发展成婉容和文绣之间争宠的手段。

但是婉容也有着大多数女人都有的小心眼和嫉妒心，所以文绣的存在，使得她和溥仪还是存在着一些不和谐音。

随着时间的推移，溥仪性格上的弱点逐渐暴露出来了，而他生理上的缺陷最终更是导致了文绣提出离婚。可是溥仪却把这场给他带来奇耻大辱的"刀妃革命"的所有过失都推到了婉容的身上。

1931 年夏，反常的气候造成"南起百粤北至关外大小河川尽告涨溢"，全国性的大水灾。当时全国受灾区域达 16 省，其中长江中下游及淮河流域的湘、鄂、赣、浙、皖、苏、鲁、豫 8 省灾情极为严重，是上个世纪受灾范围最广、灾情最重的一次大水灾。出宫已久的婉容，看到这样的洪涝灾害，立即捐出自己的珍珠项链及大洋。1931 年盛夏时节，长江两岸数省发生严重水灾，当时溥仪捐赠一栋楼房，婉容捐了一串珍珠以赈灾民。这件事当时在社会上引起了轰动，京、津、沪的报纸也相继刊登了"皇后"的玉照和她所捐赠的珍珠项链。

1931 年，"九·一八"事变之后，日本迅速吞并了东北三省。打算在此成立伪"满洲国"，让溥仪做伪"满洲国"的皇帝，充当日本帝国的傀儡。溥仪和婉容一前一后秘密潜入东北。婉容想到自己即将做执政夫人，她兴奋极了，对自己的前途充满了幻想。但她很快发现，这里迎接她的不是尊严和幸福，而是新的禁锢。她和溥仪的一举一动都受到了日本人的严格控制。这对婉容的心情影响很大，她对执政府内的生活失去了兴趣，对再次身陷"牢笼"感到懊悔，却已无法离开。1934 年 3 月 1 日，婉容被册封为满洲帝国皇后。

婉容在伪满宫中 14 年的生活中，

溥仪与婉容像

当"执政夫人"的头两年还是比较好的。她的物质生活还比较舒适，溥仪每月给她1500元，后随物价的上涨增加到3000元。她在执政府内有自己的膳房，虽然不能像在紫禁城中那样，但依然荤素凉热，比较周全。伺候婉容的有两名太监和两名仆妇，还有一位名叫崔慧茹的小姐做她的闺房良伴，教她绘画、刺绣、陪她下棋、弹琴，以消磨时光。

而这两年中，她与溥仪的裂痕也愈来愈大。文绣的出走，溥仪对婉容愤恨不已，两人很少交谈。溥仪偶尔也在睡觉前去她那儿坐一会儿，夜深时便又离开。婉容心中无限而长久的空虚和痛苦，给她的心理造成伤害，她渐渐地得了精神病，不过开始是轻度的，不易被人察觉。

婉容是有政治理想的女子，她一心想帮溥仪完成复辟帝制的大业。她在宫中订了10份报纸，每天坚持阅读。她非常关心国家大事，而溥仪对她的限制，又让她非常难过和苦闷，她更不敢对别人讲。帝后的感情日趋冷淡。婉容终日被无形的精神压抑和烦恼缠绕，她的世界似乎连一点点微弱的光亮也没有了。

腐朽的宫廷生活过早的伤害了溥仪的身体，使他在青少年时代就从生理到心理上厌恶女人。有一次，溥仪去大连游览，一群年轻貌美的姑娘跪在海滨旅馆门前静静地等候着他的光临。溥仪见状立即将安排这次游览的官员召来痛斥一顿，这些姑娘立即就被赶走了。以后，凡是溥仪要去的地方，女人们都得事先躲开。可想而知，婉容与溥仪的婚姻是毫无幸福可言的。但由于极强的虚荣心作祟，婉容宁可做一位"挂名"妻子，以保持皇后尊严的身份，也不想与溥仪离婚。况且，她那托婉容之福当上皇亲国戚的父兄，也绝不会允许她离开溥仪。

然而，婉容毕竟是有着七情六欲的不到30岁的年轻女子，在正常的生理和心理要求长期得不到满足的情况下，在孤独惆怅而又希望全无之后，她放纵了。起初，婉容在别有用心的哥哥和佣妇牵线下，与溥仪的随侍祁继忠发生了关系。后来，祁继忠被溥仪送往日本陆军士官学校留学，婉容又与溥仪的另一随侍发生了关系。这件事溥仪长期被蒙在鼓里。直到1935年，婉容怀孕即将临产时，溥仪才弄清了真相。

溥仪对此愤恨无比。他提出与婉容离婚，废掉皇后，但日本方面没有批准。婚未离成，婉容从此陷入悲惨境地。临盆时，婉容双膝跪地，泪流满面的哀求溥仪，希望他能承认即将出世的无辜婴儿。溥仪坚决不肯，最后允许孩子出世后可送往宫外，由婉容之兄抚养。

孩子出世了，是一个女婴。婉容多么想把她留在身边相依为命，但这是不可能的。此后，婉容每月都给哥哥支付抚养费。但她万万没有想到，"小婉容"出世后半小时就被结束了生命，溥仪让人把她扔进锅炉里烧化了，这件事婉容至死不知。

分娩以后，婉容被溥仪打入了冷宫，一举一动都受到严格监视，连亲属也不得见面。在一连串不堪忍受的打击之下，婉容的精神彻底崩溃了。她不梳洗，衣冠不整，指甲不剪。她很快由一个花容月貌、身材窈窕的皇后变成了一个蓬头垢面、骨瘦如柴的令人恐惧的"活鬼"。

对于相随多年身患重病，精神异常的妻子，溥仪毫无恻隐之心，甚至以赴旅顺"避寒"为名，把婉容丢在宫里不管。此时的婉容，在这个世界已无一人怜惜，她整日以大烟为伴，烟瘾日重，烟毒日深。10年的冷宫生活，不仅重创了她的精神，也极大地摧残了她的身体。在伪满末年，她的两条腿已不能行走，需别人架着才能挪动，两眼几

婉容像

婉容像

乎失明，不能见光，见人要以扇遮脸。

1945 年 8 月 15 日，日本宣布投降。8 月 17 日，溥仪按照日本人的安排，带上贵重物品，同弟弟溥杰等几个最亲近的人一起逃走了，而将婉容和"福贵人"李玉琴等人扔在了临江县大栗子沟。溥仪临上飞机时对她们说，一到日本就派飞机来接她们。但溥仪的飞机在飞往日本的途中被苏联的空军迫降，溥仪等人当了俘虏，不久被押往苏联。

婉容在 8 月 11 日随宫廷人员自新京撤至通化大栗子沟，后被占领当地的共产党游击队俘虏，先后运至通化、长春、永吉、敦化、延吉，最后于 1946 年 6 月 10 日前后或 8 月下旬死于吉林省延吉的监狱里。葬地不明，有说是"用旧炕席卷着扔在北山上"，也有说是"葬于延吉市南山"，尸骨亦无处寻找。三年以后，在伯力收容所过囚居生活的溥仪从嵯峨浩给溥杰的家信中获悉婉容的死讯，似乎无动于衷。

2006 年 10 月 23 日，经其弟润麒同意以招魂形式与溥仪合葬于河北清西陵外的华龙皇家陵园，溥仪墓清献陵，谥号"孝恪愍皇后"。

文绣：与皇帝离婚的末代皇妃

自古以来，皇帝作为中国古代封建社会的最高统治者，不仅掌握着他人的生死，还有着挑选女子的最高权力。一般而言，皇帝后宫的女子都不计其数，而这些女子一旦真正成为皇帝的女人后，便很难有机会再出宫嫁给他人。不过，清朝时期却有个例外的皇妃，此人名为文绣，她天资聪颖，在与皇帝离婚之后，嫁给了40多岁的国民党军官，过着清贫的生活。

额尔德特·文绣（1909—1953年），字蕙心，乳名大秀，自号爱莲，蒙古族，鄂尔德特氏，端恭之女。

文绣出生于1909年12月20日（宣统元年农历十一月初八）。文绣的家世，是满洲八旗中的鄂尔德特色蒙古族，在八旗中属于上三旗的镶黄旗。祖父名锡珍。父亲名端恭，曾任内务府主事。文绣为端恭的继配汉族蒋氏的长女，还有一胞妹文珊。

1916年9月初，蒋氏将8岁的文绣送入花市的私立敦本小学读书，改名为傅玉芳。文绣天资聪明，在学校里无论是国文、算术、自然，乃至图画和音乐等功课，都学得极好，深得老师的喜爱。

1921年春，居住在北京皇宫、保留清室帝号的大清国末代皇帝溥仪，已是16岁了。宫中的敬懿、荣惠、端康三位太妃与旧有的王公大臣，以及溥仪的亲生父亲载沣，决议要给逊清小皇帝溥仪选个皇后，举办大婚。傅玉芳的五叔华堪见此良机，竟幻想借机光耀已经很没落的额尔德特家族，便自作主张，将傅玉芳的相片袭用额尔德特·文绣的名字，伴同众多待选皇妃的姑娘照片，一起送到清室内务府供皇帝挑选。历经太妃和宗室权贵多次争议之后，方于1922年3月敲定由逊帝溥仪亲自阅看相片"钦定"。不曾想17岁的郭布罗·婉容得选为皇后，14岁的额尔德特·文绣得选为皇妃。

文绣被选定为皇妃之后，未曾与文绣见过面的溥仪，当即颁下谕旨，令内务府给文绣母亲蒋氏在北京地安门后海的南沿，买下一处大院落作为新居处，

文绣像

溥仪与文绣

另外赏赐紫檀木家具一套，立刻使蒋氏一家的生活大为改观。只读了5年书的文绣也不再上学了，傅玉芳的学名更不许再用，整天在家里由五叔华堪负责讲授君臣大礼，以及烦琐的宫中清规戒律，并要文绣熟读《女儿经》。

1922年11月30日，文绣先于正宫皇后婉容一天，被溥仪以隆重的婚礼娶进皇宫，皇宫里称她为淑妃。文绣在皇宫养心殿首次晋见溥仪，恭行三拜九叩之后，溥仪竟冷冷地开口说："下去歇息吧！"新婚之夜，溥仪也未住进淑妃的新房。次日，溥仪再娶进皇后婉容，也是不与皇后同房，都是单身一个人独寝养心殿。

文绣自入宫之后，并未获得溥仪的宠幸。她每天早上梳洗完毕，就先到溥仪的寝殿问安，再到婉容皇后和四位太妃的寝宫中依序请安，之后回到她所居住的长春宫并关上宫门，过着简单朴素的日子，或刺绣，或教导长春宫的宫女认字。四位太妃和宫中仆役都对文绣的娴静有礼赞誉有加，但这并未能改善溥仪对她的冷落。

后来溥仪特给文绣聘请一位女教师凌若雯，专门教授英语。文绣学习很用心，进步极快，思想也随之开放，进而开始酷爱文学，竟把静心读书当成乐趣。

1924年11月5日，进宫做妃子还不到两年的文绣，赶上了冯玉祥的"逼宫事件"。北京警备总司令鹿钟麟带领警察总监张壁，奉冯玉祥之命进入皇宫，强令溥仪与后妃及宫内人等立刻全部迁出皇宫外，去到醇王府居住。后来，经过多次交涉，得鹿钟麟的宽容下，在溥仪离宫后特许他从宫中带走大内藏银——历代元宝6333斤，运至盐业银行兑换成银圆，作为溥仪一家人的生活开销。婉容和文绣及皇太妃们日常用品和平日所穿衣服，也允许全部带出宫外。在运送这些物件时，宫中人特将众多的金银珠宝、乾隆瓷器、名贵书画与手卷以及举世无双的古玩佳品等，乘机夹藏衣柜中带出宫外，暂存于醇王府里。

溥仪一家人离开皇宫，即标志着皇帝、皇后、皇妃的尊号，都自然废止了，如同平民百姓。溥仪要为今后自身前途多加考虑，文绣也想以"平等"的身份，凭借自己的学识，为丈夫溥仪出谋献策，改变寄人篱下的窘境。可是20多天之后，溥仪一家又赶上奉系军阀张作霖率兵进京，赶走了冯玉祥，溥仪既解了对冯氏之恨，又得以自由行动了。

就在张作霖统治北京之初，前清福建籍的翰林学士、曾官至湖南布政使的政客郑孝胥暗地里向溥仪献策："欲复辟清帝王业，必定要借助日本为外援。"文绣知之，力劝溥仪说："日本人残暴无比，日俄战争时，即屠杀中国人无数，绝对不能听信郑氏的鬼话，引狼入室，否则后果将极其悲惨。"可溥仪根本听不进文绣的诤言劝告，反倒于1924年11月29日，在郑孝胥的一手策划下，偷偷地进入了北京的日本驻华公使馆。溥仪的家人慌张恐惧至极，认为溥仪被劫持"失踪"了。几天之后，溥仪来信要婉容和文绣一起去到日本公使馆，与他团聚。为了知道溥仪是否一切安好，文绣匆忙来到了使馆。日本公使芳泽谦吉将他所居住的一座二层楼房收拾干净，让溥仪同家人及随行人员居住。文绣和婉容则由公使夫人芳泽幸子亲自殷勤款待。

日本政府向溥仪许诺，承担保护溥仪一行的安全责任，于是溥仪便在

文绣像

日本驻华公使馆里组成了以郑孝胥、罗振玉、商衍瀛等亲日分子的工作班子，积极谋划借助日本的外力实现复辟、重登帝位的梦想。

1925 年 2 月 24 日，溥仪一家人及亲信们，在罗振玉和芳泽谦吉的合谋下，离开北京的日本公使馆，迁移到天津日租界的宫岛街，在张彪从前的别墅——张园住下，后来又搬迁到日租界协昌里的静园居住。在天津，溥仪下榻在张彪的私人花园中的一幢三层楼的白色小洋房里。他跟婉容住在二楼，而把文绣抛在楼下。

文绣屡屡向溥仪建言日本不可信、郑孝胥之流的话不可听，应该悬崖勒马，溥仪非但不听文绣良言相劝，反倒更加冷落文绣。他天天与婉容在一起，上街时也只带着婉容一个人，就连日常进餐，也不同文绣一桌同吃。接待宾客，溥仪只要婉容陪伴。逢年过节所施的赏赐，也没有文绣的份儿。可见，溥仪是铁了心要将文绣晾在一边了。与此同时，文绣还不时因婉容寻机起事，遭受无理的谩骂和羞辱。太监或某些婢女见到文绣在溥仪面前失宠，也时不时给予歧视或施以虐待之行。文绣经常在以泪洗面中过日子，天津的静园皇室家庭已经是容不下文绣了，她开始设法奋起反抗。

在一个农历除夕的晚上，溥仪与婉容在寝宫嬉戏，这时，有宦官奏报淑妃用剪刀捅自己的小腹，溥仪生气地说："她惯用这伎俩吓唬人，谁也不要理她！"而这件事也造成日后"刀妃革命"的导火线。

正当文绣在天津静园无法生活下去时，文绣的远房表姐夫毓璋的女儿玉芬来到文绣身边。当玉芬得知文绣婚姻不幸、处境悲惨时，立刻坦诚地对文绣说："现今是中华民国时代，法律上写着男女平等，而溥仪早已被撵出皇宫，是平民一个，不是什么'皇上'了，他也得守法，平等待人。你应该请个律师，写状子，控告他虐待妻子，同他离婚，另外索要抚养费。"就是玉芬这一席话，使文绣决意要同溥仪离婚，争取人身自由权利。

1931 年 8 月 25 日，文绣的妹妹文珊来到静园。午后 3 时左右，文珊对溥仪说，她姐姐心情郁闷，她想陪姐姐一起出去散散心。溥仪勉强答应，令太监赵长庆跟随她们出去。

文绣乘车离开静园大门后，即指令司机将汽车开往天津民国饭店，下车后住进了 37 号房间。文绣的随从太监赵长庆紧走了几步，疑惑地跟在主子的后面进入了房间。刚踏进房门，文珊突然转身对赵长庆说："你先回去，妃子留此不去，还要向法庭控告皇上呢！"

随从的太监听到文珊的话后大为吃惊，赶紧双腿长跪，苦苦哀求淑妃回去。然而，早已打定主意的文绣态度异常坚决，她只是从衣袖中取出 3 封密函交给了太监，然后说："今日之事与你无关，你可拿着这几封信，回去转告皇上。"万般无奈的太监只得颤巍巍地从文绣手中接过信，怀揣着一颗忐忑不安的心离开饭店。

原来，文绣在逃出静园前，就已经从各个方面做好了准备。通过文珊和玉芬的帮助，她聘请了三位律师：张绍曾、张士骏和李洪岳。他们帮助文绣拟写了陈述离婚理由的文件以及逃离静园后致溥仪的信件，在这几封信中，他们明确告诉溥仪，他们已经接受文绣的诉讼委托并正式代理了这桩离婚案件，在信件中他们向溥仪说明了文绣出走的原因和要求，并在文绣出静园之前就在国民饭店租好了房间，就等文绣行动；与此同时，文绣也没有闲着，她找机会清理了自己房中的细软及金银首饰，利用文珊每次探望自己的机会，分批陆续带出并暂时存放在她家里，以备出静园后的应急之用。这所有的一切都计划得周密、细致，做得神不知、鬼不觉。

赵太监慌忙回到静园如实禀报后，溥仪当即慌了神，急忙命下人赶去国民饭店，一定要把文绣追回来。可是文绣与文珊早已有准备，早已快速离开了国民饭店，转移到非常同情文绣遭遇、家境富有的张姓寡妇所提供的花园洋房里。通过玉芬和文珊出面跑动，三位律师向法院提出诉状："控告溥仪虐待文绣，使其不堪忍受。溥仪生理有病，同居九年，未得一幸。决意离婚，索要个人日常所用衣物和赡养费 50

溥仪像

万元。"

对于文绣的控告，溥仪极端恐惧，认为这太有伤皇室的脸面，也大失"皇上"的身份了。当时又是溥仪与日本人密切勾结，幻想得其助力，完成复辟王业的关键时刻，这时距离1931年"九一八"事变尚不足一个月的时间。京津两地的各类报纸，纷纷登载文绣要同溥仪打官司、闹离婚的报道，说什么这是"皇妃革命"，而且支持文绣者极多，大家奔走宣扬，终使溥仪处于极端尴尬的境地。

溥仪无奈之下，也聘请了林棨、林廷琛两位律师，全权代理他同文绣的调解工作。1931年10月22日，在林棨、林廷琛的天津律师事务所里，溥仪与文绣最终签订了离婚协议书，共三条：

1. 离婚后，溥仪付给文绣生活费5.5万元；

2. 允许文绣带走穿用的衣服和日用品；

3. 文绣回北平母亲家生活后，不得做出有损溥仪声誉的事情。

协议共四份，溥仪与他的律师各执有一份协议，文绣与她的律师也各执有一份。

文绣的家族中，她的妹妹文珊是唯一一位支持她与溥仪离婚的人。文绣的族兄文绮为此写了一封信，并将之登在报上指责她："顷闻汝将与逊帝请求离异，不胜骇诧。此等事件，岂我守旧人家所可行者？我家受清室厚恩二百余载，我祖我宗四代官至一品。且漫云逊帝对汝并无虐待之事，即果然虐待，在汝亦应耐死忍受，以报清室之恩。今竟出此，吾妹吾妹，汝实糊涂万分，荒谬万分矣！"

　　而文绣也不甘示弱地回了一封信给文绮："妹与兄不同父，不同祖，素无来往，妹入宫九载未曾与兄相见一次。今我兄竟肯以族兄关系，不顾中华民国刑法第二百九十九条及三百二十五条之规定，而在各报纸上公然教妹耐死，又公然诽谤三妹，如此忠勇殊堪钦佩。唯妹所受祖宗遗训，以守法为立身之本：如为清朝民，即守清朝法；如为民国民，即守民国法。逊帝前被逐出宫，曾声明不愿为民国国民，故妹袖藏利剪，预备随逊帝殉清。嗣因逊帝来津，做民国国民一分子，妹又岂敢不随？既为民国国民，自应遵守民国法律。查民国宪法第六条，民国国民无男女、种族、宗教、阶级之区别，在法律上一律平等。妹因九年独居，未受过平等待遇，故委托律师商榷别居办法，此不过要求逊帝根据民国法律施以人道之待遇，不使父母遗体受法外凌辱致死而已。不料我族兄竟一再诬妹逃亡也、离异也、诈财也、违背祖宗遗训也、被一般小人所骗也、为他人作拍卖品也……种种自残之语不一而足，岂知妹不堪在和解未破裂以前不能说出之苦，委托律师要求受人道待遇，终必受法律之保护。若吾兄教人耐死，系犯公诉罪。检察官见报，恐有检举之危险。理合函请我兄嗣后多读法律书，向谨言慎行上做功夫，以免触犯民国法律，是为至盼。"

　　这封义正词严的回信，和"皇妃与皇帝离婚"一事传开后，被当时的人们称之为"刀妃革命"。

　　离婚后的文绣回到了北平，原本想再回到母亲身边，以自由人身份同家人团聚在一起，得享天伦之乐。遗憾的是母亲蒋老太太早已去世，大姐也已经出嫁远走，从前的老房子竟被一个本家人擅自卖掉

文绣与婉容像

了。文绣只好同已经离婚的妹妹文珊另在北平租房安家了。文绣从溥仪那里所得的生活费，先是支出一大笔钱还清了聘请律师的薪金，付清了打官司所用的开销，最后又被玉芬骗走了一笔，手里所剩的也就不多了。

1932 年的暑假刚过去，文绣恢复了傅玉芳的名字，在北平的府佑街私立四存中小学当上了一名教授国文和图画的教师。这是文绣离开溥仪，回到北平后第一个风光的职业，心情特别愉快。因文绣粉笔字写得好，嗓音清亮，讲解国文课透彻明白，学生都非常喜欢这位老师。没想到不多日后，有人查知新来的女教师傅玉芳本名叫额尔德特·文绣，出身满洲贵族世家，原本是清末皇帝溥仪的皇妃。此事宣扬出去之后，顿时成为学校里和北平市面上的一大新闻逸事。北平各类报社记者纷纷前来采访，尔后即以绯闻艳事登载于报端，几乎使北平家喻户晓了。于是有众多好事之人，前来四存中小学门前等候，观瞻昔日皇妃的风采。来人越聚越多，使文绣处于活人遭展览的难堪处境中，不得不于 1933 年底辞掉她心爱的教师职业。因皇妃身份暴露，她租下的房子也不能再居住下去了，便拿出最后的一笔钱，在北平刘海胡同买下一处平房，与妹妹文珊一起隐居下来。

后来文珊改嫁，另安新家，独自居住的文绣开始向皇室后人——画家傅儒专心学习国画技艺。不久，又有一些军官、小吏与富商，或个别官僚，以为皇妃乃是奇货难得，暗想家中必定有众多天价的文物古宝，便相继以求婚为名，登门讨便宜，文绣都以巧妙的言语或强硬的态度拒之门外。

1937 年"七七"事变之后，北平沦于日本铁蹄之下，文绣更加不得安宁了。倚仗日本人势力的警察、保长或狗腿子们，接二连三地登门向文绣敲诈勒索，甚至逼迫文绣为"大东亚圣战"贡纳重金。如此几年下来，文绣真正成为穷困的平民百姓了，不得不卖掉她在刘海胡同的宅院，另找地方租房住下来，以出卖体力劳动讨生活。先是在家

里以糊纸盒挣钱度日，一度还去到瓦
工队里当苦力工，因经不起重体力的
劳累，最后在街头巷尾里，以叫卖香
烟为生，饱尝了人世间的饥寒困苦。

1945 年，中国抗战胜利，国民党
统治北平。文绣经过友人的介绍，在
华北日报社当上了报纸校对员。因工
作认真尽职，外加才学出众，深得社
长张明炜的器重。张社长非常同情文
绣苦难的一生，出于关怀之情，亲自
出面将文绣介绍给刘振东做妻子。

刘振东是河南人，生于穷苦人家，
读过几年书，17 岁时入国民党军队，
因作战勇敢，由小兵一直升到了少校。

文绣像

他为人爽直，不惹是生非，40 多岁仍未成家，当时在国民党军北平行
营里负责管理中南海库房。文绣与刘振东经过半年的了解与相恋，于
1947 年夏季在北平结婚，并在北平西城白米斜街租房安了新家庭。婚
后夫妻感情融洽，使文绣享受了完满的家庭生活。

1949 年 1 月，北平和平解放，中国共产党领导下的人民政府接
管了北平市。出于革命的需要，时过不久即发布通令原国民党遗留
下来的军警宪特人员，都要进行登记。刘振东在文绣的劝导下，如
实地登记并坦白交代了历史问题，人民政府决定不对刘振东追究刑
事责任，不逮捕、不关押，只戴上历史反革命的帽子，交给群众监
督管制。

1951 年，北京市人民政府因刘振东表现较好，解除其监督管制，
分配到北京西城区清洁队当工人。有了工作挣到工资，一家子生活有
了保障，文绣和刘振东也搬迁到清洁队附近的西城辟柴胡同，住进约

有 10 平方米的小房里。

1953 年 9 月 18 日，文绣因突发心肌梗塞逝世于家中，终年 44 岁，一生未育有子女。当时只有刘振东守在身旁。事后，由刘振东所在清洁队帮助钉了一具木板薄棺，埋葬在北京安定门外的公义墓地里。

第十三章

金枝玉叶

馆陶长公主：越礼贪恋美少年

馆陶长公主刘嫖（公元前189—？年），历经西汉文、景、武三朝。生有二子一女：长子陈须（又称陈季须），幼子陈蟜娶汉武帝妹妹隆虑公主，幼女儿是汉武帝第一任皇后陈阿娇

刘嫖是汉文帝有史料记载的两个女儿之一，窦皇后的唯一的亲生女儿，汉景帝唯一的同母姐姐，同时也是汉武帝的姑母兼岳母。西汉高后八年（公元前180年），刘恒登基为帝。数月后，刘启被册立为太子，窦氏被立为皇后，刘嫖则为长公主。刘嫖的封邑在馆陶县（今河北邯郸市馆陶县），所以称馆陶公主。汉文帝三年（公元前177年），馆陶公主嫁给堂邑侯陈午为妻，故《史记·卫将军骠骑列传》中又称其堂邑大长公主。

窦太后一共有一女二子。按照汉朝的国家体制，幼子梁王刘武必须去封国居住，不得长留京城。窦太后早年失明，身边最是亲近者即馆陶长公主刘嫖。刘嫖是景帝的同胞姐姐，又常给景帝进献美女，所以景帝对姐姐也是十分好。刘嫖倚仗母亲的宠爱和弟弟的纵容，出入宫闱，为自己和陈家谋求权力和富贵。

景帝四年（公元前153年），景帝立庶长子刘荣为太子。刘嫖于

陈后

历代百美图·陈阿娇

是为女儿陈氏向刘荣生母栗姬请求联姻，不料栗姬因厌恶刘嫖屡次给景帝进献美女而拒绝。刘嫖转而和王夫人王娡联姻，王夫人同意了陈氏与自己儿子刘彻这门亲事。刘嫖屡次在景帝面前污蔑栗姬，王娡也暗中派人催促大臣奏请立栗姬为皇后。汉景帝前元七年（公元前150年），一次朝会上大行官奏以"子以母贵，母以子贵"，请封太子母亲栗姬为皇后。景帝非常生气，竟论罪处死了大行官，并废了太子，改封他为临江王。栗姬由此完全失宠，不能再见到景帝，最终忧郁而死。不久，皇帝正式册封王娡为皇后，将刘彻立为太子。

景帝后三年（公元前141年），景帝驾崩，刘彻继位，是为汉武帝。刘彻登基后，立陈氏为皇后，尊刘嫖为大长公主、窦太主，是武帝朝唯一的大长公主，地位一人之下，万人之上。三年后的建元二年（公元前138年），刘彻在平阳侯家遇到了他后来的第二任皇后卫子夫。建元三年（公元前137年）卫子夫怀孕，刘嫖不敢对孕中的卫子夫下手，于是绑架了卫子夫的弟弟卫青欲杀之，幸卫青好友公孙敖等人及时赶到，救下卫青。刘彻因此大怒，借机大肆封赏卫家众人。

元光五年（公元前130年），陈皇后指使女巫楚服行巫蛊之术被废，并被赶出长安居住在长门宫。因为刘嫖和陈家并不知晓巫蛊之事，刘彻在刘嫖请罪之时表示不会牵连到她和堂邑侯陈家。

陈皇后失位后第二年，刘嫖的丈夫陈午过世。此时，她已是个60多岁的妇人，寡居在家，却迷恋上一位叫董偃的美少年。虽然《汉书》

称董偃是在陈午过世后才到馆陶身边，但陈后被废所居的长门宫，正是董偃为讨好皇帝才劝刘嫖送给刘彻的，由此可知，陈午在世时，董偃已经得宠了。

据说董偃的母亲本是卖珠人，他从 13 岁起就常与母亲出入窦太主家，当时旁人都称他长相俊美，于是窦太主召见他，并且从此将他养在府里，供他读书，并让他学习各种才艺。董偃到 18 岁时，在外做窦太主的随从，回府里则是她的内侍。董偃生性温柔和善，再加上他与窦太主通奸的关系，因此许多人都接见他，称他"董君"。后来有个安陵爰叔告诉他，私侍太主是有罪的，而董偃自己也很担心这件事，便献计要董偃建议刘嫖向武帝献上长门园做为离宫。果然武帝为此相当高兴，将此园命名"长门宫"，而刘嫖也乐得赐爰叔万金作为寿礼。

刘彻曾经亲临公主府邸，对姑母说："我想拜见一下主人翁。"刘嫖和董偃一起请罪，刘彻并没有怪罪董偃，还赏赐给董偃衣服、帽子。公主摆筵，请汉武帝入席，亲自为皇帝奉食进觞。整场宴会上刘嫖与董偃对武帝毕恭毕敬，招待有加，让武帝非常高兴，从此董偃颇受尊崇，常出入宫中参加活动。

一天，武帝在宣室设酒宴款待窦太主和董偃。当他们要进入宣室时，东方朔执戟上前阻拦，对武帝说："董偃有三个罪名可杀：他以臣下的身份，私侍公主，这是第一条死罪；败坏男女风化，搞乱婚姻礼制，有伤先王的制度，这是罪二；陛下正当壮盛之年，须积思放六经，留心于王事，追慕唐虞的政治，仰敬三代的教化，而董偃却不知依经书劝学，反而以靡丽为重，奢侈为称，尽狗马之乐，极耳目之欲，行邪枉之道，径淫辟之路，这是国家之大贼，社会之大害，这是他第三条死罪。"

武帝从此疏远董偃，董偃也渐渐不得宠信，在 30 岁那年郁郁而终。刘嫖公主在失去董偃后数年才过世，遗言不愿与其夫陈午合葬，而是要求与情夫董偃合葬于霸陵。刘嫖的要求，是公主贵人做越礼之事的开始。

馆陶公主一生享尽荣华富贵，也招惹了数不尽的是非祸患，因为她那填不满的私欲和不知收敛的性格。也就是从此之后，公主养男宠已经成为一种约定俗成的制度，而且多逾礼制，而这个根就在长公主和董偃这里。

平阳长公主：三配夫君终得贵

平阳长公主，名讳及生卒不详，汉景帝刘启与皇后王娡的长女，汉武帝刘彻同胞长姐。

汉朝时一般以公主食邑或夫家封邑所在地称呼公主，而平阳公主的食邑是阳信，故称阳信公主。因其嫁于开国功臣曹参的曾孙平阳侯曹寿，所以又称平阳公主。平阳公主的弟弟汉武帝刘彻继位后，尊其为长公主。

汉武帝元光四年（公元前131年），曹寿去世，平阳长公主成为寡妇。平阳长公主和曹寿生有一子，名叫曹襄。曹寿死后，曹襄继承平阳侯的爵位。曹襄的妻子是平阳长公主弟弟汉武帝刘彻与皇后卫子夫的长女卫长公主。

后来，平阳长公主改嫁给开国功臣夏侯婴的曾孙汝阴侯夏侯颇。元鼎二年（公元前115年），夏侯颇因为和他父亲前任汝阴侯夏侯赐的姬妾通奸，畏罪自杀，封国也被撤销。

平阳公主再度守寡后，这一次的打击比第一次还要大，因为她的儿子曹襄也去世了，而孙子曹宗是在她嫁到汝阴侯家之后出生的，祖孙二人一直就不在一处居住。

平阳公主再嫁卫青，跟卫青的姐姐卫子夫有很大关系。卫子夫本是平阳侯曹寿府中的讴者（歌女），服侍的正是曹寿的夫人平阳公主。汉武帝继位后，他的第一位皇后陈氏数年无子，所以平阳公主就把邻近大户女子买来，养在家中，准备让汉武帝选取为妃。建元二年春（公元前139年），适逢汉武帝在霸上祭扫后，来到平阳侯家中，平阳公主就将这些美女装饰打扮起来，供汉武帝选择。但汉武帝看后，都不满意。接着，平阳公主让讴者助兴，汉武帝看中卫子夫并临幸了她，并带入宫中。然而，卫子夫入宫一年多却没再受宠幸。

卫青像

一年后，汉武帝打算释放一批不中用的宫人，在挑选宫人的时候再度见到卫子夫，再度临幸了她。不久卫子夫怀孕，陈皇后的母亲馆陶公主刘嫖命人绑架卫子夫正在建章任职的弟弟卫青，意图杀害，幸亏卫青的同僚公孙敖及时救了他。汉武帝知道后，封卫青为侍中、建章监，卫子夫为夫人，卫家从此富贵。

后来，卫青和外甥霍去病在对汉朝对匈奴的战争中立下赫赫战功，使得大汉北方边境得以长治久安。因此功绩，卫家一门五侯，一时名扬天下。

传汉匈大战之后，正逢平阳公主寡居，要在列侯中选择丈夫。许多人都说大将军卫青合适，平阳公主笑着说："他是我从前的下人，过去是我的随从，怎么能做我的丈夫呢？"左右说："大将军已今非昔比，他如今是大将军，姐姐是皇后，三个儿子也都封为侯爵，富贵震天下，哪还有比他更配得上您的呢？"汉武帝知道后，失笑道："当初我娶了他的姐姐，如今他又娶我的姐姐，这倒是很有意思。"于是当即允婚。时迁事移，当年的仆人就这样成为主人的丈夫。

元鼎六年（公元前111年），李延年因擅长音乐得到汉武帝的宠信。

一日李延年为汉武帝献歌，歌唱到："北方有佳人，风姿绝世，亭亭玉立，回眸一望能倾覆城池，回首再望能倾覆国家，岂不知倾城倾国的祸患，只因为佳人难再得！"汉武帝听后叹息说："好！世上真有这样的人儿吗？"平阳公主于是推荐李延年的妹妹，就是后来受到汉武帝宠爱的李夫人。

平阳公主嫁给卫青不到 10 年，元封五年（公元前 106 年），卫青病逝。卫青长子卫伉因平阳长公主的关系，继承长平侯爵位。

据《汉书》记载，平阳公主临死前主动要求与卫青合葬。依西汉的制度，合葬并不同墓，只在近处即可，平阳公主死后陪葬于茂陵，其墓冢约在卫青墓东侧 1300 米处。

平阳昭公主：娘子关上娘子军

平阳昭公主（？—623 年），唐高祖李渊第三女，唐太宗李世民同母姐，母太穆皇后窦氏。祖籍邢州尧山。她是一个真正的巾帼英雄，也是中国古代第一位统领千军万马为自己父亲建立帝业的公主，才识胆略丝毫不逊色于她的兄弟们。中国万里长城的著名关隘娘子关就是因为她所率领的娘子军曾经在此驻守而得名。她是唐朝第一位死后有谥号的公主，是中国封建史上唯一一个由军队为她举殡的女子，真正的生荣死哀。

平阳昭公主像

平阳昭公主是唐高祖李渊的第三个女儿，也是李渊嫡妻窦皇后的爱女。长大后嫁给了武将柴绍为妻，婚后柴绍携妻定居长安城。

隋大业十三年（617 年）五月，李渊决定起兵反隋。李渊起兵前，平阳昭公主与柴绍当时正在长安,李渊派遣使者秘密将他二人召回来。柴绍对平阳昭公主说:"你的父亲将要起兵扫平乱世,我打算前去迎接他的义旗,一起离开不可行,我独自走后又害怕你有危险,到底应该怎么办呢?"平阳昭公主说:"你应该赶紧离开,我是一个妇人,遇到危险容易躲藏起来,到那时自己会有办法的。"

于是,柴绍立即从小道直奔太原。而平阳昭公主则在后方进行各种安排。她很快动身回到鄠县(今陕西户县)的李氏庄园,女扮男装,自称李公子,将当地的产业变卖,赈济灾民,很快招收了一支几百人的队伍。随后李渊起兵的消息就传来了,平阳公主听到这个消息,决心要为父亲招募更多的士兵。

平阳昭公主到处联络反隋的义军,以其超人的胆略和才识,在三个多月的时间里,就招纳了四五支在江湖上已有相当规模的起义军。其中最大的一支就是胡商何潘仁,当时他手下有几万人。平阳公主派家童马三宝前去游说何潘仁归降。不知道马三宝使了什么手段,势力远远超过平阳昭公主的何潘仁居然甘愿做平阳公主的手下。平阳公主收编了何潘仁后又连续收编了李仲文、向善志、丘师利等义军,势力大增。在此期间,朝廷不断派兵攻打平阳公主。平阳公主率领的义军不但打败了每一次进攻,而且势如破竹,连续攻占了户县、周至、武功、始平等地。

这支由女人做主帅的义军,军纪非常严明,平阳昭公主令出必行,整支军队都对她肃然起敬。在那乱兵蜂起的年月里,这支军队得到了广泛的拥护。老百姓将平阳昭公主称为"李娘子",将她的军队称为"娘子军"。娘子军威名远扬,很多人都千里投奔而来。不久,平阳昭公主的娘子军就超过七万人了。平阳昭公主在军事上的直觉与见地,堪称天才,隋将屈突通就曾经在她手下连吃几场大败仗。

九月,李渊主力渡过黄河进入关中,这时他很高兴地看到他的三女儿已经为他在关中打下了一大片地盘。他派柴绍带了几百骑兵去迎接平阳昭公主。接下来，平阳昭公主挑选了一万多精兵与李世民会师渭河北岸，共同攻打长安。柴绍属于李世民的部下，与平阳昭公主平级。夫妻二人各领一军，各自有各自的幕府（指挥部）。十一月，他们兵聚一处，很快就攻克了长安。

关中平定之后，李渊将自己这位才略出众的爱女封为"平阳昭公主"。因为独有军功，每次赏赐，都与其他公主有所不同。

攻克长安之后，平阳昭公主再次为大唐的江山立下功劳。因为李渊当时虽然拿下了长安，但是他只是大致控制了半个关中，他的四周都是敌人。稳定长安后，李渊立刻掉头对付据有陇西之地的薛举和凉州（今甘肃武威）的李轨，李渊命李世民征讨。李世民用了大约两年的时间来扫荡这些势力。奠定李唐天下的一仗是灭王世充，这一役唐军围城打援，把前来援救王世充的窦建德一起消灭。这几仗柴绍都曾参与。

平阳昭公主这时的主要任务就是防守李家的大本营山西，她驻守的地方就是娘子关。娘子关位于今山西省平定县东北的绵山上，为出入山西的咽喉，原名苇泽关，因平阳昭公主率数万"娘子军"驻守于此才更名娘子关。山西是中原和关中地区的屏障，无山西则中原和关中不稳，平阳昭公主率军驻守娘子关，目的就是为了防止敌人从这里进入山西。

长安之战后，平阳昭公主的事迹就不再见于史籍。直到6年之后的唐高祖武德六年（623年）二月初，史书上才突如其来地记了一笔她的死讯。而之所以会记上这一笔，还主要是由于她的葬礼与众不同，是以军礼下葬的。"前后部羽葆鼓吹、大辂、麾幢、班剑四十人、虎贲甲卒"。当时礼官提意见说女人下葬用鼓吹与古礼制不合，高祖李渊反驳他："鼓吹就是军乐，以前平阳昭公主总是亲临战场，身先士卒，擂鼓鸣金，参谋军务，从古到今何尝有过这样的女子？以军礼来葬公主，有什么不可以的？"于是特地破例以军礼下葬平阳昭公主，并且按照谥法所谓"明德有功曰'昭'",谥平阳公主为"昭"。这就是后世称她为"平阳昭公主"的由来。

文成公主：力行身践扫蛮荒

文成公主（625—680年），唐朝宗室女，祖籍山东济宁（今山东任城）。汉名无记载，吐蕃尊称甲木萨（意思是"汉人女神"）。

1300多年前，唐朝文成公主离开繁华的都城长安，历经千难万险，来到雪域高原，与吐蕃王松赞干布和亲，开创了唐蕃交好的新时代。文成公主知书达礼，不避艰险，远嫁吐蕃，为促进唐蕃间经济文化的交流，增进汉藏两族人民亲密、友好、合作的关系，做出了历史性的贡献。

史书中没有记载文成公主的祖籍、出生地、名字、父母，只记载她为宗室女。后人多猜测其父为江夏郡王李道宗，李道宗是唐高祖李渊的堂侄，因战功被封为任城王，他的女儿就生在任城。

唐贞观八年（634年），吐蕃赞普松赞干布遣使大唐，唐太宗遣行人冯德遐出使吐蕃。松赞干布再次派人到唐朝，提出要娶一位唐朝公主，遭到唐太宗的拒绝。由于当时吐谷浑王诺曷钵入唐朝见，吐蕃特使回来后便告诉松赞干布，声称唐朝拒绝这个婚约是由于吐谷浑王从中作梗。

唐贞观十二年（638年），松赞干布借口吐谷浑从中作梗，出兵击败吐谷浑、党项、白兰羌，直逼唐朝松州（今四川松潘），扬言若不和亲，便率兵大举入侵唐朝。唐将牛进达率领唐军先锋部队击败了吐蕃军，松赞干布大惧，在唐将侯君集率领的唐军主力到达前，退

文成公主塑像

文成公主入藏图

出吐谷浑、党项、白兰羌，遣使谢罪，并再次请婚，派大论薛禄东赞携黄金 5000 两及相等数量的其他珍宝来正式下聘礼。唐太宗遂将一宗室女封为公主，嫁给松赞干布。

贞观十五年（641 年）正月十五，唐太宗将文成公主下嫁松赞干布，诏令江夏王李道宗持节护送。文成公主在唐送亲使李道宗和吐蕃迎亲专使禄东赞的伴随下，前往吐蕃。文成公主一行从长安出发，途经西宁，翻日月山，长途跋涉到达拉萨。松赞干布率群臣到河源附近的柏海（今青海玛多县境内）迎接文成公主，谒见李道宗，行子婿之礼。之后与公主同返逻些（今拉萨），为文成公主加冕、封作王后，并为公主筑城、修建宫室。文成公主与吐蕃松赞干布和亲，开创了唐蕃交好的新时代。

松赞干布非常喜欢贤淑多才的文成公主，专门为公主修筑了布达拉宫，共有 1000 间宫室，富丽壮观，但后来毁于雷电、战火。经过 17

世纪的两次扩建，形成现今的规模。布达拉宫主楼13层，高117米，占地面积36万余平方米，气势磅礴。布达拉宫中保存有大量内容丰富的壁画，其中就有唐太宗五难吐蕃婚使噶尔禄东赞的故事，文成公主进藏一路遇到的艰难险阻，以及抵达拉萨时受到热烈欢迎的场面等。这些壁画构图精巧，人物栩栩如生，色彩鲜艳。布达拉宫的吐蕃遗址后面还有松赞干布当年修身静坐之室，四壁陈列着松赞干布、文成公主、禄东赞等人的彩色塑像。

松赞干布迎娶文成公主后，中原与吐蕃之间关系极为友好，使臣和商人频繁往来。松赞干布十分倾慕中原文化，他脱掉毡裘，改穿绢绮，并派吐蕃贵族子弟到长安国学读书。文成公主不喜欢吐蕃人的赭面习俗，松赞干布下令禁止吐蕃人的赭面习俗。松赞干布还在唐境聘请文士为他掌管表疏，又向唐请求给予蚕种及制作酒、碾硙、纸墨的工匠。唐人陈陶《陇西行》诗有"自从贵主和亲后，一半胡风似汉家"语，可证文成公主对吐蕃吸收汉族文化有非常大的影响。

贞观二十三年（649年），唐太宗李世民逝世，新君高宗李治继位后，遣使入蕃告哀，并授松赞干布"驸马都尉"，封"西海郡王"。松赞干布派专使前往长安吊祭太宗，献金15种供于昭陵，并上书唐高宗，表示对唐朝新君的祝贺和支持。唐高宗又晋封松赞干布为"王"，并刻了他的石像列在昭陵前，以示褒奖。

永徽元年（650年），松赞干布逝世，文成公主继续在吐蕃生活达30年，致力于加强唐朝和吐蕃的友好关系。她热爱藏族同胞，深受百姓爱戴。永隆元年（680年），文成公主因患

广仁寺文成公主像

天花去世，吐蕃王朝为她举行隆重的葬礼，唐遣使臣赴吐蕃吊祭。拉萨至今仍保存藏人为纪念她而造的塑像，距今已 1300 多年历史。

文成公主入藏，唐蕃之间的友谊有了很大的发展。文成公主笃信佛教，在逻些建造小昭寺，协助泥婆罗（今尼泊尔）尺尊公主修建大昭寺。文成公主从长安带到吐蕃的释迦牟尼像至今仍保存在大昭寺。大昭寺前的公主柳，传说为其亲手所栽。由于文成公主的博学多能，对吐蕃国的开化影响很大，不但巩固了唐朝的西陲边防，更把汉民族的文化传播到西藏，西藏的经济、文化等各方面也借由大唐文化的营养得以长足发展。松赞干布迎娶文成公主后的 200 多年间，吐蕃和唐朝之间使臣和商人依然往来频繁。

文成公主是唐高祖李渊的宗室女，虽然不是唐高祖亲生，但出身王侯，每日锦衣玉食，身份尊贵，是名副其实的金枝玉叶。文成公主与松赞干布的故事，以及推进藏族文化的功绩，至今仍以戏剧、壁画、民歌、传说等形式在汉藏民族间广泛传播。文成公主在藏传佛教中，被认为是绿度母的化身。

太平公主：直到南山不属人

太平公主是我国历史上赫赫有名的人物，她不仅仅因为是中国历史上第一个女皇武则天的女儿，而且几乎真的成了"武则天第二"。太平公主一生很不太平，从小骄横放纵，长大后变得凶狠毒辣，野心勃勃地觊觎着那高高在上的皇位，梦想像她母亲那样登上御座，君临天下。她虽不乏心机和才干，也曾纵横捭阖得意于一时，但终未能承传母志，位列九五，反遭屠戮。

太平公主（约 665—713 年），本名是李令月，为唐高宗李治与武则天的小女儿，唐中宗和唐睿宗的妹妹。

武则天为唐高宗李治生育了 6 个儿女，而太平公主是唯一存活下来的女儿。因此，武则天对太平公主视为金枝玉叶，百般疼爱。太平公主五六岁时，常常往来外祖母荣国夫人家，她随行的宫女（一说为太平公主本人）遭表兄贺兰敏之逼奸，此事引起武则天大怒，加上此前贺兰敏之曾奸污未定的未来太子妃，武则天最终决定，撤销贺兰敏之作为武家继承人的身份，流放并中途处死贺兰敏之。

唐朝是一个思想多元化的时代，达官贵族家女子出家当道士并不罕见，比如金仙公主、玉真公主，还有李腾空、王灵妃等。太平公主8岁时，以替已经去世的外祖母荣

唐高宗像

国夫人杨氏祈福为名，出家为女道士，"太平"一名，乃是她的道号。虽然号称出家，她却一直住在宫中。一直到吐蕃派使者前来求婚，点名要娶走太平公主。李治和武则天不想让爱女嫁到远方去，又不好直接拒绝吐蕃，便修建了太平观让她入住，正式出家，借口公主已经出家来避免和亲。此时的李治身体极差，武则天正忙于揽权夺势，几乎无暇顾及亲情血缘，让女儿在太平观一住便是4年。直至永隆二年（681年），太平公主约16岁时，才下嫁唐高宗的嫡亲外甥、城阳公主的二儿子薛绍。薛绍不仅出生贵族，而且仪表堂堂，两人一见情投意合，可以说是门当户对。婚礼在长安附近的万年县馆举行，场面非常豪华，照明的火把甚至烤焦了沿途的树木，为了让宽大的婚车通过，甚至不得不拆除了县馆的围墙。

武则天对女儿非常宠爱，她认为薛绍的嫂嫂萧氏和成氏出身不够高贵，想逼薛家休妻，有人以萧氏出身兰陵萧氏、并非寒门相劝说，才使她放弃了这个打算。薛绍的兄长薛顗也曾因太平公主来头太大而

怕惹来祸事。不过太平公主在第一次婚姻期间，安分守己，并未有不轨事件传出。

太平公主的第一次婚姻结束于垂拱四年（688年）。因为薛顗参与唐宗室李冲的谋反，牵连到薛绍，但薛绍本人并没有参加这次谋反，是武则天觉得太平公主嫁错郎了。武则天下令将薛顗处死，薛绍杖责一百后饿死狱中。当时太平公主最小的儿子才刚满月。事后，武则天为了安慰女儿，打破唐公主食封不过350户的惯例，将她的封户破例加到1200户。

不久，武则天曾打算将寡居的太平公主嫁给武承嗣，太平公主没有同意。

载初元年（690年），太平公主改嫁予武则天的侄子武攸暨。此时的武攸暨，不仅已有家室，而且夫妻恩爱。武则天为了确保女儿的婚后地位，给侄儿媳妇赐了三尺白绫，逼其自缢身亡。武攸暨把前妻之死，暗自怪罪于太平公主，导致婚后同床异梦，太平公主常常独守空房。这次婚姻被认为是武则天为了保护太平公主而采取的手段。武则天在太平公主第二次结婚的两个月后正式登基，太平公主因为成为武家的儿媳而避免了危险。婚后太平公主替武攸暨生下两个儿子、两个女儿。

太平公主只想做一个贤妻良母，过着平静而安稳的生活，而现实却让她欲罢不能。两段失败的婚姻让她开始怀疑人生，导致性情大变，作风变得轻浮。武攸暨性格谨慎谦退，太平公主在第二次婚姻期间，大肆包养男宠，与朝臣通奸。

太平公主逐渐认识到，只有掌握权力，才可以掌控自己的命运。尽管心里悔恨着自己的母亲，但又不得不屈服于母亲手中的皇权。将自己的男宠冯小宝献给母亲。冯小宝原本只是走街串巷的江湖郎中，经过改名换姓，再打造成寺庙住持，顺利送到武则天身边。太平公主本想把冯小宝作为心腹安插在母亲的身边，以此来掌握母亲的一举一动。谁知冯小宝却不识时务，得意忘形，让太平公主彻底失望。最终，太平公主授意奶妈张夫人，指使御林军将其一阵乱棒打死。

唐朝是一个思想比较开放的时代，作风比较混乱，公主包养男宠不足为奇。太平公主大肆搜集天下美男子，张昌宗便是众中美男子中的典型代表。太平公主在所杀冯小宝的理由之一，就是因是市井小民，有失皇家颜面，而张昌宗却出生于官宦之家，因排行第六，所以人称"张六郎"。张昌宗长相清秀，温文尔雅，风度翩翩，而且饱读诗书，琴棋书画样样精通。太平公主将貌似莲花的张昌宗，孝敬给年逾七旬的母亲。张昌宗在武则天身边站稳脚跟后，又将自己同父异母的哥哥张易之推荐给武则天。但张氏兄弟没有总结冯小宝消失的教训，反而恩将仇报。

太平公主"喜权势"，武则天认为她长相、性格都像自己，常与之商议政事，但武则天生前从不让太平公主将她参与政事的事情外泄。太平公主畏惧母亲，因而行事比较收敛，对外只大肆装修府邸，购买别业。武则天朝，太平公主见诸史书的建树只有为自卫而铲除来俊臣势力这一件。

武周末年，武李两家矛盾尖锐化，武则天召回庐陵王李显，立他为继承人，并通过一系列联姻将武李两家联系起来，以图能消弭未来的政治斗争。同时，她也开始让太平公主和上官婉儿以及她的两个男宠张昌宗、张易之掌握权力。太平公主本人虽是武家儿媳，但政治上一直是李家的拥护者。

大足元年（701年），二张因进谗言害死了两家的嫡系继承人而同时得罪武李两家。

长安二年（702年）八月，李显、李旦与太平公主联名表奏，请封张昌宗为王，为武则天拒绝，改封二张为国公。这次表奏缓和了双方关系。但不久后的长安三年（703年）九月，张昌宗诬告魏元忠与太平公主的情人司礼丞高戬，引起武则天大怒，将魏高二人下狱。二张与太平公主及李家的关系彻底破裂。

神龙元年（705年），李家的拥护者、宰相张柬之发动兵变，诛杀二张，逼武则天逊位给太子李显。太平公主由于参与诛杀二张兄弟有功，而受封"镇国太平公主"，其兄李旦封"安国相王"，开府，封五千户。

李显复位之后，太平公主逐渐走到幕前，积极参与政治。她受到李显的尊重，李显曾特地下诏免她对皇太子李重俊、长宁公主等人行礼。中宗朝，韦后与安乐公主乱权，唯惧太平公主多谋善断。

景龙元年（707年）七月，太子李重俊谋反。安乐公主与宗楚客想趁机陷害太平公主与相王李旦兄妹，遂诬告他们与太子同谋。主审官御史中丞萧至忠对李显流泪进谏："陛下富有四海，不能容忍一弟一妹，而让人罗织罪名残害吗？"太平公主与李旦因而得以幸免于难，但太平公主与安乐公主的敌对已明显白热化。

景龙四年（710年）六月，李显被韦后与安乐公主毒死。上官婉儿与太平公主一起草拟遗诏，立温王李重茂为皇太子，皇后知政事，相王李旦参谋政事，试图在韦后与皇族之间谋取平衡。但宗楚客与韦后党羽商议，改相王李旦为太子太师，架空了李旦，打破了这一平衡。七月，太平公主派其子薛崇简与刘幽求一起参与了李隆基等诛杀韦后的行动，清除了韦氏党羽，并亲手将李重茂拉下皇位，拥立相王李旦复位，是为唐睿宗。太平公主因此番功劳而晋封万户，为唐朝公主权势之顶峰。

太平公主屡立大功后，权势地位更加显赫。李旦经常同她商量朝廷的大政方针，每次她入朝奏事，都要和李旦坐在一起谈上一段时间；有时她没去上朝谒见，李旦会派宰相到她的家中征求她对某些问题的处理意见。每当宰相们奏事的时候，李旦就要询问："这件事曾经与太平公主商量过吗？"接下来还要问道："与三郎（指皇太子李隆基）商量过吗？"在得到宰相们肯定的答复之后，李旦才会对宰相们的意见表示同意。凡是太平公主想干的事，李旦没有不同意的。朝中文武百官自宰相以下，或升迁或降免，全在她的一句话，许多士人经过她的举荐而平步青云担任要职。由于太平公主的权势甚至超过了李旦皇帝，所以对她趋炎附势的人数不胜数。太平公主的儿子薛崇行、薛崇敏、薛崇简三人都受封为王。太平公主的田产园林遍布于长安城郊外各地，她家在购买或制作各种珍宝器物时，足迹远至岭表及巴蜀地区，为她运送这类物品的人不绝于路。太平公主在日常衣食住行的各个方面，也处处模仿宫廷的排场。

李旦则试图在李隆基和太平公主之间寻求政治平衡，以避免伤害到任何一人。在此期间，太平公主曾劝说李旦下旨，搜集编撰了上官婉儿的著作，保留了这位才女的作品。

太平公主认为太子李隆基还很年轻，因而起初并未把太子放在心上；不久之后又因惧怕太子的英明威武，转而想要改立一位昏庸懦弱的人做太子，以便使她自己能长期保住现有的权势地位。太平公主屡次散布流言，声称"太子并非皇帝的嫡长子，因此不应当被立为太子"。

景云元年（710 年），李旦颁下制书晓谕警告天下臣民，以平息各种流言蜚语。太平公主还常常派人监视李隆基的所作所为，即使一些细微之事也要报知李旦。此外，太平公主还在李隆基身边安插了很多耳目，李隆基心里感到十分不安。

景云二年（711 年），太平公主同益州长史窦怀贞等结成朋党，想加害于太子李隆基。她指使她的女婿邀请韦安石到自己的家中来，韦安石坚决推辞，没有前往。李旦曾经秘密地召见韦安石，对他说："听说朝廷文武百官全都倾心归附太子，您应当对此多加留意。"韦安石回答说："陛下从哪里听到这种亡国之言呢？这一定是太平公主的主意。太子为宗庙社稷立下了大功，而且一向仁慈明智，孝顺父母，友爱兄弟，这是天下人都知道的事实，希望陛下不要被谗言所迷惑。"

李旦听到这话之后十分惊异地说："朕明白了，您不要再提这件事了。"当时太平公主正在帝子后面偷听他们君臣之间的谈话，事后便散布各种流言蜚语对韦安石横加陷害，想把他逮捕下狱严加审讯，多亏了郭元振的救助才得以幸免。

太平公主还曾乘辇车在光范门内拦住宰相，暗示他们应当改立皇太子，在场的宰相们全都大惊失色。宋璟大声质问道："太子为大唐社稷立下了莫大的功劳，是宗庙社稷的主人，公主为什么突然提出这样的建议呢！"

宋璟与姚元之秘密地向李旦进言道："宋王李成器是陛下的嫡长子，豳王李守礼是高宗皇帝的长孙，太平公主在他俩与太子之间互相构陷，制造事端，将会使得东宫地位不稳。请陛下将宋王和豳王两人外放为刺史；免去岐王李隆范和薛王李隆业所担任的左、右羽林大将军职务，任命他们为太子左、右卫率以侍奉太子；将太平公主与武攸暨安置到东都洛阳。"李旦说："朕现在已没有兄弟了，只有太平公主这一个妹妹，怎么可以将她远远地安置到东都去呢！至于诸王则任凭你们安排。"于是先颁下制命说："今后诸王、驸马一律不得统率禁军，现在任职的都必须改任其他官职。"

太平公主得知姚元之与宋璟的计谋之后勃然大怒，并以此责备李隆基。李隆基感到害怕，便向李旦奏称姚元之和宋璟挑拨自己与姑母太平公主和兄长宋王李成器、豳王李守礼之间的关系，并请求对他们两人严加惩处。结果，李旦将姚元之贬为申州刺史，将宋璟贬为楚州刺史，宋王李成器和豳王李守礼被任命为刺史的事也停止执行。

延和元年（712 年），太平公主指使一个懂天文历法的人向李旦进言说："彗星的出现标志着将要除旧布新，再说位于天市垣内的帝座以及心前星均有变化，所主之事乃是皇太子应当登基继位。"李旦说："将帝位传给有德之人，以避免灾祸，我的决心已定。"

太平公主和她的同伙们都极力谏阻，认为这样做不行，李旦说："中宗皇帝在位时，一群奸佞小人专擅朝政，上天屡次用灾异来表示警告。朕当时请求中宗选择贤明的儿子立为皇帝以避免灾祸，但中宗很不高兴，朕也因此而担忧恐惧以致几天吃不下饭。朕怎么能够对中宗可以劝他禅位，对自己却不能做到这一点呢！"于是在八月传位太子李隆基，自己退为太上皇，改元先天。同年，太平公主的丈夫武攸暨去世。

先天二年（713年），太平公主倚仗太上皇的势力专擅朝政，与李隆基发生尖锐的冲突。朝中七位宰相之中，有五位是出自她的门下，文臣武将之中也有一半以上的人依附她。太平公主与窦怀贞、岑羲、萧至忠以及太子少保薛稷、雍州长史新兴王李晋、左羽林大将军常元楷、知右羽林将军事李慈、左金吾将军李钦、中书舍人李猷、右散骑常侍贾膺福等人一起图谋废掉唐玄宗。此外，太平公主又与宫女元氏合谋，准备在进献给李隆基服用的天麻粉中投毒。

王琚对李隆基进言道："形势已十分紧迫，陛下不可不迅速行动了。"尚书左丞张说从东都洛阳派人给李隆基送来了一把佩刀，意思是请玄宗及早决断，铲除太平公主的势力。荆州长史崔日用入朝奏事，对李隆基说："太平公主图谋叛逆，是由来已久的事情。当初，陛下在东宫做太子时，在名分上还是臣子，如果那时想铲除太平公主，需要施用计谋。现在陛下已为全国之主，只需颁下一道制书，有哪一个敢于抗命不从？如果犹豫不决，万一奸邪之徒的阴谋得逞，那时候再后悔可就来不及了！"李隆基说："你说得非常正确，只是朕担心会惊动太上皇。"崔日用又说道："天子的大孝在于使四海安宁。倘若奸党得志，则社稷宗庙将化为废墟，陛下的孝行又怎么体现出来呢！请陛下首先控制住左右羽林军和左右万骑军，然后再将太平公主及其党羽一网打尽，这样就不会惊动太上皇了。"李隆基认为他说得很对，便任命他为吏部侍郎。

这时，魏知古告发太平公主发动叛乱，指使常元楷、李慈率领羽林军突入武德殿，另派窦怀贞、萧至忠、岑羲等人在南牙举兵响应。李隆基于是与岐王李范、薛王李业、郭元振以及龙武将军王毛仲、殿中少监姜皎、太仆少卿李令问、尚乘奉御王守一、内给事高力士等人定计率先下手诛除太平公主集团。李隆基通过王毛仲调用闲厩中的马匹以及禁兵三百余人，从武德殿进入虔化门，召见常元楷和李慈二人，先将他们斩首，在内客省逮捕了贾膺福和李猷并将他们带出，又在朝堂上逮捕了萧至忠和岑羲，下令将上述四人一起斩首。窦怀贞逃入城壕之中自缢而死，唐玄宗下令斩戮他的尸体，并将他的姓改为毒氏。李旦听到事变发生的消息后，登上了承天门的门楼。郭元振上奏李旦说："皇帝只是奉太上皇诰命诛杀窦怀贞等奸臣逆党，并没有发生什么其他的事。"李隆基也随后来到门楼之上，李旦于是颁发诰命列举窦怀贞等人的罪状，并大赦天下，只是逆臣的亲属党羽不在赦免之列。

太平公主逃入山寺，直到事发三天以后才出来，被李隆基下诏赐死在她自己的家中，她的儿子以及党羽被处死的达数十人。薛崇简因为平日屡次谏阻其母太平公主而受到责打，所以例外地被免于死刑，李隆基赐他姓李，并准许他留任原职。唐玄宗还下令将太平公主的所有财产没收充公，在抄家时发现公主家中的财物堆积如山，珍宝器玩可以与皇家府库媲美，厩中牧养的羊马、拥有的田地园林和放债应得的利息，几年也没收不完。

太平公主的财富多了，也就逐渐成了传说，甚至一直到她死后一百年，还让人羡慕不已。唐朝中后期大文豪韩愈曾经写诗说："公主当年欲占春，故将台榭压城闉。欲知前面花多少，直到南山不属人。"从头到尾讽刺了太平公主的奢侈和虚荣。

金城公主：铸造唐蕃和平岁月

金城公主（698—739 年），本名李奴奴，唐朝和亲公主，唐中宗李显养女，生父为邠王李守礼。

圣历元年（698 年），李奴奴出生于邠王李守礼府邸，后被唐中宗李显收养。虽是宗室女出身，李奴奴却自幼与其他公主一同成长于皇宫中。

久视元年（700 年），唐休璟率唐军击败吐蕃军。长安二年（702 年），陈大慈又率唐军击败吐蕃军。神龙三年（707 年）三月，吐蕃摄政太后没禄氏派遣使者悉薰热到唐朝进贡，并向唐中宗请求联姻，中宗应允。该年四月，唐中宗下旨进封李奴奴为金城公主，出嫁吐蕃赞普赤德祖赞。

景龙三年（709 年）十一月，吐蕃派遣大臣尚赞咄等 1000 多人前来迎娶公主。景龙四年（710 年）正月，唐中宗命左骁卫大将军杨矩护送金城公主入吐蕃。中宗亲自渡过渭河到始平县（今陕西兴平）设宴百官，命随从大臣赋诗为公主践行。席间谈及公主年幼即要远嫁时，中宗不禁唏嘘涕泣。同年二月，中宗将始平县改名为金城县，将百顷泊改名为凤池乡怆别里，并赦免当地死刑以下囚犯，免百姓赋税一年。

金城公主沿着 70 年前文成公主的旧道入藏，吐蕃为迎娶公主凿石开路。景龙四年（710 年）底，金城公主一行抵达吐蕃逻些（今拉萨）。吐蕃赞普专门为她修建宫城居住，并尊

金城公主照镜图

称其为"可敦"（赞普正妻）。城公主进藏时带去几万匹锦缎，还有许多书籍和乐工杂伎，对唐蕃文化交流影响深远。

唐朝安西都护张玄表侵掠吐蕃北境，杨矩接受吐蕃的贿赂，建议唐睿宗以"公主沐浴地"为名义将唐朝边境九曲之地赠予吐蕃以结盟好。不料却就此留下祸患，此后数年间唐蕃在九曲之地征战不断。为防吐蕃，景云二年（711），唐睿宗设置河西藩镇（今甘肃省武威市）；开元元年（713年），唐玄宗又设置陇右藩镇（今青海省乐都县）。开元二年（714年），唐玄宗派遣左骁卫郎将尉迟瑰出使吐蕃看望金城公主，并亲笔书信褒扬公主德行高尚、深明大义。

此后两年，边境屡有战事，唐蕃双方各有胜败。开元四年（716年）八月，吐蕃战败想要求和，金城公主以谢恩的名义向唐玄宗上《谢恩赐锦帛器物表》，表中称："现在时值仲夏炎热，希望皇帝兄长注意起居饮食。我曾见两国当年的舅甥盟约，希望现在还能像以前那样和好如初，若真能如此我便如同获得再生、欣喜雀跃。皇帝兄长赏赐的金帛物品我都收下了，谨以金盏、羚羊衫和段青长毛

金城公主入藏图

毡回赠。"

开元五年（717年），金城公主再次上表请和，称："我很平安，请皇帝兄长不必忧心。吐蕃的宰相对我说赞普想要请和，希望双方亲立誓文。以往皇帝不答应立誓，我嫁到吐蕃后双方和好。但如今边境战事不断，恐怕难以继续安宁。若只怜悯我远嫁他国而让皇帝兄长盟誓是不合理之事，但念在能使两国长治久安，恳请谨慎思量。"唐玄宗准许了求和的奏请。

开元十年至开元十七年（722—729年），战事再起，唐军屡次大破吐蕃军。玄宗派遣皇甫惟明和张元方前往吐蕃向赞普和金城公主宣旨，赞普答应请和，并称："外甥迎娶公主，情义如同一家。之前是张玄表等人率先发起进攻，才使得边境战事紧张。外甥深知尊卑礼仪，怎敢失礼冒犯，实在是边境情况所迫得罪了舅舅。如今承蒙远差使节前来看望公主，外甥不胜喜悦。若能两边修好，我死而无憾！"吐蕃因此再度依附唐朝。

开元十八年（730年）十月，吐蕃派遣使者来到长安，奉金城公主命向玄宗进献金盏器物，并求得《毛诗》《礼记》《左传》《昭明文选》等书籍带回吐蕃。开元二十年（732年），金城公主向玄宗上《请置府表》，称："听闻皇帝万福，我非常欢喜。如今两国舅甥和好，以后也不变更，天下百姓得以安乐生活。"开元二十一年（733年），唐玄宗派遣诏工部尚书李皓出使吐蕃，赐物万段。开元二十二年（733年），唐、蕃在赤岭（今青海日月山）定界刻碑，约以互不侵扰，并于甘松岭互市，平息了边界持续十年的战乱，造福边疆百姓，也助唐朝继续巩固繁荣景象。

开元二十八年（740年）十一月，金城公主在吐蕃薨逝。开元二十九年（741年）春，吐蕃使者抵达长安报表，几个月后唐玄宗为金城公主举哀，辍朝三日。

金城公主在吐蕃生活近30年，对唐蕃交往有所贡献，巩固了文成公主进藏后的唐蕃"舅甥之盟"。时至今日，西藏仍然流传着金城公主的很多故事传说，从斑驳的壁画和生动的史书记载中我们仍然能够看到金城公主作为一个和亲公主为两地人民带来的文化交流和经济发展，光是凭借这点金城公主的名字就值得被后人铭记。

第十四章

宫廷秘闻

后宫等级制度

在我国漫长的封建社会中，朝代的更迭，其官场等级制度在运行着。同样，后宫的等级制度也在运行着。

夏殷以前，我国后宫制度比较简单，文字记述也比较模糊。天子的配偶统称为妃。如黄帝有四妃，帝喾也有四妃。正嫡称为元妃，其他均称为次妃。

立后现象始于周代，正嫡称为王后。《周礼》规定：天子立一后，三夫人（正一品），九嫔（正二品），二十七世妇（正三品至五品），八十一御妻（正六品至八品）。与外朝六宫、三公、九卿、二十七大夫、八十一元士相对应。"六宫"即前一宫，后五宫。"后五宫"指后一宫、三夫人一宫、九嫔一宫、二十七世妇一宫、八十一御妻一宫。

明·仇英《汉宫春晓图》（局部）

公元前 3 世纪的秦王朝，首位当推"皇后"，第一级为"夫人"，第二级为"美人"，第三级为"良人"，第四级为"八子"，第五级为"七子"，第六级为"长使"，第七级为"少使"，但史书上没有记载她们的职务是什么。

汉帝国后宫制度上承秦制，并明确规定皇帝的祖母称为太皇太后，母亲称为皇太后，中国后宫制度的母后称号就此确定，历代相沿。公元前 2 世纪 70 年代，汉武帝刘彻对此再度进行改组，把后宫内的美女分为十级——超级为"皇后"，位比皇帝，爵比皇帝；第一级为"婕妤"，位比宰相，爵比亲王；第二级为"娙娥"，位比上卿，爵比列侯；第三级为"容华"，位比中二千石（副宰相），爵比关中侯；第四级为"充依"，位比真二千石（部长），爵比大上造（文官最高级，一品）；第五级为"美人"，位比二千石（州长），爵比少上造（文官第二级，二品）；第六级为"良人"，位比千石（州长级），爵比中更（文官第三级，三品）；第七级为"八子"，位比千石（州长级），爵出左更（文官第四级，四品）；第八级为"七子"，位比八百石（副州长），爵比右庶长（文官第五级，五品）；第九级为"长使"，位比八百石（副州长级），爵比左庶长（文官第六级，六品）；第十级为"少使"，位比六百石（县长），爵比五大夫（文官第七级，七品）。

此编制，维持了 70 年，到了汉元帝时期，刘奭在位，他认为十级编制尚不够用，于是扩大为十五级，在最末两级之内，再分为若干级——特级为"皇后"，与秦制一样，位比皇帝，爵比皇帝；第一级为"昭仪"，位比宰相，爵比亲王（新设的最高位号头衔，原"夫人"取消）；第二级为"婕妤"，位比上卿，爵比列侯（原是第一级，在新编制中，降为第二级）；第三级为"娙娥"，位比中二千石，爵比关内侯（原是第二级，在新编制中，降为第三级）；第四级为"容华"，位比真二千石，爵比大上造（原是第三级，新编制中，降为第四级）；第五级为"充依"，位比二千石，爵比少上造（原是第四级，在新编制中，降为第五级）；第六级为"美人"，位比千石，爵比中更（原是第五级，在新编制中，降为第六级）；第七级为"良人"，位比千石，爵比左更（原是第六级，在新编制中，降为第七级）；第八级为"八子"，位比八百石，爵比右庶长（原是第七级，在新编制中，降为第八级）；第九级为"七子"，位比八百石，爵比左庶长（原是第八级，在新编制中，降为第九级）；第十级为"长使"，位比六百石，爵比五大夫（原是第九级，在新编制中降为第十级）；第十一级为"少使"，位比四百石，爵比公乘（原是第十级，在新编制中，降为第十一级。"公乘"，文官制度最后一级）；第十二级为"五官"，位比三百石（"五官"，雇员阶层最高一级，年薪只三百石，微不足道，十二级以下）；第十三级为"顾常"，位比二百石（雇员阶层第二级）；第十四级内的等级颇多，级内再分六等："无涓""共和""娱灵""保林""良娣""夜者"，位比百石；第十五级也有两等："上家人子""中家人子"，位比斗食，这是位次最低的一级。

曹魏时期由于文学的浪漫和对雅号的喜好，嫔妃又被分成十二等级：贵嫔、夫人、淑妃、淑媛、昭仪、昭华、修容、修仪、婕妤、容华、美人、良人。

魏太祖建国后，皇后之下的后妃又被分为五等：夫人、昭仪、婕妤、容华、美人；魏文帝时期新增五等：贵嫔、淑媛、修容、顺成、良人；魏明帝时期新增三等：淑妃、昭华、修仪，剔除顺成。太和时，魏明帝诏复夫人之制，位在淑妃之上。

晋时在皇后之下，设三夫人：贵嫔、夫人、贵人，位比三公；又

魏太祖像

设淑妃、淑媛、淑仪、修华、修容、修仪、婕妤、容华、充华九嫔，位比九卿；在九嫔下设有美人、才人、中才人，爵位比千石以下官员。

北朝承魏晋制度，略有增减。"道武追尊祖妣，皆从帝谥为皇后。始立中宫。余皆或称夫人，多少无限，然皆有品次。太武稍增左右昭仪及贵人、淑房等。后庭渐多矣。"

北魏孝文帝改定内宫：左右昭仪视大司马，三夫人视三公，三嫔视三卿，六嫔视六卿，世妇视中大夫，御女视元士。后来又置女职，以典内事：内司视尚书令、仆；作司、太监、女侍中三宫视二品；监、女尚书、美人、女史、女贤人、女书史、书女、小书女五宫视三品；中才人、供人、中使、女生才人、恭使宫人视四品；表衣、女酒、女飧、女食、奚官女奴视五品。南朝宋在晋制上有增有删，至宋明帝时规定：以贵嫔、贵妃、贵姬为三夫人；以淑媛、淑仪、淑容、昭华、昭仪、昭容、修华、修仪、修容为九嫔；以婕妤、容华、充华、承微、列荣为五职；另设散役包括美人、才人、良人。

南朝齐高帝建元元年（479年），设贵嫔、夫人、贵人为三夫人，修华、修仪、修容、淑妃、淑媛、淑仪、婕妤、容华、充华为九嫔，美人、中才人、才人为散职。建元三年（481年），太子妾分三等：良娣、保林、才人。子宫置内职，良娣比开国侯；保林比五等侯；才人比驸马都尉。

南朝梁、陈以贵妃、贵嫔、贵姬为三夫人；淑媛、淑仪、淑容、昭华、昭仪、昭容、修华、修仪、修容为九嫔；婕妤、容华、充华、承微、列荣为五职；美人、才人、良人为三职。

北周宣帝自称为天元皇帝，皇太后便被尊为天元皇太后，又设正阳宫皇后、天皇太后、天皇后、天右皇后、天左皇后。大象二年（580年）二月，改制诏为天制，敕为天敕。颁令：尊天元皇后为天元皇太后，天元皇太后李氏为天元圣皇太后，天元皇后杨氏为天元大皇后，天皇后朱氏为天大皇后，天右皇后元氏为天右大皇后，天左皇后陈氏为天左大皇后，正阳宫皇后称皇后。

隋文帝杨坚得天下后，鉴于前朝的积弊，一一加以革新。后宫中也一改旧制，只设皇后正位宫闱。开皇二年（582年），吩咐依照《周礼》著内官程式，省减后宫人数，规定嫔三人，掌教四德，视正三品；世妇九人，负责宾客祭祀，视正五品；女御三十八人，主管女工丝枲，视正七品。

隋炀帝时，后妃、嫔没有专职，"唯端容丽饰，陪从燕游而已"。炀帝醉心此事，自制嘉名，以贵妃、淑妃、德妃为三夫人，品第一；顺仪、顺容、顺华、修仪、修容、修华、充仪、充容、充华为九嫔，品第二；婕妤十二人，品第三；美人、才人十五人，品第四；是为世妇；宝林二十四人，品第五；御女二十四人，品第六；采女三十七人，品第七，为御妻。总计一百二十四人。另有承衣刀人等，"皆趋侍左右，并无员数，视六品以下"。

唐代皇后以下，设四夫人：贵妃、淑妃、德妃、贤妃；九嫔：昭仪、昭容、昭媛、修仪、修容、修媛、充仪、充容、充媛；二十六世妇：婕妤、美人、才人各九人；八十一御妻：宝林、御女、采女各二十六人。

唐王朝宫廷初期：第一级惠妃，第二级淑妃，第三级德妃，第四级贤妃，位比亲王；第五级昭仪，第六级昭容，第七级昭媛，第八级修仪，第九级修容，第十级修媛，第十一级充仪，第十二级充容，第十三级充媛，位比宰相；第十四级婕妤，位比部长；第十五级美人，位比省长；第十六级才人，位比厅长；第十七级宝林，位比郡长（太守、知府）；第十八级采女，位比县长。

唐开元时期，以皇后以下设四夫人不合旧制，"乃置惠、丽、华三妃，六仪，四美人，七才人，而尚宫、尚仪、尚服各二"。

唐明皇李隆基时，第一级贵妃，位比亲王；第二级惠妃，第三级丽妃，第四级华妃，位比宰相；第五级芳仪，第六级芬仪，第七级微仪，第八级昭仪，第九级修仪，第十级充仪，位比部长；第十一级美人，位比省长；第十二级才人，位比厅长；第十三级尚宫，第十四级尚仪，

唐明皇像

第十五级尚服，位比郡长（太守、知府）。

两宋嫔御的名号没有准则，比较杂乱。大致地说，初入宫时，女子的名号有：侍御、红霞帔；再进一步，封君，封夫人。南宋改君为夫人，君和夫人在人数和郡名上没有一定。夫人以后，再进便是才人、美人、婕妤，然后进为昭仪、昭容、修媛、修仪、修容、充媛、婉容、婉仪、顺容、贵仪等；再进为妃一级：贵妃、贤妃、德妃、淑妃、宸妃。

宋后宫的显著特色是无定位，由初级开始，随宠遇增长，不断晋级。

辽代皇后之下，有元妃、德妃、文妃、惠妃，各妃之间没有什么等级差别。元代除了皇后和各妃这两个称谓，后宫中再没有别的名号。金代则复杂和完善一些。

金是女真人建立的王朝。金代明确规定，选后不取自庶族。金创国之初，后宫嫔妃没有名号。到金熙宗时，始有贵妃、贤妃、德妃之称。海陵王执政时，后宫宠多，宠妃有十二位：元妃、姝妃、惠妃、贵妃、贤妃、宸妃、丽妃、淑妃、德妃、昭妃、温妃、柔妃。金世宗天定年间，后宫减少。金章宗明昌时期，后宫规制大备。

金代后宫仿照汉制定了一套嫔御制度，明文确定：皇后下设贵妃、贤妃、德妃三妃，正一品，同汉三夫人；昭仪、昭容、昭媛、修仪、修容、修媛、充仪、充容、充媛，正二品，同汉九嫔；婕妤九人，正三品，美人九人，正四品，才人九人，正五品，同汉二十七世妇；宝林二十七人，正六品，御女二十七人，正七品，采女二十七人，正八品，同汉八十一御妻。另有尚宫、尚仪、尚服、尚食、尚寝、尚功都不得

清代宫女

是后宫内官。

元朝是蒙古族建立的朝代，元后宫除了正皇后以外，不无所谓的第二皇后、第三皇后，只要皇上高兴，设多少皇后都行。

明代的后宫宫女很多。宫女被皇帝御幸以后，便获得妃的名号，进入了皇帝嫔妃的行列。但明代后宫除了皇后的称谓，只有妃这一级，没有嫔。妃有贵妃、淑妃、宁妃、贤妃、恭妃、宸妃、康妃、庄妃、裕妃，其中贵妃在妃这一级中地位最高。

清太祖初起时，宫闱未有位号，俗称妃为"福晋"。清兵入关以后，康熙皇帝玄烨确定了后宫号位定制：尊皇帝的祖母为太皇太后；母亲为皇太后；太皇太后、皇太后住慈宁宫，太妃、太嫔随住；皇后坐镇中宫，主持后宫事务；皇后下设皇贵妃一人、贵妃二人、妃四人、嫔六人，分住东西十二宫；嫔以下设贵人、常在、答应，无定数，随皇贵妃分住东西各宫。清后宫制度规定，皇帝大婚之前，选八位比皇帝大的宫女，供皇帝进御，即献身皇帝。八位宫女都有名分，授以宫中四个女官的职衔：司账、司寝、司仪、司门。

后妃遴选制度

后宫中的妃嫔是怎样入宫的呢？据史书记载，最初，战败国的女俘会成为战胜国帝王的嫔妃和宫女。《易经》上有"匪寇婚媾"之语，说明远古时期的婚媾手段与匪寇之争并无大异。《晋书》："昔夏桀伐有施，有施工以妹喜女焉；殷辛伐有苏，有苏人以妲己女焉。"妲己和妹喜是我国古代少有的美人，而她们都是因讨伐有施和有苏而获得的。周幽王姬宫涅出兵攻打褒国，褒国献上美女褒姒后，周幽王才停战。

随奴隶制度的逐步瓦解，帝王后宫中的嫔妃主要来源有二：一是友邦的赠送。如晋文公重耳逃亡到秦国，秦穆公把已嫁给晋太子为妻的亲生女儿改嫁给重耳，还先后送给重耳五位美女，帮助重耳回晋国杀害晋怀公。秦穆公这样做是为了利用重耳控制晋国。战国时期，美女被帝王们当作一种礼物而互相赠送，这在诸国之间早已司空见惯。二是臣子进献。战国七雄争霸，秦孝文王为取信于赵国，将夏姬所生之子异人（后更名子楚）作为人质送往赵国邯郸，于是便有了后来的大商人吕不韦献姬谋政的故事。到了秦汉时期，皇帝皇宫的嫔妃是按照一些制度从民间选出一些符合制度的女子，其中有大部分宫女都运用强权被迫入宫服役的。

东汉时期，每年八月，宫中派中大夫、掖庭丞内廷官偕同精通相术的之人，一起到京都洛阳挑选良家子。年龄在 13 岁以上、20 岁以下，姿色秀丽、容貌端庄、面相合乎相法为挑选的标准。选中者遂坐上车，被载入宫中。

东汉以后，后妃遴选形成制度。每年秋季八月开始从民间遴选良家女子。三国时期，三国鼎立争雄，宫人多靠战争掠夺女子，籍没罪臣妻妾、女儿入宫，从民间选送者为少数。晋武帝夺位后，下诏"禁

明·仇英《汉宫春晓图》（局部）

天下嫁娶"，进行大规模遴选，晋武帝后宫美女五千人，晋灭吴后，又把东吴孙皓后宫美女五千人全部接收下来，使后宫人数达到一万人。

魏晋南北朝时期，十六国后赵皇帝石虎劫夺民间妇女三万置后宫。太子石宣和诸公也仿效石虎，有美女一万之众。

石虎对十二位选美使者因选美有功封为列侯。石虎选美采用极为残忍的手段，杀夫、夺妻，被逼得愤而自尽者，前后有三千之众。荆、楚、徐、扬为之一空。"百姓有美女……求之不得，便诬以犯罪，死者百余家，海岱、河济间人无宁日。"晋武帝司马炎灭吴以后，将吴主孙皓后宫数千人、掖庭数万美女纳为己有。隋炀帝杨广败南陈时，听说陈后主的宠妃张丽华有倾国之貌，攻入建康（今南京市）之际急命臣下高颎留下张丽华，但高颎没有听令，将张丽华斩首，杨广愤恨不已，耿耿于怀。唐玄宗时，每年派遣使臣到全国各地挑选美女，充实后宫。被派遣者称之为"花鸟使"。

《清异录》中记载，南唐后宫，美女如云，彩蝶飞舞，蜻蜓游弋花丛。李后主宫中，窅娘缠足之事被闹得一时沸沸扬扬。窅娘纤弱秀丽，能歌善舞。后主为她造了一个"大莲花"。莲花上面装饰各种宝物，中间是五色莲，后主还命窅娘用布带把双脚缠起来，使足尖像月牙，然后让窅娘在莲花上飞旋、凌波，跳后主喜欢的舞蹈。此后，后宫之人，人人模仿以获君心，这一行为，竟影响了中国上千年，侵害了一代又一代的中国妇女。唐镐诗云："莲中花更好，云里月长新。"说的就

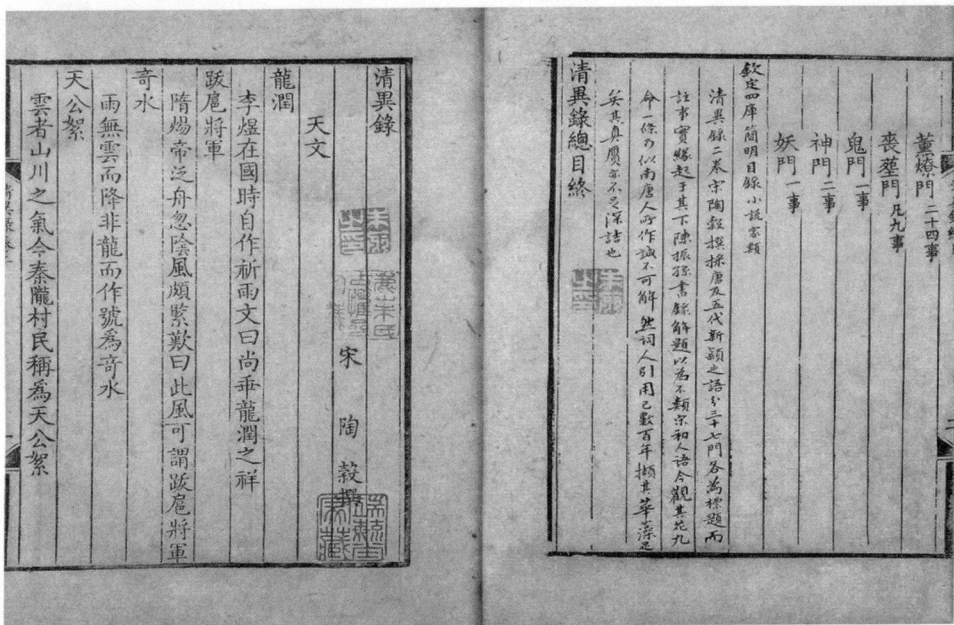

《清异录》书影

是宵娘缠足一事。

元代时，清礼亲王昭梿说："元朝，后宫宫女多至四万，久禁不放。"明清时期，宫中的嫔妃数量之多虽未明确记载，但史书中却记载着许多大臣劝谏皇帝尽量裁减宫女的事情，由此可以看出明清二代的后宫女性数量之多。

纪昀在《明懿安皇后外传》中记载了明熹宗天启元年后宫遴选的盛况："熹宗朱由校将举行大婚礼，先期选天下淑女十三至十六者，有司聘以银币，其父母送之，正月集京师，集者五千人。"可谓盛况空前，接着又说："天子分遣内监选女，每百人以齿序立。内监巡视之，曰：某稍长、某稍短、某稍肥、某稍脊，皆扶出之。遣归者千人。""诸女分立如前，内监谛视耳、目、口、鼻、发、肤、颈、肩、背，有一不合法相者去之。又使自诵籍、姓、年岁，听其声之稍雄、稍窳、稍浊、稍吃者皆去之，去者复二千。"次日，"内监各执量器，量女子之手足。量毕，复使周行数十步，以观其风度，去其腕稍短、趾稍巨者，举止稍轻躁者，去者复千人。其留者仅千人，皆招入宫。分遣宫娥之老者引至密室，探其乳，嗅其腋，扪其肌理，于是入选者仅三百人，皆得为宫人之长矣。在宫一月，熟察其性情言论而评汇其人之阴柔愚智贤否，于是入选者五十人，皆得为妃嫔矣。"五千人，最后才选上五十人，真可谓"百里挑一"。这种遴选制度一直沿袭到清朝末年。

清代皇帝的遴选制度不同于其他朝代，它创立了具有自己特点的遴选制度。如果按照爱新觉罗·溥杰的夫人嵯峨浩的《食在宫廷》中的说法，选秀女之事从顺治二年起"直到康熙帝之后，这种事一次也没有发生"，但事实并非如此。

顺治皇帝6岁登基，14岁举行大婚，23岁死去，在位17年。前七年由多尔衮摄政，那时顺治尚幼，自然不会有选秀女这事，多尔衮虽然专横，却从未选过秀女。顺治七年（1650年），多尔衮病死。次年顺治帝亲政，同年大婚，册立科尔沁蒙古旧礼克图亲王吴克善之女博尔济吉特氏为皇后。但顺治十年（1655年）八月，即以皇后乃"睿王于朕幼冲时，因亲订婚未经选择""与朕意志不协，宫闱参商"为由，下令将其降为静妃，移居偏殿。

顺治十年十月，皇帝下令"选立皇后，作范中宫，敬稽典礼。应

古代宫中嫔妃

于在内满洲官民女子，在外蒙古贝勒以下，大臣以上女子中，谨慎选择"。这次选秀女，从上谕颁布后，直到第二年五月，才择定科尔沁蒙古镇公绰尔济之女，即废后静妃的侄女为皇后，并于同年六月举行了大婚。

尽管"选秀女"这一词并未在顺治的谕诏中出现，但为了遴选皇帝的配偶，而在满蒙官民女子中大规模阅选的做法，却与后来所谓的"选秀女"的制度是完全一致的，实为清帝首次选秀女之举。

当制度被定型以后，即每三年在固定的八旗内部选一次秀女。其目的正像清人吴振或指出的"或备内廷主位，成为皇子皇孙栓婚，或为亲郡王及亲郡王之子指婚"。即是说，从八旗之中选出符合制度的秀女不仅是给皇帝做后妃用的，有的也可能是配给皇帝其他的宗亲用的。

清代选秀女有着非常严密的制度。秀女一般从满、蒙八旗中遴选。凡年龄在 13—16 岁，身体健康无残疾的旗籍女子，都必须参加阅选。秀女年满 13 岁称"及岁"，超过 16 岁称"逾岁"。"逾岁"者一般不再参加挑选。凡应选的旗女，在未阅前便私自与他人结婚者，也将由该旗都统在查治罪。即使的确因残疾不堪不能参加选秀者，亦须各旗层层具结，呈报本旗都统，然后由都统咨行户部上奏皇帝，才能免选。乾隆六年时，两广总督玛尔泰的女儿恒志，年已过 17 岁，但从未入选秀女，玛尔泰为此曾专摺奏请为女完婚，结果遭到皇帝的斥责。

如果被选中记名的秀女，在记名期内（一般为五年）私相聘嫁，那么上至都统、副都统、参领、佐领，下至旗长及本人父母，都要受到一定的处分。如果选中留牌子的秀女久不复选，而记名期已过，那么，这样的女子只得终身不嫁了。

由户部主办选秀女这个活动。届时，由户部行文八旗各都统衙门、直隶各省驻防八旗及外任旗员，将适龄备选女子呈报备案。每届入选日期，均由户部奏准，然后通知各旗，具备清册，准备入选。

古代宫中嫔妃

在阅选之日，秀女们均在神武门下车，按顺序排列，由太监领至顺贞门，让帝后们选看。选看地点历朝历代不尽相同。同治年间慈安和慈禧两位皇太后曾在"静恰轩"选看秀女。而光绪皇帝的后妃则是在西宫体元殿选看的。

《养吉斋丛录》中对嘉庆、道光年间选秀女的情况有这样的记载：挑选八旗秀女时，每日选两旗，以人数多寡匀配，不序中分也。挑选前一日，该旗参领、领催等先排车，如挑正黄、镶黄两旗，则正黄之满、蒙、汉分三处，每一处按年岁册分先后排定，然后车始行。首先是正黄之满洲，继而蒙古、汉军。接着是镶黄之满、蒙、汉，贯鱼衔尾而进。车竖双灯，各有标识。日夕发轫，夜分入后门至神武门外，侯门启，依次下车而入。其车即由神武门夹道出东华门，由崇文门大街直至北街市，还绕入后门而至神武门，计时已在次日巳午之间。选毕者，复依次登车而出，各归其家。虽千百辆车，而井然有序，俗谓之排车……应选女子入神武门至顺贞门外恭候，有户部司官在彼管理。至时太监按班引入，每班五人，立而不跪，当意者留名牌，谓之留牌子，定期复看，复看而不留者，谓之格牌子。其牌子书某官某人之女，某旗满洲人。入选秀女，凡获得皇帝封号者，至死不得出宫另嫁。被选定为皇后的秀女，还必须通过大婚礼，则大清门、午门入宫，至坤宁宫完婚。

皇后服饰大观园

皇后的朝服由朝冠、朝袍、朝褂、朝裙及朝珠等组成。朝冠，冬用薰貂，夏用青绒，上缀有红色帽纬。顶部分三层，叠三层金凤，金凤之间各贯东珠一只。帽纬上有金凤和宝珠。冠后饰金翟一只，翟尾垂五行珍珠，共三百二十颗，每行另饰青金石、东珠等宝石，末端还缀有珊瑚。朝袍以明黄色缎子制成，分冬夏两类，冬季另加貂缘。朝袍的基本款式是由披领、护肩与袍身组成。披领也绣龙纹。朝褂是穿在朝袍之外的服饰，其样式为对襟、无领、无袖，形似背心。上面也绣有龙云及八宝平水等纹样。

1. 宋代皇后礼服

戴龙凤珠翠冠、穿礼服。这种服饰是宋代皇后最贵重的服饰，平

宋代皇后服饰

时很少穿着，只在受皇帝册封或祭祀典礼时服用。其制为深青色、五彩翟纹。领、袖、裾都有红色云龙纹样的镶缘。穿着这种服装，必须戴凤冠，内穿青纱中单，腰饰深青藏膝。另挂白玉双佩及玉绶环等饰物，下穿青袜青鞋。

2. 明代皇后服饰

凤冠是一种以金属丝网为胎、上缀点翠凤凰、并挂有珠宝流苏的礼冠，早在秦汉时期，就已成为太后、皇太后、皇后的规定服饰。明代凤冠有两种形式，一种是后妃所戴，冠上除缀有凤凰外，还有龙等装饰；另一种是普通命妇所戴的彩冠，上面不缀龙凤，仅缀珠翟、花钗，但习惯上也称为凤冠。

明代妇女的服装，主要有衫、袄、霞帔、背子、比甲及裙子等。衣服的基本样式，大多仿自唐宋，一般都为右衽，恢复了汉族的习俗。凡命妇所穿的服装，都有严格的规定，大体分礼服及常服。皇后常服为戴龙凤珠翠冠、穿红色大袖衣，衣上加霞帔，红罗长裙，红褙子，首服特髻上加龙凤饰，衣绣有织金龙凤纹。

3. 清代皇后服饰

氅衣为清代的妇女服饰，氅衣与衬衣款式大同小异。衬衣为圆领、右衽、捻襟、直身、平袖、无开气儿的长衣。氅衣则左右开衩开至腋下，开衩的顶端必饰有云头，且氅衣的纹样也更加华丽，边饰的镶滚绲更为讲究。纹样品种繁多，并有各自的含义。大约在咸丰、同治期间，京城贵族妇女衣饰镶绲花边的道数越来越多，有"十八镶"之称。这种装饰风尚，一直到民国期间仍继续流行。

清代皇后服饰

清代乾隆帝时皇后朝褂，样式为对

襟、圆领、无袖、开气，通身绣金立龙纹，但纹样有几种不同样式，本图朝褂纹样为自上而下分四层以金锦沿边分隔，上层两肩前后各绣丽龙 1 条，2 层、3 层、4 层前后各绣丽龙 10 条、12 条、16 条，总计 78 条，上层有珊瑚扣 5 粒。朝褂领后均垂有明黄色绦，绦上缀有珠宝。朝褂穿在朝袍外面。

皇后常服样式，与满族贵妇服饰基本相似，圆领、大襟，衣领、衣袖及衣襟边缘，都饰有宽花边，只是图案有所不同。服装纹样有凤穿牡丹：整件服装在鲜艳的蓝色缎地上，绣八只彩凤，彩凤中间，穿插数朵牡丹。牡丹的颜色处理得净穆而素雅，色彩变化惟妙，具有传统的山水画特点。与此相反，凤的颜色比较浓重，红绿对比度极为强烈，具有典型民族风格和时代特色。还有菊花及蝴蝶：整件服装为湖蓝色缎地，衣身绣各种姿态的蝴蝶，蝴蝶中间，穿插数朵菊花。袖口及衣襟也以菊花及蝴蝶为缘饰。

帝后大婚仪式

在历朝历代中，皇帝大婚与册立皇后，均被纳入繁缛的宫廷礼仪中。须通过隆重、庄严、高贵的大婚仪式，为天下百姓树立夫妇的典范。按照我国传统的价值观念，皇帝的婚礼"将合二姓之好，上以事宗庙，下以继后世也，故君子重之。共牢而食，合卺而酳，所以合体。同尊卑而亲之，成男女之别，立夫妇之义，而后父子君臣。故曰婚礼者，礼之本也"。在古代浩繁的典制中，明确地规定了皇帝大婚应遵循的礼仪程序。皇帝婚礼作为国家盛典，被列在"五礼"（吉、嘉、军、宾、凶）中的嘉礼之首，与臣庶区别而称大婚。

帝后大婚，其隆重究竟达到什么程度呢？《同治大婚》诗曰：昭阳仪仗午门开，夹路宫灯对马排。队队宫监齐拍手，后边知是凤舆来。同治帝 17 岁那年九月十二日娶户部尚书崇绮女为后，尽管天下水旱仍频，滇陕战火正旺，大婚时仍然大摆仪仗，仪仗队伍从午门一直摆到

光绪大婚图

崇绮府门。十六人抬轿，一路鼓吹，道路两边数百盏宫灯几百匹对子马列队。前边由几百人的太监应着乐律，一齐拍手。

光绪大婚正逢正月二十六，一个月前天安门遭遇了一场火灾，来不及修复残垣断壁，总不能在废墟前举行大礼吧？当然啦，国人没有克服不了的真难题！内置芦席，外贴彩纸，遂呈焕然一新貌。名之曰"扎彩"。前一日，将凤辇请入乾清门，内放皇帝手书"福"字和玉如意。正日子黎明，起驾接皇后。经过同样富丽堂皇的天安门扎彩御道，在乾清宫落辇，婚房设在坤宁宫东阁。好在旗人都是大脚，一路走去就是。按风俗，唯大祭丧礼才用扎彩，所以识者以为不吉祥。

历来研究皇帝大婚礼仪者，都要追溯其礼仪渊源，但通常仅援引《仪礼·士婚礼》。《仪礼·士婚礼》记载自周代以来的婚礼主要经过纳采、问名、纳吉、纳征、请期、亲迎六个程序，即古称婚礼中的"六礼"。但这主要是对士人婚礼部分程序的总结，准确来说主要是婚前礼仪，而在《仪礼·士婚礼》中对婚后礼仪同样有记载，只是并未作具体归纳总结。从士人而上推到皇帝，不可只以"六礼"相比，皇帝大婚自然会比"六礼"复杂许多，比如各代皇帝大婚均要经册立礼，须确立皇后这一特殊的身份，这是其他各种官民不能有的礼仪；而皇帝贵为天子，大婚不亲迎，派使节前去迎娶称为奉迎，即奉命迎娶；宋代开始皇帝大婚把"请期"改为"告期"，改变了主动与被动关系，即由男方的被动转为主动，女方由"受请"变为"被告知"。

皇帝大婚的使者必须是高官大僚。唐代由太尉和宗正任正、副使者，皇帝临轩命使的规模相当宏大。雅乐悬于殿庭，百官朝集，仪仗就位，皇帝驾临，典仪官指挥百官再拜。正、副使站在规定的地方。皇帝的近侍官侍中宣：纳某女为皇后，命公等持节行纳采等礼。

使者率随员受命前往女家，站在女家的大门外，女家的主人（未来的皇后）的父亲立在其家庙或正堂，使者在门外言："某奉制纳采。"由宾者将此话传给女家主人，女家主人言："蒙制访，臣某不敢辞。"宾者出来将话传给使者。于是，主人被引导出来迎接使者，使者与随员进入正堂前。按规定方位站好，使者又言："有制。"即提示对方将要宣布皇帝制书了。主人拜。使者宣读制书，主人拜。使者从执雁的随员手中取过雁——这是第一份彩礼，授给主人。然后再交给主人一份答表案，主人须在其上写上对皇帝制书的答文。

接着便是问名。使者又立于门外，令宾者传话："将加卜筮，奉制问名。"问名是询问女家的姓名、生辰。宾者传话后，主人按规定的句式回答。按如上方式，使者进入女家，与主人按规定方位站立，礼仪性地问答一番。随后盥水洗觯，双方以醴相递授，用脯醢行祭礼。礼毕，双方按规定站好，使者的随员又将一份重礼——币筐，授予主人。

使者回去后，负责占卜的官员对女方的姓名、生辰作出占卜，如结果为吉，那么数日以后，再行纳吉仪式，即告知女家吉祥。然后再行纳征礼，即正式向女家赠送聘礼。纳征之后，选定大婚的日期，使者再到女家行告期仪式。纳采、问名、纳吉、纳征、告期都有一套大同小异的郑重而繁缛的仪式，每次使者都要宣读皇帝的制书，女家主人也要相应地送上答文。

接下来举行的就是立后仪式，前一日内廷设专人在女家门前和未来皇后阁外驻守。当日，正、副使者与内侍、宫廷礼仪官站立在女家门外，女家主人身穿朝服立于庭阶，使者命宾者传话："某奉制授皇后备物典册。"主人出迎于门外，再拜，使者不答拜，在谒者的引导下入门，后面有阃持节、持案者。主人与官员们按位次站定，持案者恭敬地将册宝奉授正副使者，使者将册宝传给内谒者监，内谒者监在皇后的阁外跪画册宝于案。女官尚宫等人进入阁中，帮助皇后着装饰首，傅母引导皇后出阁，尚宝引皇后立于庭中，面向北，尚宫跪取册，尚服用取宝绥，然后按规定方位站立。尚宫称："有制。"皇后在尚仪的赞导下再拜，尚宫宣读册文，皇帝的册封皇后文写道："维某年月日，皇帝使持节太尉封某、司徒封某，册命某官女某氏为皇后。咨尔易阶乾坤，诗首关雎，王化之本，实由内辅。是故英皇嫔虞，帝道以光；太任姒姬，周允克昌，皇后其祇曰助厥德，以肃承宗庙；虔恭中馈，敬尽于妇道；帅导于六宫，作范仪于四海。皇天无亲，惟德是依，可不慎欤。"

皇后再拜。尚宫、尚服奉册宝进授皇后，皇后郑重地接过册宝，

光绪大婚图

表明她接受了皇后的地位，愿意入主后宫。皇后将册宝交给司言、司宝收掌，然后在尚仪的赞导下升座，坐北面南，皇后第一次以皇后的身份，接受内官们的稽拜。

大婚当日，皇帝身着衮冕，驾到正殿。侍卫环立，五品以上的文武官员分别立于东西朝堂。使者与诸女官前往女家奉迎皇后。在皇后家，使者宣读皇帝迎娶皇后的制书，皇后父亲礼仪性地将答表递予使者。使者宣布奉皇帝之命迎接皇后，司言将此话奏闻皇后，皇后再拜。皇后父亲按规定告诫女儿："戒之敬之，夙夜无违命。"然后，母亲同样按规定语言告诫女儿："戒之敬之，夙夜无违命。"此时，车辇进到皇后跟前，皇后登上车辇，车出大门，浩大的迎娶队伍喜庆而庄重地驶向皇宫，从皇宫正门将皇后送进洞房。

皇帝、皇后二人进入洞房后，在松软的喜床上相对而坐，通常是皇帝揖手，请皇后对坐。二人在女宫的引导下，先行祭祀礼，就是分别将韭菠、播醛、乖、裸、稻、梁放入应具的豆中，敬告神灵，让请神和列祖列宗为这乾坤合晋的美满婚姻祝福。祭礼结束后，司是恭敬地为皇帝、皇后捧上手巾，皇帝和皇后接过手巾，擦净双手。衣冠整肃的尚食进前跪伏，自己先尝进献的食物，表明食物没有毒，再将精美的乖、腆脊授给皇帝、皇后。皇帝、皇后象征性地吃一点，所谓食三饭。吃过饭后，精心挑选的两位年轻美丽的尚食女官奉上热水，盟手盟爵。尚食女官献上两份美酒，进授皇帝、皇后。皇帝、皇后一身盛装，行祭礼后，再郑重其事地行合香礼，表示合二姓之好，上事宗庙，下继后世，天地和合，四海同春。礼仪性的各种仪式到此算是告一段落。合普礼之后，侍者们撤去丰盛的佳撰，皇帝、皇后在衣饰鲜艳的尚宫女官引领下，去掉庄重华贵的衣服，皇帝到东房由近侍为其一一脱下冕服，换上喜庆的常服；皇后进入内卧，由女官伺候，退去冕服，换上鲜明华丽的服饰。皇帝进入洞房，由女官引进卧内。近侍女官为皇帝、皇后脱去衣服，天地共春晖，帝后正式结成夫妇。

此后数日，皇后要朝见皇太后，接受群臣及命妇的恭贺，入庙行礼。

然而，可笑的是大婚前要对新郎进行性操作培训。这一历史重任要由年纪稍大的八名宫女来承担。她们由有男女交合经验的坤宁宫东暖阁女官领衔任业务指导。大约一个月内，每日每夜陪宿，训练皇帝性活动操作，直到形成技巧。这叫作"铺床"。

中国历代深宫中的大婚仪式虽有简有繁，但差不多内容都是大同小异，地址、陈设、布局也大致相同。明清时期是中国历代宫廷中礼仪最为完备、仪式最为铺张、生活最为奢华的强盛帝国时代，洞房的奢侈铺张和富丽堂皇也达到了鼎盛。可以说，在中国历代的宫廷婚姻生活中，婚礼俗在明清时最为典型，反映了一种特殊氛围中的宫廷文化，是一个民族的观念、礼俗在婚姻生活方面的体现和反映。

皇后的责任

皇后是母仪天下的国母，因而每个皇帝在继位之后都会册立自己的皇后，成年皇帝的皇后人选主要来源有三：

一、皇帝继位前册立的嫡福晋或继嫡福晋。如太宗孝端文皇后、世宗孝敬宪皇后、高宗孝贤纯皇后、仁宗孝淑睿皇后、宣宗孝慎成皇后、文宗孝贞显皇后。

二、由皇太后或顾命大臣为皇帝选后，这种皇后的选择依据一般都是服从政治的需要。如世祖孝惠章皇后、圣祖孝诚仁皇后、穆宗孝哲义皇后、德宗孝定景皇后。

三、嫡皇后去世后，皇帝册立宫中位分较高或得到皇帝信任的妃子为皇后。如圣祖孝昭仁皇后、孝懿仁皇后、高宗那拉皇后、仁宗孝和睿皇后、宣宗孝全成皇后。

皇帝为立基业，赢民心，成就千秋功业而须担负朝政上的万象气候。而皇后往往是历史与权势兴衰的象征，坐稳宝座的皇后无一不是通晓知书达理，贤知人情冷暖。她们要么忍受世态炎凉，韬光养晦，有所作为；要么唯唯诺诺，战战兢兢，如履薄冰，如临深渊，稍有不慎，便会被打入冷宫。她们接受历史的遴选，秉承权势的曲张，并且还要力争皇帝的恩宠，斡旋于妃嫔之间的斗争。皇帝失意之时她们须承担最大的痛苦，皇帝风光之时却不见得与她们分享，至皇帝仙逝后她们还被委以平衡权势斗争、辅佐少年天子之重责。身份的特殊往往令她们受尊而失宠。悲壮艰难的身世令她们心力交瘁。时事的危缓，历史的兴衰，却往往应她们之身而体验。

皇帝们也不乏温柔多情，实与皇后伉俪情深，但越是雄才大略、英睿圣明之君主，其道路却愈见坎坷。他们的皇后便愈是殚精竭虑、苦难丛生。若非皇子中途夭折，便是皇后薄命早亡，由此便愈苦皇帝之心智，增益其所不能。

清代的皇后有一个特点，就是以外家定皇后，不以皇后显外家。雍正认为，立后是"风化之基，必资内辅人伦之本，首重坤仪。此天地之定位，帝王之常经也"。乾隆认为，立后是"宫廷为基化之原，人伦攸始"。由此观之，皇后事关"风化""人伦""天地""帝王"。一旦皇后得不到民众的承认，那么民众对皇帝也不会信任。因此皇后对皇帝的作用是不可估量的。

孝穆皇后朝服像

在形式上，皇后是全体女性的领导者，接受上流社会的贵妇对她定期的教解。皇后及其权力，有一定母权的象征意义。每当君权势微时，她们常常出来恢复女人对男人的统治。皇后篡权和垂帘听政便是这种形态最明显的表现。

皇后的实权主要体现在内宫中，

总管所有的嫔妃宫女。君主每次按规定征选宫女时，人选最后都要由皇后过目决定。

皇后有母仪天下的责任，起着对政治的辅助作用。这种政治辅助，并非要求她们参加具体政治事务的处理，而是以贤内助的身份对国家政治做出不失分寸的帮助。

皇后的德操不仅关系到后妃的形象，而且是她们的责任之一。其作用除了引导其他妇女的精神面貌外，还显示着宫廷的圣洁，由此可以增强臣民对君主的向心力。

孝穆成皇后像

调解各方面的关系是皇后的责任。君主作为万民之首，他们理政的态度及方式影响到各方面关系是否和谐，进而关系到国家政治生活是否正常。皇后往往以特殊使官的身份，对君主进言，指出他们的得失，以调节君臣关系、君民关系。

俗话说："一个成功的男人背后，会有一个伟大的女性。"作为皇后，还有一个很重要的职责，即常对君主进忠言，进直言，进善言，进真言，进那些大臣难进、旁人难进之言。后妃有个有利条件，宠后爱妃更有条件，即吹枕边风，借助夫妻感情使君主听进一些在政治场合中不能听进的话。

对于"吹枕边风"，人们常以贬义来解释它，殊不知，一个懂得为国家为人民服务而吹的枕边风比大臣的奏章、宰相的建议的有效程度是有过之而无不及，对改善君主的性情，影响君主的行为，有着不可磨灭的功劳。

悲惨的归宿

皇后是女中之王，集美丽、温柔、端庄、贤惠、智慧、威严……这一切美好的品质于一身。因此，皇后曾使许多人倾慕、拜倒。然而，谁又知道皇后的生活可曾快乐惬意呢？谁又知道皇后有怎样的苦恼呢？至于皇后那难言的痛楚和辛酸恐怕就更鲜为人知。还有那些皇宫里的妃子们，常被描画为美丽妖娆，光彩照人，锦衣玉食，轻欲曼舞的样子，在一般人心目中，她们就如明月星光一样令人心迷神往。但是谁又知道在宫墙之内她们到底怎样生活？谁又知道她们的生死悲苦？

很多人知道，历史上的皇后要比皇帝多，一些皇帝在位期间可能封过几位皇后。出现这种情况的原因，一个是皇后早逝，皇帝另立新后；另一个就是原来的皇后被废，改立新后。

一些不幸的皇后，从皇后的位置上被迫怆然离去。贵为皇后，一

宋代后宫生活雕塑

且被废，其地位还不如宫女。废了的皇后，或被幽禁，或迁往别宫，修行佛道，或赐令自尽。

元祐七年（1092年），宋哲宗册立眉州防御使暨马军都虞侯孟元之孙女孟氏为后。孟氏端庄有礼，宣仁太后高氏和皇太后向氏皆对儿媳非常满意。哲宗皇帝虽不大宠爱孟氏，但对她仍礼遇有加。不久，孟皇后诞下女儿，封为福庆公主。

当然，哲宗另有所宠是天下皆知的事实，那就是明艳照人的刘氏。刘氏自御侍、美人再进为婕妤只是短短几年间的事情。无论哲宗是在后宫留宿还是出宫祭祀，都会让刘氏随侍左右。由于刘氏的得宠，许多趋炎附势的大臣都纷纷靠拢，使刘氏恃宠而骄，密谋将皇后孟氏取而代之。

有一次，孟皇后率六宫妃嫔朝见向太后，众妃嫔都对皇后恭敬有礼，只有刘婕妤恃宠对皇后傲慢不敬，眼见皇后的朱髹金饰的座椅与一般妃嫔的不同，便明摆着一副极不满的表情。她的侍从郝随十分了解她，于是立刻给她换来与皇后一样的朱髹金饰座椅，令在场的嫔妃愤愤不平。忽然传来一声："太后驾到。"后妃们都站立迎接，可是久久还不见太后驾临，于是又都坐下来。就在这时"扑通"一声，只见刘婕妤一股脑儿坐在地上，原来有人不满刘婕妤所为，于是故意误传太后驾临，然后趁机取走刘婕妤的椅子。看见刘婕妤的窘态，众嫔妃都止不住笑意。刘婕妤受到如此对待，气得连太后也不愿见了，直接找哲宗哭诉去了。随侍郝随只好安慰她说："只要娘娘为皇上生个儿子，皇后的位子自然会是娘娘的。"

刘婕妤虽依仗哲宗宠爱处处针对孟皇后，可是孟皇后深得太后欢心，要使哲宗决心废后并不容易。于是她伺机而动，准备以谗言击倒孟皇后。

又一次，福庆公主突然染病，孟皇后的姐姐懂得医术，听说消息后，特地入宫医治小公主。因药物无效，孟皇后的姐姐便将民间道家治病的符水带来给公主治病。宫中最为忌讳符水一类的物事，孟皇后一见，大惊失色，连忙禁止说："姐姐莫非不知宫中禁令，与外间不同吗？倘被奸人借端拨弄，这祸事就不小了！"赶紧将符封存了起来。等宋哲宗到来时，孟皇后才将符取出，如实说明了事情的原委。宋哲宗倒也没有怪罪，只言："这是人之常情。"

此事过后不久，宫中有谣言流传，说孟皇后与娘家人勾结在一起，在宫中大搞符咒厌魅。孟皇后日夜难安。她的养母燕氏、女尼法端、供奉官王坚出于好意，便为孟皇后和夭折不久的福庆公主祈福，不料刚好落人口实。宋哲宗听说后也开始怀疑起来，诏令内侍押班梁从政等人在皇城司审理此案。在宰相章惇和刘婕好的支持下，皇城司逮捕了孟皇后左右侍女宦官三十多人。这些人都被拷打，直至体无完肤。在酷刑威逼下，孟皇后的"罪行"被供认了出来。

孟皇后既然"有罪"，就难以再母仪天下。但宋哲宗顾念发妻之情，一时下不了废后的决心。此时，有人以邪说孟皇后不废，皇帝将有生命之忧。于是，宋哲宗以孟皇后"旁惑邪言，阴挟媚道"为由，下诏废去孟氏皇后位，孟氏出居瑶华宫，号"华阳教主""玉清静妙仙师"，法名"冲真"。此时，孟氏还不到20岁。

事后不久，宋哲宗也逐渐醒悟孟皇后"符咒厌魅"一事。正因为宋哲宗对废后一事颇为后悔，所以孟皇后被废后，刘婕好只是被晋封贤妃。刘氏为此十分着急，派宦官郝随动员宰相章惇，内外一起相求，但宋哲宗仍然没有立后的意思。

刘氏费尽心机最终登上后位，岂料立后不久，已立为越王的儿子病逝。然后哲宗驾崩，因无子而以弟端王赵佶入继大统，是为徽宗。刘皇后称元符皇后，被废的孟皇后因获垂帘听政的向太后之眷遇而得以复立为元祐皇后，更位居刘后之上。只是后来向太后病逝，徽宗重用的奸臣蔡京等人勾结刘皇后，致使孟皇后再度被废，加赐"希微""元通""知和""妙静仙师"，重居瑶华宫。刘皇后被尊为皇太后，因而得意一时。她既获尊崇，便乘机干预朝政，使徽宗愈加不满，于是密谋废掉刘太后。刘太后的侍从见她地位动摇，都纷纷把矛头直指向她，对她百般辱骂。刘太后受不了这样的折磨，于政和三年（1112 年）自缢身亡，享年不过 35 岁。

孟皇后自再次废居瑶华宫后，过着深居简出的日子。瑶华宫失火，她迁往延宁宫；后来延宁宫亦遭火灾。靖康二年（1127 年），金人破汴京，徽、钦二宗被掳北上，只有被废的孟皇后幸免于难。后来金人所立的傀儡皇帝张邦昌因势孤力弱而迎归孟皇后，复元祐皇后名号，并且垂帘听政。孟皇后建议立逃难在外的康王赵构为帝，因此在该年五月初一，赵构于南京（今河南商丘）继位，是为高宗，改元建炎，孟皇后同时在汴京撤帘，以示归政高宗，高宗随后立孟皇后为元祐太后。后来孟皇后随高宗南迁，最后定居临安，于绍兴四年（1135 年）病逝，终年 59 岁，祔于哲宗之室，居元符皇后刘氏之上。

获得一时之宠，不代表一生的幸福，宋哲宗赵煦的两位皇后孟氏与刘氏可以说是最好的例证了。

有很多皇后之所以被废就是因为失宠。无论哪一位大权在握的皇帝，都不可能将其宠信的皇后废掉，否则便不可思议。只有被曹操挟持的汉献帝，被迫废掉了伏皇后。原因是伏皇后曾写密信与父亲，令其秘密设法除掉曹操。事情泄露后，曹操大怒，逼汉献帝废后，还代写废后的策书，称伏皇后"阴怀妒害，包藏祸心，弗可以承天命、奉祖宗"。

尽管历史上有一些皇后不是因失宠被废，但并不能否定失宠与被废之间有着因果关系。皇后由失宠而产生怨恨，心怀怨恨的

宋代后宫宫女与太监

皇后更容易与皇帝发生冲突，触怒皇帝。从皇帝的角度说，皇后失宠就失去了其自身的价值，不再能引起皇帝的兴趣和尊重，等同在皇帝心目中失去了分量。如果再不能生子，在母以子贵的宫廷中就更不可能得到皇帝的重视了。

胡皇后——明史上第一个被废除的皇后，一个命运悲惨的女人，当时孙贵妃得宠，皇后膝下无子，体弱多病，所以就更不得皇帝的欢心。明宣宗的爱妃孙氏的宫中传出了喜讯后，宣宗动了想废后的主意，可是又不想做得太招摇，于是对胡皇后说："你自己请辞，把后位让出来吧……"胡皇后无奈上表逊位，于是，嫡妻皇后胡氏成了"恭让"。之后，胡氏退居长安宫，赐号静慈仙师。但胡氏被废后，日子却并不难过，毕竟她是永乐皇帝妻子选的皇太孙妃。而且，于后宫颇有贤名，并无过失。更重要的是，皇太后对她宠爱有加，内廷朝宴，甚至命废后坐在新后的前面。在皇太后的保护下，胡皇后一直生活得体面且有尊严，虽然宣宗在晚年也对自己的废后之举有过悔意，但没有儿子的废后，始终不能再与名下已有一子的新皇后争什么。正统七年（1442年）十月，太皇太后驾崩，丈夫已经去世八年了，在婆婆的保护下栖身多年的胡皇后，痛哭不已，逾年亦驾崩，用嫔御礼葬金山。

明英宗天顺六年（1462年），孙太后驾崩，钱皇后对英宗说，胡皇后贤德而没有罪过，被废为仙师，而且去世以后，大家都害怕孙太后的权势，所以入殓和葬礼的规格都不符合礼法，因此劝明英宗恢复胡皇后的名号，英宗询问大学士李贤，李贤说，陛下能有这样的想法，天地鬼神都会感动的。应该按照皇后的制度修建陵寝，享殿，牌位神主应该供奉

明代宫廷画

在大殿里边，这样天下都会说陛下贤明遵守孝道。天顺七年七月，上尊谥曰恭让诚顺康穆静慈章皇后，修陵寝，不袝庙。

为什么英宗的钱皇后要替胡皇后说话，很明显，皇太子朱见深是周贵妃所生的，这种情形跟当年胡皇后没有儿子、孙贵妃有儿子的情形极其相似。正是因为这样的情况，使得钱皇后在心理上深深地同情胡皇后吧。后话，钱皇后很幸运，并没有因无子而被废，而且和英宗一起，安葬在裕陵。

或许，胡皇后是一个生性平和的女子，久居深闺，性情平和，所以不得宣宗皇帝的宠爱。在寒风萧瑟的时候，如果有机会去看看北京西山那埋葬着胡皇后荒芜的古冢，凝视着封土上那些飘曳枯黄的野草，那凋零的枯叶，回想到她一生的悲剧，或许这时我们才能真正体会其中的辛酸吧！

当然，皇帝是不能拿失宠作为废后的根据，这在封建礼法上讲不通。皇帝要想废掉皇后，就必须找出皇后违反宫禁和重大的失德行为。各朝被废的皇后，多以巫蛊案牵连被废。巫蛊是一种秘术，用神秘而近似荒诞的办法，陈述自己的愿望，诅咒所嫉恨的人。对于一位失宠又无子的皇后，若想保住皇后的地位，夺回皇帝所转移的宠爱，别无妙法，或者是想尽了所有办法均属无效。最后，皇后寄希望于巫蛊秘术，求助于冥冥之中的神灵。然而，宫中是严禁各种邪术活动的，巫蛊案被视为诅咒皇帝的大逆不道的罪行。如果皇后从事巫蛊活动或被诬陷为从事巫蛊活动，一旦定案，便足以构成废后的依据。大部分失宠的皇后，都走了这一条自投罗网的道路。当然，也包括那些被设计被陷害的皇后。如西汉武帝陈皇后，因巫蛊案发被废。武帝的第二任皇后卫子夫，本是陈皇后的诅咒对象，在皇后位上居几十年，也色衰爱弛，最后因牵连太子的巫蛊冤狱，被废，同时自杀。

我们不可否认，被宠与失宠之间，有着天壤之别。一切人的命运都是以皇帝的意志为转移的，尤其是宫中女性，全部的希望都寄托在皇帝的宠遇上。一旦失去宠遇，则别无所有，性命也将难保。《后汉书》："物之兴衰，情之起伏，理有固然矣。而崇替去来之甚者，必唯宠惑乎？当其在床第、承恩色，虽险情赘行，莫不德焉。及至移意爱，析嬿私，虽惠心妍状，愈献丑焉。爱升，则天下不足容其高；欢坠，则九服无所逃其命。"虽然皇后是皇帝的正妻，但无固宠之法。废后的悲剧命运在历朝中重复上演着。

古代宫女选拔制度

中国古代宫廷蓄养的女子之多，在世界上是无匹的。皇帝们，尤其是性喜渔色而荒于政务的皇帝们，对填充后宫之事，乐此不疲。没有人能够阻止皇帝这么做。如同贪婪的土地所有者一样，要把粮食堆积得顶破了天。前前后后的帝王们似乎竞相着开创或者说打破宫女数量的纪录。

因此，古代宫女的数量不断增加着。西汉初年，宫女只有十几人。汉武帝时，宫女突破 1000 名。东汉桓帝时，后宫聚集美女五六千人。晋武帝司马炎将宫女数字突破一万。唐开元、天宝年间后宫人数跃升至四万。明代有九千位宫女，但宫中每年花费的脂粉钱达到四十万两银子。而各朝各代从民间挑选宫女就成为一件经常性的工作。

宫女，指在宫中供役使的女子。宫女的上层，为宫中女官。历代宫女也要经过挑选才能入内廷服役，如汉朝的家人子、采女等，都是从民间采选而后入宫的。明代挑选宫女皆奉钦命而行，如洪武十四年下令从苏、松、嘉、湖等地及浙江、江西二省选民间 13 岁以上 19 岁以下女子以备后宫，选 30 岁以上 40 岁以下无夫妇女以充女官。

早期的宫女，大多来源于女奴隶以及女俘、罪犯的妻子等。此后历代宫女中，有一部分开始从民间"选美""采女"中选出。"选美"，就像科举考试一样，有一套严格的规矩。参选女子必须是良家，即非医、非巫、非商贾和百工，这些人家的女子叫良家子。历代都规定宫女取自良家子。例如汉代王昭君就是良家子。

参选资格是淑女 13 岁至 16 岁非医、非巫、非商贾和百工。参选过程分为海选、面试、初试、复试、试用。纪昀《明懿安皇后外传》上记载，明代天启元年，熹宗皇帝曾选天下淑女 13 岁至 16 岁五千人，集于京师，将她们分为几十个组。

第一天由内监察视挑选，将稍高、稍矮、稍肥、稍瘦的淘汰；第二天再选，内监检查耳、目、口、鼻、发、肤、领、肩、背，有一处不周正的都淘汰，再让在选择自己说出籍贯、姓名、年岁，听其声音，稍有雄厚、粗劣、难听、混浊、口吃的都淘汰；第三天，内监拿尺量女子的手足，然后让她们行走数十步，观其"丰度"，去其腕稍短、趾稍巨者，举止稍轻躁者，去者复千人。

剩下的一千名召入宫内作为宫女。宫女入宫后，皇帝又令宫中稳婆将她们分别引入密室探其乳，嗅其腋，扪其肌理，再选出 300 人为宫女头目。在宫中生活一个多月后，又根据她们的性情、言行以及帝王的喜好，选出 50 人为妃嫔。还有一部分宫女依靠着自己的家庭背景爬上显赫的地位。清代宫女只有一二百人，有百人左右能够和皇帝接近。清代还规定，宫女未被皇帝看中的，24 岁（有时是 25 岁、30 岁）时送出宫，另行择配。

每年引选一次宫女，其都是在内务府包衣、佐领下的女儿中，由内务府会计司主办。她们在宫中的地位自然是不可能与秀女相提并论的，主要是供内廷各宫主位役使。清代选宫女的具体做法与选秀女大体相同。

对平民百姓而言，在民间广选美女，以充实后宫，这完全是一种虐政。13 岁以上的女子部被禁止结婚，居家待选。而有的女子甚至终生独守空房不能结婚。

诸多女子一旦被选中就意味着骨肉分离，一入深宫，不知何时才有与家人再聚的机会。每当活动结束之后，被选中的人家都会难舍难离，抱头痛哭。可身在皇宫深院的皇帝哪想到这些，他们一心想要满足自己的私欲，哪管人间都是怨。尤其是对于那些穷人家来说，这更是一个天大的灾难，因为富豪之家可以运用金钱贿赂有司，以求放过自己的女儿，或买下穷家姑娘顶替；怀恨之家，则相互告密，暗施手段，一心要把对方的女儿送入深宫。地方官吏则借机敲诈，挟嫌报复，胡作非为，欺压良善。总之，选美女的恶果是造成了社会的动荡和混乱。选入宫廷的美女也绝非升入天堂。极少数人固然可成为后妃，似乎一步登天，但"入宫见嫉，峨盾曾有人妒"，后妃之间争宠暗斗，心怀杀机，富丽的宫廷中，却处处是陷阱。今日受宠一时，明日则祸福难测。更多的人则被幽闭深宫，战战兢兢，为人仆役。

明太祖虽规定入宫秀女应在 13 岁以上，但被选者却有未满 10 岁的幼女。比如宪宗万贵妃，4 岁时就被选人宫中。明代选秀女，给民间带来极大的痛苦，民间百姓家常把女儿入宫看作掉入火坑，千方百计逃避采选。万历《常熟县志》记载该县百姓因听到"朝廷命内臣选入宫女子于各省"的消息，引起一场婚嫁高潮，以致"各务书合，无复人道"。在松江等地，还出现"有垂髫即笋者，有乳臭为夫者"，甚至连寡妇也因害怕进宫而草草再婚。杭州城内自正月中旬得此传言后，立时"人情汹汹，议先期婚嫁"……

有一富户人家，当时雇了一名锡工。"在家造银器，至夜半，有女不得其配，又不敢出门择人"，张皇之间，便选锡工当了女婿。富翁大喊："急起，急起，可成亲也。"锡工睡梦中茫然无知，"及起幕搓双眼，则堂前烛火辉煌，主翁之女已艳装待聘矣"。这便是民间广为流传的"拉郎配"故

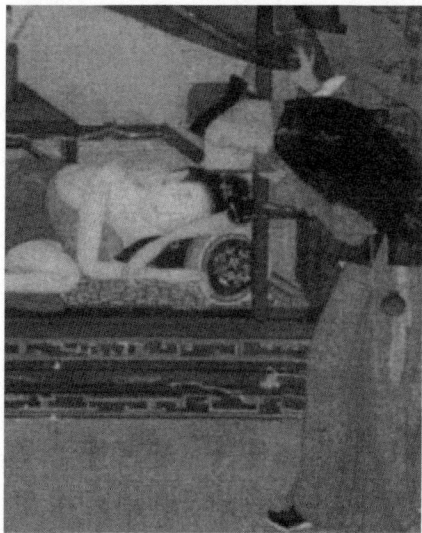

古代宫女与太监

事的由来。

明代帝王还制定法规，严禁宫外之人为宫女传递书信或物品。一旦犯禁，"皆论以死"。为防止宫人泄露禁中之事，又把年老的宫女禁锢在"倪衣局"。剥夺无数宫女的生命和终身自由，以此保住宫中的秘密。

明朝嘉靖皇帝在位期间，屡选民女入宫，宫女本已积怨；他又以苦役对宫女百般折磨，动辄鞭打。宫女杨金英等人逐奋起斗争，用绳索把这位皇帝勒得眼凸舌伸，连声怪叫，险些呜呼哀哉。

清朝咸丰九年（1859年）冬，亦有一应选女子当着主选官吏的面，责骂皇帝。《湘绮楼文集》载：此直辞女童为满人。"咸丰九年冬，选良家女入宫，引见内殿。上亲临视女童。"诸女于清晨入宫，"天寒，上久不出，诸女立阶下，冰冻缩蹙，莫能自主。女童家贫，衣薄不堪其寒，屡欲先出。主者大嗔怪，固留止之，稍相多论。女童大言日：'吾闻朝廷立事各有其时，今四方兵寇，京饷不给，城中人衣食日困，恃粥而活。吾等家无见粮，父子不相保，未闻选用将相，召见贤士。今日选妃，明日挑女，吾闻古有无道昏君，今其是耶……'"在皇帝的家里，责骂皇帝，慷慨陈词，理直气壮，痛快淋漓，喊出了老百姓的心声。其胆量、见识，难能可贵。同时也表现出君王的自私和残忍。

古代宫女的悲惨命运

1. 唐朝苦命的宫女

与其他封建王朝相比，唐代妇女的地位要高一些，行动的自由度要大一些，但是从本质上看，她们还是男子的奴隶，她们的生活充满了泪水，而命运往往是很悲惨的。

在皇宫之中，有大量的宫女，她们的地位是最低贱的，因此所受的迫害和痛苦也要严重得多。在唐代，宫女之众几乎到了封建社会的顶峰。杜甫曾有"先帝侍女八千人"之句，白居易又有"后宫佳丽三千人"之说，这并不是艺术夸张，唐代宫廷女性实际上远远超过此数。唐太宗时，李百药上就曾说道："无用宫人，动有数万"。《新唐书·宦者上》则记载："开元，天宝中，宫嫔大率至四万。"最后这个数字大概是唐代宫廷女性的最高具体数字，这时正是盛唐风流天子唐玄宗在位之时。

因为身份低贱，宫女常常会被加上莫名其妙的罪名，随便地被处死，生命如同草芥。例如，文宗因为听信杨贵妃的诬陷，杀了太子，事后又十分后悔，他不怪自己昏庸，却斥责宫人张十十等："陷吾太子，皆尔曹也。"于是这些宫女都被处死。宫人杜秋在穆宗时是皇子的保姆，因为皇子受诬陷，她也被株连遣回乡里，老来饥贫交迫，孤苦伶仃，杜牧等名士都为之伤感，作了有名的《杜秋娘》诗悲叹她的命运。宫女受皇帝宠幸也可能是一场大祸。宣宗得到进献的一个美丽的宫女，十分宠爱，数日内赏赐无数。有一天早晨他忽然闷闷不乐，说："明皇帝只一杨妃，天下至今未平，我岂敢忘！"于是将美人召来说："应留汝不得。"左右奏言可以放还，宣宗却说："放还我必思之，可赐鸩一杯。"这个可怜的女人就这么被毒死了。宣宗是唐朝后期一个比较有见识的皇帝，而对宫女竟如此残忍，一时心血来潮就把人杀害了，就像随便踩死一只蚂蚁一样。这种事可不是个例，懿宗的爱女同昌公主死后，懿宗不顾宰相刘瞻的劝谏，将同昌公主的乳母、保傅等一一

唐代宫女

殉葬。一个宫女的生命往往就因为这种种身不由己的原因而终止，这实在是太残忍了。

除了上述个案，对于更多的宫女来说，就算生命没有受到残害，一生的青春也在深宫中被埋葬，这种慢性的煎熬可能是更摧人心肝的。在中国的封建王朝中，除清朝

有宫女退休制度，只要不曾被皇帝收用，年满22岁就可被发放出去、准其择配外，历代宫女多为终身制，所以唐代诗人元稹的《行宫》诗中说："寥落古行宫，宫花寂寞红；白头宫女在，闲坐说玄宗。"白居易在其《长恨歌》中也有"椒房阿监青娥老"之句。

古代宫女七夕乞巧图

几千年来，封建帝王搜罗大量良家女子置于后宫，这实际上是一种性压迫、性摧残。这些女子在宫廷中尽管不愁衣食，但不可能与男子有性接触，得到皇帝宠幸的可能又是微乎其微，生命被如此葬送，内心是十分痛苦的。唐代文学是古代史上的一朵奇葩，它发展到一个高峰，当时，宫怨是许多文人雅士吟咏的内容，与此同时，能够反映出这方面情况的，还有许多流传的哀事、韵事。唐代描写宫怨的诗文，流传下来的很多，例如杜荀鹤的《春宫怨》：早被迫娟误，欲妆临镜慵。承恩不在貌，教妾若为容？风暖鸟声碎，日高花影重。年年越溪女，相忆采芙蓉。这首诗描写了春天是幸福降临的标志，春天是勃勃生机的象征。然而，对幸福感到渺茫，对生机感到去而不返的人，春天只会令她更添一层怨苦。刘皂的《长门怨》（其一）也很有名，漫漫的长夜，冷滴的秋雨，其中含有多少失宠妾妃的凄冷孤独和哀怨忧愤：雨滴长门秋夜长，愁心和雨到昭阳。泪痕不学君恩断，试却千行更万行。还有初唐诗人杜审言的《赋得妾薄命》，描写了宫女们秋扇见捐的悲哀：草绿长门掩，苔青永巷幽。宠移新爱夺，泪落故情留。啼鸟惊残梦，飞花揽独愁。自怜春色罢，团扇复迎秋。

作为宫女，性苦闷也是其悲惨命运的真实写照，明人洪升的杂剧《长生殿》中有很深刻的描绘，在其书第二十一出"窥浴"（描写宫女偷看唐玄宗和杨贵妃同浴）中，开场"字字双"借宫女之口说："自小生来貌天然，花面；宫娥队里我为先，归殿；每逢小监在阶前，相缠；伸手摸他裤儿边，不见。"这性苦闷的宫女竟在太监身上发泄了。"窥浴"中还有一段宫女和太监的对话，说两名宫女偷看唐玄宗和杨贵妃共浴，看得正兴起时，一名太监上前调笑道："两位姐姐看得高兴呵！也等我们看看。"宫女说："我们侍候娘娘洗浴，有甚高兴？"太监笑说："只怕不是侍候娘娘，还在那里偷看万岁爷哩！"这一语道破了宫女们的性苦闷和性饥渴。在历代，太监们当是宫女发泄性苦闷和性饥渴的对象。当然，在某些特定的情况下，宫女们也会以某种形式反抗。从宫城逃出去！这是宫女们随时潜伏着的一种冲动。但是若要实现这种愿望，难乎其难。机会太不容易获得了，但也有天赐良机之时，唐中宗神龙四年元宵夜，放出几千名宫女看灯，结果有多数宫女跑掉了。唐中宗又和韦皇后微服到街市上游览，带着一大批宫女，史称这些宫女们"皆淫奔不还"。这是抓住机会解放自己了。不过，这种机会是很少的，有些宫人也不敢这么做，另外还有一种反抗的做法就是以自尽了此余生。

史玄在《旧京遗事》中说，有人曾见过宫女从皇城逸出，"虽举体男装而袅袅回步。"用男装打扮，肯定早有准备，早就伺机外逃。如同网中的鱼发现了一个破口，悄然滑出；笼中的鸟束身从笼缝飞出，去回归自由和真正的生活，不管前途吉凶如何。

失去自由，无法享受人间的温暖。宫女的忧愁，是人间最绵长、最无望的忧愁。刚入宫的少女，愁的是再也见不到家里的亲人。这些如同刚孵出壳的雏鸡般的少女，被带到远离家乡百里千里的地方，从此和家人音信稀疏甚至断绝，生死各一方。玄宗宠妃杨玉环当年被送入寿王府的时候，红泪都洒满了一路，更何言那些凶多吉少的少女？

对于宫女们来说，更为残酷的是殉葬。皇帝死后要以活人殉葬，早在殷周时代就已经开始了。春秋战国，承继此风。《墨子·节葬》说：

"今王公大人为之葬埋……舆马女乐皆见。"秦始皇死后，殉葬的宫女和被害的工匠等数以万计。汉代，宫女妃嫔殉葬之风仍存在。据《汉书·赵敬肃王传》说："（赵缪王元）病，先令，令能为乐奴婢从死，迫胁自杀者凡十六人。"此后，宫女殉葬之风基本消失，而是逼迫歌舞宫女终身为死者守陵作乐。如曹操临死前立下遗嘱，命令他的歌舞宫女在他死后都要住在铜雀台上，于每月初一和十五对着他的坟墓歌舞。这些守陵宫女，虽活着，但她们相伴死人，为之歌舞，毫无自由，与殉葬的宫女相差无几。此外，也有诱逼妃嫔宫女殉葬的，如唐武宗时的孟才人，因善歌唱和吹笙而得宠。武宗临死前，诱逼她殉葬，孟才人悲愤气绝而死。

在万千粉黛中，每个宫女只是海水之一滴、万花之一朵的，谁会把她们当成每一个个体的存在？她们如同树、草、花一样，成为宫中的景物和摆设。甚至就连和皇帝生过子女的宫女，连名字都可能没有留下，更不用说受到重视了。在愁怨深锁的深宫高墙里，终生被眷顾者能有几人？

2.明朝宫女的悲惨命运

在古代，一般宫女，是被严格控制的，且苦楚甚多，完全是受压迫者。宫中选高年知书内官，教习宫女读《女训》《女孝经》等书。率教者升女秀才、女史、女官正，司六局掌印。有罪墩锁，或罚提铃。每夜自乾清宫门提至日精门、月华门，仍还乾清宫前方止。"正步，风雨不敢避，高唱天下太平，声援而长，与铃声相应，此旧例也。昌启之际，复设着色以苦之。板著者，向北而立，屈腰舒两手，自扳两足。不许体曲，曲则夏楚乱施。立移时许，其人必头晕目眩，僵仆卧地，甚有呕吐成疾，至殒命者。又凡内廷选入宫女，未有名位，则曰某人女，必连其父之名，恐得宠后，防伪充也。"宫女的命运就是如此。

在明朝，宫女们一旦选入皇宫，便失去自由，大都是衣食菲薄，住所简陋，终身苦役，不能与父母相见。而在冰冷的皇宫里，烦琐的

古代宫女图

礼节规矩，森严的等级关系，不时的凌辱，使她们几乎无出头之日。

明朝明确规定："宫嫔以下有疾，医者不得入，以证取药。"宫嫔尚且如此，宫女自不待言。《明宫史》载：在金鳌玉桥西、棂星门迤北羊房夹道（今名养蜂夹道），内有安乐堂，宫人得了病，或是年老了，要和有罪的人一样，发到这里，靠自己的生命力延续时日，或者等死。如果少数人偶被皇帝看中，地位略有改变，生得子女者尚能晋封，否则也只能幽闭深宫，了此一生。

明朝宫女可谓是命运多舛。她们一生锁闭深宫，供帝王玩弄、使役到死亡后，假如不是有名的，都不会赐墓，而是火葬。明代宫人火葬，一在阜成门外五里许的静乐堂。堂前有砖穗二井屋，其形如塔，塔南辟方尺之门，平时谨闭，井前结洞，四方通风。宫人无资格进墓地的，都以此为火葬之所。火烧后将众多尸灰一起填入枯井。到嘉靖年间，有一个贵嫔捐钱买了几亩民地，宫女不愿其尸灰入井的，则埋此地中。二在北京西便门外20里的诸葛庄南边的"姣姣坟"。据清人刘廷玑《在园杂志》卷三说："墙固垒垒，碑亦林立，……每于风雨之夜，或现形，或作声，幽魂不散。"清初的沈椿《宛署杂记》中说，宫女临死时，都遗言不要把棺材埋得太深，她们认为埋得越浅越可以早些转世投胎，重新过个有生命、有意义的人生。这种宫女生涯是让人洒一掬同情之泪的。明末陈晫的《天启宫词》云：六宫深锁万娇娆，多半韶华怨里消。灯影狮龙娱乐夜，君王何暇伴纤腰。这首诗很深刻地反映出宫女凄清怨恨的心情。在宫廷中还有不少残酷的斗争，宫女如被皇帝幸宠，实际上也许是大祸临头。这种情况史不绝书。

对于皇宫里的这些宫女们，皇帝可以把她们作为奖品赏赐给功臣、亲属。比如王昭君，被赐婚联姻的。有的皇帝不断更换年长色衰的宫女，将几千宫女放出宫外，出嫁于民。还有一部分宫女被帝王杀害。

宫女也是人，也有正常的生理需求，若皇帝宠幸无望，她们中的一些人就转而寻求感情出口。于是在宫女之间、宫女和太监之间便产生了畸形的情爱生活方式。即"对食"和"菜户"。"对食"是指宫女之间自相结合为"夫妇"。后来，"对食"的范围由同性发展为异性。到明代，宫女与宦官结为夫妇的风气更盛，并且有了新的名称，叫"菜户"。成了"菜户"财产共有。而且，如果宫女长时间找不到"菜户"，还会受到耻笑，被称为弃物。在皇宫中，有专门为宫女和太监牵线搭桥的人。双方满意许下海誓山盟，如果一人先死，另一人就发誓终身不配。宫女和太监结为"菜户"后，一般由宫女出钱雇用更加卑贱贫困的太监为其服务，会烹饪的太监，其佣金一次就是银四五两。到了明朝中期，"菜户"现象渐渐发展到妃嫔以下无子者。甚至皇帝对此也采取公然许可的态度。

3. 荒淫君王，悲剧宫女

明朝时期，那些闭月羞花、沉鱼落雁的宫廷美女们，她们所背负的性虐待、杀戮和殉葬等等痛苦，相对于中国的其他朝代来说，应该算是最为深重的了。明时的大型选美，通常是在全国各地物色出13岁至16岁的淑女几千人，经过层层选拔，最后选中的不超过一百人。相信这几十万里挑一的宫女们肯定是人间绝顶美女。

明朝的宫女们不但幽闭深宫，而且长期堪忍受着明朝皇帝们变态和残忍的虐待（包括肌体、苦役、体罚、性虐待等）。据相关史料记录，只嘉靖帝笞楚虐待致死的宫女多达200余人。

古代仕女图

在漫长的中国史上，隋炀帝的荒淫无耻可谓是臭名昭著。但是明朝很多帝王更比隋炀帝厉害，他们的糜烂、淫乱更上一层楼。据史记载，自宪宗至熹宗160多年间（1465~1627年），皇帝和大臣见面的次数约略可数。宪宗在位23年，仅召见大学士万安等一次，只说了几句话就在万安高呼万岁之声中退朝了。武宗在位16年，一次也没有召见大臣。世宗、神宗在位都达四五十年，都是20多年不视朝政，都忙于淫乐，期间不知道有多少宫女遭受过各种残酷的"性虐待"。明人笔记中记有神宗与宫女淫乐之事说：夏日，明月高悬之夜，与后宫嬉。令人自轻罗制成之囊中，放出流萤无数。再令宫女以轻罗团扇争相捕捉，若流萤落于谁簪上，则是夜帝必幸之。故宫女争以香水洒于簪上，以待流萤。秋日，帝题唐人王建宫词前二句于红叶上，令宫女题该词后二句于另一红叶，一起放入御沟，若遇两叶相叠，令人取观，如成全首宫词，则书后二句之宫女，是夜必获帝幸。冬日，于洛阳殿大池，注满香汤，挑选柔肌雪肤之宫女，同浴于池，效鸳鸯戏水之乐。浴罢，则坐于锦绣上拥美饮酒，谓之"鸳鸯之会"。荒淫的明武宗让当时的大太监刘瑾设置豹房。豹房就是修建的特定建筑物，内设宫女和从外强来的民女等供帝王淫乐的场所。明武宗时期，更是大肆对宫女"性虐待"，据说，竟有强迫宫女与兽类交媾的事等，其变态和残酷可见一斑！

清代宫女的日常生活

清朝时期，宫女们是服侍皇帝、皇后、嫔妃、公主、阿哥的，不同等级的人宫女的数量也不同，皇太后有 12 名宫女，答应只有一名宫女。宫女的主要来源有二，一是内务府包衣（满清贵族的家奴，没有人身自由）所生的女子；另一个来源是上三旗下，比较低等人家的女子，以上这些女孩都要在 13 岁时进宫被挑选一次。被选中的宫女一般要到 25 岁才能出宫，而且出宫的宫女不许再进宫，也不许传播宫中的事情。除此之外，个别宫女未满期限，因为笨拙或是有病，也有可能被赶出宫。

从被选进宫那一刻起，宫女们就开始了她们痛苦的生活，新来的宫女都由老宫女（宫中称作姑姑）教导，因此他们不光要伺候主子，还要伺候姑姑，姑姑一般都十分严厉，动辄棍棒相加（宫中规定宫女不许打脸）。

1. 宫女的四季饮食

相对来说，宫女的饮食应该说还是很好的，早点各种粥，小吃，素菜；午饭八个菜，一个砂锅；晚饭是各种面食，点心；夜里还有一顿加餐，但是宫女们从来不敢吃饱，因为如果在皇帝面前打嗝，弄不好是要杀头的，而且宫女们也不敢吃鱼虾、蒜韭，怕沾上杂味。另外，就拿伺候慈禧太后来说，这可真是一件不大容易的事，从头到脚，一根头发丝也不许乱，要干净、整洁、利落。身上不许带邪味，更不许有脏味儿。很多宫女多少年没吃过鱼，怕身上带腥气味。如果在慈禧太后跟前当差，身上突然冒出脏味儿来，那叫"大不敬"，丢了差事是一定的。唯一的办法是严格控制饮食，每顿饭只吃八成饱，管事的用眼角一瞟，马上就得把饭碗放下。如果轮到夜间上夜，就算夜里有顿点心，宫里叫加餐，但没有人敢吃，就一直从晚上饿到天亮。

如果说上面的条件让人看了觉得非常苛刻的话，那下面这件事可就是宫女的最怕——出虚恭

清代宫女

（指放屁）。宫女什么月有什么月的份例。例如：一到夏天，由夏至到处暑，每人每天赏一个西瓜。可是宫女忌生冷，谁也不敢多吃，站在下房的石头台阶上，高高地扔下，把西瓜摔得粉碎，大家哈哈一笑。宫女们在储秀宫里伺候慈禧太后叫当上差，别人受不到的罪，她们都得受。她们当时大多是十二三岁的孩子，在皇宫里当差五六年，几乎没吃过一顿饱饭。尤其怕出虚恭，丢了差事，惹了麻烦，在小姐妹群里抬不起头来。事实上，并不只宫女要懂规矩，就连皇帝、皇子、格格们到上头，朝见太后，去前，也要净一净身子，免得失敬。

在百姓家里，可能有什么吃什么，吃饭都是非常随意的。但在皇宫里却有严格季节性的。大年初一，头天晚上是三十，又叫辞岁。这一天在宫里是例外的一天，可以晚睡，一到 11 点交子时前，宫女要给老太后磕头辞岁，嘴里念叨着"老太后吉祥、老太后万事如意"等。初一，一定给宫女吃春盘，普通叫春饼，一桌放一个大盒子，所以也叫盒子菜，有圆的也有方的，里头放 12 个，或 16 个或 18 个珐琅盒子，盒子里放着切好了的细丝酱菜、熏菜，如青酱肉、五香小肚、熏肚、熏鸡丝等等。宫里有的是东西，吃鸡吃鸭已经算粗吃了。这时，宫女每天吃饭时都有锅子，用它代替大砂锅，因为值班差事不自由，不能同时到齐吃，有个锅子，还可以都吃着热菜。吃完春盘，爱吃汤的去到锅子里焖，爱喝粥的，有两三样粥。一到五月初一，就有各种馅、各种形式——方的、尖的、抓髻式的粽子。八月节有各种月饼，重阳节有花糕。从十月十五起每顿饭添锅子，有什锦锅、涮羊肉，东北的习惯爱将酸菜、血肠、白肉、白片鸡、切肚混在一起，宫女们吃这种锅子的时候多。也有时吃山鸡锅子，反正一年里宫女们有三个整月吃锅子。正月十六日撤锅子换砂锅。到了清明节，就有豌豆黄、芸豆糕、艾窝窝等；到立夏，就有绿豆粥、小豆粥；到夏至，就要吃水晶肉、水晶鸡、水晶肚之类的。暑天，也给凉碗子吃，像甜瓜果藕、莲子洋粉攢丝、杏仁豆腐等，经常吃的是荷叶粥，都是冰镇的。瓜果梨桃按季节按月有份例。清朝时期，吃东西讲究分寸，不当令不吃。

2. 宫女的衣服打扮

在清朝后宫，素来有这样的传统，当宫女的要朴素，说话行动都不许轻浮。要求有宫廷气派，像宝石玉器一样，由里往外透出润泽来，不能像玻璃球一样，表面光滑刺眼。因此描眉画鬓对宫女来说是不允许的，穿着上也受限制，大红大绿等鲜艳颜色是不能穿的。

清代宫女

清宫一年四季都会赏给宫女衣裳。春天到二月，由太监领着人在体和殿外边，东廊子的屋子里量衣服尺寸，由头上到脚下，包括鞋袜在内。这是准备夏天穿用的，以后都是上季量下季的。因为年岁小，长得快必须一个季度量一次。每次赏给宫女们是四套，由底衣、衬衣、外衣、背心，算一套。衣料是春绸、宁绸的多，夏天也有纺绸的。除去万寿月（旧历十月初十是老太后生日，宫中称十月叫万寿月）能穿红的、擦胭脂、抹红嘴唇以外，宫女们一年差不多穿两色衣裳，春夏是绿色，淡绿、深绿、老绿可以随便，但不能出大格；秋冬是紫褐色的，唯一能争奇斗胜的，是袖口、领口、裤脚、鞋帮子和绣花，但也是以雅淡为主，不能过分。平常是乌油油的大辫子，辫根扎二寸长的红绒绳，辫梢用桃红色的绳子系起来，留有一寸长的辫穗，用梳子梳匀，蓬松着，鬓边戴一朵剪绒的红绒花，脚下白绫子袜子，青鞋上绣着满帮的浅碎花，透着喜兴，看着利索、爽眼。清宫历经二百多年，宫女很少出过丑事，这也是制度严的关系。对于宫里有形的和无形的规矩，宫女们一举一动，都得留心。

3. 宫女的睡卧姿势

宫里有个非常严的规矩，宫女睡觉不许仰面朝天，必须侧着身子，蜷着腿，一只手侧放在身上，另一只手平伸着。因为宫廷里的人都信神，传说各殿都有殿神，一到夜里全出来到各殿察看，保护着皇室成员。宫女睡觉不能没人样子，大八字一躺，多难看，冲撞了殿神可得罪不小。另外，宫女们还有个私人忌讳，睡觉不许托腮，说这是哭相，永远也走不了时运。

宫女们白天的差事还好伺候，一到夜晚，提心吊胆，有的宫女不知因为睡觉挨过多少次打。

4. 不许宫女识字

在清宫，宫女是绝对不能认字的，这是老祖宗留下的规矩。宫女们的地位比太监还下一等，有的太监在宫里还能学认字，可宫女们绝对不许。一有空闲时间，就要学做针线，打络子。宫女总有做不完的针线活，衣服长了、短了，肥了、瘦了，姑姑们非常刁，整天整夜地拆、改、做。

为什么清宫出来的宫女都手巧，这也是有缘由的。她们有个姑姑专教刺绣，也有针线妈妈教，谁不好就打谁。储秀宫是天字第一号的宫，不会缺银子用的，听说东宫和慈宁宫里头，有的当月关的银子不够用，

清代宫女

宫女们靠着做针线来挣零钱花。宫人出宫，都能带出一双巧手去，这也算是宫廷的恩典吧！尤其出色的是打络子，满把攥着五颜六色的珠线、鼠线、金线，全凭十个手指头，往来不停地编织，挑、钩、拢、合，编成各种形象的图案，真是绝活。有时为了讨老太后的喜欢，把各种彩线拿来，用长针把线的一头钉在坐垫上，另一端用牙把主轴线咬紧、绷直，十个手指往来如飞，一会就编成一只大蝙蝠，和

储秀宫门外往长春宫去的甬路上的活蝙蝠一模一样，求得老太后一笑。

看了上述的内容，你也不要以为宫女入宫后，一生便再无欢笑快乐可言，有时也有。入宫时间不长的宫女，豆蔻年华、天真活泼，对宫中的事物、小山小水和游乐活动感到新奇。

在季节的变换中，宫中的游乐活动也变出不少花样。春季赏花、荡秋千，夏季游湖、采莲，秋季七夕赛的、赏月，冬季堆雪人、贴窗花，等等。当然，这些机会都是寥寥无几。

清代后宫妃嫔生活揭秘

巍巍清廷屹立 268 年，素有"六宫粉黛""后宫佳丽"之称的宫廷妃嫔们，生活状况究竟有何神秘？高大宫墙里面的神秘世界中，妃嫔们的衣食起居、言谈举止，真如某些宫廷剧中所说的那样吗？

对长寿的追求，让深居禁宫大内的妃嫔们更多了一份对祥瑞的祈祷。但是，由于久居深宫，寂寞孤独，加之平素缺少身体锻炼，她们多数弱不禁风，有的甚至久病缠身。她们长年以丸药为伍，汤剂相伴。清宫的御药房珍藏着大量的妃嫔用药底方及药材药具，它们为后人了解清代后妃们疗疾养生提供了翔实的佐证。除此之外，故宫院藏的宫廷药方中，还有安胎、补肾、理气、活血、健脾等内容的药方，不过这些从未公开过，更谈不上合理开发利用。

有诗云："粉妆宜面玉搔头，深锁春光一院愁"。事实上，在闲暇之时，妃嫔们只能对镜贴黄，调脂弄粉，或穿针引线，细绣荷包，或手揉核桃，养神入定，或围聚一桌，博弈打牌，或手持烟袋，喷云吐雾，或丹青绘事，怡情自乐。就是上述这

《孝穆成皇后像》（局部）

些，为妃嫔们打发着漫长寂寞的时光。

作为陪侍帝王左右的特殊群体，妃嫔过的是养尊处优、锦衣玉食的寄生生活，在其各类生活开销中，仅衣服首饰这一项便是名目繁多，妃嫔的服饰包括袍、褂、裙、氅衣、坎肩以及冠、钿、偏方、头簪、流苏、手镯、指甲套、耳坠、戒指、鞋等各种穿戴用物，无一不是珠光宝气，极尽奢华。瑾妃生活原状展位于永和宫后殿的同顺斋中，瑾妃于光绪十四年（1888 年）十月入宫后就一直居住在永和宫后殿的同顺斋里，至今，这里还保留了当年瑾妃生活的原状，如同顺斋西暖阁里的瑾妃入宫时的龙凤双喜喜床，同顺斋东暖阁里瑾妃亲手写的帖落、对联等，无不向世人展示了这位晚清王妃的生活侧影。

嫔妃生儿育女之流程

从皇帝大婚那天起，宫中所有人都在热切期待着新生命的到来。后妃怀孕叫遇喜，每日食用加半，有生母者，准许进内廷照看，皇后生子，满月时赐银 1000 两，衣料三百匹，嫔妃生育也各有相应的待遇。

宫廷中，皇后及妃子怀孕、生育是有一套完善的专门流程，保证生育的顺利。不但如此，在产后孕妇的调养以及皇子的保健方面也很有规矩。

若宫中一有嫔妃怀孕，尚药局就会立即派专门的御医来负责。在妊娠 7 个月的时候，就要计算好分娩的日期，并命人准备好单独的产房。在分娩前，皇上会赐给很多物品，包括金银绸缎，也包括很多食品，这些食品都是对孕妇身体有益的。比如胡桃、桂圆、栗子、枣、藕、羊肉等可以补血、健脾、益气，沉香酒、生艾、地黄可以活血止血，御医会根据产妇的具体情况来选择补充什么样的滋补品。到了分娩之时，太医局还要再派产科大小方脉的医官来宫中值班，画出生产示意图，把胎儿的大概方位画出来，以便生产时参考，同时还要根据产妇的状况开列饮食禁忌单、适合的药材、催生用品等，并安排好生产时需要进行辅助的人员。这还不算完，在生产结束后，根据当时的习俗还要举行一系列庆祝仪式，胎儿的护理以及产妇产后的调理也都要特别注意。

宋朝时期，婴儿降生三日叫三朝，七日叫一腊，

高宗宴会清河王府图

十四日叫二腊，二十一日叫三腊。从一腊到三腊都要给赏赐。三朝时"落脐灸囟"，有三朝洗儿的风俗，给新生儿灸囟，用香汤加葱蒜为之洗浴，可以帮助婴儿通血脉，避风邪，这些新生儿保健方法也是有一定科学道理的。在婴儿满月时还要有满月洗儿会等等，这些都需要宫中负责的医官来根据婴儿出生后的情况进行安排，繁文缛节还是很多的，这也是出于对产妇和胎儿的安全考虑。从上面的文字中我们不难看出，古时宫中对于生育的重视程度。当然，如果御医官安排妃子的生育事宜很妥当，直到顺利生产为止，没有出现任何不良状况，同样是一件很有功劳的事情。

古代皇位继承基本遵照以下原则：皇后所生长子是第一继承人，皇后无子离普通嫔妃中所生长子，所有后妃都没有生子，或者从皇族中过继一个儿子立为皇帝，或者由皇帝的弟弟继位。皇子，一切为了生出一个皇子，一个未来的皇帝，后宫波澜不惊的表象下，于是充满了嫉妒、仇恨、杀机。

慈禧太后的私密生活

在金碧辉煌的皇宫里，生活着成千上万的香艳美女，她们争奇斗艳，花枝招展，将皇帝的后宫变成了一座皇帝喜欢的香艳乐园。

作为晚清的国家统治者，慈禧太后拥有至高无上的权力及显赫的

慈禧太后赏雪图

地位，但是国事和家事仍然给她带来了诸多的烦恼，不过她善于调整自己。与多数帝王相比，她的日常生活处处显示王者的尊贵，但她又有普通女性的爱美欲望。"美"成为她生活中的一项重要内容，如容颜之美、服饰之美等。

在政务之暇，她的休闲生活也是丰富多彩，如看戏、逗狗、玩纸牌等。为慈禧备膳的寿膳房厨役、太监共200多人，慈禧太后的膳食原料多为新鲜蔬菜、山珍海味。每餐荤素搭配，冬季食羊肉、鹿肉等热性食品，夏季食用野生的茯苓、山菜、蘑菇等。而粮食中做粥用米就有京米、紫米、薏米、粳米、老米、小米等。

慈禧太后所用的餐具为金银玉储器及细瓷盘碗，冬天多用金银暖锅和银制暖锅。每品菜上均有银制的试毒的，长约三寸，如菜有毒，银牌即变色。她使用的筷子为象牙质镶金头。

据悉，慈禧对自己的容颜之美十分看重，每天为此花费大量时间，她坚持早晚用温水洗脸、敷面，用按摩器按摩面部穴位以促进血液循环，使用扬州产的宫粉、苏州制的胭脂和宫廷自配的玫瑰露护肤美颜。慈禧还相信中药美容，根据皮肤的变化经常请宫廷御医"谨拟"医方，直到晚年，她的皮肤仍有弹性。头发的养护和梳理也是慈禧美容的重要环节，御医专门为她研究配制口服、外用的养发中药，为她梳头的太监以及梳头用具都经过精心挑选。而慈禧对牙齿的护理也很科学，既用中药保护，又用药具医疗，七十多岁时仍面颊丰腴，嘴部棱角分明，没有掉牙、缺齿等口腔疾病。

西太后一生不变的一个习惯，就是喝人奶，喝牛奶。这是她最习惯的一件事，也是她很痴迷的一件事。用太后自己的话说，这是她一生养颜美容的有效妙法之一。

满清宫廷之中，早点通常保留着关外东北人的习惯，喝奶子，要对茶，称为奶茶。最独特的是，太后喝的这奶茶，不是由御茶房供应，而是由储秀宫内的小茶炉供应。奶茶由太后调制浓淡，确定可口的味道，每天再由小茶炉专门为太后制作供应。这里，一来较近，二来专门负责的老太监老张，干干净净，为人可靠。

清代皇帝喜爱人乳，亲王和贵族之家也好人乳。历史上以严厉著称的雍正皇帝，一生之中自己最为中意的养生保健秘方，就是三十三味良药的龟龄集方。其中，最重要的一味良药，就是人乳。据说，是将人乳和精选的醋、井水、河水、烧酒等等经过数十道工序炼制。

清末之时，备受西太后摧残的光绪皇帝，生命危在旦夕，御医给他开具的救命良方，就是人乳炖温。温，是多年生水草，属于藻类，全草可以入药。医生叮嘱皇帝，要在午后三四点时进服。效果很好。

西太后从她26岁掌握政权之后，一直到她去世，她十分注重自己的仪容之美，也就是很注意养颜美容：规定御药房，每天敬献一服平安养生药，依季节、时令、节气、气候不同，酌情开具，旨在养颜美容。

为了减少脸上的皱纹，吩咐受过专门训练的侍女，每天用玉石按摩皮肤等等。但所有的一切，西太后发现，在养颜美容方面，能够保持青春长驻的最佳妙方，就是人的乳汁。西太后每天总要喝大半碗。

据记载，清宫供应后妃们食用的人乳，主要来自于北京郊区县。《宛署杂记》记载：东安门外，稍北，有礼仪房，是清宫专选奶口（奶妈）以候内廷宣召之所。

奶子府，隶属于直属皇帝指挥的内廷特务机构锦衣卫。

清宫规定，每个季节，精选奶口四十人，在内廷之中，辟专室养护，称为"坐秀奶口"。再选80人，着在于宫中，由内府专门供应饮食，称为点卯奶口，意在坐秀奶口有意外时补缺。每季更换一批。

慈禧太后

清宫选择奶口，十分严格：京郊两县、各大衙门，广泛寻找丈夫健在的端庄良家妇女，身体健康，年龄在15岁以上、20岁以下，还要子女健在者；必须是生下第三胎之后三个月左右，无异疾的女子。

大兴、宛平两县和五城兵马司、各戴维所、衙门，各选送奶口二十人备选，每季选送，由内府确定的接生稳婆一一检验，确定没有疾病、健康状况良好，才选送入宫。

选定的奶口，每天给米八合，肉四两，由光禄寺提供；每年各种礼物、用品，每季所用的煤炭杂器，由两县召商办送，约费铺行银四百余两。

宫廷之中，再从选定的奶口之中，选择健康状况极佳、相貌端庄、性情温和的良家产妇，每天挤出充足的乳汁，经过精选之后，定时供应给宫中。

《宫中现行则例》规定：皇太后名下，女子10名，妈妈哩4名。清光绪年间，西太后宫中，女子20名，妈妈哩7名，嬷嬷1名。西太后喜欢喝人乳，每天专门有3名奶妈提供充足健康的奶水。西太后对于奶妈的要求十分苛刻，在选择上不容有半点差错：一、要选自满族，是真正的旗丁之妻；二、要详细查看产妇的新生孩子，并送交敬事房查验；三、由兆祥所妈妈哩仔细检查奶口，首先要选奶水充足的入宫再行验选；四、入选之奶口，选择体形良好、相貌端庄、身体干净、奶水充盈之人。五、年龄在15~20岁，特别好的可以在30岁左右。

经过选择之后，入选的奶口，都是一些美貌、丰满的年轻女人，她们为西太后提供充足健康的奶水，每天都是如此，除非太后生病，或是特殊的日子。

据说，西太后从很年轻时就开始喝人乳，从史书的记载上，大约是在 26 岁，到她 75 岁去世，将近五十年的时间。宫中的女人们都认为，七十多岁的西太后一直容颜美丽，最主要的原因就是每天坚持不断地喝人乳。

每天固定的奶口是 3 人，最多之时，达到 11 人！据记载，从光绪七年到十五年（1881—1889 年），选进宫中的奶口有 5 人，她们用健康的奶水，滋养着 47 岁到 50 多岁的更年期的太后。

慈禧太后早年就有吸烟的嗜好，而且烟瘾不算小，承德避暑山庄博物馆就陈列有国外送慈禧的卷烟。

太后吸烟有专人伺候，这份差事是由宫女来担任的。在慈禧晚年生活中，有宫女名何荣儿，十三岁进宫，在储秀宫内当宫女达八年之久。义和团运动时，又随太后西逃，长期在西太后身边专司敬烟。何荣儿对宫廷生活内幕了解颇多，记忆很好，其回忆录已由金易和沈义羚著《宫女谈往来》一书出版。

给太后敬烟，六样东西一件也不能少，即火石、蒲绒、火镰、火

慈禧太后生活照

纸（纸楣）、烟丝、烟袋。前三样是取火的用具，常常装在精致的荷包里，一层装蒲绒，一层装火石。取火时，用火镰向火石上使劲一划，就爆发出火星来，火星溅在拇指和火石之间的蒲绒上，火就燃着了，然后点上纸楣，就可用于吸烟。须知火星燃着蒲绒时，即使拇指烧焦了也不能使火星落下。

西太后用的水烟袋管特别长，称"鹤腿烟袋"。当太后坐于炕上，宫女就必须跟在下边，把烟管送到老太后嘴里。不过，这送烟的火候最难把握。一般情况，太后的右边站着一位专司敬茶的宫女，而敬烟的宫女站左边靠后一些。在主人面前宫女不能东张西望，甚至两个眼珠也不许来回乱转，而是要看着前面人的裤脚。当老太后坐下，只要轻轻地看一眼敬烟的宫女，她就知道老佛爷要用烟了。于是，拿出火镰，将火石、蒲绒安排好，转过脸去，务必背向老太后取火，这是很重要的，纸楣点燃以后，用嘴轻轻一吹，冒出火苗，这才转过身来，用单手捧起烟袋，送到太后的嘴前约一寸远的地方，等候太后伸嘴来含。太后很讨厌有人在前面挡住她的视线，无论敬茶敬烟，一定要从侧面递上去。当老太后含上烟管，这时宫女就要将纸楣放在左手下垂，用左手拢着，给老太后点烟。烟锅是两个，事先把烟装好，吸完一袋后，将烟锅取下来，换上另一个。